HISTÓRIAS DO RABI

Coleção Judaica
Dirigida por J. Guinsburg

Equipe de realização – Tradução: Marianne Arnsdorff, Tatiana Belinky, J. Guinsburg, Renata Mautner, Ruth Schivartche, Ruth Simis; Revisão geral: Geraldo Gerson de Souza; Planejamento gráfico 1ª edição: Moysés Baumstein; Planejamento gráfico 2ª edição e capa: Adriana Garcia; Produção: Ricardo W. Neves e Sergio Kon.

HISTÓRIAS DO RABI

MARTIN BUBER

Título do original
Die Erzählungen der Chassidim

Copyright © 1967 by Rafael Buber

CIP-BRASIL. CATALOGAÇÃO-NA-FONTE
SINDICATO NACIONAL DOS EDITORES DE LIVROS, RJ

B931h
2.ed.

Buber, Martin, 1878-1965
    Histórias do Rabi / [compilado e redigido por] Martin Buber ; [tradução Marianne Arnsdorff... et al.]. - São Paulo : Perspectiva, 2012.
    p. - (Judaica ; 4)

    1. reimpr. da 2. ed. de 1995
Tradução de: Die Erzählungen der Chassidim.
Inclui glossário e genealogia
ISBN 978-85-273-0529-7

    1. Hassidismo. 2. Lendas judaicas. I. Título.

11-6303.
                                                      CDD: 296.8332
                                                      CDU: 26-8

23.09.11   29.09.11   029953

2ª edição – 1ª reimpressão
[PPD]

Direitos reservados em língua portuguesa à
EDITORA PERSPECTIVA S.A.

Av. Brigadeiro Luís Antônio, 3025
01401-000 – São Paulo – SP – Brasil
Telefax: (0--11) 3885-8388
www.editoraperspectiva.com.br

2019

SUMÁRIO

5   Martin Buber
11 Prefácio
19 Introdução

        Primeiros Mestres

83 *Israel ben Eliezer, o Baal Schem Tov*
129 *Baruch de Mesbitsch*
141 *Dov Ber de Mesritsch*
155 *Abraão, o Anjo*
161 *Pinkhas de Koretz e sua Escola*
181 *Iehiel Mihal de Zlotschov*
201 *Zeev Volf de Zbaraj*
205 *Mordehai de Neskij*
211 *Do Círculo do Baal Schem Tov*
219 *Menahem Mendel de Vitebsk*
227 *Schmelke de Nikolsburg*
241 *Aarão de Karlin*
249 *Levi Itzhak de Berditschev*
279 *Zússia de Hanipol*
297 *Elimelech de Lijensk*

309 Schnoier Zalman de Ladi, o Rav
317 Schlomo de Karlin
329 Israel de Kosnitz
343 Iaakov Itzhak de Lublin, o Vidente

Os Descendentes do Grande Maguid

363 Schalom Schachna de Probischtsch
367 Israel de Rijin
383 Abraão Iaakov de Sadagora
387 Nahum de Stepinescht
389 Davi Mosché de Tschortkov

Da Casa de Estudos do Rabi Schmelke

395 Mosché Leib de Sassov
411 Menahem Mendel de Kossov e seu Filho Haim de Kossov
415 Itzhak Aisik de Kalev

Da Casa de Estudos do Rabi Elimelech

423 Abraham Iehoschua Heschel de Apt
439 Menahem Mendel de Rimanov
455 Zeev Hirsch de Rimanov

Da Casa de Estudos do Rabi Schlomo de Karlin

461 Uri de Strelisk
467 Iehudá Tzvi de Stretin e seu Filho Abraão de Stretin
471 Mordehai de Lekovitz e seus Descendentes
479 Mosché de Kobrin

Da Casa do Maguid de Kosnitz

497 Mosché e Eleazar de Kosnitz
499 Haim Meir Iehiel de Moguiélnica e Izahar de Volborz

Sumário

Da Casa de Estudos do Vidente de Lublin

- 507 *Davi de Lelov*
- 511 *Mosché Teitelbaum*
- 515 *Naftali de Ropschitz*
- 521 *Schlomo Leib de Lentschno*
- 525 *Izahar Ber de Radoschitz*
- 531 *Schalom de Beltz*
- 535 *Haim de Zans e Iehezkel de Scheniava*
- 543 *Tzvi Hirsch de Jidatschov, Iehudá Tzvi de Rosdol e Itzhak Aisik de Jidatschov*
- 551 *Iaakov Itzhak de Pjischa (O Iehudi) e seus Descendentes*

Pjischa e suas Escolas Filiadas

- 565 *Simha Bunam de Pjischa*
- 595 *Menahem Mendel de Kotzk*
- 617 *Itzhak de Vorki*
- 625 *Mendel de Vorki*
- 631 *Itzhak Meir de Guer*
- 641 *Hanoch de Alexander*

- 649 Súmula Histórica
- 661 Glossário
- 667 Genealogia dos Mestres Hassídicos

MARTIN BUBER

Martin Buber nasceu em Viena, a 8 de fevereiro de 1878. Sua educação constou de extensos estudos de matérias judaicas, assim como de assuntos de natureza científica e de filosofia ocidental. Contudo, o elemento judaico afirmou-se mais entranhadamente, dados dois motivos essenciais: sua infância e adolescência decorreu em Lemberg na Galícia, então parte da Polônia austríaca, centro cultural e religioso judaico de vastas ramificações pela Europa Oriental; e em segundo lugar, quem o criou foi seu avô Salomão Buber, notável erudito e hebraísta, compilador e estudioso dos *midraschim* (a ele devemos coleções de literatura da época do Segundo Templo que, não fosse a sua atividade, estariam hoje em imerecido esquecimento). Mas, acompanhando o movimento de ocidentalização característico dos jovens judeus de sua geração, e cheio de entusiasmo e arrebatamento pelas realizações e pelo "novo pensamento" de seu tempo, Buber, ao ingressar na Universidade de Viena, segundo suas próprias palavras, "esqueceu-se" de seu judaísmo e entregou-se ao estudo da filosofia ocidental e mundial. Posteriormente, em Leipzig, Zurique e Berlim dedicou-se ainda a pesquisas e estudos de arte e psicologia, psiquiatria e sociologia.

Deste seu primeiro contato com o pensamento mundial, reforçado pela relação direta que manteve com os homens que processavam a renovação do pensamento alemão, buscando retirá-lo e salvá-lo das águas turvas dos "ismos" em voga, Buber captou as influências e interesses que, mais tarde, teriam imensa influência em seu filosofar: H. Cohen, E. Husserl, Brentano, e, mais no passado, Kant, Kierkegaard e Nietzsche. As universidades de Heidelberg e Marburg irradiavam então o brilho de seus acadêmicos que se revoltavam contra a letra morta do hegelianismo, empiricismo crítico e idealismo que, durante uma centena de anos, dominara a filosofia alemã. Os tempos eram de revoluções intelectuais, de novas idéias ousadas e os iconoclastas derrubavam, propositadamente, as velhas imagens da respeitabilidade filosófica. A partir dos elementos então incipientes, agregando-lhes um tom especificamente seu, derivado de seus estudos paralelos e do apego ao judaísmo, Buber mais tarde revelaria ser um filho de seu tempo, compenetrado e ciente das forças que o moldavam.

Seu retorno às lides judaicas se deveu, principalmente, à sua conversão ao sionismo e à atividade literária que, estreitamente ligada ao movimento sionista, passou a empreender. Parecia-lhe ter diante de si duas possibilidades de desenvolvimento, ambas atraentes para ele: uma carreira política e cultural no seio do movimento sionista — foi ele um dos primeiros a sugerir e efetuar a síntese entre o sionismo prático-político de Theodor Herzl e Max Nordau e o sionismo cultural-espiritualista de Ahad ha-Am (sua admiração por este último jamais esmaeceu, embora seus caminhos práticos divergissem) — e, por outro lado, poderia escolher uma carreira acadêmica em qualquer das universidades alemãs.

Contudo, não se deu nenhuma dessas duas opções. Em palavras do próprio Buber, a atmosfera reinante ao seu redor era irrespirável — seu coração ansiava por algo mais, algo de natureza mais profunda e de maior intensidade. Voltou-se então — e não por acaso — ao estudo das fontes hassídicas, como que evocando seus dias de meninice, quando o avô piedoso o levava a visitar os grandes *tzadikim* da época. Durante dez anos Buber trabalhou na massa informe do material à sua disposição, separando, catalogando, reformulando os ensinamentos e vidas dos grandes mestres hassídicos, e ao mesmo tempo, a partir dessas mesmas fontes, unidas aos interesses que ainda há pouco o ocupavam, começou a delinear sua própria filosofia, à qual daria forma autônoma em anos posteriores. O hassidismo, porém, continuou sendo um dos seus enfoques prediletos e, no decorrer de toda sua carreira de mestre e escritor, não cessou de escrever e publicar sobre o assunto: *A Mística Judaica, Gog e Magog, Lendas do Baal Schem, Rabi Nachman de Bratzlav, A Mensagem Hassídica, O Caminho do Homem Segundo o Hassidismo.* Finalmente em 1946 publicou *Die Erzählungen der Chassidim*, em alemão, vertido para o hebraico sob o título de *Sipurei Hassidim*, sob supervisão do autor, e que na edição portuguesa se apresentam sob o título de *Histórias do Rabi*.

A problemática do homem judeu, principalmente do judeu que rapidamente se assimilava, sem cultura judaica própria, privado de sua terra, Buber sentiu-a em si mesmo; compara-o, por exemplo, ao jovem gentio que perde a fé nas crenças religiosas de seus antepassados e abandona suas formas ritualísticas. Enquanto o gentio pode, ainda, "sublimar" e "compensar" tal ruptura, devotando-se à solução dos problemas específicos com que se defronta — melhoria social e cultural de seu país, identificação com sua terra, seus heróis e santos —, o homem judeu, ao perder sua cultura ancestral, perde simultaneamente tudo o mais. Compreendendo a questão em toda a sua complexidade, Buber sumarizava, em 1930, sua experiência: "As catástrofes das realidades históricas são por vezes crises do relacionamento humano com a realidade". De forma brilhante, e sobretudo prenhe de novidade e esperança, ele abordou a questão tomando partido da tremenda força espiritual que o animava e da ciência que aprendera nas instituições de ensino do mundo ocidental — formulando, para o homem judeu, uma visão nova de sua posição no mundo, em relação à Terra de Israel e à sua herança milenar. Em obras anteriores à Primeira Grande Guerra, tais como *Discursos Sobre o Judaísmo, O Judeu e seu Judaísmo, Luta por Israel*, assim como em inúmeras conferências e publicações, intentou ele conciliar o que, até então, parecera inconciliável: o particularismo judeu unido a uma visão global da vida, a crença na missão do povo de Israel e a disrupção dessa missão pelas condições modernas de existência, um propósito de ação dentro e fora do âmbito sionista e, em especial, o vislumbre de uma possibilidade espiritual num mundo crescentemente carente de forças espirituais.

Mostrou-se ele então ser algo mais que um filósofo no sentido estrito da palavra: onde todos viam separações e cesuras, ele, mais sábio que erudito, fitava o todo — sua obra filosófica aponta para a arte, essa indica a sociologia, a educação é tratada com vistas à religiosidade e à saúde mental, a saúde mental se relaciona ao nosso viver entre os homens e com Deus.

Daí por que faria mal quem considerasse *Eu e Tu* (1923), a sua mais notável contribuição à filosofia, à parte de, digamos, *Caminhos na Utopia*, trabalho de cunho social e político, ou da monografia *Culpa e Sentimentos de Culpa*, tratamento religioso, ético e psiquiátrico da existência contemporânea. Em Buber todos os temas se entrelaçam, a interação das matérias não ocupa apenas o plano teórico das investigações intelectuais. Tal interação antes ocupa uma posição essencial no seu filosofar.

A partir dos anos seguintes à completude dos escritos hassídicos, sua atividade ramificou-se em todas as direções: desde polêmicas travadas acerca do sionismo e do direito do povo de Israel restabelecer-se na Palestina, polêmica essa mantida com o Mahatma Gandi, até debates sobre terapêutica psicológica e problemas referentes à educação, e escritos destinados a ampliar sua posição fundamental perante os temas que repontam constantemente em sua obra: o homem, o mundo, Deus, que o colocam dentro das grandes linhas filosóficas do nosso século. Pois, recusando-se a condicionar um ao outro a gênese de quaisquer desses elementos constitutivos do seu pensamento, vendo-se realmente forçado a tratá-los separadamente, acha-se Buber, ao mesmo tempo, na obrigação de revelar a fórmula que os relaciona entre si.

Nisso, de fato, reside sua real grandeza: não misturar o que não é passível de permuta, manter destacado o que se acha separado e descobrir o elemento virtual que os une a todos: o *Diálogo*.

Buber não descobriu o diálogo por via experimental ou mental: como ele mesmo insiste em afirmar, o diálogo "acontece" — no *hassid* que espera do rabi palavras de conforto, auxílio e ensinamento, e no *tzadik* que lhe responde; no homem que encontra seu semelhante e o vê e lhe fala; no outro que nos responde, vê-nos, trabalha e coopera conosco; no artista que corporifica em matéria a forma nele existente e a expõe ao mundo; no mundo que nos recebe e sobre quem exercemos nossa atividade; mas, e principalmente, no "grande diálogo", em que Deus se dirige ao homem e o homem O ouve e responde e O louva e se queixa.

Assim, para Buber, o problema se restringiu — ou antes, se ampliou — a: como tornar possível, para o homem, o diálogo com o mundo e com Deus? Sua resposta não obedeceu a planos preconcebidos: desenvolveu-se à medida que problemas reais surgiam, quando se exigiam posições amplas em questões amplas e onde as trevas se tornavam mais densas: o problema do indivíduo ante a sociedade (*O Problema do Homem, Elementos do Inter-humano, A Questão do Indivíduo*), a sociedade e suas exigências perante a existência concreta do indivíduo (*Caminhos na Utopia, Sobre a Educação, O Homem e sua Imagem*), o homem defronte de um Deus que não mais lhe responde e que não se manifesta: *O Eclipse de Deus, Daniel, Elias*.

Os problemas a que se propos acarretaram-lhe, então, a obrigação de entregar-se a atividades aparentemente divorciadas entre si mas que, na realidade, sempre o levavam de volta ao ponto focal de seu ensinamento, o princípio do *Diálogo*. Assim, a fim de transportar o homem ao diálogo com o Verbo Divino, a partir de 1922, de parceria com Franz Rosenzweig, começou sua grande tradução da Bíblia hebraica para o alemão, obra concluída em Jerusalém no ano de 1961. Sua intenção, ao empreender a tradução, era a de facilitar, ao leitor estudioso que desconhecesse a língua hebraica, a compreensão do diálogo divino, fugindo ao estilo pomposo e "alevantado" das traduções majestosas que abafavam a verdadeira mensagem de Deus aos homens. Importava fazer ressoar a verdadeira voz do Sinai que novamente se dirigia aos homens, ligando-os e unindo-os à vontade de Deus.

Todavia, não bastava traduzir e entregar aos homens a tradução: cumpria elucidar as palavras bíblicas, torná-las efetivas e eficazes nas vidas de todos, importava revivificar seus princípios e bases. Pela primeira vez em muitos anos, Martin Buber abandonou então a reclusão voluntária que se impusera para executar seus trabalhos literários e, na primavera de 1922, acedendo a insistentes pedidos de Rosenzweig — quando este último, já inválido, viu-se impossibilitado de prosseguir suas lides educacionais — tomou sobre si a direção da *Freies Juedisches Lehrhaus*, de Frankfurt. Tratava-se então da instituição educacional superior judaica de maior âmbito e mais altas ambições da Europa Ocidental. Seus princípios eram transmitir ao judeu alemão educado sua herança hebraica milenar em termos inteligíveis a todos, abarcando todos os campos da tradição: as Escrituras, a *Mischná*, a *Guemará*, *midraschim*, literatura agádica e haláhica, os filósofos, a liturgia, os poetas, os mestres e os guias. Datam desse tempo seus trabalhos de crítica bíblica: *O Reino de Deus, Moisés, A Fé dos Profetas, Estudos Sobre o Bem e o Mal* — todos eles reformulando e reapresentando a palavra de Deus ao homem como nova fonte de vida, ensinamento e direção, como se se tratasse de um novo Maimônides redigindo novo *Guia dos Perplexos*.

Sua experiência como professor levou-o também a indagar da relação mestre-discípulo. Ainda na Alemanha e, mais tarde, em Israel, para onde se transladara em 1938 em conseqüência da crescente opressão nazista, aplicou ele os princípios dialógicos às suas relações com seus alunos, vendo neles não simples repositórios de seu pensamento e conhecimentos, mas seres humanos a quem cabia falar, questionar, captar e receber. (Quando, em 1951, deixou sua cátedra de Filosofia Social na Universidade Hebraica de Jerusalém, dedicou-se ao preparo e formação de mestres e professores.)

Ainda em Eretz Israel reverificou sua posição perante os problemas básicos com que se depara o homem em sua vida social e escreveu *Caminhos na Utopia*, cujo capítulo derradeiro, "Uma experiência que não falhou", resplende como uma das mais completas análises jamais feitas do *kibutz*, terminando por considerá-lo a forma mais viável para uma possível existência dialógica e socialista.

Voltamos a repetir que Martin Buber não é um filósofo no sentido restrito da palavra: não nos legou um sistema, não codificou seu pensamento em esquematismos, não se deteve no esclarecimento de fórmulas, termos e proposições. Mais vale que o denominemos de *sábio*. Ele mesmo diz: "Devo dizer mais uma vez: não tenho ensinamentos a transmitir. Apenas aponto algo, indico algo na realidade, algo não visto ou escassamente avistado. Tomo quem me ouve pela mão e o encaminho à janela. Escancaro-a e aponto para fora. Não tenho ensinamento algum, mas conduzo um diálogo". (*De uma Prestação de Contas Filosófica*, 1961.) Suas fontes foram vivas, ativas, enérgicas: o verdadeiro encontro do homem e seu

Criador, o confronto entre homem e mundo, o homem colocado face a face com seu semelhante. Nenhuma questão vital dos últimos sessenta anos passou-lhe despercebida. Enfocou seu espírito ágil e vivaz nas questões mais prementes e situou-se dentro delas, participou de seu desenvolvimento, traçou-lhes princípios e metas, designou-lhes propósitos e debateu-se com as profundas dúvidas que as dividiam. Quer se tratasse de elucidar um único versículo bíblico ou participar de discussões eruditas em Davos — onde, incidentalmente, ocorreu seu primeiro choque com Heidegger (1931), que fazia da relação humana uma ação de solicitude, enquanto Buber via no amor o ápice e epítome dos elementos inter-humanos — ou de aconselhar psiquiatras sobre a verdadeira relação analista-analisado, ou, ainda, quando pedia moderação para com os alemães, responsáveis ou não pela Hecatombe, quando se insurgia contra a tirania dos religiosos ortodoxos em Israel, sua mente se espraiava por sobre todos os terrenos das preocupações humanas, quase sempre abstraindo-se dos fatores meramente intelectuais implicados e sustando-se perante a situação concreta e palpável.

Sua honestidade e integridade muitas vezes o tornaram, contra sua vontade, centro de polêmicas e disputas às quais ele não se retraía, mas, pelo contrário, buscava solver e obtemperar. Assim foi em sua fé sionista, em sua crença religiosa e, principalmente, na questão do restabelecimento nacional do povo de Israel em sua terra natal (quando ele, em 1947, advogou negociações e tratados diretos com os árabes, para a formação de um Estado binacional, transformou-se no objeto de mesquinhas detrações por parte de elementos radicalistas do *ischuv*, agastados pelo pretenso "defectismo" do grande pensador).

Nem em seus últimos anos amainou o compasso de seus trabalhos — participava ativamente na reconstrução espiritual de seu povo em sua terra, aconselhando-o, exortando-o, dando-lhe a exata consciência de seu papel no mundo e lembrando-o de sua vida concretamente vivida e existida com os homens e para os homens. No seu "Obituário", proferticamente publicado em 1937, Bertrand Russell diz de si mesmo que era o "último representante de uma espécie já extinta". O mesmo podemos dizer de Martin Buber — foi sem dúvida o último judeu dotado de vasta cultura humanista ocidental jungida à profunda espiritualidade judia. Novos tempos se desdobram à nossa frente mas, nesse novo tempo que surgirá no futuro, sua voz calará sempre mais profunda nos corações humanos e nos humanos espíritos e vontades. Seus tempos jazem mais adiante.

O sábio faleceu na cidade de Jerusalém, aos 13 de junho de 1965.

J. V. Montebéller

PREFÁCIO

Um dos aspectos mais vitais do movimento hassídico é que os *hassidim* contassem entre si histórias sobre seus líderes, os *tzadikim*. Grandes coisas haviam acontecido, os *hassidim* as haviam presenciado, participado delas, cumpria relatá-las, testemunhá-las. A palavra utilizada para narrá-las é mais que mero discurso; transmite às gerações vindouras o que de fato ocorreu, pois a própria narrativa passa a ser acontecimento, recebendo a consagração de um ato sagrado. Conta-se que certa vez o Vidente de Lublin avistou uma coluna de luz que se elevava de um *klaus;* ao entrar, deparou um grupo de *hassidim* contando histórias sobre seus *tzadikim*.

Segundo uma crença hassídica, a luz primeva de Deus imergira nos *tzadikim,* deles emergindo nas suas obras e, a partir dessas, nas palavras dos *hassidim* que as narravam. Atribui-se ao Baal Schem, o fundador do hassidismo, uma máxima que diz: quando um *hassid* fala em louvor de seu *tzadik,* isso equivale a apreender o mistério da Carruagem Divina que Ezequiel outrora contemplou. E um *tzadik* da quarta geração, Rabi Mendel de Rimanov, amigo do Vidente, acrescentou, à guisa de esclarecimento: "Pois os *tzadikim* são a carruagem de Deus [1]". Mas a narração é mais que reflexão: a essência sagrada que ela testifica continua vivendo nela. O milagre narrado ad-

[1] Citado a partir do Midrasch, Gênese Rabá LXXX, 117; cf. Raschi sobre *Gênese*, 17:22.

quire nova força. O poder que um dia atuou propaga-se na palavra viva e prossegue ativo durante gerações.

Um rabi, cujo avô fora discípulo do Baal Schem, foi convidado a contar uma história. Disse ele: "Uma história deve ser narrada de tal forma que, em si mesma, ela constitua auxílio". E contou: "Meu avô era paralítico. Certa vez pediram-lhe que contasse uma história sobre seu mestre. E ele pôs-se a contar como o santo Baal Schem costumava saltitar e dançar enquanto rezava. Ao contar a história, meu avô ergueu-se, a narrativa o arrebatou sobremaneira e, sem perceber, pôs-se a saltitar e a dançar, como seu mestre fizera. A partir daquele momento curou-se de sua paralisia. É assim que se conta uma história!"

Ao lado da transmissão oral, deu-se uma transmissão escrita desde os primórdios da história do movimento, mas, pelo menos no que concerne às primeiras gerações, poucos textos genuínos se conservaram. Alguns *tzadikim*, na juventude, registraram os feitos e frases de seus mestres, embora, segundo parece, mais para uso próprio do que para o conhecimento do público leitor. Sabemos assim, por fonte fidedigna, que o Rabi de Berditschev, de todos os rabis o mais apegado ao povo, anotava tudo quanto seu mestre, Dov Ber de Mesritsch, o Grande Maguid, dizia e fazia, inclusive pronunciamentos sobre assuntos cotidianos, lendo e relendo tudo com o máximo empenho do coração e repensando cada sentença para captar sempre de novo o seu sentido. Mas seu livro de notas perdeu-se e poucas anotações similares chegaram até nós.

Em sua maior parte, a lenda, essa forma tardia do mito, surgiu nas literaturas do mundo em épocas em que o desenvolvimento da narrativa literária ou lhe corre paralelo ou, em suas linhas gerais, já se havia completado. No primeiro caso, ela é influenciada por sua forma irmã, no segundo é determinada. As lendas budistas e os contos indianos compostos por via artística, as lendas franciscanas e a primitiva novela italiana seguem a mesma linha evolutiva.

Com a lenda hassídica ocorre algo inteiramente diverso. Só em nossos tempos é que se passou, no judaísmo da Diáspora, a vazar em forma literária as lendas transmitidas popularmente. O que os *hassidim* narravam em louvor de seus mestres não se integra em qualquer molde literário já formado ou em formação, mas, de outro lado, só em parte pode a lenda, neste caso, realizar sua integração no relato de estilo popular. O ritmo interno dos *hassidim* é em geral por demais acelerado para a forma calma da narrativa popular, queriam dizer muito mais do que ela podia conter. Assim, os *hassidim* nunca chegaram a uma forma acabada. Com poucas exceções, a lenda hassídica jamais se tornou a obra do artista individual, nem se transformou em arte popular: permaneceu informe. Mas, devido ao elemento sagrado que a enforma, devido à vida dos *tzadikim* e à alegria enlevada dos *hassidim,* essa lenda é metal precioso, embora por vezes impuro, misturado à escória.

Prendendo-nos à lenda do Baal Schem como exemplo, podemos ver como se desenvolve a transmissão lendária no hassidismo. Ainda em vida do mestre, corriam relatos de família e de discípulos que encerravam alusões a misteriosos acontecimentos e, após sua morte, esses relatos se transformaram em histórias, muitas das quais circulam manuscritas ou impressas, até que, um quarto de século mais tarde, determinados ciclos foram reunidos e apareceram em forma de livro: as lendas de família, nas histórias que o Rabi Mosché Haim Efraim, neto que o próprio Baal Schem educara, divulgou em sua obra *A Bandeira do Campo de Efraim,* enquanto as lendas dos discípulos foram publicadas quase ao mesmo tempo na primeira coletânea de máximas do Baal Schem, *A Coroa do Bom Nome.* Contudo, passar-se-ia outro quarto de século antes que surgisse a primeira grande biografia lendária do Baal Schem Tov, *Em Exaltação do Baal Schem Tov.* Nesta, cada relato nos remete a um narrador no círculo imediato de amigos e adeptos do Baal Schem. Paralelamente, desenvolvem-se outras tradições particulares, tais como a da família do Grande Maguid e da família do Rabi Meir Margaliot, ou a da escola de Koretz, as quais mal se ligam às coletâneas anteriores, oralmente, como as duas primeiras, ou por escrito, como a última, e mantêm sua existência particular. Na segunda metade do século XIX, principia a corrupção literária, sendo os motivos transmitidos reelaborados em verbosas narrativas remendadas com inventos posteriores e vertidas numa forma barata de beletrística popular. Só em nossos dias (desde cerca de 1900) começou o trabalho de seleção e compilação crítica. Estes, e outros processos similares, caracterizam o desenvolvimento da narração hassídica.

Eliminados os produtos espúrios da corrupção literária nos quais amiúde não se resgata um traço sequer dos motivos originais, resta-nos enorme massa de material, em grande parte informe: ou — e é o caso mais propício — se nos deparam breves notas que não procuram moldar o evento referido, ou, o que é mais freqüente, infelizmente, tentativas canhestras e confusas de elaborar o material em forma de conto. Nessa segunda categoria de notas, ora se diz mais, ora menos, e quase nunca existe um claro fio de narrativa a seguir. Em sua maior parte não é arte, genuína ou popular, mas uma espécie de extático assentamento de ocorrências estupendas, em que autêntica apreensão épica constitui exceção.

Alguém como eu, cujo propósito é, a partir do remanescente material escrito (além de algum material oral), formular um retrato dos *tzadikim* e um quadro de suas vidas, que sejam lendários e verdadeiros ao mesmo tempo, deve dedicar-se principalmente a proporcionar a linha faltante na narrativa. No decurso de um longo trabalho, não encontrei melhor caminho para tal fim do que começar por renunciar à pseudoforma das anotações disponíveis, com sua secura ou excesso de pormenores, suas obscuridades e digressões, e reconstruir os eventos mencionados com a maior exatidão viável (e, sempre que possível, fazendo uso de variantes ou de outro material relevante) e relatá-los, numa forma adequada ao assunto em pauta, da maneira mais clara possível. A seguir, contudo, era preciso retornar às notas transmitidas e incorporar na versão final toda e qualquer variação ou frase feliz que elas contivessem. Por outro lado, pareceu-me em geral impermissível e indesejável ampliar os contos e torná-los mais coloridos e variados, como, por exemplo, os irmãos Grimm procederam ao redigir as histórias colhidas diretamente da boca do povo. Somente em casos esporádicos, quando o material era por demais fragmentário, procurei compor um todo conecto, fundindo o que eu tinha com outros fragmentos e preenchendo os vazios com elementos relacionados.

Há dois gêneros de lenda que podem ser designados segundo dois gêneros da literatura narrativa, sobre cuja forma se apóiam: a novela lendária e a anedota lendária. Para exemplificar: compare-se *A Lenda Áurea* com as *Fioretti* de São Francisco, ou a lenda clássica de Buda com as histórias monacais da seita leste-asiática Zen. Mesmo o informe material hassídico tende para tais formas. Em sua maior parte, compõe-se de anedotas lendárias em potencial. Verdadeiras novelas são raras, mas existe uma turva hibridação. A preponderância da anedota remonta primordialmente à tendência geral do espírito judeu da Diáspora a expressar os acontecimentos da história e do presente de maneira "aguçada": as ocorrências são de tal modo relatadas, de tal modo vivenciadas que passam a "dizer" alguma coisa, e não só isso, como o evento é debulhado e arranjado de tal forma que culmina em algo realmente dito. No hassidismo, é favorecido, sem dúvida, pela própria realidade: o *tzadik* expressa seus ensinamentos, deliberadamente ou não, em ações que atuam de maneira simbólica e amiúde se transformam numa sentença que as complementa ou que contribui para a sua interpretação.

Denomino novela o relato de um destino, representado por um único incidente, e por anedota refiro-me ao relato de um único incidente que aclara todo um destino. Neste sentido, a anedota lendária vai mais longe: no incidente único se exprime o significado da vida. Não conheço, na literatura mundial, qualquer outro grupo de anedotas lendárias que mostre o fato de maneira tão homogênea e, ao mesmo tempo, tão variada quanto as anedotas hassídicas.

A anedota, assim como a novela, é uma espécie de narrativa "condensada", ou seja, concentrada em forma vivamente delineada. Deve-se evitar não só tudo o que é psicologia, mas também tudo o que é adorno. Quanto mais despojada ela for, mais adequadamente preencherá sua função.

A partir destas considerações, ficou também determinado como eu deveria comportar-me em face do material à minha disposição.

O *tzadik*, contudo, não deveria ser apresentado apenas em ações que tendem a converter-se em máximas, mas também no próprio ato de ensinar oralmente, pois nele a fala é parte essencial da ação. Assim, este livro inclui também, embora em limitada medida, outra espécie de anedota lendária, à qual eu designaria como "Sentença de Réplicas". O mestre, o *tzadik*, é instado a interpretar um versículo das Escrituras ou a expor o sentido de um rito. Ele responde e, ao fazê-lo, dá mais que o interlocutor esperara ao formular a pergunta. Nos textos que trabalhei, essa espécie de narrativa não surge freqüentemente sob a forma de conversação; a resposta incorpora a pergunta. Na maioria das vezes, sobretudo onde estava irreconhecível, restaurei a primitiva forma dialógica; só em alguns casos, nos quais o caráter interrogativo não vinha à luz, conquanto me parecesse pertinente, conservei a forma puramente expositiva. Além dessas, há muitos ensinamentos e sermões aqui inseridos por causa de sua profunda significação. Mas passagem alguma provém dos ricos escritos teóricos do hassidismo: são todas retiradas da literatura popular, onde inteiram o que se conta das vidas do *tzadikim*. E tudo isso tem um caráter inteiramente oral e não literário.

No material diretamente concernente aos ensinamentos, tentei ater-me à palavra dos textos transmitidos, na medida em que as exigências de uma apresentação clara permitiam. Em muitos casos, porém, os textos eram de tal maneira obscuros, tão misturados a elementos estranhos, que muitas vezes se tornava necessário remover toda uma camada de óbvias adições a fim de alcançar as verdadeiras sentenças dos mestres.

Este livro contém menos de um décimo do material por mim coligido. O primeiro critério para a inclusão de um texto foi, naturalmente, a sua significância em si, bem como especialmente para o entendimento da vida hassídica. Muitas passagens, contudo, que pareciam convincentes deste ponto de vista, tiveram de ser excluídas, pois o fator de decisão residia normalmente em como o material se adequava à representação de um dos *tzadikim* cuja pessoa e vida este livro procura mostrar.

Assim, das numerosas lendas transmitidas acerca de quase todo *tzadik*, precisei escolher as que expressassem de maneira mais característica o caminho e o modo de ser de um certo *tzadik*, e então arrumar o narrado de modo a compô-lo no quadro de uma vida pessoal. Por vezes o material lendário era de tal natureza que me bastava selecionar entre máximas e relatos aqueles que, juntos, fornecessem a estrutura essencial dessas vidas; em outros casos, persistiam lacunas que procurei preencher com o que informei a respeito desses *tzadikim*, valendo-me de outras fontes, na minha introdução ao presente volume. Em uns poucos casos, fui obrigado, devido à escassez de elementos, a contentar-me com o retrato "estático" de um homem, em vez do quadro "dinâmico" de uma vida humana.

Dentro dos capítulos específicos, dispus os textos em ordem biográfica, mas não cronológica, pois esta empanaria mais do que acentuaria a nitidez da imagem com que eu me preocupava. O retrato de um homem e seus caminhos é mais fácil de compor, a partir do material disponível, quando trazemos à luz os vários princípios de seu ser e de suas obras, cada qual por si e, onde possível, cada qual em seu desenvolvimento particular, de modo a fundir tudo isso numa espécie de biografia interior. Assim, por exemplo, o capítulo sobre o Baal Schem Tov obedece à seguinte ordem: 1) a alma do Baal Schem; 2) preparação e revelação; 3) êxtase e fervor; 4) sua comunidade; 5) com seus discípulos; 6) com pessoas diversas; 7) a força de sua visão; 8) santidade e milagres; 9) a Terra Santa e a Redenção; 10) antes e depois de sua morte. Cada passagem ocorre no seu lugar devido, embora isso por vezes quebre a seqüência cronológica, e as sentenças complementam os relatos sempre que isso pareça desejável.

Numa primeira leitura apressada, à qual é quase preferível uma não-leitura, afigurar-se-á haver grande número de repetições no livro; na realidade, não se trata de repetições, e sempre que um motivo reaparece, o sentido se altera, ou aparece numa conotação diferente. Há, por exemplo, a menção repetida dos "*hassidim* de Satã", ou seja, dos falsos *hassidim* que se agregam aos verdadeiros e ameaçam decompor a

Prefácio

comunidade. Mas o leitor cuidadoso notará em cada caso uma situação alterada e uma forma diferente na expressão.

Meu trabalho de reenformar as lendas hassídicas conta mais de quarenta e cinco anos. Os primeiros frutos foram as obras intituladas *Histórias do Rabi Nachman* (*Die Geschichten des Rabbi Nachman,* 1906) e *A Lenda do Baal Schem* (*Legende des Baalschem,* 1907). Mais tarde, porém, rejeitei meu método de elaborar o material transmitido, por ser demasiado livre. Apliquei minha nova concepção da tarefa e dos meios de executá-la aos livros, *O Grande Maguid e Seus Sucessores* (*Der grosse Maggid und seine Nachfolge,* 1921) e *A Luz Oculta* (*Das verborgene Licht,* 1924). O conteúdo dessas duas obras foi quase inteiramente reproduzido neste volume (antecedido pela coletânea, *Os Livros Hassídicos* (*Die chassidischen Bücher,* 1928), mas a maior parte, em termos absolutos, foi redigida desde minha chegada à Palestina, em 1938. Entre outras coisas, também devo o estímulo para uma composição renovada e mais compreensiva ao ar dessa Terra. Dizem os sábios talmúdicos que este ar torna os homens sábios; recebi dela algo diferente: a força para empreender um novo começo. A presente obra também, depois de eu julgar encerrado o meu trabalho com as lendas hassídicas, é o resultado de um novo começo.

MARTIN BUBER

Na transcrição dos nomes bíblicos obedecemos à forma usual; quanto aos pós-bíblicos foram transcritos de acordo com a pronúncia sefardita. Os nomes eslavos foram grafados na maioria das vezes na forma utilizada pela população judaica; empregamos a grafia eslava apenas quando a diferença entre as duas formas, eslava e judaica, era insignificante.

INTRODUÇÃO

1

Este livro pretende introduzir o leitor a uma realidade lendária.

Devo denominá-la lendária, porque os relatos que chegaram até nós e aos quais me propus dar forma adequada não são, como crônicas, fidedignos. Remontam a pessoas entusiasmadas que, em recordações e apontamentos, preservaram aquilo que seu entusiasmo percebeu ou acreditou ter percebido, isto é, uma porção de coisas que realmente ocorreram, mas que somente o olhar do fervor podia apreender, como também muitas que, da maneira como foram contadas, não aconteceram e nem podiam ter acontecido, mas que a alma entusiástica sentiu como algo manifestamente acontecido, relatando-as, portanto, como tais. É por esta razão que devo chamá-las de realidade: a realidade da experiência de almas ferventes, uma realidade engendrada em total inocência, sem lugar para a invenção ou para o capricho. É que essas almas não informavam de si mesmas, mas daquilo que sobre elas atuava. O que podemos deduzir de seu relato não é, pois, somente um fato da psicologia, mas também da vida. Algo exaltante sucedeu e produziu o efeito que produziu: a tradição, ao transmitir o efeito, testemunha também aquilo que o causou — testemunha o encontro entre homens entusiasmadores e homens entusiasmados, a relação entre estes e aqueles. Isto é lenda verdadeira e tal é a sua realidade.

Os homens de quem se relata aqui, os entusiasmadores, são os *tzadikim,* termo que geralmente se traduz por "os Justos", mas que significa os que mostraram sua justeza, os que deram a prova; são os líderes das congregações hassídicas. Os homens que aqui contam a história [1], cujos relatos compõem a tradição lendária, os entusiasmados, são os *hassidim,* os devotos, ou, mais corretamente, os fiéis à aliança, que formam aquelas congregações. Este livro pretende, pois, expressar e documentar as relações entre *tzadikim* e *hassidim,* como expressar e documentar a vida dos *tzadikim* com seus *hassidim.*

2

O ensinamento hassídico é essencialmente uma orientação para uma vida de fervor, em alegria entusiástica. Tal ensinamento, porém, não é uma teoria que exista independentemente de sua realização. Mais que isto, é a complementação teórica de vidas realmente vividas por *tzadikim* e *hassidim,* principalmente nas seis primeiras gerações do movimento, das quais se ocupa este livro.

Em última análise, todas as grandes religiões e movimentos religiosos visam engendrar uma vida em entusiasmo, e precisamente num entusiasmo que nenhuma vivência pode sufocar e que, portanto, tem sua origem num relacionamento ao eterno, acima e além de toda vivência individual. No entanto, já que as experiências que o homem faz com o mundo e consigo próprio, muitas vezes, não são suscetíveis de produzir entusiasmo nele, as concepções religiosas indicam-lhe outro ser, o ser de um mundo perfeito, onde também a sua alma é perfeita. Frente a este ser de perfeição, a vida terrena afigura-se apenas uma antecâmara, ou, menos ainda, uma aparência e à perspectiva de uma para o outro incumbe a tarefa de suscitar o entusiasmo, a despeito de todas as decepções da experiência exterior ou interior; de criar a convicção fervorosa de que aquele existe e, sob certas pressuposições, é acessível à alma humana além da vida terrena, ou ao menos pode ser acessível aos poucos. O judaísmo, sem prejuízo da fé numa vida eterna, sempre teve a tendência de criar um lugar terreno para a perfeição. A grande concepção messiânica de uma perfeição

---

(1) As assim chamadas histórias milagrosas, quer dizer as histórias em cuja realidade é especialmente evidente a participação do "irreal", distingui-as, iniciando-as com a fórmula "Contam".

vindoura na terra, em cujo preparo todos podem tomar parte ativa, não foi capaz, apesar do seu poder sobre as almas, de dar à vida pessoal aquela constante e invencível alegria entusiástica, que só pode brotar precisamente de um presente realizado em si e não da esperança de uma realização futura. Isso tampouco se alterou, quando a doutrina cabalística da transmigração das almas possibilitou a cada qual identificar-se, através da alma, com um ser humano da geração messiânica, e a nutrir assim também o sentimento pessoal antecipado de participar dela. Somente nos próprios movimentos messiânicos, que se baseavam sempre na crença de que a perfeição se iniciaria imediatamente, irrompeu o entusiasmo, penetrando toda a existência. Quando o último desses movimentos, a embriaguez sabatiana, com suas conseqüências [2], terminou em apostasia e desespero, chegara a prova para a força viva da religião; pois agora, não uma simples mitigação do sofrimento, mas unicamente uma vida em alegria entusiástica poderia oferecer remédio e sustentar ao homem judaico. O surgimento do hassidismo significou êxito nessa prova.

Sem enfraquecer a esperança messiânica, o movimento hassídico provocou, tanto nos seus adeptos intelectuais como nas criaturas "simples", uma alegria no mundo como ele é, na vida como ela é, em cada hora da vida no mundo, como é essa hora. Sem embotar o ferrão da consciência ou amortecer o sentimento do fosso entre a figura ideal do homem tal como esta individualidade foi concebida na Criação, e sua realidade presente, o hassidismo mostrou ao indivíduo, partindo de cada tentação, até mesmo de cada pecado, o caminho para Deus, "que vive com eles no meio de suas impurezas". Sem diminuir a força obrigacional da Torá, o movimento não só fez luzir em todos os mandamentos legados um sentido imediatamente gerador de felicidade, mas chegou a eliminar efetivamente o muro que dividia o sagrado e o profano, ensinando a executar toda ação profana como santificada. Sem resvalar para o panteísmo, que aniquila ou debilita o valor dos valores — a reciprocidade da relação entre o humano e o divino, a realidade do Eu e do Tu que não cessa mesmo à beira da eternidade — o hassidismo tornou manifestas, em todos os seres e todas as coisas, as irradiações divinas, as ardentes centelhas divinas, e ensinou como se aproximar delas, como lidar com elas e, mais, como "elevá-las", redimi-las e reatá-las à sua raiz primeva. A doutrina talmúdica da *Schehiná*, rematada pela Cabalá,

---

(2) A figura central deste movimento messiânico que seduziu amplos círculos da Diáspora judaica foi Sabatai Tzvi (fal. em 1676). Pouco tempo depois de se ter proclamado Messias, o movimento desmoronou-se e Sabatai Tzvi passou-se ao islamismo. Por um momento, subsistiu uma teoria singular, que via nele a encarnação de uma hipóstase divina. Veja G. Scholem, *Major trends in Jewish mysticism* (2.ª ed., 1946), pp. 287-324. Trad. bras. Editora Perspectiva, 1972.

da "presença habitante" de Deus no mundo, recebeu um novo teor íntimo-prático: Se dirigires a força integral de tua paixão ao destino universal de Deus, se fizeres aquilo que tens a fazer, seja o que for, simultâneamente com toda a tua força e com essa intenção sagrada, a *kavaná*, reúnes Deus e a *Schehiná*, eternidade e tempo. Para tanto não precisas ser erudito, nem sábio: nada é necessário exceto uma alma humana, unida em si e dirigida indivisamente para seu alvo divino. O mundo em que vives, assim como ele é e nada mais, te proporciona a relação com Deus, relação que liberta a ti, bem como ao que há de divino no mundo, na medida em que está a ti confiado. E a tua própria condição, aquilo mesmo que és, constitui teu acesso particular a Deus, tua particular possibilidade para Ele. Não te aborreças com o teu gosto pelos seres e pelas coisas, não permitas apenas que ele se enquiste nos seres e nas coisas, e sim por meio deles avance para Deus; não te rebeles contra teus apetites, mas prende-os e ata-os a Deus; as tuas paixões, não deves mortificá-las e, sim, deves deixá-las agir e repousar sagradamente em Deus. Todos os contra-sensos com que o mundo te aflige se apresentam a ti para que lhes descubras o sentido, e todo contradito que te maltrata o íntimo, espera o teu dito para ser revogado. Todo arqui-sofrimento pede admissão na tua fervorosa alegria.

Tal alegria, porém, não constitui a meta de teu esforço. Ela te é atribuída quando te esforças por "alegrar a Deus". A tua alegria pessoal se eleva quando nada mais pretendes que a alegria divina — nada senão a própria alegria.

3

Mas como o homem, especialmente o "homem simples" — que antes de tudo preocupou o movimento hassídico — podia chegar a isto, a viver sua vida em alegria entusiástica? Como, no fogo das tentações, iria refundir os "maus instintos" em bons? Como, no cumprimento habitual dos mandamentos, encetaria a ligação extasiante com os mundos superiores? Como se aperceberia, em seu encontro com seres e coisas, da centelha divina que se abriga neles? Como iluminar, através da sagrada *kavaná*, a vida de todos os dias? Na verdade, nada mais é preciso do que uma alma humana em si unida, indivisamente dirigida para seu fim divino. Mas, neste labirinto de nossa existência na terra, como conservar em mira essa meta? Como reter a unidade no meio de mil e um perigos e aflições, enganos e ilusões? E se a perdermos, como recuperá-la? O homem necessita de conselho, de assistência, de consolo e redenção. Mas precisa de tudo isso não apenas no respeitante à alma; pois, de alguma maneira, as necessidades da alma se entrelaçam às pequenas e grandes aflições, às tristezas, aos desenganos da vida e, se não conseguimos sobrepujar estas, como vencer aquelas? É mister que haja um amparador, para o corpo e para a alma ao mesmo tempo, tanto para o terreno como para o divino. Este amparador chama-se *tzadik*. É aquele que cura na esfera do corporal e do espiritual, pois somente ele sabe como ligar as duas e consegue dessarte influir em ambas; ele te ensina a gerir os teus negócios de tal modo que teu coração se liberte, e ele te ensina a fortalecer de tal forma o teu coração que saibas resistir às agruras do destino. E, sempre de novo, ele sabe conduzir-te pela mão até o ponto em que possas aventurar-te a sós. Ele nada faz em teu lugar, que tenhas a força de fazer por ti mesmo; não livra a tua alma da luta que ela mesma deve vencer para realizar sua obra particular no mundo. Isto, todavia, também vale para a relação da alma com Deus. O *tzadik* (assim é segundo os ensinamentos do Baal Schem [3] e os grandes *tzadikim* os seguiram; tudo o que difere disso é distorção, cujos sinais aparecem relativamente cedo) deve facilitar a seus *hassidim* a relação imediata com Deus e não substituí-la. Ao fortalecer o *hassid* nas horas de dúvida, sem contudo instilar-lhe a verdade, mas apenas auxiliando-o a conquistá-la e reconquistá-la, desencadeia nele a força da verdadeira oração; ele o conduz a infundir à palavra da prece a direção certa e, estimulando, acelerando e avivando, une a sua própria prece à dele; na hora da necessidade, reza por ele e se empenha por ele. Nunca, porém, permite que a alma do *hassid* se deixe representar de tal modo pela sua, a ponto de renunciar à meditação e à tensão independente, precisamente àquele ir-em-direção-a-Deus da alma, sem o que a existência terrena forçosamente permanece incompleta. Assim, não só no terreno das paixões humanas o *tzadik* indica incessantemente os limites do conselho e do auxílio, como no da relação com Deus assinala ele constantemente os limites da mediação. Só até o limiar do imo pode o homem representar o homem.

Amiúde, ouvimos falar, tanto na doutrina hassídica como nas suas histórias, de um sofrimento substituto e, mais ainda, da morte de *tzadikim* como sacrifício expiatório. Contudo, quando em raríssimas vezes (como no caso do Rabi Nachman de Bratzlav [4]) se diz que o verdadeiro *tzadik* também cumpre o ato de expiação pelos que lhe são próximos, acrescenta-se logo

---

(3) A seu respeito, cf. o cap. 4 desta introdução e a primeira parte dos relatos.
(4) Sobre ele, vejam meu livro *As Histórias de Rabi Nachman* (*Die Geschichten des Rabbi Nachman*, 1906, reimpresso em minha coletânea *Die chassidischen Bücher*, 1927).

que, com este ato substitutivo, ele efetua a sua própria expiação. Auxilia a todos, mas a ninguém isenta de sua obrigação; seu auxílio é um des-prendimento. Assim, auxilia mesmo com a sua morte: os que lhe permanecem próximos nesta hora recebem "uma grande iluminação".

Dentro destes limites, desenvolve-se a profunda influência do *tzadik*, tanto sobre a fé e o espírito do *hassid*, como sobre a sua vida ativa, e mesmo sobre o seu sono, deixando-o límpido e puro. Todos os sentidos do *hassid* são levados à perfeição pelo *tzadik*, não por sua orientação consciente, mas por sua proximidade corporal: pelo fato de observá-lo aperfeiçoa-se o sentido da visão e, pelo fato de escutá-lo, o sentido da audição. Não são os ensinamentos do *tzadik* mas a sua existência que exercem o efeito decisivo; e não é tanto a sua existência em tempos extraordinários, como a existência não acentuada, não deliberada, inconsciente, do correr dos dias; não propriamente a sua existência como um homem do espírito, mas sua existência como homem completo, enfim toda a sua existência física, na qual se confirma o homem completo. Disse um *tzadik*: "Aprendi a Torá, os ensinamentos divinos, de todos os membros de meu mestre".

Tal é a ação do *tzadik* sobre os verdadeiros discípulos. É verdade que para atuar sobre muitos, sobre o povo, atuação que transforma o movimento hassídico em movimento popular, seu estar-aí não basta; o *tzadik* deve relacionar-se com o povo de tal maneira que este possa recebê-lo, deve formular seu ensinamento de tal modo que o povo o torne seu, deve "participar da massa do povo". Para elevá-lo à perfeição, cumpre-lhe conseqüentemente "descer de sua altura". Conta o Baal Schem: "Quando alguém está preso no atoleiro, e seu companheiro quer tirá-lo, este tem de sujar-se um pouco".

Um dos princípios fundamentais do hassidismo é que o *tzadik* e o povo dependem um do outro. Sua relação recíproca é constantemente comparada à relação entre matéria e forma na vida da pessoa humana, entre corpo e alma. A alma não deve vangloriar-se de ser mais sagrada do que o corpo, pois, somente pelo fato de ter descido ao corpo e de atuar com os membros deste, é que ela pode alcançar a perfeição; contudo, tampouco o corpo deve vangloriar-se de sustentar a alma: se esta o abandonar, ele apodrecerá. Assim, os *tzadikim* necessitam da massa do povo, e a massa do povo precisa dos *tzadikim;* sobre sua inter-relação repousa a realidade hassídica. E, destarte, aquele "descer de sua altura" não constitui verdadeira queda. Ao contrário: "Quando o *tzadik* serve a Deus, sem, no entanto, dar-se ao trabalho de ensinar a massa do povo, ele cai de sua altura", diz o Rabi Nachman de Bratzlav.

O próprio Rabi Nachman, um dos mais espirituais de todos os *tzadikim,* sentia-se profunda e misteriosamente vinculado ao "homem simples". Tal união elucida os singulares pronunciamentos que proferiu cerca de dois meses antes de sua morte. Viu-se, de início, em tal estado de exaustão espiritual, que declarou ser apenas um "homem simples"; quando, porém, esse estado passou imediatamente à mais alta incandescência do espírito, ele disse que, em tais períodos de queda, o *tzadik* recebia uma força vital que, em seguida, partindo dele, se derramava sobre todos os "homens simples" do mundo, não só os de Israel, como os de todos os povos. A força vital, porém, que ele captara, provinha do "tesouro da dádiva gratuita", acumulado, em tempos primitivos pré-israelitas, em Canaã, quer dizer, daquela substância misteriosa conferida também às almas dos "homens simples" e que os capacita a uma fé simples.

Aqui tocamos aquela base vital do hassidismo, da qual se esgalha a vida entre entusiasmadores e entusiasmados. A relação entre o *tzadik* e seus discípulos é tão-somente a sua mais intensa concentração. Nesta relação, a reciprocidade se desenvolve no sentido da máxima clareza. O mestre ajuda os discípulos a se encontrarem e, nas horas de depressão, os discípulos ajudam o mestre a reencontrar-se. O mestre inflama as almas dos discípulos; e eles o rodeiam e o iluminam. O discípulo pergunta e, pela forma de sua pergunta, evoca, sem o saber, uma resposta no espírito do mestre, a qual não teria nascido sem essa pergunta.

Duas "histórias miraculosas" ilustrarão simbolicamente a alta função dos discípulos.

Certa vez, no encerramento do Iom Kipur, o Baal Schem estava profundamente aflito, pois a lua não se deixava divisar, e ele não podia, portanto, proferir a "Bênção da Lua Nova", a qual exerceria, justamente naquela hora de grande e ameaçador perigo para Israel, especiais efeitos salutares. Em vão empenha ele sua alma para provocar uma mudança no céu. Enquanto isso, os seus *hassidim,* que de nada sabem, põem-se a dançar, como é costume nesta época do ano; dançam em sublime alegria, pois terminara o serviço de seu mestre, serviço igual ao do Sumo Sacerdote no Templo. Dançam na casa do Baal Schem, primeiro no vestíbulo, depois, de tanto entusiasmo, penetram em seu quarto, rodeiam-no e, por fim, no auge da exaltação, pedem-lhe que os acompanhe na dança e o atraem para a roda. Neste momento, a lua rompe as densas nuvens e aparece em maravilhosa pureza. Com sua alegria, os *hassidim* obtiveram o que a alma do *tzadik* deixou de conseguir, apesar do seu máximo esforço.

Entre os discípulos do Rabi Dov Ber, o "Grande Maguid", o mais importante dos discípulos do Baal Schem, foi o Rabi Elimelech o homem que manteve acesa a chama do cerne da tradição e preservou a escola como tal. Certa vez, durante uma ascensão de sua alma ao céu, informaram-lhe que, com sua santidade, estava reconstruindo o altar destruído no santuário da Jerusalém celestial, que corresponde ao santuário da Jerusalém terrena. Outrossim, tomou conhecimento de que seus discípulos o auxiliavam na obra de reconstrução. Certo ano, em Simhat Torá, faltavam dois deles, o Rabi Iaakov Itzhak, o futuro rabi de Lublin (o "Vidente"), e o Rabi Abraão Iehoschua Heschel, mais tarde rabi de Apt. A respeito do primeiro, o céu informara a Elimelech que conduziria a Arca ao Santuário; quanto ao segundo, disseram-lhe que levaria as Tábuas da Lei. Agora ambos faltavam. Disse o *tzadik* a seu filho: — Agora posso clamar dezoito vezes em seguida (como Israel antigamente clamava à Arca da Aliança quando esta o precedia nas batalhas): "Levanta-te, Senhor!", e de nada adiantará.

Nesta história são os discípulos como indivíduos que participam da atuação do *tzadik;* na anterior, participam como "santa congregação". Este fenômeno coletivo é indubitavelmente o mais significativo, por mais rico e colorido que seja o material anedótico que se conta do individual. A comunidade dos *hassidim* dependentes de um determinado *tzadik,* sobretudo o círculo fechado daqueles que o cercam constantemente ou, pelo menos, regularmente "viajam" [5] até onde ele está e o visitam, é sentida como uma poderosa unidade dinâmica. O *tzadik* liga-se a ela na prece e no ensinamento. Roga pela comunidade não apenas como seu porta-voz, mas como seu centro energético, onde se acumulou o fervor das almas congregadas e do qual, fundida com o fervor de sua própria alma, esta comunhão é elevada. Quando, no *schabat,* na "terceira refeição", comenta as Escrituras e revela seus segredos, sua lição é dirigida para ela; é ela o campo de força em que sua palavra, em ondas vibrantes, manifesta o espírito. E a própria refeição! Só se pode compreender-lhe a concentração e a bem-aventurança ao reconhecer que todos — cada um entregando-se por inteiro — se ligam em uma unidade entusiástica, como só seria possível à volta de um centro entusiasmador, que com seu ser indica o centro divino de todo ser. Trata-se de uma relação viva que encontra às vezes expressão estranha, inclusive grotesca; contudo, mesmo o grotesco em sua autenticidade depõe em favor da autenticidade dos impulsos. Pois não é possível apreender o hassidismo partindo de uma doutrina esotérica, mas somente a partir de sua vitalidade popular, que, às vezes — como toda vitalidade popular — se externa

---

(5) "Viajar" a um *tzadik* significa tornar-se seu seguidor, receber seus ensinamentos e visitá-lo de quando em quando.

de modo assaz rude. Outrossim, foi esta mesma vitalidade que emprestou às relações entre os *hassidim* a sua peculiar intensidade. O laço comum com o *tzadik* e com a vida divina por ele representada une-os um ao outro, não só nas horas festivas da oração coletiva e do repasto coletivo, como também no coração do cotidiano. Numa alegria entusiástica, brindam-se mutuamente, cantam e dançam juntos, contam um ao outro relatos milagrosos, abstrusos e confortadores; mas também se auxiliam e se empenham reciprocamente e a sua solidariedade mútua provém da mesma fonte profunda que o seu entusiasmo. Em toda a sua conduta, o verdadeiro *hassid* manifesta que, a despeito do sofrimento indizível da criatura, o impulso vital da existência é a alegria sagrada, e que, sempre e em toda parte, o homem pode chegar a ela — desde que se empenhe nisso.

Não é pouca a distorção no hassidismo e, como foi dito, não apenas nos seus estágios posteriores. Ao lado daquele amor entusiasta pelo *tzadik,* cedo encontramos uma forma mais grosseira de veneração, que o considera o grande mágico e um íntimo do céu, que dá um jeito em tudo o que está errado, que livra os seus devotos das fadigas da alma, assegurando-lhes um agradável lugar no Além. Mesmo onde reinava verdadeira fraternidade entre os *hassidim* de um *tzadik,* não raro acompanhava-se de uma estranheza e até, em alguns casos, de inimizade, inclusive para com os adeptos de outros *tzadikim,* assim como era tampouco infreqüente a liberdade da vida religiosa da comunidade hassídica ser paga com um oportunismo insensível em face dos poderes do Estado. Ao lado da fantasia ingênua do entusiasta, estabeleceu-se por vezes a mais grosseira superstição, que rasourava a obra da fantasia, e a crassa fraude, que abusava dela. Grande parte desses fenômenos nos são familiares também na história de outros movimentos populares religiosos de grande vitalidade; outra parte explica-se pelas premissas patológicas especiais da vida no exílio. Não julguei ser tarefa minha estender-me em tudo isto, mas antes mostrar o que torna o hassidismo um dos maiores fenômenos de religiosidade viva e fecunda que conhecemos e, até agora, a última grande florescência da vontade judaica de servir a Deus no mundo e de lhe santificar o dia comum.

Nos primórdios mesmos do movimento, o hassidismo desagregou-se em congregações separadas que, entre si, conservavam um medíocre relacionamento de vida, e cedo alguns *tzadikim* patenteavam traços problemáticos. Toda congregação hassídica, contudo, ainda contém uma semente do reino de Deus entre si; uma semente, não mais do que isso, mas também não menos; e muitas vezes, ela brota mesmo de matéria apodrecida. E mesmo o *tzadik* que perdeu o patrimônio dos antepassados tem momentos em que sua testa se ilumina, como se a luz primeva a tivesse tocado.

4

Como em outros casos não raros em que, numa crise de fé, esta se renova, também aqui o homem que impulsiona e encabeça o novo começo não é propriamente um homem do espírito, no sentido comum do termo, mas alguém que haure sua força numa união extraordinária entre poderes espirituais e telúricos, entre a luz celestial e o fogo terreno, porém é a componente superior que determina a figura alimentada pela terra: a vida de tal homem é um constante receber do fogo e transformá-lo em luz. E daí, daquilo que assim existe e ocorre em seu íntimo, provém seu duplo efeito sobre o mundo; os arrebatados pelo espírito ele devolve ao elemento e os sobrecarregados pelo terreno, ele eleva ao éter.

O fundador do hassidismo, Israel ben Eliezer de Mesbitsch (Miedzibor), denominado Baal Schem Tov (1700-1760), era um homem assim. A princípio, aparece como um de uma série de Baale Schem, de "Mestres do Nome", que conheciam um Nome divino dotado de poder mágico, que eram capazes de invocá-lo, e com tais artes proporcionavam cura e ajuda às criaturas que os procuravam: uma forma de magia que foi absorvida pela religião. O fundamento real da atuação desses "Mestres do Nome" era a sua capacidade de perceber as relações entre as coisas fora das conexões espaço-temporais (portanto, apenas o que se costuma denominar intuição), e sua peculiar influência, fortalecedora e consolidadora, sobre o imo da alma de seus próximos, pela qual este centro lograva condições de regenerar o corpo e toda a vida, influência bem diversa da assim chamada "força sugestiva", que não passa de uma sua imagem caricata. Israel ben Eliezer, por diversas facêtas de sua obra, desenvolve esta linha, porém, com uma diferença decisiva, que se revela mesmo na mudança do cognome "Baal Schem" para "Baal Schem Tov". Na tradição lendária, esta mudança e sua significação exprime-se de modo inequívoco.

Diferentes versões contam como o cunhado do Baal Schem, Rabi Guerschon — que a princípio o despreza como se fosse um ignorante, porém, mais tarde, se liga a ele e o segue fielmente — ou um dos descendentes do Baal Schem, chegam a um grande Rabi em terras estranhas, na Palestina ou na Alemanha, e lhe falam do "Rabi Israel Baal Schem". "Baal Schem?" contesta o rabi. "Este, eu não conheço." Ou mais friamente, como ocorreu ao Rabi Guerschon, que, descrevendo o Baal Schem como seu mestre, recebe a seguinte réplica: "Baal Schem? Não, este não é mestre". Quando, porém, o hóspede repete o nome completo de "Baal Schem Tov", a atitude do rabi, seu interlocutor, se transforma radicalmente. "Ah!", exclama, "o Baal Schem Tov! Este, realmente, é um grande mestre! Vejo-o toda manhã no Templo do Paraíso". Dos milagreiros comuns o sábio nada quer saber, mas o "Baal Schem Tov" — é coisa completamente diferente, é algo novo. De fato, o acréscimo de uma palavra mudou o sentido e o caráter do epíteto. "Schem Tov" significa "Bom nome". "Baal Schem Tov", o possuidor do Bom Nome, é alguém que, por ser o que é, conta com a confiança de seus semelhantes; "Baal Schem Tov", como designação geral, significa um homem em quem o povo confia, o "confidente" do povo. Com isso, o termo deixa de designar uma condição problemática para mudar-se em denominação de uma pessoa de confiança e, ao mesmo tempo, transformar o que, até então, era uma categoria mágica em religiosa, na mais verdadeira acepção da palavra: qualifica um homem que, a partir de sua relação com o divino, vive para e com seus próximos.

Conta-se que o Rabi Itzhak de Drohobicz, um dos *hassidim* ascéticos, contemporâneos do Baal Schem, que de início se lhe opuseram, hostilizava violentamente o inovador, porque ouvira dizer que distribuía ao povo amuletos contendo tiras de papel com inscrição de nomes secretos de Deus. Encontrando-se, certa vez, ele questionou o Baal Schem a respeito. Este abriu um dos amuletos e mostrou que, na tira de papel, nada mais havia exceto o seu próprio nome e o de sua mãe, "Israel ben Sara". Assim, o amuleto perdeu completamente os atributos mágicos. Nada mais era que um sinal e penhor da relação pessoal entre o auxiliador e o auxiliado, vínculo fundamentado na confiança. O Baal Schem Tov auxilia aqueles que nele confiam; é capaz de auxiliá-los porque nele confiam; dessa influência direta, que dele promana a cada instante, é símbolo permanente o amuleto, que, contendo seu nome, o representa. E, exatamente através do penhor dessa conexão pessoal, a alma do recebedor é "elevada". O que ocorre aqui é a união do telúrico e do espiritual no Baal Schem e, a partir desta união, o relacionamento entre ele e seus *hassidim* que atua em ambas as esferas.

Desta perspectiva torna-se compreensível não só a sua atitude para com os homens de espírito que ele procura atrair para o movimento hassídico, como também o fato de estes, em sua maioria, se lhe submeterem espontâneamente. Quando o homem que se tornou o maior de seus discípulos e o verdadeiro fundador da escola de doutrinação hassídica, Rabi Dov Ber de Mesritsch, o Maguid (pregador itinerante), veio, conforme uma versão da lenda, procurá-lo a fim de solicitar-lhe a cura de seus males, o Baal Schem apenas minorou-lhe o sofrimento físico, ao passo que o curou do desmedido espiritualismo, do "ensinamento sem alma". Esse exemplo mostra claramente como a Natureza atua na pessoa do auxiliador, a fim de reconduzir à sua atmosfera o espírito que dela se afastou demasiado, único meio em que, através de um incessante contato mútuo, a alma consegue medrar. E o "Grande Maguid", cujos poderes intelectuais superam de longe os do Baal Schem, inclina-se ante o fenômeno infinitamente raro e decisivo: a união do fogo e da luz num ser humano. Ocorre o mesmo com outro expoente da doutrina hassídica da segunda geração, Rabi Iaakov Iossef de Polnóie (Polónoie). Não é ele um pensador autônomo, como o Maguid, porém, um mestre do conhecimento tradicional e capacitado, portanto, a receber e expor, em toda a sua pureza, a doutrina do Baal Schem, que o retira de seu isolamento ascético e o encaminha para uma vida sem percalços junto aos homens. A lenda narra em múltiplas variantes como o Baal Schem o cativou; todas, porém, apresentam dois traços em comum: ele não se lhe revela diretamente, mas se manifesta através de sua maneira particular de ocultar-se e conta-lhe histórias (como em geral gosta de fazer), que, justamente por seu primitivismo e aparente falta de espiritualidade, excitam o ouvinte, até que este as compreenda e aceite como alusão a suas próprias necessidades mais íntimas. Aqui, mais uma vez, no relato de histórias e parábolas singelas que, no entanto, despertam o que há de mais pessoal, evidencia-se a união entre espírito e natureza, o que possibilita a atuação das imagens como símbolos, isto é, como um espírito cunhado na própria natureza. Característico no mesmo sentido é o que ambos os discípulos informam sobre os ensinamentos do Baal Schem e sobre sua associação com ele. Entre outras coisas, ensinou o Maguid a entender a língua dos pássaros e das árvores; e de maneira muito semelhante o Rabi de Polnóie relata a seu genro que o Baal Schem tinha o "sagrado costume" de conversar com os animais.

Rabi Elija, o *gaon* de Vilna, o grande opositor do hassidismo, responsável pelo anátema pronunciado contra este, o homem que queria proceder com os *hassidim* como "o profeta Elias procedeu com os profetas de Baal", acusou o Baal Schem de ter "desviado" o Maguid de Mesritsch pelas "suas artes de feitiçaria". O que lhe parecia feitiçaria era a unificação, numa pessoa, da luz divina e do fogo terreno, de espírito e natureza. Sempre que tal unificação aparece em forma humana, ela prova, com o testemunho da vida, a unidade divina entre espírito e natureza; revela novamente esta unidade ao mundo dos homens, que sempre volta a alhear-se dela, e suscita alegria entusiasta. Pois o verdadeiro êxtase não provém do espírito nem da natureza, mas da união de ambos.

5

Dentre os discípulos diretos do Baal Schem Tov não são muitos os que se encontram no foco de uma tradição lendária. É como se o olhar entusiástico dos que em grande número o procuraram se estreitasse a princípio, concentrando-se em algumas figuras especialmente caras, de modo que dos outros se contam poucas histórias, se bem que, amiúde, muito características. Somente na terceira geração vemos a casa de estudos do Grande Maguid tornar-se o centro de uma longa série de *tzadikim,* cada um em sua particularidade, cuja memória a lenda preservou e cultivou com amor imaginativo. Ademais, acrescente-se o fato de que, quando passamos dos relatos atinentes ao Baal Schem aos que tratam de seus discípulos, somos surpreendidos por uma mudança dos caracteres básicos onde quer que as narrativas não estejam ligadas à vida do próprio Baal Schem. Os três homens em torno de quem se cristalizou no essencial a tradição, o Maguid de Mesritsch, Pinkhas de Koretz e Iehiel Mihal de Zlotschov, são, no sentido específico, homens que ensinam, o primeiro como cabeça da escola-matriz hassídica, o segundo num pequeno círculo fechado que desenvolve a sabedoria de vida hassídica de maneira autônoma, o terceiro através da poderosa influência que exerceu em contatos fugazes, sobre uma ampla periferia, sem uma obra educacional subseqüente. Também aqui, a lenda se constrói fundamentalmente à base do ensinamento, coisa bem diversa do que se verifica no ciclo do Baal Schem, onde seus ensinamentos são narrados apenas como uma função parcial de sua vida. Neste particular, igualmente, efetua-se uma notável mudança na terceira geração: a anedota torna-se de novo mais variada, mais vívida, aproxima-se mais uma vez do caráter da lenda do Baal Schem, a vida volta a exprimir-se em toda a sua plenitude — só que, em verdade, o segredo do princípio, o segredo da grandeza elementar não retorna.

O Rabi Dov Ber, o Maguid de Mesritsch (fal. em 1772), era um pensador ensinante ou, melhor, o Baal Schem, que o retirou de sua solidão, fez dele um pensador ensinante. Daí por diante, a missão de ensinar determinava a mais profunda essência de seu pensamento. Deveras significativa é sua parábola predileta, que narra como um pai se adapta a seu pequeno filho, ávido de aprender. O Rabi vê o mundo como a auto-adaptação de Deus a Seu filhinho, o Homem, que Ele educa delicada e carinhosamente para que cresça em direção ao Divino. Aqui, pois, sob a influência de uma fundamental experiência pedagógica, o conceito cabalístico da "autocontração" de Deus para dar lugar à criação do mundo cessa de ser um conceito cosmogônico e transmuta-se em antropológico. E tal conceito é que incita o Maguid a tentar compreender o próprio mundo, do ponto de vista do método pedagógico de Deus. No entanto, o pré-requisito fundamental para a educação é a profundeza do sentimento nas relações entre o educador e o aluno; somente quem o experimentou tal como o Rabi Ber pode, como ele o fez, — segundo relata o mais abrangente entre seus discípulos, Rabi Schnoier Zalman — unificar a graça de Deus com o amor dos homens a Deus e a severidade de Deus com o temor dos homens a Deus, em outras palavras: estabelecer a reciprocidade desse relacionamento como princípio básico.

É mister compreender a imensa seriedade que tinha para a alma do Maguid sua vivência fundamental pedagógica, a fim de apreciar devidamente o que sabemos não só da intensidade de suas adequações ao caráter particular e ao destino íntimo de cada um de seus discípulos, como também o que se conta de suas preleções. Dizem que eram compreendidas diferentemente por seus alunos; no entanto, o Maguid se recusava a decidir por uma ou outra de suas concepções, pois, não importa qual das setenta faces da Torá que se contemple com o espírito da verdade, vê-se a verdade. Daqui surge um novo aspecto na didática do Maguid: ele não apresenta a cada passo relações sistemáticas, porém apenas uma sugestão ou uma comparação, sem tecer considerações suplementares; e os alunos têm diante de si a tarefa exaustiva de, cada um por si ou em conjunto, desenvolver o assunto e enquadrá-lo no contexto certo. "Contentamo-nos, escreve um deles numa carta, durante longo tempo com uma única coisa e conservamo-la em pureza, até que chegue o tempo de ouvir uma segunda." A intenção do Maguid é despertar a verdade inerente ao espírito do discípulo, é "acender as velas".

Mas tudo isto só nos é apreensível em sua total significação se nos lembramos de que o Maguid manifestamente foi sempre um extático; ocorre, porém, que, sob a influência do Baal Schem, esta sua qualidade foi desviada da esfera da solidão ascética para a vida de ensino com seus discípulos: daí por diante, seu êxtase assumiu a forma de ensinamento. Vários pronunciamentos de seus discípulos testemunham o caráter extático de sua preleção. Dizem que, tão logo abria a boca, afigurava-se a todos como se não fosse deste mundo e a *Schehiná* falasse de sua garganta. E de novo só se pode entender este fenômeno se se retroceder ao verdadeiro fundo a nós acessível: o Maguid, manifestamente, se colocara, com toda a paixão de sua alma, a serviço da vontade de Deus de elevar a Si o "filhinho"; a fim de desincumbir-se deste serviço, ele se considerou, tanto em seu pensamento como em seus ensinamentos, apenas um recipiente da verdade divina; para dizê-lo com suas próprias palavras, "retransformou o algo em nada". Neste sentido, compreende-se o efeito de seu ser sobre os discípulos, que o mais jovem de todos, mais tarde o "Vidente" de Lublin, descreve da seguinte maneira, quando de sua primeira visita ao Maguid: "Quando cheguei à presença do Mestre, do Maguid, vi-o deitado em seu leito: lá estava algo que era tão-somente a simples vontade, a vontade do Supremo". Daí por que seus discípulos aprendiam mais e coisas mais sublimes de seu ser do que de sua palavra.

O fundador do hassidismo, o Baal Schem, não fora um mestre no sentido específico do termo; comparado a ele, o Maguid representa a concentração didática; a isto se prende o efeito particular de sua atuação. O Baal Schem vivera, predicara, ensinara; tudo isso era uma e mesma coisa, tudo orgânicamente enfeixado em *uma* grande espontaneidade da existência, sendo o ensinar apenas uma entre as manifestações naturais da vida atuante. Era diferente com o Maguid. Em verdade, ele também não era um professor no sentido de uma função especializada, de uma "profissão". Somente em épocas de decadência de um universo espiritual, é que o ensinar, mesmo no mais alto nível, é considerado uma profissão; em épocas de florescimento, assim como os aprendizes de um ofício vivem com seu mestre, os discípulos vivem com o seu e "aprendem", em sua atmosfera vital, pela sua vontade e sem ela, toda sorte de coisas, coisas da prática e coisas da vida. Assim ocorria com os jovens do Maguid; não se cansam de repetir que foi ele com toda a sua humanidade que os educou; que a sua pessoa exercia sobre eles o efeito de uma Torá, um ensinamento de Deus. Mas para ele, sem dúvida, a mola mestra de sua existência era a vontade de ensinar. Ele instilou em seus discípulos a força de sua vida, renascida pelo contato com o Baal Schem. E o conjunto de suas idéias serve à sua missão de ensinar. Quando o Maguid que, como o Baal Schem, jamais escreveu um livro, permitiu que anotassem seus discursos, fê-lo a fim de transmiti-los às futuras gerações da escola, como um esteio permanente.

O Grande Maguid não criou uma instituição de ensino. Seu espírito engendrou apenas discípulos, sucessivas gerações de discípulos e discípulos de discípulos. Não conhecemos, em nenhum outro movimento religioso dos tempos modernos, algo equivalente a esse surto de tão rica multiplicidade de personalidades independentes, em tão exíguo espaço de tempo.

Do filho do Grande Maguid, Rabi Abraão, "o Anjo", que faleceu poucos anos apenas depois dele (1776), o Rabi Pinkhas de Koretz disse que, houvesse ele vivido mais tempo, todos os *tzadikim* de sua geração se lhe teriam submetido. E na autobiografia de um contemporâneo que, em Tischá B'Av, o dia que comemora a destruição do templo de Jerusalém, o viu lamentar-se durante uma noite e um dia por causa da destruição do Santuário, podemos ler: "Percebi, então, que não era debalde que todos o chamavam de anjo, pois esta não era a força de alguém nascido de mulher". Contudo, num aspecto de capital importância, ele não pode ser considerado discípulo de seu pai, pois neste sentido afasta-se mesmo da doutrina do Baal Schem: pretende consumar a transformação do "algo em nada" pelo retorno ao isolamento ascético. Conseqüentemente, não tem, como o Baal Schem, convívio com o povo, nem com discípulos, como o Baal Schem e o Maguid: somente a um homem, da mesma idade que ele, Schnoier Zalman, ensinou a Cabalá. No prefácio de sua obra póstuma, chama a atenção para o fato de que a verdadeira doutrina do Baal Schem e do Maguid "se obscureceu e se materializou muito perante os nossos olhos", e a este início de decadência opõe a imagem de um *tzadik* que "não pode descer ao último degrau para elevar sua geração". Aqui, como em outros exemplos, rompe-se nos descendentes físicos de um *tzadik* representativo a transmissão dos ensinamentos a um conjunto de discípulos. Já aqui, na segunda geração, surge a problemática do desenvolvimento hassídico, se bem que em sua forma mais sublime.

O segundo entre os homens do círculo do Baal Schem a se tornar centro de uma tradição foi o Rabi Pinkhas de Koretz (Korzec, fal. 1791). Em sentido estrito, não pode ser contado entre seus discípulos, pois, segundo a tradição, esteve somente duas vezes com o Baal Schem, a segunda das quais nos últimos dias de sua vida. Além disto, tal contato, aparentemente, não acarretou qualquer mudança básica em suas concepções; ao contrário, apenas as reforçou e confirmou; ainda assim, cumpre sem dúvida contá-lo entre os discípulos. Embora, ao mencionar o Baal Schem, não o qualifique como mestre, ele e sua escola citam importantes pronunciamentos do Baal Schem e prestam relevantes informações a seu respeito, sendo que, em ambos os casos, não dispomos de qualquer outra fonte, e que, portanto, se baseiam provavelmente numa tradição oral independente. Referimo-nos aqui em particular a um dos ensinamentos básicos do Rabi Pinkhas, segundo o qual devemos "amar mais" o homem maligno e odioso, a fim de aplanar a "fissura", a carência do poder de amor que ele próprio haja causado em seu lugar no mundo. Este desenvolvimento, segundo uma expressão literal (também só aqui transmitida), e outros ensinamentos fundamentais do Rabi Pinkhas se apóiam, pois, nas palavras do Baal Schem. Para compreender mais precisamente essa relação, devemos lembrar que o Baal Schem — como nos é dado entender a partir de vários indícios — encontrou tendências afins, que sua influência dotou de maior vitalidade e, na maioria dos casos, de profundas raízes. Entre essas tendências, as do Rabi Pinkhas (que contava cerca de trinta e dois anos quando morreu o Baal Schem) se aproximavam mais das suas e ele o aceitou mais como companheiro do que como discípulo.

A respeito do Rabi Leib, filho de Sara, o *tzadik* que com propósitos secretos errava pela terra, conta-se que chamou o Rabi Pinkhas de cérebro do mundo. Foi, em todo caso, um sábio verdadeiro e original. No período que separa o Baal Schem de seu bisneto, Nachman de Bratzlav, não se lhe pode comparar ninguém cujos pensamentos tivessem o mesmo frescor, clareza e precisão, ninguém que possuísse sua força livre e imaginativa de expressar-se. O que diz não raro provém de profundo conhecimento da alma humana, mas sempre é dito espontâneamente e de todo o coração. O êxtase aqui retrocede (ao contrário do Baal Schem e do Maguid, não há notícia de êxtases no Rabi Pinkhas), e os ensinamentos místicos se reduzem a uma doutrina vital de constante renovação pela imersão no nada, uma doutrina do "morra e renasça" que, no entanto, afirma também uma vida sadia, aberta a tudo o que é terreno, e uma comunhão de dar-e-receber com seus semelhantes. O círculo do Rabi Pinkhas não exerceu grande influência sobre o mundo externo. Mas, por ser o que foi, com a sinceridade sem rodeios de sua fé pessoal, com essa exposição totalmente arretórica e cheia de humor contido, com este fiel responder com a vida pelas exigências da religião, representa um setor à parte, único e inestimável.

Não se pode separar o Rabi Pinkhas de seu discípulo mais ilustre, Rafael de Berschad. Em toda a história do hassidismo, rica em fecundas relações entre mestre e discípulo, não conhecemos outro exemplo de tão pura harmonia, de uma continuação tão adequada da obra. Ao ler as anotações, por vezes, mal podemos distinguir o que se deve atribuir a Pinkhas e o que se deve atribuir a Rafael, e mesmo assim, se nos apresentam do último um número maior de declarações que trazem indubitavelmente o selo de um pensamento independente. Mais importante, porém, do que sua independência é a transparente naturalidade do devotamento com a qual o discípulo realiza em sua vida e — segundo a tradição — mesmo na morte os ensinamentos que selaram de maneira sublime e singela a proclamação do mandamento da verdade, pelo qual o mestre se empenhara durante tantos anos.

Outro fenômeno único, insuficientemente conhecido ainda, e mesmo de difícil conhecimento, é o Rabi Iehiel Mihal, o Maguid de Zlotschov (fal. provavelmente em 1786 [6]), o qual seguiu primeiro o Baal Schem e, após a morte deste, o Grande Maguid. Descendia de uma família daqueles *hassidim* ascético-místicos que o novo movimento encontrou e tentou conquistar por representarem, pela seriedade de seu piedoso modo de vida, um grupo particularmente importante para a tarefa da renovação religiosa. O pai de Mihal foi o Rabi Itzhak de Drohobicz, o mesmo que criticara os amuletos do Baal Schem; circulavam a seu respeito toda sorte de rumores sinistros: dizia-se, por exemplo, que, certa vez, prestara um favor ao "príncipe da floresta", ou que "devolvera ao mundo superior" aqueles seus filhos recém-nascidos que não lhe agradavam (Mihal teria ficado com vida unicamente porque a mãe só mostrou o rosto da criança ao pai depois que esse prometeu poupá-lo). A mãe do Rabi Itzhak, chamada "Iente, a profetisa", costumava acompanhar os serafins quando finalizavam o coral com o triplo "Sagrado". É a partir dessa atmosfera que se deve entender Mihal. Apesar de seu pai já estar próximo do movimento hassídico, é com hesitação que se liga ao Baal Schem; a tradição revela claramente que persiste nele a desconfiança original que só foi vencida gradualmente. Todavia, nunca superou seu ascetismo básico.

Mihal, já na sua juventude, veio a ser um pregador relevante, como o fora seu pai, e predicando vai de cidade em cidade; intimidando e fascinando, acentua que o seu intuito, nos sermões, é punir também a si próprio. O Baal Schem recrimina-lhe as pesadas penitências que impõe aos pecadores, e evidentemente o induz a amenizar sua atitude. No entanto, mesmo depois de sua morte, falam das almas que procuram um *tzadik* mais jovem para queixar-se do Rabi Mihal que, como presidente de uma corte de justiça celeste, castiga com redobrado rigor as faltas terrenas involuntárias, pois ele, que remanesceu puro, não compreende as tentações da criatura humana. Embora ele mesmo, como já se disse, aceitasse e desenvolvesse a doutrina hassídica e continuasse a linha do Baal Schem em sua doutrina do Impulso do Mal como auxiliador e do enaltecimento da sexualidade, jamais se libertou do todo do ascetismo

---

(6) Os dados sobre o ano de sua morte oscilam entre 1781 e 1792.

cujas formas extremas, contudo, repudiava enfaticamente. Segundo um relato muito característico que ultrapassa o limite entre o sublime e o ridículo, ele jamais se aqueceu junto à estufa, porque isso representaria uma concessão à indolência; jamais se dobrou ao comer, pois seria ceder à gula; jamais se coçou, pois nisto reinava a volúpia. Mas os dotes especiais do Rabi Mihal frutificaram nele de forma significativa e legitimamente hassídica. O exemplo mais notável disso é o fato de ele retomar a tradição dos "primeiros *hassidim*", que, segundo narra o Talmud, não proferiam a oração enquanto não tivessem preparado a *kavaná* no coração. Mas este tema se expande nele até abranger um amplo círculo social: para que sua prece seja de toda a comunidade, deseja unir-se aos mais importantes e aos menores para formar uma única e poderosa corrente de orações e — tomando como base uma tradição de seu pai e um dito do Baal Schem — pretende elevar às alturas as "preces aleijadas", as que ficam estendidas por terra, impotentes para se alçarem. Tal atitude, pela qual foi violentamente hostilizado, exerceu uma influência transcendente nas gerações futuras que o tinham em alta estima. Contudo, mesmo um *tzadik* contemporâneo disse a seu respeito que era "uma alma da alma" e foi para sua geração o que o Rabi Schimeon ben Iohai, mestre e fundador da doutrina oculta, fora para a sua.

Assim como o próprio Rabi Mihal, dois de seus cinco filhos figuram nos contos de estranhas ascensões da alma ao céu. Um terceiro, porém, Rabi Zeev Volf de Zbaraj (fal. cerca de 1802 [7]), após uma infância turbulenta, revela, ao contrário, uma natureza completamente diferente. Como seu contemporâneo Rabi Mosché Leib de Sassov (pertencente à quarta geração), fez-se um dos grandes amigos do homem e do mundo. Em contraste com seu pai — não se deve esquecer, todavia, que o Rabi Mihal recomendava a seus filhos que rogassem pelos inimigos — recusava-se firmemente a tratar os maus de modo diferente dos bons. Volf prodigalizava seu amor a todos os homens que encontrava, e mesmo aos animais. Ao homem compete amar tudo o que é vivo e a maneira como alguém se comporta em relação a ele não deve orientar o seu amor.

Dos discípulos do Rabi Mihal, mencionaremos aqui o Rabi Mordehai de Neskij (Niesuhoice, fal. em 1800), que acompanhou o seu mestre durante uma visita ao Grande Maguid. Contam dele numerosas histórias miraculosas; dizem que os próprios demônios reconheciam seu poder. A origem de tais histórias é um real poder sobre a alma das pessoas e, no caso do

[7] O ano de sua morte não é exato, oscilando os dados entre 1800 e 1820.

Rabi Mordehai, tal poder provém claramente da unidade de sua própria alma, unidade que, no entanto, encontrou plena expressão não no próprio poder, mas na unidade de sua própria vida. É o que obviamente pretendia sugerir o "Vidente" de Lublin quando diz que nele todas as atividades eram, na realidade, uma só.

6

A tradição hassídica atribui ao Grande Maguid trezentos discípulos. Cerca de quarenta conhecemos individualmente, com suas características pessoais, através de seus escritos. Destes, dez foram incluídos no presente livro, mas — como no caso dos discípulos do Baal Schem — não se encontram representados todos os que, no sentido humano, foram os mais significativos, pois a respeito de alguns o material transmitido pela tradição folclórica não foi suficiente para formar uma imagem narrativa de suas vidas. Os dez são: Menahem Mendel de Vitebsk (fal. 1788), que, ainda menino, foi levado pelo Maguid ao Baal Schem; Aarão de Karlin (fal. 1772); Schmelke de Nikolsburg (fal. 1778); Meschulam Zússia (em ídiche Zische) de Hanipol (Anopol, fal. 1800); seu irmão mais moço, Elimelech de Lijensk (Lejaisk, fal. 1786); Levi Itzhak de Berditschev (fal. em 1809); Schnoier Zalman de Ladi (fal. em 1813); Schlomo de Karlin (fal. em 1792); Israel de Kosnitz (Kozienice, fal. em 1814); Iaakov Itzhak de Lublin (fal. em 1815).

Rabi Menahem Mendel ocupa lugar de especial relevância na história do movimento hassídico, pois transplantou este movimento para a Palestina, onde, é verdade, alguns *tzadikim* já se haviam estabelecido antes dele. Desde os dias do Baal Schem, que, conforme a lenda, teve de retornar de suas fronteiras, a "Terra" figurava no centro da nostalgia pela redenção, tal como na época pré-hassídica. Depois de participar, como um dos líderes, na luta contra os anatematizadores, o Rabi Mendel deu a essa nostalgia expressão ativa quando emigrou para a Palestina (1771), com trezentos de seus *hassidim*, estabelecendo-se primeiro na velha cidade dos cabalistas, Safed, e depois em Tiberíades. Com isto criou para o movimento um local excêntrico, quanto à situação geográfica, mas central no sentido espiritual; proporcionou-lhe um reatamento orgânico com o passado. E à Terra trouxe um elemento de nova vida. A esse propósito, comenta um neto de seu companheiro Schnoier Zalman (que não pudera acompanhar Mendel à Palestina): outrora, quando a Terra de Israel estava em seu apogeu, ela podia elevar os homens; agora, porém, no estado de decadência em que se encontrava e singularmente continuando a decair, não podia elevar o homem, mas era este que devia elevá-la; só uma criatura da categoria de Rabi Mendel era capaz de fazê-lo. Segundo reza uma de suas cartas da Palestina, ele próprio considerava-se um enviado dos governadores da província ao palácio do rei; devia ter presente constantemente tudo o que concernia ao bem-estar físico e espiritual das províncias. Sobretudo com os seus *hassidim* que deixara atrás de si no Exílio, sentia-se tão duradoura e estreitamente unido que — segundo escreve um de seus companheiros — por ocasião da prece que se pronuncia antes de dormir, se lhe revelava tudo o que lhes acontecia na vida e no coração.

Aarão de Karlin fora escolhido pelo Maguid, entre todos os discípulos, como seu arauto, pois sabia como ninguém cativar as almas, não obstante combinasse sua corte com severas exigências quanto à maneira de viver. (Após sua morte prematura, seu sucessor, Rabi Schlomo de Karlin, disse em sua oração fúnebre que o Senhor o levara prematuramente porque seu poder de reconduzir os homens a Deus era tão grande que lhes tirava a livre escolha, o que era de suma importância.) "Ele foi nossa arma de guerra", declara o Maguid ao saber de sua morte. "Que faremos agora?" As intenções do Rabi Aarão eram evidentes: sem querer opor-se ao caráter popular do movimento, que persistiu também na escola karlina, passando por um desenvolvimento peculiar, pretendia criar uma elite inteiramente devotada à vida piedosa, inclusive prescrevendo-lhe um dia semanal de retiro e meditação introspectiva acompanhada de banho ritual e de jejum, o qual, no entanto, não devia assumir nenhum traço ascético, pois a ascese era considerada pelo Rabi Aarão uma isca lançada por Satanás. O que exigia brotava da mais legítima experiência própria. Seu "testamento" exprime seus mais íntimos propósitos em relação a si mesmo: preparar a verdadeira *kavaná* para a hora em que a alma deixa o corpo. Seu amigo Schnoier Zalman disse a seu respeito que ele fora uma verdadeira fonte do amor divino e quem o ouvisse orando era tomado pelo amor a Deus. Deve-se acrescentar, porém, aquilo que, após a morte do Rabi Aarão, o mesmo *tzadik* comentou sobre o seu grande temor a Deus [8]. Seu amor era apenas o florescimento de seu temor, pois somente através de grande temor pode-se — era este o sentimento essencial e a verdade da vida do Rabi Aarão — alcançar o grande amor: quem não teme, não ama o grande, o terrível Deus, mas um pequeno e conveniente ídolo. "Temor sem amor", assim reza conseqüentemente nos ditos de seu bisne-

---

(8) V. a história: "O Pequeno e o Grande Temor".

to, "é imperfeição; amor sem temor é nada". E este mundo em que vivemos é justamente o lugar em que através do temor podemos chegar ao amor e fundir temor com amor. Por isso, outra de suas sentenças diz: "Este mundo é o mais inferior e, não obstante, o mais elevado de todos".

Rabi Schmelke de Nikolsburg era, entre os discípulos do Grande Maguid, o pregador por excelência; não um pregador que exortava à penitência, como o fizera o Rabi Mihal em sua juventude, mas realmente um pregador. O sermão era o seu real elemento porque acreditava fervorosamente no poder transformador da palavra inspirada pelo espírito e perseverou nesta crença, a despeito de todas as decepções. Via na prédica o ato que eleva a prece da congregação à pureza máxima. Assim, em seus sermões, exigia sempre duas coisas dos que rezavam: primeiro, que com torrentes de amor afastassem todos os obstáculos e se unissem a uma verdadeira congregação para preparar a união da divindade; segundo, que desligassem sua oração de todo desejo individual e concentrassem a força de seu ser no único anelo de que se consuma a união de Deus com a sua *Schehiná*. Neste sentido, ele próprio orava e se extasiava com a sua santa intenção: no meio da oração abandonava todos os caminhos da memória e dos costumes e entoava melodias novas, nunca ouvidas anteriormente. Um homem deste feitio por força havia de provocar escândalo quando, de uma comunidade polonesa, se mudou para a cidade de Nikolsburg, na Morávia, completamente estranha ao mundo do hassidismo. Exerceu profunda influência sobre algumas almas não estioladas; a maioria, porém, das que foram incomodadas em seu sossego fez o possível para lhe dificultar a vida naquela congregação. A lenda, que reteve diversas variantes do incidente, conta como Rabi Elimelech, seu companheiro mais moço da casa de estudos do Maguid, veio visitá--lo e pregou um rude e jocoso sermão aos habitantes, no qual declarou não serem eles pacientes adequados a tão nobre médico, que primeiro ele, o barbeiro Elimelech, deveria submetê--los a drástico tratamento. E no mesmo instante lançou-lhes ao rosto, fixando-os nos olhos um a um, a descrição de todos os seus pecados e erros secretos. O Rabi Schmelke não seria capaz de fazê-lo, mesmo porque as fraquezas de cada pessoa não eram para ele assaz importantes. Sua atitude fundamental para com as pessoas, mesmo para com seus inimigos, era precisamente aquele fluxo copioso de amor que ele pregava. Exerceu profunda influência sobre alunos e amigos (sua casa de estudos, em Nikolsburg, era também um dos principais focos do movimento) e, através destes, sobre muitos outros.

Rabi Meschulam Zússia, conhecido entre o povo como o "Rebe Reb Zische", foi, em contraposição a Schmelke, uma figura de grandiosa popularidade. Aqui, séculos depois, nos estreitos confins dos guetos orientais, reaparecia o "Tolo de Deus", essa estranha figura que conhecemos das lendas dos budistas chineses, dos sufis e dos discípulos de São Francisco de Assis. Entretanto, pode-se também encará-lo como a sublimada santificação do *badhan* judeu da Europa Oriental, o bufão que, sobretudo nos casamentos, exibia suas farsas. Deparamo-nos com uma criatura que, em virtude de seu indene relacionamento direto com a Divindade, não partilha das regras e regulamentos da vida social, embora continue compartilhando da vida de seus semelhantes. Ele não se separa, apenas se desliga. Ele se coloca a sós em face do eterno Tu, mas não é a solidão do recluso e sim a do tranqüilo e fiel ao mundo, a que inclui a identidade intrínseca com todos os seres vivos. Desligado-solidário, vive em meio aos homens, considerando suas as falhas deles, comprazendo-se com seus semelhantes e com toda criatura na liberdade de Deus. E como os homens são feitos de tal modo que não suportam uma atitude como esta, que frustra sua evasão do Eterno, não se contentam em castigar o "tolo" com seu desprezo: tornam-no o sofredor, não de um curto martírio, mas de um que dura a vida inteira; e ele se compraz em seu sofrimento. No entanto, é igualmente do feitio do homem que tal destino incite-o ao mais sublime amor e assim é que o Rabi Zússia também foi amado pelo povo.

Rabi Elimelech, o irmão de Zússia, chamado de "Rebe Reb Melech", em sua juventude, participou, com o irmão, da vida de andanças. Ano após ano, vagavam sem rumo, imitando o errar da *Schehiná* banida, à procura de almas despertantes ou por despertar. Mais tarde, porém, seus caminhos divergiram. Zússia, conquanto estabelecido num lugar, vez por outra sentia o ímpeto andejo e, até idade avançada, continuou sendo o menino que assobia sua modinha para Deus. Elimelech, porém, estava destinado a ser um guia dos homens. Ele também conhecia o mundo intemporal do êxtase, mas sua inteligência segura e ponderadora ensinou-o a precaver-se contra os seus perigos e capacitou-o a combinar a vida do espírito às atividades de um organizador. Aqui, mais uma vez estava um homem que era simultâneamente chefe da escola hassídica e da congregação hassídica e, destarte, pode-se considerar o Rabi Elimelech o verdadeiro sucessor do Grande Maguid. Embora não se ombreasse a ele em independência e poder didático, quase o igualava em força construtiva e talvez o superasse no conhecimento intuitivo da multiplicidade do homem, de suas fraquezas e necessidades e dos meios de vencê-las. Remanesceu, pois, nessa memória do povo que gera as lendas, como o médico de almas, o afugentador dos demônios, o guia e conselheiro com poderes milagrosos.

De estofo totalmente diferente de Zússia, porém mais amplo, mais próximo à terra, mais ligado ao povo enquanto Nação, Levi Itzhak, o *rav* [9] de Berditschev, é o mais robusto dos alunos do Maguid e o que gozou de maior popularidade. O êxtase impregna toda a sua vida sólida e forte. Os transportes do Rabi Schmelke, de quem é fiel seguidor, se lhe transferiram, mas, em seu caso, tornaram-se por assim dizer mais substanciais. Em vez daqueles cantos estranhos que nascem de uma criação espontânea, surge na prece uma movimentação incontrolada de todo o corpo. Gosta de conversar com gente ignorante e rude; porém, mesmo sua palavra mais mundana é sagrada e visa o *Ihudim,* a união dos mundos superiores. Ataca duramente, onde quer que seja, algo de seu desagrado; mas deixa que o ensinem e se curva ante a simplicidade. E mesmo suas falas com Deus são coloridas de rude familiaridade. Não o enfrenta somente como intercessor apaixonado do povo de Israel, mas discute com ele, exige dele, e atreve-se inclusive a fazer ameaças, de um humor amargo e sublime que, incensurável na boca deste caráter único, na boca de outrem se transformaria em blasfêmia desagradável. Todavia, à sua maneira, ele louva também a Deus, intercalando as palavras prescritas pela oração com exclamações de afetuoso carinho.

Rabi Schnoier Zalman de Ladi, o *rav* da Rússia, cognominado também simplesmente "o Rav", pretendia seguir à Terra Santa com o Rabi Mendel de Vitebsk. Mas voltou, a pedido deste — por ordem, segundo a lenda, de uma visão em sonho — e, mais tarde, fundou a escola lituana do hassidismo, a Habad, termo formado pelas letras iniciais das três hipóstases ou *sefirot* superiores de um total de dez emanadas, segundo a doutrina cabalística, de Deus: Hokhmá, *sabedoria;* Biná, *razão;* Daat, *saber* ou *conhecimento.* A diretriz básica desta escola já se evidencia nesse nome, que da estrutura fechada das *sefirot,* tira aquelas especificamente "espirituais". Razão e intelecto devem ser reintegrados como caminho a Deus. A escola de Habad representa uma tentativa de reconciliar o rabinismo com o hassidismo, incorporando a ambos num só sistema de idéias, o que, no entanto, provocou um sensível enfraquecimento das concepções essenciais do novo movimento. A pró-

---

(9) *Rav* (mestre) é a denominação do chefe religioso da congregação geral judaica de um lugar, ao passo que o chefe do grupo local hassídico é chamado de rabi (meu mestre), em ídische *rebe* (às vêzes este era ao mesmo tempo *rav*). O *rav* ensina a lei religiosa e supervisiona seu cumprimento; preside a justiça local.

pria separação parcial das esferas ameaçava despir o hassidismo de sua base mais forte: o ensinamento de que as centelhas divinas são inerentes a todas as coisas e criaturas, a todas as concepções e impulsos e exigem de nós a redenção e, ligado a ésse ensinamento, a afirmação do *homem todo* na unidade corpo-alma, contanto que imprima a tudo que o move a direção de Deus. Em lugar da transformação dos "pensamentos estranhos", agora se exige do "homem mediano" a renúncia a éles e com isso, em relação a ele, abdica-se a tentativa de obter a unidade que tudo abrange. Sòmente ao homem superior não se veda o contato com as forças tentadoras (aqui, no entanto, a doutrina Habad se vincula a certas advertências que já encontramos no Rabi Efraim de Sadilkov, o neto do Baal Schem). Por outro lado, porém, a fim de fazer justiça à razão do indivíduo, tira-se ao *tzadik* o essencial que os ensinamentos do Baal Schem e mormente os do Maguid lhe haviam proporcionado: a grande função de auxiliador e mediador cósmico; junto com o abuso elimina-se outrossim o objeto do abuso. Contudo, mesmo assim, não se deve atribuir a esta posição especial da Habad um caráter semelhante a cisma. Pois o Rav não estava menos exposto, antes ao contrário, às inimizades dos *mitnagdim,* dos "adversários", do que os outros *tzadikim* de seu tempo; por causa das intrigas de rabinos anti-hassídicos, foi diversas vezes preso, sendo confinado na fortaleza de Petersburgo e submetido a demorados interrogatórios. Imputaram-lhe ensinamentos deturpados da doutrina do Baal Schem, cujo sentido verdadeiro ele também confessava. É verdade que não foi totalmente sem razão que um *tzadik* disse da Habad que se parecia a uma espingarda carregada na mão de alguém que sabia atirar e conhecia o alvo, só que faltava a espoleta. No entanto, mesmo éste movimento derivado com seu misticismo racionalizado — incentivado pelas tendências racionais dos judeus lituanos — ainda manifesta aquela velha ascensão da alma; o cálido convívio do *tzadik* com seus *hassidim* mostra-se mais forte que a doutrina enrijecida; além disso, o Rav contava entre seus alunos homens notáveis que de novo aproximam os ensinamentos de sua origem. Com certeza, a "chama" hassídica ardia no próprio Rav. Contam-se de sua vida certos traços que indicam uma apaixonada religiosidade pessoal; e seu próprio apego a Deus é documentado por suas melodias, em especial aquelas chamadas simplesmente "melodias do Rav". Ora ligadas a um hino cabalístico, ora girando apenas em torno da invocação divina *Táteniu,* "Paizinho", despertando o terror, vêm constantemente aos lábios dos *hassidim* Habad, seja à mesa festiva, seja na solidão.

O Rabi Schlomo de Karlin, também discípulo de Aarão de Karlin e que, após a morte deste, lhe sucedeu, é, entre os discípulos do Maguid, um rezador num sentido mais estrito ainda do que Levi Itzhak: este, na prece, é sobretudo o advogado do povo, ao passo que Schlomo é exclusivamente aquele que reza. O ensinamento do Baal Schem, segundo o qual o homem, antes da oração, deve estar pronto a morrer, pois tem de entregar-se inteiramente à intenção do rezar, criou no Rabi Schlomo raízes como em ninguém mais. Para ele a oração é um risco tão grande, a que a pessoa deve entregar-se de maneira tão completa, que não pode pensar em mais nada, nem planejar nada para ser feito depois. Desde a juventude, essa capacidade de devotamento infundia à sua prece um poder sem igual. Antes de levá-lo ao Grande Maguid, o Rabi Aarão contou-lhe do jovem que, na véspera do Dia do Perdão, ao recitar os salmos, pronunciava as palavras: "Como é sublime o Teu nome sobre toda a terra!" de tal maneira que em derredor não ficava sem elevar-se uma única das centelhas perdidas. Digna de atenção especial é a história de como alguns *hassidim* do Rav, ao visitá-lo, caíram em prolongado êxtase, ouvindo-o recitar um salmo antes da oração da mesa. O Rav, na verdade, lhe dispensou palavras de elogio, dizendo que era "um palmo mais alto que o mundo", mas conta-se, igualmente, que disse o mesmo a fim de obstar alguns *hassidim* que, após a partida do Rabi Mendel de Vitebsk para a Palestina, pensavam juntar-se ao Rabi Schlomo. "Como podem vocês ir ter com ele? Pois não é ele um palmo mais alto que o mundo!", com o que ao mesmo tempo louvava o êxtase de Schlomo e o qualificava de inconveniente. Isto fornece a chave para se compreender o que mais tarde aconteceu entre eles. Durante uma crise do hassidismo karlino, provocada justamente pelo crescente poder de atração do Rav, o Rabi Schlomo concebeu o propósito de estabelecer-se na região de Vitebsk, anteriormente centro do Rabi Mendel e agora incluído na esfera de influência do Rav; procurou-o, pois, para obter sua anuência. O Rav fixou três condições que caracterizam ambos os homens: o Rabi Schlomo não devia tratar os eruditos com desprezo; não devia desdenhar a "devoção natural" (isto é, aquela que não é extática), e não mais devia declarar que era o *tzadik* quem carregava as ovelhas (referência à função mediadora do *tzadik*). Schlomo aceitou as duas primeiras condições e rejeitou a terceira, desistindo, assim, de seu plano. Mais tarde procurou o Rav e com ele teve longa conversa, a qual, segundo dizem os *Habad-hassidim,* não pode "ser posta em papel" por causa de seu caráter "consternador". Na época das desesperadas lutas da libertação polonesa de 1792, em cujo transcurso Schlomo encontrou a morte, ele rogou pela Polônia, enquanto o Rav (assim como faria vinte anos mais tarde, durante a invasão napoleônica) rogou pela Rússia. A tradição que vê em Schlomo de Karlin a forma fenomenal do primeiro Messias sofredor que "aparece de geração em geração", conta como ele foi atingido no meio da oração por uma bala cossaca, continuando, porém, sua obra de oração, mesmo depois da morte.

Reencontramos o poder da oração do Rabi Schlomo, em forma mais moderada e serena, num dos discípulos mais jovens do Grande Maguid, Rabi Israel, o *maguid* de Kosnitz. Conta a lenda que o Baal Schem prometeu a um encadernador e sua mulher o nascimento de um filho na velhice, por terem eles deleitado seu coração com a maneira festiva de celebrar o *schabat*. O filho, Rabi Israel, fora, durante toda a vida, doentio e muitas vezes esteve à beira da morte, mas suas preces eram tão poderosas que as fileiras de devotos olhavam aquela figura franzina como a um heróico general. Após a morte do Grande Maguid, ligou-se ao Rabi Schmelke, após o falecimento deste ao Rabi Elimelech e, morto este, ao Rabi Levi Itzhak. Na maturidade da vida e da obra, ainda se considerava discípulo. Quando recitava as sentenças dos mestres talmúdicos ou pós-talmúdicos, sempre pronunciava seus nomes com tremor e temor. Na véspera do Dia da Expiação, a congregação inteira, homens e mulheres, costumava vir à sua porta, implorar em soluços e prantos o perdão; ele saía, chorando também, jogava-se ao chão e exclamava: "Sou mais pecador que todos vós". Assim, choravam juntos e juntos iam mais tarde à casa de oração para rezar o *Kol Nidre*. O poder da oração viva — à qual, disse ele uma vez, cabe despertar as orações mortas e elevá-las — emanava constantemente de seu leito de doente. De toda parte vinham judeus, camponeses e aristocratas, para receber sua bênção, pedir sua intercessão ou apenas contemplar-lhe o semblante. A nenhum outro *tzadik,* desde os dias do Baal Schem, são atribuídas tantas curas de "possessos" como a ele. A lenda coloca-o mesmo frente à história de sua época. Dizem ter predito o triunfo de Napoleão e, depois, sua queda, chegam mesmo a atribuir o começo desta queda — o término da campanha russa — à força de suas orações.

Na luta cósmica que o Rabi Israel travou, também desempenhou parte importante o seu amigo e co-discípulo — tanto na escola do Grande Maguid como, mais tarde, na do Rabi Schmelke e Rabi Elimelech — o Rabi Iaakov Itzhak de Lublin, chamado "o Vidente" porque possuía o poder intuitivo do Rabi Elimelech em grau mais elevado ainda. "Os olhos do Lublinense, peço licença para dizer, nem mesmo o Rebe Reb Melech teve", disse um de seus discípulos. É o único *tzadik* a receber de seu povo esse epíteto, que, no entanto, tem sentido completamente diverso, quando aplicado aos profetas bíblicos. Através dos profetas fala a *vontade* de Deus; ele não prevê nem prediz uma realidade futura; de fato, o que está no futuro lhe interessa somente na medida em que não é ainda de forma alguma apreensível e "visível" como uma realidade, em que repousa ainda na vontade de Deus e na relação livre do homem com esta vontade, e conseqüentemente depende, de certa maneira, da opção íntima do homem. O vidente, na acepção hassídica, por outro lado, vê a realidade existente e somente ela, no espaço e no tempo, mas o seu ver tem maior alcance que a percepção dos sentidos e o trabalho do intelecto apreensor, seja adiante no devir, seja profundamente atrás no passado, os quais reconhece precisamente no presente e através dele. Assim, o Rabi de Lublin podia ler, na testa de um visitante ou no pedido deste, não só a sua natureza e os seus atos, como também a extração de sua alma — segundo a árvore genealógica das almas que possuem sua própria propagação — e suas andanças. Incontáveis foram os que vieram a ele buscando banhar e iluminar a alma à luz de seus olhos. E os discípulos sentiam-se de tal forma abrigados em seu fulgor que, enquanto se demoravam nele, esqueciam o Exílio, julgando encontrar-se no Templo de Jerusalém. Ele, porém, não esquecia o Exílio. Na constante expectativa da hora libertadora, tornou-se finalmente instigador e figura principal daquela ação misteriosa que ele e alguns outros *tzadikim* — entre os quais o antinapoleônico Israel de Kosnitz e o pró-napoleônico Mendel de Rimanov — empreenderam com o fito de converter as guerras napoleônicas na luta final pré-messiânica de Gog e Magog, e em conseqüência da qual os três chefes morreram no espaço de um ano [10]. Haviam "forçado o fim"; pereceram em seu sopro. A magia, que o Baal Schem havia aprisionado, quebrou as cadeias e empreendeu sua obra de destruição.

À parte dos discípulos do Grande Maguid, embora houvesse crescido sob os cuidados deste, encontra-se um homem bizarro e muitas vezes desconcertante: Baruch de Mesbitsch (fal. em 1811), o mais novo dos dois filhos de Odel, a filha do Baal Schem. O mais velho, Efraim, educado ainda pelo avô, era um homem calmo e doentio. Conhecemo-lo através de pouco mais de um livro, onde cita e interpreta os ensinamentos do Baal Schem e conta anedotas lendárias sobre ele, as quais — junto com anotações semelhantes do Rabi Iaakov Iossef de Polnóie — logo começaram a cristalizar-se como um núcleo de uma

---

(10) Relatei estes acontecimentos em meu livro *Gog e Magog* (hebraico em 1943, tradução alemã em 1949).

biografia lendária. Além disso, descreve sonhos em que amiúde lhe aparece o Baal Schem morto.

Quadro completamente diferente, cheio de contradições, e ainda assim coerente em si, nos oferece Baruch. Apontou-se muitas vezes e com razão o seu interesse pelas riquezas e pelo poder, sua ostentação e arrogância, e o que sabemos a respeito bastaria para explicar as suas contendas com outros *tzadikim* importantes, mesmo que ele, na maioria dos casos, não tenha sido o agressor. Ainda assim, seria um erro lançá-lo de cambulhada com um tipo posterior e degenerado de *tzadik*. Muitas coisas que ouvimos de seus próprios lábios, e outras narradas a seu propósito, testemunham uma legítima e exuberante vida mística, conquanto de um gênero que não produz uma harmonia com o mundo dos homens, mas leva a encará-lo como um domínio estranho onde estamos exilados. Baruch considera, pois, seu dever desafiá-lo e combatê-lo. Um traço essencial, para a compreensão de sua alma, é o fato de ser o Cântico dos Cânticos o trecho que ele recita com o máximo fervor. E não menos importante é o fato de que certa vez designou a Deus e a si como dois estrangeiros perdidos num país desconhecido e que se tornam íntimos. Mas o quadro dessa alma que toma forma através dessas características é complicado pela circunstância de que Baruch gosta de interpretar as ações e incidentes de sua própria vida, entre eles alguns bastante triviais para nós, como simbolização de eventos celestiais e pretende que também os outros os vejam e percebam desta forma. Contudo, se atentarmos bem, é fácil perceber que, em última análise, seu objetivo era tudo, menos a busca de prestígio; sem dúvida, preferia realmente, conforme um dito seu, ficar mudo a "falar bonito", isto é, falar de modo a agradar o ouvinte em vez de lhe desferrolhar a verdade. Resumindo, podemos concordar com as palavras que certa vez o Rabi Israel de Rijin, bisneto do Grande Maguid, afirmou a seu respeito: "Junto ao Rebe Reb Baruch, o crente sagaz podia absorver o temor a Deus às colheradas; o tolo, porém, se tornava um tolo ainda maior". E isto não se aplica somente a este *tzadik*.

7

Era costume considerar a época que se seguiu às três primeiras gerações do hassidismo como o início da decadência. Isto é uma simplificação dos fatos. Frente a tais desenvolvimentos, cumpre sempre indagar que parte do movimento evidencia uma decadência que pode muito bem acompanhar-se de um enriquecimento, de uma multiplicação ou mesmo de um fortalecimento de outros elementos. Sem dúvida, na segunda fase do hassidismo — que compreende principalmente a primeira metade do século XIX, embora algumas figuras ultrapassem este período de tempo — a força singela do princípio diminui. As grandes linhas das primeiras pregações e lutas se confundem, e não raro a sagrada paixão de aproximar céu e terra cede lugar a um comércio da religião, como se vê em todos os grandes movimentos de fé que sobrevivem às gerações do despertar e da revolução. Mas, concomitantemente, existe uma abundância multi-ramificada da nova vida espiritual, que, embora não continue elaborando na essência as idéias fundamentais do movimento hassídico, amplia a esfera de realização dessas idéias e aplica-as às questões da vida diária numa escala bem mais acentuada do que antes. Do mesmo modo, a expressão, mesmo diminuindo em força elementar, ganha, não raro, maior riqueza; o aforismo, a parábola, o conto de fadas simbólico, que até agora apareciam como ingênuas, hábeis, mas inacabadas improvisações de gênio, só agora alcançam sua perfeição literária.

Contudo, a verdadeira problemática da segunda época não aparece na esfera do espírito e da doutrina, mas na da construção interna, e isto em três diferentes aspectos: na relação entre o *tzadik* e a congregação, na dos *tzadikim* e das congregações entre si, e na do *tzadik* e sua escola. Em todos os três, nesta época, ocorreram ocasionalmente mudanças notáveis e significativas.

É comum a ambos os períodos que o *tzadik,* em geral, comece "oculto", para mais tarde "revelar-se", isto é, que permita à sua vocação sagrada tornar-se perceptível e conhecida. A isto acresce em geral que seu mestre crê nele e o reconhece. Em outras palavras: a congregação recebe seu guia do "alto", diretamente através da manifesta graça do céu que repousa sobre ele, e indiretamente pela escolha e ordem do mestre, a qual, por sua vez, se baseia na sua vocação sagrada. Somente quando, após a morte de um dos grandes mestres da doutrina, surge a questão de decidir qual dos *tzadikim,* seus alunos, deve sucedê-lo, e não há acordo anterior ou cisma, esta decisão cabe aos próprios *hassidim,* e isso não se faz numa forma determinada e estabelecida, mas sempre na maneira inspirada e determinada pela própria situação. A crer na lenda (e aquilo que ela conta corresponde inteiramente ao que conhecemos de acontecimentos similares na história da religião), esta decisão costuma ser dada e aceita como algo misterioso: a congregação funde-se numa unidade até então desconhecida, e esta unidade como tal sente em seu íntimo a vontade do céu e por isso ousa também executá-la. A congregação tornou-se um corpo

Introdução

único que age com plenos poderes que parecem francamente mágicos. Na segunda época, todavia, multiplicam-se tais decisões, tanto no caso em que, à morte de um *tzadik,* exista um filho a quem caberia a sucessão, como no caso em que este não exista. Característico dessa mudança de situação é um diálogo, transmitido pela tradição, entre uma grande e trágica figura, que formalmente se localiza na quarta geração, mas que melhor se enquadra na quinta, o Rabi Mendel de Kotzk, e o jovem Mendel de Vorki, filho de seu amigo, o Rabi Itzhak de Vorki, nove meses após a morte deste. O primeiro deseja saber notícias da sucessão ao cargo do amigo a que Mendel, até então, se esquivara em vez de esforçar-se por obtê-la. O Rabi de Kotzk indaga: — Como está o "mundo" (isto é, a congregação)? — Responde o discípulo: — O mundo está parado (quer dizer, o problema da sucessão não evoluiu). — E novamente o rabi: — Dizem que você assumirá o mundo. — Responde o jovem Mendel: — Se assim fosse, eu o sentiria. — Finalmente o Rabi comenta: — Dizem que são os *hassidim* que fazem um rabi. — Ao que retruca Mendel de Vorki: — Jamais me empenhei em receber esmolas. — Isto significa: não quer receber a dádiva do céu das mãos da congregação; não reconhece sua autoridade, ao contrário mantém-se nos princípios da grande tradição hassídica. E o motivo pelo qual se opõe dessa forma é esclarecido por um gracejo amargo do Rabi Mendel de Rimanov, um *tzadik* do tempo de transição entre a primeira e a segunda época. "Até um pedaço de madeira fará milagres se mil *hassidim* cheios de fé se reunirem à sua volta." É óbvio que aqui a palavra "fé" significa superstição: tais *hassidim* não acreditam que o céu haja escolhido e mandado um *tzadik* para eles, mas que a congregação tem direito a um verdadeiro *tzadik* e que, conseqüentemente, ela não só o obtém, como pode inclusive "fazê-lo". A conseqüência natural deste ponto de vista é o aumento de *tzadikim* de qualificação duvidosa. "A gente não deve sentar-se na cadeira enquanto Elias [11] não chama"; mas os duvidosos pensam de outra maneira.

O segundo problema surgiu da grande quantidade de *tzadikim* sem uma instância superior, multiplicidade essa que deve ser entendida como uma das bases essenciais do movimento hassídico. O hassidismo surgiu historicamente como resposta à crise do messianismo. O desenvolvimento extremamente antinomístico do movimento sabatiano, que acreditava poder despir o Deus de Israel de seu caráter de Mestre e Senhor do caminho certo, e ainda assim continuar a possuir um Deus

---

(11) Elias, elevado ao céu, segundo a tradição, é mandado à terra como mensageiro de Deus para ensinar e auxiliar. Aquele a quem aparece tem a vocação.

judeu, preparou o terreno ao hassidismo, como a tentativa concentrada de preservar a realidade divina para o judeu; a empresa frankista [12], que, numa degeneração grotesca, dava o último salto para uma espécie de niilismo revestido de mitologia, mostrara às almas despertas que não só parte da comunidade de Israel, mas toda ela se achava à beira do abismo e, por isso, as melhores forças se encaminharam para o hassidismo. A amarga experiência demonstrara a necessidade de prevenir o retorno da fé em *uma* só pessoa. Foi o que fez o hassidismo, de um lado, ao renovar, em face dos prolongamentos da teologia sabatiana, a imagem clássica da escatologia bíblica, a imagem do executor totalmente humano do desejo divino de salvação, e, de outro lado, ao repudiar tudo o que viesse a conferir atributos divinos a um homem, como sucedera nesses últimos movimentos messiânicos. Nem na doutrina, nem na lenda é possível descobrir o menor grão de representação encarnacionista na figura do próprio Baal Schem. Se isso não bastasse, a estrutura da comunidade hassídica se alicerçava fundamentalmente numa multiplicidade que não se podia fundir numa unidade — pouco importa se em conseqüência de um sentimento mais consciente ou inconsciente de perigo. Todas as congregações tinham existência autônoma, sem qualquer instância superior. Acima dos chefes, dos *tzadikim*, não havia nenhum outro chefe supremo. Mesmo o Grande Maguid, que já encabeçava uma comunidade hassídica constituída de congregações, não almejava outra coisa exceto a situação de mestre. Nas gerações subseqüentes irromperam, é verdade, rivalidades entre os *tzadikim* pelas posições mais elevadas, e a disputa entre os *tzadikim* transmitiu-se mesmo às congregações, porém de forma alguma é içada seriamente a exigência de validade exclusiva. Só na segunda fase, a rivalidade degenera em exclusão mútua; isto se manifesta mais patentemente na querela entre "Zans" (Rabi Haim de Zans) e "Sadagora" (Rabi Abraão Iaakov de Sadagora e seus irmãos), onde reaparecem as formas de luta que prevaleciam antes na controvérsia entre *mitnagdim* e *hassidim*, chegando mesmo à excomunhão e contra-excomunhão. O que estava por trás de tudo isso evidencia-se claramente dos pronunciamentos do Rabi de Zans, que citava a lenda da rivalidade entre o sol e a lua, onde o sol afirma que dois reis não podem servir-se de *uma* só coroa. Os *tzadikim* que compreenderam o perigo lutaram energicamente contra tais desvios do caminho hassídico. É neste sentido, por exemplo, que devemos entender a palavra de importante discípulo do "Vidente" de Lublin, o

---

(12) De Iaakov Frank. Sobre este movimento do sabatianismo no século XVIII, compare o parágrafo "Os princípios" no meu livro *A Mensagem Hassídica*.

Rabi Hirsch de Jidatschov; diz ele que é idolatria os *hassidim* considerarem o seu rabi como o único verdadeiro. Todavia encontramos também declarações em que a pluralidade é elevada a um absoluto que raia o ridículo, como, por exemplo, quando o neto de um notável pensador hassídico afirma que todo *tzadik* deve ser um messias para seus *hassidim*.

E em terceiro lugar: Nos primórdios do hassidismo, não se pode sequer pensar numa competição entre mestre e discípulo, quer de um lado, quer do outro. De um lado, o devotamento do discípulo ao mestre constitui a tal grau um laço válido para a vida inteira que não pode ocorrer a idéia de uma ação contra a vontade do mestre. De outro lado, o mestre, longe de encarar os discípulos como rivais em potencial, estabelece, sempre que possível, discípulos capazes como chefes de congregação onde servem ao movimento como se fossem seus representantes. Lê-se, por exemplo, que o Grande Maguid, numa forma realmente bíblica, oferece bastão e cinto [13] ao Rabi Menahem Mendel, nomeando-o rabi de Vitebsk. Surge uma mudança já na geração seguinte, mais ou menos ao fim do primeiro período. O homem que sucedeu verdadeiramente ao Grande Maguid como chefe do ensinamento, Rabi Elimelech de Lijensk, não quer tolerar que seus discípulos chefiem congregações próprias durante a sua vida. Quando um deles, o futuro "Vidente" de Lublin, o faz a despeito de tudo, resulta daí uma tensão profunda e duradoura. Conta mesmo a lenda que a maldição do Rabi Elimelech produziu efeito funesto para aqueles que se uniram ao discípulo. A mesma relação, porém, se repete, apenas ainda mais pronunciada e complicada, entre o mestre de Lublin e alguns de seus discípulos, e atinge a altura de sombria tragédia quando o Lublinense, injustamente, suspeita de competição o mais nobre desses discípulos, o Iehudi, levando-o, a dar crédito à tradição, à morte. Acrescenta a tradição oral que o "Vidente" disse repetidas vezes que o Iehudi estava acima dele ("caminha mais alto que nós"), mas que ele, o Vidente, fora indicado para o lugar pelo Rabi Elimelech — palavras bastante estranhas, à luz de todos esses acontecimentos, mas que certamente refletem a consciência do orador. Em todo caso, apesar de desaprovada, a chefia de uma congregação por um discípulo é, a esta altura, em si tolerada. Na geração seguinte, porém, em quase toda parte já é aceito como lei que aluno algum poderá fundar em vida do mestre sua própria congregação. Com isso, abandonou-se um princípio básico do movimento hassídico, que poderíamos chamar de *apostolado interior*. Em vez de enviar os discípulos provados a fim de complementarem a sua obra de doutrinação e

---

(13) Os símbolos da liderança. Pela transmissão desse bastão, o rabi confere a autoridade para agir em seu nome.

construção com o seu próprio trabalho, cada qual numa esfera independente, o mestre os acorrenta a si e à sua casa, com o que fica prejudicada a atividade do movimento. Considerando estes e outros fenômenos semelhantes, torna-se compreensível a crítica severa que importantes *tzadikim* da segunda época fazem ao *tzadikismo* de seu tempo. "É por isso que suspiro", diz o Iehudi, após enunciar os tipos dirigentes das gerações anteriores, "depois dos quais surgiram os *tzadikim*", "pois vejo que também isto será corrompido. O que fará Israel?" Outro *tzadik* recusa-se a "dizer Torá"[14], porque nota, em certos *tzadikim,* que as suas preleções instrutivas não guardam mais a completa pureza original dos ensinamentos hassídicos e que, por isso, os demônios à espreita podem lançar-se sobre elas e arrastá-las para seu reino. É particularmente significativo o fato de descendentes de grandes *tzadikim* — como, por exemplo, um filho e um neto do Rabi Elimelech — não quererem ser rabis. A indignação contra a decadência já evidente manifesta-se com mais violência num *tzadik* da sexta geração, o neto de um neto do Grande Maguid; é o Rabi Dov Ber de Leva, um dos filhos do famoso Rabi Israel de Rijin, que por algum tempo abandona o campo hassídico e foge para o dos "ilustrados" (é o incidente que dá impulso à luta dos zansenianos contra os sadagorianos). De seu antepassado, o Grande Maguid, o Rabi Dov Ber costumava contar uma história que, no entanto, se ajustava tão-somente a ele e à sua própria situação e não à do Maguid. "Certa vez, o Maguid de Mesritsch foi procurado por um arrendatário que lhe pedia ajuda em seus negócios, assim conta ele. — É a mim que pedes? — perguntou o Maguid. — É a mim que procuras? — Peço ao rabi — respondeu o homem — que reze por mim nesta questão. — Retrucou o Maguid: — Não seria melhor me pedires que te ensine como se reza a Deus? Então não terias mais necessidade de vir a mim." Nestas palavras, difíceis de imaginar na boca do Grande Maguid, porém, semelhantes às que ouvimos da boca de alguns *tzadikim* da segunda época, o desespero devido à decadência do *tzadikismo* transformou-se em dúvida quanto aos próprios fundamentos. Embora o *tzadik,* já no primeiro hassidismo, guiasse os seus *hassidim* no sentido da relação imediata com Deus, ele não acreditava que, pelo simples ensino de como orar, o homem, que medeia entre céu e terra, se torne dispensável. Pois, segundo a concepção hassídica, não importa o auxílio externo como tal, sendo este apenas o invólucro do interior e a maneira de efetivá-lo. Essa idéia emerge com mais ênfase na história que conta um neto do Grande Maguid e avô do Rabi de Leva, Rabi Schalom Schachna. Narra ele como,

---

(14) É como se denomina a preleção homilética, especialmente aquela proferida pelo *tzadik* à mesa do *schabat.*

no início do sábado, foi procurado por um arrendatário que lhe confiou suas tribulações: que um de seus vitelos adoecera. "E, em suas palavras, entendo que ele me diz: — Tu és uma alma superior e eu sou uma alma inferior; levanta-me à tua altura!" O auxílio externo, portanto, tampouco deve ser abandonado, pois o ensinar de como é preciso orar não pode constituir ainda a verdadeira "elevação", e esta elevação não pode mesmo ser um acontecimento único — em sua essência é um processo interrompido apenas pela morte, e segundo uma concepção que às vezes encontramos, nem mesmo então, necessariamente. A verdadeira decadência do hassidismo sucede quando os *tzadikim* não mais dispensam aos seus *hassidim* o auxílio externo e, com ele e através dele, também o interno. Pois aqui tudo repousa na relação vital entre *tzadikim* e *hassidim*, vida que abrange todos os domínios e penetra até o âmago e, quando isto falta, então de fato "também o presente se corrompe".

8

A série de *tzadikim* desta época inicia-se com os descendentes do Maguid de Mesritsch, com a "dinastia sadagoriana". É um ramo que difere essencialmente dos discípulos e discípulos de discípulos do Maguid. Já seu filho Abraão, como foi dito, opunha-se vigorosamente ao pai e à sua doutrina, devido ao caminho de ascese radical pelo qual optara. O filho de Abraão, Schalom Schachna (fal. em 1802), torna a afastar-se fortemente do caminho paterno, sem contudo voltar ao do avô. Educado por um dos melhores discípulos do Baal Schem e do Maguid, o Rabi Nahum de Tschernobil, que o casa com sua neta, infunde em todo seu modo de vida o seu anseio de renovação. Destaca-se de seu ambiente pelos ricos trajes e pelas esplêndidas maneiras, obedecendo, evidentemente, a determinada tendência que vê em tudo isso mero símbolo e em conexão com tais fatos, por certo, é que se conta a seu respeito que sua alma era uma "centelha" da do Rei Davi. Às repreensões que o sogro lhe faz responde com a parábola da galinha que chocou ovos de pato e, estupefata, ficou a olhar os patinhos que nadam para longe. Contra a prática da cura milagrosa de Nahum, ergue-se enfaticamente; é certo que deseja ajudar os sofredores, mas não por processos semelhantes à magia, mas com o poder da alma e segundo as necessidades da hora, de vez que todo auxílio externo para ele significa apenas ponto de partida e invólucro do auxílio interior. Ele se cerca de um grupo de jovens que o seguem apaixonadamente; vez e vez mais reacende-se a luta entre eles e a geração de seus pais e assim devia ser, ao modo de ver deles, pois, como a tradição atribui ao Rabi Schalom, "aquilo que resulta do bem, não pode ocorrer sem oposição". Há mesmo uma história estranha — que ouvi também numa versão ainda mais estranha do que outra preservada em forma escrita — de como ele publicamente assumiu a aparência do pecado, para enganar Satã, em cujas mãos foi entregue a soberania sobre Israel pecador no exílio, mas a quem está igualmente confiado o segredo da redenção; pretendia assim ganhar-lhe a confiança e arrancar-lhe o segredo. Poder-se-ia considerar aqui uma repercussão da doutrina sabatiana do pecado santo. Certos fatos indicam que Schalom pretendia algo mais que o *tzadikismo*; assim, quando o Rabi Baruch, o neto do Baal Schem, homem orgulhoso e imperioso, propôs a Schalom em uma visita: "Vamos ambos conduzir o mundo" (o que equivale, neste caso, à comunidade hassídica como centro de Israel), ele teria respondido: "Posso conduzir sozinho o mundo". Mas não se trata aqui, em última análise, de restaurar a dignidade do Exilarca [15], como se julgou, mas a crença na potencialidade da missão messiânica de uma família em que esse potencial pode atualizar-se em cada geração. Uma profunda compreensão desta crença ressalta de uma visão que ele contou antes da morte (morreu jovem como seu pai) a seu filho Israel: a de um *tzadik,* sentado num salão celeste. À sua frente, em cima da mesa, encontra-se maravilhosa coroa constituída de seus ensinamentos e de sua santidade, mas que não lhe é permitido usar. "Eu te contei isto", assim acrescenta o Rabi Schalom, "porque um dia poderás precisar".

Seu filho, Rabi Israel de Rijin (Rujin, fal. em 1850), ampliou de tal forma o modo de vida do pai que o cerimonial e a corte lembravam os de um rei-sacerdote. Ele próprio deu expressão ao traço dinástico aí implícito, ao comparar o velho *rav* de Apt, Rabi Abraão Iehoschua Heschel, em geral tido pelo "chefe de sua geração", com Moisés, o Mestre, enquanto a si mesmo comparava com Salomão, o rei; e o próprio *rav* de Apt o cognominou rei de Israel. Como tal era venerado pela multidão que afluía à sua residência. Foi isto também o que se denunciou ao governo tzarista, que o encarcerou como o rebelde que os judeus consideravam seu rei; após dois anos de prisão, em grande parte em Kiev, foi solto e logo em seguida refugiou-se na Galícia, de onde, após muito errar e penar, foi para Sadagora, na Bucovina, lugar em que se fixou e que se converteu então no alvo de peregrinações em massa. Muitos *tzadikim,* sobretudo

---

(15) *Resch Galutá,* em hebraico. Título do chefe da comunidade judaica autônoma na Diáspora babilônica; um cargo especialmente ativo no período entre os séculos VII e XI.

Introdução

os mais jovens, também vinham homenageá-lo e deleitar-se com sua conversação; quase nenhum se tornou discípulo seu, nenhum ele ligou a si; desejava apenas visitantes de ouvidos ansiosos e não discípulos para uma duradoura relação recíproca. Como o Grande Maguid, o Rabi Israel foi um notável "expositor da Torá"; suas homílias não constituem porém peças forjadas por uma unidade de vida reflexiva; ao contrário, são inspirações relampejantes, obra não de um fragmentista mas de um aforista, apresentando, ao invés do brilho profundo da pedra simplesmente lapidada, como seria no primeiro caso, a opulência das jóias multifacetadas, que é a do segundo. No mundo da cultura ocidental, o Rijinense seria chamado de improvisador genial e certamente era um genio no sentido da mencionada cultura, porém não era mais corpo e voz do genio religioso.

Seus seis filhos foram brilhantes epígonos. Também neles ainda sobrevivia algo do mundo espiritual do Grande Maguid, mas não chegou a desenvolver-se em forma pessoal completa. Quase todos eles tinham sequazes, afluência, corte, congregação, povo; nenhum tinha discípulos. O mais nobre entre eles, Rabi Davi Mosché de Tschortkov (fal. em 1903), era pessoa de terna humanidade voltada às criaturas. Em minha juventude, passei alguns verões na sua vizinhança, sem, no entanto, chegar a conhecê-lo.

Outro de seus filhos, de quem já falei antes, o Rabi Dov Ber, assim chamado em honra a seu bisavô, era de início considerado o mais notável dos seis, atraindo maior número de visitantes. Mais tarde passou-se para os "ilustrados", escreveu cartas-manifestos contra a superstição, mas não suportou por muito tempo esta nova posição e voltou a Sadagora onde, a partir de então, se conservou numa espécie de confinamento semivoluntário. Sua vida apenas exprimiu a situação: a estrada real dera num beco sem saída.

Entre os discípulos do Maguid, o primeiro lugar, já que o Rabi Mendel de Vitebsk na Palestina não atuou como criador de escola, cabe ao Rabi de Schmelke de Nikolsburg, o grande pregador, cantor de canções e amigo da humanidade. O seu dom de pregador não se transmitiu a nenhum de seus discípulos, mas o Rabi Aisik de Kalev herdou seu talento para o canto e Mosché Leib Sassov, seu amor à humanidade.

Itzhak Aisik de Kalev, isto é, Nagy-Kalló, no norte da Hungria (fal. em 1828), veio da atmosfera da aldeia húngara e absorveu, na infância, sua vitalidade popular. Das canções pastoris que ouviu então — segundo a tradição, ele mesmo era pastor de gansos — não só conservou a melodia, adaptando-a aos hinos sacros ou salmos, tal como em "Junto aos rios da Babilônia", mas também, sem precisar fazer muitas alterações, converteu alguns textos em versos místicos judaicos. A melancolia do canto pastoril transforma-se em sofrimento no Exílio, os anelos de amor em anseio pela *Schehiná*. As "melodias desconhecidas" do Rabi Schmelke exerceram influência decisiva nessa transformação; mas as canções do Kaleviano, possivelmente devido ao elemento folclórico por elas absorvido, surtiam um efeito ainda mais sensual, de um maior encantamento. O seu profundo apego a este elemento folclórico evidencia-se no seu singular costume de recitar a Hagadá do Pessach [16] em húngaro; contam que, na noite do *seder,* o Rabi Schmelke ouvia todos os seus discípulos, em suas moradas distantes de Nikolsburg, recitarem a Hagadá, menos o Rabi de Kalev, pois ele a proferia em húngaro. Característica de seu amor ao elemento folclórico é também a história de que ele teria herdado a melodia do hino "Poderoso no Reino" do Grande Maguid, que a teria aprendido de um pastor. Entretanto, assim prossegue o relato, a toada estivera em exílio com o pastor, pois outrora fora cantada pelos levitas no Templo. De resto, se a tradição estiver certa, a referida melodia, através do Kaleviano, voltou à família do Maguid, pois o Rabi Davi Mosché de Tschortkov gostava de cantá-la freqüentemente. Aliás, em geral as canções do Kaleviano lograram larga difusão entre os *hassidim;* assim, o Rabi Haim de Zans, na sexta-feira à noite, após dar sete voltas em torno do estrado da sinagoga, costumava entoar a nostálgica canção do Kaleviano sobre a reunificação com a "noiva", a *Schehiná,* "até que de tanto enlevo se lhe desvanecia a força do corpo".

Nessas observações introdutórias não há quase necessidade de falar de Mosché Leib de Sassov (fal. em 1807), que acompanhou seu mestre de uma localidade polonesa a outra, de lá a Nikolsburg, e cuja pessoa a lenda une, em histórias miraculosas, com a do Rabi Schmelke, pois sua imagem surge com suficiente nitidez das próprias histórias. O dom do amor auxiliador, nele despertado pelo Rabi Schmelke, desenvolveu-se em sua alma a um extraordinário grau de perfeição, mesmo no hassidismo, tão rico em amorosos. Em seu zelo amoroso para com o ser humano e os animais corre a seiva de uma espontaneidade torrencial; o paradoxo do imperativo do amor ao próximo — deve-se amar: será possível amar por obrigação? — parece, no caso, extinto. E ainda assim depara resistências; também o Sassoviano não pode às vezes amar por si mesmo a um homem mau, seguro de si, que perturba o mundo. Mas é justamente disso que seu mestre costuma falar: que se deve

---

(16) O "relato" contado pelo dono da casa durante o banquete da primeira e segunda noite de Pessach (chamado *seder,* isto é, ordem), relato impregnado de comentários das Escrituras, versos e hinos sôbre a libertação de Israel das garras do Egito.

amar a todas as almas porque são parte de Deus; mais ainda, que não se pode deixar de amar uma alma quando na verdade se percebe ser ela uma parte de Deus. E assim o Sassoviano ama os seres humanos com perfeição crescente, pois leva a sério o amor a Deus. O sentido real desse mandamento do amor se nos desvenda justamente nas resistências ao seu cumprimento e na sua superação.

Para distinguir a influência do Rabi de Sassov sobre seu círculo mais íntimo, segue-lhe na ordem do presente livro o seu discípulo Mendel de Kossov (fal. em 1825), cuja vida e ensinamentos continuam a linha do amor à humanidade. De sua autoria nos foram transmitidas formulações especialmente radicais da crença de que o amor ao próximo constitui apenas uma das facetas do amor a Deus. Assim, interpretou certa vez a palavra das Escrituras: "Amarás o teu próximo como a ti mesmo, eu sou o Senhor" [17], desta forma: "Quando o homem ama seu próximo, a *Schehiná* habita entre eles"; e, em outra ocasião: "A união de companheiros que se amam suscita a união no mundo superior". De seu filho Haim sabemos quão incessantemente velava para que seus *hassidim* convivessem como bons companheiros, conhecendo-se, dando-se um com o outro, auxiliando-se e amando-se.

Dois dos discípulos do Rabi Elimelech, o Maguid de Kosnitz e o "Vidente" de Lublin, foram tratados em conexão com a primeira fase, porque foram primeiro discípulos do Grande Maguid, devendo, neste respeito, ser consignados à terceira geração. Dois outros, Abraão Iehoschua Heschel de Apt (Opatov, fal. em 1825) e Menahem Mendel de Rimanov (fal. em 1815), pertencem à nova época. Ao primeiro, o Rabi Elimelech antes de morrer teria legado o poder julgador de sua boca e ao segundo o poder condutor de seu espírito.

O Rabi de Apt foi um temperamento de juiz; atuou entre os *hassidim* e mesmo entre os *tzadikim* de seu tempo como um homem que decide e arbitra. Sua profunda compreensão da verdadeira justiça, ele a adquiriu através do erro e do esforço. Começou com o que usualmente chamamos justiça, isto é, com o desejo de ser justo e, passo a passo, percebeu que a justiça humana, por sua própria essência, falha quando pretende ser mais que ordem justa e aspira a tornar-se relação justa. Aprendeu que a justiça divina não é, como o amor divino, a perfeição de uma qualidade que possamos tentar imitar, mas algo enigmático que desafia a comparação com tudo quanto o homem chama direito e lei: que o homem seja justo nos limites

(17) *Levítico*, 19:18.

de sua ordem; quando, porém, ele se aventura além, ao alto mar da relação humana, está condenado a naufragar e não lhe resta outra alternativa exceto procurar a salvação no amor. A mudança na vida do rabi de Apt se deu, provavelmente, durante o acontecimento narrado nesta obra: censurou em público uma mulher leviana e então comparou a sua própria atitude com a de Deus; sentiu-se "sobrepujado" e desde então mudou. Mas seu caminho para o amor não lhe parecia o de uma criatura terrena isolada; via-o em conexão com as mudanças de sua alma, em cujo curso lhe cumpria aperfeiçoar o amor.

O Rabi Mendel de Rimanov é, por sua maneira e vida, fundamentalmente diferente. De fato herdou a capacidade organizadora de seu mestre, porém a praticou em âmbito mais limitado. Dos três círculos que circundam o *tzadik* — os discípulos, a congregação e os "transientes" — ocupa-se mais do segundo. Impõe leis à sua congregação, como se esta fosse um Estado, e ela lhe é mais real que o Estado. Não tem a pretensão de ser justo; somente vela pela ordem justa em sua congregação. Quando precisa repreender, suas palavras atingem de imediato o coração do acontecido qual uma força da natureza. E assim, quando se trata de preservar a medida e o costume, ele, que é mais sóbrio do que ninguém, pode alçar-se a uma majestade primeva, quando, para agitar e fundir no íntimo a congregação ameaçada de entorpecimento, fala-lhe como representante instituído de Deus, desobrigando-a da compulsão da Torá e colocando-a de novo perante a escolha. Administrando desta maneira o discurso, torna-se para seus discípulos o modelo do homem que com a palavra contrai responsabilidade.

De seus discípulos aquele que veio a suceder-lhe, o Rabi Zeev Hirsch de Rimanov (fal. em 1846), foi o autêntico *self-made man* entre os *tzadikim* da segunda época. Aprendiz de alfaiate, empregou-se depois como criado em casa do Rabi Mendel, onde praticou a sabedoria e a arte de servir em tal grau que o *tzadik* percebeu logo tratar-se de um raro recipiente humano para acolher ensinamento, e aceitou o jovem Hirsch por discípulo sem que este, por isso, cessasse de fazer seu serviço. Continuou os estudos doze anos após a morte do mestre, quando assumiu a sua sucessão para surpresa geral, conquistando logo o reconhecimento dos outros *tzadikim* e uma posição de força particular. Suas maneiras, que amiúde pareciam orgulhosas, escondiam um cerne de humildade. De suas preleções, ao mesmo tempo singelas e profundas, costumava dizer que apenas pronunciava aquilo que lhe fora ministrado e algumas vezes, na verdade, não conseguia recordar-se de um sermão depois de pregá-lo. É digno também de nota o fato de ele muitas vezes exigir somas altas e cifras exatamente determinadas — com provável significação mística — aos suplicantes que vinham procurá-lo, distribuindo, no entanto, por outro lado, todo dinheiro que tinha em casa entre os necessitados; era uma espécie de redistribuição que praticava entre os *hassidim,* impelido aparentemente pelo sentimento de que lhe incumbia conduzir ao devido destino os bens supérfluos.

O Rabi Schlomo de Karlin, conhecido pelo grande poder de sua prece, fundou uma escola de rezadores extáticos.
Seu discípulo mais famoso, que desenvolveu sua doutrina de renunciar à vida na oração, foi Uri de Strelisk (fal. em 1826), cognominado "o Seraf". A prece extática, no caso, não é uma ação pessoal; abrange o conjunto do *tzadik* e seus *hassidim.* Os *hassidim* do Rabi Uri eram, quase todos, gente pobre; mas nenhum deles o procurou em busca de bem-estar; desejavam apenas rezar com ele, rezar assim como ele sabia, entregar como ele a vida à prece. A impressão causada por seu maravilhoso modo de orar transferia-se a todo o seu relacionamento com eles, convertendo-se na glorificação de um visionário: viam-no realmente como a um serafim. Conta um *hassid* como percebeu que o rabi assumia diferentes semblantes; um outro, que o rabi, diante de seus olhos, cresceu até alcançar o céu. Os *hassidim* relatam que, certa vez, ele conseguiu, mediante a sua prece poderosa, que a sinagoga, profanada pela impura oração dos sabatianos, se queimasse na noite seguinte. Mas relatam também que a semana de trabalho recomeçava somente quando ele, ao fim do sabá, recitava a *havdalá;* até esse momento segurava na mão as chaves do inferno e era até quando as almas, libertas durante o *schabat,* podiam demorar-se na atmosfera do mundo.
Antes de sua morte, o Rabi Uri designou Iehudá Tzvi de Stretin (fal. em 1844) como sucessor, impondo-lhe as mãos e nomeando-o assim como Moisés nomeou Josué. A lenda coloca também em suas mãos as chaves do inferno, no transcurso do *schabat,* mas o motivo amplia-se mais: um *hassid* o vê, durante toda a noite após o término do *schabat,* postado à janela aberta, envergando ainda o traje sabático e empunhando uma grande chave, que ele não tem coragem de pôr de lado; entrementes, as hostes de anjos maus rondam-no à espera da manhã, quando sua força deve claudicar. Costumava tomar o banho ritual à noite num rio fora da cidade e, enquanto permanecia na água, dizem, recitava, de cada vez, todo o livro dos salmos. No ensinamento do Rabi Iehudá Tzvi o principal reside na ênfase com que afirma a unidade dos atributos divinos, a unidade da justiça e da misericórdia. Seu filho,

Abraão de Stretin (fal. em 1865), deixou uma doutrina significativa da unidade humana: ao homem seria dado estabelecer entre suas forças tal unidade que cada um de seus sensos pode tomar as funções dos outros e substituí-los.

Ao lado do Rabi Uri de Strelisk, uma segunda figura salienta-se entre os discípulos do Rabi Schlomo de Karlin: Mordehai de Lekovitz (fal. em 1811). A doutrina da dedicação da vida à oração recebe com ele traços novos e concretos: em cada palavra, o rezador deve oferecer-se completamente a seu Senhor. Ilustra-o com a parábola do pássaro lendário cujo cântico de louvor lhe rompe o próprio corpo. O ser corporal do homem há de entrar por inteiro nas palavras de sua oração para que "salte de seu calcanhar". Conta-se que tamanho era o fervor da prece do Rabi Mordehai que lhe provocou uma ruptura no pulmão. Simultaneamente, porém, toda a sua atitude para com a vida é de alegria. Só na alegria é possível elevar-se verdadeiramente a alma a Deus, e "quem deseja servir a Deus com devoção, com luz divina, alegria e vontade, precisa ter a alma clara, límpida e pura e o corpo cheio de vida".

O filho do Rabi Mordehai, Noach de Lekovitz (fal. em 1834), numa atitude diferente, mais mundana que a do pai, continua, naó obstante, a sua linha. E mesmo no neto do Rabi Noach, Schlomo Haim de Kaidanov (fal. em 1862), ainda encontramos sentenças em que sobrevive a legítima energia do ensinamento karlino da oração.

A escola do Rabi Schlomo de Karlin se eleva a uma culminância tardia em um homem que primeiro foi discípulo do Rabi Mordehai e mais tarde do Rabi Noach: Mosché de Kobrin (fal. em 1858). Não hesito em incluir essa figura pouco conhecida entre os grandes expoentes das épocas posteriores, em cujo transcurso o movimento hassídico criou alguns mestres eminentes, mesmo em meio à decadência. Conquanto não enriquecesse a doutrina, incutiu-lhe, pela vida e pela palavra, pela unidade da vida e da palavra, uma expressão inteiramente pessoal, refrescante e vital. Pode-se reduzir o âmago de seu pensamento a três sentenças: "Sede um altar perante Deus"; "Nada há coisa no mundo que não contenha um mandamento" e "Assim como Deus é ilimitado, também seu serviço é ilimitado". Mas, em torno dessas máximas, desdobra-se assombrosa quantidade de imagens e exemplos, de vida vivida, que algumas vezes lembra os primeiros mestres hassídicos. De resto, o que dele se conta neste livro não carece de complementação ou explicação.

Entre os descendentes daquele santo sofredor que profetizava das profundezas de seu sofrimento, o Maguid de Kosnitz, particularmente notável é seu neto Haim Meir Iehiel de Moguiélnica (fal. em 1849). Além do avô, foram seus mestres vários outros *tzadikim,* sobretudo o rabi de Apt e o Vidente de Lublin, mas também esteve ligado ao mui hostilizado discípulo do "Vidente", o Iehudi de Pjischa. Coligiu ensinamentos sem se tornar um eclético, pois, embora não possuísse um pensamento independente, possuía uma alma livre e vigorosa, que refundia toda a matéria recebida em ponto de vista e sentimento próprios. "Não aceito quaisquer degraus do espírito sem revestimento físico" e "Jamais quis obter algo sem trabalho próprio" são ditos que servem para caracterizá-lo. Era dotado de forte apercepção de sua própria alma e costumava relatar a seus *hassidim* suas experiências íntimas, como em geral gostava de contar coisas em tom livre e informal. Sua relação com seus *hassidim* era de grande intimidade; cada um de seus movimentos exercia efeito profundo sobre eles e eles o serviam com amor. Sua influência produziu seu fruto mais fecundo em Izahar Dov Ber de Volborz (fal. em 1876).

Inicia-se aqui a história da escola de Lublin e de suas escolas filiadas, às quais pertence tudo quanto será narrado ainda no presente livro; entre elas estão as escolas de Pjischa e Kotzk, que se desenvolveram em oposição à de Lublin, e no entanto sob a sua influência. Tal influência remonta à figura poderosa do Vidente. Do grande círculo dos discípulos do Vidente de Lublin, abordaremos aqui apenas nove. São eles: Davi de Lelov (fal. em 1813), Mosché Teitelbaum de Ohel, isto é, Ujhéli na Hungria (fal. em 1841), Izahar Dov Ber de Radoschitz (fal. em 1843), Schlomo Leib de Lentschno (fal. em 1843), Naftali de Ropschitz (fal. em 1827), Schalom de Beltz (fal. em 1855), Tzvi Hirsch de Jidatschov (fal. em 1831), Iaakov Itzhak de Pjischa, o "Iehudi", isto é, o "Judeu" (fal. em 1813), e Simha Bunam de Pjischa (fal. em 1827). (Emprego esta seqüência, independentemente de qualquer critério cronológico, levando em conta apenas o ponto de vista composicional. Não incluí Menahem Mendel de Kotzk, apesar de ter sido discípulo do Vidente por algum tempo; coloquei-o ao lado de Pjischa, pois ele mesmo acentuava enfaticamente pertencer mais a Pjischa do que a Lublin.)

Davi de Lelov é uma das figuras mais queridas do hassidismo. É sábio e ingênuo ao mesmo tempo, aberto a todos os seres, e ainda assim resguardando o seu íntimo, estranho ao pecado mas protegendo o pecador de seus perseguidores. É o exemplo notável do *tzadik* que não se tornou aquilo que veio a ser enquanto a verdade hassídica não o libertou do ascetismo.

Esta libertação, ele a deve ao Rabi Elimelech [18]. O Vidente de Lublin foi seu mestre seguinte. Permaneceu-lhe fiel a vida inteira, embora se lhe opusesse objetiva e pessoalmente em questões fundamentais, e nem podia ser de outra forma, mesmo aderindo de todo coração à posição de seu amigo, o Iehudi, nas disputas entre Lublin e Pjischa. Ele próprio, durante muito tempo, negou-se a ser considerado *tzadik,* conquanto muitos o seguissem com veneração e comparassem este homem despretensioso ao Rei Davi, provavelmente com maior justiça que no caso dos outros *tzadikim.* Por largo período trabalhou em sua lojinha e, não raro, mandava seus compradores a outros comerciantes mais pobres do que ele. Gostava de viajar pelo país, visitando nas aldeias correligionários desconhecidos e aquecendo-lhes o coração com suas palavras fraternais. Nas cidadezinhas reunia as crianças à sua volta, passeava com elas, dirigia-lhes os folguedos, tocava e fazia música em sua companhia. Nos mercados dava de comer e beber aos animais relegados (como antes dele procedera o Rabi de Sassov); era especialmente afeiçoado aos cavalos, provando com veemência quão insensato era espancá-los. Declarava-se indigno do título do *tzadik* por ser mais devotado à própria família do que à humanidade. Manter a paz entre os homens constituía para ele a mais alta das missões; e por isso, reza a tradição, fora-lhe concedido, pelo simples recurso de sua prece, o poder de estabelecer a paz onde houvesse dissensão. Ensinava que não se devia invectivar ou exortar as pessoas que se desejaria levar de volta ao bem, mas que era preciso tratá-las como bons amigos, aquietar o tumulto de seus corações e, pelo amor, induzi--las ao reconhecimento de Deus. Foi assim que ele próprio reconduziu muitos dos que se haviam extraviado da boa senda. (Entre estes avulta a figura de um renomado médico, Dr. Bernhard, a quem o Rabi de Lelov levou ao Vidente de Lublin, onde aquele atingiu o alto grau de *hassidut.*) A própria vida do Rabi Davi constituía o exemplo decisivo de seus ensinamentos. "Tudo quanto fazia, a cada dia e a cada hora, disse a seu respeito o Rabi Itzhak de Vorki, que foi por longo tempo seu aluno, era o preceito e a palavra da Torá."

Assim como o Rabi Elimelech desprendeu o Rabi Lelov das cadeias do ascetismo, do mesmo modo o discípulo do primeiro, o Vidente de Lublin, libertou o Rabi Mosché Teitelbaum de suas preocupações eruditas, que o isolavam do mundo. O Vidente reconheceu em sua alma a verdadeira "flama" que carecia apenas do combustível apropriado: quem quer que possua essa chama já é um *hassid* de coração, por mais que se

---

(18) V., na parte dedicada a Elimelech de Lijensk, a história "O Penitente".

oponha ao caminho hassídico. Muitos fatos já haviam preparado Rabi Mosché para trilhar tal caminho, sobretudo seus curiosos sonhos, cujo registro possuímos, alguns dos quais datando da época de sua juventude. Nestas experiências oníricas — entre as quais se incluíam encontros com mestres cabalistas cuja obra secreta ele observava — aprendeu a reconhecer quão pouco valem as boas obras, quando aquele que as pratica não se entrega a Deus de todo o coração, e que tanto o paraíso quanto o inferno moram no âmago da alma. Foi então que o Vidente irrompeu em sua vida, ensinando-lhe o autêntico fervor hassídico. Não foi fácil a Rabi Mosché iniciar-se no júbilo. Dele diziam que fora uma "centelha" da alma do Profeta Jeremias; e durante a sua existência toda, afligiu-se profundamente com a destruição do Templo e de Israel. Porém, uma vez iniciado no júbilo, a esperança messiânica triunfou sobre a dor, porque tal esperança dispunha de extraordinária força sensória. Não sabemos de nenhum outro *tzadik* que alimentasse tão vigorosa e concreta fé no Messias em cada instante de sua vida.

Izahar Dov Ber de Radoschitz gozou de grande renome como fazedor de milagres, em particular devido às curas prodigiosas. Entre elas se salientam as expulsões de *dibukim,* pelas quais chegou mesmo a ser cognominado de pequeno Baal Schem. Parece que, desde a mocidade, tendia para o miraculoso, embora por muito tempo não ousasse mostrá-lo, sendo, ao contrário, conhecido como uma criatura quieta e tímida. É assaz característico o que se conta de sua juventude, quando ele, acompanhando o Rabi Mosché Leib de Sassov em uma viagem, lhe sugeriu o seu próprio método mágico do qual ele mesmo não tinha ainda consciência. Entretanto, mais estranho ainda é o fato de que ele, que passava de *tzadik* em *tzadik* e que após abandonar o Vidente se vinculou ao Iehudi, conservasse o encanto pelos milagres, mesmo na atmosfera de seu novo mestre, hostil ao miraculoso. A tradição explica o fato, ao relatar que o próprio Iehudi, quando seu filho adoeceu, recorreu ao Rabi Izahar Ber, cujos poderes terapêuticos, adormecidos, também pressentia e agora atualizava. Sem confiar em seu dom, na urgência do momento, Izahar toma a criança nos braços, desposita-a no berço, embala-a, rezando e curando-a. Passados muitos anos, quando da escola de Pjischa brota a última grande escola hassídica, a de Kotzk, impregnada do elemento trágico, e quando os *hassidim* dos dois campos, Kotzk e Radoschitz, se defrontavam, o Rabi Izahar teria definido numa sentença paradoxal o princípio de Kotzk como a renúncia à vontade própria em face da divina, e o de Radoschitz como a afirmação da vontade própria que também é a emanação da vontade divina: "Quando não se consegue passar por cima, ainda assim cumpre passar por cima", o que lembra singularmente o dito do Rabi de Sassov: "A gente não se deve acomodar". A gente de Kotzk sustentava, em compensação, que em Kotzk se procurava aproximar o coração de nosso Pai do Céu, enquanto em Radoschitz se procurava aproximar o nosso Pai do Céu do coração dos judeus, significando isto que, em vez de intentar elevar-se a um Deus sentido em toda a sua grandeza e severidade, a escola de Radoschitz pretendia familiarizá-lo com o homem pela via do milagre. Isto, porém, nos relembra uma máxima do próprio Izahar Ber. Quando um de seus mais promissores discípulos perguntou-lhe por que razão ele operava milagres e se não seria mais correto depurar as almas, respondeu que fora enviado "para tornar a Divindade conhecida no mundo".

Schlomo Leib de Lentschno é, contudo, uma figura de qualidades completamente diversas. Louvava-se seu extremo asseio, no qual se expressava simbolicamente toda a sua atitude diante da vida. Dele se relata que jamais olhou para uma moeda e jamais segurou uma nas mãos; nunca estendeu a mão para receber algo, mesmo quando um dos *tzadikim* que eram seus mestres (ou seja, Rabi Mendel de Rimanov, o Vidente de Lublin e, por último, o Iehudi) pretendia, durante a refeição, servir-lhe algo de seu próprio prato, como procediam os *tzadikim* para com seus íntimos; não dava ouvidos a futilidades, nem as pronunciava. É bem característico que já na sua juventude, comentando o versículo dos salmos, segundo o qual Deus não desprezará o coração partido, dissesse: "Mas é preciso, ao mesmo tempo, que permaneça inteiro". É outrossim característico que, em toda referência sua à vinda do Messias, descrevesse o grande sentimento de vergonha que então prevaleceria em toda parte. Ele mesmo em sua santidade cerrada, porém empática, foi tido por uma das epifanias do Messias sofredor. Todavia, certa vez observou acêrca do Messias, filho de José, que, segundo a tradição, haveria de ser sacrificado: "Não é mais o caso, os padecimentos de Israel é que hão de matá-lo".

Também ele foi hostilizado por outros *tzadikim*. O cabeça da luta contra ele, desencadeada por sua fidelidade à escola de Pjischa, era um homem que diferia dele em tudo, desde a base: tratava-se do Rabi Naftali de Ropschitz, que estivera em Lijensk com o Rabi Elimelech e mais tarde estudara com os quatro grandes discípulos de Elimelech, o Rabi de Apt, o Maguid de Kosnitz, o Rabi Mendel de Rimanov e, sobretudo, o Vidente de Lublin. É difícil deparar outro *tzadik* cuja alma abrigasse tantas contradições quanto a de Naftali de Ropschitz, contradições que, todavia, consideradas em conjunto, não são de modo algum amorfas e caóticas, emprestando-lhe, ao contrário, uma figura genuinamente humana. Com ele, introduz-se, no mundo hassídico, um tipo nada raro entre as manifestações intelectuais mais significativas de nossa era: um misto de ironia e angústia, ceticismo e credulidade, ambição e humildade. Desde a juventude, era dado ao gracejo, muitos dos quais amargos, estando sempre disposto a toda sorte de brincadeiras, entre elas algumas realmente maldosas. Em face de seus grandes dotes intelectuais, que em tudo isso se libertam mais do que se exteriorizam, experimentou quando moço extremo orgulho e, mais tarde, na maturidade, dúvidas que chegavam ao desespero. Observou de certa feita que seu mestre Rabi Mendel de Rimanov era santo e não sabia o que era esperteza, acrescentando: "Como pode, pois, ele entender o que sou eu?" Em outra ocasião, quando o Vidente de Lublin se impacientou com seus constantes gracejos, mencionando que a Escritura reza: "Hás de ser simples de coração com o Senhor, teu Deus", e não: "Hás de ser esperto com o Senhor, teu Deus", Naftali deu-lhe esta resposta atrevida e que contradiz as concepções básicas do hassidismo original: "Para ser simples de coração com o Senhor é mister grande esperteza". No entanto, depois que ele mesmo se tornou rabi, ouvimos mais e mais coisa bem diversa de seus lábios. Relatos contidos neste livro, tais como *O guarda, A oração matinal, Guia e geração,* e principalmente *Um desejo,* história em que manifesta sua aspiração de reencarnar-se como vaca leiteira, atestam o que acontecera e acontecia em sua alma. E é apenas uma conclusão, embora de caráter geral, derivada de sua experiência de vida que se expressa, quando ao encontrar Meir de Stabnitz — um antigo colega seu em Lublin, que, entrementes, recebera em certa medida a sucessão do Vidente — disse-lhe que dali por diante melhor seria que os *hassidim* permanecessem em casa, estudando, em vez de visitarem os *tzadikim*. Rabi Meir replicou: "Não vos preocupeis com o Senhor! Se não formos capazes de guiar a comunidade, hão de surgir outros, melhores, e serão os guias" — uma resposta que a História não confirmou.

Junto ao Rabi Naftali de Ropschitz cumpre situar seu discípulo Haim de Zans (fal. em 1876) que, entre os mais eminentes talmudistas do hassidismo, é quiçá o que se empenhou com maior energia em levar avante a antiga linha de estudo ou, para utilizar uma curiosa símile que se lhe atribui, propôs-se a revirar a vestimenta, outrora posta no avesso, devolvendo-a à forma original. Não cabe, porém, inferir daí que ele tentasse a síntese que os períodos anteriores do movimento haviam repetidamente pretendido. Parece que já se renunciava a realizar tal síntese, pois, embora o Rabi Haim acentue que, em última análise, ensinamento e "serviço" sejam uma e mesma coisa, salienta também, por outro lado, que para ele, quanto ao estudo, nada mais existe no mundo senão a Torá e, quanto à oração, nada senão o serviço. Era um mestre no debate talmúdico e no êxtase, e não menos notório por suas práticas caritativas e por seu profundo conhecimento da natureza humana, quedando-se, contudo, aquém dos grandes *tzadikim* no tocante a certas qualidades decisivas: faltava-lhe a unidade de alma e a unidade de uma figura moldada pela unidade da alma. Muitos dos grandes *tzadikim* de gerações posteriores se distinguem justamente pelo fato de tudo possuírem menos a unidade básica do todo. E como um protesto vivo contra tal tendência, temos a pessoa de Iehezkel de Scheniava, filho do Rabi de Zans, de quem se conta como se limitava a ler em voz alta a Torá, mas se recusava a predicar sobre as Escrituras; comentava a respeito de seu pai que este possuía a alma de Abel, mas a respeito de si mesmo afirmava que o elemento bom da alma de Caim penetrara na sua. Outra de suas máximas chegadas até nós nos diz que todo *tzadik* encontra entre seus seguidores homens mais piedosos do que o mestre, sem que êles próprios o saibam.

O profuso material lendário ao meu dispor não me permitiu compor o que eu chamaria um quadro inteligível acêrca do Rabi Schalom de Beltz, famoso *tzadik* e fundador de uma dinastia de rabis. Mesmo assim, algo do que é narrado sobre ele é tão notável que eu não poderia omiti-lo. Dois motivos emergem com peculiar clareza. Um deles é o da confissão: Rabi Schalom faz com que seus *hassidim* lhe contem todos os "pensamentos estranhos" que lhes vêm à mente, ou seja, todas as tentações da fantasia que os impedem de se concentrar na oração; acolhe as confissões com intensa atividade de sua própria alma e por esse meio apenas, por essa ação recíproca realiza-se a total libertação dos *hassidim*. O outro motivo concerne ao matrimônio. Nos círculos dos judeus devotos, não só a presença feminina em geral, mas até a da própria esposa era considerada um fator de "distração". Semelhante efeito, contudo, não é atribuído à natureza original da mulher, tal como ela foi criada, e sim ao pecado original, e àquela sua parte que, em particular, se devera ao elemento feminino. Quanto ao rabi de Beltz, parece tê-lo superado definitivamente: vemo-lo ao lado de sua mulher como Adão e Eva no Paraíso antes da queda, quando a mulher ainda era a "auxiliar" do homem; restaura-se o estado primitivo da criação.

Hirsch de Jidatschov, que, além de estudar com o Vidente, também teve por mestres o Rabi de Sassov e o Rabi de Kosnitz, representa, com seus irmãos e sobrinhos, o quadro singular de uma única família que, ao mesmo tempo, constitui uma

escola dirigida por ele. Um belo símbolo da relação íntima
deste círculo surge na seguinte história sobre um dos cinco irmãos que, quando o mais velho, o Rabi Hirsch, adoeceu gravemente, se ofereceu aos céus em seu lugar, "porque o mundo
necessita dele mais do que de mim" e seu sacrifício foi aceito.
Dentre os discípulos do Vidente de Lublin, o Rabi Hirsch era
o verdadeiro cabalista. Isto aparece não só em sua obra, como
também em sua vida diária. Jamais levava um copo de água
aos lábios sem efetuar uma concentração mística, uma *kavaná*
especial. Ainda aos quarenta anos, alimentava grandes dúvidas, temendo estar sob o domínio do planeta Vênus, em cuja
esfera o bem e o mal se confundem. A multidão de *hassidim*
que acorria para visitá-lo também o enchia de suspeitas:
Não haveria aí a mão do Satanás? Como tudo o mais, levava
também muito a sério a relação entre o auxílio exterior e o
interior, sentindo-se obrigado com cada um de seus *hassidim*.
Como poderia cuidar realmente de cada qual como pessoa em
meio a uma tal multidão? Rejeitava qualquer espécie de supremacia, qualquer direito exclusivo para si mesmo ou para
qualquer outro *tzadik*, estando tudo isso intimamente vinculado
à sua atitude geral. Um *hassid* que considerasse o seu rabi o
único verdadeiro era, a seu ver, um idólatra e de fato importava tão-somente que cada um encontrasse o rabi mais adequado a seu caráter e às suas necessidades específicas, ou seja,
o guia mais indicado a prestar auxílio a ele e unicamente a
ele. A questão do *tzadik*, reventilada pelo Rabi Hirsch, foi desenvolvida por seu sobrinho, o Rabi Iehudá Tzvi de Rosdol
(fal. em 1847), que colocou o problema em conexão com as
suas próprias dúvidas pessoais. Sentia faltar-lhe o poder de
que dispunham os grandes *tzadikim* de épocas anteriores, o
poder de modificar o mundo. O princípio determinante de
sua própria alma era, descobriu ele, um elemento cedente e,
por assim dizer, espaço-criativo. Este elemento ele denominava
de Nada e asseverava que o mesmo também era necessário ao
mundo para a sua existência. O Rabi Itzkak Aisik de Jidatschov (fal. em 1873), outro sobrinho do Rabi Hirsch, sem
reivindicar maiores direitos para o *tzadik* como tal, salientou
fortemente o fator positivo da relação deste com os *hassidim*,
e isto de duas maneiras: de um lado, sustentando que todas
as relações humanas, e conseqüentemente também as do *tzadik*
com os seus *hassidim*, se baseiam num dar e receber recíprocos; e, de outro, interpretando a freqüente influência moral do
tzadik sobre o *hassid*, não como uma ação autônoma, e sim
condicionada e incluída na operação religiosa. No conjunto,
é mister dizer, a escola de Jidatschov contribuiu de forma substancial para a avaliação crítica da relação existente entre *tzadik*
e *hassid* e para determiná-la mais uma vez com maior rigor.

A escola de Pjischa, que se origina da de Lublin, e a escola de Kotzk derivada da primeira, apresentam uma vasta e independente estrutura comum. Só se pode compreender sua peculiaridade, compreendendo-se a de seu fundador, o Iehudi [19].

Como seu mestre, o Iehudi também se chamava Iaakov Itzhak, mas, por não ser apropriado usar o mesmo nome que o mestre no círculo deste, tê-lo-iam apelidado de Iehudi, ou seja, o Judeu. O epíteto tornou-se tão popular que, mais tarde, outros *tzadikim* se dirigiam ao Rabi de Pjischa unicamente como o "santo judeu". Este nome, porém, implica em algo mais, algo simbólico, que indica o caráter excepcional do homem. Ainda quando menino, o Iehudi se recusava a orar nos ofícios regulares em companhia dos outros. De nada adiantavam repreensões e castigos. Foi então que seu pai notou que, depois de fechada a casa de orações, ele subia ao telhado e entrava pela janela a fim de proceder às suas preces, e assim dia após dia. Em sua juventude costumava, sem que ninguém o visse, rezar num celeiro. Já naquele tempo era considerado um grande talmudista, mas que nada sabia do serviço do coração. Todos supunham que não tomasse o banho ritual; jamais era visto em qualquer dos grupos de dez homens ou mais que desciam os noventa degraus até a piscina de água fria como gêlo. Iam lá assim em conjunto para primeiro acender o fogo e esquentar a água, bem como para amenizar a estranha sensação que lhes causava a longa escada escorregadia; ele, porém, ia sozinho à meia-noite, mergulhava, sem acender o fogo, retornava à casa tão sorrateiramente quanto fora e punha-se a estudar a Cabalá. Às vezes sua jovem espôsa o encontrava, pela manhã, desfalecido sobre o livro. Era na cidade de Apt que moravam seus sogros. O Rabi Moschê Leib de Sassov, alma impregnada de grande amor, que então residia na mesma cidade, afeiçoou-se-lhe e interessou-se por ele, decorrendo daí uma forte influência sobre essa alma esquiva e sensível. O Rabi Abraão Iehoschua Heschel de Apt também descobriu a grandeza d'alma do Iehudi. Depois de muito errar pelas aldeias, exercendo a função de professor de crianças, atormentado pelo anelo da morte que considerava a perfeição do ser, sem saber se tal anelo constituía uma verdade divina ou uma ilusão, foi à procura de apoio e direção. O Rabi Davi de Lelov o teria levado então ao Vidente de Lublin, onde, segundo contam, já era esperado. Aí lhe sobreveio imediatamente um profundo sentimento de paz. Quando se conhece sua juventude, compreende-se o que certa vez disse: que em Lublin aprendeu a dormir. Mas o Vidente não era, como seu

---

(19) Devo indicar aqui o meu livro *Gog e Magog*, cuja cerne reside nas relações ambivalentes entre o Vidente e o Iehudi.

mestre, o Maguid de Mesritsch, um grande educador, não possuindo a mesma clareza que suscitasse a confiança daqueles que educava. O Maguid levava os discípulos sob os seus cuidados a edificar a substância de suas vidas, a partir dos elementos que lhes fossem peculiares. O Vidente vivia no mundo de seus impulsos espirituais, o mais importante dos quais era "ver"; e embora a humildade, apaixonada como todas as suas qualidades, lhe impusesse sempre um compromisso entre o seu mundo pessoal e o mundo exterior, não obstante não conseguia realmente entender uma criatura como o Iehudi, nem os pressupostos da sua natureza, pois lhe faltava o que aos olhos deste era tudo: a confiança de alma para alma. O Iehudi, porém, não pôde compreender precisamente esta fraqueza na personalidade do Vidente. Assim surgiu aquela relação feita de proximidade e distância, em cujo desenrolar o Iehudi, ao cabo, fundou uma congregação própria, por sugestão do mestre, o qual, no entanto, encontrou nisso novo alimento para a sua desconfiança. Tal congregação, com o auxílio do co-discípulo e discípulo, Rabi Bunam, resultou na escola de Pjischa. Contudo, o foco na vida do Iehudi continuou sendo as suas relações amargas e perturbadas com o Vidente de Lublin: voltava sempre a sentir-se impelido a transpor o abismo intransponível que os separava. À sombra deste conflito, seguiu seu próprio caminho e, após muitos anos de luta, as multidões afluíram à sua procura. "Voltai! — exclamava. — Voltai a toda pressa, pois o tempo urge, não há mais prazo para novas migrações de almas, a salvação está próxima!" Com isso queria significar que a redenção estaria tão próxima que ao homem não restava mais tempo para buscar a perfeição em novas encarnações, devendo, antes, realizar já o passo decisivo, num esforço formidável, na grande virada. O Iehudi manteve-se fora do âmbito mágico em que o Lublinense e seus amigos ingressaram nessa época, com o fito de atingir a esfera messiânica, a partir dos acontecimentos contemporâneos; sua intenção não era apressar o fim, mas preparar o homem para esse fim. "Ele queria, disse dele o Rabi Uri de Strelisk, o Seraf, trazer para baixo um novo caminho: fundir o ensinamento e a oração num só serviço." Acrescenta em seguida que isto nunca sucedera antes; parece mais acertado dizer que tal ocorrera nos primórdios da inovação hassídica e não mais ocorria. E Rabi Uri ainda adiciona: "Entretanto ele faleceu no meio de sua obra e não a completou". A mais grave acusação que os inimigos do Iehudi lhe imputaram, a de não rezar nas horas prescritas mas esperar pela plenitude do desejo de orar, não era mais que a primeira conseqüência necessária de sua vontade de concentrar-se. Não chegou a tirar algumas outras conseqüências, pois morreu no auge de sua força, com menos de cinqüenta anos, cerca de dois anos antes de seu mestre. Acerca da causa de sua morte, reza uma lenda que o Vidente a teria ordenado, a fim de, por seu intermédio, saber do mundo superior qual o próximo passo a ser dado na grande empresa messiânica; outra lenda, porém, diz que o mundo superior o colocara ante a opção de morrer ele mesmo ou o seu mestre e ele optou. Há ainda outra versão sugerindo que o segredo de sua juventude, que explodira antes no anseio da morte, fora então renovado num plano mais elevado e que a mais alta "união" se vincula à morte física quando executada sem arraigamento, e verdadeiramente arraigada já não se encontrava esta última floração do hassidismo. A morte de nenhum outro *tzadik* apresenta-se, na tradição, mais envolta em mistério do que a sua.

O ensinamento que se configurou em sua vida foi por ele mesmo formulado, certa vez, em palavras sucintas que comentam o versículo das Escrituras, "A justiça, a justiça seguirás": "A busca da justiça deve verificar-se com a justiça e não com a mentira". O que este volume conta do Iehudi é suplementado por algumas histórias sobre seus filhos e netos, histórias retiradas de copioso material conexo e destinadas a mostrar como uma certa peculiaridade de caráter persiste através das gerações.

O maior entre os discípulos do Iehudi e seu sucessor, o Rabi Simha Bunam de Pjischa, correra mundo como copista, comerciante de madeiras e farmacêutico. Esteve na Hungria estudando o Talmud e efetuou repetidas viagens comerciais a Dantzig — sempre com os olhos abertos e a alma livre e compassiva. "Sei o que se passa com o pecador", disse certa vez. "E sei portanto como se pode endireitar a árvore nova que está crescendo torta." Depois que encontrou a verdade hassídica, Bunam passou a visitar o Maguid de Kosnitz. Mais tarde foi a Lublin, onde o Vidente logo se lhe afeiçoou, a despeito de seu aspecto "alemão"[20], e finalmente conheceu o Iehudi, tornando-se em breve seu mais íntimo discípulo. Após a morte deste, foi escolhido rabi pela grande maioria dos *hassidim* de Pjischa; no entanto, relutou em aceitar o encargo e a muitos que vinham procurá-lo deixava esperar durante dias, tão difícil lhe era desempenhar a nova vocação. Não encontrava ligação com as massas, nem sequer a que o Iehudi mantivera com seus seguidores, no último período de vida: o de ser objeto de seu entusiasmo. No ensino, porém, quando se lhe dedicou de verdade, saiu-se com mais vitalidade e grande senso de responsabilidade. Abalou e revolucionou por inteiro as vidas dos moços que de todas as partes acudiam e pediam per-

---

(20) Alusão a uma aparência ocidentalizada no traje, nas maneiras e na barba.

missão para ficar ao seu lado. Pelo fato de os jovens, por sua causa, abandonarem lares e negócios, foi como nenhum outro combatido pelas famílias dos mais longínquos rincões do país. Por razões objetivas, muitos *tzadikim* de seu tempo se lhe opuseram. O Rabi Naftali de Ropschitz, que já hostilizava veementemente o Iehudi, observou certa vez a um rapaz de sua cidade que lhe pedia sua bênção para casar com uma moça da região de Pjischa: "Contra o rabi mesmo não digo nada, pois é um *tzadik;* mas seu caminho é perigoso para os discípulos que o seguem. Servimos tantos anos para lograr o poder e o fervor, coisas que lá eles adquirem em tão pouco tempo. Com tais métodos, Deus nos livre, o "outro lado" pode insinuar-se, com o auxílio demoníaco do planeta Vênus". Ao fim, por ocasião do grande casamento de *tzadikim* em Ostila, chegaram a constituir uma espécie de tribunal, presidido pelo Rabi de Apt, que denegou a acusação. Esta, porém, se justificava mais profundamente do que seus acusadores se davam conta.

Bunam intentou prosseguir na via encetada pelo Iehudi, mas não conseguiu manter a direção, por não participar da crença do mestre, segundo a qual o homem deve estar preparado para uma redenção muito próxima, aqui e agora. O Iehudi tentara como que lançar raízes na *meta*; Bunam, contudo, não mais conseguia encará-la como o alvo imediato de suas ações pessoais; assim, a herança do mestre ficou pendurada no ar. Desvaneceu-se, pois, a perspectiva de uma nova junção entre doutrina e oração, miragem que esplendera, brevemente, no horizonte. Desvaneceu-se porque o antigo enraizamento não mais existia e um novo era, ao que tudo mostrava, impossível. A sabedoria ainda conseguia medrar na atmosfera de individualismo, de abandono que agora se tornava o abandono da meta, mas nenhuma santidade podia amadurecer aí. O sábio Bunam era conhecido como o "versado no mistério", mas ele já não estava perto do mistério, como ainda o Iehudi estivera. Em suas profundas conversações à mesa e parábolas cristalinas, porta testemunho poderoso à verdade religiosa; mas não se pode considerá-lo mais como corpo e voz do gênio religioso. A oração, que a vontade de concentração do Iehudi "delongara", ou seja, subjetivara, retrocede agora diante do ensinamento — decorrência natural da supremacia da escola sobre a congregação. E, sob a influência do desenraizamento, o ensinamento tornou-se cada vez menos uma transmissão do inefável, reconvertendo-se num estudo de conteúdos.

A qualidade sinistra desse período posterior de desintegração, atenuado apenas pela límpida sabedoria do Rabi Bunam, surge indisfarçadamente quando lemos a história atinente a seu filho, Rabi Abraão Mosché, falecido antes de chegar aos trinta anos, pouco depois de seu pai. Tudo nele é consciência da morte e clamor pela morte. Seu pai dizia que o filho possuía a alma de Jeroboão I, rei que dividira os reinos de Israel e Judá: seu caminho poderia conduzir ao mal total, ou à perfeita bondade com a morte prematura — e decidiu-se por esta. A maneira como o jovem rabi interpreta o sacrifício de Isaac tem um sombrio acento pessoal: Abraão expressou seu amor por Isaac justamente pela presteza que demonstrou em sacrificá-lo, pois Isaac habitava a sua casa "apenas como filho", quando, na realidade, seria o cordeiro sacrificial de Deus. Há uma estranha história, segundo a qual, antes de suas núpcias — casou-se com uma das netas do Iehudi — Rabi Bunam o enviou ao campo santo, a fim de convidar um dos mortos e ele se enganou e convidou alguém errado. Após o enlace, não permaneceu em casa, porém se retirou para a floresta em companhia de um grupo de jovens "adeptos seus" (conhecemos um grupo assim à volta do Rabi Schalom Schachna e voltamos a deparar outro semelhante em torno do Rabi Mendel de Vorki) "e pôs-se a estudar com eles *hassidut*". Tratava-se da mesma floresta que o Vidente, ao atravessá-la de certa feita, observara que "todos os ensinamentos revelados e secretos, junto com a *Schehiná*, hão de estar aqui presentes". O pai teve de ir buscá-lo e devolvê-lo à jovem esposa. "Como que despertando de um sonho, disse: "Esqueci". De como se envolveu na morte do pai — que "a sua vida inteira aprendera a morrer" — é o que nos conta a história intitulada "Os Segredos da Morte". Após o falecimento daquele, hesitou em assumir a sucessão, pois sabia que, optando por ela, abreviaria sua própria vida. Entretanto, ao fim, decidiu aceitá-la. Mas, ao cabo de dois anos, "sentiu vontade" de morrer e morreu. É tão belo em morte quanto o fora em vida. Um *tzadik* que se aproximou quando o ataúde era levado ao túmulo exclamou: "Ai dessa beleza que tem de apodrecer na terra!", e foi tomado de silêncio até o dia seguinte. Contam do Rabi Abraão Mosché que era um grande músico. Não sabemos de nenhum outro filho do Rabi Bunam.

Se considerarmos os discípulos do Rabi Bunam, como fez um deles, o Rabi Hanoch, como comentários de seus ensinamentos, cumpre distinguir o Rabi Menahem Mendel de Kotzk (fal. em 1859) como aquele que, por seu turno, necessitaria de comentário e jamais o logrou, pois seus discípulos não devem ser em geral assim interpretados. Sem dúvida, foi ele o verdadeiro sucessor do Rabi Bunam; mas a esta sabedoria de um suave crepúsculo segue-se uma fulgurante treva noturna. Desde a infância, foi o Rabi Mendel um rebelde que defendia zelosamente seu próprio caminho independente. Conta-se que, quando o Vidente de Lublin mandou chamar o rapazinho e, como era seu costume, lhe propôs perguntas destinadas a revelar sua própria "visão", Mendel só respondeu sob protesto e, mais tarde, quando o Vidente o repreendeu, declarando que seu caminho induzia à melancolia, ele abandonou Lublin e dirigiu-se a Pjischa. Aí submeteu-se realmente à direção do Iehudi, mas pouco depois do falecimento do mestre sua indomável natureza voltou a levantar-se, não só em motim contra a turba ociosa de visitantes, como também numa revolta do espírito. Quando ele mesmo se tornou rabi, ficou patente que se encontrava rigidamente determinado a efetuar uma completa renovação do movimento. Este devia novamente recordar-se para que o homem foi criado: "Para elevar os céus. A revelação sagrada converteu-se num hábito". Fazia-se mister reunir toda a energia e avançar mais uma vez rumo à revelação, até o ponto de onde os céus possam ser "elevados". Semelhante tarefa não mais compete à congregação, mas aos discípulos. O laço entre a congregação e a escola parece definitivamente rompido. À congregação ainda restava por certo a oração, e a oração também recebia em Kotzk um alcance superior. O próprio Rabi era louvado por rezar sem esforço e sem ostentação, "como se estivesse conversando com um amigo". Mas, perante o mundo, a cujos olhos gostavam de um modo geral, em Kotzk, de ocultar-se, a reza era feita "às pressas". Deveras, no que tange à prece comunitária, já não havia mais aqui nenhum sentimento real. A oração e o ensinamento haviam, finalmente, sido convertidos em dois mundos, que só tinham a ver um com o outro apenas pelo conhecimento da meta, porém não mais pelo calor da oração e pelo entusiasmo da prática. O "templo do amor", em que outrora vivera o grande amor entre os *hassidim,* fora fechado por causa do abuso do fogo sagrado e nunca mais viria a ser aberto. Tudo agora dependia do discipulado como elite, que deveria investir até a revelação.

Quase ao final de sua vida, o Rabi Mendel dá a entender o que originalmente tivera em mente, ao dizer que de início pretendia apenas reunir quatrocentos *hassidim,* entrar com eles "na floresta" e dar-lhes "maná", para que reconhecessem o poder majestoso de Deus: é a visão de uma peregrinação pelo deserto para receber a nova revelação. (À máxima talmúdica, "A Torá só foi entregue àqueles que comem o maná", o Rabi Mendel oferece a seguinte explanação: "Ela se refere somente aos que não se preocupam com o amanhã".)

Nesse particular, é significativo o fato de, ainda criança, insistir em que se lembrava de sua estada ao pé do Sinai e mais tarde, quando rabi, exortava a todos que imaginassem, no coração, a estada no Sinai. Mas também nos foram transmitidos certos pronunciamentos seus, segundo os quais alimentava a esperança de que a seu grupo selecionado seria dado "olhar direto para dentro do céu", e se tornar como o Baal Schem, o que era assaz conseqüente, pois considerava-se a si mesmo o Sabá em que a obra da Grande Semana, iniciada com o Baal Schem, atingira seu ápice. Mas tais visões cedo se desvaneceram. A esmagadora decepção sofrida nos primeiros tempos levou-o a circunscrever-se no estudo, com fanática intensidade. Seus discípulos — cuja maioria, incidentalmente, ganhava o sustento por meio do trabalho manual — consideravam-se muito acima do resto do mundo e este sentimento conduziu a diferentes deformações, as quais foram ainda mais longe, sob a influência das drásticas manifestações do Rabi Bunam em face dos profanos. O próprio Rabi Mendel não atentava a tais coisas. Naufragadas suas primeiras e mais audaciosas esperanças, ocupava-se apenas em resguardar, interna e externamente, o que considerava a verdade, e verdade, para ele, não era um conteúdo, mas uma qualidade pessoal, algo "que não pode ser imitado". Expôs os versículos dos Salmos: "Perto está o Senhor de todos os que O invocam, de todos os que O invocam de verdade", interpretando-o assim: "De todos os que O invocam pela qualidade de verdade que habita em suas almas". E declinava de fazer a paz, mesmo com a escola de um amigo, se isso tivesse de ser feito à custa da renúncia à auto-asserção dessa "verdade".

Mostrava-se não menos rigoroso, e talvez mais, ao defender a "verdade" interna: nem mesmo os mandamentos divinos, ensinava, devem ser erigidos em ídolos para esconder a verdade, e ao mencionar "Deus" cumpre ter em mente Deus mesmo e não uma "imagem fundida" de nossa fantasia. É bastante compreensível, pois, que poucos de seus discípulos — discípulos e antigos companheiros, tais como o Rabi de Guer, que via em Mendel uma "centelha do verdadeiro fogo" e que por isso "deitou-se debaixo dela" — incorporassem em suas vidas o severo ensinamento da verdade pessoal. ("Não há verdade enquanto a pessoa inteira não se torne uma e una em Seu serviço, enquanto não se transforme em uma só verdade, da primeira à última letra das Escrituras", foi como um discípulo, mais tarde, definiu tal ensinamento.)

A maioria de seus seguidores provavelmente ouvia com prazer seus pronunciamentos — tais como o louvor que teceu ao Faraó, porque ele era "um homem" e se manteve inabalável ante as pragas — mas não alcançavam as intenções aí implícitas. As decepções que sofreu com seus *hassidim* certamente contribuíram muito para acentuar seu caráter sombrio e solitário nos últimos vinte anos de vida.

Mas seria leviano explicar essa figura trágica da agonia hassídica e os acontecimentos de sua vida em termos das expe-

Introdução

riências do *tzadik* de Kotzk com as pessoas, sem analisar as mudanças ocorridas na própria fé. Parece-me que a decadência de grandes movimentos, sobretudo de um grande movimento religioso, constitui a mais grave prova por que a fé de um homem realmente crente possa passar — e o Rabi Mendel era crente, havendo certa vez dito de si mesmo: "Tenho a fé, a fé é mais clara que a visão" — uma prova mais difícil do que qualquer destino pessoal.

Para mim, a mais importante de todas as perguntas dirigidas ao destino é essa: como é possível que tamanha proximidade de Deus se converta em tamanho distanciamento d'Ele? Na história do hassidismo, é a escola de Pjischa que propriamente sustenta essa questão. Já o Iehudi era acometido por ela como evidencia a sua frase: "Também isso se corromperá", e ele saiu para enfrentá-la com seu vigoroso chamado ao "retorno". A mesma indagação também lançou sua sombra sobre o Rabi Bunam, expressando-se, por exemplo, em sua radical elaboração do tema dos "*hassidim* de Satã" — e ele lhe respondeu, ensinando que o pastor se acha presente mesmo que as ovelhas não o vejam. No tempo do Rabi Mendel, a decadência atingira tal ponto, e este era tão sensível a ela, que o problema o assaltou com força atroz e ele sucumbiu sob seus golpes. A deflagração da crise deu-se numa sexta-feira à noite, quando o Rabi Mendel não recitou o *kidusch* antes da meia-noite e só então saiu de seu quarto para a mesa do *schabat*. Sobre o que aconteceu então, os relatos preservados, quase todos orais, divergem fortemente: mas todos concordam numa nota antinômica mais ou menos pronunciada, transferindo a rebeldia íntima do Rabi Mendel para sua relação com a Torá. Isso é verdadeiro, quer tenha realmente declarado, como asseveram os "ilustrados", que o homem, com todos os seus instintos e desejos, é parte de Deus, exclamando ao fim: "Não há julgamento nem juízes!", quer tenha apenas roçado o castiçal, pecando assim ostensivamente contra o preceito do *schabat*. Seja como fôr, deve ter ocorrido algo profundamente chocante, pois de outra forma não se poderia explicar outro incidente em cuja descrição todos os relatos estão concordes. Sucedeu que o Rabi Mordehai Iossef, anteriormente co-discípulo do Rabi Mendel na casa de estudos do Rabi Bunam, mais tarde seu discípulo e sempre seu rival secreto, exclamou para os *hassidim*: "As Tábuas da Lei e os pedaços de Tábuas quebradas permaneciam juntos na Arca da Aliança; mas, quando o nome de Deus é profanado, não cabe considerar a honra do rabi — amarrai-o!" O cunhado do Rabi Mendel, o fiel Rabi de Guer, opôs-se ao Rabi Iossef e logrou aquietar grande número de *hassidim*. Os outros abandonaram Kotzk ao término do *schabat,* encabeçados pelo Rabi Mordehai Iossef, que se estabeleceu na cidade de Izbica. (Mais tarde, afirmou que a ruptura lhe fora ordenada pelo céu.) Daí por diante, até a morte, no decurso de mais vinte anos, Rabi Mendel trancou-se em seu aposento, atrás de duas portas quase que permanentemente fechadas. Duas grandes perfurações foram praticadas numa das portas, por meio das quais ele escutava os ofícios religiosos no quarto de orações contíguo — provavelmente a eles assistia às vezes — enquanto a outra porta era ocasionalmente por ele mesmo aberta, quando os *hassidim* se congregavam do lado de fora. Então assomava à soleira, sem o seu cafetã, com uma expressão terrível no rosto e invectivava a todos numa torrente de palavras cortantes, tão violenta que o terror se abatia sobre os *hassidim* e eles fugiam pelas portas e janelas; outras vezes, contudo, ao anoitecer de sexta-feira, saía de seu quarto revestido em sua *pekesche* branca, saudava os visitantes, a quem, de outro modo, estendia apenas as pontas dos dedos por um dos buracos da porta. Jamais, porém, tomava assento na ceia sabática, assim como, além de um prato de sopa ao anoitecer, em geral quase nada mais comia. Se, num sábado, era chamado à leitura da Torá [21], dirigia-se ao púlpito, o rosto coberto com o *talit*, e depois da leitura do capítulo das Escrituras, retornava a seu lugar. Seu quarto era infestado de ratos, mas os *hassidim*, escutando-os chiar, sussurravam aos novatos que se tratava das almas dos que vinham ao rabi em busca de redenção. E ainda hoje quando se pergunta a um *hassid* de Kotzk como é que o Rabi Mendel fazia o banho ritual, este responde que o poço de Miriam, escavado na rocha, que acompanhou outrora os judeus em sua travessia pelo deserto, se reabria no quarto do rabi.

Narrei com tantos pormenores a história do Rabi de Kotzk porque ela ilustra de maneira contundente seja o termo iminente de um processo, seja o ato derradeiro de um drama. Mas seria errôneo se se quisesse considerá-la o fim do puro ponto de vista cronológico. Ao contrário, justamente em torno de Kotzk prosseguiu a obra e vida hassídica, como se estivessem no meio de seu desenvolvimento e não em seu término. Três *tzadikim* particularmente ligados ao Rabi Mendel nos fornecem um bom exemplo dessa asserção. Trata-se do Rabi Itzhak de Vorki, falecido uma década antes do Rabi Mendel (1848), que deve ser tratado juntamente com seu filho, também de nome Mendel (fal. em 1868); Itzhak de Guer (fal. em 1866) e Hanoch de Alexander, os quais sobreviveram ao Rabi Mendel de Kotzk quase outros dez anos. Todavia, se apurarmos

---

(21) A leitura do trecho semanal da Torá é feita na sinagoga, sob a especial assistência de alguém que é "chamado" para cumprir essa função sagrada.

os ouvidos, também aqui escutaremos por toda parte o lamento da meia-noite [22], embora bem mais levemente.

Começo pelo Rabi Hanoch de Alexander porque, apesar de ser o último dos três, foi, na estrita acepção, o verdadeiro discípulo de Mendel de Kotzk. Todos os três, assim como o próprio Rabi Mendel, haviam estudado com o Rabi Bunam. Quando este morreu, o Rabi de Guer, então com vinte e oito anos e já com a sua posição espiritual e sua esfera de atuação definidas, submeteu-se deliberadamente às ordens do Rabi de Kotzk, após manter com este um diálogo na floresta durante uma noite inteira — consoante a tradição — por ter visto "a luz que se irradiava de Tomaschov" (primeira residência do Rabi Mendel). O Rabi de Vorki, vinte anos mais idoso que os outros dois, visitou o Vidente de Lublin ainda quando menino e mais tarde estudou com Davi de Lelov e Bunam e, quando este último faleceu, uniu-se a Abraão Mosché durante o breve período em que este praticou o rabinato. Fundou depois sua própria congregação, passageiramente mesmo em Pjischa, continuando, porém, durante a vida inteira, fiel amigo de Rabi Mendel. Mas o Rabi Hanoch sentia-se efetivamente e de todo coração discípulo do Rabi de Kotzk, que fora seu co--discípulo na casa de estudos do Rabi Bunam. O Rabi Hanoch costumava contar que só com o Rabi Mendel aprendera que o *hassid* é um ser humano que pergunta pelo *sentido*. Porém, mesmo em Kotzk, ainda ocultava sua natureza profunda e ardente sob toda a sorte de gracejos. Na realidade, dos ensinamentos do Rabi de Kotzk, ele desenvolveu, e somente isto, o que havia neles de antigo, de arqui-hassídico. Assim, em particular, deu uma forma mais concreta e perfeita à idéia da missão, da "elevação dos céus". Ensinou que os assim chamados dois mundos, céu e terra, são basicamente um só mundo, que apenas se partiu em dois; ele há de recuperar sua unidade quando o homem, a quem foi confiada a terra, torná-lo semelhante ao céu. (Aqui, o que se exige aparentemente é o oposto da "elevação dos céus", e, não obstante, é a mesma coisa, pois um céu não mais separado da terra, não mais privado dela, um céu sem lacunas, certamente foi "elevado".) Outrossim, está ao alcance do homem tornar a terra parecida com o céu, pois no imo de todo coração humano resta ainda um resquício da substância e do poder celestes que podem a partir daí operar. Israel está no Exílio; o homem está em exílio, mas tal exílio é a sua própria baixeza, à qual ele entregou o controle de seu coração celeste; a partir daí é que se deve conceber a participação humana na obra redentora.

---

(22) Os devotos costumam levantar-se à meia-noite de suas camas, sentam-se no chão, sem sapatos, põem cinza na fronte e lêem lamentações pela queda de Sião e orações pela Redenção.

Temos aqui os ensinamentos clássicos do hassidismo em nova roupagem e próxima mesmo às concepções da época em que vivemos. E a parábola do discípulo do Maguid, o Rabi Aarão de Karlin, sobre a negação do eu, reaparece renovada na prática, quando ouvimos que o Rabi Hanoch nunca se referiu a si mesmo como "eu", pois esse pronome pertence unicamente a Deus. Mas suas palavras melancólicas, embora não desesperadas, tais como as que falam do envelhecimento das melodias, dão testemunho de sua profunda visão quanto à decadência do hassidismo e à necessidade de sua regeneração.

Em contraste, as brilhantes máximas do Rabi Itzhak de Guer não se prestam à elaboração de uma doutrina unificada e relativamente independente. O Rabi de Guer era um aforista mais ou menos como o Rabi Israel de Rijin, a quem se assemelhava outrossim em outros aspectos. Era também um *tzadik* representativo e de largo raio de influência; contudo, bem mais que o Rabi de Rijin, se ocupava e era expressão dos interesses culturais do judaísmo polonês e se referia a si mesmo com uma autocrítica humilde, totalmente estranha ao Rabi Israel.

Sua atitude crítica e ainda assim não desesperançada para com o movimento, cujo declínio reconhecia, expressa-se o mais claramente numa descrição — por certo não sem vínculo com sua própria experiência — que fez, na velhice, de uma congregação dotada de tudo quanto é necessário: cabeça, membros e uma casa de estudos com todos os seus apetrechos. De súbito, Satanás lhe arrebata o cerne, "tudo o mais permanece exatamente como antes, a roda continua a girar, falta-lhe apenas o cerne". Falava, assim, confiadamente, a seu neto, mas de repente a descrição arrasta-o a um grito: "O Senhor nos ajude! Não se pode permitir que tal aconteça!"

O Rabi Itzhak de Vorki, o terceiro dos três discípulos de Kotzk, também era dado à autocrítica, mas não encontramos nele essa firmeza crítica em face da decadência do movimento. Essa nobre figura, que entre todos os discípulos mais se aproximou da sabedoria madura do Rabi Bunam, parece ter permanecido à distância da problemática dessa hora tardia. No entanto, parece-me que suas palavras sobre a aparentemente inviável e, no entretanto, não-inviável conversão do grande pecador vão além da esfera da experiência pessoal.

Seu filho, Mendel de Vorki, por outro lado, deu vigorosa e direta expressão à crise e não tanto em uma ou outra de suas máximas, quanto em seu silêncio. As variações sobre o tema do "silêncio" que colocam em tela esse *tzadik* compõem-se num quadro curioso. Nele, o silêncio não é um rito, como, de alguma forma, entre os Quacres, mas tampouco um exercício ascético, como entre algumas seitas hindus, e no entanto é uma "arte", como o Rabi de Kotzk o chamava. O silêncio constituía seu Caminho. O princípio desse silêncio não é negativo, também não é mera ausência do discurso, é inteiramente positivo e atua como tal. O silêncio de Mendel era uma concha plena de essência invisível e ele a inspirava na alma de quem estivesse com ele. Conta-nos uma história de como encontrou pela primeira vez outro *tzadik,* de como se sentaram um frente ao outro, um tanto identicamente a Egídio, discípulo de São Francisco, e São Luís da França, e ambos se ajudaram um ao outro. Do mesmo modo, passou uma noite de silêncio com seus *hassidim* e esses se sentiram elevados ao Uno.

Não resta dúvida de que o silêncio era seu modo peculiar de piedade, sua *hassidut.* Mas não era só isso. Mesmo ao falar do silêncio — embora não do seu, porque não o mencionou jamais diretamente — não o interpretava como uma prece despida de sons, mas como um pranto sem sons, "um grito mudo". O grito mudo é a reação à grande mágoa. É, em geral, a reação do judeu contra sua grande mágoa: ele "nos convém". Lendo nas entrelinhas, descobrimos que se tratava, particularmente, de sua reação, da de Mendel de Vorki, contra aquela hora em que "o presente, também ele, se corrompeu". O tempo das palavras passou. Ficou tarde.

PRIMEIROS MESTRES

ISRAEL BEN ELIEZER, O BAAL SCHEM TOV

Junto à Árvore do Conhecimento

Dizem que outrora, quando na alma de Adão habitavam todas as almas [1], no momento em que ele se encontrava junto à Árvore do Conhecimento, a alma do Baal Schem Tov fugiu e não comeu do fruto da árvore.

Os Sessenta Heróis

Dizem que a alma de Israel ben Eliezer se recusou a descer ao mundo, pois temia as serpentes de fogo que sibilam em cada geração, e receava que elas lhe enfraquecessem a coragem e a destruíssem. Deram-lhe então uma escolta de sessenta heróis, iguais aos sessenta [2] que cercavam o leito do Rei Salomão para guardá-lo contra os terrores das noites — sessenta almas de *tzadikim* que a protegessem. São esses os discípulos do Baal Schem.

(1) Segundo a Cabalá, a alma de Adão continha todas as almas criadas por Deus, sendo só mais tarde separadas, iniciando em seguida sua peregrinação.
(2) *Cântico dos Cânticos*, 3:8.

A Prova

Contam: "Eliezer, o pai do Baal Schem, morava numa aldeia. Era tão hospitaleiro que postava vigias à entrada da localidade, com ordens de deter os pobres viandantes e levá-los a ele, para que os acolhesse e cuidasse. No Céu alegraram-se com sua forma de agir e um dia resolveram pô-lo à prova. Satã ofereceu seus préstimos; mas o Profeta Elias pediu que fosse enviado em seu lugar. Numa tarde de *schabat*, sob a forma de um pobre viandante, com sacola e bordão, chegou à casa de Eliezer e proferiu a saudação. Não querendo envergonhar o homem, Eliezer não levou em conta a profanação do *schabat*: convidou-o imediatamente à sua mesa e abrigou-o em sua casa. E tampouco proferiu palavras de censura na manhã seguinte, quando o hóspede se despediu. Então o profeta se lhe revelou e lhe prometeu um filho que haveria de iluminar os olhos de Israel".

A Palavra do Pai

Israel foi dado a seus pais já na velhice destes e, quando eles morreram, ainda era criança.

Ao sentir a aproximação da morte, o pai tomou o menino nos braços e falou-lhe: — Vejo que farás minha luz resplender e não me é dado criar-te. Mas, filho amado, guarda na lembrança, em todas as tuas horas, que Deus está contigo e que, por isso, nada tens a temer neste mundo.

Essas palavras calaram no coração de Israel.

O Esforço Vão

Depois da morte do pai, a gente da aldeia, a quem sua memória era cara, não deixou o menino entregue à própria sorte e confiou-o a um *melamed* para o estudo.

Israel estudava com afinco, mas só por alguns dias de cada vez. Depois, fugia da escola e iam encontrá-lo sozinho, na floresta. Atribuíram esse comportamento ao fato de ser órfão, sem ter quem cuidasse devidamente de si, e sempre o levavam de volta ao *melamed,* e outra vez ele fugia para a floresta, onde ficava a vagar, até que finalmente a gente da cidade desesperou de fazer dele um homem de bem.

A Primeira Luta

Contam de Israel ben Eliezer: Já bem crescido, o menino empregou-se como ajudante na escola. De manhã cedo, ia buscar as crianças em suas casas e as conduzia à escola e à casa de orações. Com voz amável, repetia-lhes as palavras da oração que deviam ser ditas em coro, como "Amém, Louvado seja seu Nome por toda a eternidade". Pelo caminho, cantava para elas e as ensinava a cantar com ele. Ao fim das aulas, levava-as para casa através do prado e do bosque.

Contam os *hassidim* que no céu, todas as manhãs, se rejubilavam com esses cantos, como outrora com o cântico dos Levitas no Templo de Jerusalém. Eram momentos de graça aqueles em que as hostes celestes se reuniam para ouvir as vozes dos mortais. Entre eles, porém, também se encontrava Satã. Sabia muito bem que aquilo que se estava preparando ameaçaria seu poder na terra. Então, entrou no corpo de um feiticeiro que podia transformar-se em lobisomem. Uma vez, quando Israel e seu bando passavam cantando pelo bosque, o monstro os atacou e as crianças, aos gritos, se dispersaram em todas as direções. Algumas adoeceram de susto e os pais decidiram colocar um paradeiro às atividades do jovem ajudante da escola. Ele, no entanto, lembrou-se das últimas palavras do pai: foi de casa em casa, prometeu-lhes proteger seus filhos e conseguiu convencê-los a mais uma vez confiar-lhe o pequeno bando. Armado de um bordão bem grosso, pôs-se à frente das crianças e, quando novamente o lobisomem apareceu, deu-lhe uma bordoada na testa e na mesma hora o matou. No dia seguinte, encontraram o feiticeiro morto em sua cama.

Os Conjuros

Contam ainda que, depois, Israel foi empregado como servente da casa de estudos. Desde então, era obrigado a passar ali seus dias e noites, mas, sentindo que o Céu lhe ordenava manter em segredo sua devoção e suas profundas reflexões, costumava dormir quando estavam acordados os moradores da casa de estudos e velar, rezando e estudando, enquanto dormiam. Mas eles pensavam que dormia toda a noite e ainda parte do dia.

Os *hassidim* falam das coisas maravilhosas que então se passaram.

Antes do tempo do Baal Schem Tov — assim contam eles — vivia, não se sabe mais onde, mas parece que na cidade imperial de Viena, um homem milagroso, de nome Adão. Como a uma série de homens milagrosos antes dele, chamavam-no Baal Schem, ou seja, Mestre do Nome, porque conhecia o segredo do nome inteiro de Deus e sabia pronunciá-lo de modo a obrar, com seu auxílio, as coisas mais estranhas, mas, principalmente, curar pessoas no corpo e na alma. Sentindo-se perto da morte, não sabia Adão a quem deixar os antiqüíssimos escritos oriundos do patriarca Abraão, e cujos segredos aprendera. Pois seu único filho, embora homem culto e piedoso, ainda não era digno de tal herança. Então, em sonho, consultou o Céu: este lhe ordenou que confiasse os escritos a Israel ben Eliezer, da cidade de Okup, que, a essa altura, contava quatorze anos. Antes de morrer, Adão deu ao filho a incumbência.

Chegando a Okup, o filho não pôde acreditar, a princípio, que o servidor da casa de estudos, que todos consideravam um rapaz ignorante e rústico, fosse a pessoa que ele procurava. Permanecendo na easa de estudos e fazendo-se servir por ele, observou-o às ocultas e logo percebeu que Israel escondia do mundo seu verdadeiro ser e agir. Então, revelando-se ao rapaz, entregou-lhe os escritos e pediu-lhe apenas que o deixasse participar, sob sua direção, do estudo deles. Israel consentiu, mas sob a condição de que o acordo ficasse em segredo e que continuasse, como antes, a servir o estranho. Este alugou uma casinha isolada, fora da cidade. Com prazer, os membros da congregação lhe cederam Israel para servi-lo, atribuindo ao mérito de seu pai que aquele homem piedoso e erudito se interessasse por ele.

Certa vez, o filho do Rabi Adão propôs ao rapaz invocar o Príncipe da Torá [3], com a ajuda das indicações contidas nos escritos, a fim de consultá-lo sobre pontos mais difíceis da doutrina. Por muito tempo, Israel não quis aventurar-se, mas por fim acabou cedendo à insistência. Jejuaram de *schabat* a *schabat,* banharam-se e, no encerramento do sabá, praticaram o que estava prescrito. Mas, por não estar o espírito do estrangeiro dirigido com suficiente pureza aos ensinamentos mesmos, insinuou-se neles um erro: em vez do Príncipe da Torá, apareceu o Príncipe do Fogo, querendo queimar a cidade, e só com grande esforço foi possível salvá-la.

Após longo tempo, voltou a insistir o filho do Rabi Adão para que o rapaz renovasse a tentativa. Este se negou firmemente a empreender de novo o que sem dúvida desagradava ao céu. Só consentiu quando o estrangeiro o conjurou a fazê-lo pela memória de seu pai, que lhe deixara os livros mila-

---

(3) O anjo que representa a Torá no céu. Os elementos, as forças da natureza e as nações que, de acordo com a tradição judaica, são em número de setenta, são representados por seus respectivos príncipes, anjos ou demônios.

grosos. Mais uma vez jejuaram de sábado a sábado, mais uma vez banharam-se e, mais uma vez, ao encerramento do sabá, praticaram o que estava prescrito. De súbito o rapaz gritou que lhes fora decretada a morte, a não ser que varassem a noite em vigília com a alma ininterruptamente voltada à oração. A noite toda não esmoreceram. Aos primeiros clarões da madrugada, porém, o filho do Rabi Adão não conseguiu mais lutar contra o cansaço e adormeceu de pé. Em vão, Israel tentou acordá-lo. Enterraram-no com grandes honras.

O Casamento

Em sua juventude, Israel ben Eliezer foi assistente de professor numa pequena comunidade perto da cidade de Bródi. Ninguém sabia nada a seu respeito, mas por causa do alegre afã com que as crianças estudavam com ele, também os pais acabaram por lhe mostrar benevolência. Logo se espalhou a notícia de que era sábio e vinham a ele em busca de conselhos. Onde houvesse uma disputa, pedia-se ao jovem professor que resolvesse a questão. Fazia-o de tal modo, que aquele contra quem decidia recebia a sentença com satisfação não menor que a do adversário que obtivera julgamento favorável e ambos se iam em paz.

Naquele tempo, vivia em Bródi um grande estudioso, o Rabi Guerschon de Kitov. Seu pai, o Rabi Efraim, estava em demanda contra um dos membros da pequena comunidade de cujos filhos o Baal Schem era professor. Procurou seu adversário e propôs que ambos fossem a Bródi apelar para a corte rabínica. Mas este lhe falou tanto da sabedoria e da justiça do jovem mestre, que ao fim o Rabi Efraim sentiu o desejo de ir consultá-lo. Ao entrar em seu quarto, assustou-se, pois da fronte de Israel brilhou ao seu encontro um sinal arqueado, exatamente igual àquele, inesquecível, que vislumbrara por um instante, na fronte estreita da própria filha, quando a parteira lhe mostrou a recém-nascida. Com a língua pesada, explicou a que vinha, mas, quando levantou os olhos abaixados, o sinal desaparecera. Israel ouviu, fez perguntas, ouviu de novo e então pronunciou a sentença, e pouco depois a paz entrou nos corações dos dois homens, pois era como se a própria justiça luminosa tivesse despontado dentre a densa névoa das opiniões.

Mais tarde, o Rabi Efraim foi ter com o Baal Schem e pediu-lhe que tomasse sua filha por esposa. Israel acedeu, porém impôs uma dupla condição: que o acordo, por enquanto, permanecesse em segredo, e que no documento a ser redigido não

constasse — como era de costume — o elogio de sua erudição, mas que sua pessoa fosse mencionada tão-somente pelo nome de Israel ben Eliezer: — Pois — acrescentou — é a mim e não a meus conhecimentos que quereis para marido de vossa filha.
— Tudo aconteceu conforme seu desejo.
Ao voltar da viagem, o Rabi Efraim adoeceu repentinamente e morreu depois de poucas horas. Seu filho, o Rabi Guerschon de Kitov, veio sepultá-lo. Entre os papéis do pai encontrou o contrato nupcial [4], e leu que sua irmã fora prometida a um homem sem títulos de erudição, nem linhagem honrosa; nem ao menos se mencionava de onde vinha o estrangeiro. Logo, com veementes palavras, comunicou à irmã o fato inusitado; ela, porém, respondeu simplesmente que, se fora essa a vontade do pai, nada mais no mundo lhe serviria.
Israel esperou até completar seu ano como professor; os pais não queriam deixá-lo partir; no entanto, ele não se deixou reter. Despiu as vestes, envergou uma pele de carneiro curta com um largo cinturão de couro à maneira dos camponeses, adotando também seus modos de falar e de se portar. Assim chegou a Bródi, e à casa do Rabi Guerschon. Parou à soleira da casa. O erudito, que estava justamente comparando várias interpretações de uma passagem difícil do Talmud, mandou dar uma moeda àquele homem de aparência necessitada; mas este disse ter algo a lhe revelar. Entraram juntos no aposento adjacente e Israel fez saber ao rabi que viera buscar a esposa. Consternado, o Rabi Guerschon chamou a irmã, para que visse o homem sobre o qual recaíra a escolha de seu pai. Ela limitou-se a afirmar: — Se ele assim o decidiu, é decisão de Deus — e mandou preparar o casamento.
Antes de se dirigirem ao pálio nupcial, o Baal Schem conversou com a mulher, revelando-lhe seu segredo. Ela, porém, teve de jurar conservá-lo intacto, acontecesse o que acontecesse; ele não escondeu que desgraças e grandes privações a aguardavam. Ela respondeu apenas que assim estava bom.
Depois do casamento, o Rabi Guerschon tentou, dia após dia, ensinar a Torá a seu cunhado ignorante, mas era impossível fazê-lo aprender uma palavra que fosse dos ensinamentos. Ao fim, disse à irmã: — Envergonho-me do teu marido. Se quiseres separar-te dele, muito bem; senão, compro-te cavalos e um carro, e podes ir com ele para onde te aprouver. — Isto ela aceitou.
Assim se foram e viajaram até chegar a uma cidadezinha dos Carpatos, onde a mulher fixou residência. Israel dirigiu-se às montanhas próximas, construiu uma cabana e escavou argila. E duas ou três vezes por semana, ela ia ter com ele, ajudava

---

(4) *Tenaim*, condições. Escrito e assinado na hora do compromisso; um pouco antes do casamento, acrescenta-se o *ketubá*, o acordo financeiro.

a carregar o carro de argila, levava-o à cidade e vendia por algum dinheiro. Quando Israel sentia fome, punha farinha e água numa pequena cova, sovava a massa, assando-a ao sol.

A Montanha Auxiliadora

Contam: "São íngremes e escorregadios os cumes daquelas montanhas em cujas encostas suaves morava Israel ben Eliezer. Nas horas de retiro costumava galgá-los para ali se demorar. Certa vez, seu êxtase foi tão profundo que não percebeu estar parado à beira de um abismo abrupto e calmamente levantou o pé para seguir adiante. Então a montanha vizinha saltou para junto da outra, apertou-se firmemente contra ela e o Baal Schem continuou seu caminho".

Com os Salteadores

Contam: "Um bando pequeno de salteadores que habitava as montanhas orientais dos Carpatos, tendo testemunhado os maravilhosos acontecimentos que se produziam à volta do Baal Schem, veio a ele e se ofereceu para conduzi-lo à Terra de Israel, por um caminho todo especial, por baixo do solo, através de cavernas e buracos, pois havia chegado ao conhecimento deles, não sabemos como, que o Baal Schem queria ir para lá. Este prontificou-se a acompanhá-los. Durante a viagem chegaram a um desfiladeiro inteiramente tomado pela lama. Somente na orla havia um estreito atalho pelo qual passavam, pé ante pé, segurando-se em cavilhas que haviam fincado. Os salteadores iam à frente. Quando, porém, o Baal Schem pretendeu segui-los, avistou a chama da espada giratória [5] a impedir-lhe o próximo passo, e voltou".

Benção e Obstáculo

Certa vez, o Baal Schem perguntou a seu discípulo, o Rabi Meir Margaliot: — Meir, lembras-te ainda do *schabat* em que começaste a aprender o Pentateuco? A grande sala da casa de teu pai estava cheia de hóspedes. Eles te colocaram sobre a mesa, e tu expuseste a tua lição.

O Rabi Meir falou: — Lembro-me bem. De repente minha mãe entrou e me arrancou de cima da mesa, no meio da ex-

(5) Ver *Gênese*, 3:24.

posição. Meu pai ficou zangado, mas ela limitou-se a apontar para um homem, vestido com a pele curta dos camponeses, e que da porta me observava; então todos compreenderam que ela temia o mau-olhado. Enquanto ainda apontava a porta, o homem desapareceu.
— Era eu — disse o Baal Schem. — Em horas como aquela um olhar pode derramar grande luz numa alma. Mas o temor dos homens constrói muros diante da luz.

Os Primeiros

No tempo em que o Rabi Israel ben Eliezer era *schohet* na aldeia de Koschilovitz, mantinha-se ainda na obscuridade, e ninguém o distinguiria de um *schohet* qualquer. O Rav da cidadezinha vizinha de Iaslovitz, Rabi Zvi Hirsch Margaliot, tinha dois filhos, Itzhak Dov Ber e Meir. O primeiro contava, então, dezessete anos, o segundo, onze. De repente cada um deles sentiu um desejo ardente de ir ter com o *schohet* de Koschilovitz. Não compreendiam o sentido desse desejo, e mesmo quando se abriram um com o outro não o descobriram, mas ambos sentiam que não deviam falar sobre o assunto, nem ao pai, nem a qualquer outra pessoa. Um dia, sorrateiramente, saíram de casa e foram ao Baal Schem. O que lá se falou nem ele nem os dois jamais revelaram. Ficaram com o Baal Schem. Em casa sentiram falta deles, procuraram-nos por toda a redondeza; também em Koschilovitz, foram de casa em casa, até que os encontraram e levaram-nos de volta. Em sua alegria, o pai deixou que se passassem uns dias antes de interrogá-los. Finalmente perguntou-lhe calmamente o que tinham achado de tão extraordinário no *schohet* de Koschilovitz. — Não é possível descrevê-lo — responderam — mas pode acreditar que ele é mais sábio e mais devoto que todo mundo.
Mais tarde, quando o Baal Schem se tornou conhecido, ligaram-se a ele e iam vê-lo todos os anos.

Schaul e Ivan

Contam: "Um dia, quando o Rabi Meir Margaliot, autor do livro *Iluminador dos Caminhos,* foi com seu filho de sete anos visitar o Baal Schem, este lhe disse que lhe deixasse por algum tempo o menino. O pequeno Schaul ficou em casa do Baal Schem. Pouco depois, ele o levou junto com os discípulos, numa viagem. Fez o carro parar diante da taberna de uma aldeia, e entrou com o menino e os discípulos. Lá dentro uma rabeca tocava e camponeses dançavam com camponesas. — Este seu rabequista não vale nada — disse o Baal Schem aos camponeses; — deixem este meu menino cantar-lhes uma melodia e vão ver o que é dançar. — Os camponeses concordaram, puseram o menino sobre uma mesa e ele, com sua voz argentina, cantou uma cantiga de roda hassídica, sem palavras, que buliu com os pés da gente da aldeia. Numa alegria desenfreada bailaram em torno da mesa. Então, do meio deles, saltou um rapaz e perguntou ao menino: — Como é que você se chama? — Schaul. — Continua! — exclamou o camponês. O menino entoou nova canção, o camponês pôs-se à sua frente e, ao ritmo da música, pôs-se a dançar e a saltar com arrebatamento, ao mesmo tempo que repetia, sem se cansar, num encantamento: — Você Schaul e eu Ivan, você Schaul e eu Ivan! — Depois da dança os camponeses mandaram vir aguardente para o Baal Schem e sua comitiva e todos juntos beberam.

Uns trinta anos depois, o Rabi Schaul, que se tornara um abastado comerciante e também um talmudista de primeira ordem, fez uma viagem de negócios. Então foi atacado por salteadores que lhe tomaram o dinheiro e quiseram matá-lo. Como pedisse clemência, levaram-no a seu chefe. Este olhou-o longa e penetrantemente e por fim perguntou: — Como é que você se chama? — Schaul — respondeu. — Você Schaul e eu Ivan — disse o chefe dos salteadores.

Mandou seus homens devolverem o dinheiro a Rabi Schaul e acompanharem-no até sua casa".

O Camponês Junto ao Córrego

Contam: "No tempo em que o Rabi Israel ben Eliezer vivia na aldeia de Koschilovitz, costumava banhar-se no córrego. Quando este estava coberto de gelo, abria nele um buraco e se banhava. Um camponês que tinha seu casebre à beira do riacho, certa vez o viu esforçar-se a fim de tirar o pé do gelo, onde ficara preso, até esfolar a pele e fazê-la sangrar. Desde então, observava o tempo e preparava um pouco de palha sobre a qual o Baal Schem pudesse pisar. Um dia, este lhe perguntou: — O que você preferia: ser rico, ter vida longa, ou tornar-se alcaide? — Senhor rabino — respondeu o camponês — tudo é bom. — O Baal Schem mandou-o construir uma casa de banhos à beira do córrego. Pouco depois soube-se que a mulher do camponês, que andava doente, ao se banhar no córrego ficara curada; a fama da água milagrosa foi-se difundindo cada vez mais até que os doutores vieram a saber e conseguiram do govêrno o fechamento da casa de banhos; mas nesse meio tempo o camponês da beira do rio já enriquecera, e fora eleito alcaide. Todos os dias ele se banhava no rio, e ficou muito velho".

O Jejum

Quando o Rabi Elimelech de Lijensk disse, certa vez, que jejuar não era mais serviço ao Senhor, perguntaram-lhe: — Por acaso o Baal Schem não jejua muito? — O Santo Baal Schem Tov, nos seus anos de juventude — respondeu — costumava levar seis pães e um jarro de água, quando, no fim do sabá, partia, por toda semana, para o seu retiro. Certa sexta-feira, ao levantar o saco de viagem a fim de voltar para casa, achou-o pesado; abrindo-o, viu que ainda continha todos os pães. Então admirou-se. Jejuar assim é permitido!

Batidas à Janela

Certa vez, na mocidade do Baal Schem, aconteceu que numa sexta-feira ainda não tivesse em casa nada com que preparar o sabá, nenhuma migalha e nenhum tostão. Então, de manhã cedo, bateu de leve à janela de um homem abastado e disse: — Há alguém que nada tem para o *schabat* — e, sem esperar, continuou seu caminho. O homem, que não conhecia o Baal Schem, correu atrás dele e perguntou: — Se precisais de auxílio, por que fugis? — Sabemos, pela Guemará — respondeu o Baal Schem, rindo — que cada homem vem ao mundo com o seu sustento. Mas é claro que, quanto mais alguém sente a carga dos pecados, tanto mais deverá esforçar-se para que o sustento à sua disposição chegue até ele. Esta manhã, porém, eu mal senti o seu peso sobre meus ombros. Todavia, sempre sobra um pouquinho para se fazer. E este pouquinho, eu o fiz.

O Chamado

Quando os céus revelaram ao Baal Schem que deveria ser o guia de Israel, procurou sua mulher, e assim lhe falou: — Saiba que estou fadado a ser o guia de Israel. — Ela perguntou: — O que devemos fazer? — Ao que ele respondeu: — Devemos jejuar. — Jejuaram três dias e três noites sem parar, e por um dia e uma noite permaneceram deitados no chão, com mãos e pés estendidos. No terceiro dia, à noitinha, o Baal Schem ouviu um chamado do alto: — Filho, vai e guia o povo! — Levantou-se e disse: — Se é da vontade de Deus que eu seja o guia, devo tomar sobre mim o encargo.

O Baal Schem Dá-se a Conhecer

Contam: "Depois que Israel ben Eliezer desempenhou sucessivamente os ofícios de auxiliar de mestre-escola, servente da casa de estudos, mestre dos pequenos, *schohet* e, por algum tempo, cocheiro de seu cunhado, este arrendou para ele, numa aldeia, à margem do rio Prut, uma gleba de terra, com uma estalagem que também dava pousada aos viandantes. Não longe dali, logo acima do vau, cavara-se uma gruta na montanha, e era lá que o Baal Schem passava a semana, imerso em suas devoções. Quando aparecia algum viajante, a mulher assomava à porta e o chamava, e Israel sempre ouvia o chamado e aparecia sem tardança, para servir o hóspede. Aos sábados, porém, ficava em casa e usava as vestes brancas de *schabat*.

Certo dia, uma terça-feira, um dos discípulos do Rabi Guerschon, cunhado do Baal Schem, ia ter com seu mestre, na cidade de Bródi. Como seu caminho passasse pela aldeia junto ao Prut, ele apeou e entrou na hospedaria. Logo a mulher fez seu costumeiro chamado, o Baal Schem veio e serviu a refeição ao hóspede. Depois este disse: — Israel, atrela meus cavalos, que preciso seguir viagem. — O Baal Schem atrelou os cavalos, veio avisar que estavam prontos e acrescentou: — E se passásseis aqui o *schabat*? — O hóspede sorriu das palavras tolas. Porém, mal viajara meia milha, quebrou-se uma das rodas do carro; não era possível consertá-la de imediato, e ele teve de voltar e passar a noite na hospedaria. No dia seguinte, no outro, e também na sexta-feira de manhã, apareceram novos obstáculos, e finalmente não lhe restou outra alternativa exceto ficar para o *schabat*. Aborrecido, rondava por ali na sexta-feira de manhã. Viu, então, que a mulher assava doze pães de *schabat*. Admirado, perguntou para que tudo aquilo. — Bem — disse ela — não há dúvida que meu marido é um homem sem instrução, mas direito ele é, e o que vi fazerem em casa de meu irmão, faço também em casa de meu marido. — Por acaso também possuem um banho ritual aqui? — continuou inquirindo. — Por certo — respondeu ela. — E para que precisam do banho ritual? — Bem — disse ela — não há dúvida que meu marido é um homem sem instrução, mas direito ele é, e por isso todos os dias vai ao banho ritual.

De tarde, à hora da oração, perguntou à mulher onde estava seu marido. — No campo, com as ovelhas e reses — respondeu. E assim o hóspede disse sozinho as orações da tarde e da noite, e a da recepção do sabá, e o hospedeiro ainda não voltara. Era porque estava orando em sua gruta. Quando por fim chegou em casa, retomou gestos e fala rústicos, e assim saudou seu hóspede: — Vistes como, no final das contas, passastes mesmo o sabá aqui? — Voltou-se para a parede, como que para rezar e, a fim de não se trair pelo seu fervor indisfarçável, pediu ao hóspede que pronunciasse a bênção do vinho. Sentaram-se e comeram juntos. Em seguida, o Baal Schem pediu ao hóspede que lhes interpretasse os ensinamentos. Para não exigir demais dos poderes de compreensão do estalajadeiro, o discípulo do Rabi Guerschon explicou, por alto, o conteúdo da secção semanal, ou seja, da servidão dos filhos de Israel no Egito.

Naquela noite, a última antes do dia em que se completava o trigésimo sexto ano da vida do Baal Schem, do céu lhe veio a mensagem de que se esgotara o tempo em que devia manter-se oculto. No meio da noite, o hóspede acordou em sua cama, que ficava na sala, e viu um grande fogo arder na lareira. Correu para lá, pensando que as toras tivessem pegado fogo. Então viu: o que tomara por fogo, era uma luz intensa. Uma grande luz branca escapava da lareira e enchia a casa. O homem recuou e caiu sem sentidos. Tendo-o feito voltar a si, disse-lhe o Baal Schem: — Não devemos olhar para o que não nos é destinado.

Pela manhã, vestido na bata branca do sabá, o Baal Schem se dirigiu à sua gruta, voltou de cabeça erguida e rosto radiante, andou pela casa e cantou a canção mística "Preparei a ceia". Depois recitou o "grande *kidusch*", da maneira que lhe era própria, com maravilhoso poder de devoção. À ceia, pediu outra vez ao hóspede que explanasse o ensinamento das Escrituras, mas este estava tão confuso, que não conseguiu murmurar mais que uma breve interpretação: — Já ouvi outra interpretação desse trecho — disse o Baal Schem.

Juntos rezaram a oração da tarde, e depois o Baal Schem falou e revelou segredos dos ensinamentos que ninguém jamais ouvira. Juntos, em seguida, recitaram a prece da noite, e marcaram a separação entre o sabá e a semana de trabalho.

Ao chegar a Bródi, o discípulo do Rabi Guerschon, antes mesmo de ir ter com seu mestre, dirigiu-se à comunidade dos "grandes *hassidim*" [6] da cidade, relatou o que lhe acontecera, e

(6) Ver *Introdução*.

acrescentou: — Perto de vós habita uma grande luz. Seria justo irdes ter com ela, e a trazerdes para a cidade. — Foram e encontraram o Baal Schem adiante da aldeia, junto ao bosque. Com galhos construíram-lhe um assento e puseram-no nele, e ele lhes falou palavras dos ensinamentos".

Eles Mesmos

Disse o Baal Schem: — Dizemos: "o Deus de Abraão, o Deus de Isaac e o Deus de Jacó", e não "o Deus de Abraão, Isaac e Jacó"; pois Isaac e Jacó não se apoiavam nos estudos e serviço de Abraão, mas eles mesmos buscavam a unidade do Criador e o seu serviço.

A Torá Está Inteira

Ao versículo do salmo "A Lei do Senhor está inteira", acrescentou o Baal Schem: — Ela está toda inteira. Ninguém ainda a tocou, nem mesmo num único de seus acentos. Até a esta hora, ela está toda inteira.

A Forma

Contam os *hassidim*: — Certa vez, o Rabi Dov Ber de Mesritsch pediu ao Céu que lhe mostrassem um homem cujos membros todos e fibras todas fossem sagrados. Mostraram-lhe então a forma do Baal Schem Tov, toda de fogo. Nela não havia mais traço de matéria, nada mais era que uma chama.

O Tremor

Certa vez, num dia de lua nova, o Baal Schem rezava, com todos, a oração da manhã, em seu lugar, pois somente a partir dos cantos de louvor é que costumava subir ao púlpito. De súbito, estremeceu e caiu em grandes tremores. Todos sabiam que, ao rezar, soía acontecer-lhe isso, mas até então não fôra mais que um leve estremecimento; agora, no entanto, era sacudido violentamente.

Quando o precentor concluiu o ofício e o Baal Schem ia tomar seu lugar, viram-no parar e tremer violentamente. Um discípulo acercou-se e olhou-o no rosto: ardia como uma tocha, os olhos estavam esgazeados e parados como os de um moribundo. Outro discípulo juntou-se ao primeiro, tomaram--no pela mão e levaram-no ao púlpito. Lá estava ele, e tremia, e tremendo recitou os cânticos de louvor e, depois da consagração, parou e tremeu por mais algum tempo, e tiveram de esperar, para ler as Escrituras, até que aquilo o deixasse.

Contava o Maguid de Mesritsch: — Certa vez, em dia de festa, o Baal Schem rezava diante do púlpito, com grande fervor e grandes gritos. Devido à minha doença, não o pude suportar, e tive de sair para a saleta e ali orar sozinho. Antes dos serviços festivos, entrou o Baal Schem na saleta, a fim de vestir a bata. Quando o vi, percebi que ele não estava neste mundo. Ao vestir a bata, então, ela se lhe enrugou em torno dos ombros. Eu a toquei, para alisá-la. Mal o fiz, porém, comecei a tremer. O Baal Schem voltara já ao salão grande, mas eu fiquei ali parado, pedindo a Deus que levasse aquilo de mim.

Contava o Rabi Iaakov Iossef de Polnóie: — Uma vez havia uma tina grande de água no aposento em que o Baal Schem rezava. Vi a água na tina tremer e agitar-se até que ele terminou.

Outro discípulo contou: — Uma vez, em viagem, estava o Baal Schem orando diante da parede oriental de uma casa. Junto à parede oposta havia uns barris abertos, cheios de trigo. Então vi que o trigo tremia nos barris.

A Aproximação do Schabat

Uma tarde, antes do sabá, estavam reunidos os discípulos de um *tzadik* que fora discípulo do Baal Schem, e contavam uns aos outros maravilhas do Baal Schem. O *tzadik,* que estava ao lado, em seu quarto, ouviu-os. Abriu a porta e disse: — Para que contais histórias de seus milagres? Melhor seria falardes de seu temor a Deus! Toda véspera de sabá, seu coração começava a bater tão forte, que todos nós, que estávamos com ele, ouvíamos.

As Franjas

Contava um *tzadik*: — As franjas do xale de orações do santo Baal Schem Tov tinham vida e alma próprias. Moviam-se mesmo que o corpo não se movesse. Porque o Baal Schem Tov, pela santidade de suas ações, tinha-lhes dado vida e alma.

Ao Corpo

Disse o Baal Schem a seu corpo: — Espanta-me, corpo, que ainda não te tenhas desfeito em migalhas, de medo diante do teu Criador!

Para Ti

Certa vez, no meio da oração, pronunciou o Baal Schem as palavras do Cântico dos Cânticos: "O novo e o velho, amigo, para ti guardei" e acrescentou: — Tudo o que está em mim, o novo e o velho, só para ti.
Alguém disse: — Mas também para nós dá o rabi seus ensinamentos. — E ele respondeu: — Como um vaso que transborda.

Tudo o que Quer a Boca

Disse o Baal Schem: — Quando fixo meu espírito em Deus, deixo minha boca dizer tudo o que quer, porque então todas as minhas palavras estão ligadas à sua raiz no céu.

O Que Ahia lhe Ensinou

Contava o Rav de Polnóie: — A princípio o Baal Schem Tov nem sabia falar com as pessoas, tão ligado e preso estava a Deus, e só murmurava de si para si. Então veio a ele seu professor celeste, Ahia, o profeta [7], e lhe ensinou quais os versículos dos Salmos que deveria dizer diariamente, a fim de conseguir falar com as pessoas sem que disso se ressentisse sua ligação com Deus.

Do Banho Ritual

Disse o Baal Schem: — Devo tudo aos banhos. Imergir [8] é melhor que ciliciar-se. O cilício diminui a força de que pre-

---

(7) De acordo com a lenda, o profeta bíblico Ahia (*I Reis*, 11-14) veio ao Baal Schem e instruiu-o nos ensinamentos.

(8) O antigo banho que, na Cabalá e especialmente entre os *hassidim*, tornou-se numa importante cerimônia com significações e mistérios em si mesmo. Imergir num rio ou numa corrente tinha mais valor do que o comum banho ritual.

cisas para a devoção e o estudo, o banho de imersão aumenta-a.

Contra a Mortificação

Contava o Rabi Baruch, neto do Baal Schem: "Perguntaram uma vez ao Baal Schem Tov, meu avô: — Qual é a essência do servir? Sabemos que, em dias idos, viviam "homens de ação" que jejuavam de *schabat* a *schabat*. Mas vós pusestes fim a isso, dizendo que quem se mortifica há de prestar contas como pecador, por ter atormentado a sua alma. Então, explicai, qual é a essência do servir? — Respondeu o Baal Schem Tov: — Vim a este mundo mostrar outro caminho; que o homem procure obter as três coisas seguintes: amor a Deus, amor a Israel e amor à Torá — e não é preciso mortificar-se!"

O Dinheiro Restante

Na casa do Baal Schem nunca se guardava dinheiro de um dia para o outro. Sempre que ele regressava de viagem, pagava as dívidas acumuladas e distribuía o resto entre os necessitados.

Certa vez trouxe muito dinheiro de uma viagem, pagou as dívidas e distribuiu o restante. Mas, nesse meio tempo, sua mulher guardou um pouco para si, a fim de, por uns dias, não precisar comprar fiado. Àquela noite, ao rezar, o Baal Schem sentiu-se tolhido. Voltou para casa e perguntou: — Quem pegou do dinheiro? — A mulher confessou ter sido ela. O Baal Schem tirou-lhe o dinheiro e, ainda na mesma noite, o distribuiu.

Saber

Disse o Baal Schem: — Quando atinjo o mais alto degrau do saber, sei que nem uma única letra dos ensinamentos está em mim, e que ainda não dei nem um só passo no serviço de Deus.

Tais palavras do Baal Schem, o Rabi Mosché de Kobrin transmitiu-as a outro *tzadik*. Este perguntou: — Mas está no *Midrasch*: "Adquiriste o saber, o que mais te falta?" — O Rabi de Kobrin respondeu: — Em verdade, assim é. Tendo adquirido o saber, saberás então o que te falta.

Sem o Mundo Vindouro

Estava o Baal Schem, certo dia, de ânimo tão deprimido, que lhe pareceu não ter quinhão algum no mundo vindouro. Então disse a si mesmo: "Se amo a Deus, para que preciso de um mundo vindouro?"

A Dança dos Hassidim

Na festa de Simhat Torá, divertiam-se os discípulos na casa do Baal Schem; dançavam e bebiam, e faziam subir sempre mais vinho da adega. Depois de algumas horas, a mulher foi procurar o Baal Schem em seu quarto e disse-lhe: — Se não pararem de beber, logo, logo não mais sobrará vinho para a sagração do sabá. — Rindo, ele respondeu: — Dizes bem. Vai ter com eles, e manda-os parar. — Ao abrir a porta da sala grande, ela viu os discípulos dançando em roda, e em volta do círculo serpeava, chamejante, um anel de fogo azulado. Então ela mesmo tomou de um jarro na mão direita, de outro na esquerda e, afastando a criada, desceu à adega, voltando depressa com os jarros cheios.

O Mestre Também Dança

Uma noite, em Simhat Torá, dançava o próprio Baal Schem com sua congregação. Tomou de um rolo da Torá e dançou com ele. Depois pô-lo de lado e dançou sem ele. Nesse momento um dos discípulos, particularmente familiarizado com os movimentos do Baal Schem, observou aos companheiros: — Agora o mestre deixou de lado o ensinamento visível e tomou a si o espiritual.

O Surdo

Conta o neto do Baal Schem, Rabi Mosché Haim: — Ouvi isto de meu avô: Uma vez um rabequista se pôs a tocar com tal doçura, que todos os que o escutavam começaram a dançar, e bastava alguém chegar ao alcance do som da rabeca, para juntar-se à roda. Então apareceu no caminho um surdo que não conhecia nada de música, e o que via pareceu-lhe coisa de doidos, sem gosto nem sentido.

A Força da Comunidade

Contam: "À noite de certo Iom Kipur, a lua estava oculta por trás das nuvens, e o Baal Schem não pôde sair e dizer a Bênção da Lua Nova [9]. Isso o afligia muito: pois agora, como de outras vezes, sentia que um destino imponderável dependia da obra de seus lábios. Debalde concentrava sua força profunda na luz do astro errante, para ajudá-lo a despir-se das pesadas capas; tantas vêzes a enviou, quantas lhe disseram que as nuvens se tinham adensado mais. Até que perdeu a esperança.

Enquanto isso, os *hassidim,* que nada sabiam da tristeza do Baal Schem, se tinham reunido fora da casa e começado a dançar: assim costumavam passar, em alegria festiva, a noite do dia em que, pelos altos préstimos sacerdotais do *tzadik,* se dera a conciliação para o ano todo. Quando sua sagrada alegria subiu bem alto, penetraram no quarto do Baal Schem, ainda dançando. Logo empolgou-os o entusiasmo e tomaram-no pelas mãos, a êle que, sombrio, lá estava sentado, e o arrastaram para a roda. Nesse momento ecoou um grito, vindo de fora. Repentinamente clareara a noite; com um fulgor nunca dantes visto, pendia a lua no céu sem mácula".

O Ninho

Certa vez o Baal Schem passou muito tempo rezando na casa de orações. Todos os seus discípulos já haviam terminado suas rezas, mas ele continuava, sem lhes dar atenção. Esperaram por longo tempo; por fim, foram para casa. Passadas algumas horas, depois de atenderem a seus múltiplos negócios, voltaram à casa de orações, e ele ainda estava rezando. Mais tarde, lhes disse: — Ao irdes embora, deixando-me só, me impusestes uma dolorosa separação. Explicarei numa parábola. Conheceis as aves migratórias que no outono voam para os países quentes. Bem, certa vez os habitantes de um desses países viram, no ar, em meio a um bando desses hóspedes, uma ave de cores maravilhosas, que olhos humanos nunca tinham visto igual. O pássaro desceu ao topo da árvore mais alta e aí fez seu ninho. Quando o rei da região soube disso, mandou que descessem o pássaro e o ninho. Ordenou que certo número de homens formassem junto à árvore uma escada, apoiando um os pés nos ombros do outro, até que o de cima conseguisse alcançar o ninho e pegá-lo. Demorou tempo a construção des-

---

(9) Bênção que se faz fora de casa, quando aparece a lua nova, que determina o início do mês, de acordo com o calendário hebraico.

sa escada viva. Os de baixo perderam a paciência e começaram a sacudir-se, e tudo veio por terra.

A Alocução

Todas as noites, depois da prece, o Baal Schem ia para seu quarto. Duas velas eram postas diante dele e, sobre a mesa, entre outros livros, o misterioso Livro da Criação [10]. Depois eram admitidos, juntos, todos os que precisassem de seus conselhos, e ele lhes falava até a undécima hora.

Uma noite, ao saírem, um deles comentou com o companheiro que as palavras que o Baal Schem lhe dirigira lhe tinham feito muito bem. O outro respondeu-lhe que não dissesse bobagens, pois haviam entrado juntos e, durante o tempo todo, o mestre falara só com ele e com ninguém mais.

Um terceiro, que os ouvia, intrometeu-se sorrindo: estranho estarem os dois tão enganados, pois se o Baal Schem estivera a noite inteira em conversa particular com ele. Nos mesmos termos fizeram-se ouvir um quarto e um quinto, e finalmente confessaram todos, ao mesmo tempo, o que haviam experimentado. Mas já no próximo instante o grupo caiu em silêncio.

Fé

O Rabi Davi Leikes, discípulo do Baal Schem, perguntou certa vez a alguns *hassidim* de seu genro, Rabi Motel de Tschernobil [11], que, da cidade de Tschernobil, lhe vieram ao encontro: — Quem sois? — Disseram: — Somos os *hassidim* do Rabi Motel de Tschernobil. — Mas ele continuou a perguntar: — Tendes fé absoluta em vosso mestre? — Calaram, pois quem ousaria dizer que tem fé absoluta? — Então — continuou — eu vos direi o que é fé. Num *schabat,* a terceira refeição [12], como aconteceu muitas outras vezes, estendeu-se até à noite. Então dissemos a bênção sobre a refeição, ficamos em pé e rezamos a oração da noite e fizemos a *havdalá* e logo nos sentamos para o "acompanhamento real do *schabat*" [13]. Acontece que éramos todos pobres e não tínha-

---

(10) Uma obra mística, composta provavelmente entre os séculos III e VI e que trata dos números como princípio cosmogônico.
(11) O Rabi Motel (Mordehai) era filho do Rabi Nahum de Tschernobil.
(12) A principal refeição do *schabat,* tomada depois das orações da tarde e acompanhada pela congregação cantando e de uma preleção do *tzadik.*
(13) Refeição tomada depois da partida do Schabat. É entendida como sua despedida da Rainha Schabat. É também chamada "refeição do Rei Davi". Segundo a lenda, Deus contou a Davi que ele morreria no sábado; assim, ele sempre festeja, depois de cada *schabat,* a continuação da vida.

mos de nosso nem um tostão, ainda mais no sabá. Mesmo assim, quando, depois da refeição, o santo Baal Schem Tov me disse: — Davi, dá algo pelo hidromel! — meti a mão no bolso, apesar de bem saber que eu não tinha nada e tirei um florim. E dei-o em paga do hidromel.

O Contador de Histórias

Muitas versões relatam como o Baal Schem conquistou como discípulo o Rabi Iaakov Iossef, antigo Rav de Polnóie. Há histórias milagrosas, que vão até ao despertar de mortos. Conto aqui partes de versões diversas, que se completam.

No tempo em que o Rabi Iaakov Iossef ainda era Rav de Zarigrod, e muito avesso à trilha hassídica, certa manhã de verão, à hora em que se tange o gado para as pastagens, chegou à sua aldeia um homem, que ninguém conhecia, e parou com seu carro na praça do mercado. Ao primeiro que viu levando uma vaca, chamou e começou a contar-lhe uma história, e tanto se agradou dela o ouvinte, que não conseguiu desprender-se do lugar. Outro que passava captou algumas palavras, quis continuar, não conseguiu, parou e ficou ouvindo. Logo à volta do narrador reunia-se todo um grupo, que crescia mais e mais. Em meio deles se achava o bedel da sinagoga, que passara a caminho da casa de orações para abri-la, porque no verão, às oito horas, costumava o Rav ali rezar, e já bem antes, às sete, devia ela estar aberta. Às oito, chegando o Rav à sinagoga, encontrou-a fechada, e como era de caráter meticuloso e colérico, saiu, cheio de ira, à procura do bedel. Mas já o tinha diante de si, pois o Baal Schem — era ele o contador de histórias — mandara-o embora com um sinal, e o bedel saíra correndo, para abrir a sinagoga. O Rav gritou com ele, perguntando por que descuidara de seu dever, e por que não haviam vindo os homens que a essa hora costumavam ali estar. O bedel explicou que, como ele, todos os outros, a caminho da sinagoga, haviam sido atraídos irresistìvelmente pela grande história do contador. O irado Rav foi obrigado a dizer sozinho as matinas. Mais tarde, porém, ordenou ao bedel que fôsse ao mercado e voltasse com o estranho. — Mandarei dar-lhe uma boa tunda! — gritava. Entrementes, tendo acabado a história, dirigira-se o Baal Schem ao albergue. Foi aí que o encontrou o bedel e lhe transmitiu o recado.

O Baal Schem não se fez esperar; fumando seu cachimbo, apresentou-se ao Rav. Este o recebeu aos berros: — Que idéia é essa de impedir as pessoas de irem orar? — Rabi — respondeu o Baal Schem calmamente — não vos fica bem tamanha ira. Deixai-me antes contar-vos uma história. — Mas que idéia! — quis gritar o rabi, mas então, pela primeira vez, olhou bem para ele. É verdade que imediatamente desviou o olhar, mas as palavras ficaram-lhe presas na garganta. Àquela altura, o Baal Schem já havia começado a sua história, e como todos os outros, também o Rav teve de ouvir.

— Por outras terras viajei, certa feita, com três cavalos — contou o Baal Schem — um castanho, um malhado e um branco. E nenhum dos três relinchava. Então cruzei com um camponês, que me disse: — Afrouxai as rédeas! — afrouxei as rédeas. E os três começaram a relinchar. — O Rav, impressionado, calava. — Três — repetiu o Baal Schem — castanho, malhado, branco, e nenhum relincha; o camponês sabe, afrouxai as rédeas, e começam a relinchar! — Cabisbaixo, o Rav não dizia nada. — O camponês deu um bom conselho — disse o Baal Schem — compreendeis? — Compreendo — respondeu o Rav, e rompeu em lágrimas. Chorou e chorou e percebeu que até então não compreendera o que quer dizer: o homem é capaz de chorar. — É preciso elevar-vos — disse o Baal Schem. O Rav levantou os olhos para ele, mas já não mais o viu.

Todo mês, o Rabi Iaakov Iossef jejuava uma semana, de sábado a sábado. Como sempre tomasse as refeições em seu quarto, ninguém sabia disso, exceto a sobrinha que lhe levava a comida. No mês seguinte ao seu encontro com o Baal Schem, jejuou como sempre, porque nunca lhe ocorrera que se pudesse chegar à altura prometida sem mortificação. O Baal Schem encontrava-se outra vez numa de suas viagens, quando de súbito sentiu: se o Rav de Zarigrod prosseguir em sua obra, perderá o juízo. Mandou incitar os cavalos, e tanto que um deles tropeçou e quebrou uma perna. Ao entrar no quarto do Rav, contou: — Porque eu tinha pressa de chegar aqui, meu cavalo branco foi ao chão. As coisas não podem continuar assim. Mandai trazer algo para comer. — O Rav ordenou que lhe trouxessem comida e comeu. — Isto é obra apenas da tristeza — disse o Baal Schem; — a *Schehiná* não paira sobre a tristeza, mas sobre a alegria de orar.

No mês seguinte estava o Rav em Mesbitsch no *klaus* do Baal Schem, lendo um livro, quando entrou um homem e logo entabulou uma conversa com ele. — De onde sois? — perguntou. — De Zarigrod — respondeu o Rav. — E qual o vosso ganha-pão? — continuou o homem a indagar. — Sou o Rav da cidade — disse o Rabi Iaakov Iossef. — E como se vive? — continuou o outro — bem ou mal? — O Rav não suportou mais a conversa fiada. — Estais me impedindo de estudar — disse, em tom impaciente. — Se vos irritais assim — replicou o outro — tirais dos ganhos do Senhor. — Não vos compreendo — disse o Rav. — Bem — respondeu o homem — cada qual tem seu ganho, que provém do lugar que Deus lhe designou. Mas quais são os ganhos de Deus? Está escrito: "E tu, Santo, estás sentado sobre os cânticos de louvor de Israel". Eis os ganhos de Deus. Quando dois judeus se encontram e um deles pergunta ao outro quais são seus ganhos, este explica: "Louvado seja Deus, são tais e tais", e seus louvores são os ganhos de Deus. Mas vós, por não falardes com ninguém e só quererdes estudar, tirais dos ganhos de Deus. — Impressionado, quis o Rav argumentar, mas o homem desaparecera. Tomou novamente do livro, mas não conseguiu estudar. Fechou o livro e entrou no quarto do Baal Schem. — Então, Rav de Zarigrod — disse ele sorrindo — Elias acabou vencendo-te, não foi?

Ao voltar o Rav para casa, convocou a comunidade para a terceira refeição do sabá, segundo o costume hassídico. Alguns foram, à maioria porém desagradou ter-se ele ligado aos charlatães hassídicos. Malquistaram-no mais e mais violentamente, até que ao fim conseguiram expulsá-lo da cidade e não lhe permitiram permanecer sequer um dia a mais em sua casa, e como era sexta-feira, precisou passar o sabá numa aldeia vizinha. O Baal Schem estava viajando com alguns de seus íntimos e naquela sexta-feira achava-se próximo da aldeia em questão. — Vamos passar o sabá com o Rav de Zarigrod — disse — e alegrar-lhe o coração. — E assim foi.

Pouco depois tornou-se o Rabi Iaakov Iossef Rav da cidade de Roskov. Mandou espalharem, por longe e por perto, que estava restituindo todas as multas que cobrara, e que não eram poucas. Não descansou enquanto não distribuiu todo o seu dinheiro.

Desde então dizia sempre: — A preocupação e a tristeza são as raízes de todas as forças malignas.

As Setenta Línguas

Rabi Leib, filho de Sara [14], o *tzadik* secreto [15], contou: — Certa vez passei o sabá em casa do Baal Schem Tov. À noitinha, antes da terceira refeição, estavam já todos os discípulos sentados em torno da mesa, esperando sua vinda. Entrementes, discutiam uma passagem do Talmud, a respeito de cuja significação queriam interrogá-lo. Era a passagem: "Veio Gabriel e ensinou a José setenta línguas". Achavam-na incompreensível;

---

(14) Dizem que, em suas andanças, ele encontrou senhores influentes, entre os quais o Imperador de Viena, que não eram amigos dos judeus. De maneira milagrosa, dizem, fê-los mudar de opinião.

(15) Há, em cada geração, trinta e seis *tzadikim* "anônimos" que, secretamente, disfarçados de camponeses, artesãos, ou carregadores, praticam boas ações. Tais ações constituem o verdadeiro alicerce do mundo criado. O Rabi Leib, filho de Sara, é contado entre eles desde que se soube que era um *tzadik*.

pois não consta toda língua de inúmeras palavras? Então, como seria possível ao entendimento de um homem aprendê-las todas numa só noite, como se conta? Os discípulos concordaram em que o Rabi Guerschon de Kitov, cunhado do Baal Schem, devia interrogá-lo. Ao vir o mestre e sentar-se à cabeceira da mesa, apresentou o Rabi Guerschon a pergunta. O Baal Schem começou a discorrer, mas o que dizia não tinha, aparentemente, nada que ver com o assunto em questão e os discípulos não conseguiam encontrar aí uma resposta. Mas, de repente, aconteceu algo inaudito e incompreensível. No meio da preleção, o Rabi Iaakov Iossef de Polnóie bateu na mesa e exclamou, interrompendo a lição: — Turco! — E depois de uns momentos: — Tártaro! — e decorridos mais alguns instantes: — Grego! — e assim, língua após língua. Pouco a pouco compreenderam-no os companheiros: pela fala do mestre, que parecia tratar de coisas completamente alheias ao assunto, aprendera a reconhecer a fonte e a essência de cada uma das línguas — e quem te ensinou a reconhecer a fonte e a essência de uma língua, ensinou-te a língua.

A Batalha Contra Amalec

Certa vez sentiu-se o Rabi Pinkhas de Koretz perplexo na sua fé em Deus e não viu outra solução exceto ir ter com o Baal Schem. Soube que ele acabara de chegar a Koretz. Com grande alegria, correu ao albergue. Aí encontrou alguns *hassidim* reunidos em volta do mestre, que discorria sobre o versículo das Escrituras onde se fala das mãos estendidas de Moisés na hora da luta contra Amalec, que eram *emuná*, isto é, confiança, fé. — Acontece às vezes — dizia o Baal Schem — que um homem fica perplexo na sua fé em Deus. O remédio então é pedir a Deus que lhe fortaleça a fé. Pois o verdadeiro mal que Amalec infligiu a Israel foi, com seu assalto bem sucedido, arrefecer-lhes a fé em Deus. Por isso, Moisés, com suas mãos estendidas para o céu, que eram como a própria fé e a confiança, ensinou-lhes a rogar a Deus o fortalecimento da fé, e é só o que importa, na hora da luta contra a força do mal. — Ouviu-o o Rabi Pinkhas e esse seu ouvir foi em si mesmo uma oração, e já no ato de orar, sentiu que se fortalecia a sua fé.

A Repreensão [16]

Certa vez, quando o Rabi Nahum de Tschernobil, jovem ainda, estava em casa do Baal Schem — era o sabá em que

---

(16) *Deuteronômio*, 28:15-68.

se lê, nas Escrituras, a grande maldição, e que, por isso, para evitar a palavra funesta, é chamado de sabá das bênçãos — foi, na sinagoga, chamado à Torá, justamente para auxiliar na leitura da maldição. Aborreceu-o que lhe coubesse exatamente aquela passagem. O próprio Baal Schem procedia à leitura. Era, no entanto, o Rabi Nahum homem doentio, achacado por toda espécie de dores. Mas, quando o Baal Schem começou a ler, sentiu o Rabi Nahum que, a cada parte da maldição recitada, as dores abandonavam um de seus membros, e ao fim da leitura sentiu-se são e livre de todas as suas penas.

Error

Quando, em sua juventude, o Rabi Iehiel Mihal, futuro Maguid de Zlotschov, já procurava o Baal Schem, mas ainda não sabia se devia ligar-se a ele, levou-o o *tzadik* consigo em uma viagem a determinado lugar. Depois de terem viajado algum tempo, tornou-se evidente que não era aquele o caminho certo. — Então, rabi — disse Mihal — não conheceis o caminho? — Ele há de se me dar a conhecer — respondeu o Baal Schem e enveredaram por outra via; mas tampouco esta os conduziu ao destino. — Então, rabi — disse Mihal — errastes o caminho? — Está escrito — respondeu o Baal Schem calmamente — que Deus faz a vontade dos que O temem. Assim satisfez Ele teu desejo de poder caçoar de mim. — Essas palavras foram ao coração de Mihal e, sem mais pesar e pensar, ligou-se de toda alma ao mestre.

O Chantre do Baal Schem Tov

Um de seus discípulos perguntou uma vez ao Baal Schem: — E qual será o meu ofício neste mundo? — Chantre — respondeu ele. — Mas — objetou aquele — eu não sei cantar! — Eu te ligarei ao mundo da música — respondeu o *tzadik*. Esse homem tornou-se um chantre sem par, e em todo lugar chamavam-no o Chantre do Baal Schem Tov.

Muitos anos depois, chegou a Lijensk, com o baixo, seu acompanhante, de quem nunca se separava, e procurou o Rabi Elimelech, discípulo de um discípulo do Baal Schem. O Rabi e seu filho Eleazar, por longo tempo, não puderam decidir-se a deixar os dois cantarem no *schabat*, com o coro da sinagoga, porque o Rabi Elimelech temia ser distraído de suas devoções por aquele canto maravilhoso; mas Eleazar argumentou que, pela santidade do Baal Schem, não se podia privar o homem daquela honra e ficou resolvido que ele cantaria à entrada do sabá. Mas, quando começou a cantar, percebeu o Rabi Elimelech que a grande devoção do canto inundava-lhe a alma e ameaçava privá-lo da razão, e foi obrigado a retirar o convite. Mas o chantre passou o sabá em casa do rabi e este lhe prestou todas as honras.

Findo o sabá, o rabi convidou-o novamente à sua casa, e pediu-lhe que falasse sobre a luz de Israel, o santo Baal Schem Tov. O homem começou a falar, e estava claro que todo o fervor do seu coração, que costumava exprimir-se por seu canto, agora que não pudera cantar, infundia-se em suas palavras. Contou como o Mestre, na grande seqüência dos cânticos de louvor, não pronunciava verso algum antes de ter visto o anjo particular daquele verso e ouvido a sua melodia própria. Contou das horas em que a alma do mestre se elevava ao céu, deixando o corpo como morto, e lá a alma conversava com quem lhe aprouvesse conversar, com Moisés, o pastor fiel, e com o Messias, e perguntava e recebia resposta. Contou como o mestre sabia falar com qualquer criatura da terra em sua própria língua, e com qualquer criatura do céu na sua.

Contou como o mestre, só de ver qualquer instrumento, sabia logo o caráter do homem que o fizera e os seus pensamentos ao fazê-lo. E depois levantou-se o chantre e deu testemunho de que eles e seus companheiros haviam recebido a Torá da boca do mestre, como Israel no Sinai, em meio a trovões e trombetas, e de que a voz divina ainda não desaparecera da terra, mas que continuava a fazer-se ouvir.

Algum tempo depois da visita a Lijensk, o chantre deitou-se e morreu. Trinta dias após — era novamente sexta-feira — o baixo chegou do banho ritual e disse à mulher: — Depressa, chama a Santa Irmandade [17], que preparem meu funeral; pois no Paraíso confiaram a meu chantre a missão de cantar à entrada do sabá e ele não o quer fazer sem mim. — Deitou-se e morreu.

A Resposta Falsa

Contam: "Quando o Rabi Volf Kitzes foi despedir-se de seu mestre, antes de partir para a Terra Santa, o Baal Schem lhe tocou a boca com o indicador estendido e disse: — Cuidado com as tuas palavras e sabe responder! — Recusou-se a dizer mais.

---

(17) Hevrá Kadischá, "santa sociedade", cujos membros se devotam a enterrar os mortos.

O navio em que viajava o discípulo do Baal Schem foi desviado de sua rota por uma tempestade e teve de aportar a uma ilha desconhecida e aparentemente selvagem. Logo amainou a tempestade mas, por causa dos danos sofridos, o barco não pode fazer-se de novo ao mar. Alguns dos passageiros, e entre eles o Rabi Volf, desceram a terra, a fim de examinar aquela região singular e desconhecida. Os outros voltaram pouco tempo depois; ele porém caíra em tão profunda contemplação, que não se deteve e continuou mais e mais pelo caminho à frente, até chegar a uma grande mansão, construída em estilo antigo e aparentemente intocada. Só então lembrou-se de que o navio não esperaria por ele. Mas, antes de poder tomar uma decisão, um homem em roupa de linho, pelos traços e pela cabeleira branca velhíssimo, mas ainda assim ereto, saiu à soleira da porta e cumprimentou-o com as palavras: — Consolai-vos, Rabi Volf, e passai o *schabat* conosco; na manhã seguinte podereis retomar viagem. — Como em sonhos, o rabi deixou que o velho o conduzisse ao banho, orou entre dez majestosos anciãos e comeu em seu meio; como em sonhos, passou-se-lhe o sabá. Na manhã seguinte, o ancião acompanhou-o até a praia onde estava ancorado seu navio e abençoou-o em despedida. Mas depois, quando Volf se preparava para franquear a passos rápidos a prancha de embarque, perguntou: — Dizei, Rabi Volf, como passam os judeus em vossa terra? — O Senhor do Mundo não os abandona — respondeu depressa o rabi e continuou andando. Só em alto mar começou a ver com clareza. Lembrou-se das palavras de seu mestre e sentiu tanto o peso do arrependimento que decidiu não prosseguir a viagem para a Terra Santa e voltar imediatamente para casa. Interrogou um dos marinheiros; pela resposta ficou sabendo que já se encontrava no caminho de volta.

Quando o Rabi Volf apareceu diante do Baal Schem, este o fitou com tristeza, mas também com brandura, e disse: — Respondeste mal a nosso pai Abraão! Todos os dias ele pergunta a Deus: "Como passam meus filhos?" e Deus responde: "Eu não os abandono". Por que não lhe falaste da dor do Exílio?"

O Machado

Certa vez, o Baal Schem mandou seu discípulo Rabi Volf Kitzes aprender as *kavanot* do toque do *schofar*, para que pudesse, antes dele, dirigir os toques na festa de Ano Novo. O rabi aprendeu as *kavanot* mas, para maior segurança, anotou-as em um papel e enfiou-o no peito da camisa. Todavia, logo depois, sem o perceber, perdeu-o — dizem que foi o Baal

Schem quem obrou isso. Então, quando chegou a hora de tocar, antes de tudo o Rabi Volf procurou debalde o papelzinho, depois tentou recordar as *kavanot*, mas não se lembrou de nenhuma. Saltaram-lhe as lágrimas, e foi chorando que anunciou a ordem dos sons simplesmente e sem *kavaná* nenhuma. Mais tarde disse-lhe o Baal Schem: — Há muitas salas no palácio do rei, e chaves engenhosas abrem as portas. O machado, porém, é mais forte do que todas elas e fechadura alguma consegue resistir-lhe. Que são todas as *kavanot* diante da dor verdadeira que vem do coração?

A *Palavra do Discípulo*

Na sexta-feira, à hora em que o *tzadik* examina sua alma, escureceu certa vez todo o mundo do Baal Schem e quase morreu nele o espírito da vida. Assim encontrou-o um de seus grandes discípulos. — Meu mestre e senhor! — disse ele tremendo, e não conseguiu pronunciar nem uma palavra mais. Mas já com isso instilara nova força no coração do Baal Schem, e o espírito da vida fortaleceu-se nele.

Proximidade e Distância

Perguntou um discípulo ao Baal Schem: — Como se explica que uma pessoa apegada a Deus e que sabe estar próxima d'Ele, experimente às vezes uma interrupção e um afastamento?
Explicou o Baal Schem: — Quando um pai quer ensinar seu filho pequeno a andar, coloca-o primeiro à sua frente e estende as mãos de ambos os lados, para que ele não caia, e assim, entre as mãos paternas, a criança caminha em direção do pai. Mas, tão logo se aproxima dele, o pai se afasta um pouco e separa mais as mãos, e assim sucessivamente, para que a criança aprenda a andar.

A *Oração no Campo*

Um *hassid* que ia a Mesbitsch a fim de passar o Iom Kipur junto ao Baal Schem, por um estorvo, encontrou-se, ao aparecerem as estrelas, a uma boa distância da cidade. Para grande pesar seu, precisou orar sozinho no campo. Quando chegou a Mesbitsch, depois do dia santo, recebeu-o o Baal Schem com alegria e cordialidade especiais. — Teu orar — disse ele — elevou todas as orações que jaziam naquele campo.

Os Aplicados

Mosché Haim Efraim, neto do Baal Schem, dedicou-se, quando jovem, ao estudo. Tão aplicado foi que se desviou um pouco do caminho hassídico. Seu avô, o Baal Schem, fazia questão de ir com ele a freqüentes passeios fora da cidade, e ele o acompanhava, relutante embora, pois sentia perder o tempo que podia utilizar no estudo. Certa vez, veio-lhes ao encontro um viandante de outra cidade. O Baal Schem inquiriu-o a respeito de um de seus concidadãos. — Ele é muito aplicado aos estudos — respondeu. — Eu o invejo por sua aplicação — disse o Baal Schem. — Mas o que vou fazer? Não tenho tempo para estudar porque preciso servir ao Criador. — Dessa hora em diante Efraim retornou, com todo vigor, ao caminho hassídico.

O Limite do Conselho

Os discípulos do Baal Schem ouviram dizer que certo homem era sábio. Alguns deles ficaram com vontade de procurá-lo e adquirir seus ensinamentos. O mestre deu-lhes permissão; mas eles ainda perguntaram: — E como haveremos de reconhecer se ele é um verdadeiro *tzadik?* — Pedi-lhe — respondeu o Baal Schem — que vos aconselhe como fazer para que pensamentos profanos não vos importunem mais ao rezar e ao estudar. Se vos der conselho, sabereis que é ele um dos frívolos. Porque é dever do homem neste mundo, até à hora da morte, lutar sempre contra o Estranho, e sempre incluir essa luta na natureza do Nome Divino.

Os Apontamentos

Contam: "Um discípulo tomava nota secretamente dos ensinamentos que ouvia do Baal Schem. Certa vez, o Baal Schem viu um demônio andar pela casa, com um livro na mão. Perguntou: — Que livro é esse na tua mão? — É o livro que escreveste — respondeu o demônio. E o Baal Schem compreendeu então que alguém, em segredo, tomava nota de suas preleções. Reuniu a sua gente e perguntou: — Quem de vós anota meus ensinamentos? — Apresentou-se o anotador e trouxe o que anotara. Por longo tempo, o Baal Schem examinou os escritos, folha por folha. Depois disse: — Não há aqui uma só palavra que eu tenha pronunciado. Não ouviste por amor ao Céu, e o poder maligno revestiu-se de ti, e ouviste o que eu não disse".

Junto à Árvore da Vida

Disse o Baal Schem: — Certa vez fui ao paraíso, e muita gente foi comigo, e à medida que eu me aproximava dos Jardins, as pessoas iam desaparecendo. Quando atravessei o paraíso, algumas continuavam comigo, mas quando me detive junto à Árvore da Vida, e olhei em derredor, estava quase sozinho.

O Sermão

Pediram, certa vez, ao Baal Schem que pregasse depois do ofício comunal. Começou a prédica, mas, no meio, foi tomado de tremores, como às vezes lhe acontecia quando estava em oração; interrompeu-se e disse: — Ah! Senhor do Mundo, a Ti é dado ver que não falo para a minha própria fama... — e tornou a interromper-se, e depois as palavras lhe saíram em atropelo: — Muita coisa eu aprendi, muita coisa eu consegui, e não há ninguém a quem eu o possa revelar. — E não disse mais nada.

Qual Gafanhotos

Contava o Rabi Iehiel de Zlotschov: — Viajávamos certa vez com nosso mestre, a Luz dos Sete Dias [18], Rabi Israel Baal Schem Tov. Entrou ele então na floresta, para rezar a *Min-há*. De repente, vimo-lo batendo a cabeça contra uma árvore e gritando. Mais tarde inquirimo-lo a respeito. Disse ele: — Vi, ao penetrar no santo espírito, que, nas gerações que precederem a vinda do Messias, os rabis dos *hassidim* multiplicar-se-ão qual gafanhotos, e serão eles os que hão de retardar a redenção, pois haverão de causar a discórdia entre os corações e ódio infundado.

Bem-aventurado o Povo

Ao verso do salmo: "Bem-aventurado o povo conhecedor da voz da alegria, Senhor, porque marchará à luz de Tua face", acrescentou o Baal Schem: — Quando o povo não conta só com o herói, mas todos conhecem eles mesmos o clangor da batalha, então hão de marchar à luz de Tua face.

---

(18) O grande *tzadik* é comparado à luz original da Criação, que ele absorveu.

Simplicidade

Disse uma vez o Baal Schem a seus discípulos: — Agora que galguei tantos degraus no serviço de Deus, deixo-os a todos e atenho-me à fé simples, ao receber a Divindade. É verdade que está escrito: "O simples crê em qualquer coisa", mas também está escrito: "O Senhor protege os simples".

O Fabricante de Meias

Certa vez, em viagem, parou o Baal Schem numa cidadezinha cujo nome não chegou até nós. Uma manhã, antes das preces, fumava, como de costume, o seu cachimbo e olhava pela janela. Passou então um homem, xale e filactérios na mão, andando com solenidade tão natural, como se estivesse a caminho das portas do céu. O Baal Schem perguntou, ao fiel em cuja casa estava hospedado, quem era aquele homem. Respondeu que era um fabricante de meias que, inverno ou verão, pouco importava, ia todos os dias à sinagoga dizer suas orações, mesmo que não estivesse completo o quórum prescrito de dez crentes. O Baal Schem pediu que o chamassem, mas o dono da casa replicou: — Esse louco não irá interromper sua caminhada, nem que o próprio Imperador o chame. — Após as orações, o Baal Schem mandou ao homem um recado, para que lhe trouxesse quatro pares de meias. Pouco depois, o fabricante achava-se diante dele, apresentando sua mercadoria, honestamente trabalhada em boa lã de carneiro. — Quanto queres por um par? — perguntou o Rabi Israel. — Um florim e meio. — Suponho que ficarias satisfeito com um florim. — Neste caso, teria pedido esse preço. — O Baal Schem pagou-lhe imediatamente o preço pedido; depois, continuou a inquirir: — Com o que te ocupas? — Faço o meu ofício — respondeu o homem. — E como o fazes? — Trabalho até juntar quarenta ou cinqüenta pares de meias. Depois ponho-as numa gamela com água quente e moldo-as até que fiquem como devem ficar. — E como é que as vendes? — Não saio de casa, são os lojistas que vêm até mim e as compram. Também me trazem boa lã, que compram para mim, e eu lhes dou compensação pelo trabalho. Só em honra ao rabi saí hoje de casa. — Mas quando levantas, de manhã cedo, o que fazes, antes de ir rezar? — Faço meias também. — E como te arranjas para dizer os salmos? — Os salmos que sei de cor — respondeu o homem — recito-os durante o trabalho.

Depois que o fabricante de meias voltou para casa, disse o Baal Schem aos discípulos que o rodeavam: — Vistes hoje a pedra que sustenta o templo até que venha o redentor.

A Oração do Apressado

Disse o Baal Schem: — Imaginem um homem cujos negócios o precipitem, durante o dia todo, pelas ruas e pelo mercado. Chega quase a esquecer-se de que existe um Criador do mundo. Só à hora de recitar a *Min-há* é que se lembra: Preciso rezar! Então, do fundo do coração, escapa-lhe um suspiro, por ter gasto o dia em coisas vãs, e ele corre a uma ruela qualquer, onde pára e reza: caro, muito caro é ele a Deus, e sua oração perfura os firmamentos.

A Flautinha

Um aldeão que, ano após ano, nos Dias Terríveis, ia orar na sinagoga do Baal Schem, tinha um filho curto de entendimento, que não conseguia nem aprender a forma das letras e muito menos compreender o sentido das palavras sagradas. Nos Dias Terríveis, o pai não o levava à cidade, porque ele não sabia nada. Mas, depois que completou treze anos e se tornou maior pelas leis de Deus, o pai o levou consigo no Iom Kipur, para que não lhe acontecesse comer neste dia, por falta de conhecimento. Mas o menino possuía uma flautinha que ele sempre tocava, nos campos, ao pastorear os carneiros e os bezerros. E essa flautinha, ele a trouxera no bolso de sua roupa, sem que o pai o percebesse. Hora após hora, permaneceu o menino sentado na casa de orações e não tinha uma única palavra para dizer. Mas, quando deram início ao serviço do *Musaf,* ele disse: — Pai, estou com a minha flautinha e quero tocá-la. — Horrorizado, o pai o repreendeu e o menino se conteve. Mas, quando começou a oração de *Min-há,* disse novamente: — Pai, deixa eu pegar a minha flautinha. — O pai enfureceu-se e perguntou: — Onde está ela? — e logo que soube, pôs a mão sobre o bolso do menino e a manteve assim. Mas aí soou a oração final. O menino arrancou o bolso da mão do pai, tirou a flautinha e deu nela um poderoso assobio. Todos ficaram assustados e confusos. Mas o Baal Schem continuou a orar, só que mais rápido, mais facilmente do que de costume. Depois disse: — O menino mo facilitou.

O Faxineiro

Certa vez, perto do Ano Novo, chegou o Baal Schem a uma cidade e perguntou às gentes quem dirigia as preces nos Dias Terríveis. Responderam que era o próprio Rav da cidade. —

E qual é seu costume ao rezar? — continuou o Baal Schem com suas perguntas. — Em Iom Kipur — disseram — recita todas as confissões de pecados com os tons mais alegres. — O Baal Schem mandou chamar o Rav e perguntou-lhe a razão de seu estranho comportamento. — O último dos servos do rei — replicou o Rav — aquele que tem a obrigação de limpar a sujeira do pátio externo, canta durante o trabalho suas cantigas alegres, pois faz seu serviço para alegrar o rei. — Assim me caiba — disse o Baal Schem — um destino junto ao vosso.

Na Hora da Dúvida

Contam: "Havia na cidade de Satanov um homem erudito, cujas meditações e elucubrações o levavam cada vez mais ao fundo da pergunta por que é aquilo que é e por que algo é, em geral. Certa sexta-feira, depois das orações, ele remanesceu na casa de estudos, para continuar meditando, tão enredado estava em suas reflexões. Procurou desembaralhá-las, mas não o conseguiu. Percebeu-o o santo Baal Schem à distância, sentou-se em seu carro e, com seus poderes maravilhosos, que faziam vir-lhe a estrada ao encontro, num piscar de olhos chegou a Satanov e à casa de estudos. Lá estava o erudito com seu tormento. O Baal Schem lhe disse: — Cismais se Deus existe. Eu sou um tolo e acredito. — O fato de haver um homem inteirado de seu segredo agitou o coração do duvidador e aquele se abriu ao mistério".

O Famoso Milagre

Um estudioso da natureza veio de longe ter com o Baal Schem e disse: — Meus estudos mostram que no curso da natureza o mar deveria abrir-se naquela hora mesma em que os filhos de Israel o atravessaram. O que resta do tal famoso milagre?
Respondeu-lhe o Baal Schem: — E não sabes que Deus criou a natureza? Criou-a tal que, naquela hora mesma em que os filhos de Israel atravessavam o mar, ele precisou abrir-se. É este o grande e famoso milagre.

A Verdade

Disse o Baal Schem: — O que significa isso que as pessoas dizem: "A verdade anda pelo mundo todo"? Significa que é expulsa de um lugar para o outro e que sua peregrinação tem de prosseguir.

A um Admoestador

A um *tzadik* que costumava pregar sermões admonitórios, disse o Baal Schem: — O que sabes tu de admoestar? Tu próprio não conheceste pecado, em todos os dias de tua vida, e não tens o menor contato com as pessoas, para saber o que é pecar!

Entre os Pecadores

Disse o Baal Schem: — Deixo os pecadores se aproximarem de mim, quando não tem soberba; mantenho afastados os eruditos e os sem-pecados, quando tem soberba. Isto porque o pecador que sabe que o é e, por isso, se tem em baixo conceito, Deus está com ele, pois "vive com ele em meio às suas impurezas". Mas daquele que se orgulha por não ter de carregar um fardo de pecados, diz Deus, conforme está escrito na Guemará: "No mundo não há lugar para nós dois".

Amor

Disse o Baal Schem a um de seus discípulos: — O mais ínfimo dos ínfimos que te possa ocorrer me é mais caro do que a ti o teu único filho.

A Hospitalidade Falsa

Contam: "Nos tempos do Baal Schem, vivia numa cidade próxima um homem rico e hospitaleiro, que a todo pobre viandante dava comida e bebida e, ainda por cima, um presente em dinheiro. Mas tinha também necessidade ineludível de ouvir elogios de cada um dos que assim recebia, e quando tais palavras não vinham por si, lançava uma frasezinha como isca, a qual acabava sempre mordida por um peixe de louvor, ora maior, ora menorzinho.

Certa vez, o Baal Schem enviou seu discípulo Rabi Volf Kitzes em viagem, recomendando-lhe que, no caminho, visitasse também o tal ricaço. Foi servido com liberalidade e presenteado muito bem, mas pronunciou umas parcas palavras de agradecimento. — Que dizeis — perguntou ao fim o anfitrião — não é esta a maneira certa de praticar a hospitalidade? — Veremos mais adiante — respondeu o Rabi Volf. E o rico nada mais conseguiu dele. À noite o hospedeiro deitou-se entre seus hóspedes, como era de seu costume, a fim de dar uns dois dedos de prosa amável e ouvir algumas coisas agradáveis. Quando estava para adormecer, o Rabi Volf tocou-lhe o ombro com o dedo mindinho. Em sonhos, o homem viu-se chamado pelo rei, e o rei tomava chá com ele, e de repente o rei caiu morto, e acusaram-no de envenenamento. Jogaram-no na prisão, o cárcere pegou fogo, e ele fugiu para longe. Tornou-se aguadeiro, mas, como era um ofício pesado, que mal dava para sustentá-lo, mudou-se para outra região, de pouca água. Mas aí regia a lei que, se o balde não estivesse cheio, não pagavam por ele, e era um trabalho delicado andar com o balde cheio sem derramar uma gota. Uma vez, quando caminhava pé ante pé, caiu e quebrou as duas pernas e lá ficou ele estendido. Pensou então na vida que levara antes e admirou-se e chorou. Então o Rabi Volf tocou-lhe novamente o ombro com o dedo mindinho e ele acordou: — Levai-me a vosso mestre — disse.

Sorridente o Baal Schem recebeu o homem rico. — Queres saber — disse-lhe — onde foi parar tua hospitalidade? Foi parar na goela de um cachorro.

O coração do homem despertou para o arrependimento e o Baal Schem mostrou-lhe como ajudar sua alma a se reerguer".

A Sinagoga Repleta

Certa vez, o Baal Schem parou à porta de uma sinagoga e se negou a entrar. — Não posso entrar — disse — pois se está repleta, de uma parede à outra e do chão ao teto, de orações e ensinamentos, como ainda haveria lugar para mim? — Ao ver que as pessoas à sua volta fitavam-no de olhos arregalados, sem entender, acrescentou: — As palavras que passam pelos lábios dos que oram e ensinam, e não procedem de um coração voltado para o céu, não sobem às alturas, mas atulham a casa de uma parede à outra e do chão ao teto.

O Caneco

Disse uma vez o Baal Schem a seus discípulos: — Assim como a força da raiz está na folha, assim também em todo instrumento está a força do homem que o fez, pois nele dá a conhecer seu modo de ser e de agir. — Então seu olhar tombou sobre um belo caneco de cerveja à sua frente, apontou-o e prosseguiu: — Este caneco não mostra claramente que foi feito por um homem sem pés?

Quando o Baal Schem terminou de falar, por acaso um dos discípulos pegou o caneco para pô-lo em um banco. E, mal se encontrou lá, ele se desfez em cacos.

No Mundo das Transformações

Vivia no tempo do Baal Schem um homem que se mortificava ferozmente, a fim de atingir o santo espírito. Dele disse uma vez o Baal Schem: — No mundo das transformações riem-se dele. Destinam-lhe dificuldades cada vez maiores, e assim o enganam. Não tivesse a mim para ajudá-lo, ele se perderia.

A Mãozinha

Pelo Rabi Nachman de Bratzlav [19] chegou até nós este dito de seu bisavô, o Baal Schem: — Ai de nós, o mundo está cheio de tremendas luzes e segredos e o homem os encobre a si mesmo com sua mãozinha.

Sobre o Dniéster

Contava um *tzadik*: — Quando o mestre ainda era menino, veio a ele Ahia de Siló, o profeta, e ensinou-lhe a sabedoria dos nomes sagrados [20]. E, como era ainda tão pequeno, desejou saber o que estava em seu poder realizar. Um dia jogou seu cinturão ao rio Dniéster que corria caudaloso, pronunciou um dos nomes e andou sobre as águas. Por essa ação fez penitência todos os seus dias, a fim de apagar a mácula, e conseguiu-o. Pois, de outra feita, quando para escapar a alguns perseguidores de judeus que lhe corriam empós e queriam tomar-lhe a vida, precisou transpor o rio que, então, também fluía caudalosamente. Jogou o cinturão à água e andou por ele, sem proferir nome algum, armado tão-somente da grande fé no Deus de Israel.

O Sincelo

Contava um *tzadik*: — Em dias de inverno fui com o mestre ao banho de imersão. Estava tão frio que pendia o gelo em ca-

---

(19) Ver meus livros *As Histórias do Rabi Nachman* (em alemão) e *Um Povo e Sua Terra* (em hebraico), pp. 91 e segs.
(20) Todos os elementos da língua sagrada são compreendidos como seres vivos, supramundanos.

ramelos dos telhados. Entramos e, assim que o mestre realizou a Unificação [21], a água do banho se aqueceu. Ficou na água muito tempo, até que a vela começou a pingar e a se apagar. — Rabi — disse eu — a vela está pingando e vai-se apagar. — Tonto — replicou ele — toma um sincelo do telhado e acende-o! Quem falou ao óleo e o inflamou [22], saberá também falar a isto aí para que se acenda. — O sincelo brilhou com um vivo fulgor até que, bem mais tarde, fui para casa, e quando cheguei em casa, tinha eu um pouquinho de água na mão.

Os Animais

Contam: "Certa vez viu-se o Baal Schem obrigado a receber o sabá em campo aberto. Perto pastava um rebanho de ovelhas. Quando disse a bênção de saudação à Noiva Schabat que se aproxima, levantaram-se as ovelhas nas patas traseiras e assim ficaram, voltadas para o mestre, até terminar a oração. Porque, enquanto percebia a devoção do Baal Schem, toda criatura retomava sua posição original, como se estivesse perante o trono de Deus".

A Visita

Os discípulos do Baal Schem viam sempre, pelo seu rosto, quando os Sete Pastores [23], ou um deles, estavam com o mestre. Certa vez, ao repasto da Lua Nova, notaram que um dos pastores estava presente. Depois, perguntaram-lhe qual dos sete tinha sido. Ele respondeu: — Ao abençoar o pão, eu tinha em mente o mistério de comer e mergulhei nele. Então veio Moisés, nosso Mestre, a paz seja com ele, e disse: "Feliz de ti, que tiveste em mente o preciso mistério em que eu me abismei ao servir à mesa, na refeição de meu sogro Jetro".

A Disputa

Contam: "Estava o Baal Schem Tov certa vez sentado à sua mesa, rodeado de seus discípulos, entre os quais o Rabi Nach-

---

(21) Cerimônias sagradas destinadas a realizar a unificação dos princípios divinos separados.
(22) Este dito baseia-se numa história semelhante, registrada no Talmud da Babilônia (Taanit 25).
(23) Mencionados na Bíblia (*Miquéias*, 5:4) e identificados pelo Talmud como Adão, Set, Matusalém, Abraão, Jacó, Moisés e Davi.

man de Horodenka, cujo filho mais tarde se casou com uma neta do Baal Schem Tov e com ela teve o outro Nachman, Rabi Nachman de Bratzlav.

O Baal Schem falou: — É tempo de que eu vos revele algo das intenções ocultas do banho de imersão. — Fez uma pausa e depois, com palavras poderosas, erigiu diante deles os fundamentos das intenções. Então, em silêncio, dobrou a cabeça bem para trás e em seu rosto surgiu a luminosidade que indicava aos discípulos estar sua alma elevando-se para os espaços superiores. Nada mais nele se movia. Os discípulos levantaram-se, com o coração aos pulos, e olharam bem para ele, pois era essa uma das vezes em que lhes era dado ver verdadeiramente o mestre. Também o Rabi Nachman quis levantar-se como os outros, mas não conseguiu; tomado de sono, lutou contra ele, envergonhado, e foi vencido. Em sonho entrou numa cidade em que homens altos se dirigiam, aos bandos, para uma grande mansão. Foi com eles até à porta. Não pôde seguir adiante, porque a multidão de homens enchia o recinto. Mas então ouviu de dentro a voz de um pregador, que ele não conseguia divisar, mas suas palavras eram claramente audíveis. Falava do banho ritual e explicava todas as suas significações ocultas. Nelas o essencial, conforme ia ficando mais evidente, à medida que a prédica chegava ao fim, era um ensinamento diferente do que deixara Ari, o "Leão" sagrado, Rabi Itzhak Luria [24] e, com efeito, no fim o pregador o declarou sem rodeios. E agora separaram-se os conglomerados. Da porta para o púlpito, quase tocando o Rabi Nachman, marchava Ari. Rabi Nachman foi arrastado pelo movimento da multidão que se cerrava para seguir Ari, e de repente viu-se diante do púlpito. Olhou para cima e deparou o rosto de seu mestre, cuja voz não reconhecera. Bem diante dele então travou-se a disputa. O "Leão" e o Baal Schem Tov citavam um ao outro diversas passagens do livro sagrado, o Zohar. Contradições entre as passagens abriam-se e fechavam-se; no fim, as duas chamas se ergueram como uma só labareda para o coração dos céus. Nenhum ponto se abria que deixasse entrever uma decisão. Então, os dois concordaram em invocar a decisão dos céus. Juntos perfizeram a cerimônia da elevação. O que ocorreu nesse instante, ocorreu além dos limites do tempo e foi Ari quem falou: — Decidiu-se de acordo com as palavras do Baal Schem.

Com isso, o Rabi Nachman acordou. Ante seus olhos, o mestre endireitou a cabeça e lhe disse: — E levei a ti como testemunha.

---

(24) O maior mestre da Cabalá em seu desenvolvimento posterior (1534-1572). A denominação Ari, ou seja, o Leão em hebraico, é um acróstico composto das iniciais de seu nome (Aschkenazi Rabi Itzhak).

A Imagem

Certa vez o Baal Schem convocou Samael, senhor dos demônios, para tratar de um assunto importante. Ele o intimou: — Como ousas convocar a mim? Até agora isto só me aconteceu três vezes: na hora junto à Árvore, na hora do bezerro e na hora da destruição do Templo. — O Baal Schem mandou os discípulos descobrir a testa. E Samael viu, em cada fronte, o sinal da imagem pela qual Deus cria o homem. Fez o que lhe exigiam. E antes de se ir, disse: — Filhos do Deus vivo, permitam-me ficar mais um pouco ainda e contemplar vossas frontes.

O Banho Milagroso

Contam: "Uma vez o Baal Schem ordenou ao Rabi Tzvi, o copista, que escrevesse *tefilin* e ensinou-lhe a intenção da alma adequada a isso. Depois disse-lhe: — Agora mostrar-te-ei os *tefilin* do Senhor do mundo. — Foi com ele para uma floresta solitária. Mas outro discípulo, Rabi Volf Kitzes, descobrira para onde iam e escondeu-se na floresta. Ouviu o Baal Schem gritar: "O Senhor é o banho de Israel" [25] e de súbito viu um banho em lugar onde antes não havia nenhum. No mesmo instante, o Baal Schem disse ao Rabi Tzvi: — Alguém está escondido aqui! — Sem demora descobriu o Rabi Volf e o mandou embora. O que depois aconteceu na floresta ninguém ficou sabendo".

A Tentação

Contam: "Sabatai Tzvi, o "falso Messias", morto há muito, foi ter com o Baal Schem e pediu-lhe que o redimisse. A obra de remissão sucede, como é sabido, ao serem unidos vida com vida, espírito com espírito, alma com alma. Assim foi que o Baal Schem começou a se ligar àquele, mas sem pressa, pois temia suas tramas. Uma vez, enquanto o Baal Schem dormia, achegou-se a ele Sabatai Tzvi e tentou induzi-lo a tornar-se semelhante a ele. Então o Baal Schem arremessou-o para longe de si, e com tanta força, que ele caiu no fundo dos infernos.

Quando falava a seu respeito, o Baal Schem dizia: — Havia nele uma centelha sagrada, mas Satã o prendeu na rede do orgulho".

---

(25) É a interpretação talmúdica de *Jeremias*, 17:13.

O Impedimento

Contam: "Viajava o Baal Schem com sua filha Odel e com o Rabi Tzvi, o copista, para Eretz Israel, a fim de preparar a Redenção. Mas o céu pôs obstáculos à sua viagem. No curso de Istambul para Eretz Israel, o navio parou numa ilha desconhecida. Desceram a terra, mas, quando quiseram voltar para o barco, perderam-se e caíram em mãos de salteadores. Disse o Rabi Tzvi ao Baal Schem: — Por que estais calado? Fazei como sempre, para que sejamos soltos. — Mas o Baal Schem respondeu: — Agora não sei mais nada, tudo me foi tomado. Lembra-te de alguma coisa de tudo aquilo que te ensinei e faze-me recordar. — Disse o Rabi Tzvi: — Eu também não sei mais nada. A única coisa que me resta na memória é o alfabeto. — O que estás esperando? — exclamou o Baal Schem. — Recita-o para mim! — O discípulo recitou-lhe então o alfabeto e o Baal Schem repetiu-o com o poderoso entusiasmo com que costumava rezar. Um sino soou, chegou um velho capitão com uma tropa de soldados e os libertou sem proferir palavra. Conduziu-os ao seu navio e os levou de volta a Istambul sem que ele ou sua gente falassem uma só vez. Desceram a terra — era o sétimo dia da festa da Páscoa — e o navio e sua tripulação desapareceram. Então o Baal Schem compreendeu que fôra Elias que os salvara, mas entendeu também que sua viagem não devia prosseguir, e eles puseram-se a caminho de casa".

Entretanto, contam também: "Quando, por ocasião da Páscoa, em Istambul subia o Baal Schem a bordo com seus companheiros, disse-lhe uma voz do céu que voltasse a terra e para casa. Mas ele, em sua alma, se negou a isso e o navio partiu com ele. Então foram-lhe tirados todos os degraus espirituais que alcançara, seus ensinamentos e sua oração lhe foram tirados e, quando abria um livro, inclusive já não mais entendia os sinais. Mas em sua alma ele dizia: — Que importa, entrarei bronco e ignorante na Terra Santa. — Então desabou uma tempestade; uma vaga imensa precipitou-se sobre o navio e arrastou Odel, a filha do Baal Schem, para o mar. Nesse momento Satã chegou-se a ele e lhe disse o que disse. Ele porém clamou: — Ouve, ó Israel! — Deu as costas a Satã e disse: — Senhor do mundo, eu volto. — E logo veio a ele, pelos ares, o seu mestre, Ahia de Siló, o profeta, retirou Odel do mar e os conduziu a todos, pelos ares, até Istambul".

Sopra a Grande Trombeta

Contava um *tzadik*: "A santa comunidade possuía uma casinhola fora da cidade, onde costumavam reunir-se depois de cada prédica do Baal Schem para discutir suas palavras. Eu conhecia o lugar, mas não me atrevia a ir lá, nem com eles, nem depois, pois eu era então muito jovem. Naquele ano em que eu estava em casa do mestre, no primeiro dia do Ano Novo, depois de abençoar a refeição, o santo Baal Schem Tov pregou sobre a oração que diz "Sopra a grande trombeta para nossa libertação". Logo após a prédica entrou num quarto e trancou-se, enquanto a congregação em conjunto foi para a casinha fora da cidade e eu fiquei sozinho. Ocorreu-me então o pensamento de que o Messias viria nesse mesmo dia, e a cada momento mais se firmava em mim a idéia de que naquele instante ele vinha descendo a rua, e daí a pouco entraria na cidade, e não haveria ninguém para recebê-lo. E tão grande era a veracidade dessa idéia em meu espírito que não tive outra alternativa senão correr até o lugar onde se achava a comunidade e contar-lhes tudo. Assim, atravessei a cidade em desabalada carreira, e as pessoas queriam deter-me e fazer perguntas, mas não estaquei até chegar à casa comunal. Então os vi a todos, sentados em volta da mesa grande, e ninguém pronunciava palavra, e era visível que nenhum deles tinha a força de dizer algo. Acontecia, porém, como soube mais tarde, que a cada um deles acudiu o pensamento de que daí a pouco viria o Messias. E eu, de minha parte, não soube fazer outra coisa que sentar-me entre eles. E assim ficamos sentados em torno da mesa grande, até que as estrelas da segunda noite brilharam no céu. Só então é que em todos eles se desfez a idéia e regressamos à cidade".

O Terceiro Malogro

Contam: "Quando o bando apóstata do falso Messias Iaakov Frank [26] crescia cada vez mais em poderio, o céu revelou ao Baal Schem que o impuro poderio deles era maior do que seu poderio sagrado, e que por isso ele, se os quisesse vencer, deveria obter a ajuda de outro, que se chamava Rabi Mosché Pastuch, isto é, Rabi Mosché, o Pastor. Sem delonga, o Baal Schem se pôs a caminho da cidade que lhe haviam indicado. Quando indagou pelo Rabi Mosché Pastuch, ficou sabendo

---

(26) Sobre Frank (fal. em 1791) e sua relação com o hassidismo, veja, além de *Major trends in Jewish mysticism*, de G. Scholem, págs. 315 e segs., o ensaio "Os primórdios" em meu livro *A Doutrina Hassídica*.

que o dono desse nome era pastor de ovelhas nas montanhas, além da cidade. Aí o encontrou: as ovelhas espalhavam-se pelas encostas e o pastor, de quem o Baal Schem se aproximou sem ser percebido, estava diante de uma vala, monologando: — Amado Deus, como posso servir-te? Se tivesses rebanhos de ovelhas, eu os apascentaria sem pedir paga! Mas agora, o que posso fazer? — De repente, com devoção, saltou a vala, e depois de volta, assim mais uma e mais outra vez, exclamando: — Salto por amor a Deus, salto por amor a Deus. — Então o Baal Schem compreendeu que o mérito desse pastor era maior do que o seu. Quando o outro parou para descansar, achegou-se a ele e disse: — Preciso falar contigo. — Sou empregado — respondeu o pastor — e não posso perder tempo. — Mas agora mesmo estavas saltando de um pé para o outro por cima da vala! — objetou-lhe o Baal Schem. — Está certo! — disse o homem. — Pelo amor de Deus eu posso. — O que pretendo de ti também é pelo amor de Deus — replicou o *tzadik*. Então o outro deixou que lhe contasse tudo e ouviu com a alma em fogo, como no momento em que saltava. Tudo o Baal precisou contar, desde o tempo em que se destruiu o Templo: como já por duas vezes, em horas fatais em que milhares, com sua morte, santificavam o nome de Deus, se tentara consumar a grande obra, mas que Satã, interferindo, o impedira e que agora chegara a terceira hora. — Sim — exclamou o pastor — vamos libertar a *Schehiná* do exílio. — Perguntou o Baal Schem: — Há por aqui algum lugar onde nos possamos banhar? — Ao sopé da montanha há uma fonte viva — respondeu o outro. E já rolava encosta abaixo. O *tzadik* seguiu-o como pôde. Chegando embaixo, banharam-se ambos na nascente, e o Baal Schem preparou-se para lhe revelar o segredo da obra. Enquanto isso se espalhou pelo céu a notícia de que na terra estavam querendo apressar a redenção; os poderes celestes ergueram-se contra tal fato; Satã fortaleceu-se e pôs mãos à obra. Fogo caiu sobre a cidade, os sinos tocaram o alarme até as montanhas. O pastor correu para suas ovelhas. — Para onde estás correndo e por que? — perguntou o Baal Schem. — Com certeza os donos dos rebanhos ficaram sabendo que as ovelhas se dispersaram — ele respondeu — e logo virão perguntar por elas. — O Baal Schem não conseguiu retê-lo e compreendeu quem estava por trás de tudo aquilo".

Antes da Vinda do Messias

Disse o Baal Schem: — Antes da vinda do Messias haverá grande prosperidade na terra. Os judeus ficarão ricos. Acostumar-se-ão a manter suas casas em grande luxo e descartar-

-se-ão da frugalidade. Depois hão de sobrevir anos maus, de necessidades e poucos ganhos, a pobreza descerá sobre o mundo. Os judeus não poderão prover às suas necessidades desmedidamente aumentadas. Assim hão de começar as dores do Messias.

Depois da Morte da Mulher

Contava um *tzadik*: "O Baal Schem Tov esperava subir ao céu numa tormenta como Elias. Quando sua mulher morreu, disse: — Eu esperava subir ao céu numa tormenta, como Elias. Mas agora que sou apenas a metade de um corpo, isso não é mais possível".

A Omissão

Contam: "Rabi Pinkhas de Koretz foi passar o Pessach em casa do Baal Schem e viu que ele estava extenuado.
Na véspera do último dia de festa houve como que uma disputa na alma do Rabi Pinkhas, se deveria ou não ir ao banho. Não foi.
No último dia de festa, à hora da oração, viu que o Baal Schem estava destinado a deixá-los em breve, por causa de seus esforços contra a malta dos apóstatas. Concentrou toda a sua força na prece e empenhou-se nisso, mas percebeu que não conseguia nada. Então afligiu-se muito por não ter ido ao banho. Depois da oração o Baal Schem lhe perguntou: — Foste ontem ao banho? — Respondeu: — Não. — Disse o Baal Schem: — Já aconteceu o que aconteceu, e depois do acontecido não há mais nada".

Da Morte do Baal Schem

Depois da Páscoa, o Baal Schem adoeceu. Mas continuou a rezar na casa de orações, diante do púlpito, tanto quanto lhe permitiam as forças.
Aos discípulos que podiam auxiliá-lo em oração, mas que moravam então em outras localidades, não mandou dizer nada, e aos que estavam em Mesbitsch enviou a outros lugares. Só Rabi Pinkhas de Koretz recusou-se a ir para sua casa.

Na véspera de Schavuot, toda a comunidade se reuniu para, como todos os anos nessa época, passar a noite em estudos. O Baal Schem lhes falou da revelação no Monte Sinai.
De manhã chamou seus íntimos. Primeiro, dois deles e encarregou-os de se ocuparem de seu corpo e do funeral. Mostrou-lhes em seu corpo, membro por membro, como a alma se esforçava por sair dele e ensinou-os a empregarem o que haviam aprendido em outros doentes; esses dois pertenciam à irmandade que se ocupava da morte e dos funerais.
Depois fez com que um quórum de dez se reunissem, para a prece. Pediu o livro de orações e disse: — Vou me ocupar mais um pouco de Deus.
Depois da oração, o Rabi Nachman de Horodenka foi à sinagoga para rezar por ele. O Baal Schem disse: — É em vão que ele sacode os céus. Ele não consegue entrar pela porta pela qual eu costumava penetrar.
Quando mais tarde o criado entrou no quarto, ouviu o Baal Schem falar: — Dou-te estas duas horas — e entendeu que ele dizia ao anjo da morte que não precisava torturá-lo naquelas duas últimas horas, mas o Rabi Pinkhas entendeu melhor o que o Baal Schem queria dizer. — Ele tinha — afirmou — mais duas horas de vida, e dizia a Deus que lhas dava de presente. É isto um verdadeiro sacrifício da alma.
Então, como todos os anos nesse dia, vieram visitá-lo as gentes da cidade e ele lhes falou as palavras dos ensinamentos.
Algum tempo depois, observou aos discípulos que o cercavam: — Não é por mim que me preocupo. Pois sei, com toda certeza, que por uma porta eu saio e por outra entro.
— Em seguida disse: — Agora sei para que fui criado.
Sentou-se na cama e fez uma curta preleção sobre a "coluna" pela qual as almas ascendem do paraíso inferior ao superior, à árvore da vida, e explicou o versículo do Livro de Ester: "E assim foi a virgem ao rei". Disse ainda: — Certamente voltarei, mas não assim como sou agora.
Depois ordenou que rezassem "Que haja misericórdia" e estendeu-se na cama, mas ainda se sentou diversas vezes, murmurando, como sempre o fazia quando tinha a alma imersa em devoção. Por algum tempo não se ouviu mais nada, e ele ficou deitado, quieto.
Depois pediu que o cobrissem com o lençol. Mas ainda o ouviam murmurar: — Meu Deus, Senhor de todos os mundos! — e depois o verso do salmo "Que não chegue até mim o pé do orgulho".
Os que ele incumbira de se ocuparem do corpo e do funeral disseram, mais tarde, que tinham visto a alma do Baal Schem subir como uma chama azul.

O Rio e a Luz

Contam: "Uma mulher de uma aldeia próxima de Mesbitsch ia lá muitas vezes, levando toda espécie de presentes, peixes e aves, manteiga e farinha, para a casa do Baal Schem. No caminho vadeava um riacho. Uma vez o riacho transbordou e, quando a mulher tentou, apesar disso, atravessá-lo, afogou-se. O Baal Schem afligiu-se com o destino da boa mulher. Em sua aflição amaldiçoou o rio, e ele secou.

Mas o príncipe do rio reclamou no céu e decidiu-se que algum dia o rio teria água outra vez, transbordaria e que algum dos descendentes do Baal Schem tentaria passar, e ninguém deveria ajudá-lo a não ser o próprio Baal Schem. Muitos anos após a morte dele, seu filho perdeu-se e achou-se diante do rio, que não reconheceu por causa da enchente. Quis transpô-lo mas foi logo preso pelas águas e arrastado rio abaixo.

Então viu na margem uma luz fulgurante que iluminava a ribanceira e o rio. Reuniu as suas forças, escapou da corrente e alcançou a margem. A luz fulgurante era o próprio Baal Schem".

A Montanha de Fogo

Rabi Tzvi, filho do Baal Schem, contou: — Depois da morte de meu pai eu o vi uma vez sob a forma de uma montanha de fogo que se dividia em inúmeras centelhas.

Perguntei-lhe: — Por que apareces sob tal forma?

Ele respondeu: — Foi assim que servi a Deus.

Sobre os Muros

Contava um *tzadik:* "Uma vez me aconteceu em sonhos que fui levado ao Paraíso superior. Lá me mostraram os muros da Jerusalém celeste [27] em ruínas. Em torno desse monte de entulho, que se estendia por toda volta, andava, de parede a parede, um homem, sem parar. Perguntei: — Quem é ele? — Responderam: — É o Rabi Israel Baal Schem Tov, que jurou não sair dali antes que se reconstrua o Templo.

---

(27) Jerusalém celestial que corresponde à Jerusalém terrestre. Da mesma maneira, um Templo celeste corresponde ao Templo de Jerusalém.

"Ele Será"

O Rabi Nahum de Tschernobil, que em sua juventude ainda pôde ver o Baal Schem, disse: — Está escrito: "O sol nasce e o sol se põe, uma geração se vai, uma geração vem". Quanto ao Baal Schem Tov, que sua memória nos proteja, antes dele não houve nenhum, e depois dele não haverá nenhum até à vinda do Redentor, e quando o Redentor vier, ele será.

E por três vezes repetiu: — Ele será!

Se

Rabi Leib, filho de Sara, o *tzadik* secreto, disse uma vez aos que contavam histórias do Baal Schem: — Perguntais acerca do santo Baal Schem Tov? Eu vos digo, houvesse Rabi Israel ben Eliezer vivido no tempo dos profetas, teria sido um profeta, e houvesse vivido no tempo dos patriarcas, teria sido um homem predestinado, e assim como hoje dizemos: "Deus de Abraão, Isaac e Jacó", diríamos também "Deus de Israel".

BARUCH DE MESBITSCH

Os Três Homens

Certa vez um velho perguntou ao Baal Schem Tov: — Em relação à passagem da Escritura onde se conta que Abraão viu três homens diante de si, diz o livro sagrado do Zohar terem sido Abraão, Isaac e Jacó. Como pode Abraão estar diante de Abraão?

Baruch, o neto do Baal Schem, então com três anos de idade, estava lá ouvindo. Então disse: — Avô, que pergunta tola este velho faz. Abraão, Isaac e Jacó são os atributos que se tornaram os atributos dos patriarcas [1]: a misericórdia, o rigor e a glória.

A Irmãzinha

Depois da morte de seu avô, o Baal Schem Tov, o menino Baruch ficou em casa do Rabi Pinkhas de Koretz. Ele era quieto e retraído e, mesmo quando mais crescido, não dizia uma palavra dos ensinamentos.

---

(1) Cada um dos três Patriarcas é, segundo a tradição, a imagem de um atributo divino.

Certa vez, na véspera do sabá, Rabi Pinkhas foi com ele ao banho. De volta a casa, tomou hidromel com ele. Vendo o menino animado, encorajou-o a proferir algo do ensinamento. Baruch disse: — Está escrito no Cântico dos Cânticos: "Temos uma irmãzinha". Isto se refere à sabedoria, assim como está nos provérbios de Salomão: "Diga à sabedoria: és minha irmã". Eu tenho uma sabedoriazinha! E mais adiante diz o Cântico dos Cânticos: "E ela não tem seios". Minha irmãzinha não tem seios de que se nutra; não tem mais mestre de quem receba os ensinamentos. E mais adiante está escrito: "O que faremos de nossa irmã no dia em que falarem dela?" O que farei com minha sabedoriazinha quando já houver dito tudo?

Na Casa do Sogro

Depois do casamento, Rabi Baruch viveu na casa do sogro. Os outros dois genros, que eram homens eruditos, queixaram-se de que ele se comportava diferentemente deles e de todo mundo: quando se dedicavam aos livros, Baruch dormia, e quando estava acordado só fazia brincadeiras bobas. Ao final, o sogro decidiu ir com os três ao Maguid de Mesritsch e lhe apresentar o problema. No caminho puseram Baruch ao lado do cocheiro. Mas quando em Mesritsch quiseram entrar na casa do Maguid, só Baruch foi admitido. Os outros tiveram de esperar fora até serem convidados à presença do *tzadik*. Disse-lhes ele: — Baruch age bem e o que vos parece brincadeira ociosa é dirigido a altas coisas e obra altas coisas. — Na viagem de volta, deram a Baruch o melhor lugar.

Preparativo

Na véspera do Pessach, depois de ter o Rabi Baruch queimado o que havia de fermentado [2], disse a bênção e explicou-a: — "Toda massa fermentada ao meu alcance", tudo o que fermenta em mim; "o que eu vi e o que eu não vi", mesmo que eu ache ter procurado bem, certamente não procurei bem; "o que queimei e o que deixei de queimar", o mau impulso quer me convencer de que queimei tudo, mas só agora percebo que deixei de queimá-lo a ele; por isso te peço, Deus, "que isto seja tragado e desfeito como o pó da terra".

---

(2) Durante a Pessach, ou seja, a festa dos pães ázimos (*matzot*), não deve haver na casa qualquer resquício de fermento.

A Morada

Quando o Rabi Baruch chegou, no salmo, às palavras: "Não deixarei que durmam meus olhos, nem que descansem minhas pálpebras antes de ter encontrado uma morada para Deus", parou e disse de si para consigo: "Antes de eu me ter encontrado e transformado em morada pronta para o pouso da *Schehiná*".

Proximidade e Distância

Rabi Baruch disse o verso do trigésimo salmo: — Senhor, meu Deus, clamei a Ti — e o interrompeu: — Só "a Ti" clamei, não que me cures, mas só que eu chegue a Ti, e continuou: — E Tu me saraste — mas foste Tu que quiseste curar-me. — E mais uma vez recitou o verso: — A Ti, Senhor, eu clamo — e o interrompeu: — Quando estou perto de Deus e Ele está diante de mim, basta-me chamá-lo, e Ele me responde — e continuou: — "E a meu Senhor imploro", mas quando estou longe de Deus, e Ele se esconde de mim, preciso implorar a Ele.

Os Dois Estranhos

No salmo de número cento e dezenove, diz o salmista a Deus: "Peregrino sou na terra, não me ocultes teus mandamentos!"
Dêste verso disse Rabi Baruch: — Quem se vê levado para longe e vai dar em terras estranhas, não tem nada em comum com ninguém e não sabe conversar com ninguém. Mas se então aparece mais um estranho, mesmo que seja de outro país, os dois saberão tornar-se amigos, e andarão sempre juntos, e serão dedicados um ao outro. E não fossem ambos estranhos, não se teriam conhecido. É o que quer dizer o salmista: "És como eu um estranho sobre a terra, e não tens morada para a tua glória: então não Te afastes de mim, mas revela-me Teus mandamentos, para que eu possa tornar-me Teu amigo".

Bendito o que Falou

Perguntaram ao Rabi Baruch: — Por que dizemos "Bendito o que falou, e o mundo se fez", e não "Bendito o que criou o mundo"?

Ele respondeu: — Louvamos a Deus porque criou nosso mundo com a palavra, e não, como todos os outros mundos, com o pensamento. Pois aos *tzadikim* Deus julga por um mau pensamento que abriguem consigo; mas, como havia de subsistir a massa dos habitantes da terra, se ele os julgasse assim e não, como o faz, só pelo mau pensamento que exprimiram e confirmaram!

Contigo Mesmo

A frase da *Ética dos Pais:* "Não te zangues contigo mesmo (o que quer dizer, nunca te julgues irremível)", o Rabi Baruch explicou-a da seguinte maneira: — Todo homem tem o destino de completar alguma coisa sobre a terra. O mundo precisa de todos. Mas há gente que passa o tempo todo trancada em seus quartos estudando e não sai de casa para conversar com os outros, e por isso são chamados de zangados. Porque, se conversassem com os outros, estariam completando algo do que lhes foi destinado. É isto que significa: não te zangues "contigo mesmo"; quer dizer, por ficar só contigo, e não ir ter com os homens; não te tornes amargo por solidão.

As Dádivas

À mesa, orando, repetiu Rabi Baruch três vezes e com grande sentimento a passagem que diz: "Faça com que não precisemos dos presentes de carne e sangue, nem de seus empréstimos, mas só de Tua mão aberta, plena, santa". Quando terminou, perguntou-lhe a filha: — Pai, por que pediste tanto para não precisar de dádivas humanas? Não tens outros ganhos, além dos que te trazem voluntariamente e em agredicimento as pessoas que vêm a ti!

— Saiba, minha filha — respondeu ele — que há três maneiras de oferecer dinheiro ao *tzadik*. Uns pensam: "Vou oferecer-lhe algo. Sou uma pessoa que dá presentes ao *tzadik*". São aqueles de quem se diz: "Que não precisemos dos presentes". Outros pensam: "Tudo que eu der ao santo homem me trará vantagem". São os que gostariam que o céu lhe pagasse juros, e é este o "empréstimo". Mas há também os que sabem: "Este dinheiro me foi entregue por Deus para o *tzadik* e eu sou seu mensageiro". Eles servem a "mão plena e aberta".

Os Doces

Na véspera do Dia da Expiação, ao "repasto de separação" que precede o jejum, Rabi Baruch distribuiu doces entre os *hassidim* que comiam à sua mesa. E disse: — Eu vos amo muito, e tudo o que de bom conheça no mundo, gostaria de dar-vos. Segui o que diz o salmo: "Provai e sabei que o Senhor é bom". Provai bem, e sabereis: onde há algo de bom, aí está o Senhor. — E entoou a canção que diz: "Como é bom o nosso Deus, como é doce nosso destino".

O Bom Servir

Os discípulos perguntaram ao Rabi Baruch: — Quando Deus, por intermédio de Moisés, prescreveu a Aarão como deviam ser colocadas as sete luzes no castiçal, dizem as Escrituras que Aarão assim o fez. Raschi [3] pensa que isto é dito em seu louvor, porque ele não modificou nada. Como é que se deve entender o fato? Devemos achar louvável que Aarão, o santo do Senhor, não tenha modificado nada do mandamento de Deus?

Rabi Baruch respondeu: — Para que o justo sirva bem, é necessário que seja um homem e, por mais que arda, não deve deixar a brasa cair do prato, mas deve obrar toda ação física de acordo com sua ordem própria. No entanto, nossos sábios contam de um servidor de Deus que, quando ia acender as lâmpadas no templo, derramava o óleo de tanta devoção. Por isso devemos dizer, em louvor de Aarão, que, embora ao servir, se ligasse ao Criador com todas as forças de sua alma, ainda cuidava dos castiçais e acendia as luzes dentro das medidas.

Como se Deve Estudar

Os discípulos perguntaram ao Rabi Baruch: — Como é que se estuda devidamente o Talmud? Está escrito: Abaji dizia isto, Raba [4] dizia aquilo! É como se Abaji viesse de um mundo, e Raba de outro. Como é que se pode compreender e estudar os dois juntos?

O *tzadik* respondeu: — Quem quiser compreender as palavras de Abaji deverá primeiramente ligar sua alma à alma de Abaji, e então aprenderá as palavras em sua verdade, assim como o próprio Abaji as expressa. E quem quiser depois

---

(3) Acróstico de Rabi Schlomo ben Itzhak, o clássico exegeta (fal. 1105).
(4) Abaji e Raba: mestres talmudistas da primeira metade do século IV.

compreender as palavras de Raba, deverá ligar sua alma à alma de Raba. É o que pretende dizer o Talmud ao afirmar: "Quando alguém pronuncia uma palavra em nome de quem a disse, seus lábios se movem no túmulo. Como os lábios do mestre morto, assim se movem os seus".

A Qüinquagésima Porta

Um discípulo do Rabi Baruch pesquisara a essência de Deus, sem dizer nada a seu mestre, e em pensamentos adiantara-se cada vez mais, até chegar a um emaranhado de dúvidas tal que as coisas até então mais certas se lhe tornaram duvidosas. Quando o Rabi Baruch percebeu que o jovem não o procurava mais, como era seu costume, foi à cidade em que este morava, entrou de repente em seu quarto e falou-lhe: — Sei o que está escondido em teu coração. Atravessaste as cinqüenta portas da razão [5]. A gente começa por uma pergunta, pensa, encontra a resposta, e a primeira porta se abre — para outra pergunta. E assim por diante, cada vez mais longe, até forçares a qüinquagésima porta. Então fitas a pergunta que homem algum alcança, porque, se alguém a conhecer, não haverá mais liberdade de escolha. Mas, se ousares ir adiante, cairás no abismo.

— Então devo desfazer o caminho, até ao começo? — exclamou o discípulo.

— Não estarás voltando atrás — disse o Rabi Baruch — quando voltares; estarás para além da última porta, na fé.

O Agradecimento Adiantado

Certa véspera de sábado, andava o Rabi Baruch pela casa e, como sempre, recitava primeiro a saudação aos anjos da paz, e depois a oração: "Confesso minha gratidão a ti, Senhor meu Deus e Deus de meus antepassados, por toda a misericórdia que me concedeste e pela que me concederás no futuro". Então parou, calou-se por uns instantes e disse: — Por que hei de agradecer a misericórdia futura? Cada vez que me vier uma mercê, darei graças por ela. — Mas logo retrucou a si mesmo: — Talvez me concedais alguma vez uma mercê que eu não possa agradecer-lhe devidamente, por isso devo fazê-lo agora. — E caiu em pranto.

---

(5) De acordo com a lenda talmúdica, quarenta e nove das portas foram abertas por Moisés.

Seu discípulo, o Rabi Mosché de Savran achava-se, despercebido, a um canto e ouviu suas palavras. Ao notar o choro, mostrou-se e disse: — Por que chorais? Vossa pergunta era boa e a resposta era boa! — O Rabi Baruch replicou: — Chorei porque pensei: qual será a culpa que me impedirá de agradecer?

A Grande Obra

Disse o Rabi Baruch: — A grande obra de Elias não foi fazer milagres, mas o fato de que, enquanto chovia o fogo do céu, ninguém falava do milagre, e todos exclamavam: "O Senhor é Deus!"

Tudo é Milagre

Perguntaram ao Rabi Baruch: — Por que é que no hino se chama a Deus de "Criador dos remédios, formidando dos louvores, Senhor dos milagres"? É próprio dos remédios estarem junto dos milagres e até antes deles?
Ele respondeu: — Deus não quer ser louvado como senhor de milagres sobrenaturais. É por isso que aqui, através dos remédios, a natureza foi introduzida e anteposta. Mas, em verdade, tudo é milagre.

Remédio

Certa vez o Rabi Baruch trouxe remédios da capital do distrito, para sua filha doente. O criado os enfileirara a todos na janela de seu alojamento na estalagem. O Rabi Baruch, andando pelo quarto, olhou para os vidrinhos e disse: — Se for vontade de Deus que minha filha Raizel sare, não precisaremos de remédio algum. Mas, se Deus revelasse a todos os olhos seus poderes miraculosos, ninguém mais teria liberdade de escolha; pois todos saberiam. Para que aos homens fique a escolha, Deus disfarça suas ações como concurso da natureza. Foi assim que criou as plantas medicinais.
Depois continuou a andar pelo quarto e perguntou: — Mas por que se dão venenos aos doentes? — E respondeu: — As centelhas [6] que, na primeira criação, caíram nas "conchas"

---

(6) Segundo a doutrina cabalística posterior, que o hassidismo dotou de formas éticas, numa catástrofe da criação imergiram nos mundos inferiores centelhas da substância da luz divina, enchendo as "conchas" das coisas e dos seres.

e entraram em pedras, plantas e animais, tornam a subir em direção a sua fonte, consagradas pelo crente que em santidade as trabalha, em santidade as usa, em santidade delas se alimenta. Mas como se libertariam as centelhas que entraram nos venenos amargos e nas ervas venenosas? Para que não continuassem em exílio, Deus as destinou aos enfermos, a cada um deles a portadora da centelha correspondente à raiz de sua alma. Assim o doente é, na verdade, um médico que cura os venenos.

A Aparição do Baal Schem

Certa vez, quando o Rabi Schlomo de Karlin ia visitar o filho, casado com a filha de Rabi Baruch, e já estava para entrar, recuou e fechou a porta. Depois de uns instantes, repetiu-se a coisa. Quando lhe perguntaram a respeito, respondeu o Rabi Schlomo: — Ele está à janela e olha para a rua, mas a seu lado está o santo Baal Schem Tov acariciando-lhe os cabelos.

A Briga

Rabi Mosché de Ladmir, filho do Rabi Schlomo de Karlin, foi certa vez à casa do Rabi Baruch com seu filho pequeno. Ao entrarem na sala, viram e ouviram o *tzadik* brigando com a mulher, e não deu atenção aos hóspedes. O menino zangou-se por seu pai não receber as honras devidas. Quando Rabi Mosché o percebeu, disse: — Saiba, filho, que o que ouviste é uma disputa entre Deus e sua *Schehiná* quanto ao destino do mundo.

Falar Bem

Um homem erudito, hóspede, certa vez, à mesa sabática do Rabi Baruch disse-lhe: — Fazei-nos agora ouvir umas palavras do ensinamento, Rabi Baruch, falais tão bem! — Prefiro ficar mudo — respondeu o neto do Baal Schem — a falar bem.

A um Noivo

Rabi Baruch disse a um noivo, antes que ele se pusesse sob o dossel nupcial: — Está escrito [7]: "Que teu Deus se alegre

---

(7) *Isaías*, 62:5.

contigo com a mesma alegria do noivo com a noiva". Que em ti, noivo, alegre-se Deus, que tua parte divina se alegre com a noiva.

Alegria do Sabá

Estava, certa vez, de visita ao Rabi Baruch um homem altamente respeitado, da Terra de Israel. Era dos que continuamente choram Sião e Jerusalém, e nem por um instante esquecem sua mágoa. Na véspera do *schabat* cantou o Rabi "Quem santifica o sétimo dia", assim como sempre o fazia. Chegando às palavras "Amigos de Deus, que esperais a edificação de Ariel" [8], levantou os olhos e viu seu hóspede sombrio e suspiroso como sempre. Então interrompeu o cântico e, com raivosa alegria, lançou ao rosto de seu hóspede, assustando-o, as palavras dos versos: "Amigos de Deus, que esperais a edificação de Ariel, no dia do santificado sabá, regozijai-vos, rejubilai-vos!" Depois terminou de cantar o hino.

O Esquecer

Um erudito lituano, convencido de seu saber, costumava, em Berditschev, interromper a prédica do Rabi Levi Itzhak, objetando toda espécie de sutilezas. O *tzadik* convidou-o diversas vezes para um debate em sua casa, mas o lituano não ia; em compensação, aparecia na sinagoga e punha-se a interromper o rabi. Contaram o caso ao Rabi Baruch. — Se ele vier a mim — disse este — não saberá dizer absolutamente nada.
Tais palavras chegaram até ao lituano. — Em que é que esse Rabi é especialmente versado? — perguntou. — No livro do Zohar — responderam. Então escolheu uma passagem difícil do livro do Zohar e foi a Mesbitsch interrogar o Rabi a respeito dela. Mas, quando entrou em sua sala, viu sobre a mesa o livro do Zohar, aberto naquela mesma página. "Que extraordinária coincidência", pensou e começou a imaginar que outra passagem difícil seria boa para atrapalhar o Rabi. Mas este já começara a falar. — Conheceis bem o Talmud? — perguntou. — Claro que conheço — replicou o lituano, rindo.
— Reza o Talmud — falou Rabi Baruch — que, enquanto a criança está no ventre da mulher, brilha sobre sua cabeça uma luz e ela aprende toda a Torá, mas que, no momento

---

(8) Ariel (provavelmente "o rebanho de Deus", ou seja, oferenda, sacrifício) é uma denominação poética de Jerusalém (*Isaías*, 29:1: "Ai de Ariel, da cidade de Ariel, em que Davi assentou o seu trono").

predeterminado em que lhe cumpre sair ao ar do mundo, vem um anjo, lhe bate na boca e a criança esquece tudo. Como se explica isto? Por que terá primeiro de aprender tudo, para depois esquecê-lo? — O lituano não disse nada. Falou então o Rabi Baruch: — Vou responder à pergunta. Aparentemente não está mesmo claro para que Deus criou o esquecimento. Mas o sentido disso é o seguinte: não fosse o esquecer, o homem precisaria pensar continuamente em sua morte, não construiria casa, nem faria nada. E por isso Deus plantou no homem o esquecimento. Assim um anjo é incumbido de ensinar a criança, de modo que ela não esqueça nada, e outro anjo é encarregado de golpeá-la, ensinando-lhe o esquecimento. Mas se alguma vez ele esquecer de fazê-lo, posso substituí-lo. E agora, de vossa parte, dai-me toda a passagem! — O lituano começou, mas só gaguejava e não conseguiu enunciar uma só palavra. Ao sair da casa do Rabi, tinha esquecido tudo e se convertera num ignorante. Depois tornou-se bedel na casa de orações de Berditschev.

A Bênção da Lua

Certo mês de inverno sucediam-se as noites densamente nubladas; a lua permanecia invisível e o Rabi Baruch não podia proferir a bênção da lua. Na última das noites prescritas para tal prática, vezes seguidas mandou que saíssem a observar o céu, e todas as vezes lhe informavam que continuava escuro como breu, e que nevava fortemente. Enfim, ele falou: — Se as coisas estivessem boas para mim, é certo que a lua me seria favorável. Assim, eu deveria fazer penitência. Mas, como não tenho mais forças para isso, devo pelo menos arrepender-me de meus pecados. — E a contrição aflorou-lhe aos lábios com tal poder que todos, à sua volta, foram tomados de grande frêmito e juntos, em seus corações, arrependeram-se. Então, um entrou na casa e anunciou: — Não está mais nevando e se vê um pouco de luz. — O Rabi vestiu o gabardo e saiu. As nuvens espalhavam-se no meio das estrelas brilhantes, a lua resplendia e o Rabi Baruch abençoou-a.

Esconde-esconde

O neto do Rabi Baruch, o menino Iehiel, estava certa vez brincando de esconder com outro menino. Escondeu-se bem e esperou que o outro o procurasse. Depois de muito esperar, saiu do esconderijo, mas não viu o companheiro em lugar nenhum. Então Iehiel percebeu que, desde o começo, ele não o procurara. Isto o fez chorar e, em lágrimas, entrou no quarto do avô e se queixou do companheiro mau. E os olhos do Rabi Baruch se encheram de lágrimas e ele disse: — Deus também fala assim: "Eu me escondo, mas ninguém me quer procurar".

Os Dois Pavios

O outro neto do Rabi Baruch, o jovem Israel, costumava dar gritos ao rezar. Certa vez disse-lhe ele: — Filho, lembra-te da diferença entre um pavio de algodão e um de linho. Um se queima quietinho, o outro crepita. Podes crer, um único movimento verdadeiro, mesmo que seja do dedo mínimo do pé, é suficiente.

O Mundo Dúplice

Rabi Baruch disse uma vez: — Como o mundo é claro e belo, quando não nos perdemos nele, e como é escuro o mundo, quando nos perdemos nele.

DOV BER DE MESRITSCH

A Árvore Genealógica

Quando o Rabi Ber tinha cinco anos, a casa de seu pai pegou fogo. Ao ouvir sua mãe lamentar-se, perguntou: — Mãe, precisamos ficar tão tristes por termos perdido uma casa?

— Não é pela casa que choro — disse ela — mas pela nossa árvore genealógica, que se queimou. Começava com Rabi Iohanã, o sapateiro [1], mestre do Talmud.

— Bem e o que tem isso? — exclamou o menino. — Eu te arranjo outra árvore genealógica, que começa comigo.

A Acolhida

Rabi Ber era um homem de grande erudição e alta inteligência, conhecedor de todas as veredas sinuosas da Guemará e também experiente nas profundezas da Cabalá. Ouvindo sempre falar do Baal Schem, decidiu procurá-lo para pôr à prova a sabedoria daquele que era tão louvado. Chegando à casa do mestre, apresentou-se a ele e ficou esperando, depois da saudação, sem mesmo olhar bem para ele, para ouvir de sua boca as palavras do ensinamento, a fim de as pesar e exa-

---

[1] Discípulo do Rabi Akiva.

minar. Mas o Baal Schem apenas lhe contou que, certa vez, viajara vários dias por um deserto, e lhe faltara pão para alimentar o seu cocheiro; então apareceu um camponês pelo caminho e lhe vendeu pão. Em seguida despediu o hóspede. Na noite seguinte, o Maguid voltou à casa do Baal Schem, pensando que, finalmente, ouviria algo do ensinamento. Rabi Israel porém se limitou a contar-lhe que certa vez, em viagem, não tivera feno para seus cavalos, e que então viera um camponês e alimentara os animais. O Maguid não entendia por que lhe eram contadas tais histórias. Estava seguro de que era inútil esperar sabedoria daquele homem. Voltando à hospedaria, ordenou ao criado que preparasse tudo para o regresso, que empreenderiam tão logo a lua houvesse dispersado as nuvens. À meia-noite tudo clareou, e aí chegou um mensageiro do Baal Schem, pedindo que o Rabi Ber fosse ter com ele naquele momento. Ele foi imediatamente. O Baal Schem o recebeu em seu aposento. — Tens conhecimento da Cabalá? — perguntou. O Maguid assentiu. — Toma este livro, *A Árvore da Vida* [2], abre-o e lê. — O Maguid leu. — Agora reflete. — Ele o fez. — Interpreta. — O Maguid interpretou a passagem, que tratava da natureza dos anjos. — Não tens saber — disse o Baal Schem. — Levanta-te! — Ele levantou-se. O Baal Schem postou-se à sua frente e recitou a passagem. Então, diante dos olhos do Rabi Ber, o aposento consumiu-se em fogo, e ele ouviu os anjos rumorejando por entre as chamas, até que os sentidos o abandonaram. Quando voltou a si, o aposento estava como quando entrara. O Baal Schem encontrava-se à sua frente, e disse: — A interpretação que deste estava correta. Mas não tens saber, pois teu saber não possui alma.

Rabi Ber foi à hospedaria, mandou o criado voltar para casa, e ficou em Mesbitsch, a cidade do Baal Schem.

A Maldição

Quando jovem, vivia o Maguid com sua mulher em grande pobreza. Moravam fora da cidade, numa casa em ruínas, pela qual não precisavam pagar aluguel, e foi aí que a mulher deu à luz seu filho. Até então, ela não se queixara, mas, quando a parteira pediu um pouco de dinheiro para comprar chá de camomila para a criança, e não havia tostão, ela gemeu: — É assim que ele nos sustenta com seu serviço!

(2) Uma exposição do sistema cabalístico de Itzhak Luria, escrito por seu discípulo mais importante, Haim Vital Calabrese.

O Maguid ouviu essas palavras e disse a ela: — Agora eu saio e maldigo Israel, porque eles nos relegaram à miséria. — Saiu à porta de casa, alçou os olhos para o céu e exclamou: — Ai, filhos de Israel, que a plenitude da graça caia sobre vós! — Quando ouviu a mulher gemer pela segunda vez, disse a ela: — Mas agora vou amaldiçoá-los de verdade. — Mais uma vez saiu, levantou a cabeça e exclamou: — Que os filhos de Israel sejam aquinhoados com toda felicidade; mas que dêem o seu dinheiro aos espinheiros e às pedras.

O Suspiro

Calada, a mulher segurava a criança faminta e muda. Então o Maguid, pela primeira vez, suspirou. Sem demora, veio a resposta; uma voz lhe disse: — Perdeste tua parte no mundo vindouro.
— Pois bem — disse ele — o pagamento foi eliminado, agora posso começar a servir de verdade.

Castigo

Quando o Maguid ficou sabendo que se tornara conhecido no mundo, pediu a Deus que lhe mostrasse de que pecado se tornara culpado.

O Sinal

Certa vez, à despedida, o Baal Schem deu a bênção a seu discípulo. Depois, baixou a cabeça para receber dele a bênção. Rabi Ber recusou-se. Mas o Baal Schem tomou-lhe a mão e pô-la sobre a cabeça.

A Sucessão

Antes da morte do Baal Schem, os discípulos perguntaram-lhe quem ficaria em seu lugar como mestre. Ele disse: — Aquele que vos ensinar como se quebra o caráter do orgulho será vosso chefe.
Depois da morte do Baal Schem perguntaram, primeiro, ao Rabi Ber de Mesritsch: — Como se quebra o orgulho?
Ele respondeu: — O orgulho é próprio de Deus, como está escrito: "O Senhor é rei, em orgulho Ele se envolveu!" É por

isso que não posso aconselhar-vos sobre como quebrá-lo. Todos os dias de nossa vida devemos lutar contra ele. — Então os companheiros souberam que seria ele o sucessor.

A Visita

O Rabi Iaakov Iossef de Polnóie, o outro dos dois principais discípulos e herdeiros da obra do Baal Schem e anotador de seus ensinamentos, pouco depois da morte do mestre, veio passar uns tempos em Mesritsch. O Maguid convidou-o a ser seu hóspede durante o *schabat*. O de Polnóie disse: — No *schabat*, ajo como qualquer dono de casa; depois do almoço, preciso ir dormir, e não posso estender a hora da refeição assim como vós, que tendes muitos discípulos e que ensinais à vossa mesa.

— Durante o *schabat* — respondeu o Maguid — residirei com os meus em dois quartos atrás do quintal, e deixar-vos-ei a casa, para que nela vos sintais à vontade, como na vossa própria casa. — Então o Rabi de Polnóie ficou na casa, junto com seu discípulo, Rabi Mosché, que o acompanhava na viagem. Na véspera do sabá os dois tomaram a refeição juntos, e depois o Rabi Iaakov Iossef foi descansar. Seu discípulo queria muito ir sentar-se à mesa do Maguid, pois sabia ser ele o chefe da comunidade, mas temia que seu mestre acordasse e percebesse sua ausência. Após a refeição de encerramento do sábado, a sagrada "terceira refeição", o Rabi de Polnóie disse a seu discípulo: — Vamos para a mesa do Maguid, ouvir alguma coisa do que ele diz. — Quando atravessavam o quintal, chegou até eles a voz do Maguid que ensinava; mas, ao chegarem à porta, a voz emudeceu. O Rabi Iaakov Iossef voltou ao quintal e novamente ouviu o Maguid discorrendo; mais uma vez tornou atrás, mais uma vez achou-se à soleira, mais uma vez fez-se silêncio lá dentro. Depois de ter-se repetido tudo isso, o Rabi de Polnóie se pôs a andar pelo quintal, de um lado para outro, com as duas mãos apertadas ao coração, e disse: — Que havemos de fazer? No dia em que nosso mestre se foi, a *Schehiná* fez a trouxa e viajou para Mesritsch. — Não mais tentou chegar à mesa do Maguid; passado o *schabat*, despediu-se dele gentilmente e voltou com seu discípulo para casa.

Palmeira e Cedro

Em relação ao verso de salmo: "O Justo (*tzadik*) florescerá como uma tamareira, e como o cedro do Líbano há de crescer", disse o Maguid de Mesritsch: — Há duas espécies de *tzadik*. Uns ocupam-se dos homens, advertem-nos e ensinam-nos, outros dedicam-se unicamente aos estudos. Os primeiros dão frutos que alimentam, como a tamareira, os segundos são como o cedro, majestosos e estéreis.

Proximidade

Um discípulo contava: — Quando íamos ter com nosso mestre, todos os desejos se realizavam tão logo nos encontrávamos dentro dos limites da cidade. Se, mesmo assim, no íntimo de alguém ainda se agitasse um desejo, ele se via satisfeito tão logo entrava na casa do Maguid. E se em alguém continuasse conturbado o espelho da alma, este encontrava a tranqüilidade ao olhar para o rosto do Maguid.

Efeito

Certa vez, alguns discípulos empreenderam viagem para uma visita ao Maguid. — Não vamos ficar — disseram uns aos outros — só queremos contemplar sua face. — Mandaram o cocheiro esperar diante da porta. O Maguid recebeu-os e contou-lhes logo uma história que constava de vinte e quatro palavras. Ouviram-na, despediram-se, disseram ao cocheiro: — Vai em frente devagar que nós seguiremos. — E puseram-se a andar atrás do carro, comentando a história; andaram o resto do dia, e pela noite adentro, atrás do carro. Quando rompeu a madrugada, o cocheiro virou-se e reclamou: — Não chega que ontem vos esquecestes da oração da tarde e da oração da noite, quereis ainda perder a oração da manhã? — Precisou chamar quatro vezes antes que o ouvissem.

Em Casa do Maguid

O Rabi Schnoier Zalman costumava dizer: — Qual profecias! Qual milagres! Em casa do meu mestre, o santo Maguid, tirava-se o espírito santo aos baldes, e os milagres ficavam jogados debaixo dos bancos sem que ninguém se desse ao trabalho de catá-los.

Ensinamento

Certo ano, à véspera de Schavuot, a festa da Revelação, estava o Rabi de Rijin sentado a sua mesa e não dizia, como sempre a essa hora, palavras de ensinamentos a seus discípulos, mas calava e chorava. E assim também na segunda noite dos festejos; mas, depois da bênção à mesa, falou:

— Muitas vezes, quando meu avô, o santo Maguid, ensinava à refeição, os discípulos voltavam às suas casas, discutiam as palavras de seu mestre e cada um as interpretava de modo diferente, e cada um afirmava que as ouvira dessa maneira e de nenhuma outra, e uma assertiva contradizia a outra. E nada se decidia. Então procuravam o Maguid e o interrogavam, e ele se limitava a responder com o dito tradicional [3]: "Estas e aquelas são as palavras do Deus vivo". Mas, quando os discípulos pensavam bem, compreendiam o sentido da contradição. Porque, na fonte, a Torá é una; nos mundos tem setenta faces. Mas, se alguém encarar realmente uma de suas faces, não precisará mais de palavras ou de ensinamentos, porque os traços da face eterna lhe falam.

No Exílio

Disse o Maguid de Mesritsch: — Agora, no exílio, o espírito santo vem sobre nós mais facilmente do que na época em que o Templo ainda estava de pé.

"Um rei foi expulso de seu reino e obrigado a vagar pelo mundo. Então quando chegava a uma casa pobre, onde, embora comendo mal e mal acomodado, era recebido como um rei, seu coração se alegrava e ele falava com as pessoas da casa, assim como, na corte, só falara aos que lhe ficavam mais próximos.

"Assim também faz Deus, agora que está no exílio.

A Paternidade de Deus

Sobre a passagem da Escritura [4]: "Quando de lá procurares o Senhor teu Deus, encontrá-lo-ás", disse o Maguid de Mesritsch: — O homem precisa clamar a Deus e chamá-lo pai, até que Ele se torne seu pai.

---

(3) Segundo o Talmud da Babilônia, uma Voz Celestial disse essa frase, antes de decidir-se em favor da clemente Escola de Hilel contra a mais rigorosa Escola de Schamai.

(4) *Deuteronômio*, 4:29.

Entremeio

Disse o Maguid de Mesritsch: — Coisa alguma deste mundo pode passar de uma realidade a outra, a menos que antes vá ao nada, ou seja, à realidade de entremeio. Nessa altura é nada e ninguém consegue compreendê-lo, pois chegou ao nível do nada, como antes da criação. E então é recriado como novo ser, do ovo ao pintainho. O momento em que se consumou a destruição do ovo, e antes de ter-se iniciado o pintainho, é o nada. E, em filosofia, isto se chama estado primevo, que ninguém pode compreender, porque ele é uma força anterior à criação e se denomina caos. Ocorre o mesmo com a semente que germina: não começa a germinar antes que se desfaça no solo e que seu ser seja destruído de modo a chegar ao nada, que é a etapa anterior à criação. Essa etapa é chamada sabedoria, ou seja, um pensamento despido de manifestação. E a partir daí, dá-se a criação como está escrito: "A todos eles fizeste com sabedoria".

O Último Milagre

Disse o Maguid de Mesritsch: — A criação do céu e da terra é o desdobrar-se de algo a partir do nada, a descida do superior para o inferior. Mas os *tzadikim* que, em sua obra, se libertam da corporalidade e pensam sempre em Deus, e vêem e compreendem e imaginam em verdade, como se o estado do mundo ainda fosse o nada anterior à criação, tornam o Algo em Nada. E isto é que é o mais miraculoso: a elevação a partir do inferior. Como diz a Guemará: "Maior do que o primeiro milagre é o último".

O Ladrão Forte

Disse o Maguid de Mesritsch: — Toda fechadura tem sua chave, que a ela se ajusta e a abre. Mas há ladrões fortes que sabem abrir sem chave: arrombam a fechadura. Assim, todo mistério do mundo pode ser aberto pela meditação específica ajustada a ele. Deus porém ama o ladrão que arromba a fechadura: é ele o homem que quebra seu coração por amor a Deus.

Os Dez Princípios

Disse o Maguid a seu discípulo, o Rabi Zússia: — Os dez princípios do servir não te posso ensinar. Mas podes aprendê-los com uma criança e com um ladrão.

"Da criança aprenderás três coisas:
   Ela é alegre, sem precisar de estímulo;
   Ela não passa um só instante em ociosidade;
   Ela quando lhe falta alguma coisa, sabe exigi-la energicamente.
"Sete coisas ensinar-te-á o ladrão:
   Faz seu serviço durante a noite;
   Se uma noite não consegue o que quer, dedica-lhe a seguinte;
   Ele e seus colegas de trabalho amam-se entre si;
   Arrisca a vida por uma ninharia;
   Dá tão pouco valor ao que apresa e o entrega pela mais reles moeda;
   Deixa que chovam sobre ele pragas e pancadas, e pouco se importa;
   Seu ofício lhe agrada muito, e ele não o troca por nenhum outro.

O Rabi e o Anjo

Rabi Schmelke, Rav de Nikolsburg, e seu irmão, Rabi Pinkhas, Rav de Francfort-sobre-o-Meno, ficaram muito desapontados, quando, pela primeira vez, numa sexta-feira, chegaram à casa do Grande Maguid. Esperavam ser cumprimentados longa e floreadamente; ele os despediu depois de curta saudação, todo devotado aos preparativos para a recepção de um hóspede mais importante, o Schabat. Tinham esperado ouvir, às três refeições do sabá, preleções eruditas e sutis; mas em cada uma delas o Maguid disse umas palavras reflexivas, sem grandes demonstrações de inteligência. E até na terceira não falou como um mestre a seus discípulos ávidos de aprender, mas como um bom pai quando se vê à mesa com seus filhos em ocasião um pouco mais solene do que de costume. Por isso já no dia seguinte despediram-se do Rabi Ber e foram depois à sinagoga despedir-se também de seus discípulos. Lá encontraram um que ainda não conheciam: o Rabi Zússia. Este os observou longamente quando eles entraram, enfim, mirou o chão e disse, sem cumprimento nem transição: — Diz o profeta Malaquias: "Porque os lábios dos sacerdotes guardam a ciência e é de sua boca que se espera o ensinamento, pois ele é o anjo do Senhor dos exércitos". Nossos sábios interpretam isto assim: "Se o Rabi se assemelha a um anjo, devemos procurar o ensinamento em seus lábios". Como é que se deve entender isso? Será que algum de nós já viu um anjo, para poder compará-lo ao Rabi? Mas é bem isso que se quer dizer! Nunca viste um anjo, todavia, defrontando-te com um deles, não lhe perguntarias nada, nem o examinarias, nem lhe pedirias qualquer sinal. O mesmo ocorre com o verdadeiro *tzadik*. Se alguém te faz sentir tal coisa, procura o ensinamento de sua boca. — Quando o Rábi Zússia concluiu, os irmãos, em seus corações, já estavam aceitos no rol dos discípulos.

A Bola

Antes de começar a ensinar aos dois irmãos Schmelke e Pinkhas, o Maguid lhes prescreveu a maneira de conduzir-se durante o dia inteiro, do despertar ao adormecer, incluindo os seus hábitos, confirmando-os e superando-os, como se conhecesse tudo de suas vidas. No fim disse: — E antes de deitar-se, de noite, procede-se à conta do dia inteiro. E quando a pessoa vê, por seu cálculo, que não perdeu nem um único instante e seu coração se eleva, no céu tomam todas aquelas boas ações, enrolam-nas numa bola e arremessam-nas ao abismo.

Corpo e Alma

Quando o Rabi Schmelke voltou de sua primeira visita ao Maguid e lhe perguntaram o que aprendera, respondeu: — Até então eu castigava meu corpo para que pudesse suportar a alma. Mas agora vi e aprendi que a alma pode suportar o corpo e não precisa apartar-se dele. É o que nos promete a sagrada Torá [5]: "Farei minha morada em vosso meio, e minha alma não vos rejeitará". Porque a alma deve rejeitar seu corpo.

A Ordem

Certa vez, o Rabi Mihal de Zlotschov levou seu filho, o jovem Itzhak, numa visita ao Grande Maguid. Esse saiu da sala por uns momentos e, enquanto isso, o menino pegou numa tabaqueira que se achava sobre uma mesinha, examinou-a de todos os lados e pô-la de volta. Tão logo o Maguid voltou, já da porta, olhou bem para Itzhak e lhe disse: — Cada coisa tem seu lugar e cada mudança de lugar, seu sentido. Quando a gente não sabe, não deve fazer.

---

(5) *Levítico*, 26:11.

Dizer Torá e ser Torá

Rabi Leib, filho de Sara, o *tzadik* oculto, que vagava pela terra ao longo do curso dos rios, a fim de salvar vivos e mortos, disse: — Não fui ao Maguid para ouvir dele a Torá, mas só para ver como ele desata os chinelas de feltro e como as ata.

De Como Dizer o Ensinamento

Certa vez o Maguid falou a seus discípulos: — Eu vos mostrarei a melhor maneira de dizer o ensinamento. A gente não deve mais sentir a si mesmo, nem ser mais que um ouvido, que ouve o que diz em nós o Mundo do Verbo. E tão logo se comece a ouvir o próprio discurso, deve-se interrompê-lo.

A Conversa dos Forneiros

O Grande Maguid só aceitava homens escolhidos como discípulos. Acerca destes dizia serem nobres círios, que só precisavam ser acesos para queimarem em chama pura. Rejeitou vários eruditos, dizendo que seu caminho não lhes servia. No entanto, muitos jovens, ainda não admitidos entre os discípulos, permaneciam em sua proximidade, para atendê-lo e a seus discípulos; eram chamados de forneiros, porque essa atividade se incluía em suas obrigações.

Certa noite, antes de adormecer, um dos discípulos, Schnoier Zalman, que depois foi Rav da Rússia Branca, ouviu três desses jovens ocupados com o fogão no quarto vizinho. Ao mesmo tempo, conversavam sobre o sacrifício de Isaac. Um deles dizia: — Por que é que fazem tanta história com Abraão? Quem não faria o mesmo, se o próprio Deus ordenasse? Pensem apenas em todos os que, sem qualquer ordem semelhante, deram a vida pela Santificação do Nome [6]. O que é que acham disto?

O outro disse: — Acho que para os filhos de Israel não mais constitui tanto mérito a renúncia ao que lhes é mais caro, porque já trazem consigo a herança dos santos patriarcas, mas Abraão era filho de um adorador de ídolos.

O primeiro dos três forneiros retrucou: — Que importância tinha isto no instante em que Deus, Deus mesmo, lhe dirigiu a palavra?

---

(6) Designa cada sacrifício do homem; por ele o homem participa do estabelecimento do reinado de Deus na terra.

O segundo só conseguiu dizer: — Não deves esquecer que ele levantou de manhã cedinho e logo preparou a viagem, sem passar nem ao menos uma hora com o filho em casa.

Também esta prova não foi aceita pelo primeiro. — Se Deus me dirigisse a palavra agora — replicou — eu não esperaria até de manhã, sairia no meio da noite a cumprir Sua ordem.

Então falou o terceiro jovem, que permanecera calado: — Dizem as Escrituras: "Porque agora eu sei", e em seguida: "Não poupaste teu único filho, por amor a mim". Poder-se-ia crer que as palavras "por amor a mim" são desnecessárias. Mas é justamente por seu intermédio que nos inteiramos de uma coisa: que, quando o anjo lhe segurou o braço, Abraão não se rejubilou por ser poupada a vida de Isaac, mas ainda, e mesmo nesse instante, rejubilou-se mais do que nunca por se cumprir através dele a vontade de Deus. E é por isso que está escrito: "Agora eu sei", *agora,* depois que o anjo segurou o braço de Abraão.

O primeiro dos três forneiros não respondeu mais nada e também os dois outros emudeceram; o Rabi Schnoier ouvia só o crepitar e estalar da lenha.

De Como Tornar-se Apenas Espírito

No tempo do Grande Maguid, vivia em Mesritsch um rico mercador que não queria saber da senda hassídica. Sua mulher tomava conta da loja. Ele não despendia lá mais que duas horas por dia e passava todo o resto do tempo na sinagoga, debruçado sobre os livros. Certa vez, apareceu lá na sexta-feira de manhã e viu dois moços que não conhecia. Perguntou-lhes de onde e a que vinham, e ficou sabendo que viajaram muito para ver e ouvir o Maguid. Então, decidiu ir também à casa dele. Não quis sacrificar, para tanto, nenhuma de suas horas de estudo, mas desistiu de ir à loja nesse dia. O rosto refulgente do Maguid causou-lhe tamanha impressão que passou a visitá-lo mais e mais amiúde, até que de todo se ligou a ele. Mas desde então o seu negócio começou a sofrer um revés atrás do outro, até que o comerciante ficou pobre. Queixou-se ao Maguid de que tal coisa lhe sobreviera depois que se tornara seu discípulo. — Mas bem sabes — respondeu o Maguid — o que afirmam nossos sábios: quem quiser ficar sábio, vá para o sul, quem quiser ficar rico, vá para o norte. O que deverá fazer quem quiser as duas coisas?

— O homem não soube responder. O Maguid prosseguiu: — Quem se considera nada e se reduz a nada, faz-se espírito, e o que é espiritual não ocupa espaço, podendo estar no norte e no sul ao mesmo tempo. — As palavras foram ao coração do mercador, que exclamou: — Quer dizer então que meu destino está selado! — Não — emendou o Maguid — pois já começaste.

A Lista de Pecados

Certa vez em que o Rav de Kolbischov passava algum tempo em Mesritsch, viu um velho que veio ao Maguid e pediu-lhe uma penitência para seus pecados. — Vai para casa — disse o Maguid — anota todos os teus pecados num papel e traze-o a mim. — Quando o homem trouxe a lista, o Maguid limitou-se a relanceá-la e disse: — Volta agora para tua casa, está tudo bem. — Mais tarde, porém, viu o Rav que o Rabi Ber lia o papel e, a cada linha, ria alto. Isto o aborreceu: como é que se pode rir de pecados! Por muitos anos não conseguiu conformar-se com a lembrança, até que uma vez ouviu citarem as seguintes palavras do Baal Schem Tov: — Sabe-se que ninguém comete pecado, a não ser que entre nele o espírito da doideira. Mas o que faz o sábio, quando vem a ele um doido? Ri-se de suas doidices, e enquanto ri, desce sobre o mundo o sopro da caridade, a severidade se desfaz, e o que pesava tanto torna-se leve. — O Rav refletiu. — Agora compreendo a risada do santo Maguid — disse em sua alma.

De onde

Contam: "A um discípulo do Gaon de Vilna [7] aconteceu que todas as noites seu falecido pai lhe aparecia em sonhos e exigia dele que abandonasse sua fé e aceitasse a dos cristãos. Como Vilna ficava longe e Mesritsch perto de onde morava, resolveu pedir conselho e ajuda ao Maguid, apesar da grande querela entre as duas escolas. — Abre o túmulo de teu pai — disse-lhe o Maguid — e encontrarás nele dois pedaços de madeira em forma de cruz, tira-os e logo reencontrarás a paz. — E assim foi.

Quando, após muitos anos, o homem foi a Vilna, contou a seu mestre o incidente. O Gaon falou: — O Talmud de Jerusalém alude ao assunto. Admira-me apenas que o Maguid de Mesritsch tenha entendido a passagem.

Quando, passado mais algum tempo, o discípulo foi visitar o Rabi Ber, relatou-lhe as palavras do Gaon. — Teu mestre

---

(7) Rabi Elijah de Vilna, renomado erudito rabínico, líder de um movimento contra o hassidismo (fal. em 1797).

— disse o Maguid — conhecia o assunto do Talmud de Jerusalém, mas eu o conhecia do lugar de onde este o conhecia".

O Falimento

Certa vez, o Maguid empenhou todas as forças de seu ser no advento da Redenção. Então do céu perguntaram: — Quem é que está forçando o fim e o que é que ele está pensando que é?
O Maguid respondeu: — Sou o guia desta geração e tenho o dever de me empenhar.
Mais uma vez perguntaram: — E como provas essa condição?
— Minha comunidade santa — redargüiu o Maguid — levantar-se-á e testemunhará por mim.
— Que se levante então — disse a voz.
Então o Rabi Ber foi e falou a seus discípulos: — É verdade que sou eu o guia desta geração? — Mas ninguém respondeu. Repetiu a pergunta e voltou a repeti-la mas ninguém disse: É verdade. Só depois que ele os deixou, é que se lhes soltaram as línguas junto com o entendimento, e assustaram-se consigo mesmos.

O Conjuro

Nos últimos anos da vida do Maguid, assumiu tal virulência a hostilidade dos *mitgnadim,* que estes excomungaram os *hassidim* como a renascida geração dos construtores da Torre de Babel e proibiram associar-se de algum modo a eles, contrair com eles laços de casamento, comer de seu pão e beber de seu vinho. Os discípulos do Maguid queixaram-se desse fato nas três refeições sabáticas. Mas nas três vezes ele nada respondeu, como se não tivesse ouvido. Então, findo o sabá, dez deles reuniram-se para orar e abriram a sinagoga. Lá, num conjuro secreto, voltaram a excomunhão contra os excomungadores. Na terceira hora depois da meia-noite, a coisa estava feita e eles dirigiram-se ao dormitório. Lá pela quarta hora, ouviram arrastando-se pelo assoalho as muletas que, havia alguns anos, o Maguid usava, por causa de seus pés doentes. Levantaram-se, lavaram as mãos e puseram-se diante do mestre. Ele falou: — Filhos, o que fizestes? — Não tínhamos mais forças para suportá-lo — responderam. Ele falou: — Cometestes uma tolice e perdestes a cabeça. — No mesmo ano, morreu o Grande Maguid.

Junto à Lagoa

Depois da morte do Grande Maguid, um dia estavam os seus discípulos reunidos, conversando sobre as coisas que ele praticara. Quando chegou a vez do Rabi Schnoier, perguntou ele: — Sabeis por que toda manhã, ao amanhecer, nosso mestre descia à lagoa e passava algum tempo lá, antes de voltar para casa? — Não sabiam. — É que estava — disse — aprendendo a canção com que os sapos louvam a Deus. Leva muito tempo até que se aprenda essa canção.

O Pé Esquerdo

É sabido que o Grande Maguid andava de muletas. Muitos anos após a morte do mestre, seu grande discípulo, o Rabi Schnoier Zalman, encontrou certa vez os seus próprios discípulos disputando sobre quem devia ser chamado de "o *tzadik* da geração". — Para que discutir? — exclamou. — O *tzadik* da geração é meu mestre, o santo Maguid de Mesritsch, e ninguém mais. Dele é que está escrito: "Façamos um homem à nossa imagem e semelhança", pois era o homem perfeito. Objetareis: "Como pode ser isto, se era aleijado dos pés?" e eu direi: Ele era o homem perfeito, e sabemos que o homem perfeito com cada um de seus membros move todos os mundos, como está escrito no Zohar: "A mercê é o braço direito, a força, o esquerdo". Por isso é que arrastava o pé esquerdo: sacrificara-o para despertar no mundo o poderio da força.

Visto do Céu

Num tempo de grandes provações para Israel, o Rabi Elimelech caía em tristeza cada vez mais profunda. Então apareceu-lhe seu mestre já falecido, o grande Maguid de Mesritsch. Rabi Elimelech interpelou-o: — Por que calais em meio a tamanhas provações? — Respondeu ele: — Do céu vemos que tudo o que vos parece mal é obra de misericórdia.

ABRAÃO, O ANJO

As Mães

Contam: "No tempo em que o Grande Maguid ainda era pobre e desconhecido, certa tarde de inverno, aconteceu que sua mulher quis ir ao banho ritual, para sua purificação mensal. Foi colhida, porém, por furiosa tempestade de neve, perdeu o caminho e, durante muito tempo, errou sem destino, até que, afinal, encontrou a casa de banhos, já de noite. Quando bateu à porta, o mestre de banhos gritou-lhe, de dentro, que não lhe perturbasse o sono e se recusou a abrir. Chorando, a mulher permaneceu do lado de fora, na noite gelada, mas não arredou do local.

À meia-noite, ouviu um tilintar de guizos e o resfolegar de cavalos. Uma grande carruagem deteve-se na frente da casa de banhos, dela desceram quatro mulheres, bateram à porta e chamaram. O mestre de banhos apareceu com sua lamparina, olhou-as assombrado e fê-las entrar. Mas, antes de entrarem, levaram consigo a mulher do Maguid. Banharam-se juntas. Em seguida, as mulheres convidaram-na a subir na carruagem e conduziram-na a casa. Aí, mal se apeou e olhou em derredor, já a carruagem havia desaparecido. De mansinho entrou no quarto. — Então te banhaste com as Mães! — exclamou o Maguid. Naquela noite, ela concebeu seu filho Abraão".

Proveniência

Dizem que o Grande Maguid purificara e unificara tão perfeitamente o corpo e a alma que seu corpo era como sua alma e a alma, como o corpo. Por isso, no momento em que gerou seu filho, um puro espírito do mundo dos anjos penetrou no ventre de sua mulher, a fim de nascer dele, por curto tempo, no mundo dos homens.

O Semblante

A aparência do Rabi Abraão era por vezes tão terrivelmente sublime, que os homens não o podiam encarar. À sua vista, aconteceu a um *tzadik* esquecer, numa cerimônia sagrada, se pronunciara ou não a bênção, e chegando em casa não pode aceitar alimento nem bebida. Outro passou quatro semanas cobrando ânimo, mas, ao adentrar a porta e ver o Rabi Abraão pondo os filactérios, voltou-se tremendo e não ousou mais chegar perto dele.
Os netos do Baal Schem, os jovens Baruch e Efraim, estavam certa vez conversando: — Por que será que chamam o filho do Maguid de Anjo? Vamos dar uma olhada. — No entanto, nem bem vislumbraram da rua o semblante do Rabi Abraão à janela, fugiram com tamanha pressa que Efraim deixou cair o livro dos Salmos.

Núpcias

Na noite de núpcias, quando o Anjo penetrou na alcova, sua face apresentava-se mais temível do que nunca, e uma queixa surda escapava-lhe dos lábios. A visão e a voz assustaram a desposada até o imo secreto de seu ser, e ela tombou sem sentidos. Até de manhã esteve febril.
Na noite seguinte, quando o Anjo entrou na alcova, o coração da mulher estava cheio de força heróica, e ela suportou a sua terrível grandeza.
Rabi Abraão gerou dois filhos. Depois voltou a viver isolado, como antes.

O Sonho da Mulher

Sua esposa teve um sonho. Via um vasto saguão e, no seu interior, alguns tronos em semicírculo e, sentado em cada trono, um dos poderosos. Um deles disse: — Chamemo-lo a nós. — Os outros assentiram em coro. A mulher adiantou-se e os encarou. Falou e lutou, falando, pela vida do homem na terra, inflamou-se ao falar. Mudos, os poderosos a ouviam. Finalmente, disse um deles: — Demo-lo a ela por doze anos terrestres. — Os outros concordaram em coro. O sonho se desfez. Quando o Maguid a cumprimentou de manhã, pôs as mãos na cabeça da nora.

Em Memória

Na véspera do Nono Dia de Av, dia em que o Templo foi queimado, estavam os homens sentados no chão da escura sala de orações, chorando o santuário destruído, e o *hazan* entoou: — Como jaz abandonada a populosa cidade! — Rabi Abraão, o Anjo, do meio dos outros homens, exclamou: — E como! — e emudeceu, a cabeça entre os joelhos. O chantre terminou o lamento, todos regressaram a suas casas. O Rabi Abraão remanesceu, a cabeça entre os joelhos. Assim o encontraram no dia seguinte, e ele não se levantou enquanto não experimentou até o fim a destruição.

A Retirada Estratégica

O Rabi Abraão falou: — Nas guerras de Frederico, rei da Prússia, aprendi uma nova maneira de servir. Para atacar o inimigo, não é necessário aproximar-se dele. Fugindo à sua frente, pode-se rodeá-lo e atacá-lo pela retaguarda, até que ele se renda. Não se deve acometer simplesmente o mal, porém recuar para as fontes do poder divino e de lá contorná-lo, dobrá-lo e transformá-lo em seu contrário.

A Herança

Depois de sua morte, o Maguid apareceu ao filho e ordenou-lhe, invocando o mandamento da honra aos pais, que abandonasse o caminho do isolamento total, pois quem o trilha corre perigo. Abraão respondeu: — Não reconheço pai carnal, somente o Pai misericordioso de tudo o que é vivo. — Aceitando minha herança — contestou o Maguid — aceitaste-me como pai, mesmo depois de minha morte. — Renuncio à herança paterna — exclamou o Anjo. No mesmo instante irrompeu um incêndio na casa e queimou a parca herança que o Maguid deixara ao filho, porém nada mais.

A Pekesche Branca

Algum tempo após o incêndio em que arderam as roupas e utensílios deixados pelo Maguid ao filho, o cunhado do Rabi Abraão lhe trouxe, de presente, a túnica de seda branca que o Maguid envergara nos dias de grande festa, a famosa *"pekesche* branca". Na véspera de Iom Kipur, Abraão vestiu-a em honra a seu pai. As velas na sinagoga já estavam acesas. Num gesto fervoroso, o *tzadik* debruçou-se sobre uma delas e a túnica pegou fogo. Arrancaram-na de seu corpo em chamas. Com um longo olhar de entendimento, viu-a desfazer-se em cinzas.

A Montanha

Rabi Abraão foi, certa vez, à casa do sogro, em Kremnitz. Reuniram-se os homens mais ilustres da comunidade para cumprimentar o santo. Mas este não se voltou para eles e ficou a mirar pela janela a montanha a cujos pés jazia a cidade. Um dos que esperavam, cônscio da própria erudição e dignidade, perguntou com impaciência: — Por que olhais tanto esta montanha? Nunca vistes uma montanha?
Respondeu o Rabi: — Olho e espanto-me de ver como um torrãozinho destes se fêz de importante até se transformar numa alta montanha.

Sem Deus

Disse o Rabi Abraão: — Senhor do mundo, se fosse possível imaginar um único momento sem Tua influência e Tua providência, de que nos serviria este mundo e de que nos serviria o outro mundo, de que nos serviria a vinda do Messias e de que nos serviria a ressurreição dos mortos, como nos poderíamos regozijar e para que existiria tudo isso!

Plena Estatura

Disse o Rabi Abraão: — Dizemos nas orações: "Tudo o que cresce, que se dobre diante de Ti". Quando o homem atinge a plena estatura, só então torna-se verdadeiramente pequeno a seus próprios olhos e conhece o que é curvar-se diante de Ti.

O Outro Sonho

Depois da morte do Rabi Abraão, na noite que se seguiu aos sete dias de luto, sua mulher teve um sonho. Viu um vasto saguão, dentro dele, alguns tronos em semicírculo e, em cada trono, sentado um dos poderosos. Abriu-se uma porta, e entrou, semelhante aos outros, seu marido, Abraão. Falou:
— Companheiros, minha mulher está zangada comigo porque, na terra, eu vivia isolado dela. Ela tem razão. É mister que eu obtenha seu perdão. — A mulher exclamou: — De todo o coração, está perdoado — e acordou consolada.

A Consagrada

O Rabi Israel de Rijin contou: — Poucos anos após a morte do Anjo, o grande *tzadik,* Rabi Nahum de Tschernobil, quis tomar por esposa sua viúva, minha santa avó. Mas o Anjo apareceu-lhe em sonhos e olhou-o ameaçadoramente. Então, ele desistiu.

"Minha santa avó vivia na pobreza. Quando o Rabi de Tschernobil aceitou seu filho, meu pai, em sua casa, ela viajou para a Terra de Israel. Lá não disse a ninguém quem era. Lavava roupa e vivia desse trabalho. Morreu no País de Israel. Se alguém pudesse dizer-me onde ela está enterrada!

PINKHAS DE KORETZ E SUA ESCOLA [1]

O Melamed *Negro*

Quando jovem, o Rabi Pinkhas vivia em Koretz como *melamed*, ou seja, professor de crianças, e era geralmente conhecido pelo alcunha de "*melamed* negro". Escondia de todos sua verdadeira natureza e somente uma pessoa, o Rav de Koretz, o conhecia. O Rav tinha um compartimento especial na casa de banhos e um banho próprio. O Rabi Pinkhas pediu-lhe permissão para se banhar aí quando quisesse, a qualquer hora do dia ou da noite, e o Rav deu ordem ao mestre de banhos para admiti-lo a qualquer hora. Certa vez o Rabi Pinkhas apareceu depois da meia-noite e acordou o mestre de banhos. Este recusou abrir porque, no dia anterior, comprara uns gansos e os pusera justamente naquele compartimento por aquela noite. O *melamed* negro não se conformou. Quebrou algumas telhas, entrou pela abertura, banhou-se e predispunha-se a retornar pela mesma via, quando um pedaço da parede soltou-se e caiu-lhe na cabeça com tal força que perdeu o equilíbrio e foi ao chão. Ali ficou algumas horas, sem sentidos, e as pessoas que o encontraram de manhãzinha deram-no por morto. Quando o Rav soube do caso, ordenou que não tocassem nele.

---

(1) Aqui fiz exceção à prática de limitar cada capítulo a um *tzadik*. Como a escola de Pinkhas de Koretz continua e complementa sua personalidade e ensinamentos, represento-a, neste capítulo, na pessoa do Rabi Rafael.

Ele mesmo, todavia, não foi lá; dirigiu-se à sinagoga e orou: — Senhor do Mundo, conserva-o com vida! Senhor do Mundo, conserva-o com vida, para Ti mesmo! — somente depois encaminhou-se ao lugar em que Pinkhas jazia imóvel, sacudiu-o e disse: — Pinkhasel, levanta e vai ensinar teus alunos, que tens todo um dia de trabalho! — Rabi Pinkhas levantou-se e foi para a escola.

A Sangria

Quando o Rabi Pinkhas foi visitar o Baal Schem pela primeira vez, este observou-o longamente, em seguida mandou chamar um médico, para que sangrasse seu hóspede. Mas, antes de começar, o Baal Schem advertiu-o de que fizesse o serviço bem feito: — Porque — explicou — este é sangue sagrado e conservado desde os seis dias da criação. Se não estiveres com a mão bem segura — acrescentou pilheriando — é melhor sangrares a minha veia!

À Vinda do Etrog [2]

Quando o Baal Schem estava à morte, seu discípulo, o Rabi Davi de Ostrog, chegou-se a ele e disse: — Rabi, como podeis deixar-nos sozinhos? — O *tzadik* sussurrou-lhe: — Na floresta está Ber (urso) e Pinkhas é um sábio. — O discípulo compreendeu que as palavras se referiam ao Rabi Ber de Mesritsch e ao Rabi Pinkhas de Koretz, embora este último não se incluísse entre os discípulos: ele viera duas vezes ver o Baal Schem, a segunda pouco tempo antes de sua morte, mas o Baal Schem também fora vê-lo duas vezes.

Depois da morte do mestre, o Rabi Ber tomou a direção do movimento, mas o Rabi Pinkhas continuou em seu anonimato. Na casa de estudos, rezava atrás da estufa e ninguém lhe prestava atenção.

Ora, o Rabi Davi de Ostrog, que era um homem de meios, costumava comprar, todos os anos, para o Sucot, dois *etroguim* escolhidos, um para o Baal Schem e outro para si. No ano que se seguiu à morte do mestre, quando chegou a época da festa, comprou três dos frutos mais bonitos, ao invés de dois: um para si, um para o Rabi Ber e outro para o Rabi Pinkhas.

---

(2) "O fruto das árvores formosas" (*Levítico*, 23:40), isto é, *citrus medica*, sobre o qual, junto com o ramalhete de palmas, murta e salgueiro, é pronunciada a bênção de Sucot.

Naquele ano, os *etroguim* andavam especialmente raros, e nem um único chegara até Koretz. No primeiro dia da festa, a comunidade esperou com as orações a fim de ver se chegava algum *etrog* de uma cidade vizinha onde haviam mandado pedi-los. Por fim, os chefes da congregação ordenaram que fosse dado início às matinas diárias; talvez, nesse meio tempo, chegasse ainda um mensageiro. Mas o ofício terminou e ninguém aparecera. Pediram então ao chantre que começasse com a liturgia própria da festa. Hesitante, ele se dirigiu ao púlpito. Não havia entoado ainda a bênção, quando o *melamed* negro saiu de trás da estufa, foi até ao chantre e falou-lhe: — Não deves começar ainda! — Depois voltou a seu lugar atrás da estufa. Ninguém notara coisa alguma, e somente quando perguntaram ao chantre por que afinal não começava, e ele indicou o Rabi Pinkhas, é que sem maior cerimônia lhe pediram explicações. — No devido tempo — informou ele — virá o *etrog*. — Que negócio é este — gritaram — "no devido tempo"? — Daqui a uma hora. — E se até lá não aparecer, levarás uns pontapés, está certo?

— Pois não — disse ele. Ainda não havia decorrido uma hora, quando anunciaram que um camponês a cavalo se encontrava lá fora e trazia algo para o Rabi Pinkhas. Era o *etrog*, com um cartão. O sobrescrito era endereçado ao "Cabeça de todos os filhos da Diáspora" [3]. O remetente era conhecido de muitos como santo homem.

O Rabi Pinkhas tomou o *etrog*, mandou que lhe trouxessem as palmas e recitou a bênção. Pediram-lhe então que entregasse tudo ao chantre, para que ele dissesse os cânticos de louvor. — Eu mesmo os direi — declarou. Subiu ao púlpito e rezou perante a congregação.

Sem Hóspede

Contam: "Quando o Rabi Pinkhas se tornou conhecido e um número crescente de *hassidim* passou a procurá-lo com seus problemas, assustou-se ao perceber o quanto tudo isso o afastava do serviço de Deus e do estudo da Torá. Não via outra alternativa senão a de impedir que as pessoas o importunassem. Assim rogou a Deus que o fizesse malquisto de todos, e foi atendido. Daí por diante, deixou de conviver com os outros, a não ser nas orações em comunidade, e vivia isolado, devotado ao seu Senhor. E quando o Sucot se avi-

---

(3) Exilarca. O chefe secular da judiaria da Babilônia nas épocas talmúdicas e pós-talmúdicas.

zinhou, viu-se obrigado a pedir a um gentio que lhe construísse a cabana de ramos, porque os judeus recusaram ajudá-lo. Como lhe faltassem ferramentas, mandou a mulher pedi-las emprestadas aos vizinhos, mas só com grande esforço é que ela conseguiu algumas. Como todos os anos, na noite do feriado, após o ofício na casa de orações, convidou alguns dos viandantes a jantar em sua companhia, mas ninguém quis aceitar, tanto o odiavam em todos os lugares, e o Rabi Pinkhas precisou voltar a casa sozinho. E quando recitou as palavras com que se convidam, para a cabana, os santos hóspedes, os Patriarcas [4], viu o nosso pai Abraão parado lá fora, como quem vai a uma casa à qual costuma visitar, e que também tencionava fazê-lo agora, mas percebe não ser essa a casa e, estranhando, estaca. — Que mal fiz eu? — exclamou o Rabi Pinkhas. — Não é meu costume entrar numa casa que não hospeda nem ao menos um viandante — respondeu Abraão.

Daí por diante o Rabi Pinkhas rezou para novamente encontrar favor aos olhos das pessoas. E mais uma vez foi atendido".

De Quando se Quebraram os Vasos

Disse o Rabi Pinkhas: — Sabe-se que, na origem dos tempos, quando Deus edificava e destruía mundos, os vasos se quebraram [5], porque não conseguiam conter a plenitude neles vertida. Mas, com isso, alguma luz penetrou até os mundos inferiores, e eles não permaneceram na escuridão. O mesmo acontece quando se rompem os vasos na alma do *tzadik*.

O Ensinamento da Alma

Muitas vezes o Rabi Pinkhas citava as palavras [6]: "A alma do homem há de instruí-lo" e, para maior ênfase, acrescentava: — Não há homem cuja alma não o esteja constantemente instruindo.

Certa vez os discípulos perguntaram: — Se é assim, por que é que o homem não lhe dá atenção?

— Constantemente a alma ensina — explicou o Rabi Pinkhas; — mas ela não repete.

---

(4) Acredita-se que os Patriarcas visitam o justo na festa de Sucot. O justo recita-lhes palavras de agradecimento.

(5) V. nota 6, p. 135.

(6) Atribuídas ao Rabi Meir, um grande mestre durante os primeiros períodos talmúdicos.

A Pupila

Disse o Rabi Pinkhas: — Desde que comecei a servir verdadeiramente ao meu Criador, nunca mais procurei conseguir coisa alguma e só tomei aquilo que Deus me deu. É por ser escura que a pupila absorve todo raio de luz.

As Sefirot

Disse o Rabi Pinkhas: — Cada palavra e cada ação contém as dez *sefirot,* pois elas preenchem o mundo todo. E não está certo o que geralmente se pensa: que a misericórdia é um princípio em si, e o poder, outro princípio em si. Cada um deles contém os doze atributos divinos. Se alguém abaixa a mão, isto acontece no mistério da luz irradiante; se alguém ergue a mão, isto acontece no mistério da luz refletida. No movimento todo, de abaixar e de erguer, reside o mistério do poder e da misericórdia. Não há palavra que por si seja inútil e não há ação que por si seja inútil. Mas pode-se tornar inúteis palavras e ações, falando e agindo em leviandade.

Quando Deus se Esconde

O Rabi Rafael de Berschad, discípulo predileto do Rabi Pinkhas, contou: "No primeiro dia de Hanucá, queixei-me a meu mestre de que, quando as coisas vão mal, se torna difícil conservar intata a fé de que Deus provê para todos. Em verdade, parece que Deus nos esconde sua face. O que se deve fazer para fortalecer a fé?
— Quando sabemos — respondeu o Rabi — que se trata de um esconder-se, isso já não é mais esconder-se".

O Cético

Um discípulo do Rabi Pinkhas era atormentado pela dúvida: como era possível a Deus conhecer todos os seus pensamentos, mesmo os mais fugidios e indefiníveis. No maior dos sofrimentos, foi procurar seu mestre, pedindo-lhe que desfizesse a confusão em seu íntimo. Rabi Pinkhas estava à janela, olhando para o visitante que se aproximava. Quando este entrou e, depois de saudá-lo, quis iniciar sua queixa, disse o *tzadik:* — Eu sei, amigo, e como não o saberia Deus?

No Trono

Disse o Rabi Pinkhas: — No Ano Novo, Deus se oculta naquilo que é chamado "sentar-se no trono" e qualquer pessoa pode contemplá-lo, segundo seu próprio caráter: uns ao chorar, outros ao orar, e outros ao cantar louvores.

Antes do Toque do Schofar

Certo dia de Ano Novo, disse o Rabi Pinkhas antes do toque do *schofar*: — Todas as criaturas se renovam no sono, inclusive as pedras e as águas. E se o homem quer que sua vida se renove constantemente, deve, antes de adormecer, despir sua forma e confiar a alma nua a Deus: ela então se eleva e recebe vida nova. Hoje, porém, é o dia da grande renovação. É quando profundo sono desce sobre todo ser espiritual, sobre os anjos e os santos Nomes e as letras das Escrituras. É este o significado do juízo total, em que o espírito é renovado. É por isso que hoje o homem deve ser aniquilado, em profundo sono, e a mão renovadora de Deus há de tocá-lo.

Depois destas palavras, levou o *schofar* aos lábios.

No Dia da Destruição

Perguntaram ao Rabi Pinkhas: — Por que é que, como afirma a tradição, o Messias deverá nascer no dia de aniversário da destruição do Templo?

— O grão semeado na terra — replicou ele — deve apodrecer, para que brote a nova espiga. O poder não pode ressuscitar, sem antes dissolver-se no grande segredo. Despir uma forma, assumir uma forma, isso se faz no instante do puro nada. Na concha do esquecimento, cresce o poder da memória. No dia da destruição, o poder jaz no fundo e aí cresce. É por isso que nesse dia nos sentamos no chão. É por isso que nesse dia visitamos os túmulos. É por isso que nesse dia há de nascer o Messias.

Pela Renovação

Disse o Rabi Pinkhas: — Se o pregador Salomão diz "Vaidade das vaidades, tudo é vaidade", é porque deseja aniquilar o mundo, para que possa receber nova vida.

O Milagre da Luz

Disse o Rabi Pinkhas: — Sabeis qual o significado do milagre da luz em Hanucá. A luz [7] que se mantinha oculta desde a Criação então se revelou. E todo ano, quando se acendem as luzes de Hanucá, revela-se de novo a luz oculta. E é essa a luz do Messias.

Um Homem na Terra

Perguntaram ao Rabi Pinkhas: — Por que está escrito: "No dia em que Deus criou *um* homem na terra", e não, "No dia em que Deus criou *o* homem na terra"?
Ele explicou: — Deves servir a teu Criador como se houvesse um só homem sobre a terra, somente tu!

O Lugar do Homem

Perguntaram ao Rabi Pinkhas: — Por que é que Deus é chamado Lugar [8]? Ele é certamente o "Lugar do Universo", mas deveriam então chamá-lo assim, e não apenas "Lugar".
Ele respondeu: — O homem deve entrar em Deus, de modo que Deus possa envolvê-lo e tornar-se seu Lugar.

A Morte Fácil

Perguntaram certa vez ao Rabi Pinkhas por que não se ouvia nenhum som quando ele orava, nem se via movimento algum, como se carecesse do fervor que fazia os outros *tzadikim* estremecerem pelo corpo todo.
— Irmãos — respondeu — orar quer dizer ligar-se a Deus, e ligar-se a Deus significa desligar-se de tudo o que é material, como se a alma deixasse o corpo. Dizem nossos sábios que há uma morte tão difícil como puxar o cordame pela argola do mastro, e outra morte tão fácil como tirar um cabelo do leite, e a esta se chama "a morte no beijo". À minha oração coube esta última.

---

(7) A luz primeva que torna perceptível o mundo de um extremo ao outro e que, em seguida ao pecado do primeiro homem, foi-lhe tomada por Deus e reservada para o futuro.

(8) *Makom*, Lugar, é a designação de Deus, no qual existe tudo o que existe.

É Ele Teu Louvor

Acerca das palavras das Escrituras: "É Ele teu louvor [9] e teu Deus", disse o Rabi Pinkhas: — Ele é teu louvor, e Ele é também teu Deus. A oração que o homem reza, a oração em si mesma, é a divindade. Não é como se pedisses alguma coisa a teu companheiro. Uma coisa são tuas palavras e outra é ele. Não é assim na oração, porque ela une as essências. O homem que reza e pensa que a oração é diferente de Deus é como o suplicante que manda entregar ao rei aquilo pelo que roga. Mas quem sabe que a própria oração é divindade, é como o filho do rei, que vai pegar no tesouro do pai aquilo que lhe apraz.

O Livro de Oração

Quando, nos dias do Rabi Pinkhas de Koretz, veio a público o livro de orações que leva o nome do grande cabalista Rabi Itzhak Luria, todo ele edificado sobre as *kavanot* das letras, os discípulos do *tzadik* solicitaram sua permissão para orar por ele. Decorrido algum tempo, voltaram a ele, queixando-se de que, desde que passaram a rezar pelo livro, haviam perdido muito da sensação de força vital que antes suas preces lhes proporcionavam. O Rabi Pinkhas respondeu-lhes: — Pusestes toda a vossa força e todo o anseio de vosso pensamento nas *kavanot* dos Nomes sagrados e nos entrelaçamentos do traçado das letras e vos desviastes do essencial: tornar inteiro o coração e dedicá-lo a Deus. E por isso perdestes a vida de santidade e sua sensação.

Em Louvor do Canto

O Rabi Pinkhas sempre tecia altos louvores à música e ao canto. Certa vez disse: — Senhor do mundo, se eu soubesse cantar, não Te deixaria ficar nas alturas, chamar-Te-ia com meu canto, até que viesses ficar aqui entre nós.

Solução

Falaram certa vez ao Rabi Pinkhas da grande miséria dos necessitados. Mergulhado em dor, ele ouviu. Depois levantou a cabeça. — Arrastemos Deus para dentro do mundo — exclamou — e tudo se aquietará.

---

(9) A expressão "Teu louvor" (*Deuteronômio*, 10:21) é aqui entendida em seu significado mais amplo (Teu canto de louvor, Teu salmo).

Oração Válida

Disse o Rabi Pinkhas: — Prece que não é dita em nome de toda Israel não é prece.

Cantar a Dois

Disse o Rabi Pinkhas: — Quando alguém canta e não consegue elevar a voz, e outro vem cantar com ele e consegue elevar a voz, então também o primeiro consegue elevá-la. Eis o segredo da ligação entre os espíritos.

O Ouvido que não é Ouvido

Disse o Rabi Pinkhas: — No livro *Os Deveres do Coração* [10], está escrito que se alguém se porta de maneira correta vê com um olho que não é olho e ouve com um ouvido que não é ouvido. E assim é! Pois muitas vezes, quando alguém vem pedir-me conselho, ouço como ele próprio responde a si mesmo.

A Vivificação

Perguntaram ao Rabi Pinkhas: — Por que é que, ao rever um amigo depois de mais de doze meses, se diz a bênção: "O que faz reviver os mortos"?
Ele respondeu: — Todo ser humano tem uma luz no Céu. Quando dois se encontram, suas luzes se unem e delas uma nova luz emana. Isto se chama geração, e a nova luz é um anjo. Mas esse anjo não vive mais do que doze meses, a não ser que, antes disso, os dois homens se encontrem novamente sobre a terra. Mas, se voltam a encontrar-se depois de decorrido esse prazo, podem vivificar o anjo por mais algum tempo. É por isso que é que se pronuncia a bênção.

A Diferença

O Rabi Rafael perguntou a seu mestre: — Por que é que não há um rosto humano igual a outro?

---

(10) Importante obra popular de filosofia e ética religiosa judaica, escrita em árabe por Bahia ibn Pakuda, no último quarto do século XI.

Rabi Pinkhas replicou: — Porque o homem é feito à imagem de Deus. Cada um suga a divina força de vida de um ponto diferente, e todos juntos constituem o Homem. Daí a diferença de seus rostos.

As Casas de Campo

Disse o Rabi Pinkhas: — A relação de Deus com os maus é comparável com a de um princípe que, afora magníficos palácios, possui também inúmeras casas de campo, escondidas em florestas e aldeias, e às quais visita, de vez em quando, para caçar ou repousar. A dignidade dos palácios não é maior que a de uma dessas moradas ocasionais, porque o aspecto de uma não é idêntico ao de outra e o que a menor faz, a grande não é capaz de fazer. Ocorre o mesmo com o justo: por maiores que sejam seu valor e merecimento, ele não pode realizar o que o perverso realiza numa única hora em que reze e faça qualquer coisa por amor de Deus, e em que Deus, olhando o mundo em confusão, se alegre com ele. É por isto que o justo não deve pôr-se acima do mau.

Da Ira

Certa vez disse o Rabi Pinkhas a um *hassid*: — Se alguém deseja levar seus companheiros de moradia ao bom caminho, não deve encolerizar-se contra eles. Porque, através da ira, não só tornamos impuros a nós mesmos, como também introduzimos a impureza na alma contra a qual nos iramos.

De outra vez, disse: — Desde que quebrei a ira, guardo-a no bolso. Quando preciso dela, tiro-a.

Gog

Nos dias intermediários da Festa dos Tabernáculos, o Rabi Pinkhas falou sobre a passagem do livro de Ezequiel, que se lê nessa semana, e que trata da vinda de Gog e de Magog. Disse ele: — Reza a tradição que a principal batalha das guerras de Gog [11] será travada nos dias de Sucot. As pessoas costumam dizer desta ou daquela pessoa, deste ou daquele povo:

---

(11) A profecia de Ezequiel (cap. 32) é interpretada como uma visão de grandes guerras entre os povos na época que precede o advento do Messias.

"Ele é grande como Gog, isto é grande como Gog". Por que? Porque Gog é grande em soberba e em crueza de espírito. E tal é a batalha que nos cumpre travar na Festa dos Tabernáculos. Nossa batalha contra nossa soberba.

A Luta sem Fim

Rabi Rafael, que era humilde todos os seus dias e que fugia de todas as honrarias, pedia sempre a seu mestre que lhe dissesse como livrar-se inteiramente do orgulho, mas nunca recebia resposta. Certa vez, estava novamente insistindo junto ao mestre: — Ah, Rabi, o orgulho! — O que queres? — disse o Rabi Pinkhas. — É esta a tarefa na qual o homem deve esforçar-se todos os seus dias e ele nunca há de chegar ao fim. Porque o orgulho é a roupagem de Deus, conforme está escrito: "Senhor é Rei, de orgulho vestiu-se". Mas Deus é o Ilimitado, e quem tem orgulho fere a roupagem do Ilimitado. Assim também a tarefa da autoconquista não tem limite.

Do Laço

Sobre o versículo do Salmo: "Meus olhos estão sempre voltados para o Senhor, porque Ele livrará meus pés do laço", disse o Rabi Pinkhas:

— Assim como o caçador de passarinhos espalha migalhas pelo laço e, tão logo apareça um pássaro a beliscá-las, puxa o cordel e o prende pelo pé, assim também o mal dispõe diante do homem todo o bem que este já praticou — estudos, caridades e ações pias — para apanhá-lo no laço da soberba. E se nisto é bem sucedido, tanto quanto o pássaro aprisionado, não consegue o homem libertar-se. E nada pode salvá-lo, exceto a ajuda de Deus.

As Abelhas

Disse o Rabi Rafael de Berschad: — Está escrito que os orgulhosos renascem sob a forma de abelhas. Porque o orgulhoso diz em seu coração: "Sou um escritor, sou um cantor, sou um professor". E como para todos eles vale o que se diz a seu respeito, isto é, que mesmo às portas do inferno não voltam atrás, todos renascem, após a morte, sob a forma de abelhas. Estas zoam e zunem: "Eu sou, eu sou, eu sou!"

O que se Busca

O Rabi Pinkhas costumava dizer: — Aquilo que se busca não se consegue, mas aquilo que a gente deixa desenvolver-se vem por si. Abre a barriga de um peixe grande e todos os peixinhos hão de estar com a cabeça para baixo.

A Força Maior

Também costumava dizer: — Maior é a força de quem aceita uma reprimenda do que a de quem a faz. Pois se alguém se humilha a ponto de, em verdade, aceitar uma reprimenda, vale para ele a palavra de Deus: "Eu habito os céus e a santidade, e entre os vencidos e humildes espíritos".

Mais Amor

Quando se falava de homens iníquos e hostis, o Rabi Pinkhas e seus discípulos costumavam citar o conselho que, certa vez, o Baal Schem dera ao pai de um apóstata: que amasse mais ao filho. — Quando vires que alguém te odeia e te faz mal, deves fortalecer-te e amá-lo mais que antes. Só assim podes convertê-lo. Porque todo Israel é um veículo para a santidade. Se há entre eles amor e união, a *Schehiná* e toda santidade pairam sobre eles. Mas se há, Deus não o permita, uma cisão, surge uma rachadura, uma abertura, e por ela a santidade cai dentro das "conchas". Assim, quando em sua alma, teu companheiro se afasta de ti, deves, mais que antes, aproximar-te dele, para vedar a fissura.

Rabi Schmuel contava do Rabi Rafael de Berschad: — Viajando certo verão, chamou-me para que me sentasse ao seu lado no carro. Eu disse: "Temo que fique apertado para vós". Então ele me respondeu, num tom de especial afeto: "Amemo-nos mais um ao outro e haverá espaço de sobra". E depois de termos orado, acrescentou: "Deus é um grande amigo".

Disse o Rabi Rafael: — Um mal desmedido é o que resulta da conduta compassada em que o homem, no trato com os semelhantes, emprega constantemente pesos e medidas.

Certa vez em que o Rabi Rafael adoeceu e pensou estar perto da morte, disse: — Agora é preciso por de lado todos os méritos, para que o coração não mais esteja separado de judeu algum.

Disse o Rabi Pinkhas: — Devemos orar também pelos maus dentre os povos da terra, também a eles devemos amar. Enquanto não orarmos assim e não amarmos assim, não virá o Messias.

Também dizia: — Meu Rafael sabe como amar grandes facínoras.

Paz

Acerca das palavras da prece [12]: "Aquele que faz a paz em suas alturas, há de fazê-la entre nós", comentou o Rabi Pinkhas: — Sabe-se que o céu (*schamaim*) surgiu quando Deus fez as pazes entre o fogo (*esch*) e a água (*maim*). E quem assim apazigúa os contrastes extremos, certamente há de apaziguar a todos nós.

O Rabi Rafael de Berschad esforçava-se por fazer paz. Muitas vezes ia às casas dos *hassidim* e falava às mulheres, para que em seus corações crescesse a disposição de viver em paz com seus maridos.
Certa ocasião, no Nono Dia de Av, o da destruição do Templo, aconteceu-lhe estar numa comunidade cujos membros, havia muito, estavam enredados numa disputa cada vez mais emaranhada. Uma das partes pediu-lhe que restabelecesse a paz.
— Mas o Rabi — disseram — não há de querer ocupar-se do nosso problema hoje, em dia de luto.
— Em nenhum dia mais que hoje — respondeu ele. — Por uma contenda vã é que a cidade de Deus foi destruída [13].

No sábado, quando se lê a primeira parte das Escrituras, a história da criação, os *hassidim* de Berschad, sentados em roda, passam o dia cantando, repetindo sempre o estribilho: — *Schabat* da Criação, todos em um! *Schabat* da Criação, todos em um!

A Qualidade Principal

O Rabi Pinkhas costumava dizer: — Sempre temo ser mais inteligente que piedoso. — E depois acrescentava: — Prefiro

---

(12) Término da ação de graças após as refeições.
(13) Pretende uma tradição talmúdica (Guitin 55 b) que uma pequena altercação entre duas famílias judias levou à denúncia de uma pela outra aos romanos, fato que deflagrou a guerra de Roma contra a Judéia.

ser piedoso a ser inteligente, mas prefiro ser bom a ser inteligente e piedoso.

Pela Verdade

O Rabi Pinkhas contou a seus discípulos: — Nada me foi mais difícil do que vencer a mentira. Levou quatorze anos. Quebrei todos os ossos e finalmente escapei.

Também contou: — Durante vinte e um anos, servi pela verdade. Sete, para saber o que é a verdade. Sete, para expulsar a falsidade. Sete, para absorver a verdade.

Certa vez em que o Rabi Pinkhas proferia a prece da noite diante do púlpito, ao chegar às palavras "Aquele que guarda Seu povo Israel", escapou-lhe um grito do fundo da alma. A condessa a quem pertenciam os arredores de Koretz passava naquele minuto pela casa de orações. Curvou-se sobre uma das janelas baixas e ficou ouvindo. Depois observou aos que a rodeavam: — Como é verdadeiro este grito, sem a mínima mistura de falsidade! — Quando o relataram ao Rabi Pinkhas, ele disse, sorrindo: — Mesmo os povos do mundo sabem o que é verdade.

Certa vez, na véspera do Iom Kipur, antes da oração de "Todos os votos" [14], a congregação reunida recitou os salmos em confusa gritaria. Rabi Pinkhas voltou-se para eles e disse: — Por que vos esforçais tanto? Provavelmente porque percebeis que vossas palavras não chegam até lá em cima. Mas por que isto? Quem diz mentiras o ano todo, fica com a boca mentirosa. E como podem, de uma boca mentirosa, sair palavras verdadeiras que subam ao céu? Eu vos falo, sei do que se trata, porque eu mesmo tive de me ocupar muito com isto. Assim, crede-me: deveis propor-vos não mais mentir, então ficareis com uma boca verdadeira, cujas palavras verdadeiras hão de montar ao céu.

Com a má Inclinação

Chegando o Rabi Pinkhas certa vez à casa de estudos, viu os discípulos que, entretidos em animada conversa, estremeceram à sua entrada. Perguntou-lhes: — De que falais? — Rabi — disseram — falamos do medo que sentimos de que o mal nos persiga. — Não vos preocupeis — respondeu. —

---

(14) V., no glossário, *Kol Nidre*.

Tão alto ainda não chegastes, para que ele vos persiga. Por enquanto sois vós que o perseguis.

O que é Punível

Pouco depois de sua morte, um *tzadik* apareceu em sonho ao Rabi Pinkhas de Koretz, que fora seu amigo. Rabi Pinkhas perguntou: — Como é que se procede aí com os pecados da juventude? — Não são levados muito a peso — respondeu o morto — se a penitência foi feita. Mas a falsa piedade, esta é rigorosamente punida.

O Púlpito

Certa vez o Rabi Pinkhas veio à casa de estudos e seu olhar caiu sobre um púlpito. — Também este móvel — disse — é julgado no dia do Ano Novo, para saber se deve ser preservado, ou se deve ser quebrado.

A Barreira

Disse o Rabi Pinkhas: — As pessoas vem, no *schabat,* ouvir as palavras da Torá; entusiasmam-se, mas já no primeiro dia da semana, tudo voltou ao estado anterior. Porque, assim como os sentidos, também a memória depara uma barreira. Tão logo se vai a santidade do *schabat,* já estão eles a milhares de léguas dela e ninguém mais a recorda. É como um louco que se cura: não consegue mais lembrar-se do que aconteceu no tempo de sua loucura.

A Agulha na Camisa

Certa vez, algumas mulheres de uma cidade próxima foram procurar o Rabi Pinkhas e atormentaram-no com seus problemas infantis. Quando, no dia seguinte, antes da oração matutina, apresentaram-se novamente à sua porta, o Rabi fugiu para a casa do filho e exclamou: — Ah! tomara que o Messias venha logo, para que nos livremos dos *tzadikim,* dos "bons judeus" [15]! — Um instante depois, adicionou: — Julgais que

---

(15) Designação popular dos *tzadikim.*

sejam os maus que retardam a vinda do Messias? Não é assim, são os "bons judeus" que a retardam. Um prego num lugar qualquer da parede — que me importa ele. Mas uma agulha na minha camisa, essa me incomoda!

A Fama

Disse o "Avô de Spola"[16]: — Não é bom ser famoso. Houve tempo em que eu vagava, com outros pobres viandantes, de cidade em cidade. Assim também chegamos a uma cidade onde vivia então o Rabi Pinkhas de Koretz. Havia justamente uma festa em sua casa, e sobre uma grande mesa estava preparado um banquete para os pobres. Entrei com os outros e sentei-me. O próprio Rabi Pinkhas foi de pessoa a pessoa e deu um bolo a cada um. Ao chegar a mim, levantou-me do banco, puxou-me a si, beijou-me a testa.
"Quando eu começava a ganhar fama, fui passar um sabá com ele. Envergando roupas aparatosas, segundo o hábito das celebridades, cheguei-me a ele e cumprimentei-o. Lançou-me um olhar, e perguntou: — De onde sois?
"Não é bom ser famoso.

O Homem que Nega Deus

Disse o Rabi Pinkhas: — Quem quer que diga que as palavras da Torá são uma coisa, e as palavras do mundo, outra coisa, deve ser considerado um homem que nega a Deus.

Sonhos

Disse o Rabi Pinkhas: — Os sonhos são produto da razão, e por seu intermédio a razão se purifica. Toda sabedoria do mundo provém da Torá e por seu intermédio a Torá se purifica. Daí por que o salmo diz: "Quando o Senhor reconduzia os cativos de Sião, estávamos como sonhando". Porque então se revelara que toda sabedoria só existiu para que a Torá se purificasse, e todo Exílio, só para que a razão de Israel se purificasse, e tudo foi como um sonho.

A Língua e as Línguas

Perguntaram ao Rabi Pinkhas: — Como se explica que, antes da construção da Torre de Babel, os homens tivessem uma só

---

(16) Sobre ele, confronte as histórias que dele tratam na parte dedicada ao "Círculo do Baal Schem Tov", adiante.

língua, e depois, quando Deus a confundiu, cada grupo tivesse a sua própria língua? Como foi possível que, de repente, ao invés da língua comum, cada povo dispusesse de uma língua particular e nela se comunicasse?

O Rabi Pinkhas esclareceu: — Antes da construção da Torre, todos os povos tinham em comum a língua sagrada, mas, além dela, cada um tinha também o seu próprio idioma. Por isso é que está escrito: "Toda a terra tinha uma língua", que era a sagrada, "e alguns falares", que são as línguas adicionais e separadas de cada povo. Nestas cada povo se entendia entre si, naquela os povos se entendiam entre si. O que Deus fez, ao castigá-los, foi tirar-lhes a língua sagrada.

O Anjo que Retorna

O Maguid de Ostrog perguntou ao Rabi Pinkhas: — Nas Escrituras, o anjo que anuncia o nascimento de Isaac diz a Abraão: "Voltarei a ti, quando a estação do ano renascer, e então, terás um filho de Sara, tua mulher". O que é isto, como pode o anjo dizer que voltará? Pois as Escrituras nada contam a respeito!

Rabi Pinkhas respondeu: — Sabes que os três patriarcas foram escolhidos em três mundos de anjos. O que o anjo está dizendo é isto: "Como filho de Sara, tua mulher, voltarei a ti".

O Característico

Disse o Rabi Pinkhas: — Quando um homem começa a realizar algo grande de verdade, não precisa ter medo de que alguém o possa imitar. Mas, se não o faz de verdade, mas pensa fazê-lo de tal modo que ninguém o possa imitar, então arrasta o que seria grande ao nível mas baixo e todo mundo pode fazer a mesma coisa.

Todas as Alegrias

Disse o Rabi Pinkhas: — Todas as alegrias vem do paraíso, mesmo um gracejo, quando pronunciado com alegria verdadeira.

Os Guardas

Contam: "Certa vez festejou-se um casamento em casa do Rabi Pinkhas. A comezaina durou dias, e o número dos convivas não diminuía; no entanto, durante todo aquele tempo, não ocorreu qualquer dano, nem o menor dos frasquinhos se quebrou. As pessoas espantaram-se com o fato, mas o Rabi replicou: — Por que vos admirais? Os mortos são bons guardas! — Compreenderam então por que, durante a dança, ele exclamara: — Mortos, não tendes nada para fazer, velai, para que não haja dano".

A Despedida

Rabi Leib, filho de Sara, o *tzadik* errante, costumava visitar o Rabi Pinkhas algumas vezes por ano. Sua opiniões sobre as coisas terrenas não coincidiam, pois o Rabi Leib atuava de maneira misteriosa por todo o vasto mundo, ao passo que o Rabi Pinkhas acreditava ser impossível a alguém atuar verdadeiramente, exceto em seu próprio lugar determinado. Contudo, à despedida, costumava dizer ao amigo: — Não chegaremos a um acordo, mas vossa intenção está dirigida ao céu e a minha também está dirigida ao céu; assim estamos, apesar de tudo, unidos, e tudo é uno.

Certa vez, o Rabi Leib veio passar o Dia da Expiação na cidade. No encerramento do serviço, foi procurar o Rabi Pinkhas, a fim de trocar com ele votos pelo ano entrante. Trancaram a porta e conversaram por algum tempo. Quando o Rabi Pinkhas saiu, suas faces estavam molhadas e as lágrimas ainda corriam. Os *hassidim* ouviram-no dizer, enquanto acompanhava o Rabi Leib: — Que posso fazer, já que é vossa vontade preceder-me! — Naquele ano, o Rabi Leib morreu ao fim do inverno, no mês de Adar, e o Rabi Pinkhas ao fim do verão, no mês de Elul.

O Luto

Mais tarde, contavam: — Na última curva do caminho que leva à parede oeste da sinagoga, ao "Muro das Lamentações", um *tzadik* viu, certa noite, vagando e chorando, uma mulher alta, envolta em véus que lhe iam da cabeça aos pés. Seus olhos também se encheram então de lágrimas, tanto que, por um momento, não enxergou mais nada. Quando voltou a olhar, a mulher havia desaparecido. "Por quem mais, se não pelo Rabi Pinkhas pode a *Schehiná* estar de luto"! — disse à sua alma, rasgou as vestes e recitou a bênção dos mortos.

O Testemunho

O Rabi Rafael de Berschad era conhecido nos mais distantes rincões por seu amor à verdade.

Certa vez devia prestar um depoimento decisivo sobre a vida de um judeu acusado de um crime. O Rabi Rafael sabia que o homem era culpado. Na noite anterior do julgamento não se deitou e debateu-se, em prece, até o raiar da madrugada. Depois deitou-se no chão, fechou os olhos e morreu.

IEHIEL MIHAL DE ZLOTSCHOV

A Necessidade

No começo, o Rabi Iehiel Mihal vivia em grande pobreza, mas nem por um momento o deixava a alegria.

Certa vez alguém lhe perguntou: — Rabi, por que rezais todos os dias: "Bendito sejas tu... que me dás tudo de que necessito"? Falta-vos tudo de que um homem precisa! — Ele respondeu: — Com certeza é de pobreza que preciso, e esta me é dada.

Em dois Níveis

No tempo em que o Rabi Mihal vivia como pobre professor de crianças na cidade de Brusilov, alguém, para fazer troça, propôs-lhe, certa noitinha de sexta-feira, a seguinte questão: — Quanto trabalho e miséria não suporta o pobre até reunir o necessário para o sabá! Mas o cidadão abastado, ao contrário, não precisa envidar esforço algum. No entanto, quando chega o *schabat,* o pobre começa a estudar o tratado do *schabat,* lê, antes de mais nada, sobre as circunstâncias em que o pobre mendicante se torna culpado de profanação do sábado, enquanto o rico esmolento sai isento de culpa. Por que é que tudo começa com a culpa do pobre? — O trocista só queria brincar, mas o Rabi Mihal levou a pergunta a sério. — Vem à minha casa, para o jantar — disse; — até lá vou pensar no caso. — Depois da refeição, repetiu a pergunta e deu a seguinte resposta: — A culpa do pobre está no princípio, porque ele estendeu a mão pedindo.

Muitos anos depois encontrava-se certa vez o Rabi Mordehai de Neskij em casa de seu mestre, Rabi Mihal, Maguid de Zlotschov, quando um homem piedoso e erudito entrou, pedindo uma dádiva. O Maguid disse ao Rabi Mordehai que lhe desse algum dinheiro. Veio a seguir um vagabundo de aspecto miserável e também pediu uma esmola. O próprio Rabi Mihal deu-lhe algo. Quando lhe perguntaram por que agira de maneira diferente nos dois casos, disse: — Através de cada boa ação pode constituir-se uma santa união [1], quando os dedos de quem recebe e a mão de quem dá se tocam. Mas, quando quem recebe é homem de escasso valor, então é mais difícil de operá-la.

A Vaca

Contam: "Nos tempos em que o santo Maguid de Zlotschov ainda vivia no anonimato, era ele tão pobre, que sua mulher não tinha sapatos e usava tamancos feitos por ela mesma. Naquele tempo era comum que ele jejuasse de sábado a sábado, e durante a semana inteira não voltava da sinagoga para casa. Toda manhã sua mulher vendia o leite da única vaca que possuíam, e com o dinheiro sustentava a si e às crianças. Certa manhã de sexta-feira, a vaca não deu leite, deitou-se e não mais se moveu. Depois de várias horas, malogradas todas as tentativas de reanimá-la, a mulher, desesperada, desistiu e foi pedir a um camponês que a esfolasse. Mas, antes que ele encetasse a tarefa, o Rabi Mihal apareceu em casa. Ao ver a vaca no quintal, tocou-a de leve com o seu bastão e disse: — Eia, levanta, tens de cuidar de nós! — E a vaca se levantou".

O Mensageiro do Baal Schem

Antes de se revelar, vivia o Rabi Iehiel Mihal na cidade de Iampol, perto de Mesbitsch, cidade do Baal Schem.

---

(1) Uma atitude íntima e útil para com o próximo. Promove uma junção das esferas celestes separadas.

Entre os *hassidim* do Baal Schem incluía-se, então, um comerciante de gado, que costumava visitá-lo antes de cada uma de suas viagens de negócios e passava o *schabat* com ele. Depois de mais uma dessas visitas, quando se despedia, disse-lhe o Baal Schem: — Se fores a Iampol, dá lembranças minhas ao Rabi Mehele. — Uma vez em Iampol, em vão inquiriu o comerciante por um rabi assim denominado. Finalmente, foi à casa de estudos e se informou. — Não — disseram-lhe — não conhecemos nenhum rabi com este nome. — É verdade — interrompeu um deles — que temos um Mehele aqui, mas acontece que ele não é chamado de Rabi; ao contrário, as crianças só o conhecem por "louco" e, à exceção das crianças, ninguém mais se preocupa com ele. Pois o que é que se vai fazer com alguém que, ao rezar, bate com a cabeça na parede até espirrar sangue? — Quero falar com ele — disse o homem. — Não vai ser fácil — responderam-lhe. — Quando está em sua casa, debruçado sobre os livros, não permite que o interrompam. Só quando aparece alguém e lhe sussurra: "Preciso comer alguma coisa", ele sai correndo e procura alimento para o hóspede, e então é possível falar com ele. — O mercador pediu que lhe indicassem o caminho da casa do "louco". Era uma casinha em ruínas, diante de cuja porta se acocoravam crianças esfarrapadas. Rabi Mihal estava sentado a uma mesa, com um livro da Cabalá aberto diante de si. Não levantou os olhos quando o visitante entrou. Este foi até ele e disse-lhe baixinho: — Gostaria de comer alguma coisa. — Imediatamente, o Rabi Mihal ergueu-se, olhou em torno e remexeu pelas gavetas, mas tudo estava vazio. Rápido, pegou o livro e saiu com ele, levando-o ao merceeiro como penhor e voltou com pão e mel. Enquanto comia, o homem lhe falou: — O Baal Schem Tov mandou-me transmitir-vos suas lembranças. — Em silêncio, o Rabi Mihal baixou a cabeça.

Mais tarde, disse o mercador: — Rabi Mehele, vejo que sois um homem santo; precisais apenas rezar por riquezas e elas vos virão; por que viveis em tamanha miséria? — Certo rei — replicou Rabi Mihal — preparara as bodas de sua filha bem-amada, e convidara o povo ao palácio, e do convite, que cada cidadão recebeu, constava a lista das iguarias. De repente, então, a princesa adoeceu, e médico algum sabia o que fazer; ela morreu em poucas horas. Sem uma palavra, o povo reunido se foi dispersando, todos pesarosos pela morte da princesa bela e boa. Só um ficou. De convite em mão, exigiu que lhe dessem tudo o que figurava na lista, e recebeu-o, e ficou lá sentado, mastigando desavergonhadamente. Devo fazer como ele, numa hora em que a *Schehiná* está no Exílio?

A Tentação

O povo de certa cidade insistiu muito junto ao Baal Schem Tov, para que convencessem seu discípulo Rabi Iehiel Mihal a aceitar o rabinato que lhe ofereciam. O Baal Schem tentou persuadi-lo, mas ele se negava obstinadamente: — Se não me ouvires — insistiu o mestre — perderás este mundo e o vindouro, ao mesmo tempo. — Mesmo que por isso eu perca os dois mundos — respondeu ele — não aceitarei o que não é para mim. — Então, sê abençoado — disse o Baal Schem — pois resististe à tentação.

O Segredo Revelado

Rabi Haim, o mui famoso chefe da academia talmúdica de Bródi, ouviu falar do grande efeito que as exortações do jovem Rabi Mihal exerciam sobre seus ouvintes. E como os trânsfugas se multiplicassem em Bródi, convidou-o a pregar na grande sinagoga, no sábado seguinte, e ordenou que todos os membros da comunidade ali se congregassem. Rabi Mihal subiu ao púlpito e deitou a cabeça sobre o anteparo. Assim ficou um bom tempo. Entre a congregação crescia a impaciência, e os piores daqueles malfeitores eram os que mais se indignavam por um rapazote daqueles ousar fazê-los esperar. Alguns deles iam arrancá-lo do púlpito, mas não se atreveram ao verem o próprio reitor da academia talmúdica encostado ao pilar do púlpito e segurando-o firmemente. Enfim Rabi Mihal levantou a cabeça. Falou: — Diz o Salmo [2]: "O segredo do Senhor está com aqueles que o temem". Secretas transgressões, Ele as revela àqueles que o temem, para que sua advertência acerte bem no coração dos transgressores. — Todos, na casa de orações, ouviram as palavras, ditas em voz baixa, e não houve um que conseguisse conter as lágrimas que lhe brotavam.

Através do Chapéu

Certa ocasião, o Rabi Mihal visitou uma cidade em que nunca estivera antes. Logo os cidadãos mais respeitáveis da comunidade vieram visitá-lo. A cada um que chegava, ele observava longamente a testa, depois dizia-lhe os defeitos de sua alma e o que devia fazer para curá-los. Espalhou-se a notícia de que estava na cidade um *tzadik* versado na ciência dos sem-

---

(2) *Salmos*, 25:14.

blantes e que conseguia ler na testa o caráter de cada um. Os visitantes seguintes enterraram o chapéu até o nariz. — Vós vos enganais — disse-lhes o Rabi Mihal. — O olho que penetra a carne também vê através do chapéu.

De Como o Rabi Elimelech se Assustou

Já velho, o Rabi Elimelech de Lijensk encontrou, numa viagem, um jovem que levava uma mochila às costas. — Para onde vos dirigis? — perguntou. — Vou ver o santo Maguid de Zlotschov — foi a resposta. — Nos dias de minha juventude — disse o Rabi Elimelech — ouvi dizer, certa vez, que o Rabi Iehiel Mihal se achava numa cidade não muito distante de Lijensk. Mais que depressa, pus-me a caminho para lá. Ao chegar, quis procurar pousada, mas todas as casas estavam vazias. Por fim, encontrei uma mulher muito velha junto ao fogão. Ela me disse: "Foram todos à sinagoga. Lá um Rabi fez de hoje um Iom Kipur. Está lá e diz a cada um seus pecados, e reza pelo perdão de cada um". Ao ouvir isto, assustei-me e voltei para Lijensk.

A Penitência Severa

A um homem que, sem saber, profanara o *schabat* porque seu carro tombara e, embora correndo, não alcançara a cidade antes do prazo sagrado, o jovem Rabi Mihal impôs como penitência severa e prolongada mortificação. O homem aplicou-se, com todas as forças, a cumprir a pena, mas notou logo que seu corpo não agüentava. Este começou a alquebrar-se, e mesmo o espírito passou a enfraquecer-se. Nisto, veio a saber que o Baal Schem estava viajando pelas redondezas e que pousara numa localidade próxima; foi até lá, cobrou coragem e pediu ao mestre que lhe estabelecesse uma penitência pelo pecado que cometera. — Leva meio quilo de velas para a sinagoga — disse o Baal Schem — e manda acendê-las no sábado. Eis a tua penitência. — O homem pensou que seu relato tivesse encontrado o mestre distraído e voltou a pedir com insistência. Como o Baal Schem repetisse o castigo incompreensìvelmente suave, contou-lhe o homem acerca da severa expiação que lhe fora imposta. — Faze o que eu te mando — respondeu o mestre — e diz ao Rabi Mihal que vá à cidade de Khvostov onde vou passar o próximo *schabat*. — Com a expressão iluminada, o homem despediu-se.

Quando o Rabi Mihal estava a caminho de Khvostov, quebrou-se uma das rodas de seu carro e ele teve de continuar a pé. Por mais que se apressasse, não logrou entrar na cidade antes de escurecer e, ao cruzar a soleira da casa do Baal Schem, viu-o já de pé, a mão no cálice, pronto a pronunciar a bênção sobre o vinho para a recepção do dia de descanso. O mestre interrompeu o que fazia e nestes termos se dirigiu ao Rabi Mihal, que ali estava, quase petrificado: — Bom sábado, tu que não tens pecados! Não tinhas provado do sofrimento do pecador, não tinhas jamais carregado em ti seu coração desesperado, era fácil para tua mão distribuir castigo. Bom sábado, pecador!

A si Mesmo

Num sermão pregado perante numerosa congregação, declarou certa vez o Rabi Mihal: — Deve-se ouvir minhas palavras — e logo acrescentou: — Não estou dizendo: "Ouvi minhas palavras", estou dizendo: "Deve-se ouvir minhas palavras", e incluo a mim mesmo! Eu também devo ouvir minhas palavras!

Na Hora Derradeira

Certa noite de Ano Novo apareceu ao Maguid de Zlotschov um homem que fora chantre na cidade e que falecera havia pouco. — Que fazes aqui? — perguntou. — Sabe o Rabi — respondeu o morto — que nesta noite as almas são criadas de novo. Sou uma dessas almas. — E por que te mandaram de volta para cá? — continuou o Maguid a perguntar. — Aqui na terra — relatou o morto — levei vida irrepreensível. — E assim mesmo — tornou o Maguid a perguntar — deves voltar mais uma vez ao mundo? — Antes da minha morte — disse o extinto — examinei minhas ações e concluí haver sempre agido bem. Com isso meu coração se inflou, e nesse momento morri. E agora mandaram-me de volta à terra para expiar essa soberba.

Humildade não é Mandamento

Perguntaram ao Maguid de Zlotschov: — Todos os mandamentos constam da Torá. Mas a humildade, que vale mais do que todas as outras virtudes, não figura aí como manda-

mento. Só há elogios a Moisés [3] por ter sido o mais humilde dos homens. O que significa este silêncio?
Respondeu o Rabi: — Se alguém quisesse exercer a humildade a fim de cumprir um mandamento, não chegaria jamais à verdadeira humildade. Achar que a humildade é mandamento é inspirar-se em Satã. Ele enfatua o coração do homem, diz-lhe que é sábio e justo e temente a Deus, e que seria digno de se elevar acima do povo, mas que isso seria soberba e que é mandamento ser humilde e ser comum, igual às gentes; o homem cumpre o pretenso mandamento e assim alimenta ainda mais seu orgulho.

A Ajuda

Perguntou um discípulo ao Maguid de Zlotschov: — Conta o Talmud: no ventre materno a criança vê de uma ponta à outra do mundo e conhece todos os ensinamentos; mas tão logo sai ao ar da terra, um anjo lhe golpeia a boca e a criança esquece tudo. Não compreendo por que sucede assim, que se deva primeiro saber tudo e depois esquecê-lo.
Disse o Rabi: — Um vestígio permanece no homem, que por seu intermédio pode readquirir a sabedoria do mundo e dos ensinamentos e assim desempenhar seu serviço.
— Mas por que então é necessário que o anjo o golpeie? — perguntou ainda o discípulo. — Não fosse ele, não haveria o mal.
— É verdade — disse o Rabi em resposta. — Mas, se não houvesse o mal, tampouco existiria o bem; porque o mal é o reverso do bem. O deleite ininterrupto não é deleite. Assim se deve entender o que nos é ensinado: que a criação do mundo se deu para o bem das criaturas, que o esconder-se divino é bem-fazer. E é por isso, também, que está escrito: "Não é bom que o homem — ou seja, o homem primevo de Deus [4] — esteja só", sem a ação contrária e o obstáculo representados pelo impulso do mal [5], como antes da criação do mundo; porque o bem não existe quando não existe seu contrário. E ainda: "Eu lhe darei uma ajuda, que se lhe defronte" — é o fato de o bem defrontar-se com o mal que dá ao homem a possibilidade de vitória, sua rejeição do mal e a escolha do bem, e só então é que, em perfeita verdade, surge o bem.

(3) *Números*, 12:3.
(4) Refere-se ao Adam Kadmon cabalístico que abrange todas as forças cosmogônicas da primeira configuração da irradiação divina.
(5) A inclinação ao mal, que é oposta à "inclinação ao bem". Não é considerado um mal *per se*, mas um poder que os homens usam mal. É mais a "paixão" na qual tem origem toda ação humana. O homem é chamado a servir a Deus "com ambas as inclinações", dirigindo sua paixão para o bem e o sagrado.

O Homem e o Impulso do Mal

Em relação ao versículo da Escritura [6]: "Saiamos e caminhemos, e eu seguirei à tua frente", disse o Rabi Mihal: — É assim que o mal fala, secretamente, ao homem. Porque ele, o mal, quer e deve tornar-se bem, provocando o homem a vencê-lo e transformá-lo em bem. E é este seu pedido secreto ao homem por cuja perdição trabalha: Saiamos desta ignomínia e passemos ao serviço do Criador, para que também eu vá e suba contigo, degrau por degrau, apesar de eu estar me defrontando contigo e parecer estar-te impedindo e embaraçando.

Multiplicai-vos!

Conta um discípulo: "Meu mestre, o Rabi Iehiel Mihal, ouviu certa vez, em seu quartinho de orações de Bródi, um homem recitar os seiscentos e treze mandamentos. Disse então, troçando: — Para que recitar os mandamentos! Eles foram dados para serem cumpridos, não para serem recitados. — Perguntei o que pretendia dizer com isso; pois aos mandamentos também cumpria estudar, e estudar sempre. Ele respondeu: — Para cada mandamento deve-se descobrir a maneira de cumpri-lo. Comecemos com o primeiro de todos os mandamentos: "Frutificai e multiplicai-vos". Por que seriam aqui empregados dois verbos em vez de um só? — Calei-me, porque senti vergonha de falar, mas, quando ele repetiu a pergunta, disse eu: — Raschi interpreta-o do seguinte modo: se constasse apenas "frutificai", poder-se-ia pensar que cada um deveria sempre gerar apenas um. — Mas então — objetou ele — bastaria estar escrito "multiplicai-vos". — O filho do Rabi Zússia de Hanipol, que ali rezava, lembrou que outra passagem dizia: "E eu vos farei frutificar e eu vos multiplicarei"; e que também aí os dois verbos apareciam lado a lado. — Também isto é difícil — observou o Rabi Mihal e continuou a interrogar-me. Mencionei que Raschi interpretava "e eu vos multiplicarei" como referência ao porte ereto, que distingue o homem dos animais. — Mas o que tem isto a ver com o porte ereto? — perguntou o Rabi. — Não soube responder. Disse ele: — A sentença da Mischná segundo a qual "Quem estiver montado no burro, que desça e ore", foi interpretada da seguinte forma: "Quem domina o que em si é animal, pode distanciar-se dele e subjugá-lo, pois, numa oração eterna, quem se dedica, com tudo o que faz, a Deus e a Ele se entrega,

---

(6) *Gênese*, 33:12.

liberta-se do corpo". É assim que o homem pode praticar o que é corpóreo neste mundo, pode acasalar-se e pode também, visto de fora, efetuar os movimentos de animal, mas em seu íntimo é um anjo remido, porque, com o que ele faz, está devotado e consagrado a Deus. É o que significa o mandamento: "Frutificai", mas não como os animais, porém "multiplicai-vos", sede mais do que eles, não andeis curvados como eles, mas eretos e ligai-vos a Deus, assim como o ramo se liga à raiz, e que vosso acasalamento seja consagrado. É esta a vontade de Deus. Ele não quer que frutifiquemos apenas, mas também que nos multipliquemos.

Aprender com Todos

Perguntaram ao Rabi Mihal: — Está escrito na *Ética dos Pais*: "Quem é sábio? Aquele que aprende com todos os homens, como está escrito: De todos os meus mestres [7] recebi entendimento". E por que então não está escrito: Aquele que aprende com todos os mestres? — O Rabi Mihal explicou: — O mestre que pronunciou tais palavras pretende explicar que se deve aprender não só com aqueles que atuam como mestres, mas com todos os homens. Mesmo com o ignorante, mesmo com o perverso, te é dado alcançar o entendimento de como conduzir a tua vida.

A Unidade das Qualidades

Disse o Rabi Iehiel Mihal: — As palavras das Escrituras [8] que rezam: "Mas vós que estais ligados ao Senhor, estais hoje todos vivos", são assim interpretadas: "Ligai-vos a Suas qualidades". Mas é preciso compreender corretamente a interpretação. De Deus emanaram dez qualidades, que se opõem duas a duas, como as cores, e uma, aparentemente, é o oposto da outra, mas em verdade, no fundo, todas formam uma unidade simples e completa. Compete então ao homem torná-las unas, outrossim, na verdade externa. É evidente que para uma pessoa é difícil exercer a misericórdia, porque seu caminho é o da força, para outra é difícil exercer a força, porque seu caminho é o da misericórdia. Quem, entretanto, associa a força que tem em si à sua raiz, à força de Deus, e assim em tudo o mais, verá que nele as dez qualidades se unificam, conver-

---

(7) A tradução correta da passagem (*Salmos*, 119:99) é: "Mais do que todos os meus mestres...", mas o texto também permite essa interpretação.
(8) *Deuteronômio*, 4:4.

tendo-se ele próprio na sua unidade; porque ele se prende ao Senhor do mundo. Tal homem tornou-se como a cera, em que tanto a justiça quanto a misericórdia podem imprimir seu selo.

Imitar os Patriarcas

Um discípulo perguntou ao Maguid de Zlotschov: — Está escrito no livro de Elias [9]: "Todos em Israel tem o dever de dizer: Quando chegará a minha obra aos pés da obra de meus patriarcas Abraão, Isaac e Jacó?" Como se deve entender isso? Como podemos atrever-nos a pensar que seríamos capazes de imitar os patriarcas?
Explicou o Rabi: — Assim como os patriarcas inventaram novas maneiras de servir, cada qual um novo serviço conforme a sua peculiaridade, um pela mercê, o outro pela força, o terceiro pela glória, assim também nós devemos, cada um a seu próprio modo e à luz dos ensinamentos e do serviço, inventar inovações e não fazer o que já foi feito, mas o que ainda está por fazer.

Não Pela Recompensa

Perguntaram ao Maguid de Zlotschov: — Está escrito [10]: "Se andardes nos meus estatutos, guardardes os meus mandamentos, e os cumprirdes, eu darei as vossas chuvas a seu tempo, a terra dará a sua messe e a árvore do campo dará seu fruto". Como é isto, que Deus nos promete recompensa se o servirmos? Não nos declaram nossos sábios que não devemos ser como criados, que servem a seu amo sob a condição de receberem a paga!
Assim respondeu o *tzadik*: — É certo que, se alguém cumpre um mandamento por almejar um ganho, ainda que seja o do mundo do além, este nada receberá, pois desejou servir somente a si mesmo. Mas, se alguém o cumpre com autêntico temor e amor, sua ação se irradia pelo mundo e atrai a plenitude das bençãos. Assim, o favor do céu e da terra é sinal do devido cumprimento, realizado não por uma recompensa, mas por Deus. E por isso também está escrito: "Pus diante de ti a vida e a morte, a bênção e a maldição, escolhe a vida, para que vivas e também tua semente!" Escolhe a ação da vida, que traz a plenitude da vida para o mundo!

---

(9) Assim chamado porque as doutrinas nele coligidas são colocadas na boca do Profeta Elias, que peregrina pela terra.
(10) *Levítico*, 26:3.

Com

Em relação ao versículo do Salmo: "Agiste bem com teu servo", disse o Rabi Mihal: — Teu procedimento, Senhor, deve ser designado pela palavra "com". Quando Teu servo cumpre Tua ordem, estás agindo junto *com* ele. Mas consignas a realização na sua conta, como se tivesse agido sozinho, sem Tua ajuda.

Essência do Ensinamento

Qualquer livro que o Rabi Mihal lesse, fosse o dos ensinamentos revelados, fosse o dos ocultos, tudo o que lia era-lhe indicação para o serviço a Deus. Quando um discípulo lhe perguntou como era possível tal coisa, respondeu: — Existirá no ensinamento algo que não seja indicação de como devemos servir a Deus?

Nossa Vergonha

Disse o Rabi Mihal: — Eis a nossa vergonha: temermos qualquer coisa fora Deus. É o que se pretende significar quando se diz de Jacó: "Então Jacó teve medo e sentiu temor". Devemos temer nosso medo de Esaú.

Cumprimento da Lei

Perguntaram os discípulos ao Maguid de Zlotschov: — Está no Talmud que o patriarca Abraão cumpriu a lei toda inteira. Como é possível isso, se ela ainda não lhe fora dada?
— Nada mais é necessário — respondeu ele — senão amar a Deus. Se pretendes fazer algo e percebes que isso poderá minorar teu amor, sabe que é pecado; se pretendes fazer algo e percebes que isso incrementa teu amor, sabe que tua vontade é conforme à vontade de Deus. Foi o que Abraão fez.

A Parede Divisória

Em relação às palavras das Escrituras [11]: "Eu estava em pé entre o Senhor e vós", comentou o Rabi Mihal: — O eu está

---

(11) *Deuteronômio*, 5:5.

entre Deus e nós. Quando o homem diz *eu* e se apropria da palavra de seu Criador, separa-se d'Ele. Mas, para quem oferece seu *eu,* não há mais parede divisória. Pois é a seu propósito que está escrito [12]: "Eu sou de meu amado, e a mim visa o seu desejo"; quando meu *Eu* se tornou o *Eu* de meu amado, a mim visam os seus desejos.

Santificação de Deus

Perguntaram os discípulos ao Maguid de Zlotschov: — Em relação às palavras das Escrituras [13]: "Sereis santos, pois santo sou", anota o Midrasch: "Minha santidade está acima da vossa santidade". Quem não sabia disso? O que nos é ensinado com isso?
Explicou ele: — É mister compreendê-lo da seguinte maneira: minha santidade, que está acima do mundo, provém da vossa santidade. Assim como aí embaixo santificais meu nome, assim ele é santificado nas alturas. Porque está escrito: "Dai poder a Deus".

Rezando

Perguntaram ao Rabi Iehiel Mihal por que retardava o começo das rezas. Respondeu: — Ouvimos dizer, acerca da tribo de Dã, que ela marchava atrás de todas as outras tribos e reunia tudo quanto estas perdiam. Recolhia todas as orações que os filhos de Israel pronunciavam sem a devida devoção, e que por isso ficavam pelo chão. Assim também eu.

Assim expôs a passagem do Talmud, segundo a qual "os primeiros *hassidim*" aguardavam por algum tempo antes de iniciar as preces, a fim de dirigir o coração a Deus: — Enquanto aguardavam, rogavam a Deus que os ajudasse a dirigir o coração para Ele.

Costumava sempre dizer antes da oração: — Ligo-me a todo o povo de Israel, aos que são maiores do que eu, para que através deles meu pensamento se eleve, e aos que são menores do que eu, para que, por mim, sejam elevados.

Sobre o título do salmo: "Oração de um pobre que definha", disse: — Junta-se à oração do pobre e te ligarás a Deus.

(12) *Cântico,* 7:10.
(13) *Levítico,* 19:2.

Certa vez chegou-se a ele o impulso do mal, enquanto orava. — Vai embora — disse o Rabi — e volta quando eu estiver comendo. Enquanto se reza não deve haver disputas.

Certa vez disse o Rabi Mihal a um de seus cinco filhos, o Rabi Volf de Zbaraj: — Quando me elevei em oração e me encontrei nos salões da verdade, pedi a Deus que me ajudasse a jamais ir com a minha razão contra a Sua vontade.

Com um Rico

Por ocasião de uma estada mais prolongada na cidade de Bródi, o Rabi Mihal fazia suas preces no *klaus,* chamado "casinha dos *hassidim",* a despeito dos numerosos adversários da via hassídica que aí participavam do culto diário. Mas era hábito do Rabi Mihal chegar todos os dias somente pela hora do almoço e, mesmo então, com o *talit* aos ombros, deixava-se ficar parado por longo tempo, até que, finalmente, punha os filactérios e começava a orar. O fato irritava muito os eruditos do partido contrário, mas não se atreviam a censurá-lo e, após muitas considerações e discussões, enviaram um ricaço, de nome Zalman Perles, para falar com o Rabi. Este foi ao *tzadik* e disse-lhe, em tom respeitoso: — Não discutimos o fato de virdes à casa de oração somente pelo meio-dia, pois antes disso, por certo, não estais pronto. Mas o que nos pasma é que depois permaneceis por longo tempo parado até começardes, finalmente, a orar. Por que o fazeis e qual o sentido disso? — Não existe aqui uma pessoa mais versada que vós, para me interrogar? — perguntou o Rabi Mihal. — Claro que sim — disse Perles; — aqui há gente versada, a cujo calcanhar eu não chego. — E por que não são eles que me interrogam? — continuou o *tzadik*. — Bem — disse o outro — acontece que são pobres, e têm, como pobres que são, o coração partido, mas eu sou rico, e meu coração é forte. — Bem, então — disse o Rabi — vós mesmo confessais que não são os ensinamentos que desejam saber por que eu retardo minhas orações, mas são sessenta mil rublos que o desejam. E a isto sessenta mil rublos jamais terão o prazer de assistir, que eu lhes revele por que retardo minhas orações.

Em Grande Coro

Rabi Mordehai de Kremnitz, filho do Rabi Iehiel Mihal, contou: — Meu pai costumava ler o versículo do Salmo [14]: "Pro-

---

(14) *Salmos,* 145:21.

clame minha boca a glória do Senhor", em forma interrogativa. — Perguntamo-nos — explicou-me — como poderá minha boca proclamar a glória do Senhor? Quando até os serafins e as coortes celestes tremem e fraquejam ante a grandeza de seu Nome! A isto replicam as Escrituras: "E toda carne louve Seu santo Nome!" Toda carne, tudo o que é vivo, enquanto carne, está destinada a louvá-lo. Como vemos no *Capítulo dos Cânticos* [15], mesmo a mais ínfima minhoca lhe dirige um hino de louvor. Muito mais então o homem, a quem foi dado o poder de inventar maneiras sempre novas de louvar o Senhor.

Participação

A propósito das palavras de Hilel [16]: "Se eu não sou por mim, quem será por mim, e se eu sou só para mim mesmo, o que sou eu?", comentou o Rabi Mihal: — "Se eu não sou por mim", se eu não ajo só por mim, mas participo constantemente da comunidade, "quem será por mim"? Então todo e qualquer "quem", ou seja, qualquer membro da comunidade que aja em meu lugar, é como se eu próprio tivesse agido. Mas, "se eu sou só para mim", quando não participo dos outros, não me uno a eles numa aliança, "o que sou eu"? Então tudo o que eu efetuo sozinho, na senda das boas obras, é igual a nada diante de Deus, fonte de todo o Bem.

A Denominação

Perguntaram ao Maguid de Zlotschov: — Por que rezam as Escrituras, lá onde se conta de como Deus levou os animais a Adão: "E segundo o que o homem lhes diga, como que dirigindo-se a uma alma viva, assim sejam seus nomes"? O que é uma alma viva?

Respondeu: — Sabeis que cada ser tem, no mundo superior, a raiz de sua alma, que é de onde lhe vem a vida. Adão, no entanto, conhecia as raízes das almas de todas as criaturas e deu a cada uma o nome certo, a cada uma, segundo sua alma viva.

(15) Uma compilação dos versículos das Escrituras que devem ser recitados por todas as espécies de seres vivos em louvor a Deus, cada um dizendo um versículo particular.
(16) Grande mestre do século I antes de Cristo. Sua vida e ensinamento baseiam-se no ideal da fraternidade universal.

Da Fé que Atrai

Um discípulo perguntou ao Maguid de Zlotschov: — Raschi interpreta as palavras das Escrituras de que Noé "entrou na arca diante das águas", dizendo que Noé também era um daqueles homens de pouca fé, que ele creu e não creu, até que as águas o cercaram, e só então ingressou na arca. Devemos realmente contar Noé, o justo, entre os homens de pouca fé?

— Existem — disse o *tzadik* — duas espécies de fé. Existe a fé simples que acolhe a palavra e espera até que ela se cumpra, e existe a fé que atrai e, com seu poder, contribui para que aquilo que deve acontecer se realize em sua totalidade. É por isso que Noé temia crer de todo coração na vinda do dilúvio, para, com sua fé, não o ajudar a vir. E assim creu e não creu até que as águas o cercaram.

A Viagem Para as Montanhas

Disse o Rabi Mihal: — Reza o salmo [17]: "Quem subirá a montanha do Senhor, e quem permanecerá em seu santo lugar?" Isto pode ser comparado a um homem que topa com uma montanha em seu trajeto e, atingindo a metade da encosta, está com os cavalos exaustos, vendo-se obrigado então a parar e deixá-los descansar. Quem não tem discernimento despenca daí, mas quem o tem, apanha uma pedra e calça a roda, enquanto o carro está parado, e assim consegue em seguida alcançar o cimo da montanha. Quem não despenca, quando precisa interromper o serviço a Deus, e sabe ficar parado, este conseguirá escalar a montanha do Senhor.

Tentações

Disse o Rabi Mihal: — Assim como o Impulso do Mal tenta induzir o homem ao pecado, do mesmo modo tenta induzi-lo a ser justo demais.

A Camisa de Crina

Certa vez o Maguid de Zlotschov disse ao Rabi Iudel, um homem reputado por seu temor a Deus e pelas severas penitências que se impunha, e que o visitava então: — Iudel, usas

---

(17) *Salmos*, 24:3.

uma camisa de crina sobre o corpo. Não fosses colérico, não a usarias. E como és colérico, ela de nada te adianta.

Diante de seu Sono

Contava o Rabi de Apt: — Quando meu mestre, o Rabi Iehiel Mihal, dormia, assumia uma ou outra das faces dos seres angélicos do carro de Deus [18]: a dos seres animais espirituais, ou a dos santos seres da roda; a primeira, quando queria subir ao firmamento, a segunda quando do firmamento lhe vinha o chamado.

Descanso do Schabat

Um *hassid* perguntou ao Maguid de Zlotschov: — Nosso mestre Raschi diz: "O que faltava ao mundo adormecido? Só o descanso. Veio o *schabat* e, com ele, o descanso". Por que não se diz simplesmente que ao mundo faltava o descanso, até que veio o *schabat?* Pois se *schabat* e descanso querem dizer a mesma coisa!
— Schabat — disse o Rabi — quer dizer a volta ao lar [19], porque neste dia todas as esferas voltam a seu verdadeiro lugar. É para isto que aponta Raschi: inquietas estão as esferas durante a semana, porque foram descidas de seus lugares, e no *schabat* encontram o descanso, porque podem voltar.

Os Hassidim de Satã

Certa ocasião, em idade bem avançada, o Rabi Mihal jejuou repetidas vezes. Finalmente, um dos discípulos tomou coragem e perguntou a razão da penitência. Respondeu o Rabi: — Sabei que Satã se propôs extirpar do mundo os *hassidim*. Primeiro tentou fazê-lo por meio da opressão: incitou perseguições, açulou detratores e delatores, atiçou inimizades nas casas e nas ruas, pensando assim nos levar ao desespero, à exaustão e à renúncia. Mas, quando percebeu que seu plano falhara totalmente e que as fileiras que pretendera enfraquecer se fortaleciam cada vez mais, procurou outra idéia. Decidiu ele mes-

---

(18) A visão de Ezequiel era interpretada como o mistério da divina revelação, um dos princípios fundamentais da Cabalá, sendo o outro o mistério da criação.
(19) Combinação do radical *schavat*, parar, descansar, donde se origina o termo *schabat*, sábado, com *schuv*, volta, regresso à casa.

mo fabricar *hassidim*. Aos milhares espalharam-se pela terra os *hassidim* de Satã, associaram-se aos verdadeiros e a mentira andou de cambulhada com a verdade. E por isso jejuei; pensei que poderia provocar também o fracasso deste plano. Mas agora não jejuarei mais, pois vejo que não posso impedir Satã de continuar a produzir seus próprios *hassidim*. Aquele que se santifica e em verdade se prepara para o serviço de Deus, Deus há de separá-lo dos falsos e iluminar-lhes os olhos com a luz de seu semblante, para que nele a verdade e a mentira não se misturem.

Os Sóis e a Terra

Disse o Rabi Mihal: — Em cada geração há grandes *tzadikim* que se subtraem à obra da redenção simplesmente por se aferrarem à Torá e a cumprirem, cada qual meditando sobre qual seria o santo lugar de onde procederia a sua alma e tratando de devolvê-la, depois de completada a sua jornada terrena, ao referido lugar onde ela goza da luz da sabedoria celeste. Daí por que, para tais criaturas, as coisas deste mundo não valem nada. E mesmo quando se afligem com a miséria dos homens e com o amargo Exílio de Israel, isso não lhes move o coração a ousar, em prece, o que deve ser ousado, e seu único anseio visa unicamente a volta para casa. É como está escrito [20]: "Geração vai, geração vem, mas a terra permanece para sempre. O sol se levanta e o sol se deita e volta a seu lugar donde nasceu". Os sóis se erguem e se põem e deixam perdurar a miséria da terra.

Exílio e Salvação

Um discípulo perguntou ao Maguid de Zlotschov: — Deus disse a Moisés: "Agora verás o que farei com o Faraó; pois com mão forte ele os deixará ir, e com mão forte expulsá-los-á de sua terra". Será necessário que o servo liberto de pesada corvéia seja corrido para a liberdade? Não escapará ele, como a ave do laço?

— Quando Israel é banido — disse o Maguid — é sempre por ter imposto a si mesmo o banimento e somente quando se livra dêsse auxílio voluntário, é que pode alcançar a salvação. Quando vence dentro de si mesmo o poder do mal, quebra-se a força demoníaca e logo desaparece também a força dos gri-

(20) *Eclesiastes*, 1:4.

lhões dos detentores do poder terreno. É porque faltava a Israel no Egito a vontade de arrancar do exílio a alma, que Moisés disse a Deus: "De nenhum modo livraste teu povo"; ou seja: não está em Ti salvá-lo. Mas Deus falou: "Agora verás". E Ele, que é mais poderoso do que todos os poderes, cumpre a aliança. Lança sua grande luz contra o poder demoníaco do Egito e o cega. Mas as centelhas divinas aí exiladas despertam; cada espécie encontra sua igual. As centelhas enxergam a arquiluz e faíscam-lhe ao encontro, até que o poder do demônio não mais as pode suportar e é obrigado a expulsá-las. E no momento em que isso ocorre nas alturas, acontece também embaixo, com Israel e o Faraó. É este o sentido das pragas.

A Bênção

O Rabi Mihal disse uma vez a seus filhos: — Minha vida foi abençoada porque jamais precisei de uma coisa antes de possuí-la.

Amor ao Inimigo

O Rabi Mihal ordenou a seus filhos: — Orai por vossos inimigos, para que tudo lhes corra bem. E se achais que isto não é servir a Deus, sabei que, mais que toda oração, é isto de fato servir a Deus!

Voluntariamente

Nos últimos dois anos de sua vida, o Rabi Mihal caía freqüentemente em êxtase profundo. Então, com o rosto inflamado de luz interna, andava pelo quarto e via-se que estava mais ligado a uma vida superior do que a esta, e que sua alma necessitava apenas de um ligeiro passo para chegar ao outro lado. Por isso, seus filhos cuidavam sempre em acordá-lo do transe em tempo. Um dia, como de costume, após o terceiro repasto sabático, que agora tomava na companhia de um único de seus filhos, foi à sinagoga, entoou cânticos de louvor, depois voltou a seu quarto e pôs-se a medi-lo com seus passos. Não havia ninguém com ele nesse momento. Então sua filha, ao passar pela porta, ouviu-o dizer repetidamente, em oração: "Voluntariamente morreu Moisés". Perplexa, chamou um de seus irmãos. Este, ao entrar, viu o pai deitado de costas no chão e ouviu-o murmurar, com os lábios já pesados, a última palavra da contrição "Um" [21].

De Mundo a Mundo

Muitos anos depois da morte do Rabi Mihal, viu-o em sonho o jovem Rabi Tzvi Hirsch de Jidatschov. Disse-lhe o morto: — Saiba que, desde a hora da minha morte, vou de mundo em mundo. E o mundo que ontem se estendia acima da minha cabeça, qual céu, é hoje a terra sob meus pés, e o céu de hoje é a terra de amanhã.

De Como Ele foi ter com Betsabá

Apareceu em casa do Rabi Aarão Leib Primijlan, discípulo do Maguid de Zlotschov, um homem em cujo semblante leu os sinais de adultério. Então ele disse ao hóspede, depois de conversar um pouco com ele: — Está escrito: "Um salmo de Davi; quando Natã, o profeta, foi encontrá-lo após ter ele estado com Betsabá". O que quer dizer isso? Quer dizer que Natã escolheu o caminho certo para conseguir que Davi se arrependesse. Se o enfrentasse publicamente e como juiz, lograria apenas endurecer-lhe o coração. Mas ele admoestou a Davi em segredo e com amor, da mesma maneira que este fora ter com Betsabá. Então a admoestação atingiu o coração do rei e o comoveu e ergueu-se de seu interior o cântico do arrependimento. — Tendo Rabi Aarão Leib dito isso, o homem confessou sua culpa e corrigiu-se inteiramente.

---

(21) O devoto, e especialmente os mártires, quando morrem, confessam a Unidade de Deus.

ZEEV VOLF DE ZBARAJ

As Lágrimas

Quando criança, o Rabi Zeev Volf, o mais novo dos cinco filhos do Rabi Iehiel Mihal, era um menino selvagem e teimoso, que o pai tentava em vão refrear. Quando contava quase treze anos, devendo tornar-se "filho do mandamento" [1], com laço e responsabilidade próprias perante Deus, o *tzadik* mandou copiar os versículos de Escrituras para os filactérios que daí por diante o menino havia de usar. Depois ordenou que o escriba lhe trouxesse as caixas ainda vazias e os versículos. O escriba trouxe-os. Rabi Mihal tomou as caixas na mão e por longo tempo contemplou-as cabisbaixo, e suas lágrimas caíram sobre elas. Depois, secou-as e inseriu os versículos. Desde o momento em que o menino Volf usou pela primeira vez os filactérios, tornou-se quieto e amável.

A Criada

Certa vez, a mulher do Rabi Volf brigou com a criada. Culpava-a de ter quebrado um utensílio e exigia o reembolso do prejuízo; a outra, no entanto, negava o ato e recusava-se ao

---

(1) V., no glossário, *bar-mitzvá*.

castigo. A disputa acalorou-se, até que a mulher decidiu recorrer à corte de arbitramento religioso e correu a vestir-se para procurar o Rav da cidade. Ao ver isso, também o Rabi Volf envergou suas roupas sabáticas. Quando a mulher perguntou por que fazia isso, explicou que ia junto. Ela discordou: não ficava bem para ele e, além do mais, ela sabia o que apresentar ao tribunal. — Tu o sabes — respondeu o *tzadik* — mas a pobre órfã, tua criada, cuja causa vou advogar, não o sabe, e quem senão eu deve encarregar-se de seu caso?

O Comedor de Nabo

À terceira refeição do *schabat,* o tranquilo e sagrado repasto em comum, estavam os *hassidim* à mesa do Rabi Volf, e em voz baixa e com gestos comedidos conversavam, a fim de não perturbar o *tzadik,* imerso em meditação. Ora, era vontade do Rabi Volf e costume da casa que qualquer pessoa podia entrar a qualquer hora e aboletar-se à sua mesa. Assim, também nessa ocasião, chegou um homem e sentou-se junto aos outros, que lhe deram lugar, apesar de conhecê-lo por seus modos rudes. Momentos depois, o homem tirou um nabo do bolso, cortou-o num montinho de bocados convenientes e pôs-se a comê-los, com grandes estalos da língua. Seus vizinhos não conseguiram mais sopitar a zanga. — Sujeito glutão — gritaram-lhe — como ousas insultar esta mesa sublime com teus modos de taberna ordinária? — Embora se esforçassem por conter as vozes, o *tzadik* percebeu o que se passava. Disse: — Estou com vontade de comer um nabo. Será que algum de vós poderia arranjar-me um? — Tomado de repentina alegria que lavou sua vergonha, o comedor de nabo estendeu a Rabi Volf uma mancheia de pedacinhos.

O Cocheiro

Num dia de geada forte, o Rabi Volf chegou, de carro, a uma festa de circuncisão. Depois de passar algum tempo no salão, sentiu pena do cocheiro que o esperava; despercebido, foi ter com ele, lá fora, e disse: — Entra e aquece-te. — Não posso largar meus cavalos — respondeu o homem, agitando os braços e batendo os pés. — Então eu tomo conta deles até que tu te aqueças e possas mais uma vez substituir-me — disse o Rabi Volf. O cocheiro não quis saber da sugestão; mas, após longa discussão, deixou-se convencer e entrou na casa. Havia comida e bebida à saciedade para quem quer que viesse, pouco importando sua condição, ou se era ou não conhecido do anfitrião. Depois do décimo cálice, o cocheiro esquecera quem o estava substituindo junto aos cavalos e deixou as horas passar. Nesse meio tempo, deram pela falta do *tzadik*, mas julgaram que ele saíra por alguma razão relevante e que logo iria voltar. Decorrido muito tempo, alguns dos convivas saíram para a rua, onde já anoitecia, e encontraram o Rabi Volf junto ao carro, agitando os braços e batendo os pés.

Os Cavalos

Quando o Rabi Volf andava de carro, não permitia que se fustigassem os cavalos. — Não precisas nem xingá-los — ensinava ao cocheiro — se souberes falar com eles.

Os Contendores

O Rabi Volf não via o mal em ninguém e considerava todos os homens justos. Certa vez em que dois brigaram e alguém procurou incitá-lo contra o culpado, respondeu ele: — Para mim os dois são iguais, e quem ousaria colocar-se entre dois justos?

Os Jogadores

Certa vez, diante do Rabi Volf, um *hassid* acusou algumas pessoas de converterem as noites em dias jogando cartas. — Isso é bom — disse o *tzadik*. — Como todo mundo, eles também querem servir a Deus, sem saberem como. Mas agora estão aprendendo a permanecer acordados e a persistir num trabalho. Quando alcançarem a perfeição nisso, bastará que se arrependam, e então que servidores de Deus não hão de dar!

Os Ladrões

Certa noite uns ladrões introduziram-se na casa do Rabi Volf e embolsaram o que lhes caiu às mãos. O Rabi os viu de seu aposento e não os interrompeu. Terminado o trabalho, levaram, entre outros utensílios, um jarro em que um enfermo bebera à noitinha. O Rabi Volf correu atrás deles. — Boa gente — exclamou — o que encontrastes em minha casa, considerai-o presente meu. Mas com este jarro, peço-vos, tende cuidado; persiste nele um hálito de doença que poderia contagiar-vos. Desde então dizia todas as noites, antes de ir para cama: — Dou livremente tudo o que me pertence. — Assim, se tornassem a aparecer ladrões, queria eximi-los de culpa.

Os Apóstatas

Em Lvov reuniram-se diversos *tzadikim* e discutiram a corrupção de sua geração. Havia tantos que abjuravam as santas tradições, vestiam trajes curtos, aparavam as barbas e os cachos laterais que logo cairiam também na apostasia interior. Era preciso sustentar de algum modo essas pedras que se esfarelavam, ou estar preparado para ver num belo dia não muito remoto o elevado edifício vir ao solo. A assembléia resolveu então erigir um sólido arrimo, começando por proibir aos infiéis o recurso à justiça religiosa. Concordaram, no entanto, em suspender a validade da decisão até que fosse obtido também o assentimento do Rabi Volf de Zbaraj. Alguns *tzadikim* levaram-lhe o relatório e a petição. — Será que eu vos amo mais que a eles? — disse ele. A decisão não foi posta em prática.

A Ajuda

Numa das viagens do Rabi Volf, chegou-se-lhe um jovem *hassid* pobre e pediu-lhe ajuda em dinheiro. O *tzadik* procurou na bolsa, largou uma moeda grande que lhe veio aos dedos, tirou uma pequena e deu-a ao necessitado. — Um moço — disse — não deve envergonhar-se e não deve esperar milagres. — O *hassid* saiu cabisbaixo. Então Rabi Volf o chamou de volta e perguntou-lhe: — Moço, no que estavas pensando há pouco? — Acabo de aprender — respondeu o outro — um novo caminho para servir a Deus. A gente não deve envergonhar-se, nem deve esperar milagres. — Foi o que pretendi dizer — disse o *tzadik,* e o acolheu, prestimoso.

MORDEHAI DE NESKIJ

Que Importa

Antes de reconhecer sua vocação, o Rabi Mordehai de Neskij era pequeno comerciante. Depois de cada viagem que empreendia a fim de vender suas mercadorias, punha de lado algum dinheiro, a fim de comprar um *etrog* para o Sucot. Quando conseguiu reunir uns poucos rublos, dirigiu-se à capital da comarca e durante o trajeto todo não parou de cogitar: será que teria a ventura de adquirir, dentre as maçãs-do-paraíso aí oferecidas à venda, a mais bonita? De repente, deu com um aguadeiro parado no meio da estrada e lamentando seu cavalo que havia caído. Desmontou e deu todo o seu dinheiro ao homem, para que comprasse outro. — Que importa? — disse, rindo, de si para si, ao pôr-se a caminho de casa. — Os outros todos dirão a bênção sobre o *etrog;* eu direi a minha sobre este cavalo. — Em casa encontrou um magnífico *etrog* que, nesse meio tempo, seus amigos lhe tinham ofertado.

Com o Príncipe da Torá

Raramente o Rabi Mordehai dizia algumas escassas palavras dos ensinamentos aos que iam procurá-lo e que comiam em sua companhia no *schabat*. Certa vez, um de seus filhos atreveu-se a perguntar-lhe a razão de sua reticência. Respondeu ele: — É necessário ligar-se ao príncipe angélico da Torá. Só então, o que se diz entra no coração dos ouvintes de maneira tal que cada um recebe aquilo de que precisa em particular.

A Promessa

O Rabi Mordehai costumava dizer: — Quem provou da minha refeição de *schabat* não deixará este mundo sem ter-se voltado a Deus.

Ao Romper do Dia

Certa vez, o Rabi Mordehai passou a noite acordado com seus discípulos até à madrugada. Ao ver romper a luz do dia, disse: — Não fomos nós que invadimos as fronteiras do dia, foi o dia que invadiu as nossas fronteiras e não precisamos recuar diante dele.

O Gabarito

O Rabi Mordehai de Neskij disse a seu filho, o Rabi de Kovel: — Meu filho, meu filho! Aquele que não sente as dores de uma parturiente num raio de sessenta quilômetros, sofrendo com ela, orando por ela e proporcionando-lhe alívio, não merece ser chamado de *tzadik*.
Seu filho mais moço, Itzhak, que mais tarde o sucedeu e que então era um menino de uns dez anos, estava junto quando isso foi dito. Ao relatá-lo, em sua velhice, acrescentava: — Ouvi bem. Mas demorou muito para eu entender por que ele o disse em minha presença.

Por que a Gente vai Procurar o Tzadik

Disse o Rabi Mordehai: — A visita a um *tzadik* oferece muitos aspectos. Há os que procuram o *tzadik* para saber como se reza com amor e temor; outros vão aprender como se estuda a Torá por amor à Torá; outros para galgar escalas mais altas da vida espiritual, e assim por diante. Mas nada disso deve ser o propósito essencial. Cada uma dessas coisas é atingível, sendo depois desnecessário empenhar-se mais por elas. Na verdade, o único propósito essencial é a busca da realidade de Deus. Esta não tem medida nem fim.

Peixes no Mar

Contou o Rabi Itzhak de Neskij: — Certa vez, no mês de Elul [1], meu pai disse a um de seus amigos: "Sabes que dia é hoje? É um dos dias em que os peixes tremem no mar".
Um dos que rodeavam o Rabi Itzhak notou: — As pessoas em geral dizem: "Em que os peixes tremem na água".
— Tal como meu pai o disse — falou Rabi Itzhak — e só assim, é que se exprime o enigma do que ocorre entre Deus e as almas.

A Oferenda

O Rabi Mordehai de Neskij interpretou da seguinte maneira as palavras das Escrituras [2]: "E em vossos novilúnios deveis oferecer ao Senhor um sacrifício inteiro": — Quando quiserdes renovar vossas ações, oferecei a Deus o primeiro pensamento que tiverdes ao acordar. Quem realizar tal oferenda, Deus ajudará a permanecer o dia inteiro ligado a ele e cada coisa estará ligada ao primeiro pensamento.

Ver e Ouvir

Um Rabi procurou o *tzadik* de Neskij e perguntou-lhe: — É verdade o que dizem, que vedes e ouvis tudo?
— Refleti — respondeu — sobre as palavras de nossos sábios [3]: "Um olho que vê e um ouvido que ouve". O homem foi criado para ver e ouvir o que quiser. É apenas numa questão de não corromper seus olhos e ouvidos.

O Solidéu

Contam: "Certa vez o Rabi Mordehai de Neskij foi procurado por uma mulher que, chorando, lhe pediu que descobrisse o

---

(1) Mês que precede os Dias Terríveis, dedicado à preparação íntima e ao exame da consciência.

(2) *Números*, 28:11.

(3) A passagem completa (*Ética dos Pais, II*, 1) é essa: "Saiba o que está acima de ti: um olho que vê e um ouvido que ouve, e todas as tuas ações serão escritas em um livro".

paradeiro de seu marido, que a abandonara havia tempo e partira para uma região distante. — Acaso ele está aqui para que eu possa ajudar-te? — disse o *tzadik*. — Acaso estará aí na cuia de água?
Ora, porque sua fé era grande, a mulher foi até à cuia e olhou para dentro dela. — Aqui está ele — exclamou — aqui está, sentado na água!
— Ele está de chapéu? — perguntou o *tzadik*. — Só de solidéu. — Então, tira-o. — A mulher estendeu a mão e tirou-o. Na mesma hora aconteceu que seu marido, o qual em longes terras continuava a exercer o ofício de alfaiate, estava sentado à janela, na corte de um senhor para quem estava costurando: de súbito, viu um vendaval levantar-se e arrancar-lhe o solidéu da cabeça. Um tremor perpassou-lhe os membros e penetrou-lhe no âmago do coração e ele se pôs a caminho de casa.

Lilit

Contam: "Um homem de quem Lilit[4] se apossara foi a Neskij, onde pretendia implorar ao Rabi Mordehai que o libertasse. Em seu coração o Rabi pressentiu que o homem estava a caminho e deu ordens à cidade inteira para que, à noite, fechassem as portas de todas as casas e não deixassem ninguém entrar. Quando o homem chegou à cidade, ao escurecer, não encontrou hospedagem em lugar algum e teve de deitar-se sobre uma meda de feno. No mesmo instante, Lilit apareceu e disse: — Desce até aqui onde estou. — Ele perguntou: — Por que isso? Em geral és tu que vens sempre até onde estou. — Ela respondeu: — No feno em que estás deitado, há uma erva que me impede de chegar perto de ti. — Qual é? — perguntou o homem. — Vou jogá-la fora, e então poderás vir a mim. — Mostrou-lhe erva por erva, até que ela disse: — É esta! — Então ele amarrou a erva ao peito e ficou livre dela".

O que há de Especial

O Rabi de Lublin perguntou certa vez ao Rabi de Apt, que o visitava: — Conheceis o velho de Neskij? — Não, não o conheço — respondeu o outro — mas dizei, o que há de tão especial nele, para que me pergunteis a seu respeito? — Se

---

(4) A demônia que procura seduzir os homens. Uma lenda se refere a ela como a primeira mulher de Adão.

o conhecerdes — disse o de Lublin — sabereis logo. Tudo nele é uno, ensinamento e oração, comer e dormir, e ele sabe elevar a alma até a sua raiz. — Na mesma hora o Rabi de Apt decidiu ir a Neskij. O carro já estava preparado, quando lhe informaram que fora denunciado às autoridades, e viu-se obrigado a viajar até a intendência da comarca. Em seu regresso, faltavam duas semanas para a Páscoa e mais uma vez adiou a visita. Após as festividades contaram-lhe que o Rabi de Neskij havia morrido uma semana antes do Pessach.

DO CÍRCULO DO BAAL SCHEM TOV

Dois Candelabros

Por muito tempo, o Rabi Mosché Haim Efraim, neto do Baal Schem, viveu com sua mulher em grande pobreza. Na noite do sabá, a mulher punha as velas num castiçal de barro que ela mesma amassara. Mais tarde ficaram ricos. Certa noite de *schabat,* quando, ao voltar da casa de orações, o Rabi entrou na sala, viu a mulher contemplando, com alegria e orgulho, o candelabro de prata, de longos braços. — Para ti tudo parece claro agora — disse; — para mim, naqueles tempos é que era claro.

Depois do Fim do Schabat

Contou o Rabi Baruch, neto do Baal Schem: — Um *maguid,* um espírito profético, costumava aparecer ao Rav de Polnóie e ensiná-lo. Mas, quando o Rav se vinculou ao Baal Schem, meu avô, este tomou o tal *maguid* e lhe deu outro, um dos *Maguidim* da Verdade.

"Certa vez eu e o Rabi Pinkhas de Koretz passamos o sábado com o Rav de Polnóie. Após o encerramento do *schabat,* apareceu um mensageiro com a notícia de que o Rabi Pinkhas devia voltar para sua casa por um motivo urgente. O Rav se retirara para um quarto onde costumava ficar quando se entregava à meditação. Mas o Rabi Pinkhas não conseguia animar-se a deixar a casa sem despedir-se de seu anfitrião. Pediu-me então que desse a notícia ao Rav; mas eu também hesitei. Finalmente, fomos os dois até à porta e ficamos ouvindo. Sem querer, toquei o trinco quebrado e a porta abriu-se. Assustado, o Rabi Pinkhas fugiu, mas eu fiquei e meus olhos não se desviaram.

Assim Seja

Certa vez, o Rabi Iaakov Iossef, o Rav de Polnóie, foi convidado para padrinho de uma circuncisão numa aldeia próxima. Quando lá chegou, faltava um homem para completar o quórum de dez. O *tzadik* ficou muito contrariado por ter de esperar; sempre que precisava fazê-lo, sentia-se irritado. Desde manhã cedo, caía uma chuva intensa, de modo que foi difícil arrumar algum eventual viandante. Afinal, viram um pedinte que descia a rua. Convidado a participar da cerimônia como décimo, respondeu: — Assim seja — e entrou. Quando lhe ofereceram chá quente, disse: — Assim seja. — Depois da circuncisão, convidaram-no a participar da refeição e tiveram a mesma resposta. Finalmente, o dono da casa perguntou: — Por que repetis sempre a mesma coisa? — Pois não diz o salmo [1] — falou o homem: — "Bem-aventurado o povo a quem assim acontece!" — E no mesmo instante, diante de todos os olhos, desapareceu.
Nessa noite, o Rabi não logrou conciliar o sono. Não parava de ouvir o mendigo dizer aquele "assim seja", até que se lhe tornou claro que não poderia ter sido outro senão Elias, que veio para admoestá-lo por seu pendor irritadiço. — Bem-aventurado o povo a quem assim acontece! — murmurou e logo adormeceu.

O Livro

Contou o filho do Rabi de Ostrog: — Quando o livro [2] do Rav de Polnóie, *A História de Iaakov Iossef,* saiu do prelo e caiu nas mãos de meu pai, este não parou de lê-lo. Relia sobretudo as passagens que epigrafavam: "Isto ouvi de meu mestre", até compreendê-las inteiramente. Isto levou um ano

---
(1) *Salmos,* 144:15.
(2) A primeira apresentação compreensiva dos ensinamentos do Baal Schem, escritos na forma de um comentário da Bíblia (1780).

ou mais. Uma vez, relendo o livro, chegou a uma dessas passagens e percebeu que ainda não a compreendia totalmente. Imediatamente mandou atrelar os cavalos e dirigiu-se a Polnóie. Eu, que era então menino, fui junto. Encontrou o Rabi Iaakov Iossef pobre e doente na cama que, logo mais, seria seu leito de morte. O Rav perguntou a meu pai a razão de sua vinda. Quando soube, mandou que lhe trouxessem o livro e começou a explicar a passagem. Abraçava o livro e falava com voz forte, e seu rosto era como uma flama espiritual. Diante de meus olhos sua cama elevou-se do chão.

No Mercado

Contam: "Rabi Leib, filho de Sara, vagueou a vida inteira e nunca demorava muito tempo no mesmo lugar. Muitas vezes detinha-se em florestas e cavernas, outras entrava nas cidades e tinha encontros misteriosos com alguns poucos íntimos seus. Tampouco havia uma só grande feira a que não fosse. Alugava então uma tenda, permanecendo aí do começo ao fim da feira. Por diversas ocasiões seus discípulos lhe pediram que lhes revelasse o objetivo desse estranho costume. Afinal, cedeu à insistência. Justamente naquele momento passava um homem, carregando nos ombros um fardo pesado. Rabi Leib chamou-o e, por uns instantes, murmurou-lhe ao ouvido. Depois, mandou que os discípulos seguissem e observassem o homem. Viram-no aproximar-se de um dos comerciantes, depositar o fardo no chão, e ouviram-no declarar que não queria mais continuar como servo. O outro gritou com o homem e recusou-se a pagar-lhe o ordenado; este, porém, afastou-se em silêncio. Então, os discípulos que o seguiam viram que ele estava envolto em uma mortalha. Correram para ele e conjuraram-no a se lhes revelar. — Instável e fugaz — disse-lhes ele — eu me encontrava no mundo do caos [3] e não sabia estar morto há muito. Agora o Rabi mo disse e deu-me remissão".

Dizer Torá e ser Torá

Rabi Leib, filho de Sara, comentava o seguinte com referência aos rabinos que "dizem Torá": — O que é isto, dizer a Torá? O homem deve atentar para que todas as suas ações sejam uma Torá, e ele próprio constitua uma Torá até que

---

(3) O reino em que as almas vivem depois da morte e antes de completarem sua remissão.

os outros possam aprender de seus costumes, de seus movimentos e de suas "uniões"[4] imóveis, e ele se torne igual aos céus, dos quais se afirma: "Nenhuma sentença, palavra alguma, suas vozes não são ouvidas; a terra inteira se acaba em sua linha de medição e no fim do mundo estão suas manifestações".

O Pai e os Filhos Pequenos

Certa vez, o Rabi Arie Leib de Spola, o chamado "avô de Spola", que, em sua juventude, havia conhecido o Baal Schem, fez o filho pequeno recitar, na noite de Pessach, antes do *seder*, o verso-lembrete, em que são enumeradas as ações prescritas, e mandou ainda que explicasse o sentido do termo *kadesch*, "santifica": o menino respondeu, conforme o costume: — Quando o pai volta da casa de orações, deve logo proceder ao *kidusch*, ou seja, proferir a bênção sobre o vinho — e nada mais acrescentou. O pai perguntou: — Por que não acrescentas a razão pela qual ele deve proceder logo ao *kidusch*? — O professor não me disse mais nada — redargüiu o menino. Então o pai o ensinou a aditar as palavras: — "Para que as criancinhas não adormeçam, mas, como lhes compete, façam a pergunta: Por que esta noite é diferente de todas as outras noites?"

Quando, no dia seguinte, o mestre-escola encontrava-se à mesa da festa, perguntou-lhe o Rabi por que não ensinava também as crianças a entender a palavra *kadesch*, explicando-lhes o seu fundamento, tal como tradicionalmente se fazia. O professor replicou que lhe parecera supérfluo, já que a prescrição não se aplicava apenas aos pais com crianças pequenas em casa. — Com isso — declarou o Rabi — cometeis um grave erro. Modificais um costume antigo e não medis seu significado. E seu significado é o seguinte: "Quando o pai volta da casa de orações", quando nosso Pai viu e ouviu cada um dos filhos de Israel, ainda que exausto dos preparativos para o Pessach, proferir, entusiasmado, a prece da noite, e quando depois disso volta a Seu céu, "deve ele logo proceder ao *Kidusch*", apraz-lhe renovar imediatamente o sagrado laço matrimonial, conforme falou à comunidade de Israel: "Desposar-te-ei pela duração dos tempos do mundo", e apraz-lhe ainda nessa noite, a "noite da vigília", redimir-nos, "para que as criancinhas não adormeçam", para que as criancinhas, o povo de Israel, não se percam no sono profundo do desespero, mas tenham motivo de perguntarem a seu Pai no céu: Por que a noite deste Exílio é diferente de todas as anteriores? — Depois de pronunciar tais pala-

---
[4] Isto é, a forma íntima de recolhimento.

vras, o Rabi rompeu em pranto, suspendeu as mãos para o céu e exclamou: — Pai, Pai, tira-nos deste Exílio, enquanto vale ainda para nós o que está escrito: "Durmo, e meu coração vela!" Não nos deixes adormecer de todo! — Todos choraram com ele. Passado pouco tempo, porém, o Rabi reanimou-se e exclamou: — Mas agora vamos alegrar o Pai, vamos mostrar-lhe que a criança sabe dançar também no escuro. — Mandou tocar uma alegre toada e começou a dançá-la.

A Dança do "Avô"

Quando o "avô de Spola" dançava, nos sábados e dias de festa, seu pé era leve como o de uma criança de quatro anos. E de todos os que viam a dança sagrada, não havia um que não se arrependesse logo, e de toda a sua alma, porque, no coração de todos os que o viam, ele instilava alegria e lágrimas, concomitantemente.

Uma vez, o Rabi Schalom Schachna, filho de Abraão, o Anjo, era seu convidado numa sexta-feira à noite, depois que andaram brigados por algum tempo e a seguir fizeram as pazes. Como sempre nas noites de sábado, estava o Rabi Schalom totalmente imerso em suas devoções, mas o "avô", como sempre, olhava em torno de si, e nenhum deles dizia palavra. Mas, terminada a refeição, perguntou o Rabi Arie Leib: — Filho do Anjo, sabeis dançar? — Não sei dançar — respondeu Rabi Schalom. — O Rabi Arie Leib levantou-se. — Então vede — disse — como dança o avô de Spola. — De pronto o coração lhe ergueu os pés e ele dançou em volta da mesa. Depois que ele se movimentou para cá uma vez e outra para lá, o Rabi Schalom levantou-se de um salto. — Vistes — exclamou para os *hassidim* que tinham vindo com ele — como dança o velho? — De pé, não parava de fitar os pés do dançarino. Mais tarde disse a seus *hassidim*: — Crede-me, todos os seus membros ele purificava e santificava tanto que, a cada passo, seus pés perfaziam sagradas uniões.

Os Jogos de Purim

O "avô de Spola" costumava organizar jogos especiais para a festa de Purim. Mandava diversos *hassidim*, cuidadosamente escolhidos e dirigidos por ele, fantasiarem-se, um deles, de "Rei de Purim" e os outros, de príncipes e conselheiros deste. A seguir, reuniam-se e solenemente em conselho ou corte de justiça, discutiam, deliberavam e adotavam decisões. Às vezes o próprio "avô" participava da mascarada.

Os *hassidim* diziam que, mediante tais jogos, coisas magníficas eram obradas à distância, frustrando o que estava fadado a Israel, ou o que o ameaçava.

Léia e Raquel

No tempo que o jovem Nahum, mais tarde Rabi de Tschernobil, teve o privilégio de viver junto ao Baal Schem, aconteceu que este efetuou uma de suas costumeiras viagens. Nahum, que desejava muito acompanhá-lo, não parava de rodear a carruagem estacionada. Ao subir, disse-lhe o Baal Schem: — Se souberdes me dizer qual a diferença entre a seqüência de orações nas Lamentações da Meia-Noite, que tem o nome de Léia, e a que leva o nome de Raquel, poderás vir comigo. — Imediatamente Nahum respondeu: — O que Léia consegue com seu pranto, Raquel consegue com sua alegria. — E logo o Baal Schem fê-lo subir ao carro.

O Tzadik e seus Hassidim

O Rabi Itzhak de Skvira, neto do Rabi Nahum, contou: — Numa cidadezinha próxima a Tschernobil, certa vez, ao fim do *schabat,* encontravam-se à mesa da "Despedida da Rainha" diversos *hassidim* de meu avô, todos eles homens piedosos e honrados, e conversavam sobre as contas da alma. Por humildade e temor a Deus, parecia-lhes que tinham pecado muito e concordaram que não lhes restava mais esperança alguma a não ser o consolo de se haverem ligado ao grande *tzadik* Rabi Nahum: ele os elevaria e os salvaria. Em seguida concordaram mais uma vez em que deveriam ir sem demora à procura do mestre. Logo depois da refeição partiram e juntos dirigiram-se a Tschernobil. No entanto, naquele fim de sábado, encontrava-se meu avô em sua casa e fazia as contas da alma. E também a ele, em sua grande humildade e temor, pareceu que tinha pecado muito e que não lhe restava outra esperança a não ser o fato de aqueles piedosos *hassidim* se haverem ligado a ele: prestar-lhe-iam consolo agora. Dirigiu-se à porta e ficou olhando para o lugar onde moravam os discípulos e, passado algum tempo, viu-os chegando.

— Nesse instante — concluiu o Rabi Itzhak — dois arcos fundiram-se num anel.

O Consolo

Alguns discípulos foram ao Rabi Nahum de Tschernobil e queixaram-se a ele, entre lágrimas, de haverem caído em trevas e melancolia e de não conseguirem erguer a cabeça, nem na prece, nem no ensinamento. O *tzadik* viu o estado de seus corações e como, na verdade, ansiavam pela proximidade do Deus vivo. Disse-lhes: — Não fiqueis aflitos, meus queridos filhos, por esta morte aparente que vos atingiu! Porque tudo o que existe no mundo existe também no homem. E assim como na noite do Ano Novo, a vida cessa em todas as estrelas e elas mergulham em sono profundo, no qual se fortalecem e do qual despertam com força e brilho renovados, assim também o homem que realmente almeja aproximar-se de Deus precisa atravessar a cessação da vida espiritual. E "o descenso acontece por desígnio do ascenso"[5]. Assim como está escrito que Deus mergulhou Adão em sono e ele adormeceu, e daí surgiu, com o homem e a mulher, o Homem inteiro.

A Qualidade de Deus

Um homem da Lituânia foi ter com o Rabi Nahum de Tschernobil, lamentando a falta de dinheiro para casar a filha. O *tzadik* acabara de pôr cinqüenta florins de lado para outro fim: deu-os ao pobre, junto com seu gabardo de seda, a fim de que ele pudesse trajar-se dignamente para as bodas. O outro pegou tudo, foi direto à taverna, pondo-se a beber. Horas depois, entraram uns *hassidim* e encontraram-no embriagadíssimo, deitado num banco. Tomaram-lhe o resto do dinheiro e o casaco, levaram tudo ao Rabi Nahum e contaram-lhe da maneira ignominiosa com que abusara de sua confiança. Raivoso, exclamou: — Eu agarro pela pontinha a qualidade de Deus, "o Bom, que faz o bem a bons e maus" e vós quereis arrancá-lo de minhas mãos! Devolvei tudo, já!

Fogo Contra Fogo

Contam: "Certa vez em que, numa viagem, o Baal Schem passou algum tempo em casa de seu discípulo Rabi Davi Leikes, saiu um decreto do governo pelo qual, em determinada data, ao meio-dia, dever-se-ia começar a queima de todos os volumes do Talmud, onde quer que fossem encontrados. Na manhã

---

(5) Talmud (Makot 7).

daquele dia, Rabi Davi escondeu seu Talmud sob o lavatório. À décima-segunda hora, tocaram as sinos. Pálido como a morte, entrou na sala e viu seu mestre andando por ela, com toda a calma. — Com teu fogo — disse o Baal Schem — apagaste o fogo deles. — O decreto foi revogado".

O Artista da Corda Bamba

O Rabi Haim de Krosno, discípulo do Baal Schem, viu certa vez, com seus discípulos, um artista dançar na corda bamba. Ficou tão profundamente tomado pelo espetáculo, que os discípulos quiseram saber o que fascinava seus olhos naquela apresentação tão fútil. — Este homem — respondeu — arrisca a vida e eu não saberia dizer por que. Por certo, enquanto caminha na corda bamba, não pode estar pensando que sua ação lhe dá cem florins, pois tão logo o pensasse, despencaria.

MENAHEM MENDEL DE VITEBSK

Infância

Desde os onze anos de idade, Menahem estudou em casa do Grande Maguid e era querido dele. Certo sábado, depois do almoço, o Maguid o viu andando pela sala, com expressão travessa, o solidéu de través. Parou na soleira, com a mão no trinco, e perguntou: — Quantas folhas da Guemará estudastes hoje? — Seis — disse o garoto. — Se depois de seis folhas — disse o Maguid — o solidéu fica de través, quantas são necessárias para que ele caia de uma vez [1]? — Depois fechou a porta. Menahem bateu nela e chamou, chorando: — Abri e ajudai-me, Rabi. — O Maguid abriu. — Vou levar-te — disse ele — ao santo Baal Schem, meu mestre. — Quando, na sexta-feira, chegaram a Mesbitsch, o Maguid foi logo à casa do Baal Schem. O menino Menahem lavou-se e penteou-se com grande cuidado, como era e foi seu jeito até ao fim da vida. De pé diante do púlpito, o Baal Schem esperou até o menino chegar e só então iniciou as orações. Mas só após o término do *schabat* mandou chamar Menahem. O Maguid e o outro grande discípulo do Baal Schem, Rabi Iaakov Iossef de Polnóie, estavam parados diante do mestre. O Baal Schem chamou o menino à sua frente, olhou-o longamente e contou-

---

[1] Quer dizer, o orgulho leva à descrença na lei divina. Uma cabeça descoberta era considerada uma violação do respeito religioso.

-lhe uma história de touros e um arado. Os ouvintes logo perceberam que a parábola encerrava a história da vida de Menahem; no entanto, o menino só entendeu dela o que até então vivera. O Rabi de Polnóie entendeu-a pela metade e o Maguid, toda.

Mais tarde, o Baal Schem disse ao Maguid: — Este rapaz travesso é humilde e reverente no mais profundo de seu ser.

Mais

No dia do Ano Novo não era o Maguid que soprava o *schofar;* essa incumbência era confiada a seu discípulo, o Rabi Menahem Mendel, e o Maguid lhe anunciava os toques que devia dar. Nos últimos anos de sua vida, quando os pés doentes já não podiam mais levá-lo, ele os indicava de seu quarto.

Certa vez, o Rabi Menahem Mendel não se encontrava em Mesritsch e o Rabi Levi Itzhak substituía-o. Encostou o *schofar* à boca. Mas, quando o Maguid lhe anunciou o primeiro toque, Levi viu uma grande luz e caiu desfalecido. — O que há com ele? — disse o Maguid. — Mendel vê muito mais e não tem medo.

A Honra em Perseguição

Certa vez, o Maguid de Mesritsch mandou seu discípulo Rabi Menahem Mendel percorrer várias comunidades, a fim de despertar, por meio de discursos públicos, o interesse pelo estudo da Torá por amor à Torá. Numa das cidades, diversos eruditos apareceram juntos na estalagem onde se hospedava o Rabi Mendel e demonstraram-lhe honras especiais. Em conversa com eles, o Rabi trouxe à baila a questão: por que se diz que aquele que foge às honras será por elas acossado. — Se é bom e digno ser honrado — disse — por que a fuga indevida de quem se evade das honras há de ser recompensada com a perseguição que elas lhe movem? Mas se é censurável, por que então sua fuga louvável é desse modo castigada? Em verdade, o homem honrado deve, por princípio, evitar as honrarias; mas, como todo mundo, ele nasceu com o desejo de possuí-las e deve combatê-lo. Só depois de muito tempo, em que estudou a Torá por ela mesma, com toda a dedicação, chega a dominar tal apetite e não mais sentir satisfação ao ser chamado de "rabi" ou coisa parecida. Mas, no fundo de sua alma, ainda acampa o desejo de honrarias de sua juventude, que o persegue como uma lembrança tenaz e o desnorteia. É esta a mácula da serpente primeva, da qual também precisa agora purificar-se.

O Verme

Disse o Rabi Menahem Mendel: — Não sei em que eu seria melhor do que um verme. Não sei em que seria tão bom quanto ele. Pois vêde, ele faz a vontade de seu Criador e não estraga nada.

A Vocação

Alguns *hassidim* da Rússia foram procurar o Grande Maguid e queixaram-se a ele de que a longa distância os impedia de ir a Mesritsch com a freqüência necessária, e que nos longos intervalos ficavam sem mestre nem guia. O Maguid deu-lhes seu cinto e bastão e disse: — Levai isto ao homem chamado Mendel na cidade de Vitebsk. — Chegados a Vitebsk, passaram a perguntar de rua em rua pelo Rabi Mendel, mas em toda parte a informação era a mesma: não havia ninguém com aquele nome. Uma mulher que reparou em sua busca perguntou-lhes a quem procuravam. — Rabi Mendel — responderam. — Um Rabi com este nome — disse ela — não temos por aqui, porém temos Mendeles mais do que suficientes; meu próprio genro chama-se Mendele. — Os *hassidim* compreenderam então que era este o homem a quem o Maguid os enviara. Seguiram a mulher à sua casa e entregaram a seu genro o cinto e o bastão. Ele cingiu o cinto e empunhou o castão da bengala. Os *hassidim* miraram-no e não o reconheceram. Era outro homem que estava diante deles, revestido com o poder de Deus, e o temor a Deus elevou-lhes os corações.

O Diploma

O diploma mediante o qual a comunidade de Minsk confiava ao Rabi Mendel o cargo de orador começava da seguinte maneira: "Ao santo *tzadik,* luz sagrada escolhida", e assim por diante. Contava mais de cem assinaturas de pessoas renomadas. Quando chegou às mãos do Rabi Mendel e ele leu todos os louvores e todos os títulos honrosos, disse: — Isto seria um bom documento para levar ao Mundo da Verdade! Mas, quando me perguntarem, vou ter de confessar a verdade. E a confissão do acusado vale mais que cem testemunhos. De que me adianta então todo este louvor?

Marés

Certa vez, o Rabi Menahem caiu em grave enfermidade e não conseguia falar. Chorando, seus *hassidim* rodeavam-lhe a cama. Em dado momento, reunindo todas as forças, sussurrou: — Não temais. Pela história que me contou o santo Baal Schem, sei que um dia ainda irei à Terra de Israel.
Quando, antes de sua viagem à Terra de Israel, o Rabi Menahem visitou o Rabi de Polnóie, este lhe perguntou: — Vós vos lembrais da história dos bois e do arado? — Lembro-me — respondeu ele. — E sabeis — continuou o de Polnóie — onde nela estais parado? — Com um leve suspiro, disse o Rabi Menahem: — Já desfiei a maior metade.

O Monte de Cinzas

Antes de partir para a Terra de Israel, o Rabi Menahem Mendel foi visitar o grande discípulo do Baal Schem, o velho Rabi Iaakov Iossef de Polnóie. Arribou à hospedaria numa carruagem de três cavalos e isso foi suficiente para irritar os *hassidim* de Polnóie, cujo mestre os habituara a uma vida mais frugal. Mas quando, ainda por cima, o Rabi Mendel foi da estalagem à casa do *tzadik* sem chapéu e sem cinturão e com um longo cachimbo na boca, todos pensaram que o Rabi Iaakov Iossef, de cujos transportes de cólera se contavam coisas assombrosas, expulsaria seu hóspede por aqueles modos tão grandiosos e negligentes. Mas o velho o recebeu à porta com grandes demonstrações de amor e passou algumas horas em conversa com ele. Quando o Rabi Mendel saiu, os discípulos perguntaram ao Rav de Polnóie: — O que tem este homem para ousar pisar vossa casa só de solidéu com sapatos de fivelas de prata e um longo cachimbo na boca? — Respondeu-lhes o *tzadik*: — Um rei que ia à guerra escondeu seus tesouros em lugar seguro. Mas sua pérola mais preciosa, a que mais lhe falava ao coração, a esta ele enterrou num monte de cinzas, porque sabia que lá ninguém haveria de procurá-la. Assim também o Rabi Mendel esconde sua grande humildade no monte de cinzas da ostentação, para que os maus poderes não a possam tocar.

Uma Comparação

O Rabi Israel de Rijin disse: — A viagem do Rabi Mendel à Terra Santa foi da mesma espécie que a de nosso pai Abraão. Destinava-se a abrir caminho para Deus e Israel.

Para Azazel

Quando perguntaram ao Rabi Israel de Rijin por que não ia para Eretz Israel, respondeu: — O que um sujeito grosso como eu tem a ver com Eretz Israel? O Rabi Mendel de Vitebsk, este sim, tinha alguma coisa a ver com a Terra de Israel e a Terra de Israel com ele. — E contou: — Antes de viajar para lá, o Rabi Mendel convidou os funcionários do rei para um banquete em Vitebsk, capital da comarca. Conforme seu costume, eles trouxeram as esposas. O Rabi Mendel postara à porta vários *hassidim* jovens, para ajudar os hóspedes, homens e mulheres, a descer dos carros de acordo com o que, entre os funcionários, é certo e de bom-tom. E aos jovens prometeu que a sombra de um desejo sequer lhes roçaria os corações quando segurassem os braços das belas senhoras. Assim é: se alguém pretende ir a Eretz Israel, cumpre-lhe concentrar a alma no mistério do bode enviado a Azazel no deserto [2]. Foi o intuito do Rabi Mendel com seu banquete. Ele o sabia fazer! Mas eu, sujeito grosso que sou, se aparecesse em Eretz Israel, haviam de perguntar: "Por que vieste sem os teus judeus?"

À Janela

No tempo em que o Rabi Menahem vivia na Terra de Israel, aconteceu que um toleirão subiu ao Monte das Oliveiras, sem ser percebido, e lá do topo se pôs a tocar o *schofar*. Entre o povo espantado espalhou-se a idéia de que se tratava do toque anunciador da redenção. Quando o boato chegou aos ouvidos do Rabi Menahem, ele abriu a janela, olhou para o mundo lá fora e disse: — Não há aí sinal de renovação!

---

[2] *Levítico*, 16. Nos tempos bíblicos, misteriosa criatura do deserto, a quem era enviado, no Dia da Expiação, um bode "carregando as iniqüidades" de Israel. Nos tempos pós-bíblicos, esse nome era compreendido como uma denominação dada a um dos anjos decaídos.

O Ar da Terra

O Rabi Menahem costumava dizer: — É verdade que o ar da Terra de Israel nos torna sábios. Enquanto eu vivia fora desta terra, o alvo de meus pensamentos e desejos era, uma vez ao menos, dizer uma oração na devida maneira. Mas, desde que estou no país, tudo o que pretendo é, uma vez ao menos, dizer "amém", na devida maneira [3].

Contou também: — Isto eu atingi na Terra de Israel: Quando encontro na rua um molho de palha, parece-me uma manifestação da presença divina que esteja ao comprido e não ao largo.

A Assinatura

Rabi Menahem costumava subscrever as cartas que enviava da Terra de Israel com: "o verdadeiramente humilde".

Uma vez, perguntaram ao Rabi de Rijin: — Se o Rabi Menahem era realmente humilde, como podia ele designar-se assim? — Era tão humilde — respondeu o Rabi — que, justamente por abrigar a humildade em seu íntimo, não mais a considerava virtude.

A Viagem à Feira de Leipzig

Contam: "Entre os *hassidim* que viajaram com Menahem Mendel para Eretz Israel, havia um homem inteligente, que fora grande comerciante, mas que se ligara tão fortemente ao *tzadik* que abandonou todos os negócios, para poder acompanhá-lo em sua viagem à Terra Santa. Quando, decorrido algum tempo, se tornou necessário expedir um mensageiro de confiança aos *hassidim* que haviam remanescido lá na terra, a fim de pedir-lhes uma ajuda em dinheiro, este homem foi encarregado de fazê-lo. Mas no navio, quando estava a caminho, foi acometido de um mal súbito e morreu. Em Eretz Israel ninguém ficou sabendo do fato. Mas, depois da morte, ele se sentiu como se estivesse em seu carro, a caminho da feira de Leipzig, e falando com o velho servidor, que sempre levava em viagens desse gênero, e também com o cocheiro, cujo rosto lhe parecia conhecido. Nisto, foi tomado de grande saudade de seu mestre. O desejo de revê-lo tornou-se cada vez mais forte, até que decidiu voltar no mesmo instante e ir

---
(3) Talmud (Baba Batra 158).

procurar o Rabi. Seus dois acompanhantes, a quem comunicou sua vontade, opuseram-se vivamente: era loucura renunciar a uma tão importante transação comercial como a que tinham em mira para satisfazer um mero capricho. Mas quando, apesar de todas as objeções, o homem continuou a insistir em sua vontade, eles lhe revelaram que estava morto e que eram os anjos maus a cujos cuidados fora entregue. Mas o homem pediu que o conduzissem à justiça celeste, o que não puderam recusar-lhe. O tribunal decidiu que os anjos deviam levá-lo ao Rabi Menahem Mendel. Quando chegaram à cidade de Tiberíades e entraram na casa do *tzadik,* um dos anjos, já então em seu verdadeiro e terrível aspecto, o acompanhou. O Rabi assustou-se com a visão, mas em seguida ordenou ao anjo maligno que esperasse até o término do trabalho. Por uma semana labutou duramente com a alma, até pô-la em condições".

Essa história foi o Rabi Nachman de Bratzlav que contou a seus *hassidim.*

Todas as Velas

Entre os *hassidim* que estudavam no *klaus* do Rabi de Lubavitch, genro do filho do Rabi Schnoier Zalman, havia o costume de manter uma vela acesa diante de cada um, quando estavam ali debruçados sobre os seus livros; mas, quando terminavam de estudar e começavam a contar histórias de *tzadikim,* apagavam todas as velas, à exceção de uma. Certa vez, encontrando-se assim reunidos em torno da única vela acesa, o Rabi entrou a fim de apanhar um livro. Perguntou-lhes de quem estavam falando. — Do Rabi Mendel de Vitebsk — responderam. — Em honra dele — disse — deveis acender todas as velas. Pois, quando expunha os ensinamentos, não havia em seu coração o mínimo amor-próprio e o "outro lado" [4] não tinha acesso a ele. Assim é justo que, ao falardes a seu respeito, acendais todas as velas, como se estivésseis estudando a sagrada Torá.

---

(4) Os demônios.

SCHMELKE DE NIKOLSBURG

A Harpa de Davi

Quando o Rabi Schmelke e seu irmão, Rabi Pinkhas, depois Rav de Frankfurt, estiveram em Mesritsch, alugaram um sótão onde pudessem estudar sem serem perturbados. Certa vez, depois do fim do *schabat,* tarde da noite, estavam estudando, quando chegou a seus ouvidos um choro estranho em que perceptivelmente se misturavam um tom feminino e um masculino. Olharam pela janela: lá fora, num dos bancos do corredor, estavam o criado da casa e uma criada, chorando juntos. Quando lhes perguntaram o motivo, contaram que havia tempo trabalhavam ali e há anos tinham a intenção de casar, mas o dono da casa era contra e sempre conseguira impedi-los. Ao que os irmãos declararam que era questão apenas de erigir o dossel, pois o resto, inclusive o consentimento do dono da casa, se arranjaria. Sem demora, foram acordar o chantre, que, mais do que depressa, reuniu dez homens, abriu a casa de orações e erigiu o dossel. O casamento foi devidamente festejado; Rabi Schmelke dava o ritmo com um galho quebrado, e o Rabi Pinkhas batia dois candelabros um contra o outro com tal arte que produziam um lindo som. Então o Maguid entrou. Estivera sentado à "refeição do rei Davi" com a alma extasiada como lhe soía acontecer, quando, de repente, se levantou e correu à sinagoga. — Não ouvis a harpa de Davi? — exclamou.

As Novas Melodias

Contou o Rabi Mosché Teitelbaum, discípulo do "Vidente" de Lublin: — Quando o Rabi Schmelke orava no sábado e em dias de festa, mas, principalmente, no Iom Kipur, quando oferecia o sacrifício do sumo sacerdote como outrora, o mistério entre palavra e palavra transformava-se em sons e ele entoava novas melodias — milagre dos milagres — que nunca ouvira antes e que ouvido humano algum jamais escutara e ele nem sabia o que estava cantando, nem que canções eram, pois estava ligado ao mundo superior.

Um homem muito velho que, em menino, cantara no coro do Rabi Schmelke costumava contar: — Era costume preparar as notas para todos os textos, de modo a não ser necessário ir ao púlpito buscá-las durante os ofícios. Mas o Rabi não se limitava a elas e entoava coisas novas, variações nunca dantes ouvidas. Nós, cantores, emudecíamos e o escutávamos. Nunca pudemos compreender: de onde lhe vinha essa melodia?

Em Nikolsburg

Quando o Rabi Schmelke foi chamado para ser Rav de Nikolsburg, preparou um magnífico sermão que pretendia pregar aos versados talmudistas da Morávia. No caminho, deteve-se na cidade de Cracóvia e, quando o povo insistiu em ouvir sua pregação, perguntou a seu discípulo Mosché Leib, mais tarde Rabi de Sassov, que o acompanhava: — Então, Mosché Leib, o que devo pregar? — O Rabi preparou um magnífico sermão para Nikolsburg — respondeu Mosché Leib. — Por que não o prega aqui também? — O Rabi aceitou o conselho. No entanto, diversos habitantes de Nikolsburg haviam ido a Cracóvia, a fim de cumprimentá-lo, e ouviram o sermão. Assim, quando o Rabi chegou a Nikolsburg, disse a seu discípulo: — E agora, Mosché Leib, o que devo pregar no *schabat*? Não posso pronunciar pela segunda vez minha prédica para os que já a ouviram em Cracóvia. — Bem, precisamos arranjar um pouco de tempo — respondeu Mosché Leib — e discutir para o sermão alguma decisão legal. — Mas até à sexta-feira, não tiveram um só instante de lazer para abrir um livro. Finalmente, perguntou o Rabi Schmelke: — Então, Mosché Leib, o que vamos pregar? — Sexta-feira à noite — disse Mosché Leib — terão por certo de nos conceder um pouco de lazer. — Prepararam uma grande vela que ficasse acesa a noite inteira, e quando toda gente foi para casa, debruçaram-se diante do livro. Então uma galinha entrou voando pela janela e apagou a luz. Perguntou o Rabi Schmelke: — Então, Mosché

Leib, o que vamos pregar? — Bem — disse Mosché Leib — certamente é só à tarde que se prega por aqui, de modo que podemos, de manhã, depois da reza, entrar no quarto, trancar a porta para que ninguém entre e discutir alguma decisão. — De manhã foram rezar. Antes da leitura do capítulo da semana, o púlpito foi arrastado para defronte da Arca e o chefe da congregação pediu ao Rabi Schmelke que iniciasse a sua prédica. A casa de orações estava repleta de versados talmudistas da Morávia. O Rabi Schmelke mandou trazer um volume da Guemará, abriu-o ao acaso, apresentou um problema da página que abrira e convidou os sábios a debaterem-no. Depois, também ele daria a sua contribuição. Após ouvir a argumentação de todos, pôs o xale de orações na cabeça e assim ficou por cerca de um quarto de hora. A seguir, na presença de todos, ordenou os pontos de divergência apresentados, em número de cento e trinta, e deu as respostas, em número de setenta e duas, e tudo foi respondido, resolvido e tranqüilizado.

A Inscrição

Em Nikolsburg, na Morávia, quando o Rabi Schmelke foi para lá chamado, reinava o costume de cada novo Rav inscrever na crônica da comunidade uma nova ordem, que daí por diante devia ser cumprida. Também ele foi instado a fazer o mesmo, mas o Rabi Schmelke o adiava de um dia para o outro. Observava as pessoas e adiava a inscrição. Observava-as cada vez mais minuciosamente e ia adiando cada vez mais, até que lhe deram a entender que não mais devia protelar. Então foi e inscreveu na crônica os Dez Mandamentos.

As Sete Ciências

Quando o Rabi Schmelke assumiu seu posto em Nikolsburg, em cada um dos sete primeiros sábados, pregou sobre uma das sete ciências do mundo. De semana a semana, a comunidade mais se espantava com o estranho assunto; mas ninguém ousou questionar o *tzadik* a respeito. No oitavo *schabat*, disse, para começar: — Por muito tempo não compreendia as palavras de Salomão, o pregador [1]: "Melhor é ouvir a exprobração do sábio do que ouvir alguém a canção do tolo". Por que não está escrito: "do que a canção do tolo"? O nexo

---

(1) *Eclesiastes*, 7:5.

é o seguinte: É bom ouvir as exprobrações de um sábio que ouviu e compreendeu a canção do tolo, isto é, as sete ciências do mundo, as quais — comparadas com o ensinamento de Deus — são a canção de um tolo. Pois a outrem os estultos sábios das ciências do mundo poderiam dizer: "Despreza então nossas ciências, tu que não provaste de suas doçuras! Se as conhecesses, nada mais desejarias conhecer!" Mas quem já se ocupou das sete ciências e atravessou-lhes o âmago, para depois escolher a sabedoria da Torá, quando exclama "vaidade das vaidades" ninguém o pode chamar de mentiroso.

Os que Oram e o Messias

Certa vez, no primeiro dia do Ano Novo, o Rabi Schmelke foi à sinagoga antes de soar o *schofar* e rezou, chorando: — Ai, Senhor do mundo, todo o povo clama a ti, mas de que nos adianta todo o seu clamor, se tem em mente apenas as próprias necessidades, e não o exílio da tua *Schehiná!* — No segundo dia da celebração, apareceu novamente antes do toque do *schofar,* e disse, chorando: — Está escrito no primeiro livro de Samuel: "Por que o filho de Isaí nem hoje nem ontem recebeu o pão?" Por que o Rei Messias não veio, nem ontem, no primeiro dia do Ano Novo, nem hoje, no segundo? Ah! tanto hoje como ontem, todas as suas orações pedem apenas o pão da carne, somente a miséria da carne.

As Lágrimas de Esaú

De outra feita, ele disse: — É da tradição: "Messias, o filho de Davi, não virá antes que cessem de correr as lágrimas de Esaú". No entanto, os filhos de Israel choram dia e noite — serão suas lágrimas choradas em vão, enquanto chorarem os filhos de Esaú? Mas as lágrimas de Esaú não são as lágrimas que os povos choram e vós, não; são as lágrimas que chorais todos vós, homens, quando quereis algo para vós e o pedis. E, em verdade, o Messias, filho de Davi, não virá até que sequem essas lágrimas e até que choreis a *Schehiná* exilada e peçais a sua redenção.

O Sermão da Expiação

Na véspera de Iom Kipur, o Rabi Schmelke de Nikolsburg entrou na casa de orações, envolto em seu xale de orações e, no corredor de passagem para a Arca, exclamou em voz alta as seguintes palavras das Escrituras: — Porque neste dia sois expiados, para que vos purifiqueis: de todos os vossos pecados diante d'Ele sereis purificados — e depois, da Mischná, citou as palavras do Rabi Akiva [2]: — "Diante de quem vós purificais e quem vos purifica? Vosso Pai no céu". — O povo todo prorrompeu em lágrimas.

Em pé, diante da Arca, disse: — Sabei, caros irmãos de coração, que o arrependimento mais profundo está na oferenda da vida. Pois somos da semente de Abraão, que ofertou sua vida pela santificação do Nome do que é bendito e deixou-se jogar ao forno de cal; somos da semente de Isaac, que ofereceu a vida e pôs o pescoço sobre a ara do altar — e certamente, intercedem por nós diante de nosso Pai no céu, nesse dia santo e terrível do julgamento. Mas também nós devemos seguir-lhes os passos e imitar-lhes as obras, e oferecer nossas vidas pela santificação do Nome do que é bendito. Unamo-nos então e santifiquemos Seu Nome poderoso com amor fervente e, todos juntos, digamos, com essa intenção: "Ouve, ó Israel!" — E, chorando, o povo recitou, em uníssono: — Ouve, ó Israel, o Senhor nosso Deus, o Senhor é Único!

E ele então continuou: — Amados irmãos, agora que nos foi dado unir-nos e santificar Seu nome com grande amor, agora que oferecemos nossas vidas e nossos corações se purificaram para o serviço e o temor d'Aquele que é bendito, precisamos ainda unir nossas almas. Todas as almas vêm de uma só raiz, todas são lavradas no princípio em que assenta sua glória, partes da divindade do alto. Assim, sejamos também unos na terra e os ramos novamente se assemelham à raiz. Aqui estamos todos, limpos e puros, para unir nossas almas e tomamos sobre nós o mandamento: "Ama a teu semelhante como a ti mesmo". — E em voz alta, o povo todo repetiu: — Ama teu próximo como a ti mesmo!

E ele então continuou: — Agora que nos foi dado unir Seu grande Nome e unir também nossas almas, partes da divindade do alto, que a santa Torá se apresente como advogado diante de nosso Pai no céu. A todos os povos e a todas as línguas Deus a ofereceu, outrora, mas somente nós a aceitamos e exclamamos: "Nós o faremos" e só depois, "Nós o ouvimos". Assim é justo que ela implore graça e compaixão para nós a nosso Pai no céu, nesse dia santo e terrível de julgamento! — E abriu as portas da Arca.

E então, diante da Arca aberta, recitou o ato de contrição, e em grande pranto o povo todo o repetiu, palavra por palavra. A seguir tirou o rolo e, mantendo-o bem alto nas mãos, falou à comunidade sobre os pecados do homem. E ao fim disse:

(2) Importante mestre palestinense do século II.

— Sabei que, se há tristeza no choro que acontece nesse dia, ele não é abençoado, porque a *Schehiná* não habita a melancolia, mas, unicamente, o júbilo com o mandamento. E, vede, não há júbilo maior que o deste dia, em que nos é dado arrancar do coração, pela força do arrependimento, todas as ervas daninhas que o sufocavam, e aproximar-nos de nosso Pai no céu, cuja mão está estendida para receber os que se arrependem. Assim, todo choro neste dia deve ser um choro de júbilo, conforme está escrito [3]: "Servi ao Senhor com temor e alegrai-vos nele com tremor!"

O Sono

A fim de não interromper seus estudos por tempo demasiado, o Rabi Schmelke costumava dormir sentado, com a cabeça apoiada no braço e uma vela acesa entre os dedos, que o acordaria tão logo a chama lhe tocasse a mão. Quando o Rabi Elimelech foi visitá-lo e reconheceu o poder ainda oculto de sua santidade, preparou-lhe a cama carinhosamente e, com grande esforço, o persuadiu a deitar-se nela por alguns instantes. Então fechou e cobriu as janelas. O Rabi Schmelke só acordou, dia claro. Percebeu logo que dormira longamente, mas não se arrependeu, porque experimentou uma clareza luminosa, desconhecida. Foi à casa de orações e rezou diante da congregação como era seu costume. Mas à comunidade pareceu que nunca o tinham ouvido, tanto os prendia e libertava o poder de sua santidade. Quando recitou os versículos sobre o Mar Vermelho, ergueram as abas dos cafetãs, para que não os molhassem os vagalhões que se elevavam à direita e à esquerda.

Mais tarde disse Schmelke a Elimelech: — Só agora é que fiquei sabendo que também no sono se pode servir a Deus.

As Pancadas

Em Apt vivia um bedel da sinagoga cuja função era andar pela cidade e bater, com seu martelo, à porta de cada casa judia, convocando os homens ao estudo, à oração, ou à recitação dos salmos. Não precisava mais que bater de leve, e os que dormiam levantavam-se de um salto, mesmo que fosse meia-noite, vestiam-se depressa e corriam para a sinagoga e por

(3) *Salmos*, 2:11.

muito tempo ainda o bater de seus corações ferventes ecoava as batidas do martelo. Esse dom, o homem o recebera quando menino, no tempo em que servira o Rabi Schmelke de Nikolsburg com coração alerta e dedicado.

Os Livres-pensadores Limpos

Alguns livres-pensadores de Nikolsburg entabulavam uma discussão com o Rabi Schmelke. — Mas deveis conceder — disseram ao fim — que nós, de nossa parte, temos virtudes, que faltam aos poloneses. Assim, nossas roupas são irrepreensivelmente limpas, o que não acontece com as dos poloneses, os quais ignoram a ordem do sábio: "Que não se encontre uma só mancha na roupa do estudioso". — O Rabi respondeu-lhes, rindo: — Tendes razão: vossas roupas são limpas e as dos poloneses, sujas. Mas isso é porque, segundo a palavra do Talmud sobre a escala das virtudes, a limpeza leva à pureza, a pureza ao recolhimento, e assim por diante, até ao grau do espírito santo. Ora, quando os poloneses se dispõem a começar pela limpeza, o Impulso do Mal envia toda sua força de persuasão a fim de dissuadi-los, porque tem medo de que se alcem de grau em grau e acabem alcançando o espírito santo. E mesmo quando procuram defender-se do Impulso do Mal e lhe asseguram que não pretendem nada disso, este não acredita neles e não os larga enquanto não os dissuade da limpeza. Quanto a vós, se o Impulso do Mal se desagrada de vossa limpeza, precisais apenas assegurar-lhe que não tendes a intenção de elevar-vos, e ele acreditará na hora em vossa palavra, permitindo-vos ser daí por diante tão limpos quanto apenas quiserdes.

O Inimigo

Certo homem rico e respeitado de Nikolsburg tomou-se de inimizade pelo Rabi Schmelke e procurou um meio de envergonhá-lo. Na véspera de Iom Kipur, foi a ele e pediu que se reconciliassem, naquele dia em que todos se perdoam uns aos outros. Levou ao Rabi um jarro de vinho muito velho e instou-o a beber, pensando que, não acostumado com vinho daqueles, o *tzadik* se embriagaria e sua queda seria revelada à comunidade. Pela reconciliação, o Rabi Schmelke tomou, em sua presença, um copo após outro. O homem rico, certo de ter alcançado seu intento, foi para casa, satisfeito.

Mas, quando caiu a noite e chegou a hora da oração, o tremor do Dia do Juízo desceu sobre o Rabi e imediatamente todo sinal da bebida desapareceu.

Findo o ofício noturno, o Rabi Schmelke permaneceu na casa de oração, com outros fiéis, para ali passar a noite; como todos os anos, entoou os salmos e a congregação o acompanhou. Quando, no quadragésimo primeiro salmo, chegou ao versículo: "Com isto sei que tu te agradas de mim: em não triunfar contra mim o meu inimigo", repetiu-o diversas vezes e traduziu-o, mas não da maneira usual; com despreocupada ousadia, verteu: "Com isto sei que tu te agradas de mim: por mim meu inimigo não há de sofrer mal algum". E acrescentou: — Mesmo que haja pessoas que sejam meus inimigos e tentem cobrir-me de vergonha, perdoa-lhes, Senhor do mundo, e que não sofram por minha causa. — Disse-o numa voz tão poderosa, que todos na sinagoga fundiram-se em lágrimas, e cada um deles repetiu as palavras do fundo do coração. Entre eles estava também o tal homem rico e respeitado. Nessa hora veio-lhe o arrependimento e a maldade o abandonou. Mais que todos os outros, daí por diante, amou e honrou o Rabi Schmelke.

O Mandamento do Amor

Certa vez perguntou um discípulo ao Rabi Schmelke: — É mandamento: "Ama teu semelhante como a ti mesmo". Como posso cumpri-lo, se meu semelhante me faz mal?

O Rabi respondeu: — Precisas compreender bem as palavras: Ama teu semelhante como alguma coisa que tu mesmo és. Porque todas as almas são uma só; cada qual é uma centelha da primeira alma, e ela está toda em todas as outras, assim como a tua alma está em todos os membros de teu corpo. Pode ocorrer que tua mão se engane e golpeie a ti mesmo; será que então tomarás de um pau e castigarás tua mão, por lhe faltar discernimento, aumentando assim a própria dor? O mesmo acontece quando teu semelhante, que é, contigo, uma só alma, te faz mal por falta de entendimento; se lhe pagas na mesma moeda, causas dor a ti mesmo.

O discípulo continuou a perguntar: — Mas, se vejo um homem que é mau perante Deus, como posso amá-lo?

— Não sabes — disse o Rabi Schmelke — que a alma primeva veio da própria essência de Deus e que toda alma humana é parte de Deus? E não terás piedade dele, vendo que uma de suas sagradas centelhas perdeu-se num emaranhado e está quase sufocada?

O Anel

A um pobre que bateu à porta do Rabi Schmelke, num dia em que não havia dinheiro em casa, deu ele um anel. Um momento depois, sua mulher ficou sabendo e caiu sobre ele com violentas invectivas, por ter jogado a um mendigo desconhecido uma jóia tão cara, com uma pedra tão grande e preciosa. O Rabi Schmelke mandou chamar o pobre e disse: — Acabo de saber que o anel que te dei é de grande valor; mas cuidado para não vendê-lo barato demais.

Os Mensageiros

Alguém se queixava ao Rabi Schmelke de não ganhar o suficiente e de ver-se obrigado sempre a recorrer à ajuda de pessoas caridosas e, suspirando, repetiu as palavras da oração à mesa: "Não nos deixe necessitar da dádiva da carne e do sangue". Disse o Rabi Schmelke: — Não se deve ler dádiva, mas dádivas, porque Deus é um só, mas seus mensageiros são muitos. E é o que pretende a sentença: Não nos deixe necessitar das dádivas que possamos considerar somente como dádivas terrenas, mas deixa-nos reconhecer, na hora em que recebemos, que aqueles que dão são teus mensageiros.

O Pobre e o Rico

Disse o Rabi Schmelke: — Mais do que o rico dá ao pobre, dá o pobre ao rico. Mais que o pobre precisa do rico, precisa o rico do pobre.

Santos Sereis

Certa vez alguém perguntou ao Rabi Schmelke: — Está escrito [4]: "Santos sereis, porque eu, o Senhor, vosso Deus, sou santo. Cada um temerá a sua mãe e a seu pai". Como pode a figura de barro, em que vivem os apetites malignos, aspirar a adquirir uma das qualidades de Deus? E que conexão existe entre o mandamento de temer ao pai e à mãe, o qual preceitua ao homem o humano, e o apelo ao supraterreno?

(4) *Levítico*, 19:1.

Disse o Rabi: — Segundo nossos sábios [5], são três os que participam na criação de cada ser humano: Deus, o pai e a mãe. A parte de Deus é toda santa, as outras podem santificar-se e igualar-se a ela. É isto o que pretende o mandamento: sois santos, mas ainda assim deveis tornar-vos santos. Por isso, deveis temer a herança de pai e mãe que trazeis em vós e que resiste à santificação, a fim de não cair em seu poder, mas dominá-la e enformá-la.

Preparação

Um discípulo pediu ao Rabi Schmelke de Nikolsburg que lhe ensinasse a preparar a alma para o serviço de Deus. O *tzadik* o mandou a outro de seus discípulos, o Rabi Abraão Haim, que nessa época ainda tinha uma estalagem. O moço seguiu o conselho e ficou lá algumas semanas, sem notar o menor sinal de santidade no estalajadeiro, que, desde a prece matutina até à noitinha, trabalhava no balcão de bebidas. Finalmente perguntou-lhe o que fazia o dia todo. — Minha ocupação mais importante — disse o Rabi Abraão — é limpar bem a louça, de modo que nela não reste nem o mínimo sinal de comida, e também arear e enxugar todos os utensílios, de modo que de nenhum deles se apodere a ferrugem.

Quando o discípulo voltou para casa e contou ao Rabi Schmelke o que vira e ouvira, disse-lhe este: — Agora sabes o que desejavas saber.

Em Provação

Perguntaram ao Rabi Schmelke: — Por que o sacrifício de Isaac é tão glorificado? Nesse tempo, nosso pai Abraão já alcançara elevado grau de santidade, por que admirar-se então que tivesse cumprido tão prontamente o que a Palavra divina lhe ordenava?

Respondeu ele: — Quando um homem está para ser provado, tomam-lhe todos os graus e toda santidade. Despido de tudo quanto alcançou, comparece perante o provador.

---

(5) De acordo com o Talmud (Nidá 31), os ossos, o cérebro e os nervos das crianças derivam do pai; a pele, a carne e o cabelo, da mãe; o espírito, a alma, os sentidos e a fala provêm de Deus.

É Preferível não

Disse uma vez o Rabi Schmelke: — Se eu pudesse escolher, preferia não morrer. Porque no mundo vindouro não existem os Dias Terríveis, e o que faz a alma de um homem sem os dias do Juízo?

Nossa Geração

Perguntaram certa vez ao Rabi Schmelke: — Muitos acham difícil crer que o Messias poderia surgir inesperadamente nestes nossos tempos decadentes. E como poderiam nossas ações provocar aquilo que os Tanaim e os Amoraim, as gerações de saber, e as gerações que lhes sucederam não conseguiram provocar?
O *tzadik* respondeu: — Durante vários anos os exércitos de um rei sitiaram uma cidade bem fortificada. As tropas de todas as armas, comandadas por hábeis generais, tiveram de atacar seguidas vezes a fortaleza com todas as forças, antes de subjugá-la. Então mandaram vir uma multidão de trabalhadores para limpar as montanhas de entulho que era preciso remover antes que se pudesse iniciar, na cidade conquistada, a construção de um novo palácio para o rei. É esta a nossa geração.

A Sorte dos Ladrões

Quanto à interpretação que Raschi faz da passagem: "Aquele cujo ouvido ouviu, no monte Sinai, o "Não roubarás" e foi e roubou, que seja transpassado seu ouvido", notou o Rabi Schmelke: — Antes que Deus, na montanha, outorgasse seus mandamentos, todos os homens cuidavam bem do que era sua propriedade, para que não fosse roubada. E os ladrões, sabendo disso, não tentavam roubar. Mas, depois que Deus disse "Não roubarás" e os homens se sentiram seguros, os ladrões começaram a fazer ótimos negócios.

Os Irmãos

Em casa do Rabi Schmelke de Nikolsburg esteve certa vez em visita seu irmão, o Rabi Pinkhas, Rav de Frankfurt-sobre-o-Meno. Ora, o Rabi Schmelke, que sempre vivera na maior frugalidade, agora, na velhice, não comia mais que uns poucos bocados, acompanhados de um gole de água. Quando o Rabi

Pinkhas, que não o via há muito, percebeu esse fato, disse-lhe: — Há dois irmãos, do mesmo pai e da mesma mãe. Um come e bebe como um animal, e o outro, qual um anjo do Senhor, não precisa comer nem beber, porém desfruta do fulgor da *Schehiná*. — O Rabi Schmelke replicou: — Há dois irmãos, do mesmo pai e da mesma mãe. Um parece um sumo sacerdote, o outro, um pai de família qualquer. O sumo sacerdote come e seu comer é parte do sacrifício que absolve o simples pai de família.

A Viagem Pelo Danúbio

Contam: "No palácio imperial tramavam-se intenções sinistras contra os judeus. Então o Rabi Schmelke dirigiu-se a Viena, com seu discípulo Mosché Leib de Sassov, para pôr cobro a tais tramas. Mas era tempo de degelo e o Danúbio estava cheio de blocos de gelo que se entrechocavam. Os dois entraram num estreito barquinho onde não cabiam mais que duas pessoas. De pé no barco, o Rabi Schmelke começou a cantar o cântico entoado junto ao Mar Vermelho, e o Rabi de Sassov o acompanhou com sua voz de baixo. Assim seguiu o barquinho sua rota segura por entre o gelo. Em Viena, o povo acorreu, boquiaberto, às margens do rio, e logo chegaram à corte as novas dessa extraordinária chegada. No mesmo dia foi o Rabi Schmelke recebido pela imperatriz, e ela o ouviu.

O Amém à Bênção

Ao sentir a proximidade da morte, disse o Rabi Schmelke a seus *hassidim*: — Até aqui nada quis contar, mas agora tenho de fazê-lo, enquanto ainda é tempo. Sabeis que sempre cuidei de pronunciar as bênçãos antes e depois de comer e beber, e coisas semelhantes, em lugar onde houvesse alguém para responder *amém*. Isto porque toda bênção gera um anjo, e seu ser só se completa com o amém. Uma vez, porém, numa viagem, aconteceu-me precisar proferir uma bênção na solidão, quando, depois de satisfazer uma necessidade, lavava as mãos numa fonte e não havia vivalma por perto a fim de responder amém. O fato começava a afligir-me, quando dei com dois homens bem à minha frente. Mal pude levantar os olhos para eles e assombrar-me com sua impressionante aparência, e já estava dizendo a bênção, e eles responderam amém com impressionante doçura. Então quis observá-los melhor, mas já uma nuvem os levara embora.

A Alma de Samuel

Sentado ereto em sua cadeira alta, o Rabi Schmelke chamou os discípulos — tinha o rosto claro e os olhos serenos como sempre — e falou-lhes: — Sabei que é este o dia de minha morte. — Romperam em lágrimas, mas ele os repreendeu e continuou: — Sabei que está em mim a alma do profeta Samuel. Três sinais externos o atestam: como ele chamo-me Samuel, como ele sou da tribo de Levi e, como a dele, a minha vida durou cinqüenta e dois anos. Mas seu nome era pronunciado Samuel, e o meu, Schmelke. E assim permaneci Schmelke. — Então mandou sair os discípulos, que choravam, recostou-se e morreu.

AARÃO DE KARLIN

O Instante

Em sua juventude, o Rabi Aarão de Karlin gostava de trajar roupas luxuosas e diariamente dirigia uma magnífica carruagem pelas estradas. Mas veio um instante, quando reclinado em seu carro, em que foi sobrepairado pela sagrada inspiração de deixar esse caminho e enveredar por outro. Curvou-se para frente e seu espírtito estuou; pôs um pé no estribo e o dom cascatiou-lhe em torno; desceu à terra e todos os firmamentos se encontraram encerrados em seu poder.

O Sussurro

Uma sexta-feira à noite, após a refeição na casa do Maguid de Mesritsch, o Rabi Aarão retornou à sua hospedaria e começou a sussurrar o *Cântico dos Cânticos*. Logo depois, chegou o criado do Maguid e bateu-lhe à porta: o Maguid não conseguia dormir, porque o *Cântico* lhe bramia aos ouvidos.

O Longo Sono

Certa vez, quando se encontrava, junto com outros discípulos, na casa do Grande Maguid, o Rabi Aarão foi acometido, repentinamente, de grande cansaço. Sem saber o que fazia, dirigiu-se ao quarto de seu mestre e deitou-se em sua cama. Ali dormiu uma noite e um dia. Os companheiros quiseram acordá-lo, porém o Maguid não o permitiu. Disse: — Agora ele está pondo os filactérios celestes.

As Delícias

Contava um *tzadik*: "As delícias de todos os mundos quiseram revelar-se ao Rabi Aarão, mas ele simplesmente sacudiu a cabeça. — Ainda que sejam as delícias — disse ele, afinal — antes de gozá-las, quero primeiro suar por elas".

A Carta

O Rabi Aarão viajou por todas as terras da Rússia, de uma cidade judia à outra, em busca de jovens que merecessem ser levados a seu mestre, o Grande Maguid, como discípulos, para que através deles o espírito hassídico pudesse espalhar-se pelo mundo. Assim, chegou à cidade de Amdur onde, segundo ouvira, vivia, numa floresta solitária, perto da cidade, um homem piedoso e erudito, Rabi Haike, que se mantinha apartado do mundo dos homens, infligindo-se as mais severas mortificações. A fim de atraí-lo à cidade, o Rabi Aarão pregou diversas vezes na casa de orações e o efeito de suas palavras era poderoso, mas longo tempo levou até que a notícia chegasse ao eremita. Na hora do sermão seguinte, algo o impeliu à sinagoga. Quando Rabi Aarão soube de sua presença, em lugar da prédica proferiu apenas as seguintes palavras: — Quando alguém não melhora, piora! — Como um veneno que levanta contra si o próprio fundamento da vida, as palavras penetraram no espírito do asceta. Correu ao Rabi Aarão e pediu-lhe que o ajudasse a sair do labirinto em que se perdera. — Somente meu mestre, o Maguid de Mesritsch, poderá fazê-lo — redargüiu o Rabi Aarão. — Então dê-me uma carta para ele — pediu o outro — a fim de que ele saiba quem sou. — Foi atendido. Com o coração confiante em que, antes mesmo de se abrir ao Maguid, este saberia que se achava perante um dos grandes da geração, pôs-se a caminho de Mesritsch. O Maguid abriu a carta e leu-a em voz alta, evidentemente de propósito. Dizia ela que seu portador não tinha um único escaninho da alma que estivesse são. Rabi Haike rompeu em pranto. — Ora, ora — disse o Maguid — importa-vos tanto o que escreve o lituano? — É, ou não é verdade? —

perguntou o outro. — Bem — disse o Maguid — se o lituano o escreve, deve ser verdade. — Então curai-me, Rabi — pediu o asceta. Durante um ano inteiro, o Maguid ocupou-se dele e o curou. Mais tarde, o Rabi Haike tornou-se um dos grandes da geração.

O Rei

Certa ocasião, o Rabi Aarão encontrava-se na *bet ha-midrasch* de Mesritsch, recitando a Oração da Manhã. Quando estava a ponto de invocar Deus como "Rei", as lágrimas começaram a correr-lhe dos olhos e ele não conseguiu continuar. Findo o serviço, perguntaram-lhe o que acontecera. Ele explicou: — Naquele momento lembrei-me do que o Rabi Iohanã ben Zacai [1] disse a Vespasiano: "A paz seja contigo, ó rei, a paz seja contigo, ó rei", e o romano gritou-lhe: "Duas vezes mereceste a morte. Primeiro, porque me chamaste de rei, e não o sou. E segundo, se eu fosse rei, por que até agora não vieste a mim?" Deus ainda não é, verdadeiramente, rei do mundo, e também eu sou culpado disto, pois, por que ainda não pratiquei o retorno [2], por que ainda não fui a ele?

O Lustre

O Rabi Aarão de Tschernobil, filho da filha do Rabi Aarão de Karlin, que nasceu muito tempo depois da morte deste e recebeu o mesmo nome, foi caluniado junto às autoridades e salvo, contra sua vontade, pelo suborno que seus discípulos pagaram. Disse ele então: — Ai das gerações que se apequenaram! Estivesse eu ao nível de meu avô, Rabi Aarão, o grande, e mesmo sem suborno, nulo seria o efeito das palavras malignas. — E então contou:

"Certa vez, nos países da Rússia e da Ucrânia, os haidamacos conspiraram contra os judeus, querendo matá-los e tomar-lhes os bens. Quando a notícia chegou a Mesritsch, os cabeças da congregação foram ter com o santo Maguid e perguntaram-lhe o que se devia fazer. Como viu que ao Corruptor foram dadas forças, ordenou a todos, grandes e pequenos, que se escondes-

---

(1) Segundo a lenda talmúdica, esse mestre do século I saiu de Jerusalém sitiada pelos romanos, escondido num ataúde, a fim de obter de Vespasiano a permissão para estabelecer uma academia judaica após a queda da cidade.

(2) Em hebraico, *teschuvá*. O homem "retorna" de suas aberrações ao caminho de Deus. É interpretado como o ato fundamental pelo qual o homem contribui para sua redenção. Usualmente o termo é traduzido por "arrependimento".

sem nas matas, em volta da cidade, e levassem consigo o que pudessem carregar.

"Um grupo dirigiu-se à casa de orações, a fim de salvar as alfaias sagradas.

"Na sinagoga pendia um grande lustre de estanho, de trinta e seis braços. Meu avô, Rabi Aarão, o grande, comprara-o com o dinheiro que juntara, copeque por copeque, entre os discípulos e *hassidim* do Maguid. Às sextas-feiras, o próprio santo Maguid costumava acender todas as velas desse lustre.

"Já haviam retirado tudo, exceto o lustre. Entrementes, meu avô, sem atentar ao que ocorria ao seu redor, postara-se à janela da casa de orações, olhando para fora. De súbito, percebeu que soltavam o lustre. No mesmo instante, estava no meio do salão. — Não o toquem! — exclamou com voz forte. Mandaram mensageiros ao Maguid para relatar o incidente e esperaram suas ordens.

"O Maguid recebeu a mensagem e por alguns instantes não disse nada. Depois falou: — Todos, homens, mulheres e crianças, a comunidade inteira, devem reunir-se na casa de orações.

"Quando meu avô viu toda a comunidade reunida na sinagoga, enviou um mensageiro ao Maguid, solicitando-lhe que viesse e tivesse piedade dele. O Maguid não deu resposta. Outra vez meu avô lhe mandou alguém, pedindo que lhe desse uma ajuda qualquer. O Maguid não respondeu.

"A casa de orações estava repleta dos judeus da comunidade de Mesritsch. Todos lá se encontravam, homens, mulheres e crianças. Só faltava o Maguid.

"Então um homem, que fora colocado de vigia, veio e comunicou a meu avô que os cossacos estavam na cidade.

"Meu avô saiu e postou-se à entrada da casa de orações.

"Quando os haidamacos avançaram, gritou-lhes, com sua voz poderosa, as palavras do salmo: — "Por que se amotinam os povos?"

"O hétmã dos haidamacos foi acometido de loucura e começou a atacar seus comandados. O bando dispersou-se".

Na Terra

No tocante às palavras das Escrituras [3]: "Uma escada era posta na terra, e seu topo atingia os céus", disse o Rabi Aarão de Karlin: — Quando o homem de Israel não se dispersa e mantém os pés firmemente plantados na terra, sua cabeça atinge o céu.

(3) *Gênese,* 28:12.

Nada

Perguntaram ao Rabi Aarão o que aprendera com seu mestre, o Grande Maguid: — Nada — replicou. E quando insistiram para que se explicasse, acrescentou: — Aprendi o nada. Aprendi que não sou nada e que, não obstante, *sou*.

O Pequeno e o Grande Temor

O Rabi Schnoier Zalman contava histórias de seu amigo, Rabi Aarão de Karlin, que morreu tão prematuramente:
— Seu temor a Deus era o de alguém que vai ser fuzilado e, encostado à parede, vê o cano do fuzil apontado para seu peito e não desvia os olhos da arma, temeroso e impávido. Mas este era só seu temor pequeno de Deus. Quando lhe vinha o grande temor de Deus, não há imagem que o descreva.

Ser Indigno e ser Ouvido

Perguntaram ao Rabi Aarão: — No tocante à oração de Moisés [4] rogando a Deus que perdoe ao povo, diz o comentário: "a fim de que não digam que não fui digno de implorar misericórdia para eles". Tal afirmativa não contraria o testemunho das Escrituras, que chamam Moisés de o mais humilde dos homens? — E foi mesmo por ser tão humilde — respondeu o *tzadik* — que ele disse a Deus: "Ouve minha oração, embora eu não seja digno disso, para que não digam que em mim se revelou a indignidade do homem e não parem de se dirigir a ti com todo o poder de seus corações e vejam que ouves a oração de quem quer que a diga".

Eu

Um discípulo do Maguid passou alguns anos estudando com ele e tencionava voltar para casa. No caminho, lembrou-se de ir a Karlin visitar o Rabi Aarão, que fora seu companheiro na casa de estudos do Maguid. Era quase meia-noite quando entrou na cidade, mas seu desejo de ver o amigo era tão grande, que se dirigiu logo para casa do Rabi Aarão e bateu à janela iluminada. — Quem é? — Ouviu aquela voz tão conhecida indagar e, certo de que também a sua seria reconhecida, respondeu apenas: — Eu! — Mas a janela continuou fe-

(4) *Números*, 14:19.

chada e de dentro não veio mais ruído algum, embora ele continuasse a bater. Ao fim exclamou, consternado: — Aarão, por que não me abres? — Então a voz do amigo lhe respondeu, mas tão grande e séria soou, que lhe pareceu quase estranha: — Quem é que ousa denominar-se *eu,* o que só a Deus cabe? — Ao ouvir isso, o discípulo disse, em seu coração: — Meu tempo de aprendizado ainda não se esgotou — e, sem demora, retornou a Mesritsch.

A Conversão do Menino

Certa vez, o Rabi Aarão foi à cidade onde se criava o pequeno Mordehai, mais tarde Rabi de Lekovitz. Seu pai lhe trouxe o menino, queixando-se de que ele não se aplicava aos estudos. — Deixa-o comigo por algum tempo — disse o Rabi Aarão. A sós com o pequeno Mordehai, deitou-se e pôs o menino junto a seu coração. Em silêncio, ficou abraçado com a criança até a volta do pai. — Falei-lhe à consciência — disse — e daqui por diante não lhe faltará persistência.

Ao contar o episódio, costumava o Rabi de Lekovitz acrescentar: — Naquela ocasião aprendi como se convertem pessoas.

A Saudação

Contava um sobrinho-neto do Rabi Aarão: — Um fim do *schabat,* estava eu sentado à sua mesa e cantou-se o cântico de Elias [5]. Vi, então, no momento em que se chegava ao versículo: "Salve aquele que O saudou, e que Ele saudou", que ele e seu filho Rabi Ascher davam-se as mãos debaixo da mesa. Então compreendi: Elias se disfarçara no pai e queria conceder ao filho a graça da saudação.

A Permissão

Contam: "Era antes do Pessach e o Rabi Aarão, que se achava em Mesritsch, quis passar as festas em casa. Pediu permissão ao Maguid e obteve-a. Mas, nem bem saíra, o Maguid chamou alguns discípulos: — Ide sem demora à hospedaria de Aarão — disse — e demovei-o do intento de viajar para Karlin. — Foram e insistiram junto ao amigo, para que passasse as festas com eles. Como não conseguissem nada, contaram-lhe que o próprio Maguid os enviara. Imediata-

---

(5) Em louvor ao profeta; nêle Elias é invocado como auxiliador.

mente, correu ao mestre e falou: — Rabi, tenho muita necessidade de voltar para casa, e agora me dizem que desejais que eu celebre as festas convosco, é verdade? — Não te detenho — respondeu o Maguid. — Se tens precisão de viajar, viaja em paz. — Contudo, uma vez mais ordenou logo aos discípulos: — Não o deixeis partir! — Outra vez se repetiu a mesma coisa, mas, como o mestre não lhe dava ordens em contrário, o Rabi Aarão resolveu não participar do que ele tomou por brincadeira e viajou para Karlin. Mal pisou em casa, foi obrigado a deitar-se e morreu no terceiro dia. Chegara à idade de trinta e seis anos. Ao saber de sua morte, o Maguid pronunciou a sentença de nossos sábios: — Partiram as nuvens da glória, quando Aarão morreu. — E acrescentou: — Ele era nossa arma de guerra, o que mais nos resta a fazer no mundo?
Os discípulos reprovaram muito ao Maguid por ter consentido que aquele companheiro, o fúlgido e santo homem, seguisse para a morte. — Por que não lho revelaste? — perguntaram. — Aquilo que se recebeu para administrar — replicou ele — deve-se administrar fielmente.
O Maguid morreu no outono seguinte.

Tolice

Contou o Rabi Ascher, filho do Rabi Aarão: — Quando visitei o Rabi Pinkhas de Koretz, não lhe anunciei quem eu era. Mas ele me disse: "Teu pai vem atrás de ti". Após um instante, acrescentou: "Teu pai cometeu uma tolice". Assustei-me, pois eu sabia que tudo quanto o Rabi Pinkhas diz de um *tzadik* — mesmo que este já se encontre no mundo superior há quinhentos anos — chega aos ouvidos do tribunal celeste. "A tolice — continuou — que teu pai cometeu foi não ter vivido mais tempo."

Três Gerações

No dia em que o Rabi Israel de Rijin celebrou o noivado de seu filho, o Rabi Abraão Iaakov, futuro Rabi de Sadagora, com uma filha do Rabi Aarão de Karlin, neto do grande Rabi Aarão, disse, quando se redigia o contrato nupcial: — É nosso costume desfiar nessa hora a árvore genealógica do pai da noiva. O grande Rabi Aarão foi a verdade do mundo. Seu filho, Rabi Ascher, avô da noiva, se soubesse que, debaixo de um assoalho qualquer, se escondia uma migalha de verdade, com os próprios dedos arrancaria o assoalho.

LEVI ITZHAK DE BERDITSCHEV

O Companheiro

Ainda nos verdes anos, Levi Itzhak foi escolhido para genro por um homem rico, conforme o costume, por causa de seus extraordinários dotes. No primeiro ano após o casamento, em Simhat Torá, concederam-lhe, na casa de orações, em deferência a seu respeitado sogro, a honra de proferir, diante da congregação, a prece: "A ti te foi mostrado para que soubesses" [1]. Levi Itzhak pôs-se diante do púlpito e permaneceu imóvel por um instante. Seu *talit* estava sobre o púlpito. Estendeu a mão e o apanhou a fim de envergá-lo, mas a seguir o recolocou em seu lugar e quedou-se imóvel como antes. Os chefes da comunidade mandaram o bedel sussurrar-lhe que não cansasse a congregação e começasse logo a prece. — Está bem — disse ele. Tomou o *talit* na mão, e já o havia posto quase, quando tornou a depô-lo sobre o púlpito. O sogro ficou envergonhado perante a congregação, tanto mais quanto se vangloriara várias vezes do excelente rapaz que ganhara para sua casa. Furioso, ordenou que lhe dissessem para iniciar imediatamente a oração, ou então, abandonasse o púlpito. Mas, antes que o recado chegasse a Levi Itzhak, soou, repentinamente, sua voz: — Se és tão versado nos ensinamentos e se

---

(1) Oração recitada em Simhat Torá. *Deut.*, 4:35: "A ti te foi mostrado para que soubesses que o Senhor é Deus e nenhum outro há senão ele".

és um *hassid,* profere tu a oração! — E, ao mesmo tempo, voltou a seu lugar. O sogro calou-se. Mas, quando se encontravam em casa e Levi Itzhak sentado à sua frente, na mesa festiva, em grande alegria, como requer o dia, não se conteve e exclamou: — Por que me fizeste passar tal vexame? — Em resposta, contou o Rabi: — Quando, pela primeira vez, estendi a mão para cobrir com o *talit* a cabeça, o Impulso do Mal colocou-se junto a mim e ciciou-me ao ouvido: "Quero dizer contigo: A ti te foi mostrado para que soubesses". Perguntei: "Quem és tu para te considerares digno disso?" E ele: "Quem és tu, para te considerares digno disso?" "Sou versado nos ensinamentos", respondi. "Eu também sou versado", retrucou. Desdenhosamente, tentei despachá-lo: "E onde foi que estudaste?" "E tu, onde foi que estudaste?" rebateu. Eu lho disse. "Eu estava justamente contigo, então", murmurou, "estudei em tua companhia". Eu ponderei. "Mas eu sou um *hassid*", digo, certo da vitória. E ele, sem se abalar: "Também sou *hassid*". E eu: "Quem foi o *tzadik* que foste procurar?" E mais uma vez ele em eco: "E tu, a quem foste procurar?" "Ao santo Maguid de Mesritsch", respondi. Então ele riu ainda mais sardonicamente: "Então eu estava contigo, e contigo recebi a *hassidut.* Por isso vou dizer contigo: A ti te foi mostrado para que soubesses". Para mim foi o bastante. Deixei-o lá. O que mais eu poderia fazer?

O que se Aprendeu

Quando Levi Itzhak voltou da primeira viagem que fez à casa do Rabi Schmelke de Nikolsburg, empreendida contra a vontade do sogro, este o interpelou: — Então, o que podes ter aprendido com ele?! — Respondeu Levi Itzhak: — Aprendi que existe um Criador do mundo. — O velho chamou um criado e perguntou-lhe: — Estás a par de que existe um Criador do mundo? — Sim — respondeu o criado. — Claro — exclamou Levi Itzhak — todos o dizem, mas será que também o aprenderam?

Na Rua dos Curtidores

Numa de suas andanças, o Rabi Levi Itzhak chegou a uma cidadezinha em que não conhecia ninguém, já de noite. Não conseguiu um lugar para pousar, até que um curtidor levou-o para sua casa. Quando quis pronunciar a oração da noite, não logrou dizer uma palavra, tão penetrante era o cheiro das peles. Levantou-se, então, e dirigiu-se à casa de estudos, que estava totalmente vazia e rezou. E, enquanto rezava, compreendeu, de súbito, como a *Schehiná*, a presença de Deus que habita o mundo, caíra no exílio e agora, cabisbaixa, se achava na rua dos curtidores. Rompeu em lágrimas e chorou sem parar, até que seu coração verteu toda a mágoa da *Schehiná* e ele tombou sem sentidos. Então apareceu-lhe a *Schehiná* em sua glória, uma luz ofuscante em vinte e quatro graus de cor, e assim lhe falou: — Se forte, meu filho! Virão a ti grandes provações, mas não temas, porque eu estarei contigo.

Êxtases

Na manhã de Sucot, quando o Rabi Levi Itzhak quis alcançar a caixa em que aguardavam a bênção o limão e o ramo de palma, murta e salgueiro, enfiou a mão pelo vidro da tampa e não percebeu que se cortara.

Na festa de Hanucá, quando viu acesas as velas sagradas, foi impelido a pôr a mão nua nas chamas e não o sentiu.

Na festa de Purim, quando da bênção que precede a leitura do livro de Ester, dançou sobre o púlpito e quase que sobre o próprio rolo das Escrituras.

Quando foi buscar água para assar as *matzot*, tão extasiado ficou com o sagrado dever, que caiu no poço.

Quando, ao *seder*, disse as palavras "Esta *matzá*", tão entusiasmado estava que as jogou debaixo da mesa, a seguir derrubou a mesa, com a tigela do *seder*, as *matzot*, vinho e tudo, e foi preciso preparar tudo de novo. Vestiu a bata nova que lhe deram e disse, como quem se delicia com um prato soberbo: — Ah! Ah! Esta *matzá!*

A Ablução

Contam: "Quando o Rabi Levi Itzhak se tornou Rav de Berditschev, foi muito hostilizado pelos adversários de seus ensinamentos. Entre eles, havia um grupo tão apegado à memória do grande Rabi Liber, morto quinze anos atrás e que também vivera e ensinara em Berditschev, que não queria nada com o inovador. Um dia, o Rabi Levi Itzhak os chamou e revelou-lhes que tencionava ir ao banho do Rabi Liber. Ora, este nunca possuíra um banho propriamente dito; dava-se este nome a um telhado escorado em quatro colunas, sob o qual ficava o poço de água. No inverno, o Rabi Liber costumava quebrar o gelo com um machado e depois mergulhava para as abluções sagradas. Depois de sua morte, caíra o teto e o poço se enlameara. Assim, informaram ao *tzadik* que era impossível banhar-se lá. Este, todavia, se manteve firme em seu propósito e contratou quatro trabalhadores, que passaram um dia inteiro cavando. Na manhã seguinte, encontraram o poço novamente cheio de lama. E assim ocorreu por uma série de dias. Os adversários caçoavam do estranho novo Rav. Era perfeitamente óbvio, disseram-lhe, que o Rabi Liber não queria que se utilizasse de seu banho. O Rabi Levi Itzhak mandou que todos os que haviam conhecido o Rabi Liber se reunissem na manhã seguinte, bem cedo. Ele mesmo foi com eles ao tal lugar, e mais uma vez os trabalhadores cavaram. Depois de duas horas, um deles exclamou: — Vê-se água! — Logo comunicaram que se juntara um pouco de água. — Não é preciso cavar mais — disse o Rabi. — Despiu-se e, conservando apenas o solidéu, entrou no banho. Ao pôr os pés na água, todo mundo viu que ela lhe atingia somente até os tornozelos, mas num instante subiu até a altura de sua boca. Então ele perguntou: — Há alguém aqui que ainda se lembre do Rabi Liber quando moço? — Responderam-lhe que, na cidade nova, vivia um *schamasch* com cento e dezesseis anos, que servira o Rabi Liber em sua juventude. O *tzadik* mandou chamá-lo e esperou dentro da água, que lhe chegava até a boca. A princípio, o ancião se recusou a ir. Mas quando soube o que acontecera, dispôs-se a acompanhar o mensageiro. — Ainda vos lembrais — perguntou-lhe o Rabi — do *schamasch* que se enforcou no candelabro da casa de orações? — Claro que me lembro — respondeu o outro, perplexo. — Mas por que vos preocupais com ele? Isto já foi há setenta anos, nem estáveis ainda na terra! — Contai como aconteceu — disse o Rabi. O ancião contou: — Ele era um homem simples, porém muito piedoso. E tinha seus próprios hábitos. Toda semana, na quarta-feira, começava a polir o grande lustre para o *schabat,* e, enquanto o fazia, repetia sempre: "Faço isso por amor a Deus". Mas, uma sexta-feira à tarde, quando os fiéis chegaram à casa de orações, encontraram-no pendendo do lustre, enforcado com o próprio cinto. — Disse o Rabi: — Naquela véspera de *schabat,* ao ver que tudo estava brilhando e que nada mais havia a fazer, aquele *schamasch* simples perguntou a si mesmo: "O que mais posso fazer em honra a Deus?" Seu pobre e fraco entendimento embaralhou-se e, porque, de todas as coisas grandes no mundo, para ele o lustre sempre fora a maior, enforcou-se nele em honra a Deus. E como, desde então, já se passaram setenta anos, o Rabi Liber apareceu-me durante a noite e exigiu que eu fizesse o que deve ser feito para resgatar a pobre alma. Por isso, mandei restaurar o banho sagrado e imergi na água. E agora dizei-me: Chegou a hora da redenção para essa pobre alma? — Sim, sim, sim! — exclamaram todos, como que a uma só voz. — Então também eu digo: sim, sim, sim! — falou o Rabi. — Vai em paz! — Saiu da água e a água baixou a um ponto que teria dado apenas para banhar-lhe os tornozelos.

O Rabi Levi Itzhak construiu uma casa de banhos no local e restaurou o antigo poço de imersão; para si, entretanto, mandou instalar outro ao lado. Somente quando se preparava para alguma tarefa difícil é que ia ao banho do Rabi Liber. Ainda hoje se encontra, na cidade velha, perto do *klaus*, a casa de banhos com os dois poços, um dos quais é até agora chamado "o banho do Rabi Liber" e o outro, "o banho do Rabi Levi Itzhak".

Na Noite do Seder

Logo depois que o Rabi Levi Itzhak foi aceito como Rav pela comunidade de Berditschev, ele orou com grande fervor, diante do púlpito, na primeira véspera do Pessach, e sua oração se estendeu por tantas horas que os fiéis se cansaram de esperar, terminaram suas preces, voltaram a suas casas e prepararam o *seder*. Remanesceu um único homem, um dos pobres forasteiros, que, segundo o costume, partilhariam do repasto festivo na casa de um dos cidadãos. Fora informado de que comeria na casa do judeu que justamente agora procedia aos ofícios e, como estava muito cansado da jornada, deitou-se num dos bancos e logo adormeceu. Entrementes, o Rabi terminara de proferir a silenciosa oração das Dezoito Bênçãos. Ao ver que todos haviam ido para casa, exclamou: — Vinde, pois, ó anjos das alturas! Descei neste dia sagrado, para louvor d'Aquele que é Santo, abençoado seja Ele. — Com isso, o hóspede semi-acordou de seu pesado sono. Ainda sonolento e atordoado, ouviu um sopro poderoso perpassar a casa e assustou-se até o fundo de seu ser. Mas o Rabi recitou os hinos de louvor com grande alegria. Então, avistou o estranho e perguntou-lhe por que ficara sozinho. O outro, já inteiramente desperto, contou-lhe como acontecera, e o Rabi pediu-lhe que o acompanhasse para a refeição do *seder*. Mas o estranho, temeroso, não se atrevia a aceitar o convite; evidentemente, temia que, à mesa, em vez de comida, lhe servissem palavras secretas de magia. — Fica tranqüilo — disse o Rabi. — Na minha casa comerás como em casa de qualquer outro cidadão. — E assim o homem decidiu-se a acompanhá-lo.

O Taberneiro Incréu

O dono de uma taberna em Berditschev era avesso ao caminho hassídico, mas gostava de ficar ouvindo quando os *hassidim* contavam uns aos outros os feitos de seus guias. Assim, certa vez, ouviu-os falar da oração do Rabi Levi Itzhak.

— Quando o Rabi — relatavam eles — no *schabat,* começa a cantar a "Sagração da Coroa", cântico em que as hostes de cima se unem com as de baixo, os anjos aparecem para escutá-lo. — Acreditais realmente que seja assim? — perguntou o taberneiro. — Sim, é — disseram. — E onde se metem os anjos? — perguntou ainda. — Ficam pairando no ar? — Não — responderam-lhe. — Descem ao chão e postam-se à volta do Rabi. — E vós, onde ficais, nesse momento? — Quando o Rabi começa a cantar prodigiosamente, e dança, prodigiosamente, pela casa toda, não nos é possível permanecer lá dentro. — Bem — disse o taberneiro — quero examinar a coisa de perto, a mim ele não arranca do lugar. — Na festa da Lua Nova, quando o Rabi começou a inflamar-se, o taberneiro colocou-se bem atrás dele. O Rabi, em seu grande fervor, virou-se para ele, agarrou-o pelas abas do paletó, sacudiu-o, empurrou-o à sua frente, arrastou-o às sacudidas e aos trancos, de uma ponta à outra da casa e, a seguir, da outra ponta à primeira. O taberneiro nem sabia o que lhe estava acontecendo. Fugiam-lhe os sentidos, os ouvidos lhe zuniam, como que no meio de uma tormenta monstruosa. Com um último esforço, arrancou-se das mãos do *tzadik* e fugiu. Desde então, também ele acreditou que havia outras forças em jogo que não as terrenas.

Por Israel

Antes de iniciar as Dezoito Bênçãos, na celebração do Ano Novo, cantou o Rav de Berditschev: — Os que habitam no alto e os que habitam embaixo tremem e se abalam no temor de Teu Nome; os que habitam o abismo e os que habitam nas tumbas tremem e gemem no temor de Teu Nome. Mas os justos, nos confins do paraíso, rejubilam-se e celebram o Teu Nome. Por isso eu, Levi Itzhak, filho de Sara, vim a ti com súplicas e preces. O que tens com Israel? Com quem falas? Com os filhos de Israel! A quem comandas? Aos filhos de Israel. Por isso, eu pergunto: O que tens com Israel? Não existem caldeus, e persas, e medos em quantidade? O que tens com Israel? Não pode ser de outro modo: Tu os amas, aos filhos de Israel, que são chamados filhos de Deus — abençoado sejas Tu, Senhor nosso Deus, Rei do mundo!

O Verdadeiro Rabi

Em outro dia de Ano Novo, ele introduziu assim a liturgia da sagração de Deus: — Fonie (apelido que os judeus davam aos russos, aqui aplicado ao czar) diz que é o rei — e assim enumerou todos os grandes príncipes soberanos, todos por seus apelidos, e depois, exultando, exclamou: — Eu, no entanto, digo: "Glorificado e santificado seja o Seu Grande Nome!"

A Troca

Certa vez, o Rabi Levi Itzhak disse em meio a uma oração: — Senhor de todo o mundo, houve um tempo em que andavas por aí com a tua Torazinha, oferecendo-a à venda como maçãzinhas podres, e não conseguias vendê-la — quem é que queria ao menos olhar para Ti? E depois nós a aceitamos. Por isso, quero fazer uma troca contigo. Nós temos um monte de pecadores e malfeitores, e Tu tens uma plenitude de perdão e expiação. Façamos pois uma troca. Mas talvez estejas pensando: seja pois igual por igual? Não! Se não tivéssemos pecados, o que farias com Teu perdão? Por isso precisas ainda dar-nos, de quebra, vida, filhos e alimentos [2].

Interrupção

Certa manhã de Iom Kipur, em que o Rav de Berditschev, no exercício de suas funções de alto sacerdote no santuário, chegou à passagem em que o sacerdote esparge as gotas de sangue redentor e deve pronunciar as palavras: "E assim contou: um — um e um — um e dois — um e três...", estava tão dominado pela devoção que, ao dizer "um" pela segunda vez, caiu ao solo e lá ficou, como morto. Em vão os circunstantes procuraram reanimá-lo. Levantaram-no do chão, levaram-no a seu quarto e deitaram-no sobre a cama. Em seguida, os *hassidim* que sabiam ser aquilo um movimento da alma, e não uma doença do corpo, retomaram a oração. À noitinha — estavam justamente começando a dizer a Neilá — o Rabi entrou correndo e, diante do púlpito, gritou: "... e um". Depois voltou a si e continuou a rezar conforme a seqüência.

---

(2) De acordo com o Talmud (Moed Katan 28a), são essas as três dádivas do céu, garantidas independentemente do mérito do homem.

Em Luta

Uma vez, no Iom Kipur, o Rav de Berditschev dirigia os ofícios na *schul* de Lvov. De repente, no meio da oração, deteve-se e ouviram-no exclamar em polonês, numa voz ameaçadora: — Vou te ensinar!
Ao jantar, disse o filho do rabino de Lvov ao Rav de Berditschev: — Não me permitiria criticar vossa maneira de orar, em geral, mas uma coisa devo perguntar-lhe: Como podeis interromper vossa prece, ainda mais com palavras polonesas? — Bem — respondeu o Rabi Levi Itzhak. — Os outros adversários, consegui dominá-los mais facilmente do que o "Príncipe" [3] da Polônia.

O Desejo

Todos os anos, no Iom Kipur, certa mulher viajava para Berditschev, a fim de rezar na congregação do Rabi Levi Itzhak. Certa vez atrasou-se e, quando entrou na casa de orações, a noite já tinha caído. A mulher afligiu-se muito, pois estava certa de que já perdera as preces da tarde. Mas o Rabi ainda não começara. Com sua espantadíssima congregação, esperara até a mulher chegar. Quando ela percebeu que ele ainda não recitara o Kol Nidre, foi tomada de grande alegria e disse a Deus: — Senhor do mundo, o que devo desejar-Te, em troca do bem que me fizeste? Desejo que tenhas tanta alegria com Teus filhos, quanto a que me concedeste agora!
Então — ela ainda não terminara de falar — desceu sobre a Terra uma hora de graça divina.

De Como se Pesa

Certa vez, depois do Iom Kipur, o discípulo predileto do Rav de Berditschev, Schmuel, entrou no quarto do Rabi, para ver como ele estava após o jejum e o zelo quase sobre-humano que pusera no serviço daquele dia. Embora a noite já andasse avançada, a xícara de café continuava à frente do *tzadik,* intocada. Ao ver o discípulo, disse-lhe: — Foi bom que viesses, Schmuel. Assim, posso contar. Sabe que hoje Satã acusou o tribunal celeste: "Vós, tribunal da justiça, dai-me a razão para isto: Quando alguém rouba um rublo a seu semelhante, medis o pecado pesando a moeda. Mas se alguém dá um rublo de esmola a seu semelhante, pesais o pobre em pessoa e todos os

---

(3) Sobre cada um dos setenta povos acha-se colocado um anjo (Príncipe), conforme a representação mística.

de sua casa beneficiados pela dádiva. Por que não vos contentais, também nesse caso, com a moeda? Ou então, por que, no outro caso, não pondes também na balança o que foi roubado e todos os outros prejudicados pelo roubo?" Então adiantei-me e expliquei: "O caridoso deseja preservar a vida das pessoas, por isso é preciso pesar as pessoas. Mas o ladrão só quer o dinheiro, as pessoas de quem o toma nem entram em suas cogitações, e por isso, neste caso, não há nada a pesar, além da própria moeda". Assim fiz calar o acusador.

A Canção do "Tu"

O Rav de Berditschev costumava cantar uma canção que dizia:

"Onde eu ando — Tu!
Onde paro — Tu!
Só Tu, outra vez Tu, sempre Tu!
Tu, Tu, Tu!
Quando estou bem — Tu!
E se a dor me vem — Tu!
Só Tu, outra vez Tu, sempre Tu!
Tu, Tu, Tu!
O céu — Tu, a terra — Tu,
Em cima — Tu, embaixo — Tu,
Em toda parte, onde quer que eu vá,
Só Tu, outra vez Tu, sempre Tu!
Tu, Tu, Tu!"

Sofrimento e Prece

Quando o Rabi Levi Itzhak, na Hagadá do Pessach, chegava à passagem em que se fala dos quatro filhos [4], e, nesta, ao ponto em que se fala do quarto filho [5], "o que não sabe perguntar", costumava dizer: — O que não sabe perguntar sou eu, Levi Itzhak de Berditschev. Não sei fazer-Te perguntas, Senhor do Mundo, e mesmo que soubesse, não o conseguiria. Como me atreveria a perguntar a Ti por que tudo acontece como acontece, por que somos tocados de um exílio a outro, por que nossos detratores podem torturar-nos assim! Mas, na Hagadá, ao pai de quem não sabe perguntar se diz: "Revela-lho!" Ela se baseia

---

(4) Segundo o exemplo dos quatro filhos, o sábio, o perverso, o simplório e o "que não sabe perguntar", é exposta a diversidade da relação pessoal quanto ao *seder* dessa noite.

(5) Êxodo, 13:18.

nas Escrituras, onde está escrito: "Contarás a teu filho"[5]. E eu, Senhor do Mundo, sou Teu filho. Não peço que me reveles os mistérios de Teu caminho — eu não os suportaria. Mas revela-me, com mais clareza e profundidade, o que significa para mim isto que acontece agora, o que exige de mim, e o que Tu, Senhor do Mundo, me dizes com isso. Ah, não é a razão de meu sofrimento que desejo saber, mas apenas se é por Ti que sofro.

A Prece da Mulher

Chegou até nós uma oração de Pérola, mulher do Rabi de Berditschev. Enquanto amassava e assava os pães sabáticos, costumava rezar: — Senhor do Mundo, peço-te, ajuda-me a que meu Levi Itzhak, no *schabat,* ao dizer a bênção sobre estes pães, tenha na mente o mesmo que eu tenho agora, quando os amasso e asso!

Duas Espécies de Oração

Certa vez, na véspera do sabá, o Rabi Levi Itzhak orava perante a congregação de uma cidade estranha em que se encontrava como hóspede. Como sempre, estendeu a oração por um tempo inusitado, com gestos e exclamações que não estavam previstos em liturgia alguma. Terminada a prece, o Rav da localidade acercou-se dele, fez-lhe a saudação sabática e indagou: — Por que não sois mais cuidadoso em não fatigar a congregação? Pois nossos sábios contam do Rabi Akiva que, sempre que orava com a congregação, ele se apressava, mas, quando em oração solitária, entregava-se de tal maneira ao êxtase, que às vezes começava num canto da sala e ia terminar no outro. — O Rabi de Berditschev replicou: — Como é possível imaginar que o Rabi Akiva, com seus inúmeros discípulos, apressasse suas orações para não cansar a congregação! Tenho certeza de que todos sentiam o maior prazer em ouvir seu mestre, por horas e horas! O sentido do relato talmúdico é antes o seguinte: Quando o Rabi Akiva estava realmente orando com a congregação, ou seja, quando a congregação sentia a mesma devoção íntima que ele, sua oração podia ser curta, porque então precisava orar apenas por si. Mas, quando orava sòzinho, ou seja, embora estando no meio da congregação, só ele sentia a íntima devoção e os outros oravam sem ela, então precisava encompridar as preces para com elas elevar as dos outros.

(5) Êxodo, 13:18.

De Olhos Abertos

Certa vez, o Rabi Levi Itzhak contou ao Maguid de Kosnitz, de quem então era hóspede, que tencionava ir a Vilna, o centro dos adversários da via hassídica, para disputar com eles. Disse o Maguid: — Eu gostaria de fazer-vos uma pergunta. Por que, contrariamente ao costume, recitais as Dezoito Bênçãos de olhos abertos? — Meu caro — disse o Rabi de Berditschev — será que estarei nessa hora vendo alguma coisa? — Sei bem — replicou o Maguid — que nessa hora não vedes nada; mas o que direis a eles, quando vo-lo perguntarem?

O Chantre Rouco

Na comunidade do Rabi Levi Itzhak havia um chantre que ficou rouco. Perguntou-lhe: — Como aconteceu de estardes rouco? — Isto é por eu ter orado diante do púlpito — respondeu. — Certo — disse o Rabi — quando se reza diante do púlpito fica-se rouco. Mas quando se reza diante do Deus vivo, não se fica rouco.

Os Ausentes

Uma vez, na casa de orações, após as Dezoito Bênçãos, o Rabi de Berditschev dirigiu-se a algumas pessoas e cumprimentou-as repetidamente com "A paz seja convosco", como se estivesse chegando de uma viagem. Quando o fitaram, surpresos, ele disse: — Por que estais tão admirados? Estáveis longe, há pouco, tu num mercado, e tu num cargueiro de cereais, e quando o som da prece acabou, voltastes, portanto, eu vos cumprimentei.

O Balbucio

O Rabi Levi Itzhak chegou, certa vez, a um albergue onde se achavam hospedados vários mercadores, a caminho de uma feira. Era um local distante de Berditschev, e assim ninguém conhecia o *tzadik*. De manhã cedo os hóspedes quiseram proceder às orações, mas, como na casa toda houvesse apenas um par de filactérios, eles os colocavam, um após outro, diziam a reza às pressas e passavam-nos ao próximo. Terminadas as orações, o Rabi chamou dois jovens, dizendo que queria perguntar-lhes algo. Eles se aproximaram. O Rabi os olhou, sério,

nos olhos e balbuciou: — Ma...ma...ma, va...va...va.
— O que desejais? — exclamaram os homens, mas a resposta
consistiu nos mesmos sons confusos. Tomaram-no por louco.
Nesse instante ele lhes dirigiu a palavra: — Como, não compreendeis esta linguagem, e não obstante acabais de falar nela
com Deus, nosso Senhor?
Por um momento os jovens calaram-se. A seguir disse um
deles: — Nunca vistes no berço uma criança que ainda não
sabe ajuntar os sons às palavras? Nunca a ouvistes produzir
toda sorte de ruídos com a boca? Ma... ma, va... va... va?
Nenhum sábio e erudito do mundo consegue entendê-la. Mas,
na hora em que chega a mãe, ela sabe imediatamente o que
significam.
Ao ouvir a resposta, o Rabi de Berditschev pôs-se a dançar de
alegria. E nos anos seguintes, nos Dias Terríveis, quando, conforme era seu costume, começava, no meio das orações, a conversar com Deus, sempre lhe contava essa resposta.

A Oração Tola

Ao fim de Iom Kipur, disse o Rabi de Berditschev a um de
seus *hassidim*: — Eu sei pelo que rezaste neste dia. Na véspera, pediste a Deus que te desse, logo no começo do ano e
de uma só vez, os mil rublos de que precisas num ano e que
num ano ganhas, para que os trabalhos e preocupações do teu
negócio não te distraiam dos estudos e orações. Mas, de manhã, recordaste que, tendo mil rublos de uma vez, certamente
começarias algum novo negócio e então é que não terias mais
tempo: assim pediste que o dinheiro te fosse dado em duas
vezes, durante o ano, metade de cada vez. E antes da oração
final, isto também te pareceu duvidoso e preferiste o pagamento trimestral, para, definitivamente, poderes estudar e orar,
sem ser incomodado. Mas o que te faz pensar que no céu precisam de teu estudo e oração? Talvez do que precisam lá em
cima sejam as tuas preocupações e os tratos que dás à cabeça.

O Fim das Orações

Diz o fim do salmo setenta e dois: "E encha-se toda a terra
da sua glória. Amém e amém. Findam aqui as orações de
Davi, filho de Isaí".
Acrescentou o Rabi Levi Itzhak: — Todas as orações e todos
os cânticos imploram que se revele a glória celeste sobre a
terra. E se acontecer alguma vez que a terra toda esteja cheia
dela, não será mais necessário orar.

Conversa Mundana

Quando o Rabi Levi Itzhak veio a Nikolsburg visitar o Rabi Schmelke, de quem, em sua juventude, recebera o caminho do fervor e com quem já não se encontrava havia tempo, foi à cozinha, logo de manhã, envolto em seu *talit* e com filactérios duplos na testa, e perguntou à esposa do Rabi Schmelke quais os pratos que seriam preparados para o almoço. Responderam-lhe, não sem espanto. Em seguida, quis saber se as cozinheiras entendiam de sua arte e propôs mais algumas perguntas do gênero. Ao se inteirarem do fato, os discípulos do Rabi Schmelke logo o tomaram por um grande boa-vida. Contudo, ele foi à casa de orações e, enquanto a congregação rezava, entabulou uma conversação com um homem humilde, desprezado por todos e, segundo perceberam os circunstantes, a palestra girava exclusivamente em torno de assuntos mundanos e desimportantes. Um dos discípulos, não podendo suportá-lo por mais tempo, gritou ao estranho: — Calai-vos! Aqui é proibido conversa fiada! — O Rabi de Berditschev não lhe deu ouvidos, mas continuou a prosa. Ao almoço, o Rabi Schmelke cumprimentou-o com grande alegria, fê-lo sentar-se a seu lado e comeu do mesmo prato que ele. Os discípulos, entre os quais era comentado o comportamento do recém-chegado, viam com aborrecimento e assombro essas mostras de honra e amizade. Depois da refeição, um deles foi incapaz de controlar seu desagrado e perguntou a seu mestre por que cumulava de favor um homem impudente e vazio como aquele, que se portava daquela maneira. O *tzadik* respondeu: — Diz a Guemará: "Em todos os seus dias, Rab [6] não manteve uma só conversa mundana". Um elogio assim soa de forma assaz estranha: será que os outros mestres gastaram seu tempo em conversa fiada e não haverá nada mais digno que dizer a respeito do Rab? Mas o sentido é o seguinte: O que quer que ele, no curso dos dias, tenha conversado com as gentes sobre seus anseios mundanos, cada uma de suas palavras continha, na realidade, um sentido secreto e um intuito secreto, atuando nos mundos superiores, e seu espírito conseguia suportar um dia inteiro desse serviço. E por isso é que nossos sábios lhe concederam um louvor do qual ninguém mais foi considerado digno: o que aos outros só era dado fazer durante três horas, depois das quais decaíam desse nível, a ele era dado fazer o dia inteiro. O mesmo se verifica com o Rabi Levi Itzhak. Aquilo que só consigo fazer apenas três horas por dia, ele consegue o dia todo: manter concentrado o espírito, a fim de atuar no mundo celeste, inclusive com a conversa tida como vã.

---

(6) Isto é, Aba Arika, mestre talmudista babiloniano do século III.

Aquele que Riu

O Rabi Mosché de Sassov gostava muito do *tzadik* de Berditschev. Seu discípulo Abraão Davi, futuro Rabi de Buczacz, insistia junto ao mestre para que o deixasse visitá-lo, pois desejava muito observar de perto sua maneira de ensinar. O Mestre não lho queria conceder. — Lemos no livro de Daniel — disse — a respeito dos que serviam na corte, que "tinham em si forças para ficarem no palácio do rei". Nossos sábios explicam-no assim: deviam abster-se do riso, do sono e de outras coisas. Ora, quanto ao serviço do Rabi Levi Itzhak, acontece que ele arde numa chama inextinguível. Em tudo o que faz, infunde sua alma de fogo. Assim, só pode aventurar-se em sua proximidade aquele que tem certeza de poder frear o riso à vista da estranha conduta do santo homem quando reza e quando come. — O discípulo prometeu que nenhum riso o apanharia à socapa, e assim o rabi de Sassov lhe permitiu passar o *schabat* em Berditschev. Mas à mesa, ao ver os poderosos movimentos de todos os membros do *tzadik* e seus trejeitos esquisitos, não pode conter-se e caiu na risada. Logo foi acometido de insânia, as gargalhadas furiosas sucediam-se. Afinal, foi mister tirá-lo da mesa e, depois do *schabat,* enviá-lo de volta a Sassov sob escolta. Quando o Rabi Mosché Leib o viu, escreveu ao Rabi de Berditschev: — Mandei-vos um vaso intato e vós mo devolvestes quebrado. — A doença durou trinta dias, em seguida Abraão Davi sarou de repente. Desde então, naquele dia do ano, costumava oferecer um banquete de agradecimento, durante o qual contava o acontecido, concluindo com as seguintes palavras do salmo: "Agradecei ao Senhor, pois Ele é bom, pois eternamente dura Sua misericórdia".

Dia após Dia

Toda noite, o Rabi de Berditschev examinava as obras do dia, penitenciando-se por todas as falhas que descobrisse, e dizia: — Levi Itzhak não fará mais isso. — Então, admoestava-se a si mesmo: — Levi Itzhak, também ontem o disseste! — E continuava: — Ontem Levi Itzhak não falou a verdade, mas hoje fala a verdade.

Costumava dizer: — Assim como a parturiente, em meio a suas dores, jura a si mesma que nunca mais se deitará com seu marido e depois esquece o juramento, do mesmo modo nós reconhecemos nossa culpa em todos os Dias da Expiação, nos arrependemos e continuamos a pecar, e Tu continuas a perdoar!

O Eterno Começar

Um discípulo perguntou ao Rabi de Berditschev: — Ensina o Talmud [7] que: "No lugar em que se encontram os que se arrependem, os justos perfeitos não podem se encontrar". Assim, aquele que, desde a juventude, é imaculado estaria atrás daquele que transgrediu muitas vezes contra Deus e não consegue alcançar sua altura?

Respondeu o *tzadik*: — Aquele a quem se revelam, todos os dias, novas luzes que, na véspera, ainda não conhecia, se pretende servir verdadeiramente, precisa rejeitar o serviço falho do dia anterior, penitenciar-se por ele e começar de novo. Mas o imaculado, que julga ter realizado o serviço perfeito e insiste nisso, ele não aceita a luz e fica para trás daquele que eternamente se arrepende.

Invejoso

Andando na rua, o Rabi de Berditschev dirigiu-se certa vez a um homem que ocupava um alto cargo, e que era tão mau quanto poderoso, e lhe disse: — Senhor, eu te invejo. Quando te voltares para Deus, cada uma das tuas manchas transformar-se-á num raio de luz, e tu inteiro te tornarás luz. Senhor, eu te invejo por teu grande brilho.

O Seder dos Ignorantes

Certa vez, o Rabi Levi Itzhak celebrou o *seder* da primeira noite de Pessach com tanta piedade que cada versículo e cada rito brilhou à mesa do *tzadik* com toda a santidade de seu sentido secreto. Depois da festa, quando vinha raiando a manhã, estava o Rabi Levi Itzhak em seu aposento, satisfeito e orgulhoso por ter-lhe corrido tão bem o serviço daquela noite. De súbito, algo lhe falou: — De que te vanglorias? Mais amável é para mim o *seder* de Haim, o aguadeiro, que o teu. — O Rabi chamou todas as pessoas de sua casa e os discípulos e perguntou sobre o homem cujo nome ouvira. Ninguém o conhecia. Por ordem do *tzadik*, alguns discípulos saíram à procura. Tiveram de andar muito até que, nos limites da cidade, lá onde moravam os pobres, lhes mostraram a casa de Haim, o aguadeiro. Bateram à porta. Saiu uma mulher e pergun-

[7] Berahot 34.

toú-lhes o que desejavam. Ao ser informada, espantou-se e disse: — Sim, Haim, o aguadeiro, é meu marido. Mas ele não pode ir convosco, porque ontem ele bebeu muito e agora está ferrado no sono; mesmo que eu o acorde, não vai conseguir nem levantar os pés. — Mas os outros responderam apenas: — São ordens do rabi. — Foram até ele e sacudiram-no até despertá-lo. Ele apenas piscou os olhos, não podendo compreender o que desejavam dele e quis virar para o outro lado, a fim de continuar dormindo. Levantaram-no, porém, da cama, colocaram-no no meio deles e, quase carregando-o aos ombros, levaram-no ao *tzadik*. Este mandou que lhe dessem uma cadeira junto a si, e, vendo-o ali sentado, mudo e confuso, inclinou-se para ele e falou: — Rabi Haim, coração, a que mistérios dirigistes vosso pensamento ao reunirdes a massa fermentada? — O aguadeiro encarou-o com olhos vazios, balançou a cabeça e respondeu: — Senhor, limitei-me a rebuscá-la em todos os cantos e reuni-la. — Espantado, o *tzadik* prosseguiu no interrogatório: — E que congregação tínheis em mente ao queimar a massa fermentada? — Ele refletiu, olhou aflito e disse, hesitante: — Senhor, esqueci-me de queimá-la. Agora me lembro, ela ainda está em cima da trave. — Ao ouvir isso, o Rabi Levi Itzhak sentiu-se completamente inseguro, mas continuou a perguntar: — Agora dizei-me, Rabi Haim, como celebrastes o *seder*? — Então foi como se algo lhe despertasse nos olhos e no corpo, e ele falou com voz humilde: — Rabi, vou contar-vos a verdade. Vede, sempre ouvi dizer que é proibido tomar aguardente nos oito dias da festa, por isso tomei ontem de manhã o suficiente para oito dias. Assim, fiquei cansado e adormeci. Então, minha mulher me acordou, era noitinha e ela me disse: "Por que não celebras o *seder* como todos os judeus?" E eu disse: "O que queres de mim? Sou um ignorante, e meu pai era ignorante, e eu não sei o que se deve fazer e o que não se deve. Mas de uma coisa eu sei: nossos pais e nossas mães eram prisioneiros na terra dos ciganos, e temos um Deus, e Ele os guiou para longe, para a liberdade. E olha: agora nós estamos presos outra vez e eu sei e te digo que Deus vai levar-nos também para a liberdade". Foi quando vi à minha frente a mesa, e a toalha brilhava como o sol, e sobre ela havia travessas com *matzot* e ovos e outros pratos, e garrafas de vinho tinto. Comi das *matzot* com ovos e bebi do vinho e dei de beber e de comer à minha mulher. E então me veio a alegria e eu levantei meu copo para Deus e disse: "Olha, Deus, este vinho bebo a Ti! E tu, inclina-Te para nós e nos faz livres!" E assim ficamos, e bebemos, e nos alegramos diante de Deus. E depois me senti cansado, deitei-me e adormeci.

A Refeição dos Sete Pastores

Amiúde aparecia à mesa do Rabi Levi Itzhak um homem honesto e iletrado, que os discípulos olhavam com reprovação, porque de maneira nenhuma conseguia compreender o que vinha dos lábios do rabi; e o que fazia o cozedor de piche entre os conhecedores dos segredos dos ungüentos? Mas como ele, em sua simplicidade, não percebia a atitude dos discípulos, ou não se deixava perturbar por ela, acabaram, ao fim, por falar com a esposa do *tzadik,* pedindo-lhe que mandasse embora o simplório. Ela não o queria fazer sem a permissão do marido; assim, levou-lhe os argumentos e o pedido dos discípulos. O Rabi respondeu: — Quando uma vez, no mundo vindouro, estiverem reunidos para o banquete santo os sete pastores, Adão, Set, Matusalém à direita, Abraão, Jacó e Moisés à esquerda, Davi no meio, e um pobre iletrado, Levi de Berditschev, aparecer, acho que vão até acenar com a cabeça para o simplório.

Moisés e o Monte Sinai

Perguntaram certa vez ao Rabi de Berditschev: — Como se explica que Moisés, que em sua grande humildade rogou a Deus que enviasse outro e não ele ao Faraó, não se tenha recusado por um instante sequer a receber a Torá?

— Ele vira — respondeu o rabi — que as mais altas montanhas [8] apareciam diante de Deus, e cada uma suplicava para si a graça de ser a sede da revelação, e que Deus no entanto escolhera o pequeno Monte Sinai. Por isso, quando viu que também ele fora escolhido, obedeceu ao chamado sem relutância.

Seu Sobrenome

O sobrenome de Rabi Levi Itzhak era *Derbarmdiger,* o "Misericordioso", e por este nome, que, todavia, não era o de seu pai, é que o designavam os livros das autoridades. Isso ocorreu do seguinte modo. Um edito real determinou que todo mundo devia ao nome acrescentar um sobrenome e, como os judeus ainda titubeassem, o polícia de Berditschev foi de casa em casa para obrigá-los ao registro. Quando pisou a soleira da casa do Rabi Levi Itzhak e fez sua pergunta, o *tzadik* o encarou como um ser humano encara outro, e, sem dar atenção à

---

(8) Uma lenda, bem conhecida, do *Midrasch.*

pergunta, falou-lhe assim [9]: — Procura ligar-te à qualidade de Deus. Assim como Ele é misericordioso, assim se tu misericordioso. — Mas o beleguim abriu o registro e escreveu: prenome, Levi Itzhak, sobrenome, Misericordioso.

Os Filactérios de Deus

Em meio a uma oração, o Rabi de Berditschev disse certa vez a Deus: — Senhor do Mundo, deves perdoar a Israel seus pecados. Se o fizeres, muito bem. Se não o fizeres, direi a todo mundo que os filactérios que usas não são válidos[10]. Ora, o que tens escrito nos teus filactérios? É o versículo de Davi, Teu ungido: "Quem é como Teu povo, Israel, povo único sobre a terra!" Mas se não perdoares os pecados de Israel, então ele não é mais um povo único, a palavra que Teus filactérios contêm não é verdadeira, e Teus filactérios se tornaram inválidos!

De outra feita, disse: — Senhor do mundo, os filhos de Israel são os filactérios da Tua fronte. Quando os filactérios de um judeu simples caem ao chão, ele os levanta de pronto, limpa-os e beija-os. Deus, Teus filactérios caíram ao chão!

O Cocheiro

O Rabi de Berditschev viu, certa vez, um cocheiro, vestido para a oração da manhã com o *talit* e os *tefilin,* passando óleo nas rodas de seu carro. — Senhor do mundo — exclamou entusiasmado — olha este homem, olha a devoção de Teu povo. Mesmo quando passam óleo nas rodas de seus carros, eles se lembram de Teu Nome.

A Mulher que Chorava

O Rabi de Berditschev contou: "Uma vez, pouco antes de Rosch ha-Schaná, veio a mim uma mulher que chorava e chorava. Pergunto-lhe: — Por que choras? Por que choras? — Responde ela: — Como não havia de chorar? Estou com dor de cabeça! Estou com dor de cabeça! — Digo-lhe: — Não

---

(9) Um dito talmúdico (Schabat 133); V. meu livro *Kampf um Israel* (1933), pp. 79 e segs.
(10) Um erro nos escritos desqualifica os filactérios. Há uma concepção talmúdica (Berahot 5) dos "filactérios de Deus". Dizem que contém o versículo *II Sam.,* 7:23.

chores! Se chorares, a cabeça vai te doer ainda mais. — Responde ela: — Como não havia de chorar! Como não havia de chorar! Tenho um único filho, e vem aí o dia sagrado e terrível, e eu não sei se meu filho vai passar o julgamento de Deus. — Digo-lhe eu: — Não chores! Não chores! Ele vai, com certeza, passar o julgamento de Deus! Pois, vê, está escrito [11]: "Pois não é Efraim, meu filho dileto, filho da alegria! Mesmo quando falo contra ele, ainda penso nele. Assim meu coração se comove por Ele, — misericórdia, misericórdia serei eu, assim fala o Senhor".

Esse acontecimento, contava-o o Rabi de Berditschev com uma melodia maravilhosa, e é com esta mesma melodia que ainda hoje o contam os *hassidim*.

No Chão

Um homem acercou-se do Rabi Levi Itzhak e se queixou: — Rabi, o que devo fazer com a mentira que se introduz em meu coração? — Estacou e depois gritou: — Ah, mesmo o que acabo de dizer não disse com verdade! Não a encontro nunca, a verdade! — Desesperado, jogou-se ao chão. — Com que intensidade este homem procura a verdade! — disse o rabi. Ergueu-o do chão, suavemente, e lhe falou: — Está escrito [12]: "Do chão nascerá a verdade".

O Grosso Livro de Orações

Certa vez, numa véspera de Iom Kipur, o rabi de Berditschev aguardou um momento antes de dirigir-se ao púlpito para proceder aos ofícios e ficou andando de um lado para o outro pela sinagoga. Num canto, viu um homem acocorado, em lágrimas. Interrogado, o outro explicou-lhe: — Como não havia de chorar! Até há pouco tempo eu tinha de tudo o que era bom, e agora estou na miséria. Rabi, eu morava numa aldeia e ninguém jamais saiu faminto da minha casa; minha mulher costumava recolher os pobres viandantes na rua e dar-lhes o que comer. E então vem Ele — e mostrou o céu com o dedo — e me leva a mulher, de um dia para o outro. E como se ainda não bastasse, agora Ele me queimou a casa, com nossos seis filhinhos, e eu fiquei sem mulher e sem casa. E eu possuía também um volumoso livro de preces, e ele continha todos os cânticos e tão bem ordenados nem era preciso procurar, e tam-

(11) *Jeremias*, 31:19.
(12) *Salmos*, 85:12.

bém se queimou. Agora diz, Rabi, posso perdoá-Lo? — O *tzadik* mandou procurar um livro de orações igual ao que o homem descrevera. Quando o trouxeram, o homem começou a virar folha por folha, para ver se tudo estava na ordem certa, e o rabi o esperou terminar. Depois perguntou-lhe: — Agora tu O perdoas? — Sim — disse o homem. Com isso o Rabi dirigiu-se ao púlpito e entoou a oração "Todos os votos".

A Sabedoria de Salomão

Perguntaram ao Rabi Levi Itzhak de Berditschev: — Com respeito à passagem das Escrituras, segundo a qual o Rei Salomão foi mais sábio que todos os homens, observou-se: "Mais sábio até que os tolos". Que sentido pode ter semelhante afirmação que soa tão insensata?

O Rabi de Berditschev explicou: — É próprio do tolo considerar-se mais sábio do que todos, e ninguém o convence de que é um tolo e de que seus atos são tolices. Mas a sabedoria de Salomão era tão vasta que sabia usar diversas roupagens, inclusive as dos tolos. Assim, conseguia manter um diálogo verdadeiro com os tolos e mover seus corações a reconhecer e confessar sua natureza.

Abraão e Lot

O Rav de Berditschev, durante uma viagem, parou em Lvov e foi à casa de um homem rico e respeitado. Recebido pelo dono da casa, pediu-lhe hospedagem por um dia, mas não lhe revelou seu nome nem posição. O rico respondeu-lhe aos berros: — Não preciso de vagabundos por aqui. Vai para alguma estalagem. — Não sou hóspede de estalagem — disse o Rabi. — Dai-me um canto em algum cômodo e não o incomodarei em nada mais. — Fora! — gritou-lhe o outro. — Se, como dizes, não és hóspede para estalagem, vai à casa do mestre-escola, na esquina. Ele costuma receber com honra gente vadia dessa espécie e dar-lhes de comer!

O Rabi Levi Itzhak dirigiu-se à casa do *melamed* e foi acolhido e servido com honras. Mas, no caminho, alguém o reconheceu e logo se espalhou a notícia de que o santo Rabi de Berditschev se achava na cidade e que fora hospedado pelo mestre-escola. Mal descansara um pouco, e já se reunia uma boa multidão à porta, pedindo entrada, e quando a porta foi aberta, começaram a afluir aos magotes, a fim de receber a bênção do *tzadik*. Entre eles, estava o ricaço; empurrou os outros até chegar à frente do rabi e começou: — Queira o nosso senhor e mestre perdoar-me e honrar minha casa com sua visita. Todos os *tzadikim* que vieram a Lvov pousaram em minha casa. O Rabi Levi Itzhak voltou-se para os que o rodeavam e disse: — Sabeis qual é a diferença entre nosso pai Abraão, a paz seja com ele, e Lot? Por que se conta com tanta satisfação que Abraão serviu creme, leite e uma vitela macia aos anjos? Lot também fez um bolo e deu-lhos a comer. E por que se considera um mérito Abraão tê-los recebido em sua casa? Pois Lot também os convidou e alojou. A verdade é a seguinte. No caso de Lot se conta: "Os anjos vieram a Sodoma". Mas, no tocante a Abraão, o que se diz é: "Ele ergueu os olhos, e havia homens diante dele". Lot viu figuras de anjos; Abraão, pobres viandantes, empoeirados e necessitados de comida e descanso.

Trabalho Forçado

O Rabi Levi Itzhak ficou sabendo que as moças que amassavam as *matzot* penavam desde cedo de manhã até tarde da noite. Então exclamou na sinagoga perante a congregação reunida: — Os que odeiam Israel nos acusam de assar *matzot* com sangue de cristãos; não, é com sangue de judeus que as amassamos.

A Instituição Para os Pobres

Quando Levi Itzhak se tornou Rav de Berditschev, combinou com os chefes da comunidade que não o chamariam para suas reuniões, a menos que projetassem instituir algum novo costume, ou nova ordem. Um dia foi convidado a participar de uma sessão. Logo depois de saudá-los, perguntou: — Qual é o novo costume que pretendeis estabelecer? — Responderam: — Queremos que os pobres, doravante, não mais peçam esmolas à soleira das portas. Vamos criar uma caixa, e todos os abastados contribuirão com dinheiro segundo suas fortunas, e com isso os necessitados serão atendidos. — Ao ouvi-lo, o rabi falou: — Meus irmãos, não vos solicitei que não me tirásseis de meus estudos por qualquer uso antigo, por qualquer ordem velha, e não me fizésseis vir a vossas reuniões? — Admirados, objetaram os administradores: — Mestre, trata-se de uma instituição nova, sobre a qual só hoje iremos deliberar! — Estais enganados — exclamou — ela é antiqüíssima! É um costume muito antigo, que vem de Sodoma e Gomorra. Não vos lembrais do que é contado [13] a respeito da jovem que, em Sodoma, deu um pedaço de pão a um mendigo? De como agarraram a jovem, despiram-na, lambuzaram-na de mel e lançaram-na às abelhas, devido ao grande crime que perpetrara. Quem sabe, talvez também eles possuíssem uma caixa da comunidade, onde os abastados depositavam seus óbolos, para não terem de olhar seus irmãos pobres nos olhos.

O Apressado

O Rabi de Berditschev viu um dia alguém que andava às pressas pela rua, sem olhar nem para a direita, nem para a esquerda. — Por que corres assim? — perguntou-lhe. — Vou atrás de meu ganha-pão — respondeu o homem. — E como sabes — continuou o rabi a perguntar — que teu ganha-pão está correndo à tua frente e que precisas correr no seu encalço? Talvez esteja às tuas costas e tudo o que tenhas a fazer para encontrá-lo é parar; mas tu, ao invés, foges dele.

O que Estás Fazendo?

De outra vez, no mercado, o Rav de Berditschev viu alguém que estava tão absorto em seus negócios, que nem levantava os olhos. Deteve-o e perguntou-lhe: — O que estás fazendo? — O outro respondeu, prontamente: — Agora não tenho tempo para falar convosco. — Mas o *tzadik* não se deixou despachar. Simplesmente repetiu a pergunta: — O que estás fazendo? — Impaciente, o homem exclamou: — Não me detenhais, devo atender meus negócios. — Mas o rabi não o largou: — Está bem — replicou — mas tu, o que estás fazendo? Tudo isso que te preocupa está nas mãos de Deus, nas tuas está somente o temor a Deus. — O homem ergueu os olhos e, pela primeira vez, sentiu o que é o temor a Deus.

Os Dois Generais

Disse o Rabi Levi Itzhak: — Para saber se alguém ama realmente a Deus, é só ver como ele ama aos homens.
"Eu vos contarei uma parábola. Certa vez, um país foi assolado por grande guerra. O general que comandava o exér-

---

(13) Uma lenda talmúdica (Sanhedrim 109).

cito enviado contra o inimigo foi derrotado. O rei demitiu-o e entregou a direção da luta a outro, que conseguiu expulsar os invasores. Suspeitou-se de que o primeiro houvesse traído a pátria. O rei pensou num meio de ficar sabendo ao certo se ele o amava ou odiava. Compreendeu que havia um sinal infalível para demonstrá-lo: se o homem de quem duvidavam denotasse amizade ao rival e verdadeira alegria por seu êxito, poder-se-ia considerá-lo honesto; mas, se começasse a intrigar contra o outro, estaria provada sua traição.

"Deus criou o homem para que ele lutasse contra o mal em sua alma. Acontece que existem os que realmente amam a Deus, mas que são derrotados na dura luta. Podemos reconhecê-los por partilharem da ventura de seus semelhantes vencedores, fielmente e sem reservas.

Amalec

O Rabi Levi Itzhak interpretava da seguinte forma o versículo das Escrituras [14]: "Lembra-te do que te fez Amalec": — Porque és homem te é permitido pensar, primeiramente, naquilo que o poder do mal fez a ti mesmo. Mas, quando te elevas ao nível dos *tzadikim* e teu coração está tranquilo quanto aos inimigos que te rodeiam, então "hás de apagar a memória de Amalec debaixo dos Céus" e lembrarás são-somente aquilo que o poder do mal fez ao céu: como erigiu um muro entre Deus e Israel e como enviou a *Schehiná* de Deus ao exílio.

A Grandeza do Faraó

Disse o Rabi Levi Itzhak: — Invejo o Faraó. Que glorificação ao Nome de Deus nasceu de sua teimosia!

Os Camaleões

Disse o Rabi Levi Itzhak: — Está escrito: "Para que não vos corrompeis e não vos entregueis a trabalhos de entalhe, imagens de tudo". Isto indica os "camaleões", que, ao se insinuarem entre os *hassidim,* agem como *hassidim,* e entre os apóstatas, sabem também igualar-se-lhes e fabricar, para si, imagens de toda espécie.

(14) *Deuteronômio,* 25:17.

Talvez

Um dos ilustrados, um homem muito culto, que ouvira falar do Rabi de Berditschev, foi procurá-lo a fim de disputar com ele, conforme seu costume, e destruir suas provas antiquadas da verdade de sua fé. Ao entrar no quarto do *tzadik,* viu-o andando de um lado para o outro, com um livro na mão, imerso em pensamentos extáticos. Nem sequer deu atenção ao recém-chegado. Finalmente, parou, olhou-o de relance e disse: — Mas talvez seja mesmo verdade! — Debalde tentou o estudioso reunir toda a sua autoconfiança; seus joelhos tremiam, tão terrível era visão do *tzadik,* tão terrível o som de suas palavras singelas. Então o Rabi Levi Itzhak voltou-se inteiramente para ele e disse, com calma: — Meu filho, os grandes da Torá com quem polemizaste desperdiçaram suas palavras contigo: tu, ao sair, riste delas. Não puderam pôr Deus e Seu reino sobre a mesa, diante de ti, e eu tampouco o posso. Mas pensa, meu filho, talvez seja verdade. — O racionalista reuniu todas as suas forças interiores para replicar, mas aquele terrível "talvez", que não cessava de vir-lhe ao encontro, quebrou sua resistência.

Os Falsos Messias

Um dia, um incréu jogou ao rosto do Rabi de Berditschev que os velhos e grandes mestres haviam também cometido erros; por exemplo, o Rabi Akiva apontara o rebelde Bar Kochba [15] como Messias e o servira como tal.

O Rabi de Berditschev respondeu: — Certa vez o filho único de um imperador adoeceu. Um médico aconselhou untar uma pomada forte num pano e com ele envolver o corpo nu do doente. Outro discordou, afirmando que o rapaz estava fraco demais para suportar as grandes dores que a pomada provocaria. Um terceiro recomendou um narcótico, mas o quarto objetou que isso poderia afetar o coração do paciente. Então o quinto sugeriu que se ministrasse o narcótico às colheradas, de hora em hora, cada vez que o príncipe acordasse e sentisse dores. E assim se fez.

"Quando Deus viu que a alma de Israel estava doente, envolveu-a toda nos panos corrosivos do *galut* e, para que ela o suportasse, deu-lhe o sono da insensibilidade. Mas, para não destruí-la, acorda-a de vez em quando com uma esperança

---

(15) "Filho das Estrelas." Alcunha dado a Simão bar Koziba, líder da grande rebelião judia contra a Roma do Imperador Adriano (132-135).

falsa do Messias, e depois adormenta-a de novo, até que acabe a noite e venha o Messias verdadeiro. E é por causa dessa obra que, às vezes, ficam ofuscados os olhos dos sábios.

No Mercado

Certa vez o Rabi de Berditschev foi ao grande mercado e viu uma turba de homens, cada um possuído da ganância de lucros. Então subiu ao telhado de uma casa e gritou: — Vós, minha gente, vós esqueceis de temer a Deus!

Outrora e Hoje

Disse o Rabi de Berditschev: — Vejo diante de mim um mundo virado às avessas. Outrora, em Israel, a verdade toda estava nas ruas e nos mercados e todos diziam a verdade. Mas, quando iam à casa de orações, tratavam de contar uma mentira. Agora é o contrário. Nas ruas e nas praças todos mentem, mas na sinagoga confessam a verdade. Porque outrora era assim em Israel: a verdade e a fidelidade eram as luzes que iluminavam seus passos e, quando iam ao mercado e entravam no mundo do comércio, em seus corações cumpriam a palavra [16]: "Que teu "sim" seja honesto, e que teu "não" seja honesto", e todo o seu comércio era feito com lealdade. Mas, quando iam à casa de orações, batiam no peito, e diziam [17]: "Nós transgredimos, nós fomos desleais, nós roubamos", e tudo isso era mentira, porque tinham sido leais diante de Deus e dos homens. Hoje é o contrário. Em seu comércio empregam a falsidade e o engodo; na oração, confessam a verdade.

O Santo dos Santos

Disse o Rabi Levi Itzhak: — Somos proibidos de alimentar maus pensamentos. Porque o cérebro do homem é o Santo dos Santos, nele se encontra a Arca da aliança com as tábuas da lei e, quando consente que surjam dentro de si maus pensamentos, está pondo a imagem de um ídolo no Templo. Quando o *tzadik* porém, em meio à oração, estende os braços para o céu, cheio de arrebatamento e grande devoção, é como outrora, quando os querubins estendiam as asas para cima.

---

(16) Do Talmud da Babilônia (Baba Metzia 49).
(17) Confissão dos pecados, recitada no Dia da Expiação.

O Golpe Perverso

— Não é bom macerar-se — costumava dizer o Rabi de Berditschev. — Não é mais que uma tentação do Impulso do Mal, que deseja debilitar-nos o espírito e impedir-nos de prestar o devido serviço a Deus.

"Certa vez dois homens fortes estavam lutando entre si e um não conseguia vencer o outro. Então um deles raciocinou: "Preciso atingi-lo de maneira que o poder de seu cérebro seja afetado. Assim, com o mesmo golpe, terei também vencido seu corpo". É o que pensa de nós o Impulso do Mal, quando nos induz a mortificar nossa carne.

A Verdadeira Dor e a Verdadeira Alegria

Quando lhe perguntaram qual o caminho certo, se o da dor ou da alegria, disse o Rabi de Berditschev: — Há duas espécies de dor e duas espécies de alegria. Se alguém, aflito por uma desgraça que o atingiu, senta-se a um canto e desespera da ajuda, temos então a odiosa tristeza da qual está escrito [18]: "A *Schehiná* não habita um lugar de melancolia". A outra é a mágoa honesta do homem que sabe o que lhe falta. Assim também é com a alegria. Aquele cuja natureza não a possui e que, em meio a seus prazeres vazios, não a nota nem se esforça por preencher sua falta, é um tolo. Mas aquele que possui verdadeiramente a alegria é como um homem cuja casa queimou, que sofreu o desgosto em sua alma, mas depois começou a construir uma nova morada, e agora seu coração se rejubila a cada pedra que assenta.

A Dança

Quando lhe morreu o filho, o Rabi Levi Itzhak acompanhou o esquife dançando. Alguns dos *hassidim* não puderam conter-se de expressar sua estranheza. — Uma alma pura — disse ele — foi-me entregue, e é uma alma pura que eu devolvo.

Discipulado

Quando o Rabi Kalman, autor do famoso livro *Luz e Sol*, ainda era menino de cinco anos, escondeu-se, por brincadeira

---

(18) No Talmud (Schabat 30 e Pessahim 117), em apoio à citação bíblica: "Tangendo o tangedor". *II Reis*, 3:15.

de criança, debaixo do *talit* do Rabi de Berditschev, e olhou para o rosto encoberto acima. Então uma força flamante desceu sobre ele, penetrou seu coração e apoderou-se dele.

Passados muitos anos, o Rabi Elimelech apresentou ao Rav de Berditschev alguns de seus mais nobres discípulos, entre os quais o jovem Kalman. O Rabi Levi Itzhak viu-o e reconheceu-o. — Este é meu! — disse.

Conhecer

O Rabi de Berditschev e seu discípulo Aarão estavam em viagem e se hospedaram em casa do grande Rabi Elimelech, em Lijensk. O Rabi de Berditschev continuou viagem, mas seu aluno ficou em Lijensk, sentou-se no *klaus,* a casa de oração e escola do Rabi Elimelech, e ficou estudando, sem lhe ter dito nada a respeito. À noite, o *tzadik* apareceu e notou-o. — Por que não partiste com teu Rabi? — perguntou. — Meu Rabi — respondeu Aarão — eu já conheço, por isso fiquei aqui, para conhecer também a vós. — O Rabi Elimelech chegou bem perto dele e segurou-o pelo casaco. — Achas que conheces teu Rabi! — exclamou. — Pois nem ao menos conheces seu casaco!

A Resposta do Rabi Elimelech

Durante o período em que os adversários da via hassídica, em muitos lugares, faziam guerra ao Rabi Levi Itzhak de Berditschev, devido à sua maneira de servir, e o prejudicavam de todas as formas possíveis, algumas pessoas mais sensatas escreveram ao grande Rabi Elimelech, perguntando-lhe como aqueles outros ousavam lançar tais ataques. Ele lhes respondeu: — Por que vos espantais? Essas coisas sempre sucederam em Israel. Ai de nossas almas! Não fora assim, e povo algum deste mundo conseguiria subjugar-nos!

A Primeira Página

Perguntaram ao Rabi Levi Itzhak: — Por que, em todos os tratados do Talmud da Babilônia, falta a primeira página e todos começam com a segunda?

Respondeu ele: — Por mais que o homem tenha estudado, deve sempre lembrar-se de que ainda não chegou à primeira página.

O Ensinamento Oculto

Disse o Rabi Levi Itzhak: — Está escrito no livro de Isaías: "Sairá de mim o ensinamento". Como se deve entender isso? Pois acreditamos, com fé absoluta, que a Torá recebida por Moisés no Sinai não será mudada e que não haverá outra, ela é imutável e nos é proibido tocar numa só de suas letras. Mas, em verdade, não só as letras pretas são sinais dos ensinamentos; também os espaços brancos o são, só que não sabemos lê-los, como às outras. Nos tempos vindouros Deus revelará o que está oculto no branco da Torá.

O Último Toque do Schofar

Na última festa do Ano Novo em vida do Rabi Levi Itzhak, tentaram, em vão, tocar o *schofar*: ninguém conseguia arrancar-lhe uma única nota. Enfim o próprio *tzadik* levou-o aos lábios, mas tampouco ele foi mais feliz. Era evidente: a mão de Satã estava no jogo. O Rabi Levi Itzhak tirou o *schofar* dos lábios, pô-lo de lado e exclamou: — Senhor do Mundo! Na Tua Torá está escrito que nós, judeus, devemos tocar o *schofar* no dia em que criaste o mundo. Então olha para cá e vê que nós todos, com mulheres e filhos, viemos para cá, cumprir a Tua vontade. Mas nos proíbes de fazê-lo e se não somos mais Teu povo amado, então que Ivã sopre o *schofar* para Ti. — Todos choravam e no fundo dos corações eles se arrependeram. Após algum tempo, o Rabi voltou a levar o *schofar* aos lábios, então tirou dele um som puríssimo. Depois do ofício, o Rabi Levi Itzhak voltou-se para a congregação e disse: — Eu o venci, mas isso me custará a vida. Aqui estou eu, o sacrifício expiatório de Israel [19]. — Morreu algumas semanas depois.

O Prazo Prolongado

No fim do Iom Kipur, o Rabi Levi Itzhak, ao sair da casa de oração, disse às pessoas que o rodeavam: — Sabei que hoje se esgota o prazo da minha vida e que nesta hora eu deveria despedir-me do mundo. Mas muito me incomodaria não cumprir os dois preciosos mandamentos que agora se avizinham e que estarão conosco daqui a quatro dias, *sucá* e *etrog*. Por isso roguei para que o prazo me fosse prolongado até de-

---

(19) Relatam-se exclamações similares dos Mestres talmudistas. O significado é: Possa o castigo de Israel recair sobre mim.

pois de Sucot e Deus me ouviu. — E assim foi: no dia seguinte a Simhat Torá, o Rabi de Berditschev adoeceu, e um dia após morreu.

Os Pórticos da Prece

Conta-se que, na hora em que morreu o Rabi Levi Itzhak, um *tzadik* de uma cidade longínqua interrompeu subitamente um sermão em que tentava fundir a força dos ensinamentos com a da oração, e disse a seus discípulos: — Não consigo continuar, está escuro diante dos meus olhos. Os pórticos da prece se fecham. Algo deve ter acontecido ao Rabi Levi Itzhak, ao grande rezador!

O Amigo

No tempo do Rabi Levi Itzhak, em Berditschev, vivia um santo homem. Chamavam-no Rabi de Morchov, porque nascera em Morchov, na Ucraína. As relações entre ele e o Rabi Levi Itzhak eram de repreensões abertas e amor escondido. Quando o *tzadik* morreu, o Rabi de Morchov apareceu para acompanhar o enterro. E quando carregaram o corpo para fora da casa, o Rabi de Morchov aproximou-se, curvou-se sobre o morto e murmurou-lhe alguma coisa aos ouvidos. Só se ouviram as últimas palavras: — Assim como está escrito: "Sete semanas deves contar". — Sete semanas se passaram, e o Rabi de Morchov morreu.

Desde Então

Desde a morte do Rabi Levi Itzhak não há mais Rav em Berditschev. A congregação não conseguiu encontrar ninguém que preenchesse o lugar que ele deixara vazio.

ZÚSSIA DE HANIPOL

As Bênçãos

Rabi Zússia costumava contar: — Minha mãe, Mirl, a paz seja com ela, não sabia rezar pelo livro de orações. Tudo o que sabia era dizer a bênção. Mas, onde ela dizia a bênção pela manhã, os raios da *Schehiná* brilhavam o dia inteiro.

A Parábola do Lenhador

Em sua juventude, Zússia ligou-se à congregação do Grande Maguid, o Rabi Ber de Mesritsch. Mas não permanecia junto aos outros discípulos; vagava pela floresta, metia-se em esconderijos e cantava seus cânticos de louvor a Deus, até que começaram a aplicar-lhe o provérbio de Salomão [1]: "E vaguearás para sempre no amor por ela". Mas seu irmão mais novo, o menino Elimelech, ainda não pertencia à congregação e estudava zelosamente os livros. Assombrava-se com Zússia e indagou-lhe um dia: — Irmão, teu modo de agir é estranho e todos na casa de estudos dizem que é estranho! — Zússia respondeu com um sorriso: — Meu irmão, vou contar-te uma história. — Eis a história:

(1) *Provérbios*, 5:12.

Um pobre lenhador sentia um imenso desejo de contemplar o rosto de seu rei. Por isso, abandonou sua aldeia e jornadeou dia após dia até chegar à cidade do rei. Após muitas tentativas inúteis, logrou um emprego de forneiro no palácio real. Dedicou-se, então, a seu trabalho com afã e bom senso. Ele mesmo ia à floresta, trazia a lenha mais bela e de resina mais fragrante, rachando-a em achas iguais e arrumando-as, a seguir, nas lareiras, à hora certa e do modo certo. O rei alegrou-se com o gostoso e vivo calor, um calor como jamais sentira igual, e perguntou de onde vinha. Quando lhe contaram a respeito do forneiro e de seu trabalho, mandou dizer-lhe que podia fazer um pedido. O pobre homem pediu que lhe fosse permitido ver, às vezes, o rosto do rei. Sua demanda foi atendida: num corredor que levava ao galpão de lenha fizeram uma janelinha, pela qual se divisava a sala do rei, de modo que o forneiro podia ficar e satisfazer seu anelo. Certa vez, aconteceu que o filho do rei, sentado à mesa paterna, disse uma palavra que desagradou ao soberano e, por castigo, foi expulso, pelo prazo de um ano, dos aposentos reais. Por algum tempo viveu em amarga solidão, depois passou a vagar, tristonho, pelos corredores do palácio. Quando deparou com a janelinha do forneiro, seu coração foi presa de uma nostalgia maior ainda de rever o pai e pediu ao homem que lhe permitisse dar uma olhada. Assim começaram a conversar. — Meu irmão — falou Zússia a Elimelech a essa altura da história — eis o que o forneiro disse ao filho do rei, enquanto palestravam: "Vives nos aposentos do senhor e comes à sua mesa. Não necessitas de mais nada exceto governar tuas palavras com sabedoria. Mas eu não tenho nem sabedoria, nem ensinamento, por isso devo prestar meu serviço a fim de poder contemplar a face do senhor".

A Palavra

O Rabi Israel de Rijin contou: "... Todos os discípulos de meu avô, o Grande Maguid, transmitiam os ensinamentos em seu nome, com exceção do Rabi Zússia. Isto porque o Rabi Zússia quase nunca ouvia uma preleção do mestre até o fim. Pois no início da exposição, quando o Maguid enunciava o versículo das Escrituras que ia interpretar e começava com as palavras das Escrituras: "E Deus disse", "e Deus falou", o Rabi Zússia era tomado de êxtase e punha-se a bradar e gesticular de maneira tão selvagem que incomodava todos os que se achavam à volta da mesa e tinha de ser levado para fora. Ficava no vestíbulo, ou no galpão de lenha, batendo nas paredes e gritando: — E Deus falou! — Só se acalmava quando meu avô cessava a exposição. Daí por que não ficou conhecendo as preleções do Maguid. Mas a verdade, eu vos digo — a verdade é, eu vos digo: quando um homem fala em verdade e outro recebe em verdade, uma única palavra basta — com uma única palavra pode-se elevar o mundo, com uma única palavra pode-se redimir o mundo de seus pecados".

Só o Que é Bom

Certo dia em que o jovem Zússia se encontrava na casa de seu mestre, o grande Rabi Ber, um homem se achegou a este e pediu-lhe que o ajudasse e aconselhasse num empreendimento. O Rabi Zússia, porém, percebeu que o homem estava cheio de pecado e que não o tocava um único pensamento de contrição; assim, encheu-se de raiva contra ele e gritou: — Como pode alguém como tu, que cometeu tais e tais vilanias, ter o atrevimento de apresentar-se perante um semblante, sem a menor vergonha ou desejo de penitência! — O homem saiu em silêncio; Zússia, porém, se arrependeu de suas palavras e não sabia o que fazer. Então seu mestre o abençoou, para que, daí por diante, só visse o que há de bom nas pessoas, mesmo que alguém pecasse diante de seus olhos.

Mas como o dom da visão que fora concedido a Zússia não lhe podia ser arrebatado por qualquer palavra humana, aconteceu que, daquela hora em diante, ele começou a sentir os pecados dos homens que encontrava como se fossem seus, e culpava-se a si próprio por eles.

Sempre que o Rabi de Rijin contava isso do Rabi Zússia, acrescentava: — E se todos nós fôssemos como ele, o mal já teria sido exterminado, a morte absorvida, e a perfeição alcançada.

O Sofrimento

O Rabi Schmelke e seu irmão foram visitar o Maguid de Mesritsch e perguntaram-lhe o seguinte: — Nossos sábios proferiram uma palavra [2] que não nos dá sossego, porque não conseguimos compreendê-la. É aquela que diz que o homem deve agradecer a Deus e louvá-lo tanto pelo mal quanto pelo bem, e recebê-lo com igual alegria. Aconselhai-nos, Rabi, sobre como devemos interpretá-la. — O Maguid respondeu: — Ide à casa de estudos. Lá encontrareis Zússia fumando seu cachimbo. Ele vos dará o sentido. — Foram à casa de estudos, apresentaram a questão ao Rabi Zússia. Ele riu: — Escolhestes a pessoa certa! Deveis procurar outro e não alguém como eu, a quem jamais em sua vida aconteceu algo de mal. — Mas eles sabiam que, desde o dia de seu nascimento até aquele momento, a existência do Rabi Zússia fora tramada tão-somente de penas e necessidades. Compreenderam então o que é acolher o sofrimento com amor.

As Vestimentas da Graça

Perguntaram ao Rabi Zússia: — Nós rezamos: "Concedei-nos boas graças" e "aquele que concede boas graças". Mas não são boas todas as graças?
Ele explicou: — É claro que todas as graças são boas. Mas a verdade é que tudo quanto Deus faz é graça. Só que o mundo não pode suportar a fartura nua e crua de suas graças. Por isso ele as vestiu com roupagens. E por isso lhe pedimos que também as vestimentas sejam boas.

O que Recebe

Um homem da cidade de Zússia viu que o Rabi era muito pobre. Assim, todos os dias, na sinagoga, punha uma nota de vinte centavos na sacola dos filactérios, para que ele pudesse manter a si e aos seus. Desde então a prosperidade do homem cresceu mais e mais. Quanto mais possuía, mais dava a Zússia e quanto mais dava, mais possuía.

Um dia, no entanto, raciocinou que Zússia era discípulo do Grande Maguid e ocorreu-lhe que, se a dádiva ao discípulo era assim recompensada, qual não seria a fortuna que lhe adviria, se presenteasse o próprio mestre! Viajou pois para Mesritsch e, depois de muito implorar, conseguiu que o Rabi Ber aceitasse um vultoso presente. A partir desse instante, suas riquezas começaram a sumir, até que perdeu tudo o que ganhara nos bons tempos. Em sua tristeza, foi ao Rabi Zússia, contou-lhe toda a história e perguntou-lhe o porque de tudo aquilo: não lhe dissera ele mesmo ser o mestre incomensuravelmente maior do que ele?

Zússia respondeu: — Veja, enquanto davas sem olhar a quem, e Zússia te servia como outro qualquer, Deus te deu também, sem olhar a quem. Mas, quando começaste a procurar gente nobre e escolhida para receber tuas dádivas, Deus fez exatamente o mesmo.

A Oferenda

Perguntaram ao Rabi Zússia: — Está escrito [3]: "Fala com os filhos de Israel, diz-lhes que recebam por mim uma oferenda". Não deveria ser antes: "que me façam uma oferenda"?

O Rabi Zússia respondeu: — Não basta que quem dá ao necessitado o faça em santa intenção; é preciso também que o necessitado receba em santa intenção. Não basta dar algo em nome de Deus, é preciso também que seja recebido em nome de Deus. Daí por que está escrito: "que recebam por mim uma oferenda".

Em Peregrinação

Durante três anos, Zússia e Elimelech vagaram pela terra, a fim de compartilhar da sorte da *Schehiná* errante e converter a ela os homens perdidos. De uma feita, pernoitaram num albergue onde era festejado um casamento. Os convivas eram gente rude e, ademais, haviam bebido além da conta. Estavam justamente tentando imaginar um novo divertimento e os pobres viandantes vinham-lhes a calhar. Mal se haviam deitado a um canto, o Rabi Elimelech junto à parede e o Rabi Zússia a seu lado, quando os sujeitos se aproximaram, agarraram Zússia, que estava mais à mão, surraram-no e maltrataram-no; finalmente jogaram-no de volta a seu canto e puseram-se a dançar. Elimelech estava aborrecido por terem-no deixado em paz sobre sua trouxa e sentiu inveja das pancadas que o irmão levara. Por isso disse-lhe: — Irmão querido, deixa-me ficar no teu lugar e deita-te aqui no canto. — Trocaram de lugar. Concluída a dança, os pândegos pretenderam continuar a brincadeira de antes, e já estavam com a mão no Rabi Elimelech, quando um deles exclamou: — Isto não está de acordo com a ordem e a justiça!· O outro também precisa receber seu quinhão dos nossos presentes de honra. — Assim arrancaram Zússia de seu canto, deram-lhe outra sova e gritaram: — Tu também vais levar uma lembrancinha deste casamento!

Mais tarde, Zússia, rindo, disse a Elimelech: — Vê, irmão querido, aquele a quem se destinam pancadas, recebe-as, onde quer que se enfie.

(3) *Êxodo*, 25:2.

Os Cavalos

No curso de suas longas andanças, os irmãos, Rabi Zússia e Rabi Elimelech, todas as vezes que chegavam à cidade de Ludmir, costumavam hospedar-se em casa de um homem pobre e piedoso. Anos mais tarde, quando sua fama se espalhara por toda parte, foram novamente a Ludmir, não a pé como outrora, mas de carro. O homem mais rico da cidadezinha, que, antes, nada queria com os dois, foi-lhes ao encontro, tão logo teve notícia de sua aproximação e pediu-lhes que se hospedassem em sua casa. Mas eles disseram: — Em nós nada mudou, para que nos respeitásseis mais do que antes. A única coisa nova são o carro e os cavalos. Recebei-os pois em vossa casa mas deixai-nos buscar guarida em casa do nosso velho hospedeiro.

O Fruto da Peregrinação

Quando o Rabi Noach de Kobrin, neto do Rabi Mosché de Kobrin, esteve em Sadagora, ouviu alguém dizer: — Até lá onde chegaram os irmãos Rabi Zússia e Rabi Elimelech, em sua longa peregrinação, até lá existem *hassidim;* daí para diante, não se encontra mais nenhum *hassid.*

O Sentimento do Schabat

Semana após semana, da chegada do *schabat* até à partida, mas principalmente quando estavam com os outros *hassidim* à mesa sabática, dizendo palavras dos ensinamentos, o Rabi Zússia e o Rabi Elimelech eram tomados de grande sentimento de santidade. Uma vez, estando eles juntos, disse o Rabi Elimelech ao Rabi Zússia: — Irmão, às vezes tenho medo de que meu sentimento de santidade no *schabat* não seja verdadeiro, que seja apenas imaginação, e nesse caso meu serviço também não seria verdadeiro. — Irmão — disse Zússia — eu também tenho, às vezes, este medo. — O que vamos fazer? — perguntou Elimelech. Zússia respondeu: — Vamos cada um de nós, num dia qualquer da semana, preparar uma refeição, exatamente igual ao repasto sabático, e vamos sentar-nos entre os *hassidim* e dizer palavras dos ensinamentos. Se experimentarmos então o sentimento de santidade, saberemos que nosso caminho não é verdadeiro, se não o experimentarmos, ele estará confirmado. — Assim procederam: prepararam uma completa refeição de *schabat,* num dia de semana, envergaram roupas sabáticas, puseram os gorros de pele do sabá, comeram no meio dos *hassidim* e disseram palavras dos ensinamentos. Então desceu sobre eles um imenso sentimento de santidade, como se fosse *schabat*. Quando voltaram a encontrar-se, o Rabi Elimelech perguntou: — Ah, irmão, o que faremos? — Vamos a Mesritsch — disse o Rabi Zússia. Dirigiram-se a Mesritsch e contaram ao mestre o que lhes oprimia os corações. O Maguid disse: — Se pusestes as roupas sabáticas e os gorros do *schabat,* então é certo que experimentastes a santidade do *schabat.* Porque as roupas e os gorros sabáticos tem o poder de atrair à terra a luz da santidade do *schabat.* Assim, nada deveis temer.

Zússia e o Pecador

Certa vez Zússia chegou a um albergue e, na testa do hospedeiro, vislumbrou muitos anos de pecados. Por alguns minutos, permaneceu quieto e imóvel. Mas, quando se viu a sós no quarto que lhe fora designado, apoderou-se dele, enquanto cantava os salmos, um calafrio de experiência vicária e gritou: — Zússia, Zússia, como és homem mau! O que fizeste! Pois não há mentira que não te haja tentado, nem crime de que não tenhas provado. Zússia, tolo, tonto, para onde irás agora? — E começou a enumerar os pecados do estalajadeiro, com o lugar e a hora de cada um, como se fossem os seus, e soluçava. O estalajadeiro em silêncio seguira aquele homem estranho. Parou diante da porta e ouviu o que dizia. Primeiro foi tomado de surda consternação, mas depois brilharam nele o arrependimento e a graça, e ele despertou para Deus.

A Penitência Comum

Contava um chantre: "Quando ouvi dizer que o Rabi Zússia ajudava as pessoas a se arrepender, decidi ir vê-lo. Mal cheguei a Hanipol, fui à sua casa, entrei na cozinha, deixei lá a bengala e a trouxa e perguntei por ele. A *rebetzin* mandou--me à casa de estudos. Já da porta, distingui o Rabi. Estava envolto no *talit,* acabava de pôr os *tefilin* e dizia o salmo: "Quando eu chamo, responde-me!" Dizia-o num grande choro, como eu não vira nem ouvira igual. Então notei que, bem diante da Arca sagrada, jazia um homem gemendo de si para si. De repente gritou: — Sou pecador! — Somente depois de algum tempo é que percebi o que estava acontecendo, e mais tarde soube de toda a história. O homem era um ajudante de mestre-escola, e o pessoal de sua cidadezinha insistira com ele para que fosse ver o Rabi Zússia e dele recebesse penitência. Mas, uma vez diante do Rabi, recusou a penitenciar-se. E então — o que se seguiu foi-me contado pelo próprio rabi, quando, ao lhe falar daquilo a que eu viera, mencionei o caso. — O que fez Zússia? — perguntou-me ele. — Desci todos os degraus até estar inteiramente com ele e liguei a raiz da minha alma à raiz da sua. Assim, não teve remédio senão fazer penitência comigo. — E foi na verdade uma penitência grande e terrível. Mas, quando o homem parou de gritar e gemer, vi o Rabi aproximar-se. Curvou-se para ele, segurou-o pelos cachos das têmporas e, suavemente, virou-lhe a cabeça; no fim, ergueu-o com ambas as mãos e o pôs de pé. — Tua iniqüidade foi apagada — disse — e expiado está o teu pecado [4]. — E eu — adicionou o que contava a história — eu depois me tornei chantre na sinagoga do Rabi Zússia.

O Atrevido e o Envergonhado

Dizem nossos sábios: "O atrevido para o inferno, o envergonhado para o paraíso". Mas o Rabi Zússia, o bobo de Deus, interpretou assim essas palavras: — Quem é atrevido na sua santidade pode descer aos infernos, para elevar o que é baixo; pode sair às ruas e aos mercados e não precisa temer o mal. Mas o envergonhado, que não consegue atrever-se, precisa manter-se à altura do paraíso, orando e estudando, e cuidar-se para que o mal não o toque.

Tzadikim e Hassidim

Certa vez, nos dias de meditação, entre o Ano Novo e o Dia da Expiação, estava o Rabi Zússia sentado em sua cadeira e os *hassidim* o rodeavam, da manhã até à noite. Tinha ele os olhos e o coração elevados para o Céu e desligara-se de todos os laços corporais. Ao vê-lo, despertou num dos *hassidim* o impulso para o arrependimento, e as lágrimas lavaram-lhe o rosto. E assim como uma brasa candente aviva as brasas vizinhas, assim também todos, um a um, foram inflamados pela chama do arrependimento. Então o *tzadik* mirou em derredor e fitou um a um. Novamente alçou os olhos e disse a Deus: — Na verdade, Senhor do mundo, este é o preciso tem-

(4) Ver *Isaías*, 6:7.

po de voltar para Ti; mas bem sabes que não tenho forças para fazer penitência: aceita pois, como penitência, meu amor e minha vergonha.

Da Humildade

O Rabi Zússia e seu irmão Rabi Elimelech conversavam, certa vez, sobre a humildade. Disse o Rabi Elimelech: — O homem deve, primeiramente, contemplar a grandeza do Criador e assim chegará à verdadeira humildade. — Mas Zússia falou: — Não é assim. O homem deve começar por ser verdadeiramente humilde, e então virá a ele o conhecimento do Criador. — Foram perguntar ao mestre, o Maguid, quem tinha razão. Este decidiu: — Ambas são palavras do Deus vivo. Mas a graça interior é daquele que começa consigo mesmo, e não com o Criador.

De Adão

Certa vez, Zússia perguntou a seu irmão, o sábio Rabi Elimelech: — Querido irmão, lê-se nas Escrituras [5] que as almas de todos os homens estavam encerradas em Adão. Portanto, nós nos achávamos presentes, quando ele comeu da maçã. Não consigo entender como o deixei comer! E como o deixaste comer. — Elimelech respondeu: — Fomos obrigados, todos nós fomos obrigados. Porque, se não tivesse comido, o veneno da cobra teria permanecido nele eternamente, e eternamente ele teria pensado: "Tudo o que necessito é comer desta árvore, e serei igual a Deus, tudo o que necessito é comer desta árvore, e serei igual a Deus".

Sai da Tua Terra

Ensinava o Rabi Zússia: — Disse Deus a Abraão [6]: "Sai da tua terra, da casa de teu pai, para a terra que te mostrarei". Deus diz ao homem: Sai primeiro da tua terra, da turvação que tu mesmo criaste para ti. Depois, da casa do teu pai, da turvação que teu pai criou para ti. Só então serás capaz de ir para a terra que eu te mostrarei.

---

(5) Essa representação, já incipiente na era talmúdica, sofreu desenvolvimento subseqüente, em especial na Cabalá posterior.
(6) *Gênese*, 12:1.

"E Israel viu"

Perguntaram ao Rabi Zússia: — Está escrito: "E Israel viu o Egito morto à beira do mar". Por que se fala aqui dos egípcios no singular, e não no plural? E adiante está escrito: "E Israel viu a grande mão". Não a teria visto até então? — O Rabi Zússia explicou: — Enquanto o príncipe-demônio do Egito era vivo e reinava, conseguia interpor uma cortina separadora entre Israel e seu Pai no Céu, e eles eram incapazes de enxergar o Seu esplendor nos céus. Mas depois que o príncipe-demônio — e é esta a razão do singular — ficou morto à beira do mar, a cortina rasgou-se, e com os olhos abertos eles enxergaram a grande mão.

Zússia e sua Mulher

A esposa de Zússia era uma mulher briguenta e não parava de importuná-lo para que lhe desse o divórcio. O coração do Rabi estava oprimido com sua falação. Certa noite, chamou-a e disse: — Olha aqui! — E indicou-lhe o travesseiro todo úmido. Depois continuou: — Está escrito na **Guemará**: "Quando alguém expulsa sua primeira mulher, o próprio altar derrama lágrimas por ele". É destas lágrimas que o travesseiro está molhado. E agora, o que mais queres? Queres a carta de divórcio [7]? — Daquele momento em diante, ela se aquietou. E quando se aquietou, sentiu contentamento. E, contente, tornou-se boa.

Zússia e os Pássaros

Certa vez o Rabi Zússia viajava pelo país, angariando dinheiro para resgatar prisioneiros. Chegou a um albergue, numa hora em que o hospedeiro não se achava em casa. Atravessou, como era seu costume, todos os quartos e avistou num deles uma gaiola grande, com toda sorte de pássaros e Zússia sentiu que os cativos almejavam voar de novo pelos espaços do mundo e tornarem-se mais uma vez pássaros livres. Acendeu-se em seu íntimo a compaixão por eles e disse, de si para consigo: — Zússia, estás gastando as solas por aí, para resgatar prisioneiros. Mas, que maior libertação de prisioneiros haverá do que soltar estes pássaros de seu cárcere? — E abriu a gaiola, e os pássaros voaram para a liberdade. Quando o hospedeiro

(7) A única forma permissível do divórcio.

voltou e deu com a gaiola vazia, foi tomado de grande fúria e perguntou ao pessoal da casa quem fizera aquilo. Responderam: — Há um homem andando por aí, que parece louco. Só ele pode ter cometido tal coisa. — O hospedeiro pôs-se a berrar com Zússia: — Seu doido, como é que teu coração se atreveu a me roubar meus pássaros e jogar fora todo o dinheiro que paguei por eles? — Zússia replicou-lhe: — Já muitas vezes leste e disseste nos salmos: "E sua misericórdia está com todas as suas criaturas". — Com isso, o hospedeiro surrou-o até que a mão lhe cansou e, ao fim, jogou-o porta afora. E Zússia lá se foi contente pelo seu caminho.

Os Dias

Todas as manhãs, ao levantar, antes mesmo de dirigir uma uma palavra a Deus ou aos homens, o Rabi Zússia costumava exclamar: — A Israel inteiro, um bom dia!
Durante o dia, escrevia tudo o que fazia num papelzinho e de noite, antes de ir dormir, colocava-o à sua frente, lia-o e chorava até que as letras se apagavam com suas lágrimas.

A Bênção

Zússia soía abençoar todo garoto judeu que encontrasse, com as palavras: — Tomara que cresças forte e saudável como um *goi*!

O Canto

Certa véspera de Iom Kipur, o Rabi Zússia ouviu, na casa de orações, um chantre entoar maravilhosamente as palavras "E foi perdoado". Então exclamou para Deus: — Senhor do mundo, se Israel não tivesse pecado, como poderia ter soado diante de ti um cantar assim?

Quem Responde Amém

Disse o Rabi Zússia, no tocante à palavra dos sábios: "Que aquele que responde amém não levante a voz mais do que aquele que pronunciou a bênção": — Quem pronuncia a bênção é a alma; o que responde amém é o corpo. Que o corpo não ouse falar com mais entusiasmo do que a alma falou.

A Devoção de Zússia

Certa vez Zússia foi visitar o Rabi de Neskij. Já passava da meia-noite, quando este escutou um ruído que vinha do quarto de seu hóspede. Foi à sua porta e ficou ouvindo. Zússia andava de um lado para o outro do quarto, dizendo: — Senhor do mundo, vê, eu Te amo, mas o que posso fazer por Ti, não sei fazer nada. — Continuou a andar e a repetir o mesmo, até que, de repente, se lembrou e exclamou: — Ora, eu sei assobiar, então vou assobiar algo para Ti. — Mas, quando começou a assobiar, o Rabi de Neskij assustou-se.

Temor de Deus

Certa vez, Zússia rezou a Deus: — Senhor, eu Te amo tanto, mas não Te temo bastante! Senhor, eu Te amo tanto, mas não Te temo bastante! Faz com que eu Te tema, assim como Te teme um de Teus anjos, quando Teu nome terrível o transpassa! — Logo Deus ouviu a súplica e o Nome transpassou o coração oculto de Zússia, assim como acontece com o anjo. Zússia enfiou-se debaixo da cama como um cachorrinho, e um medo animal o sacudiu, até que ele uivou: — Senhor, deixa-me amar-Te novamente, como Zússia! — E mais uma vez Deus o ouviu.

Criação de Anjo

Certa vez, Zússia estava ponderando sobre o relato talmúdico acerca da hospitalidade, que diz: "Os de Israel, eles são sagrados. Muitos querem e não tem, muitos tem e não querem". Não conseguia compreender como os dois eram chamados de sagrados, tanto o hospitaleiro, que "não tem", quanto o sovina. E como não podia entender, chorou. Então desvendou-se-lhe o sentido. Todo mundo sabe que de toda boa ação nasce um anjo. Ora, os anjos tem, como nós, corpo e alma, só que seu corpo é de fogo e vento. Quem quer e não tem pode criar apenas a alma do anjo; quem tem e não quer, e só convida o hóspede por vergonha, pode criar somente o corpo do anjo. Mas sabemos que, em todo o Israel, um afiança o outro. Assim, suas obras se fundem, como se fossem a de um único ser. E do mesmo modo se fundem o corpo e a alma do anjo criado. Claro que o sovina continua tão pouco sagrado como antes. Mas, quando a alma criada encontra um corpo com que possa vestir-se, a santidade de Israel se revela na fusão das duas criações.

O Acusador

No concernente à frase da *Ética dos Pais*: "Quem comete um pecado ganha um acusador", disse o Rabi Zússia: — Todo pecado gera um anjo acusador. Mas eu nunca vi um anjo inteiro, criado da transgressão de um homem de Israel que creia em Deus. Ou lhe falta a cabeça, ou seu corpo é aleijado. Porque um homem de Israel, que crê em Deus, mesmo enquanto comete o pecado, tem seu coração ferido, e o que faz ele, não faz de toda vontade, e assim também o anjo não sai completo.

"Acima Deles"

Um *hassid* perguntou ao Rabi Zússia: — Diz-se de Abraão, ao receber a visita dos três anjos: "Então foi buscar coalhada e leite, e o novilho que mandara preparar, e serviu-os, mas ele mesmo se manteve de pé, acima deles, enquanto, sob a árvore, comiam". Não é estranho que aqui o homem esteja acima dos anjos? — O Rabi Zússia explicou: — O que come em estado de consagração liberta as centelhas sagradas aprisionadas no alimento. Mas os anjos não conhecem tal serviço, a não ser que o homem lhos ensine. É por isso que se diz de Abraão que ele estava acima deles: fez baixar sobre eles a consagração do comer.

A Roda

Estando o Rabi Israel de Rijin na prisão por causa de calúnias, contou: "De certa feita, o céu deu a conhecer ao Rabi Zússia que deveria ir a uma aldeia, não longe de Hanipol, e reconduzir ao bom caminho um coletor de impostos que era grande pecador. Ele se dirigiu para lá imediatamente e encontrou o homem vendendo *schnaps* aos camponeses. Procurou convencê-lo a parar e dizer uma oração. Mas o coletor tornava-se cada vez mais impaciente, e como Zússia, apesar de todas as suas recusas, continuasse a admoestá-lo e acabasse mesmo por pousar-lhe a mão no braço, insistente, agarrou o intruso, empurrou-o para o quintal e fechou a porta atrás dele. Fazia um frio terrível e o Rabi tremia todo. Então avistou a velha roda de um carro no chão e apertou-a contra o corpo. Imediatamente ela se tornou uma roda do Carro Celestial e forneceu-lhe um calor maravilhoso. Assim foi encontrá-lo mais tarde o coletor. Ao deparar o sorriso de beatitude nos lábios do Rabi Zússia, descobriu, instantaneamente, a verdade da vida, e sem mais, ainda a passos cambaleantes e perplexo consigo mesmo, enveredou pelo caminho verdadeiro.

Na Encruzilhada

Numa de suas andanças, o Rabi Zússia viu-se, um dia, numa encruzilhada e não sabia qual dos caminhos tomar. Nisso, ergueu os olhos e viu que a *Schehiná* o precedia.

Os Poloneses não Tem Modos

Contava o Rabi Natan Adler [8] de Frankfurt: "Não é à toa que se diz que os poloneses não tem modos. Toda vez que minha alma se eleva ao céu, lá se encontra já o Rabi Zússia. Certa feita, jejuei sem cessar, a fim de atingir as portas do Céu, quando ainda fechadas. Estou pois assim parado diante das portas e, ao serem abertas, sou o primeiro a entrar. E quem acham que vejo lá dentro? O Rabi Zússia! Como entrou, não sei, mas já estava lá. Não esperou até que o deixassem entrar. Não é à toa que se diz: os poloneses não tem modos".

Zússia, o Fogo e a Terra

Uma vez, Zússia pôs a mão no fogo. Quando as chamas a queimavam e ele se retraiu, o Rabi surpreendeu-se e disse: — Ai, como é grosseiro o corpo de Zússia, que receia o fogo!
De outra feita, disse à terra: — Terra, terra, és melhor do que eu, e mesmo assim te calco aos pés. Mas logo estarei debaixo de ti e a ti sujeito.

Fogo e Nuvem

Contam: "Antes de se revelar ao mundo, Zússia passava a Festa dos Tabernáculos na *sucá* do Rav de Ostrog. À noite,

---

(8) Rabi de Frankfurt-sobre-o-Meno, importante erudito talmudista e cabalista (fal. em 1800).

este deitava-se em sua cama alta, cheia de travesseiros e cobertores, e Zússia dormia no chão, a modo dos hóspedes pobres do sábado. Durante a noite disse de si para consigo: — Ah! Zische está com frio, não consegue dormir na *sucá*! — Logo desceu um fogo do Céu e aqueceu tão bem a cabana, que o Rav de Ostrog teve de desfazer-se das cobertas e colchas de plumas. — Bom, agora está bem quente — disse Zússia de si para si. Imediatamente o príncipe do fogo foi embora e o Rav de Ostrog precisou cobrir-se todo de novo, coberta por coberta. Isto se repetiu diversas vezes, fogo e frio revezando-se, e de manhã o Rav de Ostrog não mais chamava seu convidado para as festas de Zische, mas de Reb Zische. Depois de Sucot, Zússia quis retomar seu caminho; mas seus pés doentes não o carregavam, e ele suspirou: — Ah, Senhor do Mundo, Zische não pode andar! — Logo desceu uma nuvem e disse: — Sentai-vos! — Rabi — exclamou o Rav de Ostrog — alugarei um carro para vós, porém mandai embora essa nuvem! — Desde então, não mais o chamou de Reb Zische, mas de Rebe Reb Zische. E daí por diante, assim é que o conheciam por todo o país.

Terror

Contam: "Depois de manobras, o exército vitorioso voltou e passou pela aldeia de Hanipol. Ocuparam a taverna, beberam tudo o que havia em estoque e não pagaram um centavo. Quiseram continuar a beber e, como não houvesse mais nada, quebraram toda a louça e demais utensílios. Então novamente pediram bebida e, porque não havia nada, espancaram os moradores. Finalmente estes, muito assustados, conseguiram enviar um mensageiro ao Rabi Zússia. Zússia correu depressa para a taverna, parou diante da janela, olhou os soldados lá dentro e disse três vezes as palavras da oração: *Uv'hen ten pahd'há*... "E assim lança Teu terror, Senhor, nosso Deus, sobre todas as Tuas criaturas". — Nisso o exército saiu em pressa desordenada pelas portas e janelas, deixando armas e mochilas, e correram rua abaixo, sem dar atenção ao comandante que, da entrada da aldeia, lhes vinha ao encontro. Pararam somente quando ele lhes gritou uma ordem. Confessaram: — Um judeu velho veio e gritou *Pahdah*! E então ficamos com medo, nem nós mesmos sabemos como, e ainda estamos com medo. — O comandante levou-os à taverna, onde pagaram todos os danos e tiveram de dar uma compensação também pelas pancadas, antes que lhes fosse permitido continuar a marcha.

A Toada do Pastor

Certo dia, o Rabi Zússia passou por um prado onde, em sua flautinha, um pastor de porcos, rodeado de sua vara, tocava uma canção. Aproximou-se e escutou, até que a aprendeu e pode levar consigo. Assim, a toada do pastorzinho Davi foi libertada de seu longo cativeiro.

A Doença

O Rabi Zússia viveu até idade muito avançada. Passou os últimos sete anos de sua vida na cama, porque, conforme se escreveu a respeito dele, tomara sobre si o sofrimento, no intuito de redimir Israel.
De certa feita, foram visitá-lo o Vidente de Lublin e o Rabi Hirsch Leib de Olik [9]. Este disse ao Vidente: — Por que não podeis, como Rabi Iohanã procedeu com seus amigos enfermos, estender-lhe a mão, para que ele se levante? — O Rabi de Lublin desmanchou-se em lágrimas. Então perguntou-lhe o Rabi de Olik: — Por que estais chorando? Será que ele está doente por ser tal o seu destino? Ele mesmo tomou sobre si o sofrimento e ainda o toma. E se quisesse levantar-se, não precisaria para tanto da mão de outrem.

A Pergunta das Perguntas

Antes do fim, disse o Rabi Zússia: — No mundo vindouro não me perguntarão: "Por que não foste Moisés?" Perguntar-me-ão: "Por que não foste Zússia?"

A Campa

Na campa do Rabi Zússia lê-se a seguinte inscrição: "O que serviu a Deus em amor, o que se alegrava com os sofrimentos, o que livrou muitos do pecado".

O Incêndio

Nos escritos de um Rav de Hanipol de nossos dias, relata-se que, certa noite, quando não havia ninguém no cemitério, a

---

(9) Discípulo do Rabi Iehiel Mihal de Zlotschov.

lanterna acima do túmulo do Rabi Zússia caiu ao chão. A "tenda" do Rabi Zússia fica entre a do Grande Maguid e a de outro *tzadik*. Ninguém que não estivesse descalço e que antes não tivesse feito a ablução podia visitar as duas sepulturas. Somente a um guarda era permitido ir lá três vezes por dia, sem observar tais regras, a fim de manter a luz perpétua. A luz perpétua queimava em três lâmpadas protegidas por uma lanterna. Ardia sobre um relicário de madeira, acima dos túmulos. O relicário estava coberto por uma tampa e em seu interior encontravam-se centenas de bilhetinhos com pedidos [10], cada um trazido por um visitante. No chão viam-se raminhos, também trazidos por visitantes, conforme o costume, e jogados sobre as sepulturas. Um dia a lanterna caiu e provocou um incêndio, todos os papéis no relicário e todos os raminhos no chão queimaram, mas a madeira seca do relicário restou incólume.

O Segredo do Sono

Disse o filho mais novo do Rabi Zússia: — Os *tzadikim* que, em seu serviço, vão continuamente de santuário a santuário e de mundo a mundo, precisam amiúde desfazer-se de sua vida, a fim de receber um novo espírito e, freqüentemente, ser atingidos por nova iluminação. E é este o segredo do sono.

---

(10) Em ídiche, *kvitel*: escritos em pedacinhos de papel contendo o nome do suplicante, o nome de sua mãe e seu pedido.

ELIMELECH DE LIJENSK

O Relógio

Quando o Rabi Elimelech dizia a prece da Santificação no sabá, às vezes tirava seu relógio de bolso e olhava-o. Pois, nessas horas, sua alma ameaçava dissolver-se de enlevo. Assim, olhava para o relógio, a fim de conservar-se no tempo e no mundo.

Quando Rompia o Schabat

Quando rompia o sábado, o Rabi Elimelech não conseguia suportar as vozes que o anunciavam. Era obrigado a tapar os ouvidos, de tal modo ecoava neles a santidade do *schabat*.

Boas Obras

Uma vez, o Rabi Elimelech voltava para casa, vindo de uma cidade que visitara, e todos os *hassidim* o acompanhavam por um bom trecho do caminho. Quando o carro cruzou as portas da cidade, o *tzadik* apeou-se, mandou o cocheiro tocar os cavalos e seguiu no meio da multidão. Aos espantados *hassidim*, disse: — Quando vi a grande dedicação com que realizaste a boa obra de acompanhar-me, não pude suportar estar excluído de sua comunhão.

As Respostas

Disse um dia o Rabi Elimelech: — Estou certo de ter um quinhão no mundo vindouro. Quando eu estiver ante o tribunal e me perguntarem: "Estudaste como é devido?", responderei: "Não". Depois continuarão a perguntar: "Oraste o quanto é devido?" e responderei do mesmo modo: "Não". E perguntarão uma terceira vez: "Fizeste todo o bem que é devido?" e nem então poderei responder de outro modo. Assim, pronunciarão a sentença: "Dizes a verdade. E por causa da verdade, tens direito a um quinhão no mundo vindouro".

O Altar

Diz nossa tradição que cada um, em Israel, está capacitado a construir uma parte do Templo. Certa vez, o Rabi Elimelech ascendeu tanto na elevação de sua alma, que por fim lhe mostraram que, com sua santidade, construiria o altar no santuário superior.

A Luz Primeva

Falou o Rabi Elimelech: — Antes que a alma entre no ar deste mundo, é conduzida através de todos os mundos. Ao fim, mostram-lhe a luz primeva que, outrora, quando o mundo foi criado, iluminava todas as coisas, e que Deus escondeu mais tarde, quando o homem se corrompeu. Por que mostram essa luz à alma? Para que, daí por diante, traga em si o desejo de alcançá-la e, na vida terrena, se lhe aproxime, grau a grau. E naqueles que a alcançam, os *tzadikim*, neles a luz penetra, irradiando deles, a seguir, para o mundo. E por isso é que foi escondida em tempos idos.

No Sinai

Disse o Rabi Elimelech: — Não só eu me lembro de quando todas as almas de Israel se achavam junto ao Monte Sinai candente, como também me lembro de quais as almas que se achavam a meu lado.

Deus Canta

Diz o salmo [1]: "Porque é bom cantar ao nosso Deus". Rabi Elimelech interpretou-o assim: — É bom quando o homem consegue fazer Deus cantar dentro dele.

A Criadagem da Casa

Uma mulher muito velha que, na mocidade, servira como criada na casa do Rabi Elimelech, quando insistiam com ela para que contasse histórias do *tzadik*, costumava dizer: — Não sei de nada. Apenas de uma coisa ainda me recordo. Durante a semana sempre havia brigas na cozinha, como é de hábito entre criadas. Mas, à véspera do *schabat*, alguma coisa acontecia conosco, e nos abraçávamos, e uma pedia à outra: "Meu coração, perdoa-me tudo o que te fiz durante essa semana!"

O Primeiro Pecado

Contou o Rabi Haim de Zans: — Meu santo mestre, Rabi Elimelech, costumava dizer que, se o homem deseja voltar a Deus, precisa retornar a cada pecado, ao pecado que suscitou o seguinte e assim por diante, até ao primeiro pecado, e também desse deve penitenciar-se. Ele próprio se penitenciou de ter, quando bebê, pisado com os pés os seios de sua mãe.

O Penitente

Por seis anos, e depois por mais seis, o Rabi Davi de Lelov cumprira a grande penitência: jejuava de sábado a sábado e sujeitava-se a toda sorte de tormentos severos. Mas, mesmo depois de transcorridos os segundos seis anos, sentia que ainda não atingira a perfeição e não sabia mais o que fazer a fim de conseguir o que lhe faltava. Assim que ouviu falar do Rabi Elimelech, médico de almas, foi procurá-lo, para pedir-lhe ajuda. À noitinha do *schabat*, apresentou-se ao *tzadik* em companhia de muitos outros. Este deu a mão a todos, menos ao Rabi Davi, e nem mesmo lhe concedeu um olhar. Consternado, o Rabi de Lelov saiu, mas a seguir pensou que o mestre provavelmente o confundira com outro. Por isso, à noite, depois das orações, tornou a aproximar-se dele e estendeu-lhe

---

(1) *Salmos*, 147:1.

a mão, mas aconteceu o mesmo que antes. Chorou a noite inteira e de manhã não ousou pisar na casa de orações do *tzadik,* decidindo voltar para casa, logo após o termo do *schabat.* Mas, quando chegou a hora da sagrada terceira refeição, durante a qual o Rabi Elimelech proferia as palavras de ensinamento, não se conteve e esgueirou-se para junto da janela. Ouviu então o que o Rabi dizia: — Às vezes vêm ter comigo pessoas que se afadigam em jejuns e em sacrifícios, e muitos completam a grande penitência e a repetem mesmo, por doze anos inteiros. Depois disso tudo, julgam-se dignos do espírito santo, e vêm a mim para que eu o faça descer sobre elas; devo preencher a pequena lacuna que lhes resta. A verdade é que todo o seu exercício e todas as suas penas são menos que uma gota no oceano, e, o que é mais, todo o seu serviço não sobe a Deus, porém aos ídolos de sua soberba. Tais criaturas precisam tornar a Deus, com absoluto repúdio do trabalho feito até então, e recomeçar a servir com o coração voltado para a verdade. — Quando o Rabi Davi ouviu essas palavras, o espírito o dominou com tamanha violência, que quase perdeu os sentidos. Tremendo e soluçando, lá ficou-se debaixo da janela. Completada a *havdalá,* foi até à porta de entrada, contendo a respiração, abriu-a bem devagar e, com grande temor, estacou à soleira. Então, o Rabi Elimelech ergueu-se de seu lugar, correu para o visitante imóvel, abraçou-o e exclamou: — Bendito seja o que vem [2]! — Depois trouxe-o para a mesa e sentou-o ao seu lado. Mas Eleazar, o filho do *tzadik,* não pôde mais conter seu espanto e disse: — Pai, mas este é o homem que por duas vezes mandaste embora, porque não suportavas a sua presença! — De modo algum! — respondeu o Rabi Elimelech. — Aquele era outro, bem diferente; este aqui é nosso querido Rabi Davi!

O Fogo Impuro

Em viagem para a cidade do Rabi Elimelech, a quem aceitara como segundo mestre, depois da morte do Grande Maguid, o jovem Iaakov Itzhak, mais tarde o Vidente de Lublin, deteve-se numa cidadezinha onde ouviu o Rav recitar na sinagoga a oração da manhã, com grande fervor. Passou o *schabat* com ele e notou a mesma devoção em todas as suas palavras e ações. Quando se familiarizou um pouco mais com ele, perguntou-lhe se servira a algum *tzadik.* A resposta foi não. Isso surpreendeu o Rabi Iaakov Itzhak, pois o *caminho* não

---

(2) Saudação que se dirige a um hóspede em sua chegada, que responde: Bendito seja o presente!

pode ser aprendido em livro nenhum e em nenhum relato: só pode ser comunicado de pessoa para pessoa. Assim, pediu àquele homem piedoso que fosse em sua companhia ter com seu mestre e o outro concordou. Mas, ao cruzar a soleira do Rabi Elimelech, este não veio ao encontro de seu discípulo com uma carinhosa saudação, como sempre, mas virou-se para a janela e não deu atenção aos hóspedes. O Rabi de Lublin entendeu que o repúdio se dirigia ao companheiro e levou o outro, muito agitado, a uma hospedaria e retornou sozinho. O Rabi Elimelech o acolheu com a saudação de afeto, e depois disse: — O que há contigo, amigo, para me trazer um homem desses, em cujo rosto, retrato impuro de Deus, não consigo nem olhar? — Consternado, Iaakov Itzhak ouviu-o, mas não ousou replicar nem fazer perguntas. Mas o Rabi Elimelech o compreendeu e continuou: — Sabes, amigo, que existe um lugar, iluminado somente pelo planeta Vênus, onde se misturam o bem e o mal. Às vezes alguém começa a servir a Deus, e nisso se mesclam intenção e soberba; então, a menos que envide grande esforço para mudar, ele passa a morar naquele lugar triste e nem sequer sabe disso. Pode até ser capaz de grande devoção porque logo ao lado fica o lugar do fogo impuro. Lá é que ele vai buscar sua chama e com ela acende seu serviço, e não sabe de onde a tirou.

Da boca do Rabi de Lublin, o estranho ouviu as palavras do Rabi Elimelech e reconheceu a verdade. Naquela mesma hora, foi presa de arrependimento. Em pranto, correu à casa do mestre e de imediato encontrou sua ajuda e, com sua ajuda, o caminho.

A Ameaça de Satã

Contam: "Satã apareceu diante do Rabi Elimelech e disse: — Não vou mais ficar parado olhando, enquanto tu me persegues com teus *hassidim*. Não creias que não seja capaz de dar conta de vós. Faço todo mundo virar *hassid* e aí perdereis vossa força.

"Algum tempo depois, o Rabi Elimelech foi à casa de estudos armado de um pau para expulsar de lá alguns *hassidim*. Não se sabe por que não o fez. Imagino que não ousou selecionar os enviados de Satã".

Elias

O Rabi Elimelech mencionou uma pessoa a quem o Profeta Elias aparecia. Um outro admirou-se que tal coisa fosse possível, visto que, mesmo ao mestre Ibn Ezra [3], cujo espírito pertencia a uma esfera tão superior, fôra — de acordo com suas próprias palavras — denegada tal visão. — O que dizes é verdade — redargüiu o *tzadik*. — E no entanto é assim como eu disse. Sabes que, depois de transfigurado, Elias converteu-se no Anjo da Aliança e comparece à circuncisão de todo menino judeu. Mas como pode ser isso, se as circuncisões são praticadas sempre à mesma hora, depois das orações, e desta forma ocorrem muitas à mesma hora em todos os pontos do mundo? — É o que vou te dizer. Elias tocou todo o povo de Israel com o espírito do arrependimento, de tal modo que Israel caiu de bruços e proclamou o verdadeiro Deus, e por isso foi-lhe concedida a alma total de Israel. Assim, onde quer que um menino seja trazido à Aliança, uma parte da alma de Elias está presente e entra na criança — uma parte maior ou menor, conforme a natureza e raiz dela. E se o menino, ao crescer, desenvolve sua alma de Elias e lhe dá forma, então se lhe apresenta o Elias nele contido. Assim, o homem de quem eu falava conseguiu, por suas obras, trazer à luz a pequena parte do profeta que estava nele. Mas Ibn Ezra não teve força de completar o grande quinhão que lhe foi destinado.

Uma Transação

Contam: "O imperador em Viena publicou um edito que tornaria inteiramente miserável a já oprimida vida dos judeus na Galícia. Naquele tempo, na escola de Elimelech, vivia um homem aplicado e estudioso, de nome Faivel. Este levantou-se uma noite, entrou no quarto do *tzadik* e lhe disse: — Senhor, tenho uma demanda contra Deus — e ao falar horrorizou-se com as próprias palavras. Mas o Rabi Elimelech respondeu-lhe: — Está bem, mas à noite o tribunal não se reúne. — De manhã, dois *tzadikim* chegaram a Lijensk, Israel de Kosnitz e Iaakov Itzhak de Lublin, e pararam em casa do Rabi Elimelech. Depois do almoço, o hospedeiro mandou chamar o tal homem e lhe disse: — Agora expõe teu caso. — Não tenho mais força para falar — gaguejou Faivel. — Então eu te dou essa força. — E o Rabi Faivel falou: — Como é que vivemos em servidão neste reino? Deus não diz na Torá [4]: "Por que meus servos são os filhos de Israel"? E ainda que nos haja entregue ao Exílio: onde quer que estejamos, é responsabilidade Sua manter íntegra nossa liberdade de servi-lo.

---

(3) Abraham Ibn Ezra de Toledo (fal. em 1167), notável **exegeta bíblico**, gramático hebraico, filósofo religioso e poeta.
(4) *Levítico*. 25:55.

"A isso replicou o Rabi Elimelech: — Conhecemos a resposta de Deus, porque ela também está escrita nas maldições de Moisés e dos Profetas. Mas agora, segundo os preceitos, que as duas partes deixem o recinto, para que os juízes não sejam influenciados por sua presença. Portanto, Rabi Faivel, queira retirar-se. E a Ti, Senhor do Mundo, não podemos mandar sair, porque Teu esplendor cobre a terra toda, e sem Tua presença nenhum de nós conseguiria viver um só momento, mas sabe que também Tua presença não nos influenciará. — Então julgaram os três, em silêncio, e com os olhos fechados. Decorrida uma hora, convocaram novamente o homem chamado Faivel e anunciaram-lhe o veredito: a razão estava com ele. Nessa mesma hora o edito em Viena foi revogado".

A Terrina Tombada

Contam: "Certa vez estava o Rabi Elimelech sentado à mesa com seus discípulos, para a refeição do *schabat*. O criado colocou a terrina de sopa diante do Rabi: este ergueu-a e deixou-a escapar, derramando a sopa por toda a mesa. Nesse instante exclamou o jovem Mendel, futuro rabi de Rimanov: — Rabi, o que estais fazendo? Assim seremos todos presos! — Os discípulos sorriram dessas palavras sem nexo; teriam caído na gargalhada se a presença do mestre não os contivesse. Mas ele não sorriu; acenou com a cabeça para o jovem Mendel e disse: — Não temas, meu filho.

Pouco depois, ficou-se sabendo que, naquele dia, fora apresentado ao imperador, para assinar, um edito contra os judeus de todo o país. Repetidas vezes, o imperador levou a pena ao papel e sempre alguma coisa impedia-o de fazê-lo. Finalmente, assinou. Em seguida, quis pegar o vidrinho de areia, mas, em seu lugar, tomou do tinteiro e o derramou sobre o papel. Então rasgou a folha e proibiu que lhe pusessem outra vez aquele edito diante dos olhos.

A Refeição Maravilhosa

Contam: "Cada Ano Novo iam ter com o Rabi Elimelech quinze *hassidim,* e a *rebetzin* sempre lhes oferecia algo para comer e beber, mesmo que fosse sem grande fartura, porque naquela época ainda o dinheiro de casa dava apenas para o necessário.

De certa feita apareceram, já tarde do dia, nada menos que quarenta pessoas ao invés dos costumeiros quinze.

— Terás comida que chegue para todos? — perguntou o Rabi Elimelech. — Sabes como estamos — respondeu ela. Antes da oração de *Min-há,* ele perguntou mais uma vez: — Será que não poderemos mesmo repartir a comida entre os quarenta, uma vez que estão todos sob meu teto? — Daria mal para quinze — replicou a mulher.
À oração da noite o Rabi rezou com devoção a Deus, que alimenta todas as criaturas. Depois das preces anunciou: — Venham todos à mesa! — Os quarenta comeram até fartar e ainda havia tigelas cheias na mesa".

Beber do Vinho da Vida

Contam: "Certa vez, no segundo dia de Schavuot os *hassidim* estavam à mesa do Rabi Elimelech, alegres com a festa. O Rabi olhou em volta e acenou com a cabeça a cada um deles, pois que se alegrava com sua alegria. E disse, sorrindo: — Vede, temos tudo para nos tornar alegres. O que mais nos falta? — Mas um, atrevido, falou: — Na verdade, nada ·nos falta, salvo tomar o vinho da vida [5], como os justos no Paraíso. — O *tzadik* ordenou-lhe: — Toma a vara nos ombros, pendura nela dois baldes e vai até a porta do cemitério! Lá deposita os baldes no chão, vira-te e diz: Elimelech mandou-me buscar vinho! Então vira-te de novo, põe os baldes cheios na vara e traze-os para nós. Mas toma cuidado, não respondas a quem quer que tente falar contigo! — Arrepiado, o jovem fez o que lhe fora ordenado: apanhou o vinho à porta do cemitério e, tremendo, levou-o de volta. Em torno dele, a noite enluarada vibrava com vozes que lhe pediam uma gota, vozes de velhos e de crianças, todas no mesmo tom suspiroso. Ele continuava, apressado e em silêncio e à sua esteira soava o surdo arrastar-se de inúmeros passos de outros mundos. Já se encontrava quase à porta do Rabi Elimelech, quando lhe vieram pela frente. — Agora não podeis fazer mais nada contra mim! — gritou. A vara quebrou-se ao meio, os baldes caíram e estilhaçaram-se, e ele sentiu algo bater-lhe no rosto, à direita e à esquerda, estalando. Cambaleou pela porta entreaberta. Fora reinava um silêncio de morte. Dentro, o *tzadik* disse: — Senta-te, tolo, à nossa mesa".

O Peixeiro

Dizem que o Rabi Elimelech não celebrava com todas as honras a refeição *pós-schabat,* chamada "repasto da despedida real",

---

(5) Literalmente "o vinho preservado", que, conforme o Midrasch, se reservou para os justos desde a Criação.

ou "repasto do Rei Davi", e por isso o rei enraiveceu-se contra ele.

Contam também: "Certa vez, numa sexta-feira à tarde, apareceu ao Rabi Elimelech um homem em trajes camponeses, carregando uma mochila de pescador e, na fala dos camponeses da região, ofereceu peixes ao *tzadik*. Este mandou-o à sua mulher, mas ela o despachou, porque já preparara, horas atrás, toda a comida do sábado. O homem não desistiu e tornou ao Rabi; este mandou dizer à mulher que comprasse alguma coisa, mas ela insistiu na recusa. Pela terceira vez, o vendedor apareceu na sala do *tzadik,* tirou os peixes da mochila, jogou-os ao chão ainda vivos e resmungou: — Faríeis bem em usá-los para o "repasto de despedida"! — O Rabi Elimelech ergueu então as sobrancelhas (possuía sobrancelhas grandes e costumava erguê-las quando desejava observar alguém mais de perto), manteve-se calado por alguns instantes e disse: — Não tenho mais forças para celebrar vosso repasto com todas as honras, mas recomendarei a meus filhos que o façam.

A Sopa de Massa

Nos últimos dois anos de vida, o Rabi Elimelech só ingeria porções muito diminutas de comida e bebida, e assim mesmo só porque os seus insistiam com ele. Certa vez, quando seu filho Rabi Eleazar lhe pedia, em lágrimas, que comesse um pouco mais, para manter-se vivo, disse, com um sorriso nos lábios: — Como são grosseiros os alimentos que me dais! Se me dessem da sopa de massa que comi outrora, nas minhas andanças com meu irmão Zússia, na pequena pousada vermelha à margem do Dniéster!

Tempos depois da morte do Rabi Elimelech, seu filho foi procurar a pequena hospedaria à margem do Dniéster. Lá chegando, pediu pousada para a noite e perguntou o que havia para jantar.

— Somos gente pobre — disse a estalajadeira. — Damos aguardente aos camponeses, em troca de farinha e grão, a maior parte dos quais meu marido leva à cidade e troca por aguardente, o resto nós usamos. De modo que não posso oferecer-vos mais do que uma sopa de massa. — Prepara-a logo — ordenou o Rabi Eleazar. Ao fim de suas orações da noite, a sopa estava na mesa. Ele comeu tudo o que havia no prato, pediu uma segunda porção, que também comeu e mandou vir uma terceira. Depois de esvaziar o prato mais uma vez, perguntou à hospedeira: — Diz, pois, o que puseste na sopa para ficar tão gostosa? — Pode crer, senhor — respondeu — não pus nada. — Mas como ele perguntasse diversas vezes, ela acabou por confessar: — Bem, se estais gostando tanto dela, é que ela deve vir do paraíso mesmo. — E então contou: — Faz muitos anos, hospedaram-se aqui dois homens piedosos, via-se logo que eram verdadeiros *tzadikim*. E como eu não tinha nada para lhes oferecer exceto uma sopa de massa, enquanto cozinhava, rezei a Deus: "Senhor do mundo, eu não tenho mais nada e Tu tens tudo, compadece-te pois dos Teus servos extenuados e famintos e põe umas ervas do Teu paraíso na sopa deles". E então, quando servi a sopa, os dois comeram tudo o que havia na terrina grande, e mais outra, e um deles me disse: "Filha, tua sopa tem gosto do paraíso". E agora rezei de novo.

A Prova Verdadeira

Perguntaram ao Rabi Elimelech: — Rezam as Escrituras que o Faraó disse a Moisés e Aarão: "Dai-vos uma prova". Como se entende isso? Seria de imaginar que ele lhes dissesse: "Dai-me uma prova".

O Rabi Elimelech explicou: — Os mágicos sabem o que desejam conseguir, e como hão de consegui-lo: o sinal não é para eles, mas para os espectadores. Os que agem, contudo, com o poder de Deus, não conhecem o onde, nem o como, e o milagre que surge de seus atos também os espanta. É o que queria dizer o Faraó: "Não me venhais com truques, ide buscar um sinal do mundo verdadeiro, para que eles vos confirme".

Os Tzadikim Ocultos

O Rabi Gabriel, discípulo do Rabi Elimelech, viajava certa vez para visitar seu mestre, num carro alugado, cujo dono era sujeito de atitudes muito grosseiras e, para seu grande aborrecimento, não parou de dirigir-lhe gracejos rudes e desrespeitosos durante todo o trajeto. Ao chegarem à casa do *tzadik*, este correu ao encontro do cocheiro, cumprimentou-o com grande alegria e fez-lhe mil perguntas; ao Rabi Gabriel deu uma atenção mínima. Na volta, o discípulo quis servir ao homem que fora objeto de tamanha honra, mas este o despachou com algumas palavras de desdém.

Alguns meses depois, o Rabi Gabriel viu o cocheiro na capital, em conversa com um pedreiro. Acompanhou-os, despercebido, até uma taverna, e ouviu um dizer ao outro: — Com Melech, ainda há um pedaço de verdade, mas em nenhum outro lugar — e o outro repetiu: — Com Melech ainda há um pedaço de verdade. — Nisso, aperceberam-se da presença do rabi em seu esconderijo e gritaram-lhe: — Vá embora, o que queres conosco, gente ordinária. — E ele teve de partir.

Depois da morte do Rabi Elimelech, Gabriel viajava por uma floresta, quando lhe veio ao encontro o carro de seu amigo, o Rabi Uri. Desceram e passearam juntos. Ele contou ao companheiro como, daquela vez, ouvira, às escondidas, o que diziam o cocheiro e o pedreiro. Chorando, ficaram os dois, cada um encostado a uma árvore, e lamentaram-se: — Um só pedaço de verdade existia no mundo, e mesmo esse nos foi tomado!

A Veia

O neto do Baal Schem, Rabi Mosché Efraim, não apreciava os *hassidim* poloneses, porque soubera que eles se maceravam muito e destruíam a imagem de Deus em si mesmos, em vez de aperfeiçoarem todos os membros do corpo e fundirem-no com a alma em um só vaso sagrado ao serviço de Deus. Após a morte do Rabi Elimelech, seu discípulo, o Rabi Mendel de Rimanov, veio ter com o Rabi Mosché, a fim de se aconselhar sobre a sucessão, como o seu mestre lhe ordenara na hora da morte. O Rabi Mosché Efraim logo o reconheceu como polonês, acolhendo-o seca e friamente. O visitante sentiu-se tão contristado que seu rosto se transformou. O Rabi Mosché Efraim observava-o atentamente: aquela testa empalidecida e aqueles olhos grandes e abertos não pertenciam a um homem inferior. Perguntou, amável: — Já estiveste com algum *tzadik*? — Mendel respondeu: — Servi a meu nobre mestre, o Rabi Elimelech. — Então o Rabi Efraim olhou-o com crescente interesse e prosseguiu: — O que te pareceu mais maravilhoso nesse homem maravilhoso? — E ao perguntar, pensava: agora este *hassid* de rosto resplendente vai revelar sua verdadeira natureza e contar alguma história de milagres. O Rabi Mendel respondeu: — Dia após dia, quando meu mestre mergulhava na contemplação da temibilidade de Deus, suas veias se entesavam como cordas duras. E aquela veia atrás da orelha, que não teme nada neste mundo e que só no dia da morte estremece, eu a via pulsar nele, poderosamente, dia após dia. — O Rabi Mosché Efraim silenciou. Depois disse: — Disso eu não sabia — e repetiu duas vezes: — Disso eu não sabia. — E recebeu o Rabi Mendel como a um filho.

SCHNOIER ZALMAN DE LADI, O RAV

Não há Volta

Nos anos que se seguiram imediatamente a seu casamento, Zalman morou com os sogros, como era o costume. Mas sua vida retirada, sua maneira de rezar e todo o seu modo de servir eram-lhes estranhos e, embora admirassem sua erudição, tomavam-no por louco. Em vão insistiram com a filha para que obtivesse dele a carta de divórcio, de modo que tiveram de contentar-se com dificultar-lhe a vida. Negavam-lhe velas, o que o obrigava a estudar à janela, à luz da lua; e nas noites de inverno, em que muitas vezes ficava acordado até quase o raiar do dia, deixavam-no passar frio. E assim foi até que, aos vinte anos, ele partiu em peregrinação a Mesritsch, para junto do Grande Maguid.

Mais tarde, quando começou a espalhar-se a fama do Rabi Zalman, sua sogra arrependeu-se dos tormentos que ela e seu marido — então já falecido — lhe haviam imposto e pediu ao *tzadik* que voltasse a morar em sua casa; não deixaria que nada lhe faltasse e também se encarregaria de seus *hassidim*. O Rabi Zalman recusou o convite, mas como a mulher não cessasse de pressioná-lo, falou: — Vê, quem tem vida melhor do que a criança no ventre materno? Não precisa se incomodar com comida nem com bebida; sobre sua cabeça brilha uma luz cujo clarão lhe permite descortinar de uma ponta à outra do mundo e ensinam-lhe a Torá inteira [1]. Mas, quando ela nasce, vem um anjo e, com um tapa na boca, fá-la esquecer tudo quanto aprendera. E mesmo assim, se alguém pudesse voltar, não ia querer. Por quê? Porque já atingiu sua plena estatura.

A Permissão

Rabi Zalman conversou com seu irmão e decidiram ir a Mesritsch estudar com o santo Maguid. A seguir pediu o consentimento da mulher; esta assentiu, mas teve de prometer-lhe que voltaria depois de um ano e meio. Ela economizara trinta rublos. Deu-os ao Rabi Zalman e ele comprou um carro e um cavalo. O irmão, todavia, não pedira a permissão da esposa. Ao chegarem à cidade de Orscha, o cavalo caiu e morreu. — Isso é porque vieste sem licença — disse Zalman ao irmão — e significa que não deves trilhar este caminho. Por isso, volta para casa, mas eu vou continuar, e tudo o que conseguir, dividirei contigo. — Assim se separaram e Zalman prosseguiu a pé.

O Olhar do Mestre

Os aposentos do Grande Maguid davam para o salão em que dormiam os discípulos. Às vezes entrava aí à noite, com uma lanterna na mão, e observava o semblante dos que dormiam. Certa ocasião, curvou-se sobre o banco baixo junto ao fogão, em que dormia o jovem Zalman, sob um puído cobertor triangular. Examinou-o longamente e disse para si mesmo: — O maravilha das maravilhas, que um Deus tão grande habite uma casa tão frágil!

Ascensão

Contou o Rabi Schnoier Zalman: — Antes de Mesritsch, meu serviço se baseava na contemplação, no fluxo de amor e temor a Deus que de mim jorrava. Em Mesritsch, ascendi ao grau em que a própria consciência é amor e temor.
"Quando ouvi pela primeira vez o santo Maguid dizer "A propriedade divina da graça é nosso amor a Deus, a propriedade divina do poder é nosso temor a Deus", considerei

(1) Talmud (Nidá 30).

tal coisa uma interpretação. Mas depois vi que é assim mesmo: a graça divina é o amor a Deus, o poder divino é o temor a Deus.

A Linguagem dos Pássaros

O Rabi Pinkhas de Koretz quis ensinar ao jovem Zalman, que viera procurá-lo em sua segunda viagem a Mesritsch, a linguagem dos pássaros e a linguagem das plantas, mas este recusou. — O homem só precisa compreender *uma* coisa — disse.

Velho já, o Rabi Schnoier Zalman viajava, certa vez, pelo país com um neto seu. Em toda parte os pássaros saltitavam e chilreavam. O Rabi permaneceu algum tempo com a cabeça fora do carro. — Como falam depressa! — observou depois ao menino. — Possuem seu próprio alfabeto. É necessário apenas ouvir bem e pegar bem, para entender sua linguagem.

Do Zelo Ardente

Após a morte do Maguid, Schnoier Zalman resolveu deixar a cidade de Mesritsch para sempre. Ao despedir-se do filho do Maguid, o Rabi Abraão, o Anjo, que o instruíra na sabedoria secreta, disse-lhe este que gostaria de acompanhá-lo e sentou-se com ele no carro. Além das portas da cidade, o Rabi Abraão gritou para o cocheiro: — Toca os cavalos, fá-los correr até que esqueçam que são cavalos. — Zalman entendeu o sentido das palavras. — Até eu aprender devidamente este caminho do servir — disse — é preciso ainda muito tempo — e ficou em Mesritsch por mais um ano.

No Extremo Inferior

Depois da morte de seu mestre, o Grande Maguid, costumava Schnoier Zalman procurar o Rabi Menahem de Vitebsk e era considerado discípulo dele, embora seus anos de aprendizado propriamente dito já tivessem passado. Nos sábados e dias de festa, todos os *hassidim* comiam à mesa de seu Rabi. Zalman sentava-se sempre no extremo inferior. Na véspera do Ano Novo, o Rabi de Vitebsk viu que na ponta de baixo o lugar permanecia vazio. Foi à casa de estudos onde encontrou Zalman ainda entretido na prece, ouviu-o por um instante despercebido e voltou para a sala. — Não o incomodem — declarou. — Ele se rejubila com Deus, e Deus com ele.

A Deus

Certa vez Zalman interrompeu a oração e disse: — Não quero o Teu paraíso, não quero Teu mundo vindouro, só quero a Ti mesmo.

Desprendido do Tempo

O Rabi Schnoier Zalman contou a seus *hassidim*: — Estava eu andando pela rua, ao anoitecer, e aconteceu-me ver algo inconveniente. Muito me afligiu não haver protegido meus olhos: por isso, coloquei-me com o rosto virado para um muro e chorei muito. Quando me voltei, vi que tinha escurecido e que a hora de rezar a *Min-há* já havia passado. Aí encontrei uma saída: desprendi-me do tempo e rezei a *Min-há*.

Mêdo

Quando os *hassidim* começaram a procurar o Rabi Zalman e ele, olhando pela janela, vislumbrou, pela primeira vez, a multidão que se aproximava, horrorizou-se e exclamou: — O que querem eles de mim? O que viram em mim? — Então disse-lhe sua mulher: — Calma, não é a ti que procuram; querem apenas que tu, que viveste à sombra do santo Maguid, lhes contes a respeito dele. — Então está bem — disse o Rabi Zalman e seu coração se tranqüilizou. — Contar, sim, eu lhes contarei. — Mas, quando começou a contar, não mais conseguiu conter os ensinamentos.

Onde Estás?

Quando o Rabi Schnoier Zalman, Rav do Norte da Rússia Branca, estava preso em Petersburgo e aguardava julgamento porque um chefe dos *mitgnadim* denunciara junto ao governo suas convicções e seu caminho, o comandante da gendarmeria entrou em sua cela. O semblante poderoso e calmo do Rav, que, a princípio, imerso em pensamento, nem o percebeu, indicou logo àquele homem reflexivo que espécie de homem era o seu prisioneiro. Pôs-se a conversar com ele e logo lhe propôs várias perguntas que lhe haviam ocorrido ao ler as Escrituras. Por fim, indagou: — Como se entende que Deus, o onisciente, diga a Adão: "Onde estás?" — Acreditais — replicou o *tzadik* — que a Escritura é eterna e que nela se encerram cada época, cada geração e cada homem? — Acredito, sim — disse o outro. — Pois bem — falou o Rabi — em cada época Deus diz a cada homem: "Onde tu estás em teu mundo? Tantos dias e tantos anos dos concedidos a ti já se passaram e nesse meio tempo até onde chegaste em teu mundo?" Mais ou menos assim fala Deus: "Viveste quarenta e seis anos, onde te encontras?"

Quando o comandante ouviu mencionados os anos de sua idade, retesou-se, pôs a mão no ombro do Rav e exclamou: — Bravo! — Mas seu coração palpitava.

Pergunta e Resposta

O Rav dirigiu-se assim a um discípulo que acabava de entrar:
— Mosché, o que é isso que chamamos Deus?
O discípulo calou.
O Rav perguntou uma segunda, uma terceira vez.
— Por que não respondes?
— Porque não sei.
— E achas que eu sei? Mas tenho de dizê-lo; pois é assim e portanto devo dizê-lo: Ele está definitivamente aqui e, além dele, nada aqui está definitivamente, e é isso o que **Ele é**.

Com que Ele Orava

O Rav indagou certa ocasião a seu filho: — Com que rezas?
— O filho compreendeu o sentido da pergunta: em que reflexões baseava sua prece. Respondeu, pois: — Com o versículo [2]: "Toda alta estatura há de inclinar-se diante de ti".
— Depois perguntou ao pai: — E com que rezas tu? — Respondeu ele: — Com o soalho e com o banco.

De Uma Travessa

Entre os discípulos do Maguid de Mesritsch havia um cujo nome caiu em esquecimento, e ninguém mais o conhece. Hou-

---

(2) Da oração pronunciada nas manhãs de *schabat* e dos dias de festa: "A alma de todos os vivos".

ve tempo em que, na casa de estudos do Maguid, era considerado o maior entre os companheiros e todos se dirigiam a ele, quando desejavam que fossem repetidas ou esclarecidas as palavras do mestre. Mas chegou o dia em que os discípulos começaram a falar dele e a dizer que um verme o roía. Depois disso, ele desapareceu e correu um boato de que se entregara à bebida. Vagava pela região com bengala e mochila e bebia, em silêncio, pelas tavernas, até ficar embriagado; então pronunciava máximas de sabedoria, uma após outra. Anos mais tarde, foi dar à cidade de Lozny, onde morava nessa época o Rabi Schnoier Zalman, e entrou na casa de estudos quando o Rav estava ensinando. Despercebido entre a multidão, ouviu por alguns momentos. A seguir murmurou de si para consigo: — Nós todos comemos de uma só travessa e o prato inteiro fica com ele — e saiu. Quando contaram isso ao Rav, ele compreendeu quem era o visitante e mandou procurá-lo em toda parte, pois queria convencê-lo a ficar e não mais perambular. Mas foi impossível encontrar o viandante.

Reflexão

Um dos *mitnagdim* visitou certa vez o Rav e propôs-lhe uma série de perguntas. Afinal, desejou saber por que à porta do *tzadik* não havia criado, de modo que os visitantes não viessem importuná-lo a toda hora. O Rav enfiou a cabeça nas mãos. Decorrido algum tempo, levantou-a e disse: — A cabeça e o tronco formam um só corpo; mesmo assim, a cabeça deve ser coberta de maneira diferente e tratada com mais cuidado. — O filho do *tzadik,* contudo, não ficou satisfeito com a resposta. Ele observou mais tarde: — Para dar semelhante resposta, não precisavas ter posto a cabeça entre as mãos e pôr-se a meditar. — O Rabi Zalman replicou: — Quando Coré disse a Moisés: "Em toda a comunidade, todos são santos, pois entre eles está o Senhor; por que vos elevais acima da assembléia do Senhor?", Moisés ouviu-o e caiu de bruços. Só mais tarde é que respondeu a Coré. Por que fez isso? Poderia ter dito logo o que veio a dizer depois. Mas Moisés pensou: Essas palavras talvez venham de cima e Coré seja um simples arauto. Como devo responder-lhe? Por isso caiu de bruços e refletiu se, em verdade, procurava elevar-se acima dos outros. E depois de refletir e reconhecer que não havia em si mesmo tal desejo — e conforme testifica a palavra de Deus, Moisés era muito humilde, mais que todos os homens — soube que Coré não lhe fora enviado e replicou-lhe.

Do Messias

Alguém indagou ao Rav, em tom de brincadeira: — O Messias será um *hassid,* ou um *mitnagd?* — Um *mitnagd,* creio eu — redargüiu. — Porque se for um *hassid,* os *mitnagdim* não lhe darão crédito. Mas os *hassidim* hão de crer nele, seja ele o que for.

O Espírito Claro e o Escuro

Um ricaço, muito devotado aos estudos e conhecido por sua avareza, perguntou certa ocasião ao Rav de Ladi: — Como se compreende a passagem do Talmud, onde se diz que o Rabi Hanina ben Teradion [3], o qual, nos tempos das maiores perseguições e até o dia de seu martírio, pregou os ensinamentos, publicamente, diante de multidões de discípulos, duvidava de ter sido destinado à vida no mundo vindouro? E que, ao exprimir suas dúvidas a um amigo, foi inquirido em resposta se praticara uma boa ação? E somente recebeu a resposta tranqüilizadora ao declarar que distribuíra parte de seu dinheiro entre os pobres. Como se compreende isso? Pois se o estudo dos ensinamentos — conforme as palavras de nossos sábios — vale mais do que todos os outros méritos!

— Há duas espécies de homens — replicou o Rav; — os de bílis negra e os de bílis clara. Os primeiros sentam-se entre os livros dos ensinamentos e são de temperamento ríspido. Rabi Hanina era de espírito escuro, devotado aos estudos, e fechado. Seu mérito não estava em seguir os ensinamentos, mas em dominar seus impulsos e dar livremente do que era seu; mas, depois que o fez e aprendeu a viver com os homens, seus estudos deixaram de ser uma necessidade, para se transformarem em virtude.

Olhar

Nos dias que antecederam sua morte, o Rav perguntou ao neto: — Estás vendo alguma coisa? — Este olhou-o, perplexo. O Rav replicou: — Tudo o que vejo é o Nada divino [4], que vivifica o mundo.

---

(3) Um dos "dez mártires" executados pelos romanos depois de rebelião de Bar Kochba (132-135), por recusarem obedecer à proibição de estudar a lei.

(4) Segundo a doutrina da escola Habad (V. Introdução), o divino, o não-limitado se contrapõe a tudo como o "Nada".

A Aparição

Uma noite, a mulher do Rabi Mendel de Lubavitch, neto do Rav, foi acordada por grande barulho, proveniente do quarto contíguo, onde dormia o marido. Correu para lá e viu o Rabi Mendel no chão, ao lado da cama. Indagado a respeito, respondeu que o avô estivera com ele. Ela tentou acalmá-lo, mas o Rabi replicou: — Quando uma alma do mundo superior e uma alma deste mundo querem juntar-se, uma precisa pôr uma veste e a outra precisa tirar uma veste.

Certa ocasião disse a seus íntimos: — Lê-se no Talmud de Jerusalém: quem diz uma palavra em nome de quem a falou, deve imaginar que o outro esteja diante dele. Mas isso é somente imaginação. Mas, quando alguém canta uma canção inventada por outro, em sua presença encontra-se realmente o mestre da canção. — E cantou a melodia sem palavras, conhecida de todos, que o Rav sempre cantava e cantarolava: "A devoção do Rav".

SCHLOMO DE KARLIN

O Encontro

As cidades de Pinsk e Karlin ficam perto uma da outra, uma à margem norte e a outra à margem sul de um rio. No tempo em que o Rabi Schlomo ainda era um pobre *melamed* em Karlin, o Rabi Levi Itzhak, futuro Rabi de Berditschev, era o Rav de Pinsk. Certo dia, mandou seu criado a Karlin procurar um homem chamado Schlomo, filho de Iuta, e pedir-lhe que viesse vê-lo em Pinsk. O criado indagou durante muito tempo, até que, num casebre em ruínas na periferia da cidade, o *melamed* encontrou o Rabi Schlomo e lhe deu o recado. — Estarei lá na hora certa — disse o Rabi Schlomo. Quando, algumas horas depois, transpôs a soleira do Rabi Levi Itzhak, o *rav* levantou-se, disse: — Bendito seja o que vem — e ele mesmo preparou-lhe uma cadeira. Por uma hora ambos permaneceram sentados, um defronte do outro, faces abrasadas, olhos intensos, e nada disseram. Depois levantaram-se e riram um para o outro. "Que grande risada!" pensou o criado, que estava à porta, ouvindo. E o Rabi Schlomo despediu-se.

Mas os *hassidim* contavam que, pelo encontro dos dois, a expulsão que ameaçava os judeus da região fora evitada, e que por isso eles riram.

Aquele que Voltou

Contam: "O Rabi Aarão de Karlin morreu ainda moço, e o Rabi Schlomo, que fora seu condiscípulo junto ao Grande Maguid, mas que se ligara ao companheiro mais velho como a um mestre, recusou-se a sucedê-lo. Então, o Rabi Aarão apareceu-lhe em sonho e prometeu-lhe que, se tomasse sobre si o jugo de ser guia, lhe seria concedida a graça de ver todas as migrações das almas e essa promessa convenceu-o, em sonho.

Na manhã seguinte, era capaz de ver, em todos os homens, o destino de suas almas. Na mesma manhã, trouxeram-lhe um bilhete com um pedido e dinheiro de "resgate"[1] de um homem rico que se encontrava à morte, e ao mesmo tempo veio a encarregada do asilo de mendigos suplicar-lhe que rezasse por uma mulher que há três dias estava em trabalhos de parto e não conseguia dar à luz. Rabi Schlomo viu que a criança não poderia vir ao mundo antes que o homem rico morresse e antes que sua alma pudesse entrar naquele corpo. De fato, a notícia da morte e a do nascimento chegaram em rápida sucessão. Quando, pouco depois, relataram ao Rabi que no asilo faltava lenha e que a parturiente e seu filho estavam passando frio, tomou algum dinheiro do que recebera do ricaço e mandou que com ele comprassem lenha. Porque, dizia de si para consigo: "Essa criança é o próprio homem rico e o dinheiro de um é o dinheiro do outro". Depois deu também o resto, para a criação do menino. Mais tarde, a mulher pôs-se a vagar, junto com outros mendigos, de cidade em cidade. Quando o menino tinha seis anos, voltaram a Karlin e souberam que se preparava a festa de *bar-mitzvá* do filho mais novo do falecido. Conforme o costume, os mendigos também foram convidados para uma refeição. Então foram os dois, mãe e filho, com os outros. Mas foi impossível convencer o menino a sentar-se à mesa dos mendigos; em voz alta e com gestos imperiosos, exigiu um lugar à cabeceira da mesa dos convidados. O Rabi Schlomo, que presenciou o fato, instou que fizessem a vontade da criança, para que não estragasse a festa. "Pois ele é o próprio dono da casa, pensou, e não exige mais do que o lhe é devido." Aconteceu o mesmo quando serviram os pratos: o menino insistiu para que lhe dessem os melhores bocados e de novo o *tzadik* intercedeu em seu favor. Perguntaram à mãe se ele sempre se comportava dessa maneira. Nunca até então, replicou, demonstrara algo semelhante.

Ao fim da festa, depois que o Rabi Schlomo voltara para

---

(1) O *hassid*, ao visitar o *tzadik*, entrega-lhe, junto com um bilhete de pedido, uma quantia em dinheiro. Essa quantia é considerada um "resgate" pela alma do suplicante.

casa, distribuíram dinheiro entre os pobres. Quando chegaram ao menino, ele exclamou: — Como ousais oferecer-me cobre! Ide buscar ouro no cofre! — Então os filhos do ricaço o puseram no olho da rua.

Quando o Rabi Schlomo soube do tratamento que os filhos haviam dispensado ao pai que voltara, pediu ao Céu que lhe tirasse a graça maravilhosa.

A Recusa

Contam: "No Céu, queriam revelar ao Rabi Schlomo de Karlin a linguagem dos pássaros, a das palmeiras e a dos anjos de serviço. Mas ele se recusou a aprendê-las, antes de saber qual a importância de cada uma para o serviço de Deus. Só depois de informado, ele as aceitou e daí por diante serviu a Deus também com elas".

As Etapas

No tempo em que o Rabi Schlomo de Karlin viajava pelas terras da Rússia, enumerava sempre as várias etapas e dizia: — São estas as etapas dos filhos de Israel, que saíram das terras do Egito [2]. — Quando lhe perguntaram o que queria dizer com isso, respondeu: — O livro sagrado de Zohar interpreta assim as palavras de Deus: "Façamos um homem!": de cada mundo, do mais alto ao mais baixo, Deus tomou uma parte e com todas elas fez o homem; foi aos mundos que Deus disse: "Nós". E é este o sentido das etapas que o homem perfaz em sua vida: deve viajar de grau em grau, até que, por seu intermédio, tudo se reúna no mais alto dos mundos. Por isso é que está escrito: "São estas as suas etapas segundo as suas saídas". As etapas do homem devem levá-lo ao lugar de onde veio.

O Risco da Oração

Alguém pediu ao Rabi Schlomo de Karlin que prometesse ir visitá-lo no dia seguinte. — Como podes querer que eu faça tal promessa? — indagou o *tzadik*. — Hoje à noite preciso rezar e proferir o "Ouve, ó Israel", o que conduz minha alma ao limite da vida; depois vem a escuridão do sono; e de

[2] *Números*, 33:1.

manhã, a grande prece matutina, que é uma viagem através de todos os mundos, e, finalmente, a prosternação da face contra o chão, que é quando a alma se curva sobre o limite da vida. É possível que ainda dessa vez eu não morra; mas como posso prometer-te fazer algo após a oração?

O Açúcar

Contam: "Quando o Rabi Schlomo tomava chá ou café, costumava pegar um torrão de açúcar na mão e segurá-lo enquanto bebia. Certa ocasião, seu filho indagou: — Por que fazes isso? Se precisas do açúcar, coloca-o na boca; mas se não precisas dele, por que o seguras na mão? — Quando acabou de beber, o Rabi deu ao filho o torrão de açúcar e disse: — Prova-o. — O filho o levou à boca e ficou espantado, pois não restava nele um pouquinho sequer de doçura.

Mais tarde, quando o filho relatava a história, dizia: — Quando alguém é todo uno, pode sentir gosto com a mão tanto quanto com a língua.

Com a Espada no Pescoço

De certa feita, o Rabi Schlomo empreendeu uma viagem em companhia de um discípulo. No caminho, detiveram-se numa hospedaria, sentaram-se a uma mesa e o Rabi ordenou que se esquentasse hidromel, porque ele gostava de hidromel quente. Entrementes, entraram alguns soldados e, ao ver os judeus sentados à mesa, gritaram-lhe que se levantassem imediatamente. — O hidromel já está quente? — perguntou o Rabi na direção do balcão. Furiosos, os soldados bateram na mesa e berraram: — Fora, senão... — Ainda não está quente? — indagou o Rabi. O comandante dos soldados tirou a espada da bainha, encostando-a ao pescoço do Rabi. — Pois muito quente não pode ser — disse o Rabi Schlomo. Então os soldados saíram.

Sem a Alegria

O Rabi Schlomo de Karlin disse: — Quem cumpriu todos os mandamentos da Torá, mas não sentiu o ardor do êxtase sagrado, quando chegar no outro mundo verá que se lhe abrem as portas do paraíso. Mas, como neste mundo não sentiu o ardor do êxtase, tampouco há de sentir o êxtase do paraíso. E então, se for um tolo e queixar-se e resmungar: "E fazem tanta história com o paraíso!", será na mesma hora posto para fora. Mas se tem discernimento, sairá por si só e procurará o *tzadik,* que ensina a pobre alma a extasiar-se.

Um Pouco de Luz

— Como é possível ver um pouco de luz? — perguntou o Rabi Schlomo, e ele mesmo respondeu: — Mantendo-se bem lá embaixo, como está escrito [3]: "Se faço a minha cama no mundo ínfero, lá estás".

Descer

Disse o Rabi Schlomo: — Se quiseres erguer um homem da lama e da imundície, não penses que podes ficar parado lá em cima e limitar-te a estender a mão para baixo. Precisas descer por inteiro dentro da lama e da imundície. Depois, então, pega-o com mão forte, ergue a ele e a ti para a luz.

Abrir

O Rabi Schlomo de Karlin disse a um homem: — Não tenho chave para te abrir. — Ele então gritou: — Então me arrombe com um prego! — Daí por diante, o Rabi costumava louvar muito a esse homem.

Uma Cura

Contava um neto do Rabi Schlomo: "Um *tzadik* foi visitado por um homem, cuja alma se enredara num tal emaranhado de impulsos sinistros, que nem se pode descrevê-los. — Não posso ajudar-te — declarou o *tzadik*. — Deves procurar o Rabi Schlomo de Karlin. — Assim ele veio ao meu avô e chegou justamente na hora em que este acendia as velas de Hanucá, recitando salmos, como era seu costume. O homem ficou parado, ouvindo. Meu avô continuou falando, sem se voltar. Mas, ao chegar às palavras: "E ele nos arrancou a nossos opressores", virou-se para o hóspede, bateu-lhe no ombro e

(3) *Salmos,* 139:8.

perguntou: — Acreditas que Deus possa desvencilhar-nos de todos os nossos embaraços? — Acredito — disse o outro. Desde aquela hora, desertaram-no todos os impulsos perturbadores.

Fala o Discípulo

O Rabi Ascher de Stolin [4] disse de seu mestre, o Rabi Schlomo: — Sempre que reza, o Rabi tem um pé aqui e outro lá. E é no pé de lá que ele se apóia. E tudo isso só na alma, como está escrito [5]: "E Tuas pegadas não puderam ser conhecidas".

Certa vez, ele entrou na casa do Rabi Schlomo e lhe disse: — Rabi, tuas pegadas não puderam ser conhecidas. — O que há contigo — respondeu o Rabi — que vives sempre atrás de mim? Vem, vou dizer-te onde podes e onde não podes. — Mas ele raciocinou: — Uma vez que ele me tenha dito, não mais poderei transgredir. É melhor, pois, não ouvir.

Mostrar e Esconder

Certa ocasião, o Rabi Ascher de Stolin, discípulo do Rabi Schlomo, dizia dos *hassidim* de seu tempo: — São camponeses de barro e cossacos de palha! Quando vão ao Rabi, mostram-lhe o que é bom e escondem-lhe o mau. Quando estive com meu doce e santo Rabizinho — (e ao dizer isso beijou a ponta dos dedos) — mostrei-lhe o mau e escondi-lhe o bom. Porque está escrito que ao sacerdote se deve mostrar a lepra.

A Origem

O Rabi Uri contava de seu mestre, Rabi Schlomo: — Passei muito tempo em sua proximidade sem que me perguntasse pelo nome de minha mãe, conforme o costume [6]. Certa vez criei coragem e falei-lhe a respeito. Mas ele me respondeu: — Touro, leão, águia, homem — e nada mais. Não me atrevi a pedir-lhe uma explicação de suas palavras. Só depois de muitos anos é que compreendi que os grandes *tzadikim*, os médicos das almas, querem saber em qual dos quatro portadores do Carro Celeste [7] a alma tem sua raiz primeira, e não em qual ventre terreno foi encarnada.

---

(4) Filho do Rabi Aarão de Karlin. V. o capítulo sobre ele.
(5) *Salmos*, 77:20.
(6) Declinar o nome da mãe, que integra o seu nome "verdadeiro", é parte essencial do processo com que um *hassid* abre seu coração a um *tzadik*.
(7) *Ezequiel*, 1:10.

Para Além da Música

Certa ocasião, uns músicos tocaram para o Rabi Uri de Strelisk, o "Serafim". Em seguida, comentou ele com seus *hassidim*: — Dizem que na música se reúnem os três princípios: vida, intelecto e alma. Mas os músicos de hoje tocam apenas a partir do princípio da vida. — Depois de um instante, continuou: — De todos os salões celestes é o da música o mais baixo e o menor, mas quem quiser aproximar-se de Deus precisa apenas pisar nesse salão. Meu mestre, o Rabi Schlomo, não tinha necessidade disso.

Abel e Caim

Disse o Rabi Uri: — Meu mestre, o Rabi Schlomo de Karlin, possuía a alma de Abel. Está claro que também existem homens em que mora a boa essência da alma de Caim, e esses são muito grandes.

As Sobras

Certa vez o Rabi Schlomo viajava pelos campos com seu discípulo, o Rabi Mordehai de Lekovitz. Era no fim do período em que se pode abençoar a lua nova, e tão logo a setoura fulgente despontou por entre as nuvens que até então a encobriam, aprestaram-se para o rito sagrado. O cocheiro porém se lhes antecipou. No instante em que avistou a lua, limpou as mãos no canto do carro e tartamudeou a bênção do começo ao fim. O Rabi Mordehai riu, mas seu mestre o repreendeu. — Certo rei — contou — ordenou, um dia, que se guardassem todas as sobras das refeições de seu exército e que fossem armazenadas numa despensa. Ninguém compreendeu a razão dessa ordem. Mas estourou uma grande guerra, o inimigo cercou o exército do rei e cortou-lhe todas as vias de abastecimento. Então o rei alimentou seu exército com as sobras que o inimigo, rindo, deixava passar. Manteve-se forte e venceu.

Sem Penas

Certa ocasião, ao fim do Iom Kipur, estando o Rabi Schlomo de bom humor, afirmou que diria a cada um o que pedira ao céu no dia santo e o que lhe fora dado em resposta. Ao primeiro dos discípulos que se apresentou, disse: — Teu pedido foi que Deus te concedesse o teu sustento ao devido tempo, e sem penas, para que tais preocupações não te atrapalhassem no serviço d'Ele. E a resposta é: o que Deus quer, realmente, de ti, não são teus estudos nem tuas orações, mas, simplesmente, esses suspiros de teu coração partido porque as penas de teu ganha-pão te estorvam no teu serviço a Deus.

O que se Aprendeu

De certa feita, o Rabi Schlomo disse a seus discípulos: — Quando, após a morte, se chega ao mundo da verdade, perguntam: "Com que mestre estiveste?" E quando se dá o nome do mestre, perguntam mais: "O que aprendeste com ele?" É a isso que se refere o *Midrasch*: "Futuramente cada um de nós estará lá e dirá o que aprendeu".

Um dos discípulos exclamou: — Eu já preparei o que vou dizer em vosso nome. Direi: "Dê-nos Deus um coração puro e um pensamento puro, e que deste pensamento a pureza se espalhe por todos os membros para que em nós se cumpra a palavra [8]: Antes que me chamem, responderei".

O Dote

Rabi Schlomo de Karlin não suportava ter dinheiro no bolso ou mesmo na gaveta: angustiava-lhe o coração, até que o dava a algum necessitado.

Certo dia, seu filho ficou noivo da filha do Rabi Baruch de Mesbitsch, neto do Baal Schem. Baruch era um homem de sabedoria, piedade e fervor, mas ao mesmo tempo não negligenciava em receber o que lhe era devido. Quando se esgotou o prazo previsto no contrato nupcial para o pagamento do dote, sem que recebesse o dinheiro, escreveu ao Rabi Schlomo que devolveria o contrato e anularia o noivado. O Rabi de Karlin pediu-lhe novo prazo e despachou dois homens de sua confiança a recolherem por todo o país, entre os *hassidim*, a importância do dote. Reunida a soma e já em mãos do Rabi Schlomo, não pôde suportar a miséria dos pobres que se aglomeravam no pátio de sua casa — ali a necessidade e ele com dinheiro. Foi ao pátio e distribuiu tudo o que tinha. O Rabi Baruch tornou a enviar-lhe uma carta ríspida. O de Karlin respondeu que continuassem os preparativos das bodas, pois ele mesmo levaria o dote. Mais uma vez expediu dois homens para fazer

(8) *Isaías*, 65:24.

uma coleta, e mais uma vez reuniram o total requerido. No entanto, mais precavidos dessa vez, não entregaram o dinheiro ao rabi antes de vê-lo sentado no carro, com seu filho.

A estrada passava por uma cidade em que o Rabi Nahum de Tschernobil se achava preso, devido a uma dessas calúnias que os *mitnagdim* não raro levantavam. O Rabi de Karlin obteve permissão das autoridades para ver o amigo, por alguns breves minutos. Tão logo se viram frente a frente, o Rabi Schlomo percebeu imediatamente que o Rabi Nahum assumira o sofrimento, por amor a Israel; o Rabi Nahum, por seu turno, notou sem demora o que se passava no outro. — Como sabes disso? — perguntou. — Pois se pedi a Deus que nenhum anjo ou serafim o soubesse. — Anjos e serafins — retrucou o Rabi de Karlin — não o sabem, mas Schlomo, filho de Iuta, o sabe. Quando chegar minha vez, terei cuidado para que criatura alguma o saiba. — Era justamente a véspera do dia em que o Rabi de Tschernobil devia deixar a prisão. Depois de se despedir, o Rabi de Karlin foi procurar o intendente da prisão, deu-lhe os quatrocentos rublos que trazia consigo para o dote e assim conseguiu ver o amigo em liberdade um dia antes do aprazado. Depois, viajou para o casamento, com seu filho.

Do que se seguiu correm várias versões. Conta uma delas que, nos sete dias de festividades, o Rabi Baruch não mencionou o dote. Quando o Rabi de Karlin estava pronto a regressar para casa, disse-lhe o filho: — Tu agora voltas para casa e eu fico com meu sogro. O que faço, se ele me exigir o dote? — Se ele te importunar — respondeu o Rabi Schlomo — coloca-te em algum lugar com o rosto virado para a parede e diz: "Pai, meu pai, meu sogro me está importunando por causa do dote". E ele cessará de o exigir de ti. — Passou-se algum tempo, sem que nada acontecesse, até que, numa noite de sexta-feira, o Rabi Baruch recitou o *Cântico dos Cânticos*, e seu genro estava à sua frente. Ao pronunciar as palavras: "Um feixe de mirra", o Rabi Baruch interrompeu-se e de leve esfregou a mão direita na esquerda, como quem conta um maço de notas. Depois continuou a recitar o *Cântico*. Mas o genro não agüentou permanecer na sala. Correu para seu quarto, virou o rosto para a parede e disse: — Pai, meu pai, meu sogro me está importunando por causa do dote. — Desde este momento, viveu em paz.

O Pior

O Rabi Schlomo perguntou: — Qual é a pior ação que o Impulso do Mal pode cometer? — E respondeu: — É fazer o homem esquecer que é filho de um rei.

De Como Deus Ama

Disse o Rabi Schlomo: — Ah, se eu pudesse amar o maior dos *tzadikim* como Deus ama o maior dos celerados!

Um Palmo mais Alto

Certa ocasião em que o Rabi Schlomo de Karlin se achava na cidadezinha de Dobromisl, perto de Lozny, onde morava seu antigo companheiro na casa de estudos do Grande Maguid, o Rabi Schnoier Zalman, disse este, numa sexta-feira, a alguns *hassidim* que vieram procurá-lo: — Agora não sou rabi. O santo *tzadik*, nosso mestre Rabi Schlomo, está no meu domínio, de modo que é ele agora o Rabi. Por isso, ide passar o *schabat* com ele em Dobromisl. — Assim fizeram e, às três refeições sabáticas, sentaram-se à mesa do Rabi de Karlin, mas não ouviram de sua boca nenhuma palavra dos ensinamentos, como estavam habituados a ouvir de seu mestre nessas ocasiões. Mesmo assim, incomparavelmente mais intensa do que nunca, brilhou em seus espíritos a luz sagrada. Na terceira refeição do sabá, o Rabi Schlomo, antes da bênção, recitou o pequeno salmo que começa com as palavras: "Seu alicerce está na montanha sagrada", e termina assim: "Todas as minhas fontes estão em Ti", e que ele traduziu: "Tudo o que de mim jorra está em Ti". No mesmo instante surdiram neles todas as fontes do espírito, o espírito os dominou poderosamente e, por muito tempo após aquele *schabat*, não conseguiam distinguir o dia da noite. Quando voltaram ao Rabi Zalman e contaram-lhe o que lhes sucedera, ele disse: — Sim, quem se compara ao santo Rabi Schlomo! Ele, sim, sabe traduzir! Nós não sabemos traduzir! Quem se compara ao santo Rabi Schlomo! Pois se ele é um palmo mais alto que o mundo!

Armilus

O Rabi Schlomo costumava dizer: — Ah, se cá viesse o Messias, filho de Davi! O Messias, filho de José [9], que o precede e que será morto, poderia ser eu mesmo, em casa de necessidade. O que haveria eu de temer e a quem haveria eu de temer? Será que então eu temeria o cossaco coxo? — As pessoas julgavam que estivesse chamando a Morte de cossaco coxo e se admiravam muito com isso.

---

(9) Um Messias que preparará o caminho, reunindo Israel e restabelecendo o Reino, e que então travará guerra contra os Romanos comandados por Armilus. Outra tradição sustenta que ele reaparece "de geração a geração".

Repetidas vezes a comunidade de Ludmir pediu-lhe que fixasse residência em seu meio, pois lá viviam muitos de seus íntimos; mas ele sempre se recusava. No entanto, quando mais uma vez vieram-lhe os enviados de Ludmir — era *Lag ba-Omer*, o trigésimo-terceiro dia da contagem do Omer, entre as festas de Pessach e da Revelação — perguntou-lhes, rindo: — E o que se faz na vossa terra, em *Lag ba-Omer*? — Bem — responderam os enviados — exatamente o que é de costume: todos os rapazes, grandes e pequenos, vão com seus arcos para o campo e atiram. — Bem, bem — disse o Rabi Schlomo, sorrindo — se na vossa terra atiram, então a coisa é diferente, vou convosco!

Quando o Rabi já estava morando em Ludmir, os russos sufocaram um levante dos poloneses na região e perseguiram os rebeldes derrotados até dentro da cidade. O comandante russo deu a seus homens duas horas livres para saquear o local. Era véspera da festa da Revelação que, nesse ano, caía num sábado. Os judeus achavam-se reunidos na casa de oração. O Rabi Schlomo estava rezando, em tal êxtase que não via nem ouvia nada. Então fora apareceu, manquitolando, um cossaco comprido, que se chegou à janela e olhou para dentro, com a carabina apontada. Estava o Rabi dizendo justamente, com voz altissonante, as palavras: "Porque Teu, Senhor, é o reino", quando seu netinho, que estava a seu lado, o puxou assustado, pelo casaco, e ele despertou do êxtase. E na mesma hora a bala acertou-o na ilharga. — Por que me chamaram para baixo? — perguntou. Depois que o levaram para casa e o puseram na cama, mandou que lhe abrissem o Zohar em determinado ponto e que o pusessem diante dele enquanto lhe pensavam a ferida. E assim ficou, aberto diante de seus olhos, até quarta-feira, quando morreu.

Mas conta-se que o cossaco manco se chamava Armilus. É tal o nome do demônio, que, segundo velha tradição, haverá de matar o Messias, filho de José.

Arrancado

Poucos dias antes de sua morte violenta, o Rabi Schlomo escreveu a seu discípulo Mordehai de Lekovitz: — Vem, para que eu te consagre como guia. — Imediatamente Mordehai pôs-se a caminho. Durante a viagem sentiu de repente, como se a corda que o sustinha, são e salvo, acima de um abismo, se houvesse rompido e ele estivesse caindo pelo espaço infinito. — Fui arrancado de meu mestre! — gritou e, desde então,

nenhuma palavra mais saiu de sua boca. Seus acompanhantes levaram-no ao velho Rabi de Neskij, conhecido por todo o país como milagreiro, e pediram-lhe que o curasse, pois perdera a razão. — Dizei-lhe — falou o Rabi de Neskij — que seu mestre está morto e ele há de sarar. — Revelaram-lhe a notícia com muito cuidado, temendo que ele cometesse algum desatino. Mas, tão logo ouviu a informação, seu rosto retomou a expressão normal e ele pronunciou, com voz forte, a bênção que se diz ao ter notícia de uma morte, e exclamou:
— Ele era meu mestre e meu mestre continuará a ser.

Por Misericórdia

Contava o Rabi Ascher de Stolin: — Meu mestre, o Rabi Schlomo, costumava dizer: "Preciso preparar o que terei de fazer no inferno". Pois estava seguro de que não o aguardava sorte melhor. Ora, quando depois do passamento, sua alma ascendeu e os anjos de serviço o receberam com alegria, para acompanhá-lo ao mais alto paraíso, recusou-se a ir com eles. "Estão escarnecendo de mim", exclamou: "isto não pode ser o mundo da verdade". Afinal a própria *Schehiná* lhe disse: "Vem, meu filho, por misericórdia presentear-te-ei com peças do meu tesouro". Então ele se deu por satisfeito.

"Sou Oração"

Contam: "Certa vez apresentaram ao tribunal celeste a acusação de que a maioria dos judeus rezavam sem preparar a alma. E porque assim era, foi permitido que na terra se erguesse um rei que aos judeus de seu país proibiu a prece em congregação. Então diversos anjos levantaram-se e não o quiseram admitir. Afinal, decidiu-se consultar as almas dos *tzadikim* que habitam o mundo superior. Concordaram com a proibição. Mas, quando se dirigiram ao Rabi Schlomo de Karlin, ele abalou os mundos com a tempestade de sua prece e disse:
— Eu sou oração. Tomo sobre mim rezar no lugar de todo o povo de Israel. — A proibição não chegou a efetivar-se".

ISRAEL DE KOSNITZ

A História do Manto

Uma mulher procurou o Rabi Israel, Maguid de Kosnitz, e chorou diante dele: já estava casada há uma dúzia de anos e ainda não tinha filhos. — O que pretendes fazer? — indagou o Rabi. Ela não soube responder. Então, ele contou: — Minha mãe ficou velha, sem ter tido filhos. Então ouviu dizer que o santo Baal Schem estava de passagem pela cidade de Apt. Correu à sua procura na hospedaria e implorou-lhe que lhe rogasse um filho. "O que pretendes fazer?" perguntou o Baal Schem. Respondeu ela: "Meu marido é um pobre encadernador, mas uma coisa boa eu tenho e essa darei ao Rabi". Correu diretamente para casa e pegou seu bom manto, a *katinka,* guardada cuidadosamente em um baú. Mas, quando voltou à hospedaria, o Baal Schem havia retornado a Mesbitsch. Sem hesitar, ela se pôs a caminho dessa cidade e, como não dispunha de dinheiro para alugar um carro, andou com sua *katinka* de cidade em cidade, até chegar a Mesbitsch. O Baal Schem tomou o manto e pendurou-o a um prego, na parede. "Está bem", disse. Minha mãe viajou de novo de cidade em cidade, até voltar a Apt. No ano seguinte, eu nasci.

A mulher exclamou: — Eu também vos trarei um belo manto, para obter um filho.

— Isto não vale — replicou o Maguid. — Tu ouviste a história. Minha mãe não ouvira história alguma.

O Aprendizado do Menino

Quando Israel contava sete anos, estudava de dia na escola talmúdica e à noite ia à casa de estudos, onde estudava sozinho. Na primeira noite de Hanucá, seu pai não o deixou ir à casa de estudos, pois suspeitava de que fosse brincar com os outros garotos o jogo dos bilhetinhos, tão apreciado nessa festa. Mas como, em casa, não havia nem livro, nem vela, ele prometeu ao pai que permaneceria na escola o tempo suficiente para queimar-se uma vela de um ceitil. Contudo, ou porque a lua brilhasse com um clarão especial através da janela, ou porque, conforme contam os *hassidim,* os anjos sentissem prazer com o estudo do menino e assim, milagrosamente, mantivessem acesa a vela de ceitil, o certo é que permaneceu na escola por um tempo muito além do previsto. Quando finalmente apareceu em casa, seu pai lhe bateu até tirar sangue. — E não dissestes a vosso pai — perguntaram ao Maguid, quando, já velho, contava o caso — que estivestes estudando o tempo todo? — É claro que eu poderia dizê-lo — respondeu — e meu pai teria acreditado, pois sabia que não minto, mas será que se pode usar da grandeza da Torá para salvar a própria pele?

Conhecimento

Dizem que, em sua juventude, o Rabi Israel pesquisou oitocentos livros da Cabalá. Mas quando, pela primeira vez, se encontrou diante do Maguid de Mesritsch, reconheceu no mesmo instante que não sabia nada.

A Sua Torá

Falou o Rabi Israel de Kosnitz: — É com razão que nossos sábios acentuam o fato de que, no primeiro salmo, os ensinamentos são chamados, de início, "a Torá do Senhor" e depois "a sua Torá". Pois se alguém estuda a Torá por amor a ela mesma, esta lhe é presenteada e passa a ser sua, e a ele é dado vestir todos os seus pensamentos sagrados com a sagrada Torá.

A Pele

Contam: "Quando jovem, o Rabi Israel vivia em pobreza e dificuldades. Certo dia, foi visitar o Rabi Levi Itzhak, mais tarde Rav de Berditschev, que naquela época morava em Zelichov, cidade vizinha. Depois o *tzadik* o acompanhou à saída. Primeiro, quedaram-se à soleira de sua casa, conversando; depois, no calor da conversa, foram andando e andando, sempre juntos. Fazia um frio cruel e o Rabi Levi Itzhak não vestira casaco. — Emprestai-me um pouco vossa pele de carneiro — disse ao discípulo e amigo e este lha deu com prazer. Tremendo de frio no seu gabardo fino, continuou a caminhar na companhia do *tzadik* e a conversa não se interrompia. E assim foi por algum tempo. — Agora chega, Israel — disse, enfim, o Rabi; — agora também passarás a sentir calor. — Daí por diante sua sorte mudou.

Doença e Força

Rabi Israel era um homem doente desde os verdes anos. Seu corpo era como lenha seca e tão magro que os médicos se espantavam que ainda pudesse viver. Passava a maior parte do tempo em seu divã, envolto em peles de coelho. Quando se levantava, usava chinelos forrados de pele de urso, porque seus pés não suportavam sapatos. Levavam-no à casa de orações numa cadeira de reclinar. Aí, porém, no momento em que dizia, à soleira, "Quão temível é este lugar" [1], transformava-se. Às segundas e quintas-feiras, dias em que se lêem [2] as Escrituras, seus pés eram tão leves, quando entrava de *talit* e *tefilin,* com os rolos da Torá nos braços, e andava tão rápido por entre as duas filas de pessoas que o esperavam, que os dois criados que o acompanhavam, à direita e à esquerda, sentiam dificuldade em acompanhá-lo; então, a passo de dança, inclinava-se para a Arca sagrada, onde depunha o rolo; com mais um passo de dança, ia até à mesa em que se achava a *menorá,* guarnecendo-a com as velas. Depois, com sua costumeira voz fraca, dizia as primeiras palavras do ofício, mas a cada palavra sua voz ganhava força, até arrastar consigo todos os corações. Depois das preces, quando os criados o levavam para casa, em sua cadeira, estava pálido como um moribundo, mas sua palidez luzia. Por isso se dizia que seu corpo resplendia como mil almas.

---
(1) *Gênese,* 28:17.
(2) Suplementar à leitura sabática das Escrituras.

Certa ocasião em que, convidado para uma festa de circuncisão, subia, ao seu carro, algumas pessoas pretenderam ajudá-lo. — Tolos — ele disse — para que preciso de vossa força? Está escrito: "Os que esperam no Senhor, trocarão sua força"[3]. Eu troco minha força com Deus; Ele a tem suficiente. — E saltou para dentro do carro.

O Paletó

O que quer que dissesse o Rabi de Kosnitz soava como uma oração, só que sua voz era muito mais fraca e baixa. Gostava de cantarolar, para si mesmo, versos e provérbios dos camponeses poloneses. Depois de um banquete de Purim, que presidira com grande júbilo, falou: — Bem diz o povo:

> Sem paletó, com dança e comida,
> Diverte-te, alma querida!

Mas que estranho paletó não é o corpo! — Também com Deus, às vezes, falava polonês. Quando se achava a sós, podia-se ouvi-lo, por vezes, dizer: — *Moj kochanku* — o que quer dizer: "Meu querido".

Uma Oração

O Rabi de Kosnitz disse a Deus: — Senhor do mundo, peço-Te que libertes Israel. E se não o quiseres, liberta então os *goim!*

Outra Oração

Disse certa ocasião o Maguid de Kosnitz: — Estou diante de Ti, meu Deus, como um garoto de recados, esperando para saber aonde me envias.

Testemunho

Escreveu o Rabi Mosché de Kosnitz, filho do Maguid, em seu livro, *O Poço de Moisés*: — Meu pai e mestre assim me falou: "Acredita, meu filho, que os "pensamentos estranhos" que de vez em quando me sobreviveram chegaram todos enquanto

---

(3) Este é o significado original do verbo traduzido por "renovar" nesta passagem (*Isaías*, 40:31).

eu rezava, e com a ajuda de Deus os reconduzi a todos a sua fonte e suas raízes, lá onde, nos princípios dos tempos, erguia-se sua tenda.

As Orações Mortas e as Vivas

Certa vez o Rabi Israel ouviu quando liam, na casa de orações, a grande maldição das Escrituras; às palavras [4]: "E tua carniça servirá de pasto a todas as aves do céu", deu um grito. Mais tarde, à refeição, disse: — As preces proferidas sem amor nem temor são chamadas carniças. Mas Ele, que ouve as orações de todas as bocas, apiada-se de Suas criaturas. Infunde no coração do homem um despertar que vem do alto, para que, por uma única vez, possa orar com a alma preparada, e então sua prece se faz poderosa e devora todas as carniças da oração, alçando-se como um pássaro até os pórticos do céu.

Música

Disse o Maguid de Kosnitz: — "Faze bela música" foi o que Isaías disse a Tiro, "a prostituta longo tempo esquecida". Fazei bem o vosso caminho e vos será dada a música.

Todos os Dias

Disse o Maguid de Kosnitz: — Todos os dias deve o homem sair do Egito.

Pelo Filho Doente

Quando seu filho pequeno e querido adoeceu e os médicos perderam a esperança de salvá-lo, o Maguid de Kosnitz passou a noite toda sentado, sem pensar em outra coisa além de sua dor. Mas, na hora da oração da manhã, disse ele: — Está escrito [5]: "E ela colocou o menino sob um dos arbustos". Os arbustos, os arbustos, a grande moita [6] da oração! Para que uma única palavra da oração seja dita em alegria.

---

(4) *Deuteronômio*, 28:26.
(5) *Gênese*, 21:15.
(6) Um jogo de palavras em hebraico: a palavra *sia* pode significar "arbusto" e "fala, palavra".

Quando o Rabi Levi Itzhak, que então ainda vivia em Zelichov, aldeia próxima, soube do caso, foi ao banho e imergiu com a sagrada intenção de mudar a idéia do Maguid e fazê-lo rogar pela cura do filho. E, de fato, enquanto o Maguid rezava, o curso de seus pensamentos foi mudado e, com a grande devoção que lhe era peculiar, orou pela cura do filho.

Naquele dia — contam-no os *hassidim* — sarou não só o pequeno Mosché, filho do Maguid, como também todas as crianças enfermas num raio de muitas léguas.

Fogo Negro

Todos os anos, o Maguid de Kosnitz visitava o túmulo de seu pai, na cidade de Apt. Numa dessas ocasiões, os notáveis da comunidade foram procurá-lo, rogando-lhe que, no *schabat*, pregasse na grande sinagoga, como o fizera no ano anterior.
— Há alguma razão para acreditar que consegui algum efeito com meu sermão do ano passado? — perguntou. Envergonhados, os homens saíram e a comunidade inteira caiu em aflição. Diante da hospedaria do Maguid reuniu-se uma multidão, silenciosa e cabisbaixa. Então um homem, um artífice, entrou no quarto do Maguid e dirigiu-se a ele nos seguintes termos:
— Declarastes que, com o sermão do ano passado, não tínheis conseguido efeito nenhum. Mas conseguistes algum no que me toca. Pois ouvi então de vossos lábios que cada um dos filhos de Israel devia cumprir as palavras das Escrituras [7]: "Mantive o Senhor constantemente diante de mim". Desde então tenho o nome do Senhor diante dos olhos como um fogo negro sobre um fogo branco. — Se é assim — disse o Maguid — irei pregar.

Mortificar-se

Certo dia, o Maguid de Kosnitz foi procurado por um homem que, para mortificar-se, tinha como roupa apenas um saco sobre o corpo e jejuava de sábado a sábado. Disse-lhe o Maguid: — Achas que o Impulso do Mal te evita? Ele te faz de bobo e te enfia no saco. Melhor do que tu ainda é aquele que finge jejuar de *schabat* a *schabat* e, em segredo, come alguma coisa todos os dias: esse, pelo menos, só engana aos outros; tu, porém, és para ti mesmo engano e ilusão.

(7) *Salmos*, 16:8.

A Rejeitada

Uma mulher, em lágrimas, queixava-se ao Maguid de Kosnitz de que seu marido se afastara dela e a chamava de feia. — E talvez sejas realmente feia — disse o Rabi Israel. — Rabi — exclamou a mulher — eu não parecia bela e graciosa debaixo do dossel? Por que agora me tornei preta? — Nisso um tremor assaltou o Maguid e foi com dificuldade que pôde confortar a mulher, prometendo-lhe rezar para que Deus lhe devolvesse o coração do marido. Depois que ela se foi, disse ele a Deus: — Pensa nessa mulher, Senhor do Mundo, e pensa em Israel. Quando, no Sinai, a gente de Israel jurou: "Nós o faremos, nós o ouvimos", e Tu a escolheste e a desposaste, não te era bela e graciosa? Por que agora ficou preta?

O Manjar do Rico

Um ricaço procurou certa vez o Maguid de Kosnitz. — O que costumas comer? — perguntou o Maguid. — Sou modesto — respondeu o rico: — pão e sal e um gole de água bastam-me. — Que idéia! — admoestou-o o Maguid. — Deveis comer assados e, para beber, hidromel, como todos os ricos! — E não deixou o homem sair enquanto ele não prometeu que assim faria daí por diante.
Mais tarde os *hassidim* lhe indagaram a razão de tão estranho conselho.
— Somente quando ele comer carne — respondeu — é que vai saber que o pobre precisa de pão. Enquanto ele come pão, pensará que o pobre pode comer pedras.

Em Ordem

Contam: "Uma mulher veio ao Maguid de Kosnitz e pediu-lhe uma ajuda em dinheiro para o enxoval da filha, que estava noiva. — O que posso te dar! — respondeu-lhe o Maguid. — O que posso te dar é uma febre intermitente. — Triste, a mulher saiu. No dia seguinte, apareceu uma polonesa abastada de outra cidade, queixando-se de uma febre obstinada que havia um ano a molestava e não cedia aos maiores médicos. — Uma febre obstinada? — disse o Maguid. — Há um ano? Isso vos custará cinqüenta florins. — Ela os contou sobre a mesa e saiu curada. O Maguid mandou chamar a mãe da noiva e deu-lhe o dinheiro. — Agora está tudo em ordem — disse".

A Exigência

Contam: "Um aldeão e sua mulher foram ao Maguid de Kosnitz e pediram-lhe orações para que lhes nascesse um filho, pois não tinham nenhum. — Dai-me cinqüenta e dois florins — disse o Maguid — que é o valor numérico da palavra *ben*, filho. — Dez florins vos daremos com prazer — retrucou o aldeão; o Maguid, porém, se recusou a recebê-los. Assim, o homem dirigiu-se ao mercado e voltou com um saco cheio de moedas de cobre, que ele espalhou sobre a mesa: vinte florins. — Vede, quanto dinheiro! — exclamou. Mas o Maguid não reduziu sua exigência. Com isso, o aldeão ficou zangado, juntou todo o dinheiro e disse à mulher: — Vamos embora, mulher. Deus há de nos ajudar sem as orações do Maguid! — Já conseguistes Sua ajuda — disse o Maguid. E assim aconteceu".

A Prova

Contam: "Passados muitos anos sem que o Príncipe Adão Czartoriski [8], amigo e conselheiro do Czar Alexandre, tivesse filhos, foi ele ao Maguid de Kosnitz e lhe pediu que rogasse por ele, e por causa de suas orações foi dado um filho ao príncipe. Na festa de batizado, o pai contou o sucedido. Seu irmão, que se achava entre os convidados, com um filho jovem, caçoou de tamanha superstição. — Vamos juntos ver o teu milagreiro — propôs — e vou te mostrar que ele não diferencia a mão direita da esquerda. — Viajaram juntos até Kosnitz, que ficava perto. — Peço-vos — disse o irmão de Adão ao Maguid — que rezeis por meu filho doente. — O Maguid baixou a cabeça e calou. — Vós o fareis? — insistiu o outro. O Maguid ergueu a cabeça. — Ide — disse e Adão viu que as palavras lhe saíam dos lábios com dificuldade — ide depressa para casa, talvez ainda o vejais com vida. — Então, eu não te disse? — dirigiu-se o irmão, rindo, a Adão, ao entrarem no carro. Adão não disse nada durante toda a viagem. Ao chegarem a seu palácio, encontraram o menino morto".

O Kugel

Certa ocasião, veio ao Maguid de Kosnitz um homem do povo, com sua mulher, e disse que desejava dar a ela a carta de divórcio. — E por que queres fazer isso? — perguntou o Ma-

---

(8) Em suas relações com o Maguid de Kosnitz, como se descreve na tradição lendária, v. Martin Buber. *Por Causa do Céu.*

guid. Respondeu o homem: — Eu trabalho duro a semana inteira e, no *schabat,* quero ter meus prazeres. Pois bem, na refeição de sábado, minha mulher serve primeiro o peixe, depois as cebolas e o *tschalent;* quando chega a vez do *kugel,* já estou satisfeito e não sinto mais o seu gosto. É por esse pudim que labuto a semana inteira e nem sequer posso saboreá-lo; todo o meu trabalho foi em vão! Por isso, já pedi muitas vezes à minha mulher que pusesse o *kugel* na mesa logo depois da bênção sobre o vinho. Mas não e não. Asim era, afirma, o costume na casa de seu pai, e não se deve, diz ela, mudar um costume. — O Maguid voltou-se para a mulher e disse: — Daqui por diante faz dois *kugel.* Serve um logo depois da bênção do vinho e o outro, no meio da refeição como sempre. — Com isso, marido e mulher se reconciliaram e partiram felizes. Mas o Maguid no mesmo dia falou com a esposa: — De agora em diante, faz, na sexta-feira, dois *kugel* e serve um depois da bênção do vinho e o outro no meio da refeição, como sempre. — Desde então tal era o costume em casa do Maguid, e foi mantido pelos seus descendentes: após a bênção do vinho, comia-se um pudim, que era chamado o *"kugel* da paz doméstica".

A Parte de Adão

Conta-se que, certo dia, o Maguid de Kosnitz estava rezando, quando lhe apareceu Adão, o primeiro homem, e lhe falou: — Já resgataste a tua parte no meu pecado, não queres agora resgatar a minha?

O Cantonista no Seder

Contam: "Na Rússia, outrora, era comum obrigar rapazes judeus a ingressar no exército, onde eram forçados a servir até os sessenta anos. Eram chamados de cantonistas.

"À véspera do Pessach, chegou em Kosnitz um cantonista, a julgar pelo uniforme, e pediu para ser apresentado ao santo Maguid. Diante dele, solicitou que o deixasse tomar parte no *seder* e o Maguid consentiu.

"Quando, no *seder,* chegaram à passagem "Está terminada a ordem do Pessach, de acordo com a regra", o hóspede pediu licença para cantar e foi atendido. Ao fim das últimas palavras da canção *"Peduim le Tziom beriná",* o que quer dizer: "Redimidos para Sião, com júbilo", gritou em russo: — *Podiom!* —

isto é, "Vamos!" O Maguid levantou-se e disse, com voz jubilante: — Estamos prontos para ir a Sião. — Mas o hóspede havia desaparecido".

O Espírito da Irmã

Contam: "O Maguid de Kosnitz tinha uma irmã que morreu moça. Mas, no mundo superior, consentiram em que permanecesse na casa do irmão.

"O Maguid costumava mandar costurar roupas para órfãos pobres. Quando os comerciantes lhe traziam tecidos, dizia sempre: — Vou perguntar a minha irmã se a fazenda é boa e barata — e ela sempre lhe dava informações precisas.

"Ela vigiava escrupulosamente os passos dos empregados e, quando um deles roubava um pão, ou um naco de carne, informava imediatamente o irmão. Isso acabou por aborrecê-lo, mas não havia jeito de fazê-la desistir. Mas uma vez não conseguiu dominar-se e lhe disse: — Não gostarias de descansar um pouco? — Desde então, nunca mais ela se apresentou".

O Homem que Bateu no Profeta

Contou um neto do Maguid de Kosnitz: "Certa vez um possesso foi procurar o santo Maguid, que sua memória nos proteja, e pediu para ser libertado. O Maguid invocou o espírito, para que confessasse seus pecados. O espírito disse: — Quando o profeta Zacarias, filho de Joiada, predisse ao povo a destruição [9], fui eu o primeiro a saltar à frente da multidão e bater-lhe no rosto. Somente depois é que os outros começaram a bater-lhe, até que o mataram. Desde então sou forçado a errar de alma em alma e não encontro sossego. — No entanto, quando o santo Maguid começou sua obra de redenção, esfregando as franjas uma contra a outra, o espírito riu com insolência e exclamou: — No meu tempo, os alfaiates e sapateiros conheciam teus truques! — Se éreis tão esperto — disse o Maguid — então por que mataste o profeta? — E o espírito respondeu: — Mas é da lei: quando um profeta guarda consigo suas profecias, é merecedor da morte. Por outro lado, tu também sabes: quando o profeta não diz suas profecias, elas se invalidam. Portanto, melhor seria que Zacarias tivesse calado e

---

(9) V. *II Crônicas*, 24:20 e segs. Zacarias é identificado pelo Targum como "o sacerdote e profeta" que, de acordo com a Bíblia (*Lamentações*, 2:20), "foi morto no Templo".

se oferecido em holocausto pela comunidade. Por isso nós o abatemos. — O santo Maguid retrucou: — Por esse motivo, para relatar isso, é que vieste — e levou a cabo sua obra de libertação".

Foi o que narrou o neto do Maguid de Kosnitz. Mas contam também que o Maguid, ao ouvir as palavras do espírito, não conseguiu completar sua obra e o possesso, para ser libertado, teve de ir ao Rabi Izahar Ber de Radoschitz, o milagreiro, que, em sua juventude, fora discípulo do Maguid.

A Alma do Músico

Contam: "Certa ocasião, à meia-noite, escutou-se uma voz no quarto do Maguid de Kosnitz e ela começou a lamentar-se: — Santo de Israel, tem piedade de uma pobre alma que, há dez anos, vagueia de turbilhão em turbilhão. — Quem és? — indagou o Maguid. — E o que fizeste em tua vida na terra? — Eu era músico — disse a voz. — Os címbalos eram meu instrumento e eu pequei, como pecam todos os músicos errantes. — E quem te enviou a mim? — Então a voz gemeu: — Mas se eu mesmo toquei em vosso casamento, Rabi! E me louvaste e quiseste ouvir mais e eu toquei uma peça atrás da outra, para vosso prazer. — Ainda sabes a melodia que tocaste quando me levaram ao dossel da cerimônia? — A voz entoou a melodia. — Bem, serás libertado no próximo *schabat* — disse o Maguid.

Na sexta-feira seguinte, à noite, o Maguid entoou, no púlpito do chantre, o cântico "Avante, amigo, ao encontro da noiva", numa melodia que ninguém conhecia e que os cantores não conseguiram acompanhar".

O Mundo da Melodia

O Iehudi, o *tzadik* de Pjischa, uma ocasião, viu em espírito que a doença do Maguid começava a representar perigo de vida. Imediatamente ordenou a dois homens de sua confiança, excelentes músicos e cantores, que fossem a Kosnitz e, com música, alegrassem o coração do Rabi Israel. Os dois se puseram a caminho sem demora, chegaram à casa do Maguid na sexta-feira e foram encarregados de receber o *schabat* com sua música e canto. Quando os sons se introduziram no quarto em que o Rabi Israel se achava deitado, ele começou a prestar atenção e sua face iluminou-se. Paulatinamente sua respiração tornou-se regular, a testa esfriou e as mãos, livres dos espasmos, pararam quietas no cobertor. Ao fim, levantou os olhos, como quem acorda, e disse: — O Iehudi viu que eu já havia passado por todos os mundos; só no mundo da melodia eu ainda não estivera. Então mandou dois mensageiros, para que me reconduzissem através deste mundo.

O Canto dos Anjos

Contavam que a melodia legada pelo Maguid de Kosnitz, ele a ouvira da boca dos anjos, que a entoavam em honra a Deus. Mas um de seus discípulos dizia que não era assim, mas que foram os anjos que a ouviram da boca do Maguid. Mais tarde, quando o filho desse discípulo contava a história, acrescentava: — Eram os anjos engendrados pelos feitos do santo Maguid.

Com um Olhar

Num *schabat*, à terceira refeição, o jovem Tzvi Elimelech ouviu seu mestre, o Rabi Mendel de Rimanov, dizer: — Quem vive na geração do Maguid de Kosnitz e perde a ocasião de contemplar seu semblante, também não será considerado digno de contemplar o rosto do Messias, quando ele vier. — Assim que puseram a luz na mesa, Tzvi Elimelech despediu-se do Rabi, apanhou o cajado, pôs a mochila nas costas e caminhou dias e noites quase sem parar, até Kosnitz; pois quem sabe se o Messias não vem já nesta semana? Chegando a Kosnitz, foi diretamente à casa de estudos do Maguid, sem ao menos se deter numa hospedaria a fim de largar o cajado e a mochila; pois, quem sabe, talvez o Messias venha nesta hora mesma. Levaram-no a um quartinho, onde se postava muita gente, rodeando a cama do Maguid. Tzvi Elimelech encostou-se à parede, apoiou uma das mãos no cajado, a outra num homem de pé à sua frente, ergueu-se e olhou o rosto do Maguid. — Com um olhar — disse de si para consigo — pode-se ganhar o mundo vindouro.

Prolongamento

Em sua velhice, falou o Rabi Israel: — Há os *tzadikim* que são chamados a despedir-se tão logo terminem a tarefa que lhes foi destinada na terra. E há os *tzadikim* que, terminada a tarefa que lhes foi destinada na terra, recebem nova tarefa e vivem até que a terminem. Foi o que aconteceu comigo.

Os Pedregulhos

No ano da campanha russa de Napoleão, o Rabi de Apt foi visitar o Maguid de Kosnitz durante a festa da Revelação, e encontrou-o como sempre, em seu leito de enfermo, mas viu que um estranho espírito de resolução lhe avivava as feições.
— Como estais? — perguntou. — Agora sou um guerreiro — respondeu o Maguid. — Os cinco pedregulhos que o jovem Davi juntou para sua funda, antes da luta com Golias, o filisteu, tenho-os comigo na cama.
Na noite que antecedeu o primeiro dia de festa, duas horas depois da meia-noite, o Maguid se pôs diante do púlpito na casa de orações, orou de pé até de manhã, disse a prece da manhã, leu as Escrituras, recitou a liturgia da festa e terminou suas orações três horas depois do meio-dia.

Antes do Fim

Quando o Maguid de Kosnitz, mortalmente enfermo, rezava defronte da Arca, na véspera de Iom Kipur, um mês antes de vir a falecer, fez uma pausa antes de pronunciar as palavras: "Ele disse: Eu perdôo", e falou a Deus: — Senhor do Mundo, só Tu sabes quão grande é Teu poder, e só Tu sabes quão grande é a fraqueza de meu corpo. E também sabes que, durante esse mês inteiro, não foi por mim que, dia após dia, estive em oração diante da Arca, mas por Teu povo, Israel. Por isso, eu pergunto: Se para mim se tornou fácil assumir o jugo de Teu povo sobre mim, e com meu corpo miserável prestar o serviço, como pode ser difícil a Ti, que tens o atributo da onipotência, dizer duas palavras? — Depois mandou entoar um cântico de alegria e exclamou com voz forte: — Ele disse: "Eu perdôo!"

IAAKOV ITZHAK DE LUBLIN, O "VIDENTE"

O Velho Mestre

O Rabi Iaakov Itzhak viajava, certa vez, com alguns discípulos e acompanhantes para uma cidade distante. Era a tarde de uma sexta-feira e já deviam estar próximos de seu destino, quando se viram em uma encruzilhada. O cocheiro perguntou que direção devia tomar; o Rabi não o sabia e disse: — Solta as rédeas e deixa os cavalos irem para onde quiserem. — Pouco tempo depois, avistaram as primeiras casas da cidade; mas logo descobriram que não era a que pensavam. — Depois disso, é melhor que não voltem a chamar-me rabi — disse o Vidente. Os discípulos replicaram: — Mas como faremos para obter comida e pousada para o *schabat,* se não podemos revelar quem sois? — Isto porque era costume do *tzadik* não conservar, durante a noite, a mínima moeda das dádivas em dinheiro que lhe traziam, mas distribuía tudo entre os pobres. — Vamos à sinagoga — disse — e cada um de nós será levado à casa de alguém como hóspede de *schabat.* — E assim foi, só que o próprio rabi ficou tão longamente imerso em suas preces que a sinagoga se esvaziou. Erguendo os olhos, viu apenas um velho de uns oitenta anos. Este perguntou: — Onde ides para a consagração do *schabat?* — Não sei — respondeu o *tzadik.* — Ide à hospedaria — disse o velho — e depois do dia de descanso eu recolherei dinheiro para pagar vossa conta. — Não posso consagrar o *schabat* na hospedaria — replicou o Rabi Iaakov Itzhak; — lá não dizem a bênção sobre as luzes da *menorá*. — O velho hesitou. A seguir disse: — Na minha casa tenho apenas um pouco de pão e vinho para mim e minha mulher. — Não sou glutão — assegurou-lhe o Rabi de Lublin. Então saíram juntos. O velho recitou a bênção sobre o vinho e, depois dele, o Rabi. Após a bênção do pão, o velho indagou: — De onde sois? — De Lublin. — E vós o conheceis? — Estou sempre com ele. — Com um tremor na voz, o velho pediu. — Contai-me alguma coisa dele! — Por que o desejais tanto? — perguntou o *tzadik*. O outro então contou: — Quando eu era jovem, fui ajudante do mestre-escola e ele era uma das crianças que estavam sob meus cuidados. Não se notavam nele dotes especiais. E agora fiquei sabendo que ele se tornou um grande. Desde então jejuo um dia por semana para que me seja dado vê-lo. Pois sou pobre demais para ir de carro até Lublin e fraco demais para andar a pé. — E ainda vos lembrais de alguma coisa daqueles tempos? — perguntou o Rabi. — Todos os dias — replicou o ancião — eu tinha de procurá-lo quando chegava a hora de estudar o livro de preces, e nunca o encontrava. Algum tempo depois, ele aparecia por si só e eu lhe batia. Uma vez, eu o vigiei e o segui. Então o vi, na floresta, sentado num formigueiro, gritando: "Ouve, ó Israel o Senhor é nosso Deus, o Senhor é Único!" Daí por diante, nunca mais lhe bati.

Agora o Rabi Iaakov Itzhak compreendia por que seus cavalos o haviam levado a essa cidade. — Sou eu mesmo — disse. Ao ouvir isto, o velho desmaiou e foi com dificuldade que o fizeram voltar a si.

Ao fim do sabá, o *tzadik* deixou a cidade com seus discípulos e o velho acompanhou-o até que ficou cansado e teve de voltar. Chegou em casa, deitou-se e morreu. Entretanto, o Rabi e seus companheiros se achavam numa estalagem da aldeia, à refeição do *pós-schabat*. Quando terminaram de comer, o Rabi ergueu-se e disse: — Vamos voltar à cidade, para o enterro do meu velho mestre.

A Sagração Pelas Lágrimas

No curso de suas longas peregrinações, o Rabi Zússia veio ter à cidade onde morava o pai do garoto Iaakov Itzhak. Na casa de estudos, conforme seu costume, postou-se atrás da estufa para rezar, com a cabeça completamente envolta no *talit*. De repente, virando-se a meio, lançou um olhar para fora e sem o deixar pousar em mais nada, fitou o menino Iaakov

Itzhak bem nos olhos. Depois, volveu a cabeça para a estufa e prosseguiu na prece. Então o menino foi tomado de um impulso irresistível para chorar. Um abismo de lágrimas abriu-se dentro dele e chorou por uma hora. Somente quando suas lágrimas estancaram, Zússia foi ter com ele e disse: — Tua alma despertou. Agora vai ao meu irmão Elimelech e estuda com ele, para que também teu espírito acorde de seu sono.

Na Casa de Estudos

Contou um *tzadik*: "No tempo em que eu vivia em Nikolsburg, entre os discípulos do Rabi Schmelke, um de meus companheiros era um jovem chamado Iaakov Itzhak. Alguns anos depois, tornou-se o Rabi de Lublin. Estava, como eu, casado havia dois anos. Na casa de estudos, sentava-se em um lugar inferior. Nunca propunha perguntas, como os outros. Jamais olhava para alguém de nós, fitava apenas o Rabi; no resto do tempo mantinha os olhos baixos. Mas seu rosto irradiava um brilho dourado, que vinha de dentro. E vi que o Rabi gostava dele".

A Alegria Sagrada

No tempo em que Iaakov Itzhak morava na casa de estudos do Rabi Schmelke, estava, como os anjos, alheio a todas as coisas terrenas, a tal ponto que o Rabi Schmelke, que também tendia a isolar-se, achava sua atitude exagerada. Enviou-o a Hanipol e deu-lhe um bilhete para o Rabi Zússia, onde escrevera apenas as palavras: "Torna nosso Itzhak um pouco mais alegre". E o Rabi Zússia, que outrora despertara o choro sagrado em Iaakov Itzhak, ainda criança, conseguiu então despertar em seu íntimo a alegria sagrada.

À Beira do Rochedo

Perto da cidade de Lijensk, onde o Rabi Elimelech ensinava, existe uma colina quase totalmente coberta de florestas, com exceção de um flanco que se despenha a pique, e seu topo rochoso é denominado, até hoje, a Mesa do Rabi Melech. Ali costumava passear o jovem Iaakov Itzhak, a meditar em como se chega à verdadeira humildade e ao verdadeiro aniquilamento de si mesmo. Um dia não viu outra solução além da oferenda da própria vida; foi até à beira do rochedo e quis lançar-se abaixo. Mas, sem que ele o tivesse notado, seu companheiro, o jovem Zalke de Grodjisk, o seguira; este correu para ele, segurou-o pelo cinto e não parou de lhe falar, até que o curou e o dissuadiu do propósito de sua alma.

Quando, após a morte de seu mestre, Iaakov Itzhak foi escolhido para Rabi de Lublin, o Rabi Zalke foi vê-lo. O *tzadik* tomou ambas as mãos do visitante e disse: — Rabi Zalke, minha vida, eu gosto muito de vós. Isso porque, na primeira viagem da minha alma pela terra, fostes meu pai. Mas, quando me lembro do que me fizestes em Lijensk, não mais posso amar-vos completamente.

De seu Olhar

Contam os *hassidim*: "Quando foi criada a alma do Vidente de Lublin, foi-lhe dado ver o mundo inteiro, de uma ponta à outra. Mas, ao divisar a totalidade do mal, compreendeu que não suportaria o encargo e pediu que lhe retirassem o dom. Assim reduziram-lhe a visão a um raio de quatro milhas.

Em sua juventude ele manteve os olhos fechados por sete anos, exceto nas horas de rezar e estudar, para não ver o indevido. Com isso seus olhos ficaram fracos e míopes.

Quando mirava a fonte de alguém, ou lia um bilhete de pedido enviado por alguém, enxergava a alma dessa pessoa até suas raízes dentro do primeiro homem, via se provinha de Abel ou de Caim, via quantas vezes, em sua peregrinação, vestira forma humana, o que, em cada uma das suas vidas, estragara, o que corrigira, em que pecado se emaranhara, com que virtude se elevara.

Certa vez, em visita ao Rabi Mordehai de Neskij, falaram desse dom. O Rabi de Lublin disse: — O fato de eu ver em cada um o que ele fez traz prejuízo ao amor a Israel. Por isso peço-vos que useis de vosso poder, para que me seja retirada essa capacidade. — Para aquilo que o Céu decidiu — respondeu o Rabi de Neskij — vale o que diz a Guemará: "Nosso Deus dá, mas não retoma".

A Luz Primeva

Contam: "Em Lublin costumava-se adiar a prece da tarde, mesmo no *schabat*. Todo sabá, antes dessa oração, o Rabi permanecia a sós em seu quarto e a ninguém era dado entrar.

Certa ocasião, um *hassid* escondeu-se no aposento, para espiar o que acontecia. A princípio, viu apenas o Rabi sentado a uma mesa, com um livro aberto à sua frente. Mas logo no quarto exíguo brilhou uma luz intensíssima, cuja visão roubou os sentidos ao *hassid*. Voltou a si somente depois que o Rabi deixou o quarto; ele também saiu, tão logo despertou inteiramente do seu torpor. Fora, não viu nada, mas ouviu recitarem a oração da noite e, com horror, compreendeu que as velas já estavam acesas, mas ele continuava envolto em trevas. Aterrado, implorou ao Rabi que o ajudasse, mas foi enviado a um milagreiro numa cidade vizinha. Este indagou sobre as circunstâncias em que ficara cego e ele as relatou. — Não há cura para ti — disse o outro. — Tu viste a luz primeva dos dias da criação, que capacitava os primeiros homens a ver a terra de uma ponta à outra, que foi escondida depois do pecado e só se revela aos *tzadikim* na Torá. Quem a contempla ilicitamente tem os olhos obscurecidos para sempre.

A Paisagem

Certo dia em que o Rabi Iaakov Itzhak era hóspede do neto do Baal Schem, o Rabi Baruch, este homem orgulhoso e misterioso, que afirmara uma vez a seu próprio respeito que seria o guardião dos *hassidim*, o levou, em seu carro, ao banho ritual, na véspera do *schabat*. No caminho, o Rabi Baruch entregou-se à força ativa de suas meditações e a paisagem transformou-se em seu espírito. Ao descerem do carro, perguntou: — O que vê o Vidente? — O Rabi Iaakov Itzhak respondeu: — Os campos da Terra Santa. — Ao atravessarem o morro que separava a estrada do riacho, Baruch perguntou: — O que cheira o Vidente? — Ele respondeu: — O ar da montanha do Templo. — Quando mergulharam no riacho, o neto do Baal Schem indagou: — O que sente o Vidente? — E Rabi Iaakov Itzhak replicou: — A corrente de bálsamo do Paraíso.

O Poder de dez Hassidim

A um jovem que saíra às escondidas da mulher e do sogro para passar a festa de Schavuot em Lublin, o Rabi ordenou, depois de receber suas saudações e fitar seu rosto, que regressasse imediatamente, para que pudesse chegar em casa antes da festa. O outro pediu e suplicou, mas não logrou induzir o Rabi a modificar a ordem. Todo perturbado, pôs-se a cami-

nho. No trajeto, pernoitou numa hospedaria, mas não conseguia adormecer. Foi quando entrou na estalagem um grupo de *hassidim* que iam visitar o Rabi de Lublin. Ouvindo-o gemer em seu banco, perguntaram-lhe a razão e ficaram sabendo do acontecido. Foram então buscar aguardente, encheram seus copos e o dele, brindaram cada um em separado, e ao moço também: — À vida! À vida! — Um após outro, tomaram-no pela mão e depois disseram-lhe: — Não vais voltar para casa, virás conosco para Lublin, passar lá a festa, e não te preocupes.
— Beberam juntos até de manhã, depois oraram juntos, beberam mais uma vez à saúde de todos e do jovem, e alegremente, com o moço em seu meio, dirigiram-se a Lublin. Lá foram sem demora ao *tzadik* e o cumprimentaram. O *tzadik* olhou para o rapaz e por algum tempo não disse nada. Depois perguntou: — Onde estiveste? O que aconteceu? — O outro lhe contou tudo. — Disse o *tzadik*: — Estavas destinado a morrer durante a festa, mas isso foi evitado. A verdade é: o que podem dez *hassidim* não pode *tzadik* nenhum.

A Cama

Era fato sabido que muitas vezes o Rabi de Lublin, quando hóspede em alguma casa e obrigado a dormir em cama estranha, não conseguia conciliar o sono. Por isso, o Rabi Iossel de Ostila, tão logo ouviu dizer que, em sua viagem seguinte, o *tzadik* passaria por sua cidade, encomendou a um marceneiro honrado e piedoso uma cama feita da melhor madeira e com o maior cuidado. O mestre marceneiro foi ao banho ritual, concentrou-se no trabalho e a cama lhe saiu como nenhuma outra de sua fabricação. Quando o Rabi de Lublin, atendendo ao pedido do Rabi Iossel, se hospedou em sua casa, o outro o levou ao quarto onde se encontrava a cama em todo o seu esplendor, cheia de travesseiros macios e cobertores quentes. Mas, depois de algum tempo, com doloroso espanto, o hospedeiro percebeu que o *tzadik* rolava no leito, suspirando, e não pegava no sono. Perturbado, após um momento, ousou oferecer ao hóspede a própria cama. O Rabi de Lublin deitou-se nela e logo, calmamente, fechou os olhos e adormeceu. Mais tarde, o Rabi Iossel encheu-se de coragem e perguntou o que lhe faltara na cama que o piedoso mestre fizera com tanto cuidado e diligência. O *tzadik* replicou: — O homem é bom, mas ele o fez nos nove dias que antecedem o aniversário da destruição do Templo e, como é piedoso, lamentava continuamente a destruição do Santuário; agora a tristeza se apega a essa obra e dali se lança contra a gente.

O Acender do Cachimbo

Contou um *tzadik*: "Na minha juventude, fui a um casamento a que o Rabi de Lublin também fora convidado. Havia mais de duzentos *tzadikim* entre os convivas e, quanto aos *hassidim*, não poderíeis contá-los. Para o Rabi de Lublin haviam alugado uma casa com um salão grande, mas ele passou quase o tempo todo num quartinho, a sós. Certa vez, havia muitos *hassidim* reunidos no salão e eu estava entre eles. O Rabi entrou, sentou-se a uma mesinha e, por um instante, permaneceu sem dizer nada. Depois levantou-se, correu os olhos em redor e, por cima de todas as cabeças, apontou para mim, que estava colado à parede. — Aquele jovem lá — disse — deve acender meu cachimbo. — Abri passagem por entre a multidão, tomei o cachimbo de sua mão, fui à cozinha, apanhei um tição em brasa, acendi o cachimbo, trouxe-o de volta e lho dei. Nesse momento, senti que todos os sentidos me abandonavam. Mas, no instante seguinte, o Rabi dirigiu-me algumas palavras. Imediatamente recobrei todos os sentidos mais uma vez. Naquela hora, recebi dele o dom de despir-me da corporeidade. Desde então, posso fazê-lo quando quero".

Purificação das Almas

O Rabi Naftali disse: — Sou testemunha disso em relação a meu mestre, o Rabi Itzikel de Lublin: Quando um novo *hassid* vinha procurá-lo, retirava-lhe imediatamente a alma, depurando-a de toda mácula e de toda imperfeição e lha restituía tal como fora na hora do nascimento.

O Taschlich

Certa vez, o Rabi Naftali perdeu a hora em que seu mestre, o Rabi de Lublin, ia ao rio, para o *taschlich*. Quando o Rabi e sua gente já se encontravam no caminho de volta, deram com Naftali correndo para o rio. — Por que tanta pressa? — perguntou-lhe um deles. — Pois estás vendo que o Rabi já está indo para casa e que diferença faz agora para ti, se vais chegar um pouco mais cedo, ou um pouco mais tarde? — Disse o outro: — Estou com pressa de ver se ainda consigo pegar alguns dos pecados que o Rabi jogou na água, a fim de guardá-los no tesouro do meu coração.

Iluminação

Disse um dia o Rabi de Lublin: — Estranho! As pessoas que vêm a mim estão presas na rede da melancolia e, quando partem daqui, estão iluminadas, embora eu mesmo (e aqui quis dizer: "seja melancólico", mas interrompeu-se e disse) seja negro e não brilhe.

O Pequeno Santuário

Contava um discípulo do Rabi de Lublin: — Junto de meu mestre, o Rabi de Lublin, além de seus grandes discípulos que o mundo inteiro conhece, viviam outros quatrocentos, que eram denominados "gente da aldeia" e todos eles possuíam o dom do santo espírito.
Perguntaram-lhe: — Se uma tal comunidade santa existia, com seu rei, o Vidente, à frente, por que não empreenderam uma grande tentativa conjunta de aproximar a redenção?
Respondeu ele: — Grandes coisas foram empreendidas.
Os interrogadores objetaram: — Mas por que não atuou em conjunto toda a comunidade?
Ele disse: — Junto ao nosso santo Rabi, vivíamos num pequeno santuário: nada nos faltava e não sentíamos a miséria do Exílio, nem a escuridão que paira sobre tudo. Se as tivéssemos sentido, teríamos abalado os mundos, fendido os Céus, para avizinhar mais a redenção.

O Obstáculo

Certa vez, o Rabi Iaakov Itzhak esperava com grande confiança que a redenção viesse ainda naquele ano. Passado o ano, disse a seu discípulo, o Iehudi: — As pessoas comuns já fizeram a contrição completa, ou podem fazê-la, de seu lado não há obstáculo. O que atrapalha são as pessoas elevadas. Não conseguem atingir a humildade, e por isso não conseguem também chegar à contrição.

O Pagamento

Certa tarde de sexta-feira, antes da sagração do *schabat*, o Rabi se recolhera a seu quarto e trancara a porta. De repente, esta se abriu e ele saiu. A casa estava cheia de seus grandes discípulos, todos em seus gabardos de cetim branco, como então era costume entre os grandes *tzadikim*. O Rabi dirigiu-se aos que ali se aglomeravam: — Está escrito [1]: "E Ele paga aos que o odeiam na face de cada um deles, para os destruir". E a interpretação é a seguinte: Ele paga aos que O odeiam com as coisas boas deste mundo, para os expurgar do mundo vindouro. Assim, pergunto: Digamos que o pecador deseje ouro, pois bem, ser-lhe-á dado ouro em abundância, e digamos que o pecador deseje honras, pois bem, honras em quantidade lhe serão dadas. Mas o que acontece se o pecador não ambiciona nem honra nem ouro, mas graus do espírito, ou ser Rabi, o que acontece então? Pois bem, se ele ambiciona graus espirituais, se ambiciona ser Rabi, então que se lhe dêem graus espirituais ou o rabinato, para o expurgar do mundo vindouro.

O Brilho

Alguns *hassidim* chegaram a Lublin. Antes de visitar o Rabi, seu cocheiro pediu que, juntamente com os outros bilhetes, entregassem também um com seu nome, para que o Rabi pensasse nele para o bem; e fizeram o que ele lhes pedia. Ao ler o bilhete, o Rabi de Lublin exclamou: — Como brilha o nome deste homem! — Os *hassidim* assombraram-se, pois se tratava de uma criatura simples, sem instrução e em todos aqueles dias não haviam percebido nele qualquer virtude especial. — Neste momento — disse o Rabi — sua alma fulgura diante de mim como a mais pura das luzes. — Os *hassidim* foram logo à procura do homem, mas não o encontraram na hospedaria. Andaram de rua em rua; então veio-lhes ao encontro um alegre cortejo, à frente músicos com címbalos e tambores e atrás uma multidão saltando e batendo palmas. No meio, superando todos os demais em júbilo e alegria pura, vinha o cocheiro. Em resposta às perguntas dos *hassidim,* contou: — Quando vos fostes, pensei: também eu vou procurar um pouco de alegria. E estava assim passeando pela cidade, quando em uma casa ouvi música e alegria. Entrei e vi que se festejava o casamento de dois órfãos. Então festejei também, bebi e cantei e me regozijei. Mas, passado algum tempo, iniciou-se uma briga e uma confusão, porque a noiva não dispunha do dinheiro necessário a fim de presentear o noivo com um *talit,* segundo o costume e o dever. E já estavam quase rasgando o contrato de casamento! Então senti um calor no coração, não suportei a vergonha da moça, tirei do bolso minha carteira e, vejam só, dava certinho para pagar o *talit.* Por isso meu coração se alegra.

(1) *Deuteronômio,* 7:10.

A Transição

Um homem rico e poderoso, de nome Schalom, que todos chamavam Conde Schalom, foi acometido de grave doença. Seu filho correu, sem demora, ao Rabi de Lublin, para que rogassem misericórdia. Quando, depois de longa viagem, se encontrou diante do *tzadik* e lhe deu o bilhete com o pedido, o Rabi Iaakov Itzhak disse: — Não há mais remédio. Já saiu da esfera do poder e entrou na do ensinamento. — O jovem voltou para casa e ficou sabendo que seu pai morrera naquela mesma hora, mas que, ao mesmo tempo, sua mulher dera à luz um menino. Chamaram-no Schalom, como o avô e, crescendo, tornou-se um mestre dos ensinamentos.

A Longa Demanda

Certa ocasião, o Rabi de Lublin disse a um de seus discípulos, o Rabi Heschel de Komarno: — Por que nunca procuras o Rav da cidade? Farias bem em visitá-lo de vez em quando. — Tais palavras surpreenderam o discípulo, porque o Rav, apelidado "Cabeça de Ferro", era adversário ferrenho da via hassídica; no entanto, obedeceu ao mestre e desde então passou a orar, à tarde, em casa do Rav. Este o recebeu amistosamente. Certa vez, depois das preces, foi apresentada uma demanda. Depois que as partes saíram da sala do julgamento e se iniciou a discussão, um dos assessôres intercedeu pelo acusador, o outro pelo acusado; o Cabeça de Ferro devia decidir. O Rabi Heschel seguia atento os debates; parecia-lhe claro que o direito estava do lado do demandante, mas, com susto, percebeu que o Rav se inclinava para o outro lado. Não sabia o que fazer, mas tampouco desejava tolerar o fato; ao fim, lembrou-se de uma glosa à passagem talmúdica relativa ao caso, em que sua interpretação era apresentada como a justa. Buscou o volume da Guemará, foi ao Rav e pediu-lhe que explanasse a glosa. Algo impaciente, o Cabeça de Ferro recusou: a hora não era apropriada; mas Heschel repetiu seu pedido com tanta insistência que o outro acabou por tomar-lhe o livro da mão e deu uma olhada. Empalidecendo, disse a Heschel que lhe daria a interpretação no dia seguinte e o despediu. Quando, no dia seguinte, o Rabi Heschel indagou do resultado da discussão, ficou sabendo que o acusador vencera. Na mesma noite, disse-lhe o Rabi de Lublin: — Agora não precisas mais visitar o Rav. — Quando o discípulo o olhou, espantado, continuou: — Por noventa e nove vezes esses dois, acusador e acusado, estiveram na terra, e sempre a justiça foi pervertida e as duas almas permaneciam irredentas. De modo que eu precisei mandar-te em sua ajuda.

O Rabi de Lublin e o Cabeça de Ferro

O Rav da cidade de Lublin, Azriel Hurvitz, apelidado de Cabeça de Ferro, importunava o Rabi Iaakov Itzhak continuamente com objeções e repreensões. Certa vez, disse-lhe: — Vós mesmo sabeis e confessais que não sois *tzadik*. Por que então dirigis os outros para vosso caminho e reunis uma congregação? — Respondeu o Rabi Iaakov Itzhak: — O que posso fazer? Eles vêm a mim, alegram-se com minhas palavras e até desejam ouvi-las! — Ao que o outro retrucou: — Então, no próximo *schabat*, dai a conhecer a todos que não sois um dos eminentes e eles hão de se afastar de vós. — O *tzadik* concordou em fazer isso e, no sábado seguinte, pediu à assembléia que não mais lhe atribuíssem posição e honras que não lhe eram devidas. Enquanto falava, seus corações inflamaram-se de humildade e, desde então, passaram a segui-lo com mais fervor. Quando falou ao Cabeça de Ferro de seus esforços e dos resultados, o outro pensou um pouco e disse: — Então, vosso caminho é amar o humilde e evitar o orgulhoso. Por isso, dizei-lhes que sois um dos escolhidos e eles se hão de afastar de vós. — O Rabi Iaakov Itzhak respondeu: — Posso não ser um *tzadik*, mas mentiroso não sou, como hei de então falar contra a verdade?

De outra feita, o Rabi Azriel perguntou ao Vidente: — Como ocorre que tantos se conglomeram em torno de vós? Eu sou mais versado do que vós nos ensinamentos e a mim ninguém vem. — O *tzadik* respondeu: — A mim também me espanta que tantos se acerquem de alguém tão insignificante como eu, para ouvir a palavra de Deus, em vez de procurarem-na junto a vós, cuja erudição move montanhas. Mas talvez o caso seja: Vêm a mim porque a mim me surpreende que venham, e não vão a vós, porque a vós vos espanta que não venham.

O Rabi de Lublin e um Pregador

Um famoso Maguid errante pregava certa ocasião numa cidade quando se espalhou a nova de que chegara o Rabi de Lublin. Logo todos os ouvintes se foram para saudar o *tzadik*. O pregador viu-se inteiramente só; titubeou um pouco e depois também se dirigiu ao albergue onde se hospedara o Rabi de Lublin. A mesa do Rabi já se achava atapetada de "dinheiro de resgate" dado ao *tzadik* pelos peticionários e outros visitantes. O Maguid perguntou: — Como é possível isso? Eu já estou pregando aqui há vários dias e ainda não recebi nada, mas a vós, numa hora, já veio tudo isso? — O Rabi Iaakov Itzhak respondeu: — Talvez seja porque cada um desperta no coração dos outros aquilo que tem no próprio; eu, ódio ao dinheiro, vós, amor ao dinheiro.

Verdade

Perguntou um discípulo ao Rabi de Lublin: — Vós, Rabi, nos ensinastes que, se um homem conhece seu valor e acerta honestamente as contas com sua alma, pode-se aplicar-lhe o que diz o povo: "Conta acertada é conta meio saldada". Como se deve entender o fato? — Quando uma mercadoria atravessa a fronteira do país — respondeu o *tzadik* — recebe o selo real e assim está autenticada. Ora, quando alguém conhece seu valor e faz as contas honestamente com sua alma, a verdade, o selo de Deus, se imprime nele e ele está autenticado.

O Caminho

Certa ocasião, o Rabi Ber de Radoschitz pediu a seu mestre, Rabi de Lublin: — Indicai-me um caminho geral para o serviço de Deus! — O *tzadik* respondeu: — Não se pode dizer ao homem que caminho deve trilhar. Pois um caminho para servir a Deus é pelos ensinamentos, outro pela oração, um terceiro pelo jejum e outro ainda pelo comer. Cada um deve atentar qual o caminho que lhe atrai o coração e depois escolhê-lo com todas as forças.

De Muitas Maneiras

Algum tempo depois da morte do Rabi Schalom, filho do Rabi Abraão, o Anjo, dois de seus discípulos vieram a Lublin, a fim de se ligar ao Vidente. Encontraram-no fora de casa, recitando a prece da Lua Nova. Mas como ele procedesse, em algumas coisas, de maneira diversa daquela a que estavam acostumados com seu mestre, não mais puseram muita fé em Lublin e decidiram deixar a cidade no dia seguinte. Ao entrarem na casa do Vidente, logo depois, ele os cumprimentou e acrescentou: — Um Deus, a quem só se pudesse servir de uma maneira, que Deus seria esse! — Curvaram-se diante dele e aceitaram-no como Rabi.

A Mão Relutante

Perguntaram ao Rabi de Lublin: — Por que está escrito: "E Abraão estendeu sua mão", e só depois: "E Abraão tomou da faca"? Não é supérflua a primeira frase?

Ele respondeu: — Abraão consagrou todas as suas forças e todos os seus membros, de tal modo que nada praticassem contra a vontade de Deus. Ora, quando Deus lhe ordenou que oferecesse o filho, compreendeu que devia matá-lo. Mas, como todas as suas forças e todos os seus membros estavam consagrados a nada fazer contra a vontade de Deus, as mãos de Abraão se recusaram a lhe obedecer e a pegar a faca, pois tal não era a vontade de Deus. Com todo o poder de sua dedicação, Abraão precisou subjugar sua mão e estendê-la como um mensageiro que é obrigado a cumprir a ordem de seu expedidor, e só então ela pegou a faca.

A Verdadeira Justiça

As palavras das Escrituras [2]: "A justiça, a justiça, seguirás", o Rabi de Lublin as interpretou da seguinte maneira: — Se uma pessoa acha que se encontra na perfeita justiça e não precisa empenhar-se por mais nada, então a justiça não a conhece. É preciso persegui-la incansavelmente e sem parar e, a teus próprios olhos, deves ser como uma criança recém-nascida, que ainda não fez nada. É esta a verdadeira justiça.

A Segunda Mãe

Perguntaram ao Rabi de Lublin: — Por que, no sagrado livro do Zohar, o retorno a Deus, que corresponde à emanação "entendimento", é cognominado "mãe"?

Ele explicou: — Quando alguém se confessa e arrepende, e seu coração aceita o entendimento e se converte a ele, torna-se igual a um recém-nascido, e o arrependimento é sua mãe.

(2) *Deuteronômio*, 16:20.

O Diálogo

O Rabi de Lublin foi abordado por um de seus discípulos: — Nossos sábios dizem que Deus fala à comunidade de Israel, como está escrito [3]: "Voltai-vos a mim, e eu me voltarei a vós", mas que ela responde, como está escrito [4]: "Volta-nos para ti, Senhor, e nós nos voltaremos". O que é isso? A palavra de Deus deve ser justa, pois o despertar de baixo atrai, como se sabe, o de cima.

O Rabi respondeu: — Nossos sábios dizem: "Uma mulher só se une àquele que faz dela um vaso, pois da primeira vez que passam juntos, o marido faz dela um vaso, a fim de acordar sua feminilidade". Assim fala a comunidade de Israel a Deus: "Faze-nos novamente teu vaso, para que se acorde em nós, para sempre, o arrependimento". E é por isso que continua assim aquela resposta da comunidade de Israel, conforme está escrito [5]: "Renova nossos dias, como nos tempos primeiros". "Como nos tempos primeiros" isto é: tal como era antes da criação do mundo, quando ainda nada mais havia exceto o despertar de cima.

Pecado e Melancolia

Um *hassid* queixava-se ao Rabi de Lublin de que era torturado por maus apetites e que por isso caíra em melancolia. O Rabi lhe disse: — Acima de tudo, guarda-te da melancolia, porque ela é pior e mais funesta que o pecado. O que o Espírito do Mal tem em mente, quando desperta os apetites no homem, não é mergulhá-lo no pecado, porém mergulhá-lo, através do pecado, na melancolia.

O Mau e o Justo

Disse o Rabi de Lublin: — Amo ao mau que sabe que é mau, mais do que ao justo que sabe que é justo. Mas, acerca dos maus que se consideram justos, é que está escrito [6]: "Mesmo às portas do inferno não se arrependem". Pois julgam que são enviados ao inferno para livrar as almas que lá se encontram.

---

(3) *Zacarias*, 1:3.
(4) *Lamentações*, 5:21.
(5) *Lamentações*, 5:21.
(6) Talmud (Erubim 19).

O Alegre Pecador

Vivia em Lublin um grande pecador. Cada vez que desejava falar com o Rabi, este o atendia prontamente e conversava com ele, como se fosse um amigo de confiança e experimentado. Muitos *hassidim* irritavam-se com o fato e um dizia ao outro: — Como é possível que o Rabi, a quem basta olhar a testa de alguém para saber toda a sua vida até aquele dia, bem como a origem de sua alma, não veja que esse homem é um pecador? E se o vê, como é que o distingue, com seu convívio e sua conversa? — Finalmente, reuniram suficiente ânimo para chegar diante do Rabi e questioná-lo. Respondeu-lhes: — Sei disso tão bem quanto vós. Mas também sabeis o quanto amo a alegria e odeio a melancolia. E este homem é um pecador tão grande. Outros se arrependem no momento em que pecaram, ficam tristes por um instante e depois voltam à sua estupidez. Mas esse não conhece a tristeza, nem pensamentos tristes, e mora em sua alegria como numa torre. E é o brilho de sua alegria que domina meu coração.

Trabalho de Remendo

Certa vez um *hassid* do Rabi de Lublin jejuou de sábado a sábado. Na tarde de sexta-feira, foi tomado de tamanha sede que pensou estar morrendo. Então viu um poço, foi até ele e quis beber. Mas, de repente, pensou que, por uma única hora que ainda teria de agüentar, ia destruir toda a obra daquela semana. Não bebeu e afastou-se do poço. Então sobreveio-lhe o orgulho de ter passado por aquela prova severa. Logo que o percebeu, disse de si para si: — É melhor eu ir lá e beber do que meu coração ser vítima da soberba. — Voltou ao poço. Já estava debruçado para tirar água, quando percebeu que a sede o abandonara. Depois de iniciado o *schabat*, foi à casa de seu mestre. — Trabalho de remendo! — gritou-lhe este, à soleira.

Pensamentos Estranhos

Alguém pediu ao Rabi de Lublin ajuda contra os estranhos pensamentos que o assaltavam enquanto rezava. O Rabi indicou-lhe como devia comportar-se, mas o homem não o largava e não havia como despachá-lo. Afinal, disse-lhe o Rabi: — Não sei por que não paras de te queixar a mim de pensamentos estranhos. Aquele que tem pensamentos santos tem, às vezes, um pensamento impuro e esse é chamado de estranho. Mas tu, são estes os teus pensamentos habituais: a quem pretendes atribuí-los?

Vergonha

Alguém a quem o Rabi de Lublin espicaçava com o açoite da palavra por causa de todas as fraquezas secretas da alma, interrompeu-o, agastado: — Rabi, vós me estais envergonhando! — Eu te estou envergonhando? — disse o *tzadik*. — Se te estou envergonhando, devo pedir-te desculpas.

O Serviço

O Rabi Iaakov Itzhak tinha o hábito de receber os pobres viandantes em sua casa e ele próprio servi-los. Certa ocasião, servira a um deles de comida e bebida e ficara de pé ao lado de sua cadeira, esperando qualquer ordem; após a refeição, tomou as travessas vazias e os pratos e levou-os à cozinha. Então o hóspede perguntou-lhe: — Que nosso mestre me esclareça. Sei que, ao me servirdes, estais cumprindo o mandamento de Deus, que deseja ser o pedinte honrado como seu mensageiro. Mas, dizei-me, por que vos destes ao trabalho de levar os pratos vazios? — O Rabi respondeu-lhe: — Pois não fazia parte do serviço do sumo sacerdote, no Iom Kipur, levar para fora do Santuário a pá e a lata de carvão?

No Tabernáculo

Contava um discípulo do Rabi de Lublin: "Certa vez passei a festa de Sucot em Lublin. Antes de recitar os cânticos de louvor, o Rabi entrou na cabana. Por mais ou menos uma hora, fiquei observando seus gestos poderosos como que provocados por grande temor. A todo o povo que olhava afigurava-se ser isso a própria essência da cerimônia. Um sentimento de grande temor os perpassou e moviam-se tremendo e banhados em suor. Mas eu, sentado no banco, não tomava a coisa acessória pela essência e esperava mesmo que passassem todas aquelas angústias e inquietações. Então me levantei para ver bem quando o Rabi pronunciasse a bênção. Então eu o vi, no mais alto grau do espírito, recitar a bênção, imóvel, e ouvi a bênção divina. Fora assim que Moisés, outrora, não dera atenção aos trovões e à montanha fumegante, que o povo rodeava, tremendo, mas se aproximara da nuvem imóvel de cujo interior Deus lhe falava.

As Roupas

Contou o Rabi Bunam: — O Rabi de Lublin teve *hassidim* melhores do que eu mesmo sou; mas eu o conheci melhor do que todos os outros. Porque uma vez entrei em seu quarto, quando ele não estava, e ouvi um sussurro: eram suas roupas, que conversavam uma com a outra sobre sua grandeza.

O Harpista

De vez em quando o Rabi de Lublin costumava tomar uma pitada de rapé no meio da oração. Um devoto zeloso o percebeu e disse-lhe: — Mas não se deve interromper a oração. — Respondeu o Rabi: — Certa vez, um grande rei passeava por sua capital e ouviu um velho cantor de rua, todo esfarrapado, cantando uma cantiga e tocando harpa. O homem agradou-lhe. O Rei o levou para seu palácio e, dia após dia, ouvia-o tocar. Mas como o velho harpista não quisesse separar-se de sua velha harpa, muitas vezes acontecia-lhe ter de parar em meio a uma peça, para afiná-la. Certo dia um cortesão o repreendeu: "Bem que podias cuidar mais cedo de pôr teu instrumento em ordem!" O harpista respondeu: "Nosso senhor tem em seus coros e orquestras gente melhor do que eu. Mas se não o satisfazem, e ele escolheu minha harpa, é então evidente o seu desejo de suportar o meu jeito e o dela".

Agradecer o Mal

Um *hassid* indagou ao Rabi de Lublin: — À sentença da Mischná: "O homem deve agradecer e louvar a Deus pelo mal", a Guemará acrescenta: "Com alegria e de coração contente". Como pode acontecer isso? — O *tzadik* percebeu que a pergunta procedia de um coração cheio de sofrimento. — Tu — respondeu — não compreendes a Guemará e eu não compreendo a própria Mischná. Será que, em verdade, existe algum mal na terra?

O Presente de Casamento

No casamento de sua neta Hinda, no momento em que eram entregues os presentes, o Rabi Iaakov Itzhak descansou a cabeça entre as mãos e pareceu adormecer. O *badhan* chamou diversas vezes: — Presentes de casamento da parte da noiva — e esperou pelo Rabi, mas este nem se mexeu. Todos, em silêncio, aguardavam que ele acordasse. Depois de uma meia hora, seu filho lhe sussurrou ao ouvido: — Pai, estão anunciando o presente de casamento da parte da noiva! — O velho despertou de seus pensamentos e respondeu: — Então dou-me a mim mesmo. Dentro de treze anos o presente será entregue.

Quando, decorridos treze anos, Hinda deu à luz um filho, deram-lhe o nome de Iaakov Itzhak, em honra do falecido avô. Crescido, ele se parecia com o avô, em cada traço; até o olho direito era, como o do Rabi de Lublin, um pouco maior do que o esquerdo.

OS DESCENDENTES DO GRANDE MAGUID

SCHALOM SCHACHNA DE PROBISCHTSCH

A Galinha e os Patinhos

O Rabi Schalom Schachna, filho de Abraão, o Anjo, cedo ficou órfão e cresceu na casa do Rabi Nahum de Tschernobil, que lhe deu sua neta para esposa. Todavia, em algumas coisas ele se comportava de maneira diversa dos desejos e costumes do Rabi Nahum; parecia gostar de mostrar-se e não se dedicava com muito zelo aos ensinamentos. Os *hassidim* insistiam junto ao Rabi Nahum para que o forçasse a levar uma vida mais austera.

Um ano, no mês de Elul, em que tudo está voltado para o retorno a Deus e se prepara para o Dia do Juízo, em lugar de permanecer com os outros na casa de estudos, o Rabi Schalom foi, logo ao amanhecer, para a floresta, de lá somente retornando ao anoitecer. Ao fim, Rabi Nahum mandou chamá-lo e lembrou-lhe que, no correr destes dias, deveria aprender um capítulo da Cabala diariamente e recitar salmos, como era o costume entre os jovens. Ao invés disto, ele andava vadiando a esmo, o que ficava particularmente mal para uma pessoa de sua origem. Quieto e atento, o Rabi Schalom ouvia. A seguir disse: — Aconteceu uma vez que se colocaram ovos de pata sob uma galinha e ela os chocou. A primeira vez que ela foi, com os patinhos, ao riacho, estes pularam dentro da água e se puseram alegremente a nadar. Desesperada, a galinha começou a correr pelas margens, gritando e instando os fugitivos para que voltassem imediatamente, senão se iriam afogar. — Não se preocupe conosco, mamãe — gritaram os patinhos — nós não precisamos ter medo da água, pois sabemos nadar.

Sem Preparo

O Rabi Nahum de Tschernobil levou uma vez seu genro, o Rabi Schalom, a uma viagem. Na hospedaria onde se detiveram, precisamente então a estalajadeira encontrava-se em trabalho de parto e não conseguia dar à luz a criança. O dono do albergue pediu ao Rabi Nahum que interviesse a fim de obter um desenlace. O *tzadik* mandou que arrumasse todo o necessário para o trabalho: uma casa vazia, livre dos hóspedes, a ablução preparada, uma mesa nova e cento e sessenta moedas de cobre. Quando o hospedeiro se pôs em ação, o Rabi Schalom saiu e só voltou quando tudo estava terminado. — Meu jovem filho — disse-lhe o Rabi Nahum — seria conveniente que tu ficasses para aprender aquilo que precisas saber. Por que saíste? — Dessa maneira, com todas as coisas preparadas — replicou o Rabi Schalom — não quero aprender. Pois o que farei quando vierem a faltar? Quero ajudar com tudo o que existe: quero ajudar com coisas pequenas e coisas grandes para que não se perca nenhuma alma em Israel.

A Prece Poderosa

Uma vez, à véspera de Ano Novo, o Rabi Nahum de Tschernobil recitava, com grande devoção, o serviço de *Min-há* na sinagoga e de repente seu genro, o Rabi Schalom, que no púlpito dizia a última parte da prece, sentiu profunda depressão de espírito. A tal ponto que, enquanto todos os circunstantes rezavam com grande fervor, era-lhe necessário reunir toda a sua energia, murmurar palavra por palavra e entender o simples significado de cada uma delas. Depois da oração, o Rabi Nahum lhe disse: — Meu filho, como foi tempestuosa a investida hoje de tua prece sobre o Céu! Milhares de almas banidas foram por ela elevadas.

Em Paz

Uma vez, precisamente quando o Rabi Schalom Schachna se achava numa cidade do distrito de Kiev, chegou também ali o velho *tzadik* Rabi Zeev de Jitomir, a fim de passar o

sabá. Na noite de quinta-feira, o Rabi Schalom preparou-se para prosseguir viagem e foi despedir-se do Rabi Zeev. Este lhe perguntou quando pensava chegar ao destino. — Amanhã, pelas três horas da tarde — respondeu ele.
— Como? — perguntou Rabi Zeev surpreso. — Pretendeis estar ainda em caminho depois do meio-dia da véspera do *schabat*? Ao meio-dia eu costumo vestir meus trajes sabáticos e entôo os *Cânticos* de Salomão, rei da paz. A esta hora, para mim já começou a paz.
— E o que hei de fazer — retrucou o Rabi Schalom — se, à tardinha, vem a mim um rendeiro e conta-me sua aflição, isto é, que um seu bezerro adoeceu e, em suas palavras, entendo que ele me diz: "Tu és uma alma grande e eu sou uma alma inferior; levanta-me à tua altura!" O que hei de fazer então? — O velho pegou da mesa os dois castiçais com as velas acesas e, segurando-os nas mãos, conduziu o jovem hóspede pelo comprido corredor até a porta de saída. — Ide em paz — disse ele. — Ide em paz.

As Ruas de Nehardéia

O Rabi Schalom dizia: — O Talmud fala de um homem versado [1] no saber das estrelas e relata que os caminhos do firmamento lhe eram tão familiares quanto as ruas de sua cidade, Nehardéia. Pudéssemos dizer nós outros que as ruas de nossa cidade nos são tão brilhantes e claras quanto os caminhos do firmamento! Pois levar a vida oculta de Deus a iluminar o nosso mundo inferior, o mundo corpóreo, é o maior de ambos os feitos.

No Mesmo Ardor

Está escrito [2]: "Salmo de Davi"; e logo depois: "depois de ter estado com Betsabá". O Rabi Schalom assim explicava o versículo: — Com a mesma veracidade e ardor com que foi a Betsabá, tornou a Deus e entoou-lhe o seu cântico. Por isso, foi imediatamente perdoado.

No Degrau Mais Alto

Uma vez em que o Rav, Rabi Schnoier Zalman, que no curso de uma viagem se deteve numa cidade onde vivia um *hassid*

---

(1) Samuel: Babilônia, século III; Talmud (Berahot 58b).
(2) *Salmos*, 51:1.

do Rabi Schalom, dizia no *schabat,* com muito ardor, palavras dos ensinamentos, aconteceu estar presente este *hassid.* De súbito, porém, pareceu-lhe que o Rav esfriara, tudo quanto este continuou a dizer afigurou-se-lhe despido daquela paixão, que tanto apreciara antes. Ao se achar novamente com o seu mestre, o Rabi Schalom, contou-lhe o fato e não dissimulou a sua estupefação. — Como te atreves a julgar tais coisas! — redargüiu o *tzadik*. — Para isso somente tua razão não basta. Mas fica sabendo: Existe um mui alto santuário e, quando alguém o atinge, liberta-se de todo ser real e não pode mais inflamar-se.

ISRAEL DE RIJIN

Na Terra

Entre o Rabi Israel de Rijin, filho do Rabi Schalom Schachna, e o Rabi Mosché de Savran, irrompeu uma querela. Quando o Rabi de Savran, desejoso de fazer as pazes, foi visitá-lo, perguntou-lhe o Rabi Israel: — Vós credes que existe um *tzadik* tão apegado a Deus que dele não se afasta jamais? — O outro respondeu como alguém que procura dissimular a sua dúvida: — Pode ser. — Retorquiu o Rabi de Rijin: — Era assim meu avô, o Rabi Abraão, a quem chamavam o Anjo. — Mas o outro disse: — De fato, ele não despendeu muitos dias na terra. — O Rabi de Rijin retrucou: — Assim foi também meu pai, Rabi Schalom. — E mais uma vez disse o Rabi de Savran: — Na verdade, também ele não despendeu muitos dias na terra. — Aí lhe respondeu o Rabi Israel: — Por que falais de dias e de anos? Acreditais que estiveram na terra para aqui definharem? Eles vieram, realizaram seu serviço e voltaram.

A História da Fumaça

Uma vez o Rabi Mosché de Kobrin chegou, na véspera do sabá, à casa do Rabi de Rijin. Encontrou-o parado no meio do cômodo, com o cachimbo na mão, envolto em espessa nuvem de fumaça. Imediatamente, o Rabi Israel começou a contar: — Era uma vez um homem que se perdeu na floresta, na hora do crepúsculo, às vésperas do *schabat*. De repente, avistou ao longe uma casa. Para lá se dirigiu. Quando entrou, defrontou-se com um bandido de aspecto horripilante e, sobre a mesa, viu uma espingarda. Mas, antes que o bandido, que se levantou de um salto, pudesse alcançar a arma, ela já estava na mão do homem que, no mesmo instante, pensou: "Se eu o atingir, muito bem. Se não o atingir, o aposento ficará cheio de fumaça e poderei fugir". Ao chegar a este ponto da narrativa, tirou o cachimbo da mão e proclamou: — *Schabat*!

Dois Tipos de Tzadikim

O Rabi Israel contou como o povo de Iassi escarnecia do Rabi de Apt, após seus sermões. Acrescentou: — Em cada geração há criaturas que resmungam a respeito do *tzadik* e olham de esguelha para Moisés. Pois o Rabi de Apt é o Moisés dos nossos tempos. — Dito isto, interrompeu-se e pouco depois prosseguiu: — Há dois tipos de serviços, assim como existem dois tipos de *tzadikim*. Uns servem a Deus com a Torá e a oração, os outros ao comer e ao beber e ao se regozijar com as alegrias terrenas, elevando tudo isso à santidade. A respeito destes é que se resmunga. Mas Deus assim os criou, pois deseja que os homens não permaneçam agrilhoados a seus apetites, e sim que lhes dêem vazão. A isso precisamente é que tais *tzadikim* são chamados, a libertar os homens. Os primeiros são os senhores das coisas manifestas e os últimos, os senhores do mundo secreto. Para estes os segredos são revelados e os sonhos decifrados como sucedeu a José [1], que cacheou seus belos cabelos e serviu a Deus com as alegrias deste mundo.

Em outra ocasião, mencionou o versículo dos salmos [2]: "Os céus são os céus do Senhor, mas a terra, deu-a Ele aos filhos do homem" e comentou: — Há dois tipos de *tzadikim*. Uns aprendem a orar o dia inteiro e a abster-se de todas as coisas baixas, para atingir a santidade. Outros não pensam em si, porém se dedicam a elevar novamente a Deus as centelhas sagradas, incrustadas em todas as coisas, e se entregam a todas as coisas inferiores. Os primeiros, que incessantemente se preparam para os céus, são chamados no versículo de *céu,* e eles se apartaram para o serviço de Deus. Os outros, todavia, são a terra, que foi dada aos filhos do homem.

(1) De acordo com o Midrasch (Tanchuma sobre *Gênese,* 39).
(2) *Salmos,* 115:16.

Tzadikim e Hassidim

O Rabi de Rijin dizia: — Assim como as letras sagradas sem os sinais das vogais não têm som e os sinais das vogais sem as letras não fazem sentido, do mesmo modo se relacionam entre si os *tzadikim* e os *hassidim*. Os *tzadikim* são as letras e os *hassidim* que se lhes aderem, as vogais. Os *hassidim* precisam do *tzadik*, e este não os necessita menos. Por seu intermédio, o *tzadik* pode ser elevado. Por causa deles — que Deus não o permita! — o *tzadik* pode soçobrar. Eles transportam sua voz e espalham suas obras pelo mundo. Suponhamos que um dos meus *hassidim* esteja em caminho para visitar-me e encontre na estrada uma diligência cheia dos assim chamados "Ilustrados". Ele persuadirá o cocheiro a levá-lo consigo na boléia e, quando chegar a hora de rezar a Prece da Tarde, há de descer e se aprestará para a oração enquanto a diligência aguarda e os passageiros se enfurecem, xingam o cocheiro e gritam com ele: no meio disso, e exatamente por isso, experimentam a transformação da alma.

O Telhado

Iaakov Ornstein, o Rav de Lvov, era avesso ao caminho hassídico. Certa vez, quando o Rabi Israel de Rijin o visitava, pensou que seu hóspede viria a lançar-se em sutis interpretações das Escrituras, a fim de lhe provar a erudição dos *hassidim*. O *tzadik*, porém, lhe perguntou: — De que são feitos os telhados das casas de Lvov? — De chapas de ferro — respondeu o Rav. — E por que justamente de chapas de ferro? — Para protegê-las contra o fogo. — Mas neste caso poderiam ser de tijolos — disse o Rabi Israel, despedindo-se. Depois que ele saiu, o Rav riu e exclamou: — Então é este o homem a quem acorrem as multidões? — Dias depois, o Rabi Meir de Primijlan chegou a Lvov, a fim de se encontrar com seu amigo, o Rabi Israel, porém não mais o encontrou. Informaram-no do acontecido. Seu rosto brilhou e ele disse: — Verdadeiramente, o telhado, o coração do homem que zela pela comunidade, deveria ser de tijolos: tão abalado com os seus pesares, que ameaça romper-se a cada momento e, não obstante, persevera. Ao invés, é feito de chapas de ferro.

O Outro Caminho

Certa vez, quando os judeus passavam por um período de grandes apuros, o Rabi de Apt, então "o mais velho de sua geração", ordenou um jejum que trouxesse à terra a mercê de

Deus. Rabi Israel, porém, convocou seus músicos que ele havia selecionado cuidadosamente, trazendo-os de diferentes cidades, e fe-los executar as mais belas melodias, noite após noite, na varanda de sua casa. Sempre que lá em cima soava a clarineta e o delicado timbre das sinetas, os *hassidim* reuniam-se no jardim numa crescente multidão, a música logo triunfava sobre a tristeza e eles dançavam batendo os pés e as mãos. Algumas pessoas, indignadas com semelhante conduta, comunicaram ao Rabi de Apt que o dia de jejum por ele ordenado fora transformado em dia de júbilo. Ele lhes respondeu: — Não cabe a mim pedir contas àquele que tenha mantido em seu coração o ditame das Escrituras[3]: "E quando na vossa terra sairdes a pelejar contra o inimigo que vos oprime, também tocareis as trombetas a rebate, e o Senhor vosso Deus lembrar-se-á de vós"

O Contra-ardil

Alguns *mitnagdim* de Sanok procuraram Rabi Israel, quando este se encontrava de passagem por sua cidade, e queixaram-se: — Em nossa congregação rezamos ao alvorecer e em seguida sentamo-nos, envoltos em nossos *talitim*, com os filactérios na cabeça e nos braços, e estudamos um capítulo da Mischná. Os *hassidim* não são assim. Eles rezam depois que a hora prescrita já passou e, terminadas as suas preces, sentam-se juntos e põem-se a beber aguardente. E apesar disso nós somos chamados de "adversários" e eles de "piedosos".

Leib, o *schamasch* do Rabi Israel, tomou-se de incontido desejo de rir, ao escutar a queixa. E, sem dissimular o motivo de sua risada, disse: — O serviço e a oração dos *mitnagdim* são gélidos e destituídos de todo calor, assim como um morto, e quando se vela um morto, estuda-se precisamente a parte da Mischná prescrita para a ocasião. Todavia, os *hassidim,* quando prestam o seu exíguo serviço, ficam com os corações inflamados e quentes como um homem vivo, e quem é vivo precisa tomar *schnaps*.

O Rabi disse: — Deixemos passar o gracejo. A verdade porém é a seguinte: Sabeis[4] que, a partir do dia em que o nosso Templo foi destruído, a oração substituiu o sacrifício. E assim como o sacrifício perdia sua validez, quando o pensamento era impuro, também assim acontece com a oração. Por isso, o Impulso do Mal fica à espreita a fim de confundir o rezador com alguma sorte de pensamentos estranhos. Mas os *hassidim*

(3) *Números,* 10:9.
(4) Talmud (Berahot 26).

descobriram agora um contra-ardil. Após a reza, sentam-se juntos e brindam-se: "À vida". Cada um expressa aquilo que lhe oprime o coração, após o que um diz ao outro: "Possa Deus satisfazer o teu desejo!" E assim como — segundo os nossos sábios [5] — as preces podem ser proferidas em qualquer idioma, esta sua forma de falar e responder enquanto bebem é também considerada oração. Mas a única coisa que o Impulso do Mal vê é que estejam comendo, bebendo e proferindo palavras corriqueiras e por isso deixa de preocupar-se com eles.

Te

Certa vez, os *hassidim* estavam sentados e bebiam juntos, quando o Rabi entrou. O seu olhar não lhes pareceu amistoso. — Desagrada-vos, Rabi, que bebamos? — perguntaram. — Dizem, porém, que, quando os *hassidim* se encontram juntos bebendo, é como se estivessem estudando a Torá! — Há muitas palavras na Torá, algumas das quais sagradas e outras profanas — replicou o Rabi Israel. — Assim, por exemplo, está escrito[6]: "Então disse o Senhor a Moisés: Lavra-te duas tábuas de pedra"; mas em outro lugar também consta [7]: "Não te lavrarás imagem esculpida!" Por que motivo a mesma palavra é santa numa passagem e profana na outra? Vede, isto ocorre porque a palavra "te" em um lugar vem antes e noutro vem depois. Assim é com todas as ações. Onde o "te" sucede tudo é sagrado e onde precede é profano.

A Sentença do Messias

De certa feita, alguns pais de família de Berditschev queixaram-se ao Rabi de Rijin de que seus genros abandonavam mulher e filhos, para se tornarem seus discípulos, e dele exigiram que os persuadisse a voltar ao lar. O rabi contou-lhes então sobre um jovem, que vivera no tempo do grande Maguid. Este moço fugira da casa do sogro, dirigindo-se a Mesritsch para junto do Maguid; trazido de volta, prometeu solenemente permanecer no lar, mas, decorrido curto tempo, tornou a sumir. Seu sogro fez então o Rav da cidade declarar que a quebra da promessa implicava em divórcio. O moço viu-se assim privado de todos os meios de subsistência e, em breve, adoeceu

---

(5) Talmud (Berahot 40).
(6) Êxodo, 34:1.
(7) Êxodo, 20:4.

e faleceu. — Ora, senhores pais de família — continuou o *tzadik*, ao término de sua história — quando o Messias vier, o rapaz acusará o sogro perante o seu tribunal. O sogro invocará a decisão do Rav da cidade, e o Rav citará uma passagem do comentário do *Schulhan Aruch* [8]. Então o Messias há de perguntar ao jovem por que rompeu a promessa solene e o jovem há de alegar: "Precisei ir ao Rabi!" Ao fim, o Messias pronunciará sua sentença. Ao sogro, dirá: "Tu te apoiaste nas palavras do Rav, estás, pois, justificado". Mas em seguida acrescentarás: "Eu, porém, vim por amor aos que não são justiçados".

O Tzadik e as Pessoas

O Rabi Israel disse: — Assim como alguém que deseja fender uma árvore com um machado e persevera vigorosamente, mas vem a falhar no seu propósito e o machado se finca no chão, também o *tzadik* fala às pessoas, de molde a elevar seus corações ao serviço de Deus, porém estas não o atentam e admiram somente a argúcia e a arte de seu sermão.

O Ensinamento Oculto

O Rabi de Rijin assim comentou o versículo [9]: "Porque de mim sairá a lei": — Jamais pode acontecer que o ensinamento venha a ser alterado. O primeiro livro de Moisés será sempre o Livro do Princípio, narrando o sucedido a nossos pais desde o dia em que Deus criou o mundo. Mas há algo que nos foi ocultado: o que Deus operava antes da Criação. E tal é o sentido das palavras [10]: "Nesse tempo se dirá de Jacó e de Israel: Que coisas tem obrado Deus!" E é este também o sentido das palavras: "Porque de mim sairá a lei", para tornar manifesto o que Eu obrava antes de criar o mundo.

Ezequiel e Aristóteles

Perguntou certa feita o Rabi Israel, quando vários sábios se encontravam reunidos à sua mesa: — Por que as pessoas se exaltam contra nosso Mestre Moisés ben Maimon [11]? — Res-

---

(8) *Mesa Posta*: ampla codificação das leis judaicas, compilada por Iossef Caro, no século XVI.
(9) *Isaías*, 51:4.
(10) *Números*, 23:23.
(11) O grande filósofo da religião, Maimônides (fal. em 1204).

pondeu um rabi: — Porque, em determinada passagem, ele afirma que Aristóteles sabia mais das esferas celestes do que o profeta Ezequiel. Como então deixar de se irritar contra ele? — O Rabi Israel contestou: — É exatamente assim como o nosso Mestre Moisés ben Maimon assevera. Dois homens entraram no palácio de um rei. Um se demorava em cada sala, admirando, com olhos entendidos, os formosos tecidos e os tesouros e não se cansava de olhar. O outro percorria as salas e sabia: Esta é a casa do rei, este é o manto do rei, mais alguns passos e eu contemplarei o rei, meu senhor.

Os Construtores de Estrada

Quando o Rabi de Guer visitou o Rabi de Rijin, em Sadagora, seu anfitrião lhe perguntou: — Na Polônia há boas estradas? — Sim — respondeu ele. — E quem é responsável pelas obras e as dirige, judeus ou não-judeus? — continuou a indagar o Rabi Israel. — Judeus — respondeu o Rabi de Guer. — Quem mais entenderia de abrir caminhos! — exclamou o Rabi de Rijin.

Quem Pode ser Chamado de Homem?

Referindo-se às palavras das Escrituras [12]: "Quando um homem de vós oferecer oferta ao Senhor", observou o Rabi Israel: — Somente quem se oferenda a Deus pode ser chamado de homem.

O Altar Correto

Acêrca da passagem bíblica que diz [13]: "Um altar de terra me farás, e sobre ele sacrificarás os teus holocaustos... e se me fizeres um altar de pedras, não o farás de pedras lavradas; se sobre ele levantares o teu buril, profaná-lo-ás", o Rabi de Rijin expôs o seguinte: — O altar de terra é o altar do silêncio, o altar mais aprazível ao Senhor. Mas, se fizerdes um altar de palavras, não as cinzeleis e não as lapideis, pois, com tais artifícios, vós as profanaríeis.

(12) *Levítico*, 1:2.
(13) *Êxodo*, 20:24-25.

A Essência do Serviço

O Rabi de Rijin disse: — Eis o serviço que o homem deve cumprir todos os seus dias: dar corpo à forma, purificar a carne e permitir que a luz penetre nas trevas até que as próprias trevas resplendam e não haja mais separação entre ambas. Pois está escrito [14]: "E foi a tarde e manhã do primeiro dia".

E noutra ocasião acrescentou: — Não faças grande alarde quando servires a Deus. Vangloria-se a mão quando faz a vontade do coração?

Andando na Corda Bamba

Uma vez os *hassidim* estavam fraternalmente reunidos, quando Rabi Israel, com o cachimbo na mão, veio ter com eles. Vendo-o assim próximo e cordial, disseram-lhe: — Falai-nos, querido Rabi, como devemos servir a Deus? — Admirou-se e respondeu: — Sei lá eu? — No mesmo instante, porém, prosseguiu e contou: — Era uma vez dois amigos e ambos foram acusados perante o rei de haverem cometido uma falta. Mas, como o rei os amasse, queria demonstrar-lhes sua mercê. Absolvê-los não podia, pois nem mesmo a palavra real pode prevalecer sobre os preceitos da lei. Proferiu então o veredito: estender-se-ia uma corda sobre um profundo abismo e os dois réus deveriam, um após o outro, caminhar sobre ela. Aquele que conseguisse atingir a borda oposta seria agraciado com a vida. Assim foi feito e um dos amigos chegou ileso ao outro lado. O outro, ainda na extremidade oposta da corda, gritou: "Dize-me, meu amigo, como conseguiste atravessar este terrível abismo?" Este replicou-lhe: "Não sei, sei apenas que, quando sentia inclinar-me para um lado, eu me inclinava para o outro".

Quebrando Impulsos

Um jovem entregou ao Rabi Israel um bilhete no qual pedia que Deus o ajudasse a vencer seus maus impulsos. O Rabi olhou-o sorridente: — Queres quebrar impulsos? Costas e lombos poderás quebrar, mas não a um impulso! Porém reza, aprende, trabalha com seriedade e o mal nos teus impulsos desaparecerá por si.

---

(14) *Gênese*, 1;5.

O Sofrimento

Um homem afligido por terrível moléstia queixou-se ao Rabi Israel de que seu sofrimento interferia no seu estudo e nas orações. O Rabi colocou-lhe a mão no ombro e disse: — De onde sabes, meu amigo, o que apraz mais a Deus, o teu estudo ou a tua dor?

O Deus do Perdão

O Rabi Israel, seguindo o conselho de seus médicos, dirigiu-se a Odessa para tomar banhos de mar. Nessa cidade vivia um neto do famoso Rabi Iaakov Emden [15] de nome Meir, que se desviara das sendas de seus pais. Quando o Rabi Israel veio a saber de sua presença naquela cidade, chamou-o e convidou-o para acompanhá-lo a Rijin. Prometeu-lhe que toda a sua subsistência seria provida. Meir concordou. Em Rijin, pouco tempo depois de partilhar da mesa do Rabi, efetuou uma penitência completa. Um dia, porém, o *tzadik* notou que Meir parecia deprimido e questionou-lhe: — Meir, meu filho, o que te preocupa? Se forem os teus pecados, lembra-te que, ao te voltares a Deus, tudo se resolverá. — Ele respondeu: — Como não hei de me afligir? Após penitenciar-me, torno constantemente ao pecado, assim como um cão volta ao seu vômito, e como saber se a minha penitência ainda será aceita? — Rabi Israel roçou o seu braço e disse: — Nunca consideraste por que dizemos ao rezar: "Pois és tu quem perdoa a Israel e limpa os pecados das tribos de Ieschurun" [16]? Não bastaria escrever: "Tu perdoas e limpas"? Porém, assim como o caminho do homem o compele a pecar e retornar ao pecado, assim o caminho de Deus o compele a perdoar e perdoar sempre de novo.

A Penitência

Um pecador inveterado, que não resistia a nenhum desejo mau, foi ao Rabi Motel de Tschernobil [17] e passou-lhe um bilhete, onde arrolara todos os pecados que cometera em sua vida, e pediu que lhe impusesse uma penitência. Quando o Rabi Motel terminou de ler a lista, declarou: — Já estou velho demais para assumir a carga de alguém que requer uma penitência tão pesada. Vai ao Rabi de Rijin; ele ainda é jovem,

---

(15) Rabi da Alemanha (Emden e Altona), século XVIII.
(16) Nome poético de Israel.
(17) Filho do Rabi Nahum de Tschernobil, cuja filha era casada com o pai do Rabi de Rijin.

tomará sobre si os teus pecados. — Então o homem se dirigiu ao Rabi Israel e entregou-lhe o bilhete. O Rabi leu a longa relação, os itens grandes e pequenos, enquanto o pecador esperava. Finalmente o *tzadik* falou: — Eis a tua penitência. Toda palavra de oração que proferires doravante até o fim de teus dias, não a pronunciarás de boca vazia, porém preservarás a plenitude de cada palavra.

Deus e a Alegria

Está escrito [18]: "Será porém que, se de qualquer sorte te esqueceres do Senhor teu Deus". Comentou o Rabi de Rijin: — É sabido que a fórmula "será porém", quando ocorre nas Escrituras, se refere à alegria. Também neste caso o sentido é idêntico. É-nos revelado: "Se te esqueceres da alegria e te deprimires, estarás esquecendo o Senhor, teu Deus". Pois está escrito [19]: "Força e alegria no Seu lugar!"

A Criança Pensa no Pai

Rabi Israel disse: — Em alguns livros de orações não está escrito: "Deita-nos, Senhor, nosso Deus", porém: "Deita-nos, Senhor, nosso Pai". Pois ao pensar em Deus como Deus, de cuja glória a terra está cheia, e coisa alguma está vazia d'Ele, o homem sente vergonha do deitar-se na cama, estando Ele ali. Porém, ao pensar em Deus como seu Pai, sentir-se-á como uma criança amada, pela qual o pai zela quando vai para a cama, cobrindo-a bem e velando o seu adormecer. Como em nossa prece: "Estende sobre nós a tenda da tua paz".

Andar com as Próprias Luzes

Um jovem rabi lamentava-se ao Rabi Israel de Rijin: — Durante as horas em que me devoto a meus estudos, sinto vida e luz; mas, assim que paro de estudar, tudo se esvai. O que devo fazer? — O Rabi respondeu-lhe: — Fazes como alguém que, em noite escura, anda pelo bosque acompanhado por algum tempo de um outro que traz uma lanterna na mão; na encruzilhada, porém, eles se separam e o primeiro precisa continuar sozinho, caminhando às apalpadelas. Todavia quem carrega a própria luz não teme a escuridão.

(18) *Deuteronômio*, 8:19.
(19) *I Crônicas*, 16:27.

Distante

Perguntaram ao Rabi de Rijin: — Está escrito [20]: "E o povo, vendo isso, se estremeceu e ficou de longe". Qual o significado disso? Pois não está a terra inteira cheia da glória de Deus! Como é possível permanecer longe d'Ele? — O Rabi Israel explicou: — Os milagres se destinam aos que têm pouca fé. Quando Israel viu que Deus obrava milagres, compreenderam que tinham ainda de ficar de longe; seus corações se estremeceram e, em seu espírito, eles ficaram de longe, num lugar que ainda lhes pertencia, mas, ao mesmo tempo, ansiavam por uma perfeita fé com toda a força de seus corações estremecidos.

Espírito Santo

Perguntaram ao Rabi Israel: — O que se pretende dizer quando se fala que alguém tem o espírito santo? — Respondeu o Rabi: — Quando alguém tem um verdadeiro espírito e não o deixa tornar-se impuro, a isso se chama espírito santo.

A Controvérsia por Amor ao Céu

Disse o Rabi de Rijin: — Quando os *hassidim* vêem um Rabi brigar com outro, também eles brigam entre si. Na verdade, porém, a luta pertence aos *tzadikim,* pois é uma luta por amor ao céu. Por isso se diz, na *Ética dos Pais* [21]: "Qual é a controvérsia por amor ao céu? A luta entre Schamai e Hilel [22]. Não se diz: "Entre a escola de Schamai e a escola de Hilel", pois a luta por amor ao céu somente se trava entre os mestres e não entre os discípulos.

A Hora da Oração

Certa vez, ao hospedar-se em casa do Rabi de Apt, o Rabi Israel demorava-se, como era seu hábito, para começar as preces matutinas. Ao lhe perguntarem quando começaria a rezar, respondeu que ele mesmo ainda não o sabia, e contou

---

(20) Êxodo, 20:18.
(21) Ética dos Pais, V, 19.
(22) Mestres do Talmud do primeiro século antes de Cristo. O primeiro tomava as Escrituras no seu sentido mais estrito, o segundo atenuava-as.

uma história: — Um rei fixou uma hora em que agraciaria cada um de seus súditos com uma livre audiência. Uma vez, fora da hora estipulada, apareceu um mendigo em frente do palácio, exigindo que o levassem à presença do rei. Os guardas lhe perguntaram se não conhecia as normas. O mendigo falou: "Eu as conheço muito bem; mas elas vigoram somente para aqueles que vem falar com o rei de coisas que lhes dizem respeito. Eu, porém, quero falar com o rei de coisas que concernem ao reino". Imediatamente concederam-lhe permissão. Depois disto, como posso saber quando vou rezar? — O Rabi Israel concluiu a sua história.

O Prato de Feijão

Um grupo de jovens veio de uma cidade distante a Rijin, com o intuito de passarem os Dias Terríveis ao lado do Rabi Israel. Ao observarem que o Rabi não obedecia à hora prescrita das orações, porém esperava até que o dominasse o fervor, quiseram imitá-lo e se puseram também a aguardar, embora não soubessem exatamente o quê. Depois de Simhat Torá, foram despedir-se do Rabi. Este lhes deu a bênção e disse: — Tratem de não retardar as preces, recitem-nas cada uma em seu devido tempo. Vou contar-lhes uma história: Havia um homem cuja esposa, ano após ano, lhe servia, diariamente, no almoço um prato de feijão. Um dia ela se demorou e a comida veio à mesa com uma hora de atraso. Quando o homem viu os feijões à sua frente, enraiveceu-se e bradou: "Pensei que hoje me prepararias um prato especial e que te demoraste tanto por necessitar de muitos preparos e cuidados. Mas não sinto a menor disposição de esperar pelo prato de feijão que como todos os dias". — Com isso o *tzadik* encerrou a narrativa, os jovens inclinaram-se e encetaram sua viagem. No caminho, encontraram, numa hospedaria, um ancião que à primeira vista lhes pareceu desconhecido e com quem imediatamente entraram em palestra. Quando lhe contaram as palavras de despedida de seu Rabi, ele sorriu e disse: — O homem se zangou porque não havia um perfeito amor entre ele e sua mulher. Se existe tal amor, o homem não se desagrada se sua mulher o faz esperar e, quando lhe serve o mesmo prato de todos os dias, seu coração recebe tudo como se fosse novo e bom. — Tais palavras calaram fundo nos jovens. Quando novamente vieram a Rijin, para as grandes festas, relataram-nas ao *tzadik*. Escutou-as em silêncio por algum tempo e depois falou: — O que o velho vos disse, disse-o a mim, e também o disse a Deus.

No Sótão

Contam: "Toda noite o Rabi de Rijin subia a um sótão e lá permanecia durante duas horas. Durante este tempo, o criado, Schmulik, que o acompanhava, ficava sentado na escada. Certa vez, a filha do *tzadik* quis pegar alguma coisa no armário que estava no sótão e encontrou Schmulik lá sentado, chorando. Perguntou-lhe o que o afligia. Disse ele: — Um homem pôs muito dinheiro na minha mão a fim de que eu o deixasse entrar e falar com o Rabi e agora ele está lá. — Abriu a mão e mostrou à moça o dinheiro. Neste instante, o Rabi apareceu à porta. No quarto não havia ninguém. Na mão de Schmulik jaziam alguns cacos de louça".

De um Tzadik Oculto

Contam: "Um *hassid* do Rabi Israel tinha uma filha que sofria de grave moléstia nos olhos, que médico nenhum conseguiu curar. Por diversas vezes ele pediu auxílio ao *tzadik*, mas nenhuma ajuda lhe era prestada. Finalmente quando a menina cegou, o *tzadik* lhe disse, sem ter sido inquirido: — Vai com tua filha a Lvov e lá observa todos os vendedores que andam pelas ruas apregoando, cada um com o seu próprio cantarolar, as suas mercadorias, como, por exemplo: "Bonitas *pretzels, pretzels* fresquinhas!" Aquele cujo estribilho mais te agradar pode curar a tua filha. — O *hassid* procedeu como lhe foi dito e logo encontrou o homem com o mais belo pregão. Comprou uma *pretzel,* pediu-lhe que no dia seguinte trouxesse mais algumas ao hotel. No outro dia, quando o vendedor entrou no cômodo, o *hassid* trancou a porta e transmitiu-lhe as palavras do Rabi de Rijin. Com os olhos chamejantes, gritou o vendedor: — Deixa-me sair ou farei de ti e do teu Rabi um monte de ossos. — Assustado, o *hassid* abriu a porta. O homem sumiu, porém sua filha estava curada".

Volta-te, ó Israel

O Rabi Israel falou, no *schabat schuvá*: — Oséias diz [23]: "Volta-te, Israel, ao Senhor teu Deus". Diz-se isso a todo o mundo e a todas as almas do céu e da terra. Pois tudo quanto foi concebido, embaixo e em cima, todos os súditos do Poderoso, os anjos, os serafins, as criaturas celestes, as rodas sagradas, até

(23) *Oséias,* 14:2.

o trono de Deus, a todos se ordena que voltem. E é esse o significado das palavras "ao Senhor teu Deus": todas as almas de todos os graus, até o mais alto, até o trono de Deus, a todos se diz que voltem. — E, em seguida, disse a si mesmo: — Ó Israel, volta, Israel, para o Senhor, teu Deus.

Retorno e Salvação

Disse o Rabi Israel: — Conta-se que o santo *tzadik* de Spola, cognominado "o Avô", gritou uma vez: "Messias, por que não vens? O que esperas? Eu te juro, pela minha barba, que os judeus não se penitenciarão". E eu não vou contradizer o Avô de Spola. Porém uma coisa eu te prometo, Senhor da terra: quando o rei Messias vier, eles hão prontamente de se penitenciar. E eles têm uma justificativa. Pois antes de pecarmos, Tu, na Tua aliança com Abraão na passagem sobre os sacrifícios [24], nos condenaste a quatro exílios; deves, portanto, redimir-nos antes de nos penitenciarmos.

Em outra ocasião, após a refeição matinal, o Rabi Israel colocou os dedos da mão direita na mesa e falou: — Deus disse a Israel [25]: "Tornai vós para mim e eu tornarei para vós". Depois virou a mão direita e falou: — Nós, filhos de Israel, porém, dizemos [26]: "Volta-nos, Senhor, a Ti, e nós nos voltaremos, renova nossos dias como antes". Pois o penoso Exílio pesa sobre nós e não temos força para sozinhos voltarmos a Ti. — Depois novamente ele virou a mão: — Porém o Sagrado, abençoado seja Ele, diz: "Devereis antes voltar-vos a mim". — O Rabi Israel repetiu isso quatro vezes, virando a mão para cima e para baixo. Ao cabo, disse: — A razão está com os filhos de Israel, pois realmente as vagas da angústia se quebram sobre eles e não têm forças para dirigir os seus corações a Deus.

O Tempo Vindouro

Num *schabat*, estavam o Rabi Israel e seus *hassidim* sentados à volta da mesa. Disse ele então: — Aproximam-se os dias em que tudo há de ser bom para o corpo e a alma dos homens comuns, porém os homens extraordinários não estarão bem nem de corpo e nem de alma e não serão capazes sequer de recitar um salmo. — E finalizou: — Por que vos digo isso? Para que não se aflijam os vossos corações: deve ser assim, precisa ser assim.

(24) *Gênese*, 14:17.
(25) *Zacarias*, 1:3; *Malaquias*, 3:7.
(26) *Lamentações*, 3:21.

De outra feita falou: — Nas três últimas horas do mundo antes da redenção, será tão difícil apegar-se ao judaísmo quanto é galgar uma parede de gelo. Por isso a prece [27] diz: "Ajude-nos nas três horas". São essas as últimas horas.

As Dores de Parto

O Rabi Israel disse: — Quando uma mulher está grávida e as dores do parto vem no oitavo mês, levando em conta que ainda não se completou o período, tudo faz para que passem as dores. Não ocorre o mesmo no nono mês: quando as dores começam, o único desejo é que aumentem, para que ela logo dê à luz. Por isso, quando os antigos gritavam para os céus e clamavam a Deus que os livrasse das misérias da terra, eram atendidos, pois o período ainda não se completara. Agora, porém, que o desenlace se aproxima, nenhuma prece que se eleve pelos sofrimentos humanos frutifica. No entanto, sofrimento é somado a sofrimento, para que o nascimento se dê logo.

O Messias na Rússia

O Rabi Israel costumava dizer: — O Messias virá primeiro para a Rússia.
Também se conta: "Um *hassid* do Rabi Motel de Tschernobil, tio do Rabi de Rijin, viajou certa vez para a cidade de seu *tzadik*. Quando se encontrava rezando na hospedaria, com o rosto voltado para a parede, como era seu costume, percebeu de repente que por trás dele havia um homem que falava: "Medi com os meus pés a superfície da terra, mas o sofrimento dos exilados na Rússia ultrapassa tudo quanto já vi". O *hassid* virou-se e viu que o homem se dirigia à casa do Rabi Motel e lá entrava. Mas, quando o seguiu pela casa adentro, não mais o encontrou. Em vão o *hassid* perguntou por ele".

O Tocador de Schofar no Schabat

Num dia de Ano Novo, que coincidia com o sabá, declarou o Rabi Israel: — Num dia de Ano Novo que cai num *schabat*, não se pode tocar o *schofar*, que conclama o mundo para o novo ano. Neste dia, Deus mesmo toca o *schofar*. E ele sabe tocá-lo bem. Por esta razão, neste dia as nossas esperanças se tornam tão vivas, pois a fonte da compaixão, ela mesma, as desperta.

(27) *Hoschanot*. V. Glossário.

Os Dois Solidéus

O Rabi Davi Mosché, filho do Rabi Israel, disse uma vez a um *hassid*: — Conhecias o meu pai no tempo em que ele morava em Sadagora e já usava o solidéu negro e andava melancólico; mas não o viste quando ele morava em Rijin e ainda usava o solidéu dourado. — O *hassid* surpreendeu-se: — Como é possível que o santo Rabi de Rijin andasse melancólico? Se eu mesmo o ouvi dizer que a melancolia é o estado mais baixo. — E mesmo neste estado — respondeu o Rabi Davi — quando atingia as alturas, ele precisava descer constantemente, para embaixo aliviar as almas que lá se precipitavam.

O Som do Schofar

O Rabi Davi Mosché contou: — No ano de sua morte, meu pai não pôde ir à sinagoga no Ano Novo. Eu rezei com ele em seu aposento. Seu serviço neste dia foi mas belo do que nunca. Após as orações segredou-me ele: "Hoje eu ouvi o som do *schofar* do Messias".

A Refeição do Encerramento do Schabat

Na sua velhice, o Rabi Israel veraneava na pequena cidade de Potok. Certa vez, o Rabi Mosché veio passar o *schabat* com ele. Neste dia, o Rabi Israel não comeu a refeição do término do *schabat;* permaneceu sentado, à noite, no seu jardim e o Rabi de Kobrin ficou sentado junto dele. Durante longo tempo, o Rabi Israel se manteve em silêncio; depois, falou: — Poderíamos substituir a nossa refeição pelas frutas desta árvore aí da frente, não? — Depois segurou no cinto do Rabi de Kobrin e falou: — Vamos passear um pouco. — Enquanto caminhavam, ele mais uma vez falou: — Querido Rabi Mosché, sois um homem culto; não é verdade que se pode, legalmente, substituir a refeição do fim do *schabat* por frutas? — O Rabi de Kobrin compreendeu então que o Rabi Israel se referia ao seu fim e a seus filhos e respondeu: — Nosso santo Rabi, o mundo ainda precisa de vós. — Porém, mês e meio após este *schabat*, o Rabi Israel morreu.

ABRAÃO IAAKOV DE SADAGORA

O Novo Céu

Quando o Rabi Abraão Iaakov, filho do Rabi Israel de Rijin, ainda era criança, passeava ele no quintal, para cima e para baixo, ao anoitecer de sexta-feira, quando os *hassidim* já haviam ido rezar. Um *hassid* dirigiu-se a ele e falou: — Por que não entras? Já é *schabat*. — Ainda não é — respondeu Abraão. — Como sabes isso? — perguntou o *hassid*. — No *schabat* — replicou o menino — surge sempre um novo céu e ainda não o estou vendo.

A Criatura

No dia quinze do mês de Schevat, o "Ano Novo das árvores", quando colocavam frutas na mesa, como é costume neste dia, o Rabi Abraão Iaakov disse: — Está escrito [1]: "Quando algum de vós oferecer uma oferta ao Senhor, oferecereis a vossas ofertas de gado, de vacas e de ovelhas". Todas as criaturas, as plantas e os animais, se oferecem ao homem, mas através do homem são oferecidas a Deus. E quando o homem purifica e santifica todos os seus membros para oferecê-los a Deus, ele purifica e santifica todas as criaturas.

(1) *Levítico*, 1:2.

Das Invenções Modernas

— Pode-se aprender algo de todas as coisas — disse uma vez o Rabi de Sadagora a seus *hassidim*. — Tudo nos pode ensinar algo. Não só tudo o que Deus criou, como ainda tudo o que o homem produziu, pode nos ensinar.
— O que podemos aprender de um trem de ferro? — perguntou um *hassid* cético. — Que se pode perder tudo por causa de um segundo. — E do telégrafo? — Que cada palavra é contada e cobrada. — E do telefone? — Que se ouve lá o que se fala aqui.

A Canção dos Pássaros

No *Schabat Schirá*, quando se lê a canção que Moisés e Israel cantaram no Mar Vermelho, perguntaram ao Rabi de Sadagora: — Por que se costuma, neste dia, espalhar grão de trigo para os pássaros?
Respondeu ele: — Um rei mandou construir, longe de todos os seus palácios, um pavilhão onde pudesse estar só. Lá ninguém tinha acesso a ele e nenhum de seus servos ali podia permanecer. Somente um pássaro cantador repartia o aposento com ele e o rei ouvia o seu canto, que lhe agradava mais do que tôdas as músicas dos seus cantores. No momento em que o Mar Vermelho se abriu, todos os anjos e serafins cantavam louvores ao Senhor. Ele, porém, ouvia o seu passarinho Israel. Por isso, hoje se prepara comida para os pássaros.

No Sábado da Canção

No *Schabat Schirá*, quando se entoa o cântico do Mar Vermelho, disse o Rabi de Sadagora: — Não está escrito que eles cantassem a canção logo após atravessarem o Mar Vermelho, porém antes atingiram o grau de fé perfeita, como está escrito: "E creram no Senhor e em Moisés, seu servo". Só depois está escrito: "Então cantou Moisés, e os filhos de Israel". Somente quem crê pode entoar o cântico.

Todas as Melodias

O Rabi Abraão Iaakov disse: — Cada povo tem a sua própria melodia e nenhum canta a melodia do outro. Israel, porém, canta todas juntas, para oferecê-las a Deus. Assim, na Secção dos Cânticos [2], todos os animais que vivem na terra e todos os pássaros cantam cada um sua própria canção; Israel, porém, faz um cantar de todos os seus cantares para oferecê-los a Deus.

Testemunho

Certa vez, um grupo dos assim chamados "Ilustrados", sem ter sido convidado, entrou sexta-feira à noite na casa do Rabi de Sadagora, para ouvi-lo rezar o *Kidusch* e depois troçar da oração. Quando o *tzadik* o percebeu, afirmou: — As palavras do Gênese, com que iniciamos a consagração do *schabat*, "terminados estavam os céus e a terra", são aqui proferidas, como se sabe, em testemunho da obra de Criação de Deus, o Único, e onde caberá mais o testemunho do que no lugar onde há negação? Atestemos pois, em presença dos que negam, que Deus criou o mundo e o conduz. — Levantou-se em seguida e proferiu o *Kidusch*.

Cada um Tem seu Lugar

Perguntaram ao Rabi Abraão Iaakov: — Os nossos sábios dizem [3]: "Não há uma coisa que não tenha o seu lugar". Também o homem tem, pois, o seu lugar. E por que então as pessoas se sentem, de vez em quando, tão apertadas? — Respondeu ele: — Porque cada um quer ocupar o lugar do outro.

Sofrimento e Dores

Uma vez, na hora do almoço, o Rabi de Sadagora estava sentado à mesa, suspirando e sem comer. Sua irmã lhe perguntou, repetidas vezes, o que o atormentava. Finalmente, ele retorquiu: — Tu também não ouviste falar da triste condição em que vivem nossos irmãos no reino russo? — A mim me parece — respondeu ela — que tal sofrimento já pertence às dores do tempo de Messias [4]. — O *tzadik* ficou pensativo. — Certo, certo — concordou ele, afinal. — Mas, quando o sofrimento atinge o seu ápice, Israel clama ao Senhor e diz que não pode mais suportá-lo, e o Misericordioso ouve as súplicas, alivia os sofrimentos e adia a redenção.

(2) *Perek Schirá.* V. Glossário.
(3) Na *Ética dos Pais*, IV, 3.
(4) De acôrdo com a tradição talmúdica (Sanhedrim 98b).

A Luz Errante

Um amigo perguntou, um dia, ao Rabi de Sadagora: — Como é possível isto? Que alguns homens santos, que viveram antes de nós, aludissem à época em que chegaria a redenção e o tempo que eles determinaram chegou e passou, mas a redenção não aconteceu?

O *tzadik* replicou: — Meu pai, que sua memória nos seja uma bênção, soía dizer: "Está escrito na Guemará: Todas as datas previstas já passaram. Mas assim como a *Schehiná* deixou o santuário e foi ao exílio no decurso de dez viagens, assim também ela não voltará de uma só vez e a luz da salvação paira entre o céu e a terra. A cada data prevista ela desce mais um degrau. Agora a luz da redenção espera no mais baixo do céu, que é chamado de cortina [5]. Assim falava o meu pai! Mas eu digo: A luz da salvação estende-se ao nosso redor, à altura de nossas cabeças. Nós não a percebemos porque nossas cabeças se curvaram sob o peso do Exílio. Queira Deus levantar as nossas cabeças.

---

(5) O Talmud (Haguigá 12b) relaciona sete céus, com seus nomes e funções; o céu mais inferior é a "cortina".

NAHUM DE STEPINESCHT

O Jogo de Damas

Num dos dias da festa de Hanucá, o Rabi Nahum, filho do Rabi Israel de Rijin, veio, inesperadamente, à casa de estudos e encontrou os alunos entregues ao jogo de damas, como era costume naqueles dias. Quando viram o *tzadik* entrar, ficaram confusos e cessaram a partida. Ele, porém, acenou-lhes amigavelmente e perguntou: — Vós também conheceis as regras do jogo de damas? — E como os moços, por timidez, não conseguissem articular uma palavra, ele mesmo respondeu: — Eu lhes direi a regra do jogo de damas. A primeira é: não se pode dar dois lances de uma só vez. A segunda: só se pode andar para a frente, sem voltar para trás. E a terceira: quando se está no alto, pode-se ir para onde quiser.

A Escolha

Disse uma vez o Rabi Nahum aos *hassidim* que o rodeavam: — Se pudéssemos pendurar as nossas aflições em um prego e nos fosse dado escolher a que mais nos agradasse, cada qual iria buscar a sua de volta, pois todas as outras nos oprimiriam muito mais.

O Beato

Numa cidade vivia um homem cuja piedade se tornara tão conhecida, que acabou recebendo o apelido de "Beato". Certa vez adoeceu e seus familiares, sabendo que alguns homens de sua cidade se preparavam para ir ter com Rabi Nahum de Stepinescht, a fim de receber sua bênção, pediram-lhes que lembrassem ao *tzadik* de pensar também no "Beato". Os homens concordaram e, com os bilhetes em que constavam os seus respectivos nomes, entregaram também ao Rabi Nahum o bilhete com o nome do enfermo, afirmando tratar-se de homem conhecido por sua vida austera e, por isso, chamado de "Beato". Comentou o Rabi: — Não sei o que é um beato e nunca aprendi de meu pai algo a este respeito. Mas imagino que seja uma espécie de capote: o tecido é feito de presunção, o forro de rancor e é costurado com a linha da melancolia.

DAVI MOSCHÉ DE TSCHORTKOV

"Aquele que nos Faz Adormecer"

Os *hassidim* contavam: "Quando o Rabi Davi Moschê, o filho do Rabi Israel de Rijin, contava sete anos, irrompeu um incêndio na casa de seu pai. As crianças foram reunidas, mas faltava Davi Moschê. Seu pai mandou um criado procurá-lo. Encontrando o menino acordado na cama, o criado perguntou-lhe se não se apercebera do incêndio. Davi Moschê permaneceu em silêncio, mas, através de sinais, deu a entender que o notara, mas não quisera interromper o sono, pois já havia rezado a prece: "Aquele que nos faz adormecer", e estava certo de que o salvariam. Enquanto o criado relatava o fato ao pai, o fogo se extinguiu".

O Servo Fiel

O Rabi Nahum de Stepinescht disse certa vez de seu irmão, o Rabi Davi Moschê de Tschortkov: — Quando meu irmão Davi Moschê abre o livro dos Salmos e põe-se a recitar os hinos de louvor, Deus lhe diz: "Davi Moschê, meu filho, coloco o mundo inteiro nas tuas mãos, faze dele o que te aprouver!" Ah! se Ele me entregasse o mundo assim, eu saberia o que fazer! Davi Moschê, porém, é um servo tão fiel, que Lhe devolve o mundo do mesmo jeito que o recebeu.

O Nascimento de uma Melodia

Disse uma ocasião o Rabi de Tschortkov: — Às vezes estoura uma guerra entre dois reinos e a guerra se prolonga por trinta anos. Então, dos gemidos daqueles que tombam na luta e da voz dos vitoriosos, nasce uma melodia a fim de ser cantada perante o *tzadik*.

Numa Nuvem Escura

Falou o Rabi Davi Mosché: — Disse o Senhor a Moisés [1]: "Eis que virei a ti numa nuvem escura para que o povo ouça quando eu falar contigo". O *tzadik* corre sempre o perigo de que seu espírito suba muito alto e perca o contato com sua geração. Por isso, Deus acumula a nuvem escura do sofrimento sobre o *tzadik* e lhe circunscreve a alma; então a palavra que ele recebeu pode chegar de novo ao povo. Todavia, quando o sofrimento desce sobre o *tzadik*, também aí ele encontra Deus, como está escrito [2]: "Moisés, porém, se chegou à nuvem escura, onde Deus estava".

A Humildade de Moisés

Uma vez, em prantos, disse o Rabi Davi Mosché: — Está escrito que Moisés foi o mais humilde dos homens. Como se pode interpretar tal coisa? Ele, com quem Deus falava de boca a boca, que obrava prodígios, como podia julgar-se inferior aos outros? Eis o motivo: Nos quarenta dias que Moisés passou nas alturas, seu corpo tornou-se translúcido como o dos Anjos servidores. Desde então, dizia de si para si: "Que importância tem que eu, com o corpo transfigurado, sirva a Deus? Mas um homem de Israel, que ainda está envolto no corpo turvo da carne e serve a Deus, quantas vezes ele é superior a mim!"

O Rolo da Torá

Certa ocasião, consagrava-se na sinagoga um novo rolo da Torá. O Rabi Davi Mosché segurou-o nas mãos e regozijou-se com ele. Como era grande e visivelmente pesado, um dos

---

(1) *Êxodo*, 19:9.
(2) *Êxodo*, 20:21.

hassidim achegou-se-lhe, querendo tirá-lo de suas mãos. — Quando se chega a segurá-la — disse o Rabi — ela deixa de ser pesada.

Jejuar ou Comer?

A mulher do Rabi de Tschortkov contava: "Todas as vezes em que eu lhe trazia café e depois ia retirar o copo, eu percebia que estava vazio, mas pelo fundo era visível que ele não tomara o café, e sim, derramara-o. Por isso pedi uma vez a Deus que me inspirasse as palavras certas. Então, entrei no aposento, como de costume, e disse: — Pensa bem, o que é melhor para Deus, que jejuas ou comas? — Ele pediu que eu lhe servisse outro copo de café e tomou-o".

"Não mais Pelo Caminho Natural"

O Rabi Davi Mosché pediu certa vez informações sobre um de seus *hassidim*, que se encontrava em grandes apuros e necessitava da ajuda de Deus. Queria saber se a graça divina já lhe fora concedida. Responderam-lhe que tal não acontecera ainda e acrescentaram que o seu mal era de uma natureza que apenas se poderia imaginar alguma ajuda por via natural.
Disse o *tzadik*: — Com certeza este homem não crê de todo o coração.
Ao perceber que os *hassidim* não o compreendiam, ele continuou: — À primeira vista, parece não haver motivos para separar o caminho natural do sobrenatural. Qualquer coisa que aconteça, de uma forma ou de outra, provém de Deus: por que, então, estabelecer diferenças? Não obstante, a diferença é real. Vós sabeis: quando o mundo foi criado, a torrente de luz foi tão ilimitada que o mundo não pôde suportá-la e os vasos se quebraram. Daí adveio a contração, para que a luz fosse recebida e contida. A isso se chama o caminho natural: o ajustamento da abundância à medida limitada dos vasos. Um vaso destes, porém, é a presteza dos homens e tal presteza é a fé. Mas, assim como para todos os homens e para cada um em separado, a fé não é a mesma em todas as horas, assim também diferem os limites do caminho natural. Aquele cuja fé é mais forte tem o vaso mais espaçoso. A este dá-se uma medida maior de caminho natural, pois este caminho atinge as fronteiras da fé. Ou então: ontem quando a tua crença era escassa e necessitavas de uma ajuda, tinhas de buscá-la além da natureza; hoje, porém, tua fé aumentou e, assim, toda a

ajuda que precisas vem por via natural. É esse o significado do que se conta de Nahschon ben Aminabad [3]: Quando Israel se achava às margens do Mar Vermelho, antes que este fosse separado, ele saltou para dentro do mar e, como a água lhe batesse no pescoço, disse [4]: "Livrai-me, ó Deus, pois as águas me sobem até a alma!" Ele não gritou, mas falou em voz suave, pois sua fé era grande e tudo o que aconteceu foi natural.

Elogio Desta Geração

Certa vez, no oitavo dia da festa de Sucot, reinava grande alegria à mesa do Rabi de Tschortkov. Ele perguntou sorridente: — Por que vos alegrais tanto? Com certeza tomaste um traguinho! — Responderam-lhe: — Ainda não nos sobrou tempo para beber. Ficamos muito tempo na sinagoga e logo depois sentamos à mesa do Rabi. Rejubilamo-nos simplesmente por causa da festa e porque estamos com o nosso Rabi. — É verdade — disse ele — que, no instante em que o povo de Israel sentiu a mínima migalha de revelação, foram todos dominados por imensa alegria. — Minutos depois prosseguiu: — Eu digo que esta nossa geração, à qual Deus se conserva em grande segredo, é melhor que a geração do deserto. A ela foi outorgada a grande revelação, pela qual, como se sabe [5], uma moça de serviços via mais do que mais tarde o Profeta Ezequiel, e dispunham de poderosas forças espirituais e seu mestre era Moisés. Agora, porém, grande é o ocultamento de Deus e mínimas são as forças; no entanto, tão logo sentimos a mais ínfima migalha de revelação, ficamos elevados e alegres. Por isso eu digo, melhor é esta geração que a geração do deserto.

---

(3) Lenda talmúdica (Sotá, 37a).
(4) *Salmos*, 69:1.
(5) Relato do Midrasch (Mehiltá sobre *Êxodo*, 15:12).

DA CASA DE ESTUDOS DO RABI
SCHMELKE DE NIKOLSBURG

MOSCHÉ LEIB DE SASSOV

À Noite

Em sua juventude, Mosché Leib vestia algumas noites às escondidas outras roupas, escapava de casa furtivamente e participava dos folguedos de alguns jovens de sua idade, cantando e dançando em sua companhia. Todos gostavam dele e sua palavra mais casual era lei, mas ele jamais lhes ordenava algo. Quando foi para Nikolsburg, a fim de estudar com o Rabi Schmelke, os moços desistiram de seus festins, porque sem ele não lhes proporcionavam prazer.

Muitos anos depois, um deles, que entrementes andara por países distantes, voltou para casa e no caminho deteve-se em Sassov. No albergue e na rua, toda gente com quem conversava falava-lhe de um extraordinário homem, o grande *tzadik* Rabi Mosché Leib. Ao ouvir o nome do rabi, que era muito comum, não lhe ocorreu que pudesse ser o companheiro de suas passadas alegrias; quando, porém, levado pela curiosidade, foi ver o Rabi, reconheceu-o de pronto. E um pensamento cruzou-lhe a mente: — Ora, vejam como ele soube enganar o mundo! — Porém, ao fitar o semblante do Rabi Mosché, um rosto que conhecia tão bem e que lhe inspirava profunda reverência, só então lembrou-se bem de tudo e súbitamente entendeu o invisível fio condutor daquelas noites e como, vez por vez, suas celebrações eram elevadas sob o efeito de uma lei inapreensível. Curvou-se perante o *tzadik* que o fitava amàvelmente e disse-lhe: — Mestre, eu vos agradeço.

A Vara

O pai de Mosché Leib era um adversário ferrenho do caminho hassídico. Ao tomar conhecimento de que Mosché Leib deixara a casa sem a sua autorização e se dirigira a Nikolsburg a fim de freqüentar a casa de estudos do Rabi Schmelke, inflamou-se de cólera. Cortou uma vara e guardou-a em seu quarto, preparada para a volta do filho. Sempre que, numa árvore, via um galho mais apropriado, cortava uma nova vara que lhe parecia mais eficiente e jogava a outra fora. Passou-se muito tempo e muitas varas sucederam-se. De certa feita, ao proceder a uma limpeza e arrumação geral da casa, o criado deixou a vara no sótão. Logo depois, Mosché Leib, que pedira a seu mestre alguns dias de folga, voltou para casa. Mal o pai o avistou, levantou-se e, furioso, pôs-se a procurar a vara. O jovem foi direto ao sótão, trouxe a vara e colocou-a à frente do velho. Este contemplou o rosto sério e bondoso do filho e deu-se por vencido.

O Halat

Durante sete anos, Mosché Leib estudou na casa de estudos do santo Rabi Schmelke de Nikolsburg. Decorridos os sete anos, o Rabi chamou-o e disse apenas isto: — Agora podes voltar para casa. — Em seguida deu-lhe três coisas para o caminho: um ducado, um pão redondo e uma longa bata branca do tipo chamado *halat,* dizendo-lhe: — Que o amor a Israel possa penetrar-te o coração através deste *halat.*

Quando Mosché Leib, cansado da jornada, se aproximava, à noite, de uma aldeia onde pensava pernoitar e comer seu pão, ouviu um gemido e notou que procedia de trás de uma janela gradeada de um porão. Aproximou-se, perguntou quem gemia e foi informado tratar-se de um judeu, arrendatário de uma taverna, que se encontrava ali encarcerado porque ficara devendo trezentos florins de aluguel ao senhor da terra. A primeira coisa que Mosché Leib fez foi jogar o seu farnel com pão pela grade da janela. Depois, sem indagar pelo caminho, como se estivesse em casa, dirigiu-se direto à quinta senhorial, pediu que o levassem ao senhor e, a este, solicitou que libertasse o judeu: ofereceu um ducado como resgate. O fidalgo limitou-se a olhar o impudente rapaz, que pretendia com um ducado saldar uma dívida de trezentos florins, e o despachou. Mas, tão logo se achou fora, Mosché afligiu-se tanto com o tormento do judeu que novamente abriu a porta e gritou: — Mas vós precisais soltá-lo! Pegai o meu ducado e libertai o homem! — Ora, naqueles dias, no reino da Polônia, cada nobre era rei na sua propriedade e dispunha de poderes de vida ou morte. Moschè Leib foi, pois, preso pelos servos às ordens do senhorio e atirado ao canil. Nos olhos dos mastins que se arremetiam contra ele Moschè Leib viu a morte certa. Imediatamente vestiu o *halat* branco para morrer com roupa festiva. Mas então os cães recuaram, à vista da bata, e encolheram-se, ganindo, contra a parede.

Quando o senhor entrou no canil, Moschè Leib continuava encostado junto à porta e os cachorros, ganindo e tremendo, cercavam-no num amplo círculo. Mandou que lhe abrissem a porta e que se fosse. Mas Moschè Leib insistiu: — Não antes que tomeis o meu ducado e solteis o homem! — Então o nobre senhor pegou o ducado, dirigiu-se ele mesmo ao local onde o judeu estava preso, abriu o porão e o deixou ir para casa em paz. Moschè Leib, porém, prosseguiu em seu caminho.

O Rabi de Tschortkov gostava muito de contar essa história. E em conclusão, costumava dizer: — Ah! onde arrumar um *halat* assim!

Aqui Mora um Judeu

Quando Moschè Leib veio, pela primeira vez, ao Rabi Elimelech, este honrou-o no repasto do *schabat,* convidando-o a interpretar a Torá. Acontece, porém, que se tratava do sabá em que, na Torá, se lê como Deus castigou os primogênitos dos egípcios, omitindo as casas dos israelitas. Moschè Leib disse: — Isso não pode significar que Deus saltasse um certo lugar, pois não há local onde Ele não tenha estado. No entanto, quando Ele passava de uma casa à outra dos egípcios, via a corrução de suas almas e depois se lhe deparava uma casa onde se vivia em bondade e devoção. Ele a omitia, dizendo: — Aqui mora um judeu!

Quando o Rabi Elimelech ouviu tal explanação, saltou sobre a mesa, dançou em cima dela e cantou: — Aqui mora um judeu! Aqui mora um judeu!

Quando se Volta para Casa

Quando jovem, o Rabi Moschè Leib, sua esposa e filhos viviam em grande pobreza. Um de seus vizinhos, abastado, ofereceu-lhe algum dinheiro para que ele fosse à feira, comprasse mercadoria e a revendesse em sua própria cidade. O Rabi Moschè Leib dirigiu-se à feira com os outros mercadores. Chegando ao destino, todos foram tratar de seus negócios; ele, porém, entrou na casa de estudos. Quando saiu de lá, encaminhou-se à feira sem saber quantas horas haviam passado: todos já se preparavam para a volta e, quando lhes disse que pretendia comprar mercadorias, riram-se dele. Então, voltou para casa com os outros. À porta da casa, os seus filhos vieram recebê-lo, aos gritos: — O que nos trouxeste? — Então desfaleceu. Quando acordou, chegou o vizinho abastado a fim de inquiri-lo sobre o trabalho daquele dia e, vendo quão miserável era o estado do rabi, perguntou: — O que vos aconteceu, Rabi? Acaso perdeste o dinheiro? Não vos aborreçais por causa disso: eu vo-lo darei outra vez. — Oh! — disse o Rabi Mosché Leib — o que farei no futuro se eu chegar em casa e me perguntarem: O que nos trouxeste? — Se é assim — replicou o vizinho — é melhor que façais vossos negócios em casa. — A partir de então, deu a conhecer ao mundo que o Rabi Mosché Leib era um *tzadik*.

Quanto Tempo Ainda?

Uma vez, muito tempo depois da morte do Rabi Mosché Leib, pediram a seu filho, o Rabi Schmelke de Sassov, que falasse sobre o pai. Disse ele: — Só o conheci quando era menino, e naquela época ainda me faltava entendimento para compreender suas ações. Porém, mesmo assim, eu lhes contarei algo. Quando eu tinha não mais que cinco anos, meu pai estava certa vez, na festa do Ano Novo, rezando em pé, defronte a Arca. Eu me escondi debaixo do seu *talit* e ouvi-o, em meio à prece murmurada, dirigir-se a Deus, na linguagem popular, com ciciantes e carinhosos apelos, qual uma criança junto ao pai, conjurando-o e em parte pedindo-lhe: "Sagrado Criador, manda-nos finalmente o Messias! Quanto tempo ainda nos deixarás sofrer no escuro *galut*? Nós não o suportamos mais!"

Como um Ladrão Ensinou o Rabi de Sassov

O Rabi de Sassov viajou, certa vez, pelo país, a fim de arrecadar dinheiro para resgatar da prisão devedores insolventes, mas não conseguiu coletar a soma necessária. Lamentou então haver subtraído inutilmente tanto tempo ao estudo e à oração e resolveu que, daí por diante, permaneceria em casa. No mesmo dia veio a saber que um judeu, ao furtar uma roupa, fora preso em flagrante e, depois de copiosamente surrado, fora detido na cadeia. O *tzadik* intercedeu junto ao juiz em favor do detento e obteve sua libertação. Quando foi buscá-lo da prisão, o *tzadik* exortou-o: — Lembra-te da sova que levaste e não voltes a agir assim. — Por que não? — retorquiu o gatuno. — O que não se consegue na primeira vez, pode-se conseguir na segunda. — Se para ele é assim — disse o Rabi de Sassov de si para consigo — eu também devo continuar tentando.

O Incomodo

Uma madrugada, quando o Rabi Mosché Leib se encontrava imerso nos segredos dos ensinamentos secretos, bateram à sua janela. Fora estava um camponês bêbado que pedia para entrar e pernoitar. Por um momento, o coração do *tzadik* encheu-se de ira e disse a si próprio: "Como se atreve esse bêbado a pedir abrigo e o que quer ele nesta casa?" Depois, todavia, respondeu ao seu coração: "E o que tem ele a fazer no mundo de Deus? Mas se Deus se entende com ele, posso eu rejeitá-lo?" Imediatamente abriu a porta e preparou o leito.

Imitatio Dei

O Rabi de Sassov, certa ocasião, deu a indivíduo de má reputação o seu último dinheiro. Seus discípulos o censuraram. Ele respondeu-lhes: — Devo mostrar-me mais exigente do que Deus, que mo deu?

Como o Rabi de Sassov Aprendeu a Amar

O Rabi Mosché Leib contava: — Foi um camponês que me ensinou a amar as pessoas. Ele estava sentado numa tasca com outros camponeses e bebia. Permaneceu calado por longo tempo, como todos os outros, mas, quando seu coração começou a ser tocado pelo vinho, dirigiu-se assim ao homem sentado a seu lado: "Diz, tu me amas ou não me amas?" O outro respondeu: "Eu te amo muito". Ele porém retrucou: "Tu dizes que me amas mas não sabes o que me falta. Se me amasses realmente, sabê-lo-ias". O outro não se atreveu a proferir palavra nenhuma. Eu, porém, compreendi: amar as pessoas significa sentir suas necessidades e carregar o fardo de suas mágoas.

Seu Próprio Sofrimento

Toda vez que o Rabi de Sassov via alguém sofrendo quer espiritual, quer fisicamente, partilhava de tal sofrimento com tamanha intensidade que acabava convertendo-o na sua própria dor. Certa ocasião, quando alguém expressou estupefação ante a sua capacidade de compadecer-se continuamente com o sofrimento alheio, o Rabi replicou: — O que queres dizer, compadecer-se? É o meu próprio padecimento; o que mais posso fazer senão padecê-lo?

O Cumprimento

Todos os dias, após a prece matutina, o Rabi de Sassov costumava visitar todas as mulheres que haviam enviuvado no último ano, a fim de lhes desejar bom dia.
A quem quer que ele encontrasse na rua, cumprimentava-o primeiro. Não havia camponês ou mendigo que não recebesse antes a saudação. Uma vez quando se achava na cidade de Bródi, um adversário do caminho hassídico soube do fato e empregou dois indivíduos a fim de que o seguissem às escondidas e, antes que ele percebesse a sua proximidade, gritassem em ambos os seus ouvidos "bom dia". Em silêncio, seguiram o Rabi, porém, antes de o alcançarem, ele se voltou e lhes disse alegremente: — Bom dia, seguidores!

Na Feira

O Rabi Mosché Leib costumava ir à feira e lá ficar à espreita de quem quer que necessitasse de sua ajuda. Numa dessas ocasiões, os feirantes, atraídos por uma companhia de saltimbancos ou algum outro espetáculo, deixaram o gado à solta na praça. Os bezerros pendiam as cabeças, de sede. O Rabi aproximou-se, tomou de um balde e deu de beber às reses, como se jamais houvesse feito outra coisa na vida. Justamente então, um dos feirantes voltou e, ao avistar um homem ocupado em dessedentar os bezerros, gritou-lhe que também cuidasse dos seus, que se encontravam numa rua lateral; e não iria brigar por uma moeda a mais ou a menos. O Rabi ouviu e continuou em seu serviço, até terminá-lo.

Amor ao Próximo

O Rabi de Sassov, como era seu costume, visitava todos os meninos doentes da cidade, sentava-se em seu leito, cuidava-os e velava-os. Uma vez ele disse: — Aquele que não está disposto a sugar o pus da bolha de uma criança pestosa, ainda não chegou à metade do caminho do amor ao próximo.

O Atraso

Na véspera do Dia da Expiação, no momento de entoar Kol Nidre, todos os *hassidim* estavam reunidos na sinagoga, à espera do Rabi. O tempo passava e ele não vinha. Uma das mulheres pensou: "Acho que ainda vai demorar um pouco até começar, e eu estava com tanta pressa que deixei o meu filho sozinho em casa! Vou rapidamente dar uma espiada para ver se não acordou e em alguns minutos estarei de volta". Ela correu para casa, auscultou à porta, tudo quieto. Silenciosamente, pressionou o trinco e pôs a cabeça para dentro; lá estava o Rabi com a criança ao colo. Seu choro o atraíra no caminho para a sinagoga e ele pusera-se a brincar com ela e cantara para ela até que a criança adormeceu.

Como o Rabi de Sassov Proferiu o Lamento da Meia-Noite

O Rabi Mosché Leib era um homem muito alto e bem constituído, mas padecia de um grave achaque que lhe minava a saúde. No entanto, mesmo quando se sentia esgotado devido às dores, à meia-noite se erguia do leito, saía desperto e firme do quarto e recitava o Lamento pela destruição de Jerusalém. Por isso, os *hassidim* diziam que as palavras do *Cântico dos Cânticos* [1]: "Eis a voz do meu amado, que está batendo", se aplicavam ao Rabi, pois era claro que a voz da *Schehiná* enlutada pulsava em seu coração e o despertava.

O Rabi Hirsch de Jidatschov ouviu falar das estranhas ações do Rabi de Sassov à meia-noite. De certa feita, encontrando-se em casa do Rabi, escondeu-se, a fim de observá-lo [2]. À meia-noite, viu que o Rabi vestiu trajes de camponês, foi ao quintal coberto de neve, pegou algumas toras de madeira do porão,

---

(1) *Cânticos*, 5:2.
(2) Desta história, deriva-se o famoso conto de I. L. Peretz: *E talvez mais alto*, onde o Rabi de Sassov é encarnado na figura do Rabi de Nemirov. V. *Contos de I. L. Peretz*, pág. 115, nesta coleção.

fez um feixe e içou-o às costas. Depois, deixou a casa e o Rabi Hirsch seguiu-o pelo gelo que crepitava na noite hibernal, até a saída da cidade. O Rabi Mosché Leib se deteve numa choupana pobre e descarregou a madeira. O discípulo, sorrateiramente, colocou-se sob a janela traseira e deparou um quarto vazio, um fogão apagado e, sobre uma cama, uma mulher deitada, que num gesto de desespero apertava ao peito o filho recém-nascido. Neste instante, porém, o Rabi de Sassov entrou no quarto. O Rabi Hirsch viu-o aproximar-se da mulher e ouviu-o falar-lhe em ruteno. — Tenho aí fora um feixe de lenha para vender e não posso transportá-lo para mais longe. Queres comprá-lo barato? — A mulher respondeu: — Não tenho nenhum dinheiro em casa. — O Rabi, todavia, não se deixou despachar. — Virei buscar o dinheiro outro dia; compra-me a lenha! — A mulher sussurrou: — O que farei com ela? Não posso cortá-la em pequenas achas e também não tenho machado! — O Rabi de Sassov retrucou: — Deixa-me cuidar disso. — Saiu pela porta, sacou de um machado e cortou as toras em sarrafos. E enquanto partia a madeira, o Rabi Hirsch ouviu-o recitar a parte do Lamento da Meia-Noite, associada com o nome de Nossa Mãe Raquel. Captou as palavras [3]: "Sacode o pó, levanta-te e toma assento, ó Jerusalém!" Depois o Rabi trouxe a madeira, inclinando-se profundamente, para poder entrar no quarto pela porta baixa, e acendeu o fogão. Enquanto colocava as achas, recitou novamente a outra parte do Lamento da Meia-Noite, o rito que leva o nome de Nossa Mãe Léia e concluiu-o [4]: "Tu te levantarás e terás piedade de Sião; edifica os muros de Jerusalém". Logo depois, abandonou a cabana e voltou para casa a passos rápidos.

Embaixo e em Cima

O Rabi de Sassov mantinha em casa dois excelentes cantores, que eram, como amiúde são os cantores, rapazes travessos. Uma vez, a esposa do rabi pôs café para ele na mesa, porém, antes que o Rabi estivesse pronto, os dois amigos o beberam e encheram o bule com água. A mulher, que não tinha outra bebida quente para lhe dar, pois viviam em extrema pobreza, irritou-se com os vadios e gritou: — Para que precisas dos cantores! Só nos dão aborrecimentos! — Ele falou: — As suas belas canções me despertam o coração, para que eu possa ouvir a voz dos anjos cantantes.

(3) *Isaías*, 52:2.
(4) *Salmos*, 102:13, 51:18.

Deus e Homem

Uma vizinha do Rabi Mosché Leib perdia uma criança após outra, antes que atingissem o primeiro ano de vida. Certa ocasião em que se achava na casa do *tzadik,* ela bradou: — Um Deus que nos dá filhos para no-los tomar não é um bom Deus, é um Deus cruel! — A esposa do Rabi repreendeu-a: — Uma pessoa não deve falar assim! Deve-se dizer: A graça de Deus é inescrutável e o que Ele faz é bem feito. — Oh, não — disse o Rabi, que, ouvindo a conversa de seu quarto, aparecera na porta — a gente não deve conformar-se. Tenha coragem, mulher, e tenha força: dentro de um ano, conceberás um filho e eu o conduzirei, um dia, ao dossel de casamento. — E assim aconteceu.

Quando Faz bem Negar a Existência de Deus

O Rabi Mosché Leib disse: — Não há no homem qualidade ou força, criada sem propósito. E até as vis e baixas qualidades podem ser elevadas para servir a Deus. Assim, por exemplo, quando a altiva autoconfiança é elevada transforma-se na alta confiança dos caminhos de Deus. Mas por que fim terá sido criada a negação de Deus? Também ela pode lograr sua elevação no ato de caridade. Pois, quando alguém te procura e roga teu auxílio, não deves despedi-lo com frases piedosas dizendo: Tem fé e entrega a Deus as tuas dificuldades. Ao contrário, deves então agir como se não existisse Deus, como se no mundo todo houvesse uma única pessoa capaz de ajudar éste homem: tu mesmo.

Vertendo o Hidromel

O Rabi Haim de Zans contava: "Quando eu tinha menos de três anos, irrompeu um grande incêndio em minha cidade natal, Bródi, e a minha ama fugiu comigo para Sassov. Aí remanesceu comigo até os últimos dias da Festa das Cabanas. Ora, era hábito do Rabi Mosché Leib de Sassov, no dia de Simhat Torá, dirigir-se ao mercado com toda a congregação, antes do nascer do sol. Lá, em mesas e bancos preparados, todos se sentavam e o Rabi, abençoada seja a sua memória, com uma jarra na mão, ia de mesa em mesa, vertendo seu conteúdo. As mulheres também acudiam à praça a fim de olhar. Naquele ano, entre elas estava a minha ama, que me carregava ao colo. O Rabi disse: — As mulheres devem ficar de lado.

— Assim procederam e minha ama com elas. Ao notar o fato, ergui a cabeça por sobre o ombro da ama e fiquei observando. Prestei muita atenção e ainda agora sei de tudo que vi. Um *tzadik* que se encontrava entre os ouvintes indagou: — O Rabi realmente se lembra bem de como suspendeu a cabeça sobre o ombro de sua ama? — O Rabi Haim disse: — Bem que eu devo lembrar-me, pois recebi uma bonita alminha e, se não a tivesse estragado mais tarde, ela teria dado em algo. Deram-me esta lembrança para que eu a guardasse no caminho.

A Dança da Cura

O Rabi Mosché Leib recebeu a notícia de que seu amigo, o Rabi de Berditschev, estava doente. No *schabat,* proferiu repetidas vezes o seu nome e rezou pela sua melhora. Depois calçou sapatos novos de marroquim, amarrou-os bem e dançou. Um *tzadik* que estava presente contou: — Uma força emanou da dança: cada passo era um poderoso segredo. Uma luz desconhecida inundou a casa e quem observava pode ver as coortes celestes dançando também.

A Dança dos Noivos

Um *hassid* contava: "Eu me encontrava no casamento do neto do Rabi Mosché Leib, em meio a um numeroso grupo de convidados. Quando se formou a roda para a dança dos noivos, de repente, um homem vestido numa curta jaqueta de campônio e com um pequeno cachimbo rústico na boca, pulou para o meio da roda e bailou sozinho. Já estava eu prestes a segurá-lo pelas mangas, pois pensei: "O homem não deve estar bom do juízo, para meter-se numa roda formada por *tzadikim*". Mas, quando vi que todos o observavam em silêncio, deixei-o em paz. Depois da dança, fui informado de que se tratava do Rabi".

Agora é Tempo de Dançar

Um *tzadik,* cuja morte se avizinhava, levantou-se e dançou. E como os presentes pretendessem dissuadi-lo, ele rebateu: — Agora é tempo de dançar. — Mais tarde contou: — Quando o Rabi Uri de Strelisk viajava a fim de arrecadar fundos para fins piedosos, foi procurar também o Rabi de Sassov. Este disse-lhe: "Dinheiro, eu não tenho, mas dançarei um pouquinho para ti". Dançou a noite inteira e o Rabi Uri não despregou os olhos dele, pois em cada passo figurava uma intenção sagrada. Quando ia amanhecendo, o Rabi Mosché Leib disse: "Agora devo ir, para coletar alguma coisa no mercado e nas ruas". Partiu e somente após dois dias retornou. Perguntaram-lhe por onde andara e ele informou: "Quando eu era jovem, precisei certa vez de dinheiro para resgatar alguns presos e saí a fazer uma coleta, acompanhado de um menino que deveria indicar-me as casas das pessoas ricas. O menino executou a sua tarefa com tanto zelo e capricho, que logo reunimos a quantia necessária. Por isso eu lhe prometi que dançaria em seu casamento. Ora, quando cheguei à cidade de Zlotschov, ouvi uma música alegre, seguia-a e soube que o rapaz estava festejando suas bodas. Então dancei e diverti-me com os convidados até agora. — Por isso — concluiu o *tzadik,* que contava a história — eu digo: quando chegam perto de ti com um pedido, é tempo de dançar.

Como o Rabi de Sassov Ajudou uma Parturiente

Contam: "Em certa aldeia, uma mulher estava com dores de parto há vários dias e a hora do nascimento não chegava. Mandaram um emissário ao Rabi de Sassov, para que pedisse a piedade de Deus para ela. O homem chegou à cidade altas horas da noite, sem conhecer ninguém, nem mesmo o Rabi, e no escuro não sabia que caminho tomar. Somente numa casa ainda havia luz. Bateu à porta. Um velho abriu-a, deu-lhe um copo de aguardente para fortalecê-lo e pediu que explicasse o motivo de sua vinda. Depois de ouvir o caso, disse: — Já é muito tarde para ir lá. Deita-te aqui para descansar e de manhã eu te levarei ao Rabi. — Deu-lhe de comer e preparou-lhe uma cama. De manhã cedo, o homem acordou, arrependido de ter sucumbido à insistência do velho e à exaustão e de ter adiado o urgente recado. Mas seu anfitrião aproximou-se e falou: — Consola-te. Acabam de me informar que a mulher deu à luz um saudável menino. Vai às aldeias vizinhas e comunica o fato aos parentes. — Em frente da casa o homem percebeu, pelas perguntas das pessoas, que aquela era a casa do Rabi. Porém, não mais se atreveu a retornar".

O Caminho da Vida

O Rabi Mosché Leib: — O caminho neste mundo é como o fio de uma navalha. De um lado está o mundo inferior, do outro, o mundo superior e, no meio, o caminho da vida.

Onde o Fogo Está

O Rabi Mosché Leib falou: — Procuras fogo? Encontrá-lo-ás nas cinzas.

Uma Hora

Disse o Rabi Mosché Leib: — Um ser humano que não possui uma hora só para si todos os dias não é um ser humano.

Confiar em Deus

Rabi Mosché Leib disse: — Como é fácil a um homem pobre confiar em Deus! Em quem mais poderia ele confiar? E como é difícil a um homem rico confiar em Deus! Todos os seus bens lhe bradam: "Confia em mim!"

Três Gerações

O Rabi de Rijin contava: "Quando, uma vez, o santo Baal Schem Tov desejou salvar a vida de um menino que estava à morte, mandou fazer uma vela de cera, levou-a à floresta, prendeu-a numa árvore e acendeu-a. Em seguida, proferiu longa prece. A vela ficou acesa a noite inteira. Pela manhã o menino já estava convalescendo.
"Quando meu avô, o Grande Maguid, discípulo do santo Baal Schem Tov, pretendeu efetuar uma cura semelhante a esta, não conseguiu descobrir a secreta tensão das palavras. Assim, fez o que seu mestre fizera e invocou o seu nome. A obra surtiu efeito.
"Quando o Rabi Mosché Leib de Sassov, discípulo do discípulo do Grande Maguid, quis obrar semelhante cura, falou: — Nós não temos mais sequer a força de fazer o que se fazia. Mas contarei o acontecido e Deus ajudará. E a obra teve êxito".

O Amor a Israel

De todas as qualidades de seu mestre, o Rabi Schmelke de Nikolsburg, o Rabi Mosché Leib somente desejava obter uma: o amor a Israel. E realmente ela lhe foi concedida, com grande abundância. Pois quando ele, acometido por grave moléstia, guardou o leito em meio a dores intensas por dois anos e meio, crescente era a sua certeza de que sofria pela congregação de Israel e suas dores não foram aliviadas, porém transfiguradas.

A Melodia do Casamento

Certa ocasião, o Rabi Mosché Leib casou dois pobres órfãos e cuidou para que os dois, no dia de suas bodas, não se sentissem sós e desamparados. Quando o dossel se erguia sobre os dois jovens, o Rabi sorriu, pois se sentia neste instante duas vezes pai. Escutou a melodia dos músicos. Depois disse aos que o cercavam: — Que me seja concedido ser levado para a casa eterna, no dia que me estiver destinado, ao som dessa melodia.

Transcorridos muitos anos, quando essa hora e essas palavras estavam há muito esquecidas, um grupo de músicos viajava para um casamento em Bródi, num nevoso dia de inverno. De repente os cavalos começaram a puxar as rédeas e entraram a trotar rapidamente. Em vão tentaram detê-los. Galopavam cada vez mais depressa, arrastavam os trenós furiosamente e corriam, desembestados, para certo ponto. Por fim estacaram num cemitério. Os músicos viram um grande ajuntamento de pessoas e perguntaram o nome da cidade e do morto. Quando lhes disseram o nome do Rabi Mosché Leib, lembraram-se de que, em sua juventude, haviam tocado perante o rabi, no casamento dos dois órfãos. O povo ali presente também se lembrou do acontecimento e todos exclamaram: — Tocai a melodia do casamento!

Depois da Morte

Contam: "Quando o Rabi Mosché Leib de Sassov faleceu, disse de si para si: Agora estou livre do cumprimento de todos os mandamentos. O que posso ainda fazer que esteja em conformidade com a vontade de Deus? Pensou por um instante e lembrou-se: Certamente é desejo de Deus que eu receba castigo por meus incontáveis pecados! Imediatamente correu com todas as suas forças e pulou dentro do inferno. O céu muito se perturbou com isso, e logo depois o príncipe do inferno recebeu a ordem de não avivar as chamas enquanto o Rabi Mosché Leib lá permanecesse. O príncipe pediu ao *tzadik* que se dirigisse ao Paraíso, pois ali não era o seu lugar

— não era possível que, por sua causa, o inferno fizesse feriado. — Se é assim — disse Mosché Leib — não me moverei enquanto todas as almas não puderem vir comigo. Na terra dediquei-me ao resgate de presos, e agora não posso deixar essa multidão sofrendo nesta masmorra. — E dizem que o conseguiu".

O Urso Dançante

Contam: "Alguns convidados que celebravam o casamento da filha do Rabi Schmelke de Sassov, que era filho do Rabi Mosché Leib, foram em visita, no regresso, ao Rabi Meir de Primijlan. Este lhes perguntou, ansioso, o que de especial haviam visto na festa, e nada o contentava de tudo quanto sabiam informar-lhe, perguntando repetidamente: — E o que mais houve? — Por fim, relataram-lhe: — Durante as danças com os noivos, de repente um enorme homem, disfarçado de urso no corpo e no rosto, pulou para o círculo e executou uma linda dança de urso. Em redor, todos se admiravam dos gestos verdadeiramente espantosos e batiam palmas. E de súbito, assim como veio, sumiu. Ninguém o conhecia. — Disse o Rabi Meir: — Sabeis que não era outro senão o nosso santo mestre Rabi Mosché Leib de Sassov, possa sua memória ajudar-nos, que veio do mais alto paraíso, para se alegrar com os seus!

O Coração do Rabi de Sassov

Perguntaram certa vez ao Rabi Bunam: — Conheceste por acaso um *tzadik* cujo coração estivesse quebrado e partido e, ao mesmo tempo, são e inteiro? — O Rabi Bunam respondeu: — Eu conheci um *tzadik* assim. Era o Rabi Mosché Leib de Sassov.

Ao Eternamente Vivo

Na derradeira hora, antes de expirar, o Rabi Schmelke de Sassov viu o pai, Rabi Mosché Leib, e seu grande mestre Rabi Mihal, o Maguid de Zlotschov, postados junto dele. Entoou então o cântico:

"A glória e a fidelidade pertencem ao Eternamente Vivo"[5]. Quando chegou ao verso: "O saber e o discurso pertencem ao Eternamente Vivo", parou de cantar e falou: — Quando o homem chega ao fim, quando lhe são tomadas as forças do discurso e a força do saber, ele entrega ambos, saber e discurso, ao Eternamente Vivo.

---

(5) Antigo hino místico que muitos *hassidim* entoavam entre as orações matinais do *schabat*.

MENAHEM MENDEL DE KOSSOV E SEU FILHO HAIM DE KOSSOV

Assassinar uma Pessoa

Uma delegação veio ao Rabi Mendel de Kossov e representou contra o *schohet* de sua cidade. Após enumerar longa lista de delitos, pediram ao *tzadik* que destituísse o censurável indivíduo de seu cargo. Porém, um dos membros do grupo contestou os depoimentos, declarando-os maldosos e gerados pelo ódio. O Rabi Mendel finalmente decidiu-se a favor do *schohet*. Os outros reprovaram-lhe a deliberação, pois dera crédito a um único entre todos. Ele respondeu: — As Escrituras narram que Deus ordenou a Abraão que sacrificasse seu filho e Abraão preparou-se, obedientemente, para executá-lo; depois, porém, um anjo deteve-o e imediatamente ele obedeceu à voz, embora Deus mesmo não houvesse revogado a Sua ordem. Com isso a Torá nos ensina: para matar uma pessoa, Deus mesmo precisa nos ordenar e, se Ele já o fez, quando o menor anjo surgir e nos disser [1]: "Não estendas a tua mão", cumpre-nos seguir essas palavras.

A Ajuda Certa

Entre os *hassidim* do Rabi Mendel de Kossov, havia um homem de nome Rabi Mosché, rico e filantropo. De repente,

---

(1) *Gênese*, 22:12.

como se costuma dizer, a roda da fortuna virou e ele começou a empobrecer e a endividar-se. Procurou, pois, o *tzadik* e relatou-lhe a sua má situação. — Vai ao meu cunhado, o *Seraf* de Strelisk — disse o Rabi Mendel — e abre-lhe o teu coração. — Assim procedeu o homem. Depois de ouvi-lo, disse-lhe o Rabi Uri de Strelisk: — Irei ao banho ritual e o mérito da ablução te servirá de proteção. — O homem regressou a seu mestre e narrou-lhe o sucedido. — Volta lá novamente — disse o Rabi de Kossov — e diz ao meu cunhado: "Não posso pagar aos meus credores com o banho de imersão". — O homem foi pela segunda vez a Strelisk e falou como lhe foi ordenado. — Então, meu filho — respondeu o *Seraf* — eu também te dedicarei o mérito dos filactérios em que hoje hei de me envolver. — Quando o homem contou também isso em Kossov, o Rabi Mendel lhe replicou: — Informa ao meu cunhado que tampouco com os filactérios os credores serão afastados. — Novamente ele transmitiu a mensagem. O *Seraf* pôs-se a meditar. — Então — disse — se é assim, farei o máximo por ti. Dar-te-ei o mérito de todas as preces que rezar hoje. Assim, de agora em diante, os três méritos juntos ficarão ao teu lado. — O Rabi Moschê retornou a Kossov e prestou contas. — Vai — disse o *tzadik* suavemente como sempre. Só que desta vez falou com mais vagar do que usualmente e, quando falava devagar, o efeito nos ouvintes era mais intenso do que a voz mais vigorosa. — Vai e leva notícias em meu nome ao meu cunhado e diz-lhe que com tudo isso não se pode pagar nenhuma dívida. — Quando o *Seraf* recebeu a mensagem, vestiu imediatamente o seu casaco de peles e pôs-se a caminho. Em Kossov, sua primeira palavra foi ao cunhado: — O que pretendes de mim? — Respondeu o Rabi Mendel: — Pretendo que nós dois, durante algumas semanas, viajemos entre nossa gente para angariarmos o dinheiro. Pois está escrito [2]: "Então sustentá-lo-as". E assim foi.

A Tabaqueira

Quando o Rabi Davi de Zablotov, filho do Rabi Mendel de Kossov, estava de visita ao Rabi Tzvi Hirsch em Jidatschov, aconteceu-lhe tirar do bolso a sua caixa de rapé, para tomar uma pitada. No momento em que o Rabi Tzvi avistou a tabaqueira, perguntou: — Onde a conseguistes? — De meu pai — respondeu ele. — Nesta caixa — tornou o Rabi de Jidatschov — vejo o retrato do Tabernáculo, e todos os sagrados significados ocultos que Bezalel, o mestre-construtor, tinha em men-

[2] *Levítico*, 25:35.

te quando fez a tenda de Deus[3], me aparecem através dela. — O Rabi Davi respondeu: — Contaram-me isso sobre meu pai: quando ele mandou confeccionar esta caixa, deu ao ourives um pedaço de prata pura e lhe disse exatamente o que deveria fazer. Sim, especificou-lhe o número exato de marteladas, tantas e não mais. O tempo todo permaneceu ao lado, cuidando para que tudo saísse de acordo. — Então está explicado — concluiu o Rabi de Jidatschov.

Hoje como Ontem

Certa vez, perguntaram ao Rabi Menahem Mendel de Kossov: — Por que o Messias não vem? — Respondeu ele: — Está escrito[4]: "Por que não veio o filho de Isaí, nem ontem e nem hoje?" Por que não? Porque nós somos hoje como fomos ontem.

O Presente para o Adversário

Uma vez, veio ao Rabi Mendel de Kossov um dos judeus de sua cidade, conhecido adversário da via hassídica, e a ele se queixou de que tinha uma filha casadoura e não conseguia juntar o dote. Pediu que lhe aconselhasse o negócio em que melhor poderia ganhar a quantia necessária. — De quanto precisas? — perguntou o Rabi. Tratava-se de algumas centenas de florins. O Rabi Mendel abriu uma gaveta de sua mesa, esvaziou-a e deu o dinheiro ao homem.

Logo depois, o irmão do *tzadik* foi informado do fato. Veio e lhe exprobrou que, quando lhe faltava algo em sua própria casa, alegava sempre que não lhe sobrava dinheiro; agora, porém, dava ao *mitnagd* uma soma daquelas! — Já antes de ti, alguém esteve aqui comigo — respondeu o Rabi Mendel — e apresentou o mesmo argumento que tu apresentas, apenas se expressava bem melhor do que tu. — Quem era? — perguntou o irmão. — Era Satã — respondeu o Rabi Mendel.

A Dança e a Dor

Toda véspera de sábado, o Rabi Haim de Kossov, filho do Rabi Mendel, costumava dançar perante a congregação de dis-

---
(3) O Templo (tabernáculo) móvel que Bezalel construiu para os israelitas quando estavam no deserto. Ver *Êxodo*, 26:27, 35:38.
(4) *I Samuel*, 20:27.

cípulos, com o semblante inflamado, e todos sabiam que cada passo tinha altas significações e efetuava coisas sublimes.

Certa vez, enquanto dançava, caiu-lhe um banco pesado sobre o pé e ele teve de parar devido à dor. Mais tarde questionaram-no sobre o ocorrido. Disse ele: — Parece-me que a dor se fez sentir porque parei de dançar.

Em Cada Geração

Uma vez, vários *hassidim* do Rabi Haim de Kossov estavam sentados, à noite, em sua casa de estudos e contavam histórias de *tzadikim*, particularmente do Baal Schem. E assim como contar, ouvir lhes era tão doce que ficaram sentados até a meia-noite. Um deles contou uma história do Baal Schem. Quando concluiu, outro suspirou profundamente: — Ai, ai — dizia ele para si — onde encontrar hoje um homem assim! — Neste momento ouviram passos que desciam a escada de madeira da casa do *tzadik*. Imediatamente a porta se abriu e, numa jaqueta curta, como costumava vestir-se à noite, o Rabi Haim parou à soleira. — Seus tolos — disse, baixinho — o Baal Schem Tov está em cada geração, só que naquele tempo ele se apresentava às claras e hoje às escondidas. — Fechou a porta e tornou a subir a escada. Os *hassidim* sentaram-se juntos em silêncio.

ITZHAK AISIK DE KALEV

A Cantiga do Pastor de Gansos

O Rabi Leib, filho de Sara, o *tzadik* itinerante que nunca parava muito tempo no mesmo lugar, andava sempre à procura das almas, das mortas que anseiam por libertação e das vivas que necessitam ser descobertas e elevadas.

Contam que certa vez, quando se encontrava ao norte da Rússia, soube de uma alma santa que, no sul, na Hungria, se ocultava mais do que se mostrava no corpo de um menino. Imediatamente empreendeu uma de suas viagens maravilhosas para lá. Chegou à cidadezinha que lhe fora indicada e, depois de rezar na casa de orações, dirigiu-se ao bosque vizinho e atravessou-o até chegar a uma clareira. Lá, junto ao riacho que cruzava o bosque, encontrou um menino de uns oito anos, que vinha pela margem, pensativo, com os olhos e ouvidos voltados para um bando de gansos, os quais por sua vez atentavam aos seus sinais e assobios. Ele o seguiu sem ser notado e logo ouviu o menino cantarolar baixinho uma cantiga, cujas poucas palavras repetia sempre. E era assim a toada: "*Schehiná, Schehiná,* como estás distante!/*Galut, Galut,* como és grande!/Se o *Galut* fosse retirado,/nós poderíamos nos encontrar". Finalmente, o Rabi Leib aproximou-se do menino e lhe perguntou de onde conhecia essa canção. — Todos os pastores daqui a cantam — respondeu o menino. — E eles cantam realmente estas palavras? — insistiu o *tzadik*. — Bem — respondeu o menino — em vez de *Schehiná,* dizem "amada", e "bosque" em vez de *Galut,* mas isto é tão estúpido. Quem pode ser a nossa amada senão a *Schehiná,* e que o bosque, que dela nos separa, é o *Galut* é coisa que qualquer criança sabe; por isso é melhor dizê-lo de uma vez. — Então o Rabi Leib acompanhou o menino e o bando de gansos até à casa da mãe dele, uma pobre viúva, e ofereceu-se para tomar conta do garoto e cuidar dele para torná-lo rabino. Assim, levou-o ao Rabi Schmelke em Nikolsburg, em cuja escola o menino foi crescendo. As melodias do Rabi Schmelke educaram-lhe a alma, mas até o fim de seus dias continuou cantarolando para si mesmo as cantigas dos pastores húngaros, apenas modificando um pouco as palavras.

O Poço de Miriam

Um neto do famoso Iaakov Fisch, homem ao mesmo tempo rico e devoto, a quem o Baal Schem abençoara com as duas mãos, para que lhe fosse dada longa vida, e que de fato chegou aos 113 anos sem que o seu semblante envelhecesse, contava:
"A herdade do meu avô ficava bem junto da cidade de Kalev. Um dia, na véspera do Iom Kipur, ao anoitecer, quando na casa de orações o povo, já envergando suas batas, recitava, em meio a grande pranto, a Prece da Purificação, o Rabi de Kalev chamou o meu avô para junto de si e lhe disse: — Rabi Iaakov, atrelai o vosso carro, vamos dar um passeio. — Meu avô ficou muito admirado, mas, conhecendo bem o *tzadik,* não replicou palavra e mandou que de sua casa lhe trouxessem o carro. Eles subiram e saíram pelos campos do meu avô. Em certo lugar via-se um pequeno veio d'água. Imediatamente, o rabi despiu-se e mergulhou várias vezes seguidas. Meu avô ficou ali sem saber o que fazer. Mas já o *tzadik* vestia novamente a roupa. Retornaram diretamente à casa de orações, e o *tzadik* subiu para o púlpito.
"Meu avô não conseguia conter seu espanto; pois jamais vira água naquele lugar. Ao terminar o Dia da Expiação, voltou lá e olhou por toda parte, mas não havia sinal de água. Então ele foi ao *tzadik* e falou: — Nosso Rabi, sabeis que eu nunca vos faço perguntas sobre os vossos assuntos, mas desta vez eu vos peço que me expliqueis o que aconteceu. — Rabi Iaakov — respondeu ele — se o poço de Miriam [1], que acom-

---
(1) Devido aos méritos de Miriam, irmã de Moisés e Aarão, segundo uma lenda talmúdica, um poço acompanhava os filhos de Israel através do deserto (ver Taanit 9a).

panhou Israel no deserto, surge inesperadamente por aqui, por que permaneceis parado, em vez de mergulhar nele junto comigo?"

A Ablução sem Água

Certa vez, na tarde do Iom Kipur, à hora do banho ritual, o Rabi de Kalev dirigiu-se ao riacho situado junto à cidade. Mas, ao invés de nele mergulhar, deitou-se na grama da margem e disse: — Oh, como é bom dormir aqui! — Quando já estava anoitecendo e todos os *hassidim* que o acompanhavam já se haviam banhado no riacho, ele acordou, espreguiçou-se e, sem imergir na água, mas com modos e expressão que testemunhavam vida nova, como sempre os tinha após a ablução, voltou com os outros para a cidade.

Suportar Dores

O Rabi Itzhak Aisik sofreu, desde a juventude até a velhice, de um grave mal, que se sabia ser acompanhado de dores desmedidas. Certo dia, o médico perguntou-lhe como conseguia suportar tais dores sem queixas e gemidos. Respondeu: — Será fácil de compreender, se atentardes a que as dores lavam e purificam a alma. E já que é assim, a pessoa não pode fazer outra coisa senão aceitá-las com amor e não resmungar contra elas. Mas, se tiver passado algum tempo, contará ainda com a ajuda da força vital assim adquirida, para suportar as dores do instante presente. E afinal é sempre questão de um instante, pois as dores passadas não mais existem e quem é que vai preocupar-se com as futuras!

Como Lixívia

Certa vez, depois que o Rabi Itzhak Aisik cantou o hino sabático, "Quando eu guardo o sábado", onde se diz: "Por isso lavo meu coração como lixívia", ele parou e disse: — Mas não se lava a lixívia, lava-se com a lixívia! — E retrucou a si mesmo: — Mas a santidade do santo *schabat* pode tornar um coração tão limpo que adquira a força de limpar outros corações como se fosse lixívia.

O discípulo que relatou esse fato, anos mais tarde, quando ele mesmo se tornara um *tzadik*, contava aos seus *hassidim*:

— Sabeis como fui convertido em judeu? Meu mestre, o santo Rabi de Kalev, tirou-me a alma do corpo e, como as lavadeiras junto ao riacho, a ensaboou e bateu e enxaguou e secou e enrolou e a rependurou em mim, limpa.

E o Fogo se Apagou

Contam: "Uma vez o Rabi de Kalev passava o sábado numa aldeia vizinha, em casa de um dos seus *hassidim*. À hora da recepção do sabá, fez-se de repente um vozerio e um empregado irrompeu no recinto, bradando que o celeiro com os grãos pegara fogo. O dono da casa quis sair correndo, mas o Rabi segurou-o pela mão. — Fica aqui! — disse ele. — Quero contar-te um caso. — O *hassid* ficou. Contou o *tzadik*: — Na juventude, em casa do Grande Maguid, o Rabi Zússia, como era costume entre os seus discípulos mais jovens, fazia o trabalho de acendedor do fogão. Certa vez, pouco antes da entrada do *schabat,* estava recitando os salmos com grande devoção e foi perturbado por gritos vindos do interior da casa: do fogão, que ele havia aceso, saltaram faíscas e, como não houvesse ninguém no recinto, verificou-se um início de incêndio. "Zússia", gritaram-lhe reprovadoramente, "está queimando!" — "Ora bem, respondeu ele, pois não está escrito [2]: E o fogo se apagou?" E no mesmo instante o incêndio se extinguiu. — O Rabi de Kalev calou-se. O *hassid,* que ele continuava segurando pela mão, não se atrevia a mexer-se. Passado um instante, alguém gritava pela janela que o fogo no celeiro se apagara.

A Visita na Noite do Seder

Contam o seguinte: "A filha do Rabi Tzvi Hirsch de Jidatschov, Reisel, casada com um filho do Rabi de Kalev, vivia com o marido na casa do pai. Certa vez, receberam um convite para passar a festa de Pessach em Kalev. A esposa não tinha vontade de aceitar, pois não queria faltar ao *seder* em casa do pai; mas seu marido tanto insistiu que ela acabou concordando.

Na casa do sogro, os costumes eram diferentes dos que lhe eram habituais. Mas o que a aborreceu em especial foi que o Rabi, na noite do *seder,* não se sentou cedo à mesa, como ela estava acostumada a ver em casa do pai, porém ficou muito tempo andando de um lado para o outro na sala, sem proferir

(2) *Números,* 11:2.

palavra. De repente, abriu a janela. Uma carruagem tirada por dois grandes tordilhos parou, e dentro vinham três homens e quatro mulheres de aspecto principesco. O Rabi saiu da casa e aproximou-se, eles o abraçaram e beijaram, trocaram algumas palavras, e já o chicote estalava e a carruagem partia. O Rabi tornou a casa, fechou a janela e sentou-se à mesa. Reisel não ousava fazer perguntas.

Quando voltaram para casa depois da festa, ela contou tudo ao pai. — Saiba — disse ele — que aqueles eram os patriarcas e suas esposas. O santo rabi não queria sentar-se para o *seder* antes de chegar a redenção, e com sua oração ele pressionou os mundos superiores. Então os pais e as mães tiveram de vir e informá-lo de que ainda não era chegado o tempo.

DA CASA DE ESTUDOS DO RABI ELIMELECH

ABRAÃO IEHOSCHUA HESCHEL DE APT

Saber o Futuro

Contam: "Quando o jovem Heschel andava pelo campo, ouvia no farfalhar das plantas as coisas do futuro e, quando andava pelas ruas, ouvia nos passos dos homens as coisas do futuro; mas, quando se retirava ao silêncio do seu aposento, os membros do seu próprio corpo lhe falavam das coisas do futuro. Começou a temer, incerto que estava de poder conservar-se no verdadeiro caminho, agora que sabia aonde o conduziam seus passos. Por isso, ele se tomou de coragem e pediu que esse dom lhe fosse tirado. E Deus, misericordiosamente, atendeu seu pedido".

O Suborno

Na juventude, o Rabi Abraão Iehoschua era "cabeça da côrte de julgamentos", em Kolbischov, a cujo distrito pertenciam cinco cidades. Certa vez, ele tinha uma pendência legal a resolver, junto com dois assessores subornados. Ele se opunha obstinadamente às suas sugestões. Por fim, os assessores aconselharam seu mandante a enfiar, às escondidas, no bolso do casaco de festa do rabi, cuja incorruptibilidade os três bem conheciam, uma considerável soma de dinheiro. O homem seguiu o conselho e logrou realizar seu intento sem ser percebido. Na audiência seguinte, o rabi sentiu que a sua mente se inclinava a favor das opiniões dos seus adjuntos. Calou-se durante algum tempo; depois, adiou o veredito, entrou no seu quarto e chorou perante Deus. No dia da lua nova, vestiu seu gabardo de festa e encontrou o dinheiro. O Rabi chamou o homem à sua presença e arrancou-lhe a confissão.

Quando o Rabi de Apt contava este fato, costumava citar a passagem das Escrituras [1]: "Porquanto a peita cega os olhos dos sábios e subverte as palavras dos justos".

Tzadikim *vêm a Kolbischov*

O Rabi Schmelke de Sassov, filho do Rabi Mosché Leib de Sassov, ainda era criança quando o seu pai morreu. Na juventude, visitou uma vez o Rabi de Apt. Este, em honra do hóspede, mandou acender as velas na casa de estudos e recebeu-o com tanta cordialidade que ele ficou de todo envergonhado. Ainda relutante, sentou-se na poltrona preparada para ele, e o Rabi de Apt, voltando-se para o seu lado, começou a contar:

"Devo a teu pai o ter chegado ao verdadeiro serviço de Deus. Naquele tempo eu era o rabino na cidadezinha de Kolbischov e não sabia nada a não ser estudar por amor ao estudo. Uma tarde, estou eu debruçado sobre os livros, quando ouço um carro aproximar-se. Saio e dois homens descem do carro, o mais velho miúdo e franzino, o mais moço de porte gigantesco, e se achegam a mim. Não me agradava ser interrompido em meio aos estudos, por isso nem lhes perguntei quem eram. Limitei-me a oferecer-lhes um pouco de biscoitos e aguardente e voltei aos livros. Eles, porém, ficaram conversando entre si, sem atentarem para mim. Eu me concentrei e esforcei-me por continuar o estudo sem me deixar distrair, mas não pude evitar que me chegassem aos ouvidos algumas palavras, tanto mais quanto tinham uma maneira elevada de falar, na voz e na expressão. E de fato falavam de coisas elevadas. Evidentemente, prosseguiam uma conversa iniciada durante a viagem. Eu, porém, no meu íntimo, recusei ocupar-me com isso, pois disse a mim mesmo: — Isto não é o meu caminho, que é que eu tenho com isso! — Depois dirigi-me com eles à casa de orações. Após a prece, perguntaram-me se podia lhes dar pousada. Naquele tempo o espaço era exíguo em minha casa, mas gente como aquela não se podia mandar embora, isto eu

(1) *Deuteronômio*, 16:19.

compreendia bem. Assim, assenti, servi-lhes café e tornei aos meus estudos. E novamente aconteceu como antes: eles continuaram a conversar e a minha mente se dividia entre os esforço de estudar e uma relutante escuta. Depois, arranjei-lhes um leito para a noite e me deitei também. À meia-noite, levantei-me como sempre para estudar, e aí ouvi os dois no quarto contíguo, conversando de coisas elevadas. De manhã cedo, vieram despedir-se de mim e, como que incidentalmente, me perguntaram em que passagem da Guemará estava eu agora ocupado. Quando lhos disse, começaram a comentar a passagem, o mais velho fez uma observação e o mais moço objetou, e depois de meia hora os dois entre si me haviam esclarecido completamente a passagem, e percebi que só então a entendia na totalidade. Nisso, o mais velho, para exemplificar algo que dissera, contou uma história do Baal Schem Tov, e o mais moço, da mesma maneira, contou outra. Terminadas as suas histórias, os dois se despediram, e mesmo naquele momento nada lhes perguntei, pois estava contente de poder voltar ao estudo sem ser perturbado. Quando, porém, antes de me dirigir à casa de orações, saí a passear um pouco, como de costume, na varanda da casa, veio-me de súbito o pensamento: Por que não perguntara aos homens quem eram e a que vieram? E agora me surgiam na mente, parte por parte, as suas conversas que me haviam penetrado nos ouvidos durante os estudos e se organizavam, ligando-se umas às outras. E só agora eu percebia verdadeiramente: eram coisas das alturas do mundo. A partir de então tive de pensar nisso o tempo todo. Repetia a mim mesmo as palavras e percebia que elas tinham de ser verdadeiramente aprendidas. E aí comecei a sentir que a minha oração se tornava mais forte e mais pura de dia para dia. As palavras se estendiam por sobre a oração e a purificavam e fortificavam. E constantemente crescia em mim a tristeza por ter deixado os homens ir embora sem os ter conhecido e nasceu a vontade de revê-los.

Passaram-se cerca de duas semanas; era novamente de manhã cedo, e eu andava de novo na varanda, só com o solidéu na cabeça; porque eu costumava pôr o gorro de peles apenas quando ia para a casa de orações. E então vi um carro passar pela casa, sem menção de parar, e dentro os dois homens sentados. Saio correndo, só de solidéu, e grito-lhes uma saudação. Enquanto o carro se detém, eles respondem secamente ao meu cumprimento e o mais velho acrescenta: — Estamos com pressa, queremos rezar na aldeia seguinte. — Posso trazer-lhes alguma coisa para comer? — pergunto. — Bem — diz o moço, um pouco mais amável — traga depressa um par de rosquinhas. — Até que eu as trouxesse, passaram alguns instantes e, quando saí novamente, vi o carro já em plena marcha. Agarrei depressa o *talit* e os *tefilin* e, com eles numa mão e as rosquinhas na outra, corri, de simples solidéu na cabeça, atrás do carro, gritando que parassem. Mas era como se não me ouvissem e só quando, empregando as minhas últimas forças, consegui alcançar o carro, é que ele parou, e entrei, e começamos a conversar. Assim fiquei sabendo que o mais velho era o Rabi de Berditschev e o mais moço, Mosché Leib de Sassov, teu pai. Após orarmos na aldeia vizinha, eu lhes entreguei as roscas, eles disseram a bênção e comeram, e eu com eles. Então quiseram mandar-me para casa, mas pedi que me permitissem acompanhá-los um pouco mais. E assim partimos de novo, e eles falaram comigo, e eu lhes fiz perguntas, e eles me responderam, a conversa se prolongou, o carro corria, e eu não me dava conta das horas que passavam, e quando o carro parou, estávamos em Lijensk, diante da casa do Rabi Elimelech. — Aqui é o teu lugar — disse o teu pai — onde mora a luz para ti. — E assim fiquei em Lijensk."

Tentações

Iossef Landau, rabino de Iássi na Romênia, não se deixou subornar por um poderoso da comunidade, contra quem se manifestara por causa de uma violação da lei religiosa. Algum tempo depois, foi visitar o Rabi de Apt e contou-lhe, com ares satisfeitos consigo mesmo, como resistira à tentação. Ao se despedir, o *tzadik* abençoou-o, desejando que se tornasse um homem puro e temente a Deus. — Muito me agrada a bênção do meu senhor e mestre — disse Iossef Landau — e que melhor do que isso poderia eu desejar? Mas por que justamente desta vez é que ma destes? — O Rabi de Apt respondeu: — Está escrito [2]: "Tua, Senhor, é a misericórdia, pois retribuis a cada um de acordo com a sua obra". Os exegetas sempre se perguntaram que misericórdia seria essa, quando se paga ao empregado o ordenado que lhe é devido. Mas, na verdade, é uma graça de Deus que ele tente cada homem de acordo com o seu foro íntimo, o homem ordinário com uma tentação leve, o mais alto com uma pesada. Se foste exposto a uma tentação tão ínfima, é sinal de que ainda não estás num dos degraus mais altos da perfeição. Por isso te abençoei, para que subas a um degrau mais alto e sejas digno de uma tentação maior.

(2) *Salmos*, 62:13.

Para o Inferno

O Rabi de Apt disse a Deus: — Senhor do mundo, sei que não possuo virtudes nem méritos, pelos quais Tu possas, após a minha morte, me instalar no paraíso entre os justos. Mas, se quiseres pôr-me no inferno no meio dos perversos, bem sabes que não posso entender-me com eles. Por isso Te suplico, tira todos os maus do inferno, e então me poderás pôr lá.

O Ponto de Retorno

Ao Rabi de Apt veio, uma vez, uma mulher muito respeitada, pedir seu conselho. Assim que ele a viu, gritou-lhe: — Devassa, não faz muito tempo que pecaste e já te atreves a entrar na minha casa pura! — Então a mulher lhe respondeu do fundo do coração: — O Criador do mundo é paciente com os maus, não exige a paga das suas culpas apressadamente, não desvenda os seus segredos a nenhuma criatura, para que não se envergonhem de voltar para Ele; Ele não esconde deles o seu rosto. Mas o Rabi de Apt fica sentado na sua cadeira e não pode resistir a desvendar o que o Criador do mundo ocultou. — Desde então, o Rabi de Apt costumava dizer: — Jamais alguém me levou a melhor; só uma vez, uma mulher.

O Soberbo e o Humilde

O Rabi de Apt chegou a uma cidade, onde dois homens disputaram a honra de hospedá-lo. Ambos eram pais de família devotos e cuidadosos, e suas casas eram espaçosas e bem providas. Mas sobre um deles corriam rumores de levar uma vida devassa e pecaminosa; ele mesmo sabia ser fraco e se tinha em baixa conta. Do outro, ao contrário, ninguém na comunidade podia dizer uma palavra desfavorável; marchava ereto e orgulhoso na sua dignidade de homem sem mácula. O Rabi escolheu a casa daquele de quem se falava tanto mal. Quando lhe perguntaram a razão da sua escolha, respondeu: — Do soberbo diz Deus [3]: "Eu e êle não podemos permanecer juntos no mundo". E quando o Santo, bendito seja Ele, não tem lugar para Si, como o teria eu? Ao contrário, reza a Torá [4]: "O que entre eles vive no meio das suas impurezas". E se Deus aí se hospeda, como não o faria eu?

---

(3) Provérbio talmúdico (Sotá 5).
(4) *Levítico*, 16:16.

A Balança de Ouro

O Rabi Naftali, um discípulo do Rabi de Apt, pediu a um companheiro que descobrisse o que o mestre pensava dele. Por meio ano, ele se esforçou junto ao *tzadik,* mas nunca ouviu uma palavra sobre Naftali, nem boa nem má. Comunicou-o ao amigo e acrescentou: — Veja, o mestre tem uma balança de ouro na boca. Não emite uma palavra de julgamento sobre ninguém, para que não lhe faça talvez uma injustiça. Afinal ele nos proibiu de fazer juízo até daqueles que são considerados fundamentalmente maus! Pois quem os ofende, ofende ao próprio Deus!

Histórias do Arco-da-Velha

O Rabi de Apt gostava de contar histórias. Poder-se-ia considerá-las exageros excessivos e sem sentido, mas nem só os seus discípulos encontravam nelas significado e iluminação.

Certa vez, ele foi visitar o Rabi Baruch de Mesritsch, o neto do Baal Schem. Quis começar a contar suas parábolas, mas o Rabi Baruch pediu-lhe que o acompanhasse até a fonte chamada "a fonte do Baal Schem". Ao chegarem lá, o Rabi de Apt se pôs imediatamente a contar e o Rabi Baruch ficou apoiado na sua bengala, escutando. Entre outras coisas, o Rabi de Apt falou do casamento do seu filho: — A massa para o macarrão estava estendida em folhas sobre as cercas, pendia dos telhados. — Os *hassidim* circundantes olhavam para a boca zombeteira do seu rabi, prontos a prorromperem em gargalhadas desenfreadas assim que ele sorrisse, mas só o viam escutando atentamente, e seus lábios não se mexiam. Mais tarde, o Rabi de Apt já se havia retirado, o Rabi Baruch disse: — Nunca vi uma boca de ouro como esta.

Em outra ocasião, quando o Rabi de Apt foi visitar o Rabi Levi Itzhak em Berditschev, o povo veio aos bandos para vê-lo e saudá-lo. E assim que ele provou o vinho doce e o bolo que lhe ofereceram, começou a andar de um lado para o outro no aposento e a contar como, no tempo em que era Rabi na cidade de Iássi, pretenderam construir uma ponte em frente de sua casa e por isso acumularam ali enorme quantidade de madeira. Um comerciante que tinha negócios em Iássi se achava entre os ouvintes e concordou, entusiasmado: — Sim, rabi, foi assim, de fato! — O Rabi Abraão Iehoschua volveu a cabeça para ele, admirado. — E de onde sabes disto? — perguntou.

A Calúnia

Dois rapazes moravam na mesma cidade e eram amigos de infância. Depois de casados, resolveram abrir um negócio em sociedade e o negócio prosperou. Mas a mulher de um deles, inteligente e jeitosa no trato com os fregueses, não gostava de que o outro, cuja mulher era boa mas um tanto simplória, tivesse parte igual nos ganhos. Apesar do marido lhe explicar que não se tratava da força ou da esperteza, mas da vontade de Deus, ela não se emendava e o pressionava cada vez mais, até que ele disse ao amigo: — Meu caro, temos de nos separar, pois não posso mais suportar isso. — Após a partilha do negócio, a sorte continuou fiel ao companheiro, mas a mulher esperta, ao contrário, sempre era infeliz nas compras e vendas. Assim, a maldade crescia cada vez mais dentro dela e afinal veio-lhe a idéia de acusar a outra de infidelidade conjugal, ajudada de duas testemunhas falsas e subornadas. O caso foi parar no tribunal religioso. Quando o Rabi Abraão Iehoschua de Apt ouviu as testemunhas, mandou chamar seu filho e lhe falou: — Escreva para toda a comunidade: Aquele que daqui por diante der um rublo ao Rabi de Apt é um pecador em Israel. Pois reza a Torá [5]: "Pela boca de duas testemunhas se estabelecerá a sentença do juiz". Vejo, porém, que esta mulher é inocente. Assim, a minha visão vai contra a santa Torá e aquele que ainda me pagar pecará. — Quando estas palavras saíram com toda a força da boca do rabi, as testemunhas foram presa de medo, cutucaram-se com os cotovelos e confessaram a verdade.

No Mundo da Ilusão

Certa vez o Rabi de Apt falava sobre o mundo da ilusão, onde são obrigadas a vagar as almas dos que partiram na cegueira da sua vaidade, e contou: — Num duro inverno, faz alguns anos, um pobre homem quis comprar um pouco de lenha na feira da nossa cidade, para aquecer o quarto de sua mulher, que acabara de dar à luz. Ele encontrou alguns poucos feixes e já estava para comprá-los, quando o chefe da comunidade se aproximou e ofereceu um preço mais alto. Em vão o pobre, que não podia pagar mais, lhe suplicou que se compadecesse da mulher e da criança. Na noite seguinte, mulher e filho adoeceram e morreram em alguns dias. O marido sobreviveu-os por pouco tempo. Mas, no dia da sua morte, o chefe da comunidade estava morto. Naquela ocasião, as almas

(5) *Deuteronômio*, 14:15.

de ambos me apareceram em sonhos. Pois o pobre trouxera o seu adversário ao meu julgamento. Proferi a sentença. O chefe da comunidade, durante sua vida, fora muitas vezes chamado diante dos juízes terrenos pelos oprimidos e perseguidos, mas, hábil no manejo da leis, sempre soube arrastar a causa de uma instância a outra, até que astutamente conseguia absolvição. E assim, também agora, na sua segurança inabalada, como se ainda vivesse na terra, ele apelou, no mundo da sua ilusão, segundo o seu costume, para o juiz superior. Este logo atendeu; mas, contra o que era certamente esperado, agravou mais ainda a minha sentença. "Vou mostrar a este juiz", gritou o homem, e apelou a instância superior, e novamente se reuniu a corte, e novamente a pena foi aumentada. "Mesmo que eu tenha de ir até o próprio rei, eu lutarei até ganhar a causa", prometeu o chefe. Agora ele chegou até o lugar-tenente".

Os que Devem Ouvir, Ouvem

Certa vez o povo se acotovelava para ouvir os ensinamentos do Rabi de Apt. — É inútil! — gritou-lhes ele. — Quem deve ouvir, ouvirá também de longe, quem não deve ouvir, não ouvirá nem de perto.

Os Caminhos

Um discípulo perguntou ao Rabi de Apt: — Está escrito [6]: "Pois o Senhor conhece o caminho dos justos, mas o caminho dos ímpios perecerá". As duas partes da frase parecem não corresponder uma à outra. — O Rabi explicou: — Os justos têm muitos e variados caminhos, e também os maus têm muitos e variados caminhos. Mas os muitos caminhos dos justos, Deus os conhece na sua essência: que são um caminho e o Caminho. Mas os caminhos dos maus são, na sua essência, muitos e variados, pois nada mais são que a perda variada do único caminho. E por último a eles mesmos isto se revela: que cada um perde o seu caminho e todos os caminhos. É como alguém que anda na floresta e se mantém numa senda sempre para a frente, e não sabe por que segue essa e não uma outra, e caminha dia e noite, até que chega a uma grande árvore, que fica ao fim da vereda, e aí o caminho se perde. O homem não pode ir para a frente e não se atreve a voltar, porque perdeu o caminho.

(6) *Salmos*, 1:6.

Livre Arbítrio

O Rabi Heschel falou: — Deus quer que haja livre arbítrio, por isso esperou até hoje. Pois, na época do Templo, tinham a pena de morte e de açoite, e assim não havia ainda liberdade. Depois tinham penas de multa em Israel e por isso não havia ainda liberdade. Hoje, porém, chegamos ao ponto em que cada um peca abertamente e sem vexame, e passa bem. Por isso, quem vive hoje com retidão tem valor aos olhos de Deus e dele depende a redenção.

Um Grande Povo

Perguntaram ao Rabi de Apt: — O Midrasch aponta que Deus disse "vai" [7] duas vezes a Abraão, uma quando o mandou sair da casa de seu pai e outra quando lhe ordenou que sacrificasse o próprio filho. E o Midrasch explica o fato, afirmando que tanto a primeira ordem como a segunda eram tentações. Como se deve entendê-lo?
Ele replicou: — Quando Deus mandou Abraão sair da casa de seu pai, prometeu-lhe que faria dele um grande povo. O Impulso do Mal viu com que entusiasmo ele se preparou para a jornada e sussurrou-lhe: "Fazes bem. Um grande povo, isto significa poder, isto significa posse!" Mas Abraão apenas riu dele. "Isto eu entendo melhor do que tu", revidou-lhe. "Um grande povo significa um povo que santifica o nome de Deus."

A Cada Dia

O Rabi de Apt falou: — Cada homem de Israel tem a obrigação de se considerar a si mesmo como se estivesse no Monte Sinai, para receber a Torá. Pois para o homem existe o passado e o futuro, mas não para Deus: a cada dia Ele dá a Torá.

Duas Espécies de Amor

Perguntaram ao Rabi de Apt: — Está escrito [8]: "E por Raquel serviu Jacó sete anos, e estes lhe pareceram como poucos dias, pelo muito que a amava". Como se deve entender isso?

---
(7) *Gênese*, 12:1, 22:2.
(8) *Gênese*, 29:20.

Não se deveria pensar que para quem ama o tempo é mais longo, e um dia parece um ano?

O Rabi explicou: — Existem duas espécies de amor. Um se agarra ao objeto amado e volta sempre ao amante; e assim cada hora se lhe faz pesada e longa, porque deseja chegar ao amado. O outro, porém, o amor dos autênticos companheiros, não retorna ao amante. Assim sendo, é-lhe indiferente que viva a mil ou a uma milha do ser amado. Por isso, está escrito: "E por Raquel serviu Jacó sete anos, e estes lhe pareceram como poucos dias, pelo muito que a amava". Ele amava a ela; o seu amor prendia-se a ela e não voltava para ele; não estava preocupado consigo mesmo e com seu próprio desejo, porém nutria o verdadeiro amor.

Como um Vaso

Rabi Heschel disse: — O homem deve ser como um vaso, que recebe de boa vontade o que o seu dono nele derrama, seja vinho, seja vinagre.

Nós é que Formamos a Figura Humana de Deus

Os nossos sábios disseram [9]: "Fica sabendo o que está por cima de ti". O Rabi de Apt interpretava a sentença da seguinte maneira: — Fica sabendo, o que está por cima, é de ti. E o que é isso que está por cima? Ezequiel o diz [10]: "E sobre a figura do trono podia-se considerar uma figura como um homem nele por cima". Como se pode dizer algo assim com respeito a Deus? Pois está escrito [11]: "A quem quereis me comparar e assemelhar, que eu seja semelhante a ele?" Mas a verdade é que a figura parecida a um homem é a nossa. É a figura que formamos com o serviço do nosso coração verdadeiro. Com isso formamos para o nosso Criador, o Infigurável e Incomparável, uma figura humana. Quando alguém demonstra misericórdia e ajuda caridosa, ajuda a formar a mão direita de Deus. E quando alguém luta na guerra divina e reprime o Mal, ajuda a formar a mão esquerda de Deus. O que está por cima sobre o trono, é de ti que Ele é.

(9) *Ética dos Pais*, II, 1.
(10) *Ezequiel*, 1:26.
(11) *Isaías*, 40:25.

A Viúva

Um discípulo do Rabi de Apt contava: "Certa vez assisti a uma conversa entre o meu Mestre e uma viúva. Ele lhe falava de sua viuvez, com palavras de consolo, e assim, ela aceitou suas palavras como o conforto de sua alma e com elas criou novas forças. Eu porém vi que ele chorava e eu mesmo tive de chorar; então percebi que ele falava com a *Schehiná*, a abandonada".

A Alma

Quando o Rabi Abraão Iehoschua, no Iom Kipur, repetia o relato sobre o serviço do sumo sacerdote no Santo dos Santos e chegava à passagem que reza: "E assim falava ele", dizia todas as vezes, não essas palavras, mas: "E assim falava eu". Porque ele não esquecera o tempo em que a sua alma habitava um sumo sacerdote em Jerusalém e ele não precisava aprender de fora o serviço do Templo.

Ele mesmo também contou certo dia: — Dez vezes estive neste mundo. Fui sumo sacerdote, príncipe, rei e exilarca, tive dez altos cargos diversos. Mas nenhuma vez amei os homens completamente. Por isso fui enviado novamente, para aperfeiçoar o amor. Se o conseguir desta vez, não voltarei mais.

Chorar e Rir

Certa ocasião um homem confessou um pecado ao Rabi de Apt e relatou-lhe, em lágrimas, como se penitenciara. O *tzadik* riu. O homem continuou a falar do que pretendia fazer em seguida, para expiar a sua culpa; o *tzadik* não parava de rir. O homem queria dizer mais alguma coisa, mas o riso lhe inibiu a voz e a respiração. Ele olhou para o *tzadik*, horrorizado. Então aconteceu-lhe que também a alma prendeu a respiração e aí ouviu o que se falava em seu imo. Reconheceu quão mesquinho era todo o seu ato de penitência e conheceu o retorno a Deus.

Logo depois, o Rabi Heschel contava aos seus *hassidim*: — Antes de me tornar sumo sacerdote do Templo em Jerusalém, há dois mil anos, tive de aprender o serviço degrau por degrau. Primeiro fui acolhido no sacerdócio jovem. Naquele tempo este homem era um dos segregados, dedicado à mais severa pureza e provado na prática de todas as virtudes. De repente, ocorreu que ele se viu envolvido num grave pecado. De acordo com a prescrição, preparou-se para oferecer o sacrifício expiatório. Naquele tempo era esse o costume: quando alguém ia buscar o animal escolhido com o encarregado dos animais de sacrifício, este lhe perguntava qual era o pecado a expiar. A aflição do seu segredo subia aos lábios do homem e ele vertia seu coração como água. Então saía com o animal de sacrifício pelas ruas de Jerusalém, até o saguão do Templo, onde deveria ser imolado. Aqui os jovens sacerdotes saíam ao seu encontro e lhe perguntavam de novo, e de novo seu coração derretia-se como cera ao fogo. Quando finalmente chegava até o sumo sacerdote e lhe confessava seu mais profundo segredo, estava todo transformado. E quando este homem, com o seu animal de sacrifício, chegou ao saguão do Templo, compadeci-me do seu rosto perturbado e inundado de lágrimas. Falei com ele, chorei com ele e reanimei seu coração até que ele mesmo começou a recompor-se e o peso do pecado lhe ficou cada vez mais leve. Chegando ao sumo sacerdote, não experimentou o regresso a Deus e seu sacrifício não foi bem aceito. Por isso, no correr do tempo, teve de descer mais uma vez à terra e comparecer mais uma vez diante de mim. Mas desta vez eu o amei mais.

O Servo de Deus

Perguntaram ao Rabi de Apt: — Reza o último capítulo do quinto livro de Moisés [12]: "Assim morreu ali Moisés, servo do Senhor". E reza ainda o primeiro capítulo do livro de Josué [13]: "Depois da morte de Moisés, servo do Senhor". Por que há de ser chamado Moisés, na hora da sua morte e após ela, de servo do Senhor, como se fosse algo de novo, quando antes disso capítulo após capítulo já contava como ele serviu ao Senhor com todo o seu coração e força? — O Rabi explicou: — Antes da morte de Moisés, Deus mostrou-lhe do cume do Nebo a Terra e lhe disse [14]: "Esta é a terra que prometi a Abraão, a Isaac e a Jacó". Aí observou Raschi: "Deus mandou que Moisés se fosse e falou: Vai e anuncia aos anciãos que cumprirei o meu juramento, o que fiz a eles". Assim Moisés foi, também na morte, mensageiro e servo fiel de Deus, e ele morreu para prestar serviço na eternidade.

(12) *Deuteronômio*, 34:5.
(13) *Josué*, 1:1.
(14) *Deuteronômio*, 34:4.

A Mesa

Na neomênia do mês da sua morte, o Rabi de Apt falou à mesa sobre a morte dos justos. Após a bênção da refeição, levantou-se e começou a andar de um lado para o outro, de semblante iluminado. De repente parou junto à mesa e disse:
— Tu, mesa limpa, serás minha testemunha de que me sentei a ti em justiça e em justiça sobre ti ensinei.
Mais tarde ordenou que fizessem da mesa o seu ataúde.

A Inscrição

Antes de morrer, o Rabi de Apt ordenou aos seus filhos que não permitissem escrever sobre a sua pedra tumular outro elogio senão: "Aquele que amou Israel". Esta inscrição está sobre a pedra.

Ao Morrer

Ao morrer, o Rabi de Apt gritou: — Por que tarda o filho de Isaí? — Ele chorava e dizia: — O Rabi de Berditschev prometeu, antes de morrer, que não daria paz nem sossego a todos os santos e não desistiria até que o Messias viesse. Mas então, de sala em sala, eles o cumularam de tantas venturas, que ele esqueceu. Mas eu não esquecerei. Não quero entrar no paraíso antes que venha o Messias.

Além de Nossa Visão

Depois da morte do Rabi de Apt, encontraram-se dois *tzadikim*, o Rabi Itzhak de Radzivil, filho do Maguid de Zlotschov, e o Rabi Israel de Rijin, tetraneto do Maguid de Mesritsch. O Rabi Israel perguntou: — Como é isso? Pois ele não afirmou que não queria entrar no paraíso antes que o Messias chegasse?
— O Rabi Itzhak retrucou: — Diz o Salmo [15]: "Pensamos, Elohim, na tua misericórdia, em meio do teu templo". Eu o leio assim: Pensamos em Elohim. Tua misericórdia está no meio do teu templo. Quando nós pensamos em nossas neces-

(15) *Salmos*, 48:10.

sidades, vemos sempre apenas o atributo da severidade, o nome de Deus, Elohim [16]. Porém, no meio do templo de Deus, aquele que lá chega, ainda que seja só até a soleira, reconhece que tudo é a misericórdia de Deus.

A Visão da Feirante

O Rabi Itzhak de Neskij, filho do Rabi Mordehai de Neskij, contava: "No dia anterior àquele em que o Rabi de Apt subitamente adoeceu e morreu, uma velha vendedora de legumes estava sentada na feira, contando à vizinha: — Hoje de madrugada, não sei se em sonhos ou acordada, vi o meu marido, repouse ele em paz, que já morreu há muitos anos. Eu o vejo passar às pressas ao meu lado, sem olhar para mim. Então grito, em lágrimas, para ele: "Primeiro me abandonas com os órfãos na miséria e agora nem sequer olhas para mim!" Mas ele continua correndo e não olha para trás. E então, quando estou lá sentada chorando, vejo-o voltar e ele pára e me diz: "Não pude me deter, porque tínhamos de fumegar o caminho, para purificar o ar, porque os *tzadikim* da terra de Israel não suportam o ar daqui, e eles vêm vindo para receber o Rabi de Apt e o acompanhar até lá". Não é uma bela história?"

A Sepultura em Tiberíades

Contam: "Certa vez estava o Rabi Heschel em meditação e seu olhar tinha uma expressão admirada e um tanto tristonha. Aos *hassidim* que lhe perguntaram se alguma coisa o preocupava, ele falou: — Em todas as minhas estadas anteriores na terra, eu ocupava uma dignidade em Israel. Só desta vez não ocupo nenhuma. — Neste preciso momento entrou um emissário da Terra de Israel e entregou ao Rabi um documento, onde a comunidade palestina constituída por emigrantes da Volínia, cuja sede fica em Tiberíades, o nomeava seu chefe. O Rabi mandou preparar um banquete. Depois, entregou ao mensageiro uma quantia de dinheiro, com o encargo de adquirir para ele um pedaço de chão do mesmo tamanho, ao lado da sepultura do profeta Oséias.

---

(16) O nome de Deus, *Elohim* (na forma plural, que deve ser traduzido como "Divindade"), está ligado na tradição judaica ao atributo do poder, da severidade, enquanto que o nome JHWH está ligado aos atributos da misericórdia e da graça.

Na noite em que o Rabi Abraão Iehoschua morreu, uma voz soou nas janelas da casa de reuniões da comunidade volínia em Tiberíades: — Saiam para fazer o acompanhamento do Rabi de Apt. — Saindo da porta, o bedel da comunidade viu um féretro trazido pelos ares, cercado de mil almas. Seguiu-o até o cemitério e viu como o cadáver foi sepultado.

MENAHEM MENDEL DE RIMANOV

O Hino de Louvor

A fim de poder viajar de sua terra para a cidade do Rabi Elimelech, o jovem Mendel empregou-se como criado de um cocheiro. Entre as suas obrigações estava a de vigiar o carro e os cavalos durante as paradas. Era um dia de frio cruel. O cocheiro e os passageiros se aqueciam no albergue, comendo e bebendo, enquanto o Rabi Mendel, no seu casaco ralo e sapatos furados, andava de um lado para o outro junto ao carro, esfregando as mãos. — Louvado seja o Criador — cantava ele consigo mesmo — porque sinto frio. Louvado seja o Criador, porque estou com fome. — Pulava ora num pé, ora noutro, e cantava o seu hino como se fosse uma toada de dança. Um hóspede do albergue, que vinha passando, viu isso e ficou admirado. — Moço — perguntou ele — que é que estás dizendo aí? — Estou agradecendo a Deus — respondeu Mendel — por ter saúde e poder sentir tão intensamente a minha fome. — Mas por que então não comes até te fartares? — perguntou o homem. Mendel refletiu. — Para isso é preciso dinheiro — disse ele. O homem chamou um criado para vigiar o carro, levou Mendel para o albergue e mandou servir-lhe comida e bebida quente. E depois arranjou-lhe um bom calçado e uma jaqueta curta de pele de carneiro, daquelas usadas pelos judeus de aldeia.

Chegando a Lijensk, Mendel dirigiu-se, sem perda de tempo, à casa do Rabi Elimelech e, tão depressa que os criados não o perceberam, entrou no aposento do *tzadik,* que estava debruçado sobre um livro, absorto nas profundidades dos ensinamentos. Seu filho Eleazar fez sinal ao rude estranho que saísse e esperasse fora, a fim de não perturbar os estudos do *tzadik.* Mas o Rabi Elimelech já levantara os olhos. Segurou o filho pelo braço e disse, quase cantando, como se entoasse um hino:
— Lazar, Lazar, que queres desse judeuzinho? Centelhas de fogo voam em torno da sua cabeça.

A Compra

Os sogros do Rabi Mendel instavam a filha a conseguir a carta de divórcio do marido, que gastava o tempo em exercícios espirituais e demonstrava tanta inabilidade quanto pouca vontade para os negócios. Como ela recusasse, mandaram embora o casal, que até então vivera com eles, como era o costume. Os dois passaram a sofrer duras privações. Às vezes a mulher, com a conivência da cozinheira, conseguia furtar um pouco de comida da cozinha do pai, algumas achas de lenha do porão paterno. Certa ocasião, porém, os pais estavam viajando, os vendeiros não davam mais nada fiado e assim a mulher não pôde, durante três dias, levar alimento ao Rabi Mendel, que estava na casa de estudos. No terceiro dia, ela se atreveu a pisar novamente a soleira do padeiro. Este a despachou e ela saiu em silêncio. Então ele a seguiu e lhe ofereceu pão e outros alimentos, quanto ela pudesse carregar, se em troca lhe prometesse a parte que cabia a ela no mundo vindouro. A mulher hesitou apenas um instante, depois aceitou o trato. Quando entrou na casa de estudos, ela viu o marido no seu lugar, quase desmaiado, mas segurando o livro fortemente nas duas mãos. Estendeu a toalha, serviu-o e o assistiu enquanto comia. O Rabi Mendel ergueu os olhos: nunca antes ela permanecera em pé. Entreolharam-se. Neste olhar, percebeu a mulher, ele descobrira o que ela fizera; e a seguir viu que recebera de novo o seu quinhão na eternidade.

A Criança Faminta

Certa ocasião em que não havia nem uma côdea de pão em casa do Rabi Mendel, seu filho veio chorando a ele e se queixou de que sua fome era tão grande que não a podia suportar mais. — Tão grande a tua fome não é — disse o pai — porque neste caso eu teria alguma coisa com que saciá-la. — O menino saiu de mansinho, em silêncio. Antes porém que chegasse à porta, o Rabi viu uma moedinha de três tostões em cima da mesa. — Fui injusto contigo — exclamou ele; — estás realmente com muita fome.

A Colher

À mesa do Rabi Elimelech, certa vez, o criado esqueceu de pôr uma colher para o Rabi Mendel, seu hóspede na ocasião. Todos comiam, só ele não. O *tzadik* o percebeu e perguntou: — Por que não comes? — Não tenho colher — respondeu. — Olha — disse-lhe o Rabi Elimelech — é preciso exigir também uma colher e antes uma tigela. — O Rabi Mendel guardou as palavras do mestre no coração. Desde aquele dia a sua sorte mudou.

Na Juventude

Certo dia, o Rabi Mendel gabou-se diante do seu mestre, Rabi Elimelech, de que, ao anoitecer, via o anjo que remove a luz diante das trevas e, ao amanhecer, o anjo que remove as trevas diante da luz. — Sim — disse o Rabi Elimelech; — isso eu também via quando era jovem. Depois não se vêem mais essas coisas.

A Vocação

Um homem veio ao Rabi Mendel e pediu-lhe que confirmasse a sua vocação para o rabinato: ele sentia que chegara a este degrau e era capaz de derramar bênçãos sobre Israel. O *tzadik* o encarou em silêncio durante um momento. A seguir, contou: — Na minha mocidade, uma voz de homem costumava me acordar sempre à meia-noite com o grito: "Mendel, levanta-te para proceder ao lamento da meia-noite!" A voz se me tornou familiar. Mas, certa noite, aconteceu que ouvi um chamado diferente. "Rabi Mendel", soou ele, "levanta-te para proceder ao lamento da meia-noite". O medo me envolveu. Fiquei tremendo até de manhã, e o dia inteiro o terror me atormentou. Talvez eu tenha ouvido mal, acalmava eu o meu coração. Mas, na noite seguinte, a voz disse de novo: "Rabi Mendel!" Depois disso, mortifiquei-me durante quarenta dias e orei ininterruptamente para que isso me fosse poupado. Mas o portão do céu continuou fechado para mim e a voz não me deixava. Então resignei-me.

A Partilha

Antes de morrer, o Rabi Elimelech depôs as mãos sobre as cabeças dos seus quatro discípulos preferidos e repartiu entre eles os seus bens. A Iaakov Itzhak, deu o poder de seus olhos para ver; a Abraão Iehoschua, o poder da sua boca para julgar; a Israel de Kosnitz, o poder de seu coração para orar, mas a Mendel ele deu o poder de seu espírito para conduzir.

Nada a Oferecer

Após a morte do Rabi Elimelech, vários dos seus discípulos mais jovens concordaram em ir procurar o Rabi Mendel em Pristik, onde ele então morava. Quando chegaram à sua casa, numa tarde de sexta-feira, sobre a mesa estavam duas roscas sabáticas de centeio e duas pequenas velas espetadas em torrões de terra. Perguntaram por ele e sua mulher informou que ainda estava no banho ritual. Naftali, futuro Rabi de Ropschitz, foi imediatamente para a cidade e comprou todo o necessário, uma toalha branca, pães sabáticos pequenos e grandes, enormes velas em bonitos castiçais. A mesa foi apropriadamente posta e todos se sentaram a seu redor. Quando Rabi Mendel entrou, todos se levantaram, para mostrar-lhe com isso que o tomavam como pai. Ele fitou longamente a cada um e disse então: — Se trouxerdes convosco as coisas certas, podeis vir até mesmo a mim, que nada tenho a oferecer.

A Recusa

Certa vez, na véspera do Ano Novo, o Rabi Mendel entrou na casa de orações. Correu o olhar pela multidão que se reunira, vindos de perto e de longe. — Um belo grupo! — exclamou. — Mas ficai sabendo que não posso carregar-vos a todos nos meus ombros, cada qual tem de trabalhar por si mesmo.

Os Trajes Femininos

A primeira disposição do Rabi Mendel em Rimanov foi que as filhas de Israel não se pavoneassem pelas ruas em trajes coloridos e muito enfeitadas. As moças e mulheres judias de Rimanov seguiram fielmente a ordem do *tzadik*. Mas a nora do homem mais rico, que ele trouxera recentemente da cidade, recusou-se a deixar seu enxoval mofando nas arcas sem ser admirado. Quando Rabi Mendel a viu, toda ricamente ataviada, a passear para cima e para baixo pela rua principal, mandou chamar os moleques mais travessos e deu-lhes permissão de correr atrás da mulher, gritando-lhe o que bem entendessem. O ricaço, um dos cabeças da comunidade, veio irado procurar o Rabi e lhe explicou que a sua disposição contrariava a Torá, porque Esdras, o escriba [1], entre os seus legados, ordenara também que os comerciantes viajassem de lugar a lugar, para que as filhas de Israel pudessem enfeitar-se. Perguntou-lhe o Rabi Mendel: — Julgas talvez que Esdras quis significar com isso que elas se devessem exibir pelas ruas? E que não sabia que nenhuma mulher pode aceitar a homenagem que lhe é feita em nenhum outro lugar além de sua casa?

Pesos e Medidas

No último dia de cada mês, o Rabi Mendel mandava aferir os pesos e medidas em todas as lojas judaicas. Certa ocasião, os seus enviados encontraram com um rico comerciante uma medida de líquidos alterada. O homem explicou que não mais a usava para medir. — E mesmo que sirva apenas de escarradeira, a lei proíbe admiti-la numa casa — disse um dos encarregados, Hirsch, servo fiel do Rabi Mendel, a quem o *tzadik*, em segredo, escolhera para a sua sucessão. Ele atirou a medida ao chão e pisoteou-a. — Estará Saul também entre os profetas? — agrediu-o o comerciante, zombando. — Será que tu também já entendes da interpretação da lei? — De volta a casa, Hirsch informou ao *tzadik* que tudo estava em ordem, mas pelos outros mensageiros o Rabi Mendel soube do ocorrido. Imediatamente, ordenou que batessem com o martelo à porta de toda gente, convidando-as para um sermão na casa de orações; unicamente na porta daquele comerciante é que não se deveria bater. A comunidade se reuniu e Rabi Mendel pregou sobre os pesos e medidas justos. Somente então o homem rico, que viera com os outros, compreendeu por que não fôra

(1) Líder da judiaria da Palestina no século V. Suas instituições e ordenanças influenciaram grandemente o desenvolvimento do judaísmo tradicional.

convidado. Confrangia-lhe o coração que o Rabi falasse dele com todos menos com ele. Depois da prédica, foi ter com o Rabi Mendel e pediu para ser castigado e perdoado.

Da Hospitalidade

Um homem queixou-se ao Rabi Mendel de que não podia cumprir o mandamento da hospitalidade, pois a sua mulher não via os hóspedes com bons olhos e, sempre que ele trazia alguém para casa, irrompia a discórdia, destruindo a paz doméstica. O Rabi falou: — Nossos sábios dizem [2]: "Maior é a hospitalidade do que o receber a *Schehiná*". Esta expressão pode parecer-nos exagerada. Mas cumpre entendê-la bem. Está dito [3] que, quando há paz entre marido e mulher, a *Schehiná* repousa entre eles. Por isso se diz da hospitalidade que é ainda maior do que o receber a *Schehiná*: mesmo que o seu cumprimento perturbe a paz entre o marido e a mulher, este mandamento é decisivo.

Os Pães dos Hóspedes

Num tempo de carestia, o Rabi Mendel viu que os muitos necessitados que eram hóspedes em sua casa recebiam pães menores do que de costume. Ordenou que se fizessem os pães maiores do que antes; pois deviam estar de acordo com a fome e não com o preço.

O Telhado Avariado

Funcionários do governo vieram a Rimanov, para requisitar uma casa onde seriam armazenadas as provisões do exército. Não encontraram lugar mais adequado do que a casa de orações dos judeus. Quando os cabeças da comunidade souberam disso, correram perturbados e perplexos ao Rabi Mendel. Mas um deles relembrou uma circunstância que permitia esperar uma mudança na resolução: desde algum tempo atrás, o telhado da casa de orações apresentava uma avaria e, se chovesse bastante dentro de casa, decerto procurariam outro abrigo para as provisões. — Então é justa a decisão de fazer do santuário um armazém — disse o *tzadik*. — Pois o julga-

(2) Talmud (Schabat 127).
(3) Talmud (Sotá 17).

mento foi feito sobre a vossa preguiça e leviandade. Ordenai imediatamente que se conserte a avaria. — Isto foi feito no mesmo dia. Das pretensões dos funcionários nunca mais se ouviu falar; semanas depois ficou-se sabendo que, justamente naquele mesmo dia, eles se haviam decidido por outra cidade.

O Julgamento

Quando os Rabis de Apt e de Rimanov estavam de visita ao Rabi Iaakov Itzhak, o "Vidente", na cidade de Lantzut, que era sua residência antes de ir para Lublin, os seus adversários os caluniaram perante as autoridades, que os meteu na prisão. Eles, porém, concertaram que o Rabi Mendel, que dominava melhor o idioma oficial, o alemão, respondesse por todos no interrogatório. O juiz perguntou: — Qual é o vosso negócio? — O serviço do Rei — respondeu o Rabi de Rimanov. — De que rei? — Do Rei dos reis. — E por que vós, dois estranhos, viestes a Lantzut? — Para deste aqui aprender o mais alto e dedicado serviço. — E por que vestis trajes brancos? — É a cor do nosso cargo. — O juiz disse: — Não temos nada a fazer com esta espécie de gente — e libertou-os.

As Duas Luzes

Perguntaram ao Rabi Mendel de Rimanov: — Por que dois *tzadikim* não podem ter sua sede na mesma cidade?
Ele respondeu: — Os *tzadikim* são como as luzes celestes. Quando Deus criou as duas grandes luzes celestes, colocou ambas no firmamento, cada qual para seu serviço particular. Desde então, elas vivem em amizade: a grande luz não se gaba de ser grande e a luz pequena está satisfeita de ser a menor. Assim foi em outros tempos, nos dias dos nossos sábios: existia todo um firmamento estrelado, astros pequenos e grandes, e todos conviviam fraternalmente. Não são assim os *tzadikim* dos nossos dias! Nenhum deles quer ser a luz pequena e se curvar diante da maior. Por isso é melhor que cada um tenha o seu próprio firmamento.

Na Festa da Revelação

Certa vez, na manhã do primeiro dia de Schavuot, antes de iniciada a leitura do capítulo das Escrituras, o Rabi Mendel saiu da sala de orações e foi a seu aposento. Pouco depois voltou à sala e disse: — Quando o Monte Sinai foi levantado e suspenso sobre vossas cabeças, como uma imensa masseira, fostes compelidos a aceitar a lei [4]. Hoje liberto-vos dessa obrigação e responsabilidade. Uma vez mais sois livres para escolher. — Então todos gritaram: — Também agora aceitamos a Torá.

Um discípulo do Rabi de Lublin, que estava presente porque naquele ano não pudera, como de costume, viajar para passar o dia de festa com seu mestre, quando contava isto, costumava acrescentar: — E toda a impureza deles desapareceu, como outrora no Sinai.

O Santo Schabat

A mãe do Rabi Mendel perguntou-lhe certa vez: — O que significa realmente dizermos: "o santo *schabat*"? — Ele respondeu: — O *schabat* santifica. — Ela, porém, disse: — Não só santifica, como também te cura.

Numa Hora de Boa Vontade

Perguntaram ao Rabi Mendel: — No sábado, ao rezarmos a *Min-há,* por que dizemos as palavras do salmo [5]: "Eu, porém, faço a minha oração a Ti, Senhor, numa hora da boa vontade..."? — Ele respondeu: — Porque a vontade do Altíssimo de criar o mundo para fazer bem às suas criaturas já existia no sábado anterior ao primeiro dia da criação, antes desse sábado declinar. Todo sábado, à mesma hora, aquela vontade original desperta novamente, e por isso oramos para que, nesta hora, antes do sábado declinar, se manifeste a vontade de fazer bem às suas criaturas.

No seu Dia

O Rabi Kalman de Cracóvia perguntou ao Rabi Hirsch, o "Servidor", sucessor do Rabi Mendel: — Qual é o vosso caminho no serviço da oração?

Ele disse: — Meu caminho me foi mostrado por meu santo mestre, possa ele merecer a vida no mundo vindouro. Está escrito a respeito do maná [6]: "E o povo sairá e colherá dià-

---

(4) De uma lenda talmúdica (Schabat 88).
(5) *Salmos,* 69:14.
(6) *Êxodo,* 16:4.

riamente a porção para cada dia". Cada dia tem sua própria parcela de oração e então cumpre expressá-la com particular concentração da alma.

Fé e Confiança

Perguntaram ao Rabi Mendel de Rimanov como se deveria interpretar o fato de que Deus, quando ordenou a Moisés que o povo deveria recolher todos os dias a medida de maná pertinente àquele dia, acrescentasse [7]: "Para que eu veja se andam em minha lei ou não". Ele explicou: — Quando se indaga, mesmo ao homem mais simples, se acredita que Deus é o único Deus no mundo, ele responderá com segurança: "Mas que pergunta a tua! Pois todas as criaturas sabem que Ele é o único no mundo". Se lhe perguntarem, porém, se confia em que o Criador lhe concederá tudo de quanto necessita, estacará e dirá, depois de um momento: "Bem, suponho que ainda não atingi este grau". Na verdade, porém, a fé e a confiança estão entrelaçadas e não pode existir uma sem a outra. Quem acredita piamente, confia também piamente; quem, porém, Deus nos livre, não confia piamente no Altíssimo, a sua fé também é muito débil. Por isso diz Deus [8]: "Eis que vos farei chover dos céus pão", e isto significa: "Posso fazer chover dos céus pão para vós". Mas aquele que palmilha a senda da minha lei, este recolhe diáriamente a medida daquele dia e não se preocupa com o amanhã.

O Senhor Feudal e o Camponês

Na primeira noite do Pessach, depois de cantada a canção *Had gadiá*, o Rabi Mendel de Rimanov costumava contar a seguinte história: "Um camponês estava na feira para vender um bezerro. Veio um senhor feudal e perguntou: — Quanto queres pelo cão? — O camponês replicou: — Isto é um bezerro e não um cão. — Cada qual insistia no seu ponto de vista, e assim a coisa foi por algum tempo, até que o fidalgo deu uma bofetada no camponês, acrescentando: — Eis uma coisa de que deves lembrar-te: quando o senhor te diz que é um cão, é um cão. — O camponês retrucou: — Hei de lembrar-me.

Algum tempo depois, um amigo do camponês veio correndo, esbaforido, para a aldeia que ficava limítrofe com a herdade

(7) Êxodo, 16:4.
(8) Êxodo, 16:4.

daquele nobre, gritando pelos bombeiros: no lugar distante em que ele morava, irrompera um incêndio no armazém de debulha da comunidade e na casa do prefeito por todos estimado. Toda a guarda de bombeiros foi para lá com todos os esguichos. Neste entretempo, o camponês incendiou a herdade nos seus quatro cantos e ela queimou. Após algumas semanas, quando soube que o senhor desejava reconstruir tudo, ele se disfarçou, apresentou-se-lhe como construtor e declarou-se disposto a lhe fazer uma planta imediatamente, o que fez logo, pois era um camponês inteligente. Quando examinavam o desenho, calcularam quanta madeira seria necessária para a construção e concordaram em ir, sem perda de tempo, ao bosque que pertencia ao senhor, para medir a grossura das árvores aproveitáveis. No bosque, o camponês examinou as árvores da orla com ar de desprezo. Mais para o fundo havia árvores melhores, disse o senhor. Assim, foram experimentando até o meio do bosque, onde o mestre-construtor parou e mostrou, entusiàsmado, uma árvore gigantesca: desta se poderia fazer vigas ótimas, de tantos e tantos côvados de grossura. — Ela dá muito mais côvados — disse o senhor. O construtor se aproximou e pôs os braços em torno do tronco. — Exatamente como eu calculei! — exclamou. O senhor também se aproximou e fez como o camponês. Este, então, pegou a corda de medir, amarrou o senhor de mãos e pés ao tronco e deu-lhe uma valente surra, dizendo ao mesmo tempo: — Este é o primeiro lembrete, para que fiques sabendo: quando o camponês diz que é um bezerro, é um bezerro e não um cão. — Depois seguiu o seu caminho, enquanto o senhor ficou ali amarrado durante horas, até que alguém chegasse e o soltasse.

Chegando em casa, o senhor se sentiu doente e teve de guardar o leito. De um dia para o outro sua moléstia se agravava, mandou chamar médicos e mais médicos, nenhum dos quais capaz de curá-lo. Nessa época, nas cidadezinhas vizinhas, correu o boato de que um grande médico milagroso, em viagens, pararia por um dia na aldeia e curaria todos os doentes que o procurassem. Logo depois apareceu o camponês, disfarçado de médico, e deu logo alguns bons conselhos, pois era um camponês inteligente. O senhor, a quem chegara a notícia, mandou logo chamá-lo; pagar-lhe-ia, se o curasse, quanto quisesse. O médico entrou, lançou um olhar ao doente e disse aos presentes em tom autoritário: — Devem deixar-me a sós com ele e, mesmo que ele grite, não interfiram no meu tratamento cruel mas infalível. — Quando todos saíram, trancou a porta e tratou o senhor com uma boa sova. Os que estavam de fora ouviram os gritos lamentosos e disseram: — Este trabalha para valer. — O camponês, porém, disse ao senhor: — Este é o segundo lembrete para que saibas: quando o camponês diz que é um bezerro, é um bezerro e não um cão. — E foi-se embora tão confiante e à vontade que a ninguém passou pela cabeça detê-lo.

Quando o senhor sarou da doença e dos ferimentos, preparou-se para procurar o tal camponês, mas não conseguiu encontrá-lo, porque este não só pintou o rosto e mudou o jeito de pentear-se, como também assumiu modos completamente diferentes, de maneira que ficou de todo irreconhecível. De manhã cedo, no primeiro dia de feira, ele viu o senhor sentado no seu coche e olhando para todos os lados. Disse então a outro camponês, que tinha o seu cavalo junto de si e era conhecido como um bom cavaleiro: — Queres prestar-me um serviço, amigo? — Certamente — respondeu o outro — desde que não seja nada de muito difícil. — Tudo o que tens a fazer — disse o camponês — é te aproximares a cavalo daquele coche, te inclinares para o senhor que está dentro e sussurrar para ele: quando o camponês diz que é um bezerro, é um bezerro e não um cão. Depois disso, sairás a galope o mais depressa que puderes, e só pararás quando tiveres perdido de vista aqueles que forem no teu encalço. Mais tarde nos encontraremos no botequim de sempre, e eu mandarei servir-te o melhor vinho de ameixa. — O amigo cumpriu a ordem. Quando o senhor ouviu aquelas palavras, deu um pulo, certo de ter diante de si o procurado, e gritou para o cocheiro e o criado que desatrelassem imediatamente os cavalos e perseguissem e capturassem o fugitivo. Obdeceram-lhe e saíram empós do cavaleiro. Quando o camponês viu o senhor sentado no coche, aproximou-se-lhe, deu-lhe valente bofetada e disse: — Este é o terceiro lembrete, e agora decerto tu já o decoraste: quando o camponês diz que é um bezerro, é um bezerro e não um cão. — Depois disso, foi para o botequim.

"E o bezerrinho — assim Rabi Mendel terminava todas as vezes sua história — o bezerrinho continuou sendo um bezerrinho e não se tornou um cachorro."

E quando as crianças perguntavam: — Como se chamava o inteligente camponês? — ele respondia: — Miguel. — E quando perguntavam: — Como se chamava o mau senhor? — ele respondia: — Samael. — E quando perguntavam: — E como se chamava o bezerrinho que não se tornou cachorro? — respondia: — É o conhecido bezerrinho Israel.

A Estrada

O Rabi Mendel costumava queixar-se: — Quando ainda não havia estradas, era preciso interromper as viagens à noite. Então a gente ficava sossegada no albergue, cantando salmos, abrindo um livro e travando uma boa conversa. Agora viaja-se pela estrada de dia e de noite e não há mais sossego.

Dos Escarnecedores

O Rabi Mendel disse certa vez a outro *tzadik*: — Se o Faraó soubesse que com o escárnio se pode despachar o mundo inteiro, jamais deixaria Israel partir. — Apontou com o dedo para fora da janela: — Vede este céu: com o seu escárnio, eles vos podem provar que ele não existe. — Após a refeição, o Rabi falou no seu aposento: — Pensais talvez que na nossa casa de orações não havia hoje escarnecedores orando conosco? Um achou o canto do chantre longo demais e outro não o achou bastante doce.

Cumprindo a Lei

Um discípulo perguntou ao Rabi Mendel de Rimanov: — Consta na Guemará que Abraão [9] cumpriu todos os mandamentos. Como é possível isso, se a lei ainda não fora revelada? — Tu sabes — disse o Rabi — que os mandamentos da Torá correspondem aos ossos e as suas proibições, aos músculos do corpo do homem. Assim, a lei inteira cobre todo o corpo humano. Abraão porém purificou e santificou tanto cada um de seus membros, que cada um cumpriu sozinho a lei que lhe correspondia.

O Coração

O Rabi Mendel costumava dizer que, na hora em que recitava a silenciosa prece das Dezoito Bênçãos, passavam-lhe pela mente todas as pessoas que lhe pediram para orar a Deus por elas.

Certa vez alguém se admirou, pois como era isso possível, se o tempo não era suficiente? O Rabi Mendel respondeu: — Da angústia de cada um fica gravado um sinal no meu coração. Na hora da prece abro meu coração e digo: "Senhor do mundo, lê o que aqui está escrito!"

(9) Talmud (Iomá 28).

A Interrupção

O Rabi Hirsch, o "Servidor", contava: — Quando o meu santo mestre, possa ele merecer a vida no mundo vindouro, proferia do púlpito a Liturgia da Penitência [10], costumava interromper-se depois que dizia: "Quando verdadeiramente todos eles se voltarem para Ti de todo o coração e alma", e permanecia um momento em silêncio, a fim de em seguida recomeçar. Muitos julgavam que, nesta hora, ele se entregava à arte da permutação das letras no nome de Deus. Mas os iniciados sabiam: ele esperava, até perceber que cada um na congregação sentisse vontade de retornar a Deus de todo o coração e de toda a alma.

Os Ruídos do Trabalho

Submeteram ao Rabi Mendel a seguinte questão: — As Escrituras [11] relatam que Moisés, ao lhe contarem que o povo trazia oferendas demais para a construção do Tabernáculo, mandou ordenar no acampamento que ninguém mais trabalhasse no Santuário. Qual é o nexo disso? Pois se Moisés precisava apenas ordenar que não se trouxessem mais oferendas?!

Ele explicou: — É sabido que aqueles artesãos eram grandes santos e com o seu trabalho produziam santos resultados. Quando um deles batia com o martelo na bigorna e outro cravava o machado na madeira, o eco ressoava nos corações de todo o povo que os ouvia e o sagrado anseio os incitava a trazer mais do que o necessário. Por isso mandou Moisés que os artesãos parassem a sua faina.

A Aliança dos Discípulos

Os discípulos do Rabi Mendel celebraram uma aliança e redigiram um manifesto, onde diziam: "Queremos formar uma aliança de companheiros que juntos buscam a verdade e aspiram à justiça e à humildade; que anseiam de todo o coração, de um coração purificado, voltar-se para Deus, a fim de que uma muralha não mais nos separe de Sua santidade e ensinamento". Sempre que adotavam uma resolução acerca de como deveriam comportar-se, inscreviam-na no rolo que come-

---

(10) *Selihot*, em hebraico. Preces recitadas particularmente nos dias que antecedem o Rosch ha-Schaná, no período entre esta festa e o Iom Kipur e nesta última celebração.
(11) *Êxodo*, 36:5-6.

çava com aquele manifesto. Uma das resoluções reza: "Precaver-nos contra as palavras repugnantes, a cujo propósito o nosso santo mestre declarou: Pronunciá-las constitui violação do mandamento: Não matarás!"

O dito do Rabi Mendel, aqui citado, reza: "Cada palavra é uma figura completa, e quem atira aos demônios o som da palavra, age contra ela como se se erguesse contra o próximo e o matasse".

A Arca e Seus Carregadores

O Rabi Mendel disse: — Quando alguém quer bem servir a Deus e não o consegue, erguem-se muralhas à sua frente, sua oração não tem sonoridade e seu estudo não tem luz; então seu coração se enraivece contra ele e todo trêmulo, como alguém repudiado pela própria alma, ele vem ao *tzadik,* na esperança de obter a sua ajuda, trazendo na sua humildade também humildade ao *tzadik.* Pois aquele que deve prestar auxílio, vê a alma de quem o procura, curvada e fervorosa, e pensa: "Este é melhor do que eu!" E neste instante o *tzadik* é alçado às alturas por seu serviço e tem o poder de libertar o que está aguilhoado. A isso aplica-se a frase [12]: "A Arca da Aliança carregava seus carregadores".

Bênção Recíproca

O Rabi Feivisch de Zbaraj veio certa vez à casa do Rabi Mendel, para com este passar o *schabat.* Quando se despediu no domingo, afirmou, chorando: — Já estou com setenta e cinco anos e ainda não cumpri o verdadeiro regresso a Deus. — Chorando, respondeu o Rabi Mendel: — A mesma coisa me angustia. — Concordaram pois em se abençoarem reciprocamente, para que cumprissem o verdadeiro regresso.

A Última Alegria

Pouco depois de morrer a esposa do Rabi Mendel, faleceu também sua filha. As pessoas entre si murmuravam que não se devia ainda informá-lo. Quando porém seu genro apareceu em pranto na casa de orações, enquanto o Rabi procedia à prece matinal de sábado, este compreendeu imediatamente o

---

(12) Comentário talmúdico (Sotá 35) a *Josué,* 3.

que acontecera. Após as Dezoito Bênçãos, disse: — Senhor do mundo, Tu me tomaste a mulher, mas eu ainda podia regozijar-me com a minha filha. Agora também a tomaste de mim. Não posso mais alegrar-me com ninguém, a não ser contigo. Então, contigo me alegrarei. — E rezou a Oração Adicional do *schabat* com exuberante alegria.

ZEEV HIRSCH DE RIMANOV

Genealogia

Quando o Rabi de Rijin celebrou o noivado do seu neto com a filha do Rabi Hirsch de Rimanov, disse, antes de ser redigido o contrato de casamento: — É costume entre nós, nesta hora, recitar a nossa genealogia aos que vão se aparentar conosco. É o que passarei a fazer agora. O pai do meu avô foi o Rabi Ber, meu avô foi Abraão, o Anjo, e meu pai, o Rabi Schalom Schachna. — Assim ele chamava o Grande Maguid, o seu filho e neto, pelo nome, sem acrescentar os títulos honoríficos usuais. Em seguida disse ao Rabi Hirsch: — Agora queira contar-me a vossa genealogia. — Rabi Hirsch respondeu: — Meu pai e minha mãe abandonaram este mundo quando eu era um menino de dez anos e não os conheci o bastante para poder falar deles, mas ouvi dizer que eram gente digna e reta. Meus parentes colocaram-me como aprendiz com um alfaiate. Fiquei com ele cinco anos e, apesar da minha pouca idade, fui um trabalhador consciencioso. Tomei cuidado para não estragar o que era novo e consertar o que era velho. — O casamento está resolvido de ambos os lados — exclamou o Rabi de Rijin.

A Arrumação da Cama

O criado do Rabi Menahem Mendel de Rimanov, que estava incumbido de lhe arrumar a cama à noite, não permitia a ninguém mais aproximar-se dela. Quando o jovem Zeev Hirsch, após abandonar o ofício de alfaiate, foi recebido em casa do *tzadik* como aquecedor da estufa, pedia ao criado que o deixasse arrumar a cama em seu lugar. Este porém recusava, porque o Rabi com certeza perceberia se outra mão realizasse o serviço. Certa vez aconteceu, entretanto, que o criado teve de sair às pressas antes do anoitecer e confiou a tarefa, com explicações bem precisas, ao jovem aquecedor da estufa. Hirsch prometeu executar tudo com exatidão. Quando o Rabi Mendel se levantou pela manhã, chamou o criado e perguntou quem fizera a cama. Tremendo, o homem lhe respondeu e pediu perdão. — Até agora eu nunca soube que se pode dormir tão suavemente — disse o *tzadik*. — De agora em diante a arrumação da cama deve ser entregue ao aquecedor da estufa.

A Força Purificadora

O Rabi Natan Iehudá, filho do Rabi Mendel de Rimanov, contava: "Quando o Rabi Hirsch, o "Servidor", celebrou seu casamento, cheguei, no dia seguinte às bodas, na casa de estudos e lá encontrei o noivo, entregue com a mesma dedicação de todos os dias ao trabalho de limpeza. Indignado, fui a meu pai e lhe disse: — Pai, não é correto que o teu criado menospreze seu casamento e se dedique nos sete dias de festa[1] a tão baixas ocupações. — Meu pai me respondeu: — Tu me dás uma grande alegria, meu filho. Estava justamente preocupado em saber como iria eu rezar hoje as minhas orações, se o criado Zeev Hirsch não procedesse pessoalmente à limpeza da casa de estudos. A sua limpeza sempre enxota todos os demônios e torna o ar puro e é um prazer então orar nessa casa.

Desde então o meu pai tomou também ao Rabi Hirsch entre os seus discípulos".

A Mais Alta Oração

Certa vez o Rabi Hirsch lamentava-se ao seu mestre de que, na hora da oração, letras e palavras de fogo desciam-lhe diante

---

(1) Os sete dias que se sucedem às bodas.

dos olhos. Disse o Rabi Mendel: — São as *kavanot* do nosso mestre Rabi Itzhak Lúria, o Venerado. Como podes te queixar disso? — Respondeu ele: — Não quero orar com nenhuma outra intenção, exceto aquela dirigida no sentido das próprias palavras. — O que desejas — disse-lhe o Rabi Mendel — é um grau muito alto que somente um atinge em cada geração: primeiro aprender toda a sabedoria oculta e depois orar como uma criancinha.

Após a Morte do Mestre

Várias versões relatam como o Rabi Hirsch recebeu a sucessão do seu amo e mestre. Entre outras, conta-se que o Rabi Mendel teria sonhado que o anjo Metatron [2], o "Príncipe da câmara interior", instalara o criado Hirsch na cadeira do *tzadik*. Mais tarde, teria notado que Hirsch via as almas dos mortos que vinham à procura de sua redenção tão claramente como ele mesmo. Isto teria minorado sua inquietação, mas dali por diante não teria permitido que o criado morasse com ele e lhe prestasse serviços pessoais; só na colocação dos *tefilin* — coisa que o servidor lhe pedira como último favor — Hirsch ainda poderia ajudá-lo.

Após a morte do Rabi Mendel — assim rezava outra versão — os seus dois filhos foram procurar o Rabi Naftali de Ropschitz, para que ele decidisse qual dos dois seria o sucessor de seu pai. Levaram consigo o Rabi Hirsch para servi-los. Também concordaram em que aquele que viesse a ser o Rabi ficaria com o criado. Pelo caminho veio-lhes ao encontro um aldeão que pertencia aos *hassidim* do Rabi Mendel. Quando lhe contaram a morte do mestre, ele quis entregar-lhes, na qualidade de filhos do Rabi Mendel, o bilhete de pedido que trazia consigo, mas eles não quiseram aceitá-lo, pois nenhum dos dois recebera os poderes do rabinato. O mais moço sugeriu-lhe, pilheriando, que entregasse o pedido ao Rabi Hirsch e o homem, na simplicidade do seu coração, o fez. Viram, chocados, que o Rabi Hirsch aceitava o pedido muito à vontade, como se estivesse fazendo algo de inteiramente natural. Quando chegaram à casa do Rabi Naftali, este saudou Hirsch como Rabi e fê-lo sentar-se no lugar de honra.

Consta que um grupo de *hassidim* quis eleger Rabi a Natan Iehudá, o mais velho dos filhos do Rabi Mendel, mas ele não só o declinou, como partiu para o estrangeiro por longo tempo.

---

(2) Enoch, o extasiado, ter-se-ia transformado neste anjo, mencionado na literatura talmúdica e cabalística. Entre outras funções, exerce a de mediador entre Deus e o mundo material. É mencionado como o "Príncipe do Divino Semblante", ou "Príncipe da câmara interior".

A Alma Renovada

O Rabi Hirsch falou um dia aos seus *hassidim*: — Quando um homem acorda de manhã e vê que Deus lhe substituiu a alma e ele se tornou uma nova criatura, convém-lhe fazer-se cantor e cantar para Deus. Entre os *hassidim* do meu santo mestre, o Rabi Menahem Mendel, havia um que, quando na oração da manhã chegava às palavras: "Meu Deus, a alma que puseste em mim é pura", dançava e entoava um canto de alegria.

A Perfeição da Torá

Uma mulher veio certa vez ao Rabi Hirsch e, chorando, se queixou de que sofrera injustiça na corte rabínica. O *tzadik* mandou chamar os juízes e disse: — Mostrai-me a fonte de onde hauristes a sentença, pois me parece que houve um engano. — Quando, juntos, pesquisaram a passagem do "Escudo do Direito"[3], na qual se baseava o julgamento, revelou-se que de fato a passagem fora mal interpretada. Um dos juízes perguntou ao Rabi como soubera de antemão que havia ocorrido um engano. Ele respondeu: — Está escrito[4]: "Os preceitos do Senhor são retos e alegram o coração". Se o veredito concordasse com a verdadeira lei, aquela mulher não poderia chorar assim.

A Quinta-essência da Torá

Antes da sua morte, o Rabi Hirsch de Rimanov seguidamente repetia para si mesmo as palavras do cântico de Moisés[5]: "Deus é a fidelidade e não há nele injustiça". Comentou depois: — Esta é a quinta-essência da santa Torá: saber que Ele é o Deus da fidelidade e que, portanto, nenhum mal pode acontecer. Podereis perguntar: "Se é assim, por que então toda a Torá? Seria suficiente que Deus enunciasse este único versículo, no Sinai!" A resposta é: Homem algum compreende este versículo antes de ter estudado e cumprido toda a Torá.

---

(3) Parte do *Schulhan Aruch.*
(4) *Salmos,* 19:8.
(5) *Deuteronômio.* 32:4.

DA CASA DE ESTUDOS DO RABI
SCHLOMO DE KARLIN

URI DE STRELISK

Com Dez Púlpitos

Quando o Rabi Uri, após ter estado com seu mestre, o Rabi Schlomo, em Karlin, voltou a Lvov, não dispunha de um quórum de dez homens para a prece comunitária, porém orava o ano inteiro a sós. Um dia, ao estudar o Zohar, chegou a uma passagem em que se louva o homem que ouve a leitura da Torá e decidiu ir doravante, todos os sábados, à casa de orações para assistir à leitura. Ao ouvi-la no primeiro *schabat,* reparou: mas eles não estão lendo direito o que está escrito! E assim, na semana seguinte, não mais voltou à sinagoga. Mas então encontrou no Zohar outro trecho onde era louvado aquele que reza com a congregação. Reuniu dez homens para rezar com eles e disse a si mesmo: — E se Deus me ordenasse orar com dez púlpitos, eu oraria com eles.

O Sacrifício Válido

O Rabi Uri disse: — Está escrito [1]: "E Abel trouxe, também ele". O seu "ele", a si mesmo foi que ele trouxe. Só quando alguém se oferece, a si mesmo também, é válido seu sacrifício.

(1) *Gênese,* 4:4.

Antes de ir Orar

Todas as manhãs, antes de ir orar, o Rabi Uri costumava encomendar sua casa e despedir-se de sua mulher e filhos.

A Prece Secreta

Quanto às palavras da prece: "Aceita o nosso clamor de socorro, ouve o nosso grito, tu que conheces o oculto!", o Rabi Uri as expunha assim: — Não sabemos como devemos orar, só clamamos por socorro na necessidade do momento. A alma quer clamar a necessidade espiritual, mas não somos capazes de expressar o que a alma quer dizer. Por isso, oramos que Deus aceite o nosso clamor de socorro, sim, mas que Ele, que conhece o que está oculto, também ouça o grito silente da alma!

Andar Ocultamente

O Rabi Uri disse: — Está escrito [2]: "E andes ocultamente com o teu Deus". Sabeis, os anjos ficam parados, incessantemente permanecem cada qual no seu degrau, nós porém somos os viandantes, andamos de degrau em degrau. Pois os anjos não têm roupagem material, eles não podem manter-se ocultos no seu serviço e no degrau onde se encontram, lá se tornam visíveis. O filho do homem na terra, porém, está vestido de matéria e pode manter-se oculto em meio do seu corpo. Assim, pode ir de degrau a degrau.

Lá e Aqui

O Rabi Uri ensinava: — Reza o salmo [3]: "Se subo aos céus, lá estás, se no inferno faço a minha cama, aqui estás". Quando me julgo grande e penso em tocar os céus, descubro que Deus é o longínquo *lá* e mais se distancia quanto mais alto eu subo. Mas se eu me deito nas profundezas e curvo minha alma para o mundo inferior, Ele está *aqui*, comigo.

Desvenda os meus Olhos

Certa vez, à mesa, o Rabi Uri dizia com grande fervor as palavras do salmo [4]: "Desvenda os meus olhos, para que eu

---

(2) *Miquéias*, 6:8.
(3) *Salmos*, 139:8.
(4) *Salmos*, 119:18.

contemple as maravilhas da Tua Lei", explicando-as assim: — Sabemos que Deus criou uma grande luz [5], para que o homem pudesse olhar de um lado ao outro do mundo e não houvesse uma cortina separando a visão do olho daquilo que é visto. Depois, porém, Deus escondeu aquela luz. Por isso Davi suplica: "Desvenda os meus olhos". Pois, na verdade, não é o olho com o seu branco e sua pupila que produz a visão, porém é a força de Deus que empresta visão aos olhos. Mas uma cortina impede que o olho veja à distância como vê quando perto. Davi suplica que esta cortina seja retirada, para que ele possa contemplar as maravilhas de tudo o que é. Pois, assim diz ele, "da Tua Lei" vejo, ou seja, segundo a Tua visão não deve haver separação.

Para Onde?

O Rabi Uri falou certa vez aos *hassidim* reunidos em Strelisk: — Vindes a mim, mas para onde vou eu? Vou e não paro de ir para lá onde posso me apegar a Deus.

O Desejo

Um *tzadik* que visitava o Rabi Uri perguntou-lhe: — Por que nenhum dos vossos *hassidim* é rico?
— Mostrai-vos-ei por quê — respondeu o Rabi de Strelisk. — Chamai qualquer uma das pessoas que se acham na ante-sala! — Ele o fez. — Este é um tempo da graça — dirigiu-se o rabi ao *hassid* que entrava. — O desejo que agora expressares te será realizado. — Se posso desejar — articulou o homem com voz tímida e ardente — desejarei que eu possa, todas as manhãs, pronunciar a oração "Abençoado seja aquele que falou e o mundo se fez", assim como a diz o nosso rabi.

De Geração a Geração

O Rabi Uri falou: — Não ajudamos somente a nossa geração. De geração a geração Davi derrama nas almas aflitas o entusiasmo, de geração a geração arma Sansão as almas fracas com força heróica.

(5) Talmud (Haguigá 12): refere-se à luz primeira, criada antes do sol e das estrelas.

Cada um com o seu

O Rabi Uri disse: — Davi podia compor os salmos, e que posso eu fazer? Posso recitá-los.

Duas Espécies de Intenção

O Rabi Uri observou, referindo-se à narrativa do Midrasch, consoante a qual, ao se recusar a servir os ídolos, Abraão foi atirado ao fogo e saiu incólume, ao passo que o seu sobrinho Harã ficou queimado: — Abraão pensou: Eu mesmo tenho de entrar no fogo, se quero que os ídolos sejam queimados; por isso ele foi poupado. Harã, porém, pensou: Se eu vir que Abraão é poupado, então eu também me entregarei; por isso ele já aumentou.

Letras e Almas

O Rabi Uri disse: — As miríades de letras da Torá correspondem às miríades de almas de Israel. Se faltar uma letra no rolo da Torá, a Torá não será válida; se faltar uma alma na união de Israel, a *Schehiná* não há de pairar sobre ela. Como as letras, também as almas devem unir-se e formar uma só união. Por que, porém, se proíbe que uma letra da Torá toque a outra? Porque toda alma de Israel deve ter suas horas em que possa ficar a sós com seu Criador.

A Árvore que Cresce

O Rabi Uri ensinava: — O homem se assemelha à árvore. Queres te pôr diante de uma árvore e ficar espiando incessantemente como ela cresce e quanto já cresceu? Não verás coisa alguma. Mas cuida-a sempre, poda nela o que for imprestável, defende-a dos parasitos e a seu tempo ela crescerá. Assim também acontece com o homem: é necessário apenas superar os obstáculos para que amadureça no seu crescimento; mas não tem cabimento estar examinando a toda hora quanto ele foi queimado.

Em Liberdade

Diz a tradição que, enquanto o Rabi Uri dizia, no *schabat*, a bênção que separa o sábado do dia do trabalho, mantinha em suas mãos as chaves do inferno, e as almas libertas do tormento no decorrer do sagrado dia de repouso podiam voar pelo mundo sem ser molestadas.

O Sinal

O Rabi Uri ficou algumas horas desacordado na agonia do seu leito de morte. Seu discípulo predileto, o Rabi Iehudá Tzvi, abria de tempos em tempos a porta, lançava um olhar ao moribundo e voltava a fechá-la. Finalmente, entrou e aproximou-se do leito. Os *hassidim* que o seguiam viram no momento seguinte o seu mestre erguer mais uma vez o corpo e se finar. Mais tarde, quando perguntaram ao Rabi Iehudá Tzvi como pressentira a chegada da morte, ele respondeu: — Está escrito [6]: "Porquanto homem nenhum verá a minha face e viverá". Et vi que ele viu.

O Testemunho do Discípulo

O Rabi de Kalev pediu certa vez ao Rabi Iehudá Tzvi que lhe dissesse as palavras de ensinamento que tivesse ouvido do seu mestre, o Rabi Uri. — Os ensinamentos do meu mestre — replicou o Rabi Iehudá Tzvi — são como o maná celeste, que penetra no corpo e dele não sai [7]. — Como porém o Rabi de Kalev insistisse, ele abriu o gabardo sobre o peito e exclamou: — Pois olhai dentro do meu coração! Aprendereis então o que é o meu mestre.

---

(6) Êxodo, 33:20.
(7) Talmud (Iomá 75).

IEHUDÁ TZVI DE STRETIN E SEU FILHO ABRAÃO DE STRETIN

Como Schohet

Contam: "A princípio, o Rabi Iehudá Tzvi foi *schohet* em Stretin, pois não sentia ainda vontade de assumir o fardo do rabinato. Quando se dirigia para seu trabalho, as aves voavam ao seu encontro e o gado de corte se deitava a seus pés e oferecia-lhe o pescoço.

Um touro rebelde fugira para o bosque e estava causando muito dano. Aconselharam então a seu dono que confiasse o seu abate ao Rabi Iehudá Tzvi e este aceitou o encargo. Quando o Rabi Iehudá Tzvi se encaminhou para o bosque com a faca de *schohet*, o touro veio ao seu encontro, abaixou-se diante dele e lhe esticou o pescoço.

Um ganso veio voando da cidade de Rohatin até a cidade de Stretin, direto às suas mãos.

Pois às suas mãos de *schohet* era dado o poder de redimir as almas proscritas nos animais".

Homem com Homem se Encontra

Numa viagem, o Rabi Iehudá de Stretin ficou sabendo que o Rabi Schimeon de Iaroslav viajava na direção oposta pela mesma estrada. Apeou do carro e foi andando ao seu encontro. Também o Rabi Schimeon, que soubera da sua aproximação, apeara e vinha vindo para encontrá-lo. Saudaram-se fraternalmente. Então o Rabi Iehudá Tzvi disse: — Agora me ficou claro o sentido do provérbio: "Homem com homem se encontra, montanha com montanha não se encontra". Pois quando alguém se considera um simples homem e o outro também, os dois podem encontrar-se. Mas, quando um se considera uma alta montanha e o outro também, eles não podem encontrar-se.

Gravidez

O Rabi Iehudá Tzvi disse: — Quando por vezes surge ao homem um novo procedimento no serviço de Deus, deve permanecer oculto nele, sem ser mencionado durante nove meses, como numa gravidez. E só depois, como um parto, pode ele revelá-lo a outrem.

Messias Filho de José

Um *hassid* contava: "Certa vez, à sua mesa, disse-nos o Rabi Iehudá Tzvi: — Hoje nascerá na Hungria o Messias, filho de José, e ele será um dos *tzadikim* ocultos [1]. E se Deus me der vida suficientemente longa, hei de viajar para lá e vê-lo. — Dezoito anos depois, o rabi viajou para a cidade de Peste e me levou junto com os outros *hassidim*. Demoramo-nos em Peste várias semanas, sem que nenhum de nós, discípulos, soubesse por que tínhamos vindo. Certo dia apareceu na hospedaria um jovem de casaco curto, de rosto formoso como um anjo. Sem pedir permissão, foi direto ao quarto do rabi e fechou a porta. Como eu me recordasse das palavras que eu ouvira, fazia muito, postei-me próximo da porta, à espera de que ele saísse a fim de saudá-lo e pedir-lhe a bênção. Mas quando saiu, horas depois, o rabi o acompanhou até a porta da casa e, quando depois eu corri para a rua, já havia desaparecido. Mas ainda agora, passados tantos anos, sinto no coração o impulso vital que recebi então, à sua passagem".

As Dores que Assumiu

Nos últimos três anos da sua vida, o Rabi Iehudá Tzvi padecia de grave mal que prorrompia em todo o seu corpo em tumores

---

(1) Assim são chamados os 36 homens irreconhecíveis pelo aspecto exterior, seguindo as profissões mundanas de um camponês, trabalhador braçal ou carregador, cuja ação restaura a estabilidade da Criação.

desmedidamente dolorosos. Os médicos diziam que, pelo que conheciam do poder de resistência humano, era impossível alguém suportar tais dores. Quando um dos seus íntimos indagou do rabi a respeito, respondeu: — Quando eu era moço e um doente vinha a mim, eu podia orar com todo o devotamento da minha alma para que o seu sofrimento lhe fosse subtraído. Mais tarde, o poder de minha prece enfraqueceu e tudo o que podia fazer era assumir as dores. E assim eu as carrego agora.

O Remédio

Certa vez um homem de grande erudição mas de coração mesquinho dirigiu-se ao Rabi Abraão de Stretin: — Consta que forneceis remédios secretos aos homens e que os vossos remédios surtem efeito. Dai-me pois um, para que eu alcance o temor a Deus!

— Para o temor a Deus — replicou Rabi Abraão — não conheço nenhum remédio. Mas, se quiserdes, poderei receitar-vos um para o amor a Deus.

— Isto me é ainda mais desejável — exclamou o outro; — queira receitá-lo!

— O remédio é o amor aos homens — concluiu o *tzadik*.

A União dos Sentidos

O Rabi Haim de Zans admirou-se certa vez de que o Rabi Abraão de Stretin, que era seu hóspede, não pusesse açúcar no café. Respondeu o Rabi Abraão: — Está escrito [2]: "Não há paz nos meus ossos, por causa do meu pecado". Se são feitos dos mesmos elementos, por que reina a divisão entre as forças nos membros humanos? Por que podem os olhos apenas ver e os ouvidos apenas ouvir? Por causa do pecado dos primeiros homens não há paz entre eles. Quem todavia se endireitar até a raiz da sua alma, até à culpa de Adão, este estabelece harmonia no seu corpo. A ele é dado saborear a doçura também com os olhos.

(2) *Salmos*, 38:3.

MORDEHAI DE LEKOVITZ E SEUS DESCENDENTES

A Corrente

O Rabi Mordehai de Lekovitz disse aos seus discípulos: — O *tzadik* não pode proferir palavras de ensinamento sem antes ligar sua alma à do seu mestre falecido, ou à do mestre do seu mestre. Então se encadeia elo com elo e o ensinamento flui de Moisés para Josué [1], de Josué para os anciãos e assim por diante, até o seu mestre, e deste para ele.

A Natureza da Oração

O Rabi Mosché de Kobrin contava: "Meu mestre, o Rabi Mordehai de Lekovitz, me ensinou a orar. Ele me instruiu: — Quem diz a palavra "Senhor" e, ao fazê-lo, tem em mente acrescentar ainda a palavra "do mundo", não fala como se deve. Porém, no instante em que diz "Senhor", não deve ter mais nada em mente salvo oferecer-se por inteiro ao Senhor, de modo que, mesmo se sua alma se esvaísse no Senhor e ele não mais lograsse pronunciaar a palavra "mundo", bastar-lhe-ia ter podido dizer "Senhor". — Tal é a natureza da oração".

---

(1) *Ética dos Pais*, I, 1.

Do Calcanhar

Um *tzadik* perguntou a outro: — Qual é o caminho de Lekovitz? — O caminho de Lekovitz — veio a resposta — é que a palavra, tão logo é proferida, salta do calcanhar. Então se torna verdade o que está escrito [2]: "Todos os meus ossos falarão".

Com o teu Reino

Um emissário da Terra de Israel, homem devoto e virtuoso, temia que o recebessem com muitas honrarias, como era costume naquele tempo, e ele com isso se sentisse gratificado. Assim, rogou a Deus que, se tal acontecesse, lhe enviasse imediatamente dores de estômago, forçando-o a esquecer as homenagens nas dores corporais. Isto lhe foi concedido. Quando ele — era uma sexta-feira — chegou a Lekovitz, o Rabi Mordehai o acolheu com grandes honras. No mesmo momento o emissário foi obrigado a deitar-se com dores e não pôde sentar-se à mesa do *tzadik*. Mas do seu leito ouviu que, na sala contígua, os *hassidim* conduzidos pelo *tzadik* cantavam: "Eles se alegrarão com o Teu reino". Levantou-se de um salto. A dor havia desaparecido. Tal como estava, sem as roupas de cima, sem sapatos, na cabeça apenas o solidéu, correu para a sala e dançou em torno da mesa. — Louvado seja o Senhor — gritava em compasso — que me trouxe ao lugar certo. Eu ouvi: Eles se alegrarão com o Teu reino. Não com mulher e filhos, não com carneiros e gado, só com o Teu reino! Louvado seja o Senhor, porque chegamos ao lugar certo. Só com o Teu reino, só com o Teu reino!"

O Buraco no Pulmão

O Rabi Mordehai murmurava certa vez consigo mesmo: "Ouvimos falar de um pássaro que canta o seu louvor a Deus com tanto fervor que o seu corpo se rompe. Eu, porém, oro e permaneço incólume. De que serve pois a minha prece?" Tempos depois ocorreu que, devido ao fervor de sua prece, adveio-lhe uma ruptura no pulmão. Os médicos da cidade de Lvov declararam-no perdido. Ele, porém, falou a Deus: — Eu não pretendia dizer uma única oração; gostaria de continuar orando. — Então Deus o ajudou e ele sarou. Quando foi novamente

(2) *Salmos*, 35:10.

a Lvov e uma multidão de *hassidim* cercou-lhe a casa, passou um médico e perguntou quem chegara. — O Rabi de Lekovitz — responderam-lhe. — Ele ainda vive? — exclamou. — Mas então vive sem pulmão!

Milagre

O Rabi de Kobrin disse: — Nós não prestávamos atenção aos milagres que o nosso mestre Mordehai realizava, e às vezes quando o milagre não se verificava ele crescia aos nossos olhos.

Contra as Preocupações

O Rabi Mordehai dizia: — Não devemos nos preocupar. Uma única preocupação é permissível ao homem: a de não se preocupar.

Para que a Alegria?

A propósito do versículo do salmo [3]: "Alegra o coração do teu servo, porque a Ti, Senhor, elevo a minha alma", observou certa vez o Rabi Mordehai: — "Alegra o coração do teu servo", por que a alegria? "Porque a Ti, Senhor, elevo a minha alma", é na alegria que posso elevar a Ti meu coração.

Uma Bênção

Certa vez, o Rabi Mordehai servia de padrinho na circuncisão do filho do seu amigo, o Rabi Ascher de Stolin, e, quando depois lhe trouxeram o menino, para que o abençoasse, ele lhe disse: — Oxalá não enganes a Deus e não enganes os homens, nem enganes a ti mesmo.

O Signo de Caim

Rabi Mordehai interpretava assim o versículo [4]: "E pôs o Senhor um sinal em Caim para que o não ferisse de morte quem quer que o encontrasse": — Deus concedeu um signo de força

---

(3) *Salmos*, 86:4.
(4) *Gênese*, 4:15.

e santidade ao penitente Caim, para que quem quer que o encontrasse não o ferisse no espírito e não perturbasse o seu labor de penitência.

A Boa Insolência

Um velho homem douto, adversário do caminho hassídico, perguntou certa vez ao Rabi Mordehai: — Dizei-me por que, enquanto um rapaz aprende na casa de estudos e não se entrega às esquisitices hassídicas, é estimado e tem boas maneiras, mas, assim que adere aos *hassidim,* torna-se um insolente. — O *tzadik* respondeu: — Já ouvistes falar daquele velho que desde tempos imemoriais se preocupa com o gênero humano? O Rei Salomão [5] chamou-o de Rei velho e o fato de aprender com todos os demais prova sua sabedoria. Quando este velho sábio vem a um jovem tímido, que nada mais sabe exceto recebê-lo com boas maneiras, e começa a tentá-lo para que o siga em seus caminhos, o moço não se atreve a repudiá-lo. O *hassid* porém, insolentemente, agarra-o com ambos os braços, aperta-o até que suas costelas estalem e atira-o pela porta a fora.

Glutão e Beberrão

O Rabi Mordehai, certo dia, perguntou aos seus homens de confiança: — O que falam de mim na Lituânia? — A princípio, todos vacilaram em responder-lhe mas, diante de sua insistência, um deles revelou: — Dizem que o rabi é glutão e beberrão. — Sim — replicou — pudesse eu comer e beber tanto quanto eles dizem, todos aqueles senhores de chapéu alto viriam da Alemanha até mim para fazer penitência.

O Versículo Íntimo

O Rabi Mordehai encontrava-se, certa vez, na grande cidade de Minsk, expondo as Escrituras perante um numeroso grupo de indivíduos hostis ao seu caminho; estes riram dele: — O que dizeis em nada esclarece o sentido do versículo — exclamaram. — E pensais por acaso — retrucou o Rabi — que pretendo aclarar o versículo no Livro? Este não precisa de aclaramento! Eu quero aclarar o versículo no meu íntimo.

(5) *Eclesiastes,* 4:13.

Para a Alegria dos Outros

Uma vez mais os *mitnagdim* riam do Rabi de Lekovitz. Ele rebateu os risos apenas com um sorriso e disse: — Deus não criou um único ser no mundo que não desse alegria a outros seres. Também a mim Ele criou para a alegria dos outros; dos meus próximos, pois a minha proximidade lhes faz bem, e de vós, pois podeis rir de mim. — Os *mitnagdim* o ouviram e ficaram sombrios.

Hassid e Mitnagd

Um *hassid* do *tzadik* de Lekovitz tinha um sócio que era *mitnagd*. O *hassid* insistia para que fossem juntos ao rabi, mas o outro se recusava obstinadamente. Afinal, negócios comuns levaram-nos às proximidades de Lekovitz, o amigo se deixou convencer e acompanhou o *hassid* à janta sabática do *tzadik*. Durante a refeição, o *hassid* percebeu que o rosto do amigo estava radiante de encantamento. Interrogou-o, depois, sobre o fato. — Quando comia, ele parecia tão santo quanto o sumo sacerdote que oferecia o sacrifício. — Mais tarde o *hassid* procurou o rabi, preocupado, e quis saber como era possível que o outro, à primeira visita, vislumbrasse algo que ele, íntimo, não via. — O *mitnagd* precisa ver, o *hassid* deve crer — respondeu o Rabi Mordehai.

O Embuste

Rabi Mordehai fazia a coleta de dinheiro para a Terra de Israel e ele mesmo contribuía com grandes quantias. Constantemente, ao levantar-se do leito pela manhã, antes da oração matinal, depois da oração matinal, antes do estudo, após o estudo, antes de comer, depois de comer, e assim por diante, até a noite, separava dádivas para a Terra de Israel. Enviava o dinheiro acumulado ao Rabi Abraão Kalischer, o então coletor para a Terra de Israel, e juntava um bilhete com os nomes dos doadores. Pessoalmente, porém, o Rabi Mordehai dava contribuições muito elevadas e, querendo evitar que fossem conhecidas as dimensões de sua participação, acrescentava algo de sua contribuição às dos outros. Quando o bilhete chegava às mãos do Rabi Abraão, este o examinava sorrindo e, sacudindo a cabeça, mostrava uma quantia depois da outra: — Aqui há alguma coisa do Rabi de Lekovitz! E aqui novamente há alguma coisa do Rabi de Lekovitz!

Perante Ti

Certa vez, ao dizer o versículo do salmo [6]: "Assim me embruteci e nada sabia; era como animal perante Ti", o Rabi Mordehai se interrompeu e exclamou: — Senhor do mundo, quero embrutecer, quero tornar-me animal, contanto que esteja perante Ti.

Nas Pegadas do Pai

Quando o Rabi Noach, filho do Rabi Mordehai, sucedeu ao pai, os discípulos repararam que em muitas coisas ele se portava de maneira diferente e o interrogaram a respeito. Respondeu ele: — Ajo exatamente como o meu pai agia. Ele não imitava e eu não imito.

Contra a Falsa Santidade

O Rabi Noach de Lekovitz dizia: — Quem executa o trabalho de Deus para disfarçar alguma coisa, de que lhe vale isso? Não se pode lograr a Deus, e se alguém consegue lograr os homens, a coisa lhe sai mal. Quem quer lograr, só logra a si mesmo e sai logrado.

Creio

Certa vez, do seu quarto, o Rabi Noach ouviu que, na casa de estudos adjacente, um dos seus fiéis começou a proferir as frases do credo e logo em seguida, após as palavras: "Eu creio com a fé perfeita", interrompeu-se e murmurou consigo mesmo: — Não compreendo isso. — E novamente: — Não compreendo isso. — O *tzadik* saiu do aposento e entrou na casa de estudos. — O que é que tu não compreendes? — perguntou. — Não compreendo o que seja isso — respondeu o homem. — Eu digo: creio. Se creio realmente, como acontece então que eu peque? E se não creio mesmo, por que então digo uma mentira? — Isto significa — disse-lhe o Rabi Noach — que o versículo "creio" é uma prece. Significa: "possa eu crer". — Então o *hassid* se inflamou. — Assim está certo! — bradou. — Assim está certo! Possa eu crer, Senhor do mundo! Possa eu crer!

(6) *Salmos*, 73:22.

O Traje Novo

Nos últimos dias de vida do Rabi Noach, quando ninguém ainda sabia que o seu fim se achava próximo, os seus íntimos quiseram fazer-lhe um traje novo para o Rosch ha-Schaná e mandaram um alfaiate ao seu aposento a fim de tirar-lhe as medidas. Quando ele viu o alfaiate entrar, começou a correr pelo quarto e a repetir incessantemente com estranho fervor: — Preto foi pensado, branco será confeccionado. — Aturdido, o alfaiate foi-se embora.

Faça-se Luz

O Rabi Schlomo Haim de Kaidanov, um neto do Rabi Mordehai de Lekovitz, ensinava: — Está escrito [7]: "E ele disse: Deus, faça-se a luz". Quando um homem ora em verdade: "Deus, faça-se a luz", a luz se lhe faz.

Um Judeu

Antes de morrer, Rabi Schlomo Haim falou a seus filhos: — Meus filhos, não penseis que o vosso pai foi um *tzadik*, um *rebe*, "um bom judeu" [8], mas um hipócrita tampouco o fui: eu quis ser um judeu.

---

(7) *Gênese*, 1:3, aqui traduzido palavra por palavra.
(8) Ambos os termos, "bom judeu" e "rebe" (forma ídiche de rabi), são designações populares do *tzadik*.

MOSCHÉ DE KOBRIN

O Peixe na Água

O Rabi Mosché de Kobrin contava: "Quando era garoto, brinquei certa vez com outras crianças no dia da primeira lua nova do mês de Elul [1]. Disse-me então minha irmã mais velha: — Brincas até mesmo hoje, início do mês do preparo para o Grande Juízo, quando até o peixe treme dentro d'água! — Ao ouvir isso, comecei a tremer e não consegui dominar-me por horas. Ainda hoje, quando penso nisso, sinto-me como um peixe na água em dia da lua nova do mês de Elul e, como ele, tremo ante o dia do Grande Juízo.

Praticar o Bem

O Rabi Mosché de Kobrin era filho de aldeões que trabalhavam àrduamente para se manter. Ainda menino, sobreveio a fome na Lituânia. Os pobres, com mulheres e filhos, retiravam-se das cidades para o campo à procura de alimentos. Diariamente passavam bandos de necessitados pela aldeia onde moravam os pais de Mosché. Sua mãe moía trigo numa moenda e fazia pão todas as manhãs para distribuí-lo entre os indigentes.

---

(1) O mês que precede os Dias Terríveis, ou seja, do Ano Novo ao Dia da Expiação.

Certo dia, apareceu um bando maior do que usualmente, o pão não dava para todos, mas o forno estava aquecido e havia massa nas panelas. Rapidamente a mulher amassou os pães e os meteu no forno. Entretanto, os famintos resmungaram, pois estavam impacientes, e alguns atrevidos começaram a soltar impropérios e blasfêmias. Nisso a mulher caiu em prantos. — Não chores, mãe! — disse o menino. — Faz apenas o teu trabalho, deixa-os blasfemar e cumpre o mandamento divino! Talvez se te elogiassem e te abençoassem, a Lei não se cumpriria tão bem.

Ser Soldado

O Rabi de Kobrin contava: "Quando era jovem, passei uma festa de Purim com meu mestre, o Rabi Mordehai de Lekovitz. Durante a refeição êle falou: — Hoje é o dia dos presentes, chegou a hora das dádivas. Aquele que estender a mão receberá de mim a força e a graça que ele próprio se augurar. — Os discípulos pediram diversas graças e cada um obteve a sua. Finalmente o Rabi perguntou: — E tu, Moschke, o que desejas? — Dominei minha vergonha e respondi: — Não quero nenhuma dádiva desmerecida, quero apenas ser um simples soldado e servir até eu mesmo merecer algo".

A Seqüência

O Rabi de Kobrin contava: "Quando meu mestre me instruía no caminho do servir, nada mais eu queria ouvir dele até que tivesse cumprido o que me ensinara. Só depois é que voltava a escutá-lo".

O Fiel Seguidor

O Rabi Mordehai de Lekovitz era discípulo do Rabi Schlomo de Karlin. Quando este morreu, seus discípulos, Rabi Mordehai e Rabi Ascher de Stolin, dividiram entre si as comunidades dos seus *hassidim*. Entretanto, não conseguiram chegar a um acordo sobre a aldeia de Kobrin; cada um pretendia incluí-la em seu próprio distrito. Então o Rabi Mordehai propôs uma solução. Disse ele: — Tenho um *hassid* em Kobrin, o Rabi Mosché. Se, dentro de um ano, conseguirdes convencê-lo a aderir a vós, Kobrin será vosso. Durante este ano, podereis fazer tudo para aproximá-lo de vós e de minha parte tudo farei para afastá-lo.

— Assim aconteceu. Da vez seguinte em que o Rabi Mosché foi a Lekovitz, seu mestre não o cumprimentou. Ele, porém, nada perguntou e nem duvidou, continuando a segui-lo como antes. E, embora o Rabi Ascher o visitasse e lhe prestasse todas as gentilezas e lhe prometesse o bom e o melhor no mundo presente e vindouro, ele se manteve fiel. Assim, a aldeia de Kobrin foi atribuída a seu mestre.

Anjos e Criaturas

O Rabi Mosché disse um dia, voltado para os céus: — Anjinho, anjinho, não é difícil viver lá nos céus como anjo. Não precisas comer, beber, gerar filhos nem ganhar dinheiro. Desce à terra e dedica-te a obter comida e bebida, gerar filhos e ganhar dinheiro. Aí veremos se continuas anjo. Se o conseguires, poderás vangloriar-te, agora não.

Tudo é Serviço

O Rabi de Kobrin falou: — Reza o Talmud: "Enquanto o Santuário existia, o altar expiava. Agora expia a mesa do homem e ela está no lugar do altar". Existem duas espécies de sacrifício: o voto que diz: "Isto me é imposto" e a dádiva que diz: "Isto é oferecido". O voto arroga-se ultrapassar o dever, a dádiva não. Assim existem dois tipos de *tzadik,* no que tange à alimentação. Um come a fim de manter-se forte e sadio para o serviço divino; não perde tempo após a refeição, pois logo em seguida deve estudar e rezar, porque para tal fim ele comeu. Assim é como a promessa que diz: "Isto me é imposto". O outro *tzadik* alimenta-se de conformidade com a dádiva que diz: "Isto é oferecido", pois a sua própria refeição é serviço que busca a centelha sagrada no próprio alimento, elevando-a e unindo-a à mais alta unidade. Ele não é levado pelo dever, pois para ele tudo é serviço.

Uma Resposta

O Rabi de Kobrin gostava de citar a resposta que o General Gowin deu ao Czar Nicolau. O general era muito idoso e já prestara cinqüenta anos de serviços. O Czar, certa vez, presenciou uma manobra em que o general chefiava um dos exércitos. Nicolau cavalgava à testa da primeira coluna e, dirigindo-se ao general, disse: — Gowin, vejo que estás forte e rijo. Teu sangue ainda é quente? — Majestade — respondeu Gowin — o sangue não, mas o serviço sim.

Os Livros

Uma vez ele disse: — Tivesse eu o poder e esconderia todos os escritos dos *tzadikim*. Pois, quando alguém sabe muita *hassidut*, sua sabedoria torna-se facilmente maior do que seus atos.

Ao Final da Questão

O Rabi Mosché de Kobrin ensinava: — Ao encerramento do Eclesiastes está escrito [2]: "De tudo o que se tem ouvido, o fim é: teme a Deus". Qualquer que seja o final a que chegares, somente sentirás esta única verdade: "Teme a Deus", e isto é tudo. Não há coisa no mundo que não te indique um caminho para o temor divino. Tudo é mandamento.

Altos e Baixos

O Rabi Mosché de Kobrin ensinava: — Ao trilhares um campo recém-lavrado, os sulcos se alternam com as rugas. Assim é o caminho do serviço de Deus. Ora sobes, ora desces, ora és dominado pelo Impulso do Mal, ora o dominas. Cuida apenas que sejas tu a dar o último golpe.

Para o Rei

Ensinava o Rabi Mosché a seus *hassidim*: — E se um de vós despencar subitamente das alturas que alcançou no abismo, que não desanime! Que assuma de novo o fardo do reino dos céus e recomece a lutar!

"Quando os saxões lutavam com os russos nestas paragens, um soldado russo aprisionou um saxão. "Pede perdão", gritou, "e nada te farei". "Nada de perdão", respondeu-lhe o saxão. "Seria uma vergonha para o rei." "Pede perdão", berrou o russo, "ou te corto a cabeça!" O aço já lhe penetrava na garganta e o saxão ainda sustentava: "Seria uma vergonha para o rei".

(2) *Eclesiastes*, 12:13.

Só Aquilo

Antes de tirar a água do poço para cozer as *matzot*, o Rabi de Kobrin falou: — Todas as estratégias ensina o rei a seu povo, porém na hora da luta eles esquecem tudo o que aprenderam e atiram a torto e a direito. Assim também no tirar água existem muitos segredos para aprender; mas quando sobrevém a hora da própria ação só sei o que me foi ordenado.

O Vestido que não Serviu

Um alfaiate confeccionou um luxuoso vestido para a esposa de um alto oficial. Como o vestido não servisse, o alfaiate foi expulso da casa. Procurou então o Rabi de Kobrin e pediu-lhe que o aconselhasse como proceder a fim de não perder toda a clientela nobre. — Volta lá — disse o *tzadik* — e te oferece para reformar o vestido. Depois desmancha-o e arma novamente as partes tais como se apresentam. — O homem assim procedeu. Tímida e humildemente, refez o trabalho que havia estragado antes, com sua orgulhosa segurança, e desta vez deu certo.
O Rabi Mosché gostava muito de contar esta história.

A Alma e o Impulso do Mal

O Rabi de Kobrin ensinava: — A alma diz ao Impulso do Mal a mesma coisa que Abraão dizia a Lot[3]: "Se escolheres a esquerda, irei para a direita, se a direita escolheres eu irei para a esquerda". Se queres me levar para a esquerda, diz a alma ao Impulso do Mal, não te obedeço e escolho o caminho certo. Mas, se me aconselhares a ir contigo para a direita, prefiro ir para a esquerda.

Amargo, mas não Mau

O Rabi Mosché ensinava: — Quando o homem sofre não deve dizer: "É mau, é mau". Nada do que Deus faz ao homem é mau. Entretanto, pode-se dizer: "É amargo!" Pois existem remédios que são feitos de ervas amargas.

(3) *Gênese*, 13:9.

Nem só de Pão

O Rabi Mosché, numa ceia sabática, tomou uma fatia de pão nas mãos e falou aos *hassidim*: — Está escrito [4]: "O homem não viverá só de pão, mas de tudo o que sai da boca do Senhor viverá o homem". O homem não se sustenta do pão material mas das centelhas de vida divina aí contidas. Se quereis saber onde está Deus, vede este pão. Ei-lo aqui. Através da sua vida vivificadora, cada coisa vem a existir, porém, mal se retira de alguma coisa, esta se decompõe e se aniquila.

Por Cuja Palavra

Um *hassid* do Rabi de Kobrin trabalhava nos serviços públicos. Certa manhã, cuidando de seus negócios, acometido de uma preocupação, não soube o que fazer e, ao cabo, largou tudo e foi à cidade diretamente ao *tzadik*, sem dar sequer uma olhada na própria casa. O mestre, a quem acabavam de servir um prato de cevada, recitava a bênção: "Por cuja palavra todas as coisas existem". Assim não se apercebera da chegada do *hassid* e não lhe estendera a mão. Este manteve-se de lado, aguardando até que pudesse apresentar seu caso. Finalmente, o Rabi lhe disse: — Zalman, pensei que fosses parecido com teu pai; vejo agora porém que não te pareces com ele. Certa vez, teu pai veio procurar-me com todo um fardo de preocupações. Ao entrar, eu recitava a bênção, como hoje: "Por cuja palavra todas as coisas existem". Enquanto recitava, percebi que teu pai já queria retirar-se. "Abrãozinho", perguntei, "não tens um pedido?" — "Não", replicou-me e despediu-se. Entendes? Quando um judeu ouve que tudo veio a existir através do verbo divino, o que mais tem a indagar? É a resposta para todas as suas perguntas e preocupações. — E o Rabi Mosché estendeu a mão ao *hassid*. Este permaneceu calado algum tempo, depois despediu-se e, reconfortado, voltou ao trabalho.

Onde Está o Homem?

Num repasto sabático, certa vez reuniram-se diversos jovens ao redor da mesa do Rabi de Kobrin. Este fixou um deles, que já havia estado diversas vezes em sua casa e perguntou ao criado: — Quem é ele? — Este, admirado, lhe disse o nome. — Não o conheço — tornou o Rabi Mosché. — O criado deu os

(4) *Deuteronômio*, 8:3.

nomes do pai e do sogro do jovem e; como isso também não ajudasse, informou quando o jovem havia chegado a Kobrin e como participara dos ensinamentos ministrados pelo Rabi. Então o *tzadik* se lembrou e falou ao rapaz atônito: — Agora sei por que não te reconheci. O homem sempre está onde estão seus pensamentos e como os teus andavam distantes, eu somente via um monte de carne.

Não se Aglomerar

Numa noite de Hanucá, as pessoas se aglomeravam para ver como o Rabi de Kobrin acendia as velas. Então ele falou: — Está escrito [5]: "E o povo, observando, se estremeceu e ficou em pé de longe". Quando a gente se aglomera, a gente permanece distante.

O Esfriamento

Um *hassid* se queixou ao Rabi de Kobrin de que, toda vez que saía para vê-lo, seu coração se inflamava e, tão logo chegava à casa do mestre, sentia-se como que voando pelos céus; e toda vez que já se encontrava em sua presença a chama se extinguia e o coração se lhe encolhia mais do que em casa. O Rabi disse: — Lembra-te do salmo de Davi [6]: "Minha alma tem sede de Deus", e depois: "Como te vi no santuário". Davi implora a Deus que lhe conceda experimentar no lugar santificado o mesmo ardor que sentiu quando estava "numa terra árida, exausta, sem água". Pois, primeiramente, Deus misericordioso desperta o homem para a santidade, depois, porém, quando ele começa a agir, a santidade lhe é subtraída para que o homem aja sozinho e alcance sozinho o pleno despertar.

A Astúcia de Satanás

— Antigamente — contou o Rabi Mosché — quando o Satanás queria impedir que um *hassid* procurasse o *tzadik,* adotava a feição de seu pai, sua mãe ou sua mulher, para persuadi-lo, o melhor que pudesse, a desistir da idéia. Entretanto, quando percebeu que toda resistência apenas aumenta a força da fidelidade, passou a usar outra artimanha. Agora ele se afeiçoa ao

(5) *Êxodo,* 20:18.
(6) *Salmos,* 42:2; 63:2.

homem escolhido, torna-se seu amigo e lhe fala brandamente: "Tu me convenceste. Procura o teu Rabi e permite-me que te acompanhe, reza a teu modo e deixa-me rezar também, aprende o que desejares e eu te ajudarei". E assim chega a época em que Satanás lhe diz: "Senta-te no lugar do *tzadik* que me sentarei junto de ti; nós permaneceremos juntos".

Aceitar o Mundo

Um dos *hassidim* do Rabi Mosché era muito pobre. Uma vez lamentou-se da miséria que o impedia de rezar e estudar. — Na época de hoje — disse o Rabi Mosché — a maior devoção, acima de todo o estudo e oração, consiste em aceitar o mundo tal como é.

O Significado Original

A um autor de livros que lhe indagava sobre a Cabalá, o ensinamento secreto, e sobre as *kavanot*, as intenções secretas, o Rabi Mosché disse: — Deves ter em mente que a palavra *Cabalá* vem de *cabel*, aceitar ou absorver, e o termo *kavaná* origina-se de *kaven*, dirigir-se ou deixar-se conduzir para algo. O sentido final de toda a sabedoria da Cabalá é: aceitar o jugo divino, e o sentido final das *kavanot* é: dirigir seu coração ao Eterno. Quando alguém diz: "O Senhor é meu Deus", isto quer dizer: "Ele é meu e eu sou d'Ele", como então a alma não lhe sai do corpo? — Mal terminou de pronunciar tais palavras, caiu em profundo desfalecimento.

Gratuito

Depois da morte do Rabi Itzhak de Vorki, um de seus *hassidim* veio ao Rabi Mosché de Kobrin. — O que procuras comigo aqui na Lituânia? — perguntou este. — Encontrarias o mesmo, senão mais, com qualquer dos *tzadikim* da Polônia. — Respondeu o homem: — Meu mestre disse-me muitas vezes que constituía dever piedoso conhecer o Rabi de Kobrin, pois no seu coração ele fala a verdade. Assim decidi visitar-vos a fim de talvez aprender de vós como se alcança a verdade. — A verdade — disse o Rabi Mosché — não é coisa que se possa alcançar. O Senhor olha para um homem que devotou a vida inteira a atingir a verdade e de repente lhe concede algo gratuitamente. Por isso está escrito [7]: "Tu darás a verdade a Jacó". — O Rabi tomou uma minúscula pitada de rapé entre os dedos e a espalhou: — Vê, é ainda menos do que isso! — E tornou a tomar alguns grãos de rapé nas mãos: — Que seja ainda menos, se é só verdade!

O Verdadeiro Temor a Deus

Dizia o Rabi de Kobrin: — Tivesse eu o verdadeiro temor a Deus e correria pelas ruas bradando: Estais pecando contra a Torá em que está escrito [8]: "Santos sereis!"

A Cavilha e a Coroa

O Rabi de Kobrin falou: — Quem é chefe em Israel não deve pensar que o Senhor do Mundo o escolheu porque é um grande homem. Se o rei quisesse pendurar sua coroa na cavilha de madeira que está presa na parede, iria a cavilha gabar-se de que sua beleza atraíra sobre si a mirada do rei?

Por Causa dos Outros

Na véspera do Ano Novo, antes da oração vespertina, o Rabi de Kobrin colocou, certa vez, a cabeça em cima de todos os bilhetes de pedidos espalhados à sua frente e disse: — Senhor do Universo, "bem conheces a minha insipiência e os meus pecados não te são encobertos" [9], mas o que faço com esta gente? Eles pensam que eu seja realmente algo! Por isso suplico-te, não deixes que sejam envergonhados em mim os que por Ti esperam.

Autodomínio

Certa vez, à véspera do Ano Novo, quando o Rabi Mosché se dirigia diante da Arca para rezar, todos os seus membros começaram a tremer. Ele se agarrou ao púlpito, que também oscilou. O *tzadik* só conseguiu recuperar o equilíbrio quando se curvou inteiramente para trás. Era como se estivesse afugentando o tremor para dentro de si. Só então firmou-se no lugar e deu início à prece.

---

(7) *Miquéias*, 7:20.
(8) *Levítico*, 19:2.
(9) *Salmos*, 69:5.

O Hazan

Num dia de Ano Novo, antes do ofício, o Rabi Mosché de Kobrin disse: — Um rei zangou-se com seu povo revoltoso e sentou-se para o julgamento. Ninguém se atreveu a pedir clemência. Entretanto, entre eles estava o chefe dos rebeldes. Ele sabia que sua cabeça estava em jogo, mas aproximou-se do rei, falando. Desta maneira é que, nos Dias Terríveis, o precentor se aproxima do Arca Sagrada e reza pela congregação.

Invocação

No dia do Ano Novo, antes do toque do *schofar*, o Rabi Mosché exortou: — Irmãos, não confieis em mim! Que cada qual cumpra a sua parte!

O Sacrifício

Num sabá, o Rabi Mosché de Kobrin rezou o *Musaf* ante a congregação. Este ritual substitui os sacrifícios do *schabat* e dos dias festivos. Ao dizer as palavras: "Leva-nos para nossa terra e lá Te ofertaremos novamente os sacrifícios ordenados", caiu ao chão, desmaiado. Com muita dificuldade conseguiram reanimá-lo e ele concluiu a oração.

À tarde, à sua mesa, quando tornou a proferir: "Lá Te ofertaremos o sacrifício especial deste *schabat,* pois agora não temos santuário e serviços de holocausto", inflamou-se e gritou: — Senhor do Universo, nós, nós mesmos nos ofertaremos a Ti em lugar dos sacrifícios.

Todos compreenderam então por que ele caíra como que sem vida na sinagoga.

O Tolo

Perguntaram ao Rabi Mosché: — Por que todos sempre chamam o *hazan* de tolo?

— Sabeis — disse ele — que o mundo da música limita-se com o do regresso a Deus. Quando o *hazan* canta, ele está no mundo da música e bem perto do outro. Como é que consegue evitar de saltar para o outro e realizar a verdadeira penitência? Haverá tolice maior do que esta?

Trocar a Força

Rabi Mosché ensinava: — Quando um judeu está pronto a entoar: "Bendito sejas Tu, nosso Deus, Rei do Universo" [10] e se prepara para pronunciar a primeira palavra "bendito", deve fazê-lo com toda a energia, a fim de que não lhe restem forças para dizer "sejas Tu". E é o que está escrito [11]: "Mas os que esperam no Senhor trocarão sua força". Dizemos quase o seguinte: "Nosso Pai nos céus, toda a força que reside em mim eu dou a Ti com a primeira palavra, Tu me darás em troca nova força para que eu possa continuar minha oração".

Na Palavra

O Rabi Mosché de Kobrin ensinava: — Ao dizeres uma palavra perante Deus, penetra nela com cada um dos teus membros.
Um ouvinte perguntou: — Como é possível que um homem grande caiba numa palavra pequena?
Respondeu o *tzadik*: — Quem se julga maior que a palavra, dele é melhor não falar.

Aquele que não Sabe Perguntar

Quando o Rabi Mosché leu, na *Hagadá* do Pessach, o trecho dos quatro filhos, cujo pai os instruiu no significado do *seder,* e chegou às frases que são ditas pelo mais novo entre os presentes: "e Tu ensinarás aquele que não souber perguntar", parou nesse trecho e disse suspirando: — E àquele que, infelizmente, não sabe orar, Tu abrirás seu coração para que possa fazê-lo.

Um, Quem Sabe?

Com referência à primeira palavra do jogo de adivinhação, que é cantado ao final da *Hagadá* de Pessach: "Um, quem sabe? Um, eu sei", disse o Rabi Mosché de Kobrin: — Um, quem sabe? Quem pode reconhecer o Único? Mesmo os serafins perguntam [12]: "Onde é o lugar da sua glória?" Mesmo assim, eu sei! Pois como diz o sábio [13]: "Onde te encontrarei

---

(10) Palavras introdutórias de uma bênção.
(11) *Isaías*, 40:31.
(12) Os quais conduzem o cântico do serviço divino do *schabat.*
(13) Iehudá Ha-Levi, filósofo e poeta do século XII. Um dos hinos de Iehudá Ha-Levi começa com os versos: Deus, onde te encontrarei?/ Teu lugar é alto e recôndito./ E onde não te encontrarei?/ O mundo está cheio da Tua glória.

e onde não te encontrarei?" E os serafins também respondem [14]: "Toda a terra está cheia da sua glória". Posso reconhecer o Um e Único através daquilo que faz em mim.

A Escada

O Rabi Mosché ensinava: — Está escrito [15]: "E sonhou: e eis que uma escada era posta na Terra". Isso concerne a cada homem. Cada qual deve saber: Sou barro, sou uma das inúmeras partículas, mas, "seu topo toca os céus", minha alma chega aos céus, "e anjos divinos sobem e descem por ela". Assim, até o ascenso e o descenso dos anjos dependem de minhas ações.

Em Toda a Parte

O Rabi de Kobrin ensinava: — Deus fala ao homem como falou a Moisés [16]: "Tira os teus sapatos dos teus pés", descalça o habitual que encerra teus pés e saberás que o lugar em que pisas é solo sagrado. Pois não há situação da vida humana em que não se possa encontrar, em toda a parte e a qualquer tempo, a santidade do Senhor.

Ele Virá

O Rabi Mosché de Kobrin ensinava: — Conta o Midrasch [17] que, quando Moisés informou o povo que o Senhor viria libertá-los do cativeiro, o povo respondeu: "Como poderemos ser libertados se todo o Egito está cheio da nossa idolatria!" Retrucou-lhes Moisés: "Porque Deus quer libertar-vos, Ele não atenta para vossa idolatria". Como está escrito [18]: "Ouço a voz do meu amado. Ei-lo aí galgando os montes, pulando sobre os outeiros!"

"Agora também é assim. Quando o homem pondera sobre sua condição e almeja ser libertado dos maus caminhos, o Impulso do Mal lhe diz: "Como podes esperar a redenção! Passaste os teus dias em futilidades!" Os *tzadikim*, entretanto, dizem: "Se o Senhor quer libertar-te, Ele não atentará para o teu passado, saltará através de tudo e te libertará".

(14) No cântico acima mencionado (extraído de *Isaías*, 6:3).
(15) *Gênese*, 28:12.
(16) *Êxodo*, 3:5.
(17) Ialcut Schimeoni, sobre *Êxodo*, no. 190.
(18) *Cântico dos Cânticos*, 2:8.

Pelo Amor de Deus

O Rabi Mosché de Kobrin ensinava: Está escrito [19]: "E Moisés relatou ao Senhor as palavras do povo". Em obediência à ordem divina, transmitira a mensagem a Israel de que se tornariam um "reino de sacerdotes e nação santa". O povo respondera: "Tudo o que o Senhor falou, faremos". Isto quer dizer: — Não ambicionamos servir a Deus para alcançar as alturas, mas somente porque ele nos falou". A resposta agradou a Moisés e ele a transmitiu ao Eterno em nome do povo e do seu próprio.

Não Temer a Morte

Na Festa da Revelação, quando os *hassidim* se encontravam à mesa do Rabi de Kobrin, ele ensinou: — Está escrito [20] que o povo disse a Moisés no Monte Sinai: "Fala-nos tu e te ouviremos; porém não fale o Senhor conosco, para que não morramos". Como é possível que Israel, nesta hora máxima, se recusasse a ouvir a voz divina por receio da morte, que nada mais é do que a alma desprender-se da cápsula para agarrar-se à luz da vida!
Repetidamente, e cada vez com maior ênfase, o *tzadik* formulou a pergunta. Quando a proferiu pela terceira vez, desmaiou e permaneceu imóvel por alguns momentos. Só a custo conseguiram reanimá-lo. Logo depois sentou-se na cadeira e finalizou o ensinamento: "Para que não morramos." Pois era muito árduo para eles renunciar ao serviço terreno do Senhor.

O Mais Humilde

Perguntaram ao Rabi Mosché: — Como é possível que Datã e Abirã [21] censurassem Moisés por querer governar soberanamente, se a Torá testemunha que ele era o mais humilde dos homens?
O Rabi expôs: — Quando Moisés estava sentado na cadeira do *tzadik,* ele julgava com muito poder. Por isso pensaram que pretendesse dominá-los. Porém, no fundo do coração, ele era o mais humilde dos homens. Bem diversa é essa gente que anda por aí com a cabeça curvada para o chão e se intitula humilde — é uma falsa humildade. A verdadeira está enterrada no coração.

(19) *Êxodo,* 19:8.
(20) *Êxodo,* 20:19.
(21) *Números,* 16:12.

As Palavras não Acolhidas

Uma vez, o Rabi Mosché de Kobrin disse aos *hassidim,* depois de haver exposto a Torá à mesa sabática: — Vejo que com todas as palavras que proferi não consegui atingir o coração de nenhum de vós. E se me perguntardes como o sei, não sendo eu profeta ou filho de profeta, direi: Palavras que vêm do coração chegam realmente a ele; se, porém, não acham nenhum coração que as acolha, o Senhor concede ao homem que as pronunciou uma graça: a de que elas não fiquem vagando a esmo, mas retornem ao coração de quem as proferiu. É o que está acontecendo comigo. Senti como que um empurrão e todas de uma vez tornam a precipitar-se para dentro de mim.

Algum tempo depois de sua morte, um amigo disse: — Tivesse ele com quem falar e ainda hoje estaria vivo.

O Descanso

Quando na velhice estava sentado à mesa do *schabat,* via-se que estava muito fraco. Seu criado de confiança instou-o a repousar. — Tolo — gritou — meu único descanso é quando sento junto de Israel; não tenho outro descanso.

"Se eu Soubesse"

O Rabi Mosché disse, certa vez: — Se eu soubesse com certeza que ajudei um único dos meus *hassidim* a servir a Deus, não teria nenhuma preocupação.
Outra vez disse: — Se eu soubesse que falei amém uma única vez da maneira como se deve, não teria nenhuma preocupação.
E uma outra vez ainda disse: — Se eu soubesse que depois da minha morte seria anunciado ao céu que um judeu lá estava entrando, não teria nenhuma preocupação.

O Fim

No grande *schabat* [22], poucos dias antes de expiar, o Rabi Mosché de Kobrin repetiu diversas vezes as palavras do Salmo [23]: "Ó minha alma, louva ao Senhor". Em seguida acres-

(22) O *schabat* que antecede o Pessach.
(23) *Salmos,* 146:1.

centou, ciciando: — Tu, alma, em qualquer mundo onde te encontrares, em todos tu enaltecerás o Senhor. Porém isso eu rogo a Deus: "Quero louvar ao Senhor durante a minha vida" [24] — enquanto ainda vivo aqui, quero poder louvar.

No último dia de Pessach falou muito à sua mesa antes da bênção da comida. Depois disse: — Agora nada mais tenho a dizer, vamos proferir a bênção.

Na noite seguinte deitou-se no leito de morte e uma semana depois morreu.

O Mais Importante

Logo depois da morte do Rabi Mosché de Kobrin, um de seus discípulos foi abordado pelo velho Rabi Mendel de Kotzk, que lhe perguntou: — Qual era a coisa mais importante para o teu mestre?

O discípulo meditou e respondeu: — Aquilo que o ocupava no momento.

---

(24) *Salmos*, 146:2.

NA CASA DO MAGUID DE KOSNITZ

MOSCHÉ E ELEAZAR DE KOSNITZ

Para Iluminar

O Rabi Mosché, filho do Maguid de Kosnitz, falava: — Está escrito [1]: "Azeite puro de oliveiras, batido para o candeeiro". Sejamos batidos e prensados, mas para luzir, e não para restar.

A Janela e a Cortina

Quando o jovem Rabi Eleazar de Kosnitz, filho do Rabi Mosché, era hóspede em casa do Rabi Naftali de Ropschitz, olhou certa vez admirado para as janelas, cujas cortinas estavam cerradas. Respondendo à pergunta do seu anfitrião por que se admirava, disse: — Se a gente quer que as pessoas olhem para dentro, para que as cortinas? E se a gente não quer, para que as janelas? — E como explicas o caso? — perguntou o Rabi Naftali. Respondeu Eleazar: — Quando se deseja que alguém que se ame olhe para dentro, puxa-se a cortina.

(1) *Êxodo*, 27:20.

HAIM MEIR IEHIEL DE MOGUIÉLNICA E IZAHAR DE VOLBORZ

A Justificativa

O Rabi Haim Meir Iehiel contava: "Minha mãe, Perle, a paz seja com ela, perdia um filho atrás do outro ainda pequeno. Finalmente nasceu-lhe um menino que recebeu o nome de Mosché. Parecia que a êste ela ia poder criar. Quando o menino completou sete anos, sentou-se pela primeira vez à mesa do meu avô, o santo Maguid, na terceira ceia sabática. Naquele dia fora lido o trecho da Torá em que Deus ordena a Moisés que fale com a rocha para que produza água [1] e Moisés bate na rocha e dela brota água. Durante a refeição, o menino Mosché pulou subitamente na mesa e exclamou: — A Torá fala no pecado de Moisés: entretanto, pecou Moisés ao bater na rocha? Se o próprio Deus lhe ordenou: "Toma a vara!" — E continuou assim a expor, levando a cabo com lógica a justificativa dos atos de Moisés. Depois desceu da mesa e falou à sua mãe: — Mãe, estou com dor de cabeça. — Foi a seu quarto, deitou-se e morreu. Mais tarde, os *tzadikim* daquela geração disseram que a alma do nosso mestre Moisés estivera dentro do menino e que este só viera ao mundo para justificá-lo.

(1) *Números*, 20:8.

Depois disso, minha mãe suplicou a seu pai, o santo Maguid, que a ajudasse de modo que pudesse criar um filho. Ele respondeu-lhe: — Minha filha, quando estás deitada com teu marido, o êxtase em tua alma se eleva demasiado e por esta razão os filhos que concebes recebem muito pouco de elemento terreno. Deves afundar tua alma na terra e aí conceberás um filho que viverá. — Minha mãe acolheu este ensinamento no seu coração e logo depois me concebeu.

Na noite anterior ao meu nascimento, ela sonhou que estava sendo conduzida a um salão. Em volta de uma longa mesa, anciãos com coroas na cabeça e vestes brancas encontravam-se sentados e ouviam o seu filho Mosché que estava à cabeceira. Ela quis abraçá-lo mas ele gritou: — Não me toques! — E depois abençoou-a para a hora do parto.

Não sem Vestes Corporais

O Rabi Haim Iehiel contava: "Quando eu tinha cinco anos, disse ao meu avô, o santo Maguid: — Avô, tu vais a um Rabi, meu pai vai a um Rabi e só eu que não vou. Quero ir também — afirmei e comecei a chorar. Então meu avô me replicou: — Eu também sou Rabi. — Retruquei: — Por que então procuras um Rabi? — Respondeu ele: — O que te faz pensar que vou a um Rabi? — Disse eu: — Vejo que à noite um ancião está junto de ti e tu ficas sentado diante dele como um criado aos pés do amo; ele é pois o teu Rabi. — Meu filho — tornou o Maguid — aquele é o santo Baal Schem Tov, que o seu mérito nos proteja. Quando cresceres, também poderás aprender com ele. — Respondi: — Não, pois não quero um Rabi morto. — E até hoje mantenho esta opinião. Não gosto de aparições sem vestes corporais. Ao estudar com um Rabi, o discípulo deve assemelhar-se ao seu mestre pelo menos nisso — vestes verdadeiras de carne. Este é o segredo da *Schehiná* no Exílio".

Não sem Trabalho Próprio

O Rabi Haim Meir Iehiel, neto do Maguid de Kosnitz, contava: "Quando eu tinha doze anos, meu avô me chamou e disse: — Vem ver-me ao amanhecer e eu te ensinarei a Cabalá. — Não fui, mas desde então passei a estudar sozinho ao amanhecer, e fazia o meu serviço; pois não queria nada que não pudesse conseguir sozinho. Algum tempo depois, meu avô me chamou de novo e disse: — Inicialmente pensei que não tinhas vontade de levantar cedo. Agora soube que acordas cedo, mas ainda assim não me procuras. — Compreendera que eu desejava aprender sozinho, pois continuou: — Bem, tenta estar presente todas as manhãs quando faço minha oração e providenciarei para que te seja transmitida a santa compreensão. — Entretanto, eu também não queria receber isto sem trabalho próprio, e, por esta razão, só comparecia ao início e ao fim da oração. Passado mais algum tempo, uma noite me apareceu o meu mestre, o Rabi de Apt, descanse a sua memória em paz, e trouxe-me filactérios do Paraíso. Ao atar a cápsula do filactério à testa, senti a santa compreensão.

A Escolha de uma Alma

Certa vez, o Rabi Haim Meir Iehiel falou a seus *hassidim*: — Conheço um homem que, na noite da sua *bar-mitzvá*, foi levado às alturas e lá foi-lhe concedido o privilégio de escolher uma alma de acordo com o seu desejo. E ele escolheu uma grande alma. Mas, apesar de tudo, ela não ascendeu a um grau elevado e ele permaneceu um homem pequeno. — Os *hassidim* entenderam então que o Rabi falava de si próprio.

O Segredo da Contagem

Uma ocasião, o Rabi de Moguiélnica disse a seus *hassidim*: — Quero anunciar-vos o segredo da contagem dos cinqüenta dias [2] entre o Pessach e Schavuot. Primeiro está escuro, depois fica claro, depois escuro novamente, e dia a dia, degrau por degrau, fica cada vez mais claro até que de novo tudo está iluminado e ocorre o recebimento da Torá, para o qual nos havíamos preparado.

Poder Sobre os Espíritos

O Rabi de Radoschitz perguntou, uma vez, ao Rabi de Moguiélnica: — Ouvi dizer que expulsais dois maus espíritos por dia. Dizei-me, pois, de que *kavanot* vós vos servis para tal fim! — Crede — respondeu o Rabi de Moguiélnica — não me sirvo de nenhuma *kavaná*. Porém, os espíritos são tolos, têm medo de mim e, assim que enxergam o meu, fogem dele.

(2) V. *Levítico*, 23:15-16.

Contra os Beatos

Certa vez, quando o Rabi de Moguiélnica estava lendo o rolo de Ester no dia de Purim, ao finalizar a leitura, um jovem disse: — Temo não ter ouvido atentamente e, ao repetir em silêncio, acho que pulei uma ou outra palavra. — Mais tarde disse o Rabi a seus amigos: — Eis aí um verdadeiro beato. Uma pessoa assim só se preocupa em cumprir exatamente o que está prescrito. Porém, aquele cuja alma é dirigida para cumprir a vontade do Senhor, que está no mandamento e se prende por inteiro à vontade do Senhor, este pode acontecer que falhe, mas tal coisa não o preocupa. Pois está escrito[3]: "E em seu amor por ela tu errarás constantemente".

Nenhum Contraste

O Rabi de Moguiélnica falava: — É sabido que as sentenças aparentemente contraditórias dos nossos sábios, quaisquer que sejam, são "palavras do Deus vivo"[4]. Cada um deles decidia na medida de sua própria raiz nos céus e lá no alto todas as suas palavras são verdade, pois lá não há conflitos e todos os contrastes, tais como a proibição e a licença, a culpa e a impunidade, formam lá uma única unidade. Somente em seu desenvolvimento para baixo é que aparece a distinção entre a proibição e a licença.

Há uma Diferença

O Rabi Haim de Moguiélnica se preparava para empreender uma viagem, mas, como já estivesse velho e fraco, não conseguiu subir ao carro. Alguns dos *hassidim* presentes saíram à cata de um banquinho. Mas, quando o Rabi Izahar viu o seu mestre parado, esperando, deitou-se no chão e o *tzadik* pôs o pé em suas costas e entrou no veículo. Mais tarde, os discípulos comentaram o fato. Um deles disse: — Por que vos admirais tanto? Estou pronto a ficar deitado por duas horas aos pés do rabi. — Na sexta-feira, à noite, antes da refeição, meteu-se debaixo da mesa. O Rabi percebeu logo e disse: — Vamos, vamos, sai de baixo da mesa.

---

(3) *Provérbios*, 5:19.
(4) Tradição talmúdica (Erubim 136).

Casamento

O Rabi Izahar de Volborz contava: — Após meu casamento, estava estudando com um amigo, na casa de estudos, as prescrições matrimoniais, quando entrou nosso mestre, o Rabi Haim de Moguiélnica, e entregou-nos um escrito que, como asseverou, se esclareceria por si mesmo e saiu logo em seguida. Era um contrato do casamento no qual, porém, nada percebemos que carecesse de esclarecimento. Indagamos ao filho do Rabi sobre o fato. — Não vedes — respondeu ele — que na folha há um desenho de duas mãos entrelaçadas? É delas que se trata. — Mais tarde seu pai no-lo confirmou, interpretando assim o desenho: — Pode-se verificar pelas mangas que são as mãos do noivo e da noiva. O noivo estende sua mão à noiva e diz [5]: "Desposar-te-ei comigo para a eternidade" — uma mão não se separará mais da outra — "em justiça e em fidelidade" — ora um tapinha, ora um tapa — "em benignidade e em misericórdia" — ora um golinho, ora uma boa dose — porém "para sempre" permaneceremos juntos, e nunca nos irritaremos. É assim que um judeu deve comportar-se com o Senhor do Mundo: nunca se irritar!

No Mundo da Ilusão

Contam: "Um dia o Rabi Izahar de Volborz foi procurado por um morto que ele conhecera, em vida, como homem proeminente na comunidade. O defunto solicitou sua ajuda: sua mulher falecera algum tempo antes dele e ele necessitava de dinheiro para segundas núpcias. — Então não sabes — disse o *tzadik* — que não te encontras mais em vida, mas no mundo da ilusão? — O outro não quis acreditar, mas o Rabi levantou-lhe o gabardo, mostrando-lhe que andava de mortalha.

Mais tarde, o filho do Rabi Izahar perguntou-lhe: — Se assim é, talvez eu também esteja no mundo da ilusão. — O pai respondeu: — Quando se sabe que existe um mundo da ilusão, a gente não vive nele.

---

(5) Tal como Deus fala a Israel (*Oséias*, 2:21).

DA CASA DE ESTUDOS DO VIDENTE DE LUBLIN

DAVI DE LELOV

O Terno Novo

O pai do pequeno Davi era pobre e certa vez, nos primeiros meses de um inverno rigoroso, não pôde arrumar um terno quente para o filho. Por fim, conseguiu economizar o dinheiro necessário. Quando Davi foi de terno novo para a escola, viu um garoto ainda menor tremendo nos seus andrajos e trocou imediatamente de roupa com ele. Ao chegar em casa, foi falar com a mãe e lhe contou o acontecido. — Põe o terno velho — disse ela — e volta para a escola. Quando teu pai retornar e souber o que fizeste, ficará com raiva e te dará uma surra. — Mas, mãe — respondeu o menino — é melhor que ele me surre e desafogue o seu desgosto.

O Nome de Deus

O Rabi Davi de Lelov ouviu, certa ocasião, um homem simples que rezava e dizia o nome de Deus depois de cada versículo. Isto porque, do termo de cada versículo, há dois pontos, um por cima do outro. A cada um deles o homem tomava pela letra minúscula *iud* ou *iod,* e como o nome de Deus, em abreviatura, é representado por dois *iuds,* julgava que o Nome estava no fim de cada versículo. O *tzadik* então o instruiu: — Onde encontrares dois judeus [1] um ao lado do outro, de igual para igual, lá está o Nome de Deus. Mas, onde te parecer que um judeu está por cima do outro, estes não são judeus e o Nome de Deus não está aí.

Dois Artesãos

O Rabi Itzhak de Vorki contava: — Certa vez, fiz uma viagem com o Rabi Davi de Lelov, santificada seja sua memória. E chegamos, uma hora após a meia-noite, à cidadezinha de Elkisch. O Rabi Davi não queria acordar ninguém, por isso fomos à casa do Rabi Berisch, o padeiro, que se achava justamente diante do seu forno, realizando a sua faina. Ao entrarmos, vi que o seu rosto se ensombreceu, por o encontrarmos no trabalho. — Ah! — exclamou o Rabi Davi. — Se Deus me ajudasse e eu ainda pudesse ganhar o meu pão com o trabalho das minhas mãos! Na verdade, cada um em Israel tem uma profundeza de espírito que ele próprio desconhece. E o que ele quer nesta profundeza é trabalhar para os seus semelhantes. Se um artesão, seja ele sapateiro, alfaiate ou padeiro, aceita dinheiro pelo seu labor, é só para poder continuar vivendo e trabalhando para os seus semelhantes. — Enquanto o Rabi Davi falava, eu via como o rosto do padeiro se desanuviava e resplendia".

Por Engano

O Rabi Itzhak de Vorki contava: "Certo dia, estava eu em viagem com o meu santo mestre, o Rabi Davi de Lelov, e nos encontrávamos numa cidade longínqua, quando, de repente, na rua uma mulher se atirou sobre ele e começou a estapeá-lo. Confundira-o com o marido, que há muitos anos a abandonara. Quando, depois de alguns instantes, o engano se esclareceu, ela prorrompeu num choro desesperado. — Acalma-te — disse-lhe o Rabi Davi — tu não bateste em mim, mas no teu marido. — E acrescentou em voz mais baixa: — Quantas vezes a gente agride alguém porque o toma por outro e não por aquele que ele é".

Fazer as Pazes

Certa vez, o Rabi Davi dirigiu-se com seu discípulo, Itzhak, posteriormente Rabi de Vorki, para um lugar ao qual fora cha-

---

(1) Na parte final da história, há um trocadilho: em alemão, *Jud* tanto significa a letra *iud* como a palavra "judeu". O Rabi Davi joga com o plural da palavra, quando diz *Juden*, judeus, em vez de *Juds*, iuds.

mado a fim de promover as pazes entre dois litigantes que há muito arrastavam sua pendência. No *schabat,* orou perante a Arca. Os dois adversários estavam presentes. Após o término do *schabat,* o Rabi mandou atrelar o carro para a viagem de volta. — Mas o Rabi ainda não executou aquilo que o trouxe até aqui — observou o discípulo. — Estás enganado — disse o Rabi Davi. — Quando eu disse na oração: "O que faz a paz nas alturas, fará a paz entre nós", a paz estava restabelecida. — E assim foi, realmente.

Com as Crianças

Quando o Rabi Davi de Lelov chegava a uma cidade, costumava reunir todas as crianças, e a cada uma ele dava um apito, depois as punha todas na grande carreta em que viajava e as passeava por toda a cidade. As crianças apitavam com o máximo de suas forças, incessantemente, e o Rabi Davi se torcia de rir, sem cessar.

Com os Animais

Certa vez, o Rabi Davi estava com o seu discípulo Itzhak, como todos os anos, em casa do seu mestre, o "Vidente", em Lublin, para passar o Ano Novo. No dia da festa, antes do soar do *schofar,* o Vidente olhou para trás e viu que o Rabi Davi não estava presente. Imediatamente, mandou Itzhak à hospedaria procurá-lo. Encontrou-o diante do portão da casa, oferecendo o solidéu cheio de cevada aos cavalos que o cocheiro, na pressa de ir para a casa de orações, deixara com fome. Quando o Rabi Davi, após ter alimentado os animais, voltou à sinagoga, disse-lhe o Vidente: — Que belo toque de *schofar* o Rabi Davi nos ofereceu.

Certa vez, numa tarde sexta-feira, quando o Rabi Davi estava em viagem, o cavalo empacou e não se mexia do lugar. O cocheiro chicoteou-o, mas o *tzadik* interveio. — Rabi — exclamou o cocheiro — o sol vai-se pôr logo, o *schabat* se aproxima! — Nisso tu tens toda razão — respondeu Rabi Davi — mas deverias fazer com que o animal o compreendesse. Senão algum dia ele te chamará a juízo no céu e isto não será para a tua honra.

Dos Irmãos de José

O Rabi de Lelov disse aos seus *hassidim:* — Um homem não pode ser remido antes que veja os defeitos da sua alma e empreenda restaurá-la. A redenção não pode vir a um povo, antes que enxergue os defeitos da própria alma e tente superá-los. Quem, homem ou povo, não permite acesso ao reconhecimento das suas faltas, não tem acesso à redenção. Tornamo-nos remissíveis na mesma medida em que nos tornamos visíveis a nós mesmos.

"Quando os filhos de Jacó disseram a José [2]: "Somos homens honestos", ele lhes replicou: "Não: antes viestes para ver a nudez da terra". Depois, porém, quando eles confessaram a verdade com a boca e com o coração e disseram uns aos outros [3]: "Somos culpados perante o nosso irmão", a sua redenção começou a despontar e, presa de compaixão, José voltou-se para um lado e chorou.

(2) *Gênese*, 42:11.
(3) *Gênese*, 42:21.

MOSCHÉ TEITELBAUM

O Antagonista

O Rabi Mosché Teitelbaum fora, em sua mocidade, um inimigo da doutrina hassídica, porque ela lhe parecia uma grave e indomável heresia. Certa vez, hospedou-se com seu amigo, o Rabi Iossef Ascher, que, como ele, era contrário aos inovadores. Naqueles dias saiu a edição impressa do livro de orações do Mestre Lúria, o Venerável, cuja palavra foi precursora da doutrina hassídica. Quando lhes trouxeram o livro, o Rabi Mosché arrancou o pesado volume das mãos do mensageiro e atirou-o ao chão. O Rabi Iossef Ascher, contudo, ergueu-o e disse: — Apesar de tudo, trata-se de um livro de orações e não se pode tratá-lo com desrespeito.

Quando relataram este acontecimento ao Rabi de Lublin, ele comentou: — O Rabi Mosché virá a ser um *hassid;* o Rabi Iossef Ascher continuará sendo um *mitnagd*. Pois aquele que se abrasa de ódio pode arder até chegar a Deus; mas aquele cujo antagonismo é frio, para ele o caminho está fechado. — E assim aconteceu.

Tristeza e Alegria

Quando o Rabi Mosché Teitelbaum se tornou discípulo do Vidente, provou por algum tempo o modo de viver dos *hassidim* e aprazeu-se nele. Mas um dia surgiu uma pergunta em seu coração. Observou como eles estavam sempre alegres, efetuavam todo o trabalho com alegria, andavam e repousavam em alegria, oravam em alegria exaltada e então lembrou-se das palavras contidas no *Caminho da Vida* [1]: "A todo homem temente a Deus convém alimentar tristeza e luto pela destruição do Templo". Por isso, a dúvida apossou-se dele, quando se encontrava a caminho da casa do Rabi de Lublin. Todavia, dominou-a e orou a Deus: — Senhor, Tu conheces os meus pensamentos e sabes que é minha vontade que os meus olhos não se atrevam a perceber injustiça no que é justo. Por isso, permanece comigo e ajuda-me para que o meu mestre, quando eu chegar a ele, silencie a minha dúvida. Pois assim dizem os nossos sábios [2]: "Àquele que vier para se purificar, eles o ajudarão".

"Eles", é o que diz e não "ele". É dos homens que se fala.
— E assim demorou-se em prece e se aconselhou com Deus, até que chegou a Lublin. Quando atravessou a soleira da porta do Rabi Iaakov Itzhak, este lhe falou: — Por que o teu semblante está sombrio hoje? É verdade que consta no livro das leis que a todo homem temente a Deus convém alimentar tristezas e luto pela destruição do Templo. Mas acredita, nós também proferimos o lamento da meia-noite por Jerusalém com pranto e clamor e no entanto tudo acontece com alegria. Conheces a história do rei que foi desterrado? Ele errou durante muito tempo, até que encontrou abrigo com um dos seus amigos. Esse homem fiel sentia ganas de chorar toda vez que recordava que o rei fôra banido do seu reino. Ao mesmo tempo, entretanto, alegrava-se porque o rei morava em sua casa. Meu querido, a *Schehiná* banida fez conosco a sua morada. Eu não poderia falar do segredo, porque nos é ordenado guardar a coisa divina em silêncio; mas os nossos sábios disseram: "Àquele que vier se purificar, eles o ajudarão". "Eles", é o que se diz e não "ele". É dos homens que se fala.

O Temor

Entre as anotações do Rabi Mosché Teitelbaum sobre os seus sonhos na juventude, consta o seguinte: "Na véspera do Ano Novo, olhei pela janela e vi a gente correndo para a casa de orações a fim de rezar e senti que o temor do Dia do Juízo pesava sobre eles. E disse a mim mesmo: — Graças a Deus, fiz o que era justo o ano todo, estudei bem e orei bem, não preciso temer. — E então me mostraram no sonho todas as mi-

---

(1) Um tratado da codificação legal *Schulhan Aruch*.
(2) Um dito talmúdico (Iomá 38b).

nhas boas obras. Olheia-as e revirei-as: dilaceradas, estraçalhadas, profanadas! E já eu estava acordado. Tomado de temor, corri para a casa de orações".

O Paraíso

Entre as anotações do Rabi Mosché Teitelbaum sobre os seus sonhos se lê: "Estive no Paraíso dos Tanaítas". Também conservou uma página, onde afirmava: "Os anjos te submergirão, sem te causarem mal". Pois no sonho estava ao lado de uma montanha e queria entrar no Paraíso dos Tanaítas. Mas foi-lhe dito que, antes, teria de mergulhar no poço de Miriam. Mas no mesmo instante avistou, apavorado, a profundeza das águas. Então os anjos o tomaram, imergiram e retiraram das águas. E afinal alcançou o Paraíso dos Tanaítas. Ali divisou um dos mestres, de gorro de peles na cabeça, estudando o tratado *O Primeiro Portão* [3]. O caminho não continuava. O Rabi Mosché ficou admirado. — Isto não pode ser o Paraíso! — exclamou ele. — Tu, menino — disseram-lhe os anjos — tu pensas que os Tanaítas estão no Paraíso; não, é o paraíso que está nos Tanaítas!

A Espera

O Rabi Mosché Teitelbaum esperava contínuamente a vinda do Messias. Quando ouvia um alarido, na rua, perguntava com voz trêmula: — Apareceu o Mensageiro?
Antes de se deitar para dormir, pendurava seus trajes de sábado junto à cama e encostava nela o seu cajado de viajante. E havia um guarda que deveria acordar o rabi ao primeiro sinal.
Certa vez ofereceram-lhe em compra uma bela casa residencial ao lado da casa de orações. — E que farei com ela? — exclamou ele. — Logo chegará o Messias e eu irei para Jerusalém.
Os grandes *tzadikim* do seu tempo diziam que nele renascera uma centelha da alma de Jeremias. Ele mesmo costumava asseverar, quando alguém se admirava da grandeza da sua dor no aniversário da destruição do Templo: — Por que vos admirais? "Eu sou o homem que viu a aflição" [4]. Mas Deus me deixará ver também a edificação.
Até a mais extrema velhice não lhe ocorreu o pensamento de que poderia morrer antes do Messias chegar.

(3) Um tratado do Talmud que trata dos danos, *Baba Kama*.
(4) *Lamentações*, 3:1.

Certa vez, no sétimo dia da festa dos Tabernáculos, o dia da grande prece pela salvação, andava no cortejo à volta do púlpito, quando suplicou: — Senhor do mundo, concede-nos o fim! E não creias que eu me preocupe com o meu bem-estar! Pois estou de acordo que, quanto a mim, corpo, espírito e alma não recebam remissão nem libertação alguma! Sim, estou pronto a tornar-me como a pedra da funda e a levar comigo todo o sofrimento, só para que a Tua *Schehiná* não sofra mais!

Quando estava com oitenta e dois anos, orou na véspera do Iom Kipur, antes do *Kol Nidre*: — Senhor do mundo, sabes que eu sou um grande pecador, mas sabes que procuro a verdade, não minto e digo as coisas como elas são. Se eu, Mosché, filho de Haná, soubesse que encaneceria antes do Messias chegar, não o suportaria. Mas Tu, Senhor do mundo, me fizeste de bobo de dia para dia, até que encaneci. Por minha vida, que grande arte é essa, de fazer de bobo um bobo velho! E agora Te suplico, Senhor do mundo, deixa-o vir agora! Não por nossa causa, mas por Tua causa, para que Teu Nome seja santificado pela humanidade!

Antes de morrer, ele disse: — Eu penso nos meus santos mestres, cujas almas estão no Paraíso mais alto. Por que se calam eles? Por que não abalam todos os mundos a fim de trazer o Messias para baixo? — E depois de algum tempo: — Decerto lá no reino dos deleites, foram inundados de delícias e esqueceram a terra, e para eles é como se o Messias já tivesse chegado. — E pouco depois acrescentou: — Ainda que tentem fazer o mesmo comigo, eu não abandonarei o meu povo.

NAFTALI DE ROPSCHITZ

O Guarda

Em Ropschitz, a cidade do Rabi Naftali, os ricos, cujas casas ficavam isoladas ou nos extremos da localidade, costumavam empregar pessoas que montassem guarda a suas propriedades durante a noite. Certa vez, o Rabi Naftali caminhava já tarde pela beira do bosque que margeava a cidade e encontrou um desses vigias andando para cá e para lá. — Para quem trabalhas? — perguntou-lhe ele. O homem respondeu, mas acrescentou por sua vez uma pergunta: — E para quem trabalhais vós, Rabi? — As palavras atingiram o *tzadik* como uma seta. — Ainda não trabalho para ninguém — articulou ele penosamente, e depois ficou muito tempo em silêncio, caminhando ao lado do homem para cá e para lá. — Queres ser meu criado? — perguntou finalmente. — Com muito gosto — respondeu aquele — mas o que devo fazer? — Lembrar-me — disse o Rabi Naftali.

A Oração Matinal

— Existem *tzadikim* — disse certa vez o Rabi Naftali — que oram para que os necessitados de auxílio venham a eles e, através de suas preces, obtenham ajuda. Mas o Rabi de Ropschitz levanta-se de manhã cedo e ora para que todos os necessitados de ajuda encontrem-na em casa e não precisem viajar a Ropschitz e não se iludam pensando que o Rabi os ajudou.

Um Desejo

Certa ocasião, depois da oração de *Musaf* no Iom Kipur, o Rabi de Ropschitz disse: — Eu gostaria de renascer na forma de uma vaca, e que um judeu viesse de manhã ordenhar um pouco de leite, para se refrescar antes de começar o ofício divino.

Guia e Geração

O Rabi Naftali falou, certo dia, sobre a história do Midrasch, segundo a qual Deus mostrava a Moisés todas as gerações futuras, geração por geração com os seus pregadores, geração por geração com os seus juízes. Perguntou um dos discípulos: — Por que se menciona primeiro a geração, depois o guia? Não cabe a este a precedência? — Sabeis [1] — disse o Rabi — que o semblante de Moisés irradiava um resplendor comparável ao do sol, o de Josué ao da lua, e assim o semblante dos guias sucessivos empalidecia cada vez mais. Se Deus por distração mostrasse, a Moisés, Naftali, o bedel de escola — assim ele gostava de chamar a si mesmo — como Rabi, Moisés exclamaria: "Isto é um rabi!" e desfaleceria de susto. Daí por que Deus lhe mostrou primeiro cada geração, e depois o guia que lhe correspondia.

O Mau Pedido

O Rabi de Ropschitz contava: — Ao tempo do cerco de Sebastopol, o czar Nicolau cavalgava ao longo de uma das trincheiras, quando um arqueiro inimigo apontou para ele. Um soldado russo que o percebera de longe, com um grito, espantou o cavalo do czar para o lado e a flecha errou o alvo. O soberano disse ao homem que poderia pedir-lhe uma graça. "O nosso sargento", balbuciou o soldado, "tem um temperamento brutal e me espanca sempre. Se eu pudesse servir sob outro sargento". "Toleirão", exclamou Nicolau. "Sê tu mesmo sargento!" Assim nós suplicamos pelas pequenas coisas do momento e não sabemos orar para que nos venha a redenção.

(1) Talmud (Baba Batra 75).

Explicação

Num sábado, o Rabi Naftali estava sentado no meio dos seus *hassidim* e um deles meditava, o tempo todo, sobre as palavras da Escritura: "Antes de mim nenhum deus se formou e depois de mim nenhum haverá". E o discípulo ponderava: "Como pode haver para Deus, que é sem princípio e sem fim, um antes e um depois?" De súbito, o rabi se levantou e falou: — Isaías, o profeta, diz [2]: "Antes de mim nenhum deus se formou"; "antes de mim" significa ante mim, diante do meu semblante, em vão procuram as homens formar uma imagem divina diante de mim; "e depois de mim nenhum haverá" significa que não existe um depois-de-mim, em vão procuram os homens se iludir com um depois-de-mim. — O *hassid* o ouviu e o seu espírito inquieto serenou.

Os Pães Gêmeos

Dois jovens profundamente devotados um ao outro costumavam viajar juntos à casa do Rabi Naftali e sentar-se à sua mesa. Quando ele, como era seu costume, distribuía os pães, sempre dava aos dois amigos dois pães gêmeos, ligados um ao outro. Certa vez, um aborrecimento mútuo infiltrou-se disfarçadamente nos corações de ambos e eles não conseguiam superá-lo. Logo depois foram novamente a Ropschitz; à ceia sabática na mesa do rabi e na hora da distribuição dos pães, ele tomou os dois pães gêmeos, separou-os e entregou a cada um dos jovens um pedaço. No caminho de volta, após o jantar, os dois caíram em si e exclamaram ao mesmo tempo: — Culpados, somos culpados! — Dirigiram-se ao albergue, pediram aguardente e beberam juntos: — À vida! — No dia seguinte, ao almoço de *schabat*, o Rabi Naftali pôs um único pão gêmeo nas mãos dos amigos.

No Fogo

O jovem Rabi Feivisch, discípulo do Rabi de Ropschitz, toda meia-noite recitava o lamento por Jerusalém, como se a cidade de Deus houvesse sido destruída naquele mesmo dia. De vez em quando, avassalava-o uma tristeza infinita.

Certa ocasião, já tarde da noite, o Rabi de Ropschitz pediu aos *hassidim* em volta dele que o seguissem à casa de estudos. Disse

---

(2) *Isaías*, 43:10.

ele: — Quero mostrar-vos o significado das palavras do profeta [3]: "Levanta-te, clama na noite". Na casa de estudos semi-escura, encontraram o jovem Feivisch profundamente adormecido sobre um banco. Durante algum tempo quedaram-se ali, parados, perguntando-se por que o *tzadik* os levara ali. De súbito o jovem caiu ao chão, rasgou a gola da camisa e gritou: — Mãe, estou queimando! — Aí bateu a meia-noite.
Mais tarde, Feivisch deixou o Rabi de Ropschitz e tornou-se discípulo do Rabi de Apt. Seu primeiro mestre ressentia-se disso. — Com toda a minha força — disse ele — dominei o seu fogo; com o Rabi de Apt, ele abrasará no holocausto de fogo de seu coração. — Pouco depois o Rabi Feivisch morreu na casa de orações, quando se achava em meio à prece "A alma de tudo que vive abençoa o teu Nome!"

O Mestre

Um homem, trazendo na mão uma longa lista em que anotara todos os seus pecados, veio ao Rabi Naftali de Ropschitz. Contou que já procurara outro *tzadik,* o qual, porém, lhe infligira uma penitência tão pesada que seu corpo não pudera suportá-la. O Rabi atalhou: — E o que foi que o nosso Pai te fez de mal, para que tu O traísses? — gritou-lhe, terrível. Tais palavras alquebraram o homem; perdendo os sentidos no mesmo instante, tombou ao chão. Alguns *hassidim* da Hungria, presentes na ocasião, riram: — Eu quase mato uma alma humana — ele bradou-lhes — e vós rides! — Perdoai-nos — disseram — mas nosso mestre, o Rabi Aisik de Kalev, no seu leito de morte, nos deu este sinal: "Se encontrardes quem arranque os intestinos de um pecador e os purifique e os coloque de volta, para que ele viva, tomai-o para vosso rabi!" Por isso rimos: encontramos novamente um mestre e queremos conservá-lo até que venha o Messias; então voltaremos ao nosso mestre antigo. — Então também o *tzadik* riu com eles. Depois, ergueu do chão o pecador arrependido. — A tua iniquidade foi tirada [4] — disse — vai em paz, atém-te ao caminho de Deus e Ele te ajudará.

O Penitente Envergonhado

Um pecador, desejoso de penitenciar-se, veio ao Rabi de Ropschitz para saber o que lhe cumpria fazer. Envergonhava-se de confessar ao *tzadik* todos os seus pecados e não obstante

---

(3) *Lamentações,* 2:19.
(4) *Isaías,* 6:7.

tinha de revelá-los um a um, a fim de receber a devida penitência expiatória. Assim, contou que um de seus amigos pecara muito, mas que, de vergonha, não conseguia decidir-se a vir pessoalmente e assim o incumbia de indagar qual a purificação necessária para cada pecado.
O Rabi Naftali contemplou, sorridente, seu rosto arguto e tenso. Disse ele: — Teu amigo é um tolo. Ele podia tranqüilamente vir em pessoa e me contar a balela de que estava representando um outro, que sentia vergonha de vir.

O Asceta Arrogante

Quando Rabi Naftali ainda era jovem, vivia na sua cidade um homem que jejuava e velava muito, até que lhe pareceu encontrar-se próximo da perfeição, e seu coração se inflou. Rabi Naftali, que bem sabia o que estava sucedendo com aquele homem, encontrava-se certa ocasião na casa de estudos, quando um garoto esbarrou com o cotovelo naquele indivíduo mergulhado em meditação. O rabi repreendeu o menino: — Como te atreves a perturbar este homem? Acaso não sabes que ele está jejuando há vinte e quatro horas? — Dizei antes de um sábado a outro! — corrigiu o asceta. E com isso manifestou o que ocultava.

A Outra Metade

Certa vez, no grande *schabat*, o Rabi de Ropschitz se encaminhava da casa de estudos para sua morada, a passos fatigados. — O que foi que te cansou tanto? — perguntou-lhe a mulher. — Foi o sermão que me causou essa fadiga — disse ele. — Tive de falar dos pobres e das múltiplas necessidades para o Pessach que se aproxima, pois as *matzot,* o vinho e tudo o mais encareceram muitíssimo este ano. — E o que conseguiste com o teu sermão? — tornou a perguntar a mulher. — Metade do necessário está garantida — respondeu ele — pois os pobres estão dispostos a receber. Quanto à outra metade, ou seja, se os ricos estão dispostos a dar, isto ainda não sei.

Não Parar

Um amigo íntimo do Rabi Naftali, o Rabi de Ulanov, agonizava no dia de Simhat Torá. Em Ropschitz os *hassidim* já haviam encetado a grande dança de roda no pátio da casa do *tzadik*. Este, parado diante da janela, olhava-os com um sorriso nos lábios, quando, de súbito, levantou a mão. Imediatamente pararam e o fitaram com a respiração suspensa. Ele calou-se, por um momento, parecendo alguém que acabasse de receber uma notícia má. Levantou a seguir a mão para os *hassidim* e exclamou: — Quando em combate tomba um dos chefes, devem as fileiras se desfazer e bater em retirada? O combate continua! Dançai e rejubilai-vos!

Mais tarde se soube que naquela mesma hora o Rabi de Ulanov expirara.

SCHLOMO LEIB DE LENTSCHNO

Os Olhos Rebeldes

— Quando eu era menino — contava o Rabi Schlomo Leib de Lentschno — conjurei todos os meus membros a não fazer nada que não fosse a vontade de Deus. E todos os membros anuíram; somente os olhos se rebelaram. Então, disse que não abriria os olhos e assim fiquei deitado. Quando minha mãe me perguntou por que não me erguia e eu não lhe respondi, ela me bateu com um pau. Aí indaguei aos meus olhos se agora fariam o juramento. Mas eles continuaram a recusar-se. Finalmente, minha mãe bateu-me com tanta força que os meus olhos ficaram com pena de mim e assentiram. E assim pude levantar-me.

O Destemido

Perguntaram ao Rabi Tzvi Elimelech de Dinov como se mantivera fiel a seu amigo, Rabi Schlomo Leib de Lentschno, apesar de pertencer a outra escola. Ele respondeu: — Como poderia eu ser contra ele? Quando ambos estudávamos com o Rabi Mendel em Rimanov, éramos tomados de tal temor que até os maiores dentre nós não se atreviam a erguer as sobrancelhas. Ele porém, Schlomo Leib, descalçava os sapatos e dançava sobre a mesa em frente do rabi, e este ficava sentado, olhava e não dizia nada.

A Imagem

Certo dia, o Iehudi relatou a seu amigo, o Rabi Kalman de Cracóvia, que entre os seus discípulos havia um que ainda trazia no semblante a imagem completa de Deus. Kalman pegou uma vela e dirigiu-se à casa de estudos, onde dormiam os discípulos, e examinou todos os rostos, mas nada encontrou. — Com certeza não procuraste atrás da estufa — respondeu-lhe o Iehudi, quando seu amigo lhe referiu a busca inútil; e acompanhou-o de volta. Atrás da estufa encontraram o jovem Schlomo Leib. Rabi Kalman contemplou-o longamente à luz da vela. — É verdade — disse então; — é verdade.

Inconstante e Fugaz

Quando o Rabi Leib, após ter estudado algum tempo em Lublin e Rimanov, se ligou ao Iehudi, este lhe disse: — A penitência mais eficaz é tornar-se inconstante e fugaz. — O Rabi Schlomo Leib decidiu então, no íntimo de sua alma, tornar-se inconstante e fugaz.

Muitos anos depois, um *hassid* que morava em Lentschno visitou o Rabi Mendel de Kotzk. Este lhe perguntou: — Viste o Rabi de Lentschno? — Ele respondeu: — Antes de viajar para cá, eu me despedi dele. — E o Rabi de Kotzk continuou a perguntar: — E então, ele está alegre? — Sim — respondeu ele. — De fato — observou o Rabi Mendel lugubremente. — Aquele que de início é inconstante e fugaz mais tarde se torna alegre.

Os Quatrocentos

O Rabi Itzhak perguntou certa vez ao Rabi Schlomo Leib de Lentschno: — Por que será que os vossos *hassidim* têm o aspecto tão consternado e deprimido? — Ele respondeu: — Não sabeis então que os meus homens pertencem ao rol daqueles quatrocentos que foram para o exílio com Davi e sobre os quais está escrito [1]: "Todo homem que se achava em aperto,

---

(1) *I Samuel*, 22:2.

e todo homem endividado e todo homem amargurado de espírito"?

O Perfeito Nadador

Quando o filho do Rabi de Lentschno ainda era criança, viu ele certa vez o Rabi Itzhak de Vorki em oração. Cheio de espanto, correu ao pai e perguntou como era possível que um tal *tzadik* rezasse assim tão simplesmente, sem qualquer sinal exterior de êxtase. — Aquele que não sabe nadar bem — respondeu o pai — precisa agitar-se desordenadamente a fim de se conservar à tona d'água. O perfeito nadador deita-se sobre a corrente e ela o carrega.

IZAHAR BER DE RADOSCHITZ

Dois Caminhos

Um neto do Rabi de Radoschitz contava: — Na sua mocidade, o Rabi Izahar Ber foi discípulo do Rabi Mosché Leib de Sassov. Quando este saía a viajar, para resgatar prisioneiros, costumava levar o moço consigo. Certa vez navegavam pelo Vístula, quando irrompeu uma tempestade e o barco esteve prestes a soçobrar. O Rabi de Sassov levantou-se e exclamou: "Vamos ao nosso pai!" e pôs-se a bater palmas, como procedem aqueles que rodeiam a dança nupcial. Foram salvos.

"Depois viajaram a Varsóvia para falar com o governador. Quando chegaram ao palácio, viram que por toda parte havia guardas armados que não deixavam entrar ninguém que não pudesse provar que tinha permissão. O Rabi Mosché Leib perguntou ao meu avô: "Que devo dizer-lhes?" Ele respondeu: "O Rabi pode dizer-lhes na sua própria língua: *Puszczaj!*" O que significa: "Deixa passar!", ou então: "Solta!" Rabi Mosché Leib, homem gigantesco, avançou para um dos guardas e gritou com a sua voz mais possante: *"Puszczaj!"* O guarda recuou, assustado, e permitiu que ambos passassem. Não sabemos o que aconteceu depois mas, evidentemente, o Rabi de Sassov gritou também ao governador: *"Puszczaj!"*; pois todos os prisioneiros, por cuja causa viera, foram libertados.

Na Tigela

Na sua mocidade, o Rabi Izahar Ber sofria grande penúria. Num certo ano teve de jejuar muitas vezes, tanto antes como depois do Iom Kipur, e quando chegou a festa dos Tabernáculos, não tinha nada em casa para celebrá-la festivamente. Assim, permaneceu na casa de estudos depois do ofício, sabendo que em casa não havia nada para comer. Sua mulher, porém, sem nada lhe dizer, vendera uma jóia que ainda lhe restava e comprara pães de festa, batatas e velas. Quando o Rabi chegou à noitinha e entrou na cabana de folhagens, encontrou a mesa garridamente posta e alegrou-se com isso. Lavou as mãos, sentou-se e começou a comer as batatas com grande disposição, pois jejuara o dia inteiro. Ao dar-se conta, porém, de quanto estava preocupado com a comida, deteve-se. — Berl — disse ele a si mesmo — tu não estás sentado à mesa, tu estás sentado é na tigela! — E não comeu mais.

O Susto no Banho de Imersão

Contam: "Certa vez a penúria do jovem Izahar Ber aumentara tanto que ele estava passando fome havia alguns dias e não sabia mais o que fazer, já que lhe repugnava confessar aos outros suas necessidades. Certa noite, quando sentiu que não poderia mais continuar vivo por muito tempo, disse consigo mesmo que gostaria de ir mais uma vez à ablução, antes que se enfraquecesse demais. O tanque de imersão em Radoschitz, naquele tempo, ficava ao fundo de uns sessenta ou setenta degraus. Ele tirou o casaco e desceu. Enquanto descia, ouviu embaixo um som, como se alguém estivesse batendo na água, mas continuou andando. O som tornava-se cada vez mais forte; era claro agora que eram muitos os que batiam. Izahar Ber parou por um momento, depois continuou a descer. Um forte sopro de vento apagou-lhe a lanterna. Na escuridão, ouviu um terrível alarido. Percebeu que havia seres erguendo-se da profundidade para barrar-lhe o caminho. Apressadamente, tirou a camisa e saltou na água. O silêncio voltou a imperar, ouvindo-se apenas um estalar de dedos, como quando alguém diz: — Está perdido! — e estala os dedos. Izahar Ber mergulhou várias vezes, depois subiu os degraus, vestiu a roupa e foi para casa. Diante dela estava parado um carro, carregado de sacos de farinha e outros gêneros. — Vós sois o Rabi Izahar Ber? — perguntou o cocheiro. — Tenho estas mercadorias para vos entregar.

Naquele dia, porém, algumas horas antes, numa cidade vizinha, em frente à casa de um concessionário de aguardente [1], um *hassid,* detivera-se uma carroça campônia, com um ancião alto sentado em seu interior. O velho fitou o taverneiro, que saiu para cumprimentá-lo, com o olhar penetrante dos seus olhos míopes e indagou: — Onde está o rabi? — Aqui não há nenhum rabi — respondeu ele. — Tu não conheces — continuou a perguntar o velho — na cidade de Radoschitz um homem excelente, um "bom judeu"? — Aqui não existe nenhum homem excelente — afiançou o concessionário. — Entre nós aqui, não existe nada de extraordinário, a não ser que queirais por acaso considerar um mestre-escola que aqui temos como algo extraordinário. É ele, sem dúvida, um homem esquisito, um desses a quem chamam de "piedoso". Nós, porém, o chamamos apenas de "Berl, o vadio". — O ancião se endireitou no carro, de modo que pareceu ainda mais alto, e censurou o taverneiro: — O quê, tu o chamas de Berl? Aquele não é um Berl, é um grande Ber [2]! Ele estremece o mundo como se sacode uma árvore no bosque. — Gritou para o cocheiro: — Volte para Lublin! — e já o carro com o seu passageiro desaparecera. Neste momento o arrendatário deu-se conta: — Aquele era o Rabi de Lublin! — pois assim é que lho haviam descrito. Mas no momento seguinte caiu em si: — O Rabi de Lublin morreu há dois anos atrás! — Carregou então uma carroça com sacos de farinha e outros alimentos e enviou-a a Radoschitz".

A Primeira Cura

O jovem Izahar Ber empreendeu, certa vez, uma peregrinação para junto do seu mestre, o Iehudi, em Pjischa, e justamente quando transpunha uma montanha situada defronte à cidade, ouviu lá de baixo gritos e prantos. Não havia dúvidas: os sons provinham da casa do seu mestre. Confuso, desceu correndo. Tão logo o Iehudi o avistou, contou-lhe que o seu menino doente estava à morte. Retirou-o do berço e colocou-o nos braços. — Não sabemos mais o que fazer — disse ele — mas chegaste na hora certa, toma-o a ti e eu sei que tu no-lo devolverás curado. — Izahar Ber o ouviu, perturbado. Nunca se houvera com nada semelhante, jamais sentira em si mesmo qualquer força extraordinária. Mas pegou o menino, deitou-o de volta ao berço e embalou-o, e embalando derramou

---

(1) O monopólio de bebidas alcoólicas, na Polônia, cabia ao Estado que cedia o privilégio de sua comercialização aos judeus, mediante pagamento de direitos e taxas.

(2) O nome Ber significa "urso" em ídiche. "Berl" é diminutivo, "ursinho".

a alma súplice perante Deus. Uma hora depois, o menino estava fora de perigo.

A Sabedoria do Camponês

O Rabi Izahar Ber de Radoschitz encontrou-se, certa vez, com um velho camponês, da aldeia de Oleschnie, que o conhecera bem na sua mocidade, mas que nada sabia de sua ascensão.
— Berl — gritou-lhe o camponês — o que há de novo contigo? — E o que há de novo contigo? — perguntou o rabi.
— O que vou te dizer, Berl — respondeu o outro; — o que não se consegue pelo trabalho, não se tem.
Desde então o Rabi Ber, quando falava no modo correto de conduzir a vida, costumava afirmar: — E o velhote de Oleschnie disse: "O que não se consegue pelo trabalho, não se tem".

A Confissão

Certa ocasião em que o Rabi Izahar Ber estava muito enfermo, dizia a si mesmo: — É costume que um homem, quando está doente, confesse os seus pecados. Mas o que poderei confessar? Deverei dizer: "Pequei"? Um homem no estado em que me encontro agora não pode mentir, e eu não pequei. Ou deverei dizer: "Fiz muito pouco no serviço de Deus"? Mas fiz o que estava nas minhas forças. Uma coisa, porém, posso confessar: meu sentimento para com Deus não foi suficientemente claro e puro, não foi bastante ingênuo, não foi totalmente voltado para Ele. Posso incumbir-me de torná-lo mais claro e mais puro. Pois aí nos é dado um progresso ilimitado, já que o nosso sentimento para com Deus se baseia na compreensão da grandeza de Deus, o Ilimitado. Disso pois eu me incumbo: se Deus me ajudar e eu sarar, vou tratar de tornar o meu sentimento cada vez mais claro, mais puro e ingênuo, cada vez mais voltado para Ele.
Sarou e viveu mais vinte anos.

O Imitador

O Rabi de Radoschitz tinha um discípulo que o imitava em sua maneira de pronunciar a Bênção da Santificação na véspera do *schabat* com tanta precisão, que quem o ouvisse de longe pensaria estar ouvindo o próprio rabi. Certa vez, ele estava em Radoschitz e o *tzadik* o chamou: — Ouvi dizer que sabes imitar a minha Bênção de Santificação tanto nas palavras quanto nos gestos. Gostaria que o fizesses uma vez. — Se isso não vos aborrece, rabi, eu o farei. — Não precisas temer nada — garantiu-lhe o *tzadik*. O discípulo proferiu a bênção sobre o vinho do mesmo modo e efetuou os mesmos gestos que o *tzadik* costumava efetuar. Chegando, porém, a certo ponto, parou, não fez mais gesto nenhum e arrematou a consagração de qualquer jeito. Ao fim, o *tzadik* lhe perguntou: — Por que não continuaste? — Rabi — respondeu o discípulo — nesta passagem o rabi sacrifica-se a si mesmo e eu não sou obrigado a fazê-lo.

O Estranho Auxílio

A filha do Rabi Mosché de Lelov, neta do Rabi Davi de Lelov, o amigo e protetor do Iehudi, não tinha filhos. Vez por outra, ela insistia com o pai para que orasse por ela. Finalmente, ele lhe disse que só o Rabi de Radoschitz poderia ajudá-la. Imediatamente, ela se aprontou e partiu com a sogra, que também era filha de um grande rabi. Ao apresentar seu problema ao Rabi Izahar Ber, este se dirigiu a ela com palavras rudes e repreendeu-a como se fosse uma criança teimosa: — Que idéia é esta, mulher indiscreta, de querer filhos! Fora contigo! — A moça, delicada e desde sempre acostumada a palavras gentis, retirou-se, desmanchada em lágrimas. — Agora vou chorar até morrer — disse ela consigo. Sua sogra porém foi ao rabi e perguntou-lhe o que o levara a humilhar assim a pobrezinha, se ela por acaso trazia algum pecado. — Deseja-lhe boa sorte — respondeu o rabi. — Ela já foi ajudada. Não havia outro meio senão sacudi-la até o fundo. — Novamente a mulher se apresentou diante dele e o rabi a abençoou. Voltando a casa, concebeu um filho.

Eu e Tu

Perguntaram ao Rabi de Radoschitz: — Como devemos compreender a Guemará onde consta que o Rabi Schimeon bar Iohai [3] disse a seu filho: "Meu filho, tu e eu somos suficientes para o mundo"?

(3) Um mestre do século II, transfigurado pela lenda, elevado pela Cabalá à posição de seu herói central, sobre quem o Talmud (Schabat 33) conta que, condenado à morte pelos romanos por causa da sua crítica aberta, escondeu-se por muitos anos numa caverna com seu filho.

Ele replicou: — Isso significa que a quinta-essência da criação do mundo é que eles dizem: "Tu és nosso Deus", e o Santo, bendito seja Ele, diz: "Eu sou o Senhor teu Deus". Este "Eu" e "Tu" são suficientes para o mundo.

A Prece de Deus

Perguntaram ao Rabi de Radoschitz: — Não compreendemos uma passagem da Guemará, onde lemos [4]: "De onde se deduz que o próprio Deus ora? Está escrito [5]: Também os levarei ao meu santo monte e os festejarei na minha oração. Não diz "na sua oração", porém "na minha oração". Daí se depreende que o próprio Deus reza". Como se deve compreender tal coisa? Será que este "porém" elimina a oração dos homens?

Ele respondeu: — De modo algum! Deus se alegra com a oração dos justos. Mais ainda: é ele quem a desperta neles e lhes empresta a força para tanto. Assim o que eles oram é a oração de Deus.

A Luz Atrás da Janela

Na primeira noite de Pessach antes do *seder,* certa vez, o Rabi Izahar Ber chamou o neto do Maguid de Kosnitz, o Rabi de Moguiélnica, à sua janela e mostrou-lhe o lado de fora. — Estais vendo, Rabi de Moguiélnica — perguntou ele. — Estais vendo?

Após a ceia festiva, o Rabi de Moguiélnica dançou em torno da mesa, cantando em voz baixa. — Nosso irmão, o santo velho — cantava — mostrou-me uma luz, uma grande luz mostrou-me ele, porém quem sabe, quem sabe quantos anos teremos ainda de dormir, antes que ela venha a nós, venha a nós!

---

(4) Berahot 7.
(5) *Isaías,* 56:7.

SCHALOM DE BELTZ

A Transformação

O irmão mais velho do Rabi Schalom perguntou-lhe certa vez: — Como se explica que tenhas atingido tamanha perfeição? Quando éramos jovens, eu estudava melhor do que tu. — Isto aconteceu assim, irmão — respondeu o Rabi de Beltz. — Quando me tornei *bar-mitzvá*, meu avô, o Rabi Eleazar de Amsterdã, abençoada seja a sua memória, veio a mim em visão noturna e substituiu minha alma por outra. Desde então tornei-me outro.

A Luz do Ensinamento

O Rabi de Lutzk, em Sokal, foi o primeiro mestre do jovem Schalom. Porém, como ouvisse sempre falar do "Vidente" de Lublin, ardeu no seu coração o anseio de receber dele a Torá. Seu mestre, a quem se dirigiu, não quis permitir a viagem. — Se fores a Lublin — disse-lhe ele — tirarei de ti tudo quanto aqui alcançaste. — Ele, porém, não lhe deu atenção e foi. Quando voltou e passou diante da casa do seu mestre, este se achava à janela e chamou sua mulher. —

Olha bem — disse ele — como a luz do ensinamento irradia do semblante do meu discípulo.

A Confissão

Um *hassid* contava: "Certa vez, fui ao Rabi Schalom de Beltz e me queixei de que, ao meio da oração, pensamentos estranhos me acudiam e me confundiam, não pensamentos sobre os assuntos do dia, porém visões más e assustadoras, e pedi-lhe que curasse minha alma. Então ele me falou: — Não te envergonhes diante de mim, meu filho, mas relata-me tudo o que te incomoda e te perturba. — Imediatamente comecei a contar-lhe cada pavor e cada apetite que me assaltava. Enquanto eu falava, o rabi conservava os olhos fechados, eu porém observava e via como os seus santos pensamentos trabalhavam a fim de expulsar os pensamentos estranhos das profundezas da minha alma. Quando terminei, o mestre me disse: — Deus te ajudará para que eles não mais te importunem. — Desde aquele instante não mais me perseguiram".

Amanhã

Certa vez em que, antes da festa de Pessach, os *hassidim* tiravam água, segundo o mandamento, para assar as *matzot* e todos auguravam uns para os outros: "No ano que vem em Jerusalém!", o Rabi Schalom falou: — Por que apenas no ano que vem? Com esta água que agora tiramos, talvez possamos amanhã mesmo, na véspera da festa, assar *matzot* em Jerusalém e comê-las, se o Messias vier nos libertar.

Adão e Eva

Numa de suas freqüentes visitas ao Rabi de Beltz, o Rabi Haim de Zans levou consigo seu jovem filho Baruch. Encontraram o Rabi Schalom e a esposa, sentados à mesa, num aposento de paredes de tábuas. Ao retornarem a casa, depois de algum tempo, o Rabi Haim perguntou ao filho: — Que impressão te deram os dois, o santo rabi e sua mulher? — Ao entrarmos — respondeu — pareceram-me Adão e Eva antes do pecado. — Assim, também a mim me pareceram — disse o pai. — Como te pareceu, todavia, o aposento onde se encontravam? — Como o Paraíso — respondeu Baruch. — Assim também me pareceu — disse o Rabi Haim.

Por quê?

Após a morte da esposa, disse o Rabi Schalom: — Senhor do mundo! Tivesse eu a força capaz de despertá-la, não o teria eu já feito? Mas não posso fazê-lo. Mas Tu, Senhor do mundo, Tu que tens a força, Tu que podes, por que não acordas Israel?

HAIM DE ZANS E IHEZKEL DE SCHENIAVA

Nada Mais

Quando o Rabi Haim ainda era menino, foi visto, certa vez, a correr longamente em seu quarto, de um lado para o outro, a murmurar incessantemente consigo mesmo: "Não penso em nada mais, penso em Ti somente!"

O Pé Doente

Na sua mocidade, o Rabi Haim de Zans foi discípulo do *tzadik* de Ropschitz. Durante a oração ele costumava, no seu ardor, sapatear no chão com ambos os pés. Contudo, mancava de um deles. Certa vez, depois de ter visto o Rabi Haim em oração, a mulher do *tzadik* foi ao marido e disse: — Que homem mau tu és! Por que o deixas sapatear com o pé doente? Dize-lhe que o faça somente com o pé são! — Respondeu o *tzadik*: — Eu só poderia fazê-lo se, ao orar, ele soubesse toda vez se está pisando com o pé são ou com o doente.

Pela Menor Centelha

Um *tzadik* hostil ao Rabi Haim de Zans disse-lhe certa ocasião: — Vós subis aos mundos superiores, mas eu, quando recito dez salmos, consigo o mesmo efeito que vós. — É verdade — respondeu o Rabi de Zans — eu subo a esses mundos, mas pela menor centelha de temor a Deus, renuncio a tudo.

Ensinamento e Serviço

Um Rav, que almejava muito discutir, sem outras testemunhas, assuntos sublimes com o Rabi de Zans, obteve finalmente que o *tzadik* o convidasse a um dos seus costumeiros passeios antes da *Min-há*. Quando a cidade ficou para trás, o Rabi Haim o instou a falar. — A pergunta que eu gostaria de propor-vos — disse o Rav — é a seguinte: Qual é a diferença entre o caminho do ensinamento e o caminho do serviço? — O Rabi acendeu o seu cachimbo e soprou espessas baforadas para o ar claro, emitindo, entrementes, longo sons rosnantes, como um leão impaciente. O Rav sentiu-se embaraçado e desejou nunca ter formulado tal questão. Após percorrerem cerca de uma milha, o *tzadik* cobrou ânimo e disse: — Quereis saber qual é a diferença entre o caminho do ensinamento e o caminho do serviço. Sabei, pois, que o caminho do ensinamento, é este: estar sempre preparado para entregar a própria alma pela glória de Deus, e o caminho do serviço é: estar sempre pronto a cumprir o provérbio [1]: "Minha alma cambaleou ao ouvir Sua palavra". — Bateu na janela da carruagem indicando ao cocheiro que já era tempo de voltarem para casa.

Para o Povo

Certa vez, após a oração de *Min-há*, o Rabi Haim foi abordado por um homem que passou a importuná-lo com uma solicitação. Como não desistisse, o *tzadik* repreendeu-o com rudeza. Inquirido por um amigo ali presente sobre a razão da sua ira, ele respondeu que aquele que reza a *Min-há* se acha defronte do Mundo da Emanação [2]; como não se irritar, quando, ao retornar, vê-se avassalado pelos problemas ínfimos de gente miúda? O outro retrucou: — Segundo a passagem que narra, na Torá, a primeira revelação de Deus a Moisés, no Sinai, lê-se [3]: "Moisés desceu do monte ao povo". Raschi

(1) *Cântico,* 5:6.
(2) Segundo a doutrina cabalística, o Mundo da Emanação e da Divindade é o mais alto dos quatro "Mundos" que se colocam entre o Infinito e nosso cosmo terreno.
(3) *Êxodo,* 19:14.

comenta a propósito: "Tal nos ensina que Moisés se voltou do monte não para os seus afazeres, mas para o povo". Como se deve entender isso? Que negócios tinha o nosso mestre Moisés, a paz seja com ele, no deserto e dos quais desistiu para ir ao povo? É preciso porém interpretar isso da seguinte forma: Quando Moisés desceu do monte, ainda estava ligado aos mundos superiores, onde completava o seu alto trabalho de permear a esfera do julgamento com o elemento da compaixão. Tais eram os negócios de Moisés. E, não obstante, abandonou sua sublime tarefa, desvinculou-se dos mundos superiores e volveu-se para o povo; escutou todos os seus pequenos problemas, armazenou em seu coração as queixas de todo Israel e depois as elevou em oração. — Quando o Rabi Haim ouviu isso, seu ânimo amainou, mandou chamar de volta o homem com quem gritara e ficou quase a noite inteira recebendo os pedidos e as queixas dos *hassidim* reunidos ao seu redor.

O Motivo

O Rabi de Zans disse certa vez: — Eu amo os pobres. Sabeis por que? Porque Deus os ama.

O Que se Tem da Vida

O Rabi de Zans contava, acompanhando suas palavras com gestos pitorescos: — Fui procurado por uma gente que passa a semana toda viajando para os mercados. Um deles se aproxima e grita: "Querido rabi! Ainda não tive nada de bom da vida. A semana inteira fico descendo de um carro e subindo em outro! Mas, quando um homem se lembra de que lhe é dado orar ao próprio Deus, então não lhe falta mais nada!"

As Maçãs

Uma pobre vendedora de maçãs, cuja barraca ficava perto da casa do Rabi Haim, procurou-o certa vez, queixando-se: — Nosso rabi, ainda não tenho dinheiro para as compras de sábado. — E tua barraca de maçãs? — perguntou o *tzadik*. — O pessoal diz que minhas maçãs são ruins e não querem comprá-las — respondeu ela. Imediatamente o Rabi Haim saiu correndo para a rua e gritou: — Quem quer comprar boas maçãs? — Num instante a multidão se juntou em torno dele, as moedas voavam sem serem contadas e logo todas as frutas foram vendidas pelo dobro e triplo do preço. — Vê só — disse o Rabi à mulher, quando se voltava para ir embora — tuas maçãs eram boas, só que eles não sabiam.

O Peru

O Rabi Haim escolhera um grupo de pobres da sua cidade, entre os quais repartia mensalmente dinheiro, não pequenas esmolas, porém a cada um o necessário para que mantivesse a si e aos seus. Certo dia, um vendedor de aves trouxe para a feira de Zans um peru especialmente bonito. Levou-o diretamente à casa do rabi e tentou vendê-lo à esposa dele para o *schabat*; ela, porém, achou o preço alto demais e o homem teve de levar embora a sua preciosa ave. Algum tempo depois, a mulher soube que um dos amparados pela caridade de seu marido adquirira o peru. — Olha só os teus pobres! — queixou-se ela ao marido. — Eu não pude comprar a ave porque era muito cara para mim, mas ele a comprou! — Quer dizer que este homem — disse o *tzadik* — também precisa de um bom peru para o *schabat*. Até agora eu não sabia disso. Mas agora que o sei, devo aumentar-lhe a mesada.

A Humilhação *

Um pobre *melamed* veio, certa vez, à casa do Rabi Haim de Zans. — Brevemente — disse o *tzadik* — celebrareis o casamento da vossa filha. — Não estou sabendo disso — respondeu aquele. O Rabi Haim o encarou interrogadoramente. Queixou-se o mestre-escola: — Não disponho ainda do dinheiro para presentear o noivo, segundo o costume, com um xale de orações e um gorro de peles. — O filho do *tzadik*, Rabi Ihezkel, que estava presente, interrompeu-o. — Pai — exclamou ele — há poucos dias vi este homem comprando ambas as coisas. — O sangue subiu ao rosto do *melamed*, que se retirou em silêncio. — O que fizeste! — disse o Rabi Haim. — Talvez ele não possa pagar o que comprou; talvez precise também de dinheiro para mandar fazer um vestido de casamento para a sua mulher e não queira mencionar o fato. Tu, porém, humilhaste um homem. — Imediatamente o Rabi Ihez-

---

* A concordância de tratamento pronominal não foi seguida nos diálogos a fim de enfatizar a diferença entre a atitude respeitosa em relação ao rabi ou mestre, com o uso de vós, e a normal, pelo emprego do tu.

kel se precipitou para a rua, alcançou o *melamed* e pediu-lhe perdão. O homem, porém, não queria perdoá-lo, exigindo que ele se apresentasse ao julgamento do *tzadik*. Logo depois, ambos se encontraram novamente diante do Rabi. — Não o perdoes — disse o velho ao *melamed* — enquanto ele não pagar as custas do casamento até o último cordão de sapato. — E assim foi feito.

A Verdadeira Sabedoria

Certa vez, o Rabi de Zans, debruçado à janela, olhava para a rua. Vendo alguém passar, bateu na vidraça e lhe fez sinal para que entrasse. Assim que o outro transpôs a porta do aposento, o Rabi Haim lhe perguntou: — Dize-me, se achasses uma bolsa cheia de ducados, irias devolvê-los ao dono? — Rabi — respondeu o homem — se eu conhecesse o dono, eu lhe devolveria o achado, no mesmo instante. — És um tolo — disse o Rabi. Novamente se pôs à janela, chamou o outro transeunte e lhe propôs a mesma questão. — Não sou nenhum bobo — respondeu o outro — para entregar uma bolsa de dinheiro que me caiu nas mãos. — És um malfeitor — disse o Rabi Haim e mandou entrar um terceiro. Este deu a resposta: — Rabi, como posso saber em que degrau estarei então? Conseguirei vencer o Impulso do Mal? Talvez ele me sobrepuje e eu me aposse do alheio; talvez, porém, Deus, abençoado seja o Seu Nome, me ajude contra ele e eu devolva o achado ao seu legítimo dono.
— Como são belas as tuas palavras! — exclamou o *tzadik*. — Tu és o verdadeiro sábio!

A História do General

Certa vez, numa viagem, grandes honras foram prestadas ao Rabi Haim. Mais tarde, assim falou a seu filho, que o acompanhava: — Quero contar-te a história do general. É uso que a sentinela preste honra maior ao general, quando este passa, do que ao coronel. Um dia aconteceu que um general foi julgado por uma falta e rebaixado a coronel. Quando ele saiu da casa onde se realizara a corte marcial e passou pela sentinela, esta não percebeu que ele já não trazia as insígnias de general e o saudou como dantes. Foi só então que sentiu o coração como que varado.

À Procura do Caminho

No mês de Elul, quando todos preparavam suas almas para os dias de juízo, o Rabi Haim costumava narrar histórias, acompanhadas de uma melodia que movia todos os ouvintes ao arrependimento em Deus. Certa vez ele contou: — Um homem se perdeu numa floresta cerrada. Pouco depois um outro também se perdeu e deu com o primeiro. Sem saber o que lhe acontecera, perguntou-lhe qual era o caminho para a saída. "Não o conheço", respondeu o primeiro, "mas posso indicar-te os caminhos que levam ainda mais para a espessura e depois poderemos juntos procurar o caminho". Congregação! — assim terminou o rabi a sua história — procuremos juntos o caminho.

As Vestimentas do Rei

O criado do Rabi Zans contava: — Certa manhã, antes da oração, o rabi deitou-se novamente por algum tempo mais porque um súbito cansaço o invadiu. De repente, entrou — como se soube depois, por engano, pois todos os assuntos oficiais eram sempre tratados pelo rabino da circunscrição, o filho do *tzadik* — um soldado coletor de impostos. O *tzadik* assustou-se à sua vista. Mais tarde, quando o soldado se foi, ele me disse: "Este soldado é um simples campônio; mas, quando enverga as roupas do rei, nós o tememos. Se nós envergarmos as roupas do Rei, *talit* e *tefilin,* todos os povos temerão em nós o Rei".

Todos

O Rabi de Zans costumava dizer: — Todos os *tzadikim* servem, cada qual de outra maneira, cada um segundo a sua posição diferente, e quem disser: "Só o meu rabi é um justo", perde ambos os mundos.

O Conselho

O Rabi Haim casou o seu filho com a filha do Rabi Eliézer de Dzikov, filho do Rabi Naftali de Ropschitz. No dia seguinte às bodas, ele entrou na residência do pai da noiva e disse: — Agora somos parentes e eu posso dizer-vos o que atormenta o meu coração. Vede, os meus cabelos da cabeça e da barba já estão grisalhos e ainda não fiz penitência! — Ah! meu amigo — respondeu-lhe o Rabi Eliézer — vós só pensais em vós mesmo. Esquecei-vos de vós e preocupai-vos com o mundo!

Resignação

O Rabi de Zans costumava contar: "Na minha mocidade, quando me inflamou o amor de Deus, imaginei que converteria o mundo inteiro a Deus. Mas logo descobri que me bastaria converter a gente da minha cidade e empenhei-me nisso durante muito tempo, mas não houve meio de consegui-lo. Percebi então que eu me propusera uma empreitada ainda demasiado grande e me concentrei nas pessoas de casa. E não me foi dada a ventura de convertê-los. Finalmente, me dei conta: devo consertar a mim mesmo, para que possa verdadeiramente servir a Deus. Mas tampouco esta conversão consegui realizar".

Os que Faltam

Pouco antes da sua morte, o Rabi Haim disse a um visitante:
— Contasse eu nove amigos fiéis, com cujos corações o meu batesse em uníssono, cada um de nós meteria um pão na sacola e sairíamos juntos para o campo, e juntos andaríamos pelo campo, e oraríamos e oraríamos até que a oração fosse ouvida e viesse a redenção.

No Púlpito

Quando o Rabi Ihezkel, o filho do Rabi de Zans, esteve na cidade húngara de Ujhéli, anunciou que iria pregar na casa de orações. Na hora aprazada, tôda a congregação se reuniu. O Rabi subiu ao púlpito e falou: — Ouvi, meus amigos! Uma vez fiz aqui um sermão e a minha intenção não estava inteiramente voltada para o céu. Isto, porém, é um grande pecado, pregar com vontade dividida. Por isso resolvi fazer penitência. Todavia, como de acordo com a palavra dos nossos sábios, o mal tem de ser expiado lá onde foi cometido, voltei a este púlpito. E por isso suplico ao santo Deus, bendito seja Ele, que me perdoe.

Toda a congregação se deu conta então do poder da palavra divina, o temor de Deus dominou seus corações e todos conseguiram voltar-se a Deus.

O Discurso

Ainda jovem, Rabi Ihezkel foi eleito Rav da cidade de Scheniava. Toda a congregação esperava que ele, no primeiro sábado após sua chegada, pregasse, como era uso, mas ele se negou a fazê-lo. No terceiro repasto sabático, as figuras mais eminentes da cidade, que se sentavam à sua mesa, pediram que lhes expusesse a Torá. Ele pediu então que lhe dessem uma bíblia, abriu o trecho da semana e leu-o do começo ao fim. Depois do que, disse: — Esta é a Torá de Deus, ela é santa, e não me cabe falar sobre ela. — Beijou o livro e mandou que fosse posto de volta no seu lugar.

A Decisão dos Demônios

É sabido que o Rabi Ihezkel não costumava expor a Torá à sua mesa. E porque os seus *hassidim* voltavam sempre a interrogá-lo por tal motivo, ele lhes contou certa vez, à mesa de *schabat,* esta história: — Um jovem foi certo dia aprisionado pelos demônios. Não foi possível salvá-lo até que buscaram o auxílio de um grande *tzadik* e este fez o que fez. Então disseram os demônios: "Se conosco se encontrarem preleções sobre a Torá do vosso rabi, nada do que ele fizer nos afetará. Se, porém, não houver conosco nenhuma de suas preleções da Torá, nos declararemos vencidos e soltaremos o jovem". Procuraram nos seus livros, como não encontrassem nada, libertaram o moço. Então — acrescentou o rabi — dizei vós mesmos, a gente deve "dizer Torá"?

TZVI HIRSCH DE JIDATSCHOV, IEHUDÁ TZVI DE ROSDOL E ITZHAK AISIK DE JIDATSCHOV

Das Profundezas

O Rabi Hirsch de Jidatschov contava: — Na véspera de sábado fui, com grande vergonha, expulso da cidade de Bródi e, após ininterrupta caminhada, cheguei em casa ao entardecer, já quase no começo do *schabat*. Fui com a minha roupa de trabalho para a casa de orações e mal consegui proferir as palavras da prece. De manhã, porém, antes de orar, falei com Deus e lhe disse: "Senhor do mundo, tu vês a humilhação dos humilhados e vês o meu coração despedaçado, dá-me luz para que eu possa orar". Então se abrasaram todos os meus membros e orei com um fluxo de fogo, como nunca antes me acontecera e nunca mais me acontecerá.

A Dupla Resposta

O Rabi Hirsch disse, certo dia, aos seus *hassidim*: — Quando um homem vem a mim e pede que eu reze por suas necessidades deste mundo — um por causa de um arrendamento, outro devido a uma loja — no mesmo instante a alma desse homem vem procurar-me por causa da redenção no mundo mais alto. A mim, porém, cumpre responder a ambos, numa só resposta.

A Multidão não o Consegue

O Rabi Hirsch de Jidatschov entrou, certa vez, na casa de orações e falou aos *hassidim* reunidos: — Meus filhos, está escrito [1]: "Não há rei que se salve com o poder de seu exército". De pouco adianta a Deus o fato de um *tzadik* ter uma multidão de *hassidim*.

A Suspeita

O Rabi de Komarno, sobrinho do Rabi Hirsch, conta: "Uma vez, na madrugada de Schavuot, entrei na casa do meu mestre e tio, mas ele não percebeu a minha entrada. Então ouvi-o chorar perante Deus, andando de um lado para o outro. Naqueles dias encontravam-se ali, para passar a festa em sua companhia, umas quatrocentas ou quinhentas pessoas. E ele dizia: — Não terá sido Samael quem me mandou esta multidão para tentar afastar-me de Ti? Compadece-te da alma deste coitado, para que eu não seja expulso da Tua presença!"

Idolatria

Um sábado, durante a terceira refeição, o Rabi Hirsch interrompeu sua exposição dos ensinamentos e disse: — Há *hassidim* que efetuam viagens para ver o seu rabi e dizem que não existe outro rabi no mundo afora o seu. Isto é idolatria! Como então se deve falar? Deve-se dizer: "Cada rabi é bom para os seus discípulos, mas o nosso rabi é o melhor para o nosso caso".

A Iluminação

O Rabi Mosché de Sambor, irmão menor do Rabi Tzvi Hirsch, costumava, em sua adolescência, ir às aldeias e comerciar com os camponeses. Quando voltava para casa e proferia a *Min-há*, sentia como se todos os seus membros fossem inundados de grande luz.

Ele mesmo conta: — Certa vez, perguntei ao meu irmão e mestre: "Por que acontece assim? Quando, após uma viagem de negócios, volto para casa e me ponho a orar, sinto uma

(1) *Salmos*, 33:16.

iluminação, quase como se a *Schehiná* me visitasse?" Ele me respondeu na sua límpida fala: "Por que te espantas com isso? Quando o caminhante anda nos caminhos de Deus, então, mesmo que não o saiba, correm a ele todas as centelhas sagradas que estão presas às ervas do campo e às árvores do bosque, todas acodem para se apegarem àquele homem, e isso o ilumina com uma grande luz".

Ainda não!

Quando o Rabi Hirsch, em sua viagem a Munkacs, visitou o velho Rabi Mosché Teitelbaum em Ujhéli, este se lamentou, como fazia tantas vezes, de que o Messias ainda não chegara.
— Sabeis — disse o Rabi Hirsch. — É minha praxe empenhar-me por qualquer criatura, mesmo a mais rebelde, e penetrar até a raiz da sua rebeldia, onde o mal é reconhecível como penúria e ambição. E se consigo chegar até lá, posso também tirá-lo dali! O que julgais, pois: consentiremos que se percam todas essas almas? E não estariam elas perdidas, se o Messias aparecesse hoje?

Transformação da Obra

Quando o Rabi Hirsch, de volta do funeral de sua esposa, chegou em casa e subiu as escadas para o seu aposento, ouviram-no falar consigo mesmo: "Até agora efetuei a sagrada união pelo matrimônio inferior, agora efetuarei a união pelo matrimônio superior". Duas semanas depois, ele morreu.

O Fundamento

Ao Rabi Iehudá Tzvi de Rosdol, sobrinho do Rabi Hirsch, perguntou sua mulher: — Por que te calas diante dos teus inimigos, que pensam em te magoar, e até lhes prestas bons serviços, quando poderias com tuas orações baixar sobre eles o castigo divino?
Ele respondeu: — Nunca pensaste ainda por que tanta gente vem visitar o *tzadik* e lhe traz oferendas, centenas e milhares para um só? É porque todo edifício precisa de alicerce, sem o qual não tem estabilidade. O edifício do mundo, porém, tem a sua estabilidade no *tzadik*; como está escrito [2]: "O justo [3]

---

(2) *Provérbios* de Salomão, 10:25 (literalmente: "...tem perpétuo fundamento").
(3) Em hebraico, *tzadik*.

é o fundamento do mundo". Assim é direito que todos o sustentem, a ele que sustenta a todos eles. Mas por que as pessoas vêm também a mim e trazem dádivas também para mim, que não sou *tzadik*? Meditei e ponderei o fato: ocorreu-me que o mundo precisa de mais um fundamento. Pois está escrito [4]: "O que suspende a terra por sobre o nada", e o Talmud [5] a isso acrescenta: "O mundo repousa sobre aquele que, no momento da discórdia, se aniquila e não responde aos que o odeiam". Vê, porque além do *tzadik* eles precisam também do nada, é que me sustentam.

O Maior Desejo

Um erudito disse ao Rabi de Rosdol: — Quer me parecer que ser *tzadik* é o maior de todos os desejos.
— Assim é — respondeu o rabi. — Mas para alcançá-lo se faz mister primeiro subjugar todos os outros.

Recordar e Esquecer

No dia do Ano Novo, disse o Rabi Iehudá Tzvi de Rosdol: — Nós oramos hoje: "Pois és Tu que recordas todas as coisas esquecidas desde a eternidade". O que significa isso? Que Deus só quer recordar aquilo que o homem esquece. Quando alguém pratica o bem e não guarda na lembrança o que fez, mas ao contrário pensa não ter feito nada, Deus recorda-lhe o seu serviço. Se alguém, todavia, diz ao seu coração comovido: "Como foi bela minha prece! Que belo foi o meu estudo!", então nada disso persiste aos olhos de Deus. Se um homem incide em pecado, mas depois cai em si com todas as suas forças e se arrepende, Deus esquece o pecado. Mas Ele guarda os pecados levianamente postos de lado.

O Fio da Misericórdia

O Rabi Itzhak Aisik de Jidatschov, sobrinho do Rabi Hirsch, era filho único. Certa ocasião, mal saíra da meninice, seu pai lhe perguntou: — Como interpretas o dito dos nossos sábios [6]: "Àquele que de noite se ocupa com a Torá, Deus o envolve

---
(4) *Jó*, 26:7.
(5) Hulin 89a.
(6) Talmud (Haguigá 12).

de dia com um fio de misericórdia"? Pois nós sempre nos levantamos à meia-noite e nos ocupamos com a Torá e, não obstante, de dia sofremos grande aflição e penúria? Onde está o fio de misericórdia?

O menino respondeu: — Pai, o fato de que nós, sem considerar a penúria, nos levantemos meia-noite após meia-noite e nos ocupemos com a Torá, tal é, em si mesmo, o fio de misericórdia.

Os Três Sinais

Numa de suas visitas ao Rabi Tzvi Hirsch, o Rabi Schalom de Kaminka levou seu filho, o menino Iehoschua, a Jidatschov. Durante o almoço, o menino viu entrar um jovem de espessos cachos negros. Numa das mãos trazia uma jarra de água, na outra uma bacia e no ombro uma toalha. Com uma alegria que lhe iluminava o semblante e dava asas a seus membros, começou a servir um a um os que se assentavam à longa mesa, até que todos tivessem lavado as mãos. — Pai — perguntou Iehoschua — quem é o jovem moreno? — Olha bem para ele — respondeu o Rabi Schalom — ele será um príncipe em Israel.

Muitos anos depois, quando, após a morte do Rabi Hirsch, seu irmão menor Itzhak Aisik, justamente aquele "jovem moreno", se tornara o Rabi de Jidatschov e vinham ter com ele *hassidim* de todas as partes, sua fama chegou até Kaminka e ao Rabi Iehoschua, que havia sucedido a seu pai. — Vou visitá-lo — decidiu — a fim de observá-lo e ver se o seu caminho é mesmo o certo e se posso ligar-me a ele. Para isso escolherei três sinais: primeiro, se ele, quando eu lá chegar, vier me saudar, segundo, se me convidar para comer e, terceiro, se adivinhar um dos meus pensamentos.

O Rabi Iehoschua viajou para Jidatschov, mas, ao se aproximar da cidade, foi acometido de inopinada febre e, ao chegar, foi preciso transportá-lo do carro ao leito. Quando o Rabi Itzhak soube do fato, foi visitá-lo e disse-lhe que iria seguramente sarar naquele mesmo dia e que por isso fosse jantar com ele.

Depois, já restabelecido, o Rabi Iehoschua estava sentado à mesa do Rabi Itzhak, quando este, rindo, dirigiu-se a ele: — Então, Rav de Kaminka, e se alguém não é capaz de adivinhar o pensamento do outro, ele não pode ser rabi?

O Rabi Iehoschua tornou-se um dos discípulos preferidos do Rabi Itzhak.

Dá e Recebe

O Rabi Itzhak Aisik disse: — O lema da vida é: "Dá e recebe". Todo homem deve ser um doador e um recebedor. Quem não for ambas as coisas juntas, será uma árvore estéril.

Através das Trevas

O Rabi Itzhak Aisik orava sempre sem violência, num tom suave e santo, mas as palavras estremeciam os corações de todo o povo presente à casa de orações.

Uma vez, no Schavuot, recitava o hino introdutório à leitura da Torá, quando um dos seus discípulos, que conhecera o Vidente de Lublin, comoveu-se de tal forma que os olhos se recusaram a servi-lo. Só depois que o *tzadik* silenciou é que recuperou a visão. Após o ofício, relatou o sucedido ao seu mestre. Disse este: — Isto foi porque a tua alma, que se amarrara à palavra, caminhava através daquelas "trevas, nuvens e escuridão"[7] do Sinai.

A Respiração

Um discípulo do Rabi Itzhak Aisik contava: — No começo, quando eu vinha escutar o nosso mestre, sem poder compreendê-lo, eu abria bem a boca, para que a sua santa respiração entrasse em mim.

O Sermão Edificante

O Rabi Itzhak Aisik de Jidatschov recebeu, certo dia, a visita do Rabi Zalman Leib de Sighet na Transilvânia, que trouxe consigo um grupo de seus *hassidim*, entre os quais alguns donos de vinhedos, que se comportavam, de certo modo, à maneira dos assim chamados "Ilustrados". O hóspede pediu ao Rabi Itzhak que lhes dirigisse algumas palavras de advertência moral. — Tais palavras de exortação não são de uso entre nós — respondeu o *tzadik*. — No *schabat*, pronuncio perante a comunidade a oração "Todos te reconhecerão, todos te louvarão" e tais são as nossas palavras de advertência. Se elas falharem e não moverem o homem ao retorno a Deus, nenhuma prédica de moral o fará.

(7) *Deuteronômio*, 4:11.

Dias depois, quando o Rabi Itzhak dizia diante da Arca: "Todos te reconhecerão", o olhar do rabi da Hungria caiu sobre aqueles de seus homens que o preocupavam e ele os viu chorar.

O Dia da Festa do Exílio [8]

O Rabi Itzhak Aisik queria viajar para a Terra Santa e lá se estabelecer. Debalde seus filhos e amigos procuraram dissuadi-lo de tal coisa. Então aconteceu algo de extraordinário.

Na tarde subseqüente ao primeiro dia de Pessach, o *tzadik* entrou na casa de orações, envolto no *talit* que ele só usava nos dias comuns. Após as Dezoito Bênçãos, estacou sem dar início aos salmos de louvação e a congregação esperava, admirada, pois nunca antes ocorrera algo semelhante. Somente depois de algum tempo é que começou a recitar os salmos, e os rezava, como sempre, com elevado entusiasmo. Mais tarde, no curso da refeição, disse: — Hoje, durante a prece vespertina, o poder de pensar me foi tirado inteiramente e não só isso, como também me foi vestido o *talit* dos dias de trabalho. Eu não sabia o que Deus me fizera. Por fim, a verdade me foi revelada: como eu queria ir para a Terra de Israel, perdeu-se para mim a conexão com a santidade do segundo dia da festa, que só é válido nas terras do Exílio, e eu permaneci num dia comum. Então pesei tudo na minha mente e decidi não renunciar a esta santidade, mas desistir de viajar para a Terra Santa. E só então a minha força espiritual me foi devolvida.

A Viagem em Comum

Um *hassid* queria viajar para a Terra de Israel e foi pedir conselho ao Rabi Itzhak Aisik. O *tzadik* lhe disse: — Espera um pouco mais. Tu irás junto comigo para a Terra de Israel. — O *hassid* entendeu que também o Rabi Itzhak pretendia dirigir-se para lá e ficou à espera de notícia dele. Mas a notícia que recebeu foi a da morte do *tzadik*. Quando a nova chegou, disse: — Então tenho de me preparar para a viagem. — Mergulhou no banho de imersão, mandou chamar a Hevrá Kadischá, fez a confissão dos seus pecados, escreveu o seu testamento, deitou-se no leito, permaneceu alguns dias deitado e morreu.

---

(8) As três festividades de Pessach, Schavuot e Sucot são, nas regiões da Diáspora, alongadas de um dia em relação a Eretz Israel. O dia adicional de observância denomina-se Festa do Exílio.

Livre

Freqüentemente, no seu último ano de vida, o Rabi Aisik de Jidatschov erguia as mãos contra a janela que dava para a rua e dizia consigo mesmo: "Olha bem para ele, o rude mundo!"

Na manhã do dia da sua morte, envergou, como sempre, o *talit* e os *tefilin*. Após pronunciar a primeira bênção matutina, porém, ordenou que lhe removessem o *talit* e os *tefilin,* dizendo:

— Hoje eu fico livre dos *tefilin* e de todos os mandamentos e fico livre do mundo.

IAAKOV ITZHAK DE PJISCHA (O IEHUDI) E SEUS DESCENDENTES

O Pacificador

O pai de Iaakov Itzhak recebia às vezes a visita do seu irmão, que vivia numa cidadezinha distante onde trabalhava como pobre bedel da casa de orações. Em verdade, era um dos trinta e seis *tzadikim* ocultos sobre os quais repousa o mundo. Durante essas visitas, os dois costumavam sair para o campo e conversar sobre os mistérios da Torá. Certa ocasião, levaram o menino consigo e ele ficou andando atrás deles. Chegaram a um prado onde pastavam ovelhas. Viram de súbito que, entre os animais, surgira uma grande discórdia sobre a partilha da pastagem. Já os carneiros-chefes avançavam com os cornos uns sobre os outros. Não se via pastor nem cão. Num instante, o menino saltou, tomou conta do prado e estabeleceu o seu domínio. Separou os brigões e resolveu a disputa. Logo cada ovelha e cada cordeiro foi aquinhoado com o que cada um necessitava. Contudo, vários animais agora não tinham pressa de comer, mas se encostavam ao menino que lhes afagava o pelo e falava com eles. — Irmão — disse o bedel da casa de orações — este será um pastor do rebanho.

O Caminho Para a Perfeição

Certa vez pediram ao Iehudi que argüisse sobre a Guemará a Hanoch, que contava treze anos e seria mais tarde o Rabi de Alexander. O menino precisou refletir uma hora sobre a passagem que lhe fora indicada, antes de poder explicá-la. Depois de havê-lo feito, o *tzadik* pôs a mão no rosto de Hanoch e disse: — Quando eu tinha treze anos, passagens mais difíceis do que esta se abriam para mim num instante, e quando eu contava dezoito, tinha a fama de ser "um grande da Torá". Mas se me tornou claro que um homem não pode chegar à perfeição unicamente por meio de estudo. Compreendi o que foi contado de nosso pai Abraão [1]: como ele estudou o sol, a lua e os astros e não encontrou Deus e como no não-encontrar a presença de Deus se lhe revelou. Meditei nesse achado por três meses. Pus-me pois a procurar, até que eu também cheguei à verdade do não-encontrar.

O Ferreiro

Em sua juventude, o Rabi Itzhak morava em casa do seu sogro e tinha por vizinho um ferreiro. Este acordava de madrugada e começava a bater na sua bigorna de tal modo que o barulho ressoava nos ouvidos do moço adormecido. Ele acordou e pensou: — Se este homem pode arrancar-se do sono tão cedo por causa de um trabalho fugaz e de um ganho material, será que eu não posso fazer o mesmo para o serviço de Deus eterno? — No dia seguinte levantou-se antes do ferreiro. Este, ao entrar na oficina, ouviu o jovem erudito lendo o seu livro à janela, em voz baixa, e isto o irritou: — Este homem não tem necessidade e já está no trabalho! Não vou deixar que leve a melhor! — Na noite seguinte, levantou-se antes do Iehudi. Mas o jovem rabi aceitou a porfia e venceu-a. Tempos depois ele costumava dizer: — Tudo o que consegui, eu o devo principalmente a um ferreiro.

O que Ele Aprendeu em Lublin

Quando o Rav de Leipnik, que era avesso ao caminho hassídico, travou conhecimento com o jovem Itzhak e sua erudição, perguntou-lhe: — O que queres com o Rabi de Lublin? O que podes aprender com ele? O que já aprendeste com ele?

---

(1) Em diversos *midraschim*.

— Respondeu o Iehudi: — Quando mais nada, uma coisa eu aprendi com o meu mestre, o santo Rabi de Lublin: quando me deito para dormir, adormeço no mesmo instante.

O Destino do Anjo

O Iehudi contava: "Após a sua morte, um *hassid* apresentou-se diante do juízo celestial. Tinha fortes advogados, de modo que já parecia certa uma sentença favorável, quando apareceu um grande anjo, acusando-o de uma falta. — Por que fizeste isso? — perguntaram-lhe, e o *hassid* não encontrou outra resposta senão: — Foi minha mulher que me levou a fazê-lo. — Então o anjo riu alto: — Em verdade, uma excelente justificativa! Ele não pôde resistir à voz da sua mulher! — A sentença foi exarada: ao homem coube um castigo por sua falta e ao anjo, a provação de reencarnar-se num corpo terrestre e desposar uma mulher".
Os *hassidim* que ouviram o desenlace da história entendiam que o rabi se referia a si mesmo.

Resposta na Discussão

A esposa do Iehudi muitas vezes o sujeitava a longas reprimendas. Ele ouvia o que ela tinha a dizer, calava-se e aceitava tudo com alegria. Contudo, certo dia em que a sua agressão verbal ultrapassou os limites usuais, retrucou-lhe algumas palavras. Mais tarde o seu discípulo Rabi Bunam perguntou-lhe: — Em que este dia é diferente dos outros? — Respondeu-lhe o Iehudi: — Vi que a alma dela estava a ponto de finar-se de desgosto furioso, porque eu não me deixava perturbar por seus gritos. Por isso, dei-lhe um pouco de conversa, para que ela sentisse que a dela me afetava e se fortalecesse no seu sentimento.

A Ira Expia o Inimigo

Havia gente que não cessava de caluniar o Iehudi junto a seu mestre, o Rabi de Lublin, acusando-o de querer usurpar o lugar do mestre. A esposa do Rabi de Lublin era uma das vozes acusadoras. Quando ela morreu de repente, seu marido mandou chamar o Iehudi e lhe disse: — Isto é obra tua? — Deus me guarde de tal coisa. — Bem, como reagiste ao saber que ela falava de ti? — Recitei os salmos. — E chamas a isso não fazer nada? — O que então eu devia ter feito? — Irar-se! — disse o Rabi de Lublin. — Rabi — replicou o Iehudi — olhai nos meus olhos e vede se sei ficar irado. — O Vidente olhou nos olhos do seu discípulo. — É verdade — disse ele. — O "Judeu" não conhece a ira.

A Festa do Exílio

Certa ocasião — era o segundo dia de Schavuot — o Iehudi estava sentado à mesa do Maguid de Kosnitz, quando este lhe disse: — Aflige-me que, no segundo dia da festa, que só é celebrado nas terras do Exílio, eu sinta mais solenidade e iluminação do que no primeiro, que na Terra de Israel é considerado o único. Podeis, santo Judeu, dizer-me por que razão o dia do desterro comove mais o meu coração do que o dia da pátria? — Quando um homem briga com sua mulher e eles se reconciliam, o amor se torna mais forte do que antes — respondeu o Iehudi. — Vós me destes vida nova — tornou o *maguid* e beijou-o na testa.

Elias

Contam: "O Iehudi costumava vestir uma jaqueta rústica, pôr na cabeça um boné de pala como usam os campônios e ir com o seu intendente doméstico, que se vestia do mesmo modo, a todas as feiras, a fim de procurar o Profeta Elias, que erra pelo mundo disfarçado de camponês. Certa vez, numa feira, viu um aldeão que levava uma égua pela rédea. O Iehudi agarrou o intendente pelo braço e gritou: — Lá está ele. — O estranho flamejou-lhe no rosto a sua ira: — Judeu — gritou ele — se sabes, para que falas? — E desapareceu no mesmo instante. Alguns afirmam que desde esse dia não chamavam o Rabi de Pjischa de outro nome a não ser o "Judeu" (Iehudi).

Uma Tentação

Uma vez, o Iehudi andava pela rua, conversando horas a fio com a gente simples sobre coisas aparentemente ociosas e vãs, mas na verdade produzia destarte uniões maravilhosas nos mundos superiores. Mais tarde veio a ele o Impulso do Mal e lhe sussurrou: — Vê como é grande e maravilhosa a força da tua alma! — O Rabi porém lhe respondeu: — Do que pretendes me convencer! O que eu faço decerto fazem todos os homens; só que eu posso notá-lo tão pouco neles, como eles em mim.

Poder e Querer

Andando pelo campo, o Iehudi deu certa vez com uma carreta de feno virada. — Ajuda-me a levantar a carroça! — gritou-lhe o proprietário. Ele tentou, mas não conseguiu. — Não posso — afiançou ele finalmente. O camponês encarou-o com severidade, dizendo-lhe: — Tu podes mas não queres. Na noite daquele dia, o Iehudi falou aos seus discípulos: — Hoje me disseram: Nós podemos elevar o Nome de Deus, mas não queremos.

Calar e Falar

Um homem impôs-se a provação do silêncio e por três anos não proferiu outras palavras exceto as da Torá e da oração. Finalmente o Iehudi mandou chamá-lo. — Meu jovem — perguntou-lhe — como se explica que eu, no mundo da verdade, não consiga ver nenhuma palavra tua? — Rabi — justificou-se o outro — para que hei de falar de futilidades? Não vale mais só estudar e orar? — Ainda assim — disse o Iehudi — nenhuma palavra tua chega ao mundo da verdade. Quem só estuda e reza assassina a própria palavra na alma. Que significa falar de futilidades? Pode-se dizer a mesma coisa com futilidade e pode-se dizê-la com verdade... E agora vou mandar preparar-te um cachimbo de fumo para a noite, vem à minha casa depois da oração da tarde e eu te ensinarei a falar. — Ficaram sentados a noite inteira; pela manhã o aprendizado do jovem estava concluído.

Fala

O Iehudi e o seu discípulo Peretz atravessavam um prado, no qual o gado espraiado pastava, mugindo, enquanto do riacho que por lá corria emergiu um bando de gansos, grasnando e batendo as asas. — Se pudéssemos compreender todas essas falas! — exclamou o discípulo. — Quando chegares ao ponto de compreender o próprio âmago do que tu mesmo falas — disse o rabi — poderás compreender as falas de todos os seres.

Não o que Entra pela Boca...

O Iehudi encarregou, certa vez, o seu discípulo Rabi Bunam de fazer uma viagem. Bunam não indagou coisa alguma, mas deixou a cidade com alguns *hassidim* e seguiu aonde os levava a estrada. Pelo meio-dia chegaram a uma aldeia e pararam numa taverna. O estalajadeiro, contente com os hóspedes devotos, os convidou para comer. O Rabi Bunam sentou-se na sala, enquanto os outros saíram para informar-se sobre a carne que lhes seria servida: sobre a perfeição do animal [2], sobre a pessoa do *schohet* [3], sobre os cuidados no salgar [4]. Então levantou-se de detrás do fogão um homem de roupas andrajosas e o cajado de peregrino ainda na mão, e começou a falar: — Ó vós, *hassidim!* Fazeis muita questão de que tudo quanto vos entra pela boca seja suficientemente puro, mas sobre o que vos sai da boca, sobre a pureza disso vos preocupais bem pouco! O Rabi Bunam quis retrucar. Mas já o viandante, como é o costume do Profeta Elias [5], havia desaparecido. O Rabi compreendeu para que fim o seu mestre o mandara viajar.

Honrar os Pais

Certa vez, o Iehudi estudava a Guemará com os seus discípulos. Uma passagem o deixou pensativo; em silêncio, mergulhou na meditação. Entre os discípulos havia um menino cujo pai morrera pouco depois do seu nascimento. Como soubesse que tais interrupções do seu mestre costumavam demorar bastante, dirigiu-se às pressas para casa, a fim de nesse meio tempo saciar a violenta fome. Mas, quando já retornava à casa de estudos, sua mãe o chamou, pedindo-lhe que fosse buscar antes no celeiro um pesado feixe de feno. Ele não voltou, porque temia atrasar-se. No meio do caminho, porém, caiu em si: o sentido do estudo é a ação. Imediatamente tornou às carreiras e obedeceu ao pedido da mãe. Depois voltou para a casa de estudos. Assim que ele atravessou a soleira, o Iehudi despertou da sua meditação, pôs-se de pé e disse ao menino, cheio de alegria: — Tenho certeza de que nesta hora tu honraste a mãe. Pois Abaji, o qual, segundo sabemos, foi, dentre os mes-

---

(2) Certas doenças orgânicas e outros defeitos tornam a gustação de um animal, antes "puro", em proibido.
(3) Para verificar se a sua faca é mantida com o fio perfeito e se os preceitos da matança são estritamente obedecidos.
(4) Para tirar inteiramente o sangue, que é proibido comer, da carne, esta é inteiramente salpicada de sal.
(5) Depois de sua ascensão aos céus, o Profeta Elias, segundo a lenda, continua a ajudar e instruir o mundo humano em sua função de mensageiro de Deus. Aparece, especialmente, em cada festa de circuncisão e em cada *seder*. Vê-lo e receber instrução de sua boca se consideram iniciações aos mistérios da Torá.

tres da Guemará, o único que não conheceu pai nem mãe, e sua alma por esta razão se encarna naqueles que cumprem o mandamento de honrar os pais, que lhe foi negado, acaba de me aparecer e de me explicar a passagem difícil.

O Santo Desespero

A propósito do versículo do salmo [6]: "Até quando consultarei a minha alma, tendo tristeza no coração cada dia!", disse o Iehudi: — Enquanto eu ainda consultar minha alma, deve haver pesar no meu coração por todo o dia. Somente quando eu não mais achar conselho para me ajudar e renunciar a qualquer opinião e não conhecer mais nenhuma ajuda a não ser a de Deus, só então receberei auxílio. — E disse mais adiante: — Este é o mistério da ablução.

Interpretação da Escritura

O Rabi Bunam veio, certa vez, ao aposento do seu mestre, o Iehudi. Este levantou os olhos do livro que lia como alguém que interrompe o seu trabalho por um momento, mas não sem prazer, e falou jocosamente: — Dize-me um versículo da Torá e eu to interpretarei. — Bunam disse o primeiro versículo que lhe veio à mente [7]: — "Então Moisés falou as palavras deste cântico aos ouvidos de toda a congregação de Israel, até se acabarem". — Até que se acabaram — repetiu o Iehudi e voltou os olhos para o livro; a entrevista estava terminada. O Rabi Bunam saiu, tomado de grande alegria. Hanoch, que tinha então quinze anos e estivera com ele no aposento, perguntou-lhe por que se alegrava, uma vez que não recebera a interpretação prometida. — Reflete! — disse Bunam. Então também o outro compreendeu: Moisés repetira o cântico tantas vezes aos filhos de Israel, até que os levou à perfeição [8].

Abraão e seus Hóspedes

A respeito do versículo das Escrituras que conta sobre Abraão, a quem os anjos vieram visitar [9]: "E ele ficou de pé acima deles e eles comeram", disse o Iehudi: — Por que as Escrituras nos

---

(6) *Salmos*, 13:2.
(7) *Deuteronômio*, 31:30.
(8) Aqui há um jogo de palavras: em alemão, *Vollendung* tanto quer dizer "conclusão" como "perfeição".
(9) *Gênese*, 18:8.

dizem isso? Pois não é costume que o dono da casa, quando não come com os hóspedes, fique em pé acima deles enquanto comem. Mas eis o que as Escrituras nos querem dizer: Os anjos têm vantagem e desvantagem ao mesmo tempo, e os homens têm vantagem e desvantagem ao mesmo tempo. A vantagem dos anjos é que não podem perecer; sua desvantagem é que não podem elevar-se. A desvantagem do homem é que ele pode perecer; a sua vantagem é que pode elevar-se. Acontece, porém, que um homem que verdadeiramente pratica a hospitalidade adquire as vantagens dos seus hóspedes. Assim Abraão adquiriu a vantagem dos anjos, de se tornar imperecível. E então ficou acima deles.

A Criança Direita

Após um jantar sabático, de que participaram muitos pais de família, o Iehudi falou: — Ah! vós, homens! Se perguntarmos a um de vós por que se esforça neste mundo, cada um responderá: "Para criar o meu filho, a fim de que estude e sirva a Deus". E quando o filho cresce, ele se esquece da razão pela qual seu pai se esforçou sobre a terra e se empenha da mesma maneira, e se lhe perguntarem a razão de todo este tormento, responderá: "Preciso criar meu filho para o estudo e as boas obras". E assim, vai, homens, de geração em geração. Mas quando, afinal, se poderá ver a criança direita?

Sem Mistura

O Iehudi costumava dizer: — O principal é que o Bem e o Mal não se misturem. Basta só um fiozinho de Bem, desde que seja isento de qualquer mistura!

Da Cegonha

Perguntaram ao Iehudi: — O Talmud explica que a cegonha se chama em hebraico *hassidá*, isto é, a devota ou caridosa, porque demonstra amor pelos seus. Por que então é ela incluída entre as aves impuras?

O Rabi respondeu: — Porque ela só demonstra amor pelos seus.

Nossa Prova

O Iehudi disse: — Toda coisa tem uma prova pela qual se pode verificar se ela presta ou não. E qual é a prova do homem de Israel? É o amor a Israel. Quando ele vê que dia a dia o amor a Israel cresce em sua alma, sabe que se está elevando no serviço de Deus.

O Mais Precioso

O Iehudi costumava dizer: — Eu daria de bom grado toda minha parte neste e no outro mundo por um pinguinho de judaicidade.

O Mais Difícil

O Iehudi declarou certa vez: — Não é grande arte ser um fazedor de milagres, pois um homem que ascendeu um só degrau espiritual pode revirar céus e terras, mas ser judeu é difícil!

Da Decadência

Uma noite, o Iehudi e seu discípulo Bunam estavam deitados num quarto. Contrariamente ao seu hábito, o Iehudi não adormeceu, mas ficou pensando e suspirando. O Rabi Bunam perguntou: — Por que suspirais? — Ele respondeu: — Não consigo parar de pensar que, depois de Moisés, vieram os juízes, depois dos juízes os profetas, depois os homens da Grande Assembléia [10], depois os Tanaítas e os Amoraítas, e assim por diante até os moralistas, e quando também eles se deterioraram e se multiplicaram os falsos moralistas [11], surgiram os *tzadikim*. É por isso que eu suspiro, porque vejo: também isso acabará. E o que fará Israel?

O Precedente

Quando o jovem Peretz estava agonizando, o Iehudi sentou-se ao lado da cama do seu discípulo e lhe disse: — Peretz,

---

(10) Os estudiosos das Escrituras no século IV que, depois do desaparecimento de Esdras, reuniram os Livros Sagrados e os explicaram.
(11) Assim eram chamados os moralistas posteriores, especialmente do século XVII.

o teu tempo ainda não chegou. — Respondeu-lhe o moço: — Rabi, eu sei muito bem disso, mas peço que me seja permitido dizer uma coisa. — Fala — disse o Iehudi. — Eu vi que o Rabi logo terá de deixar a terra — falou Peretz — e eu não quero ficar aqui sem vós. — Algumas semanas depois dele, o Iehudi morreu.

A Última Visão

O Iehudi contava às vezes que, a cada Ano Novo, alcançava uma nova visão no serviço das uniões secretas, e que então tudo quanto fizera no ano velho lhe parecia nulo diante do novo, e assim ele trilhava de encruzilhada em encruzilhada o caminho infindável. Mas um dia, pelo fim do ano, quando lia o *Livro do Anjo Raziel* [12], foi-lhe revelado que teria de morrer pouco depois do Ano Novo. Dirigiu-se ao seu mestre, o Rabi de Lublin, e contou-lhe o fato. — Ficai conosco para celebrar o Rosch ha-Schaná — disse o mestre — e sereis conservado. — Mas o Iehudi se despediu e voltou para a sua casa.

No dia de sua morte, o Rabi Kalman e o Rabi Schmuel andavam juntos num lugar distante. Disse o Rabi Kalman: — Existe uma união que pode ser realizada neste dia, mas somente na Terra de Israel. Quem quer que a realize em outro lugar tem de morrer no mesmo dia. Assim já aconteceu com Moisés, nosso mestre, a paz seja com ele.

O Relógio de Bolso Desmontado

O Rabi Ierachmiel, o filho mais velho do Iehudi, que foi relojoeiro, antes de se tornar rabi, contou certa ocasião à comunidade reunida na casa de orações: — Quando aprendi o ofício de relojoeiro, morava em casa do meu sogro e ele também entendia de relógios. Certo dia, quis visitar um grande *tzadik* e não tinha dinheiro para a viagem. Disse, pois, ao meu sogro que, se me desse dez *guildens,* eu consertaria o seu relógio que estava estragado há muito tempo e que ele mesmo em vão tentara reparar mais de uma vez. Meu sogro concordou. Então, desmontei totalmente o relógio, para ver o que havia de errado com ele. E verifiquei então que nada havia, exceto que uma mola da grossura de um fio de cabelo estava um pouco torta. Endireitei-a logo e o relógio ficou tão bom e perfeito como ao sair das mãos do seu fabricante.

(12) Obra cabalística do século VIII.

Quando o Rabi Ierachmiel contou o caso, a congregação inteira prorrompeu em lágrimas.

O Fim do Sábado

Certa sexta-feira, quando regressava do banho ritual, o Rabi Iehoschua Ascher, o segundo filho do Iehudi, pediu aos filhos que não viessem à noite, como de costume, para a ceia sabática, mas que fossem dormir cedo para que, na noite após o encerramento do sabá, pudessem ficar muito mais tempo em sua companhia. Contudo, não lhe deram atenção e à noite vieram, como sempre, para a sua mesa. Após a refeição, ele lhes disse: — Amanhã não devereis vir durante o dia como costumais e tratai de descansar depois do almoço. — Novamente, não deram atenção às suas palavras e vieram para a mesa paterna, como de hábito. Durante a terceira refeição do *schabat*, o rabi mandou o primogênito cortar o pão em seu lugar e, quando o filho relutou em obedecer, ele falou: — Tens de aprender a cortar o pão para Israel e lhes repartir a plenitude da bênção. — Após a refeição, a prece da tarde e a *havdalá*, o rabi, como sempre, comeu com todos os seus íntimos a "refeição da despedida" e determinou mais uma vez ao filho mais velho que partisse o pão. Findo o repasto, disse aos filhos: — Peço-vos que não os retireis, mas que me façais o favor de permanecer comigo. — Um pouco mais tarde, ordenou que lhe trouxessem roupa branca limpa para o seu quarto. Sua mulher admirou-se com este desejo inusual àquela hora, mas deu a roupa ao criado e o rabi a vestiu. A seguir, mandou o criado acender velas na casa de estudos e em todos os aposentos. A mulher objetou alguma coisa, mas, quando soube que era o rabi que o queria, entregou as velas. Dali a mais um instante, o rabi ordenou que se abrissem as portas e entrassem os seus filhos, bem como os íntimos que se achavam no vestíbulo e na casa de estudos. O rabi estava deitado no leito. Pediu o cachimbo, deu algumas baforadas tranqüilas e colocou-o sobre a cadeira. Então puxou a coberta sobre a cabeça, ouviu-se ainda, quase inaudível, um suspiro e ele faleceu.

Não Procurar os Justos

Um homem que era culpado de uma falta e agora sofria as conseqüências foi ao Maguid de Trisk pedir conselho; este, porém, se recusou rispidamente a ocupar-se do caso. — Pede-se conselho antes de agir, não depois — disse ele. O homem voltou-se então para o Rabi Iaakov Tzvi de Parizov, um filho do Rabi Iehoschua Ascher. — É preciso ajudar-te — disse este. — Não nos devemos preocupar em procurar os justos, mas em conseguir perdão para os pecadores. Abraão procurava os justos e por isso malogrou na sua empresa. Moisés porém orou [13]: "Perdoa a iniqüidade deste povo", e Deus lhe respondeu: "Segundo a tua palavra eu lhe perdoei".

Onde se Encontra Deus

Um comerciante veio, certa vez, ao Rabi Meir Schalom, um filho do Rabi Iehoschua Ascher, e se queixou de outro que teria aberto uma loja bem junto da sua. — Evidentemente tu pensas que é a tua loja que te sustenta — disse o *tzadik* — e dirigias a ela o teu coração, em vez de o dirigires a Deus, que te sustenta. Ou não sabes onde Deus mora? Está escrito [14]: "Ama o próximo como a ti mesmo: eu sou o Senhor". Isto significa: "Deseja ao teu próximo o que ele necessita, como se fosse para ti mesmo, e então encontrarás Deus".

A Saudação do Peregrino

Um neto do Rabi Nehemia, o terceiro filho do Iehudi, contava: "Certa feita, quando meu avô voltava de Sadagora, onde fôra visitar o Rabi de Rijin, caiu num sono leve, no carro, sentado entre seus *hassidim*. Passou um homem que trazia um grande saco às costas. Quando o estranho se encontrava a umas cem jardas de distância, gritou para o meu avô, que com isso acordou: — Nehemiale, és tu? — Meu avô olhou para fora do carro. — Nehemiale — disse o homem — vais para a Polônia? Saúda por mim o santo de Radoschitz, saúda por mim o santo de Moguiélnica, saúda por mim o teu santo irmão, Rabi Ierachmiel! — E prosseguiu no seu caminho. Mas eles estavam todos mortos, aqueles a quem o homem enviara saudações. Pouco depois da volta, meu avô morreu.

---

(13) *Números*, 14:19.
(14) *Levítico*, 19:18.

PJISCHA E SUAS ESCOLAS FILIADAS

SIMHA BUNAM DE PJISCHA

Provérbios do Xadrez

Em sua juventude, o Rabi Bunam era comerciante de madeiras e costumava jogar xadrez com indivíduos de reputação duvidosa. Toda vez que efetuava um lance, fazia-o com profundo e sereno fervor, como se estivesse levando a cabo um rito sagrado. De tempos em tempos, acompanhava suas jogadas com versinhos jocosos, que ele dizia quase cantando: "Se dás um passo, cuidado para não se arrepender". Os provérbios sempre se ajustavam à situação da partida, mas eram ditos num tal tom de voz que chamavam necessariamente a atenção dos ouvintes. Estes sentiam cada vez mais que os versos se referiam às suas próprias vidas. Não queriam admitir tal coisa, resistiam e, finalmente, acabavam cedendo. O grande retorno a Deus se apossava de seus corações.

A Jogada Errada

Um dia, o Rabi Bunam estava jogando xadrez com um homem a quem pretendia desviar do mau caminho. Fez um movimento errado e logo o parceiro jogou, colocando-o em difícil situação. O Rabi Bunam pediu para voltar a jogada e o adversário permitiu-o. Mas, ao se repetir o fato, ele se negou a permiti-lo uma segunda vez. — Uma vez eu deixei — disse ele; — mas agora a jogada deve valer. — Pobre do homem que se enterrou tão profundamente no erro que nenhuma prece o ajuda a retornar — clamou o *tzadik*. Mudo e imóvel, com a alma em chamas, o parceiro o fitava.

Conversas Mundanas

O Rabi Bunam viajava pelo Vístula, a caminho de Dantzig, conduzindo madeira para negociar. Entrementes, estudava com o Iehudi. Certa vez, veio ele diretamente de Dantzig à casa do Rabi. — Soubeste alguma novidade por lá? — indagou o Iehudi. Logo Bunam passou a contar-lhe uma porção de coisas. Ierachmiel, o filho de Iehudi, aborreceu-se, por roubarem o tempo de seu pai com conversas mundanas. Mais tarde, porém, depois que o hóspede se retirou, o Iehudi disse ao filho: — Sabes o que ele me relatou? Chega desde o grande abismo até o trono da Majestade.

As Paredes

Numa viagem de negócios a Leipzig, o Rabi Bunam e alguns comerciantes que o acompanhavam detiveram-se na casa de um judeu, para recitar a oração vespertina. Logo que ele entrou, sentiu que a casa rescendia mau-cheiro; nunca dantes rezara numa sala assim. Fez sinal aos outros e saíram. O Rabi dirigiu-se a uma casa vizinha. Porém, depois de alguns passos, parou: — Precisamos voltar — disse ele; — as paredes me conclamam a julgamento porque eu as subestimei e envergonhei.

Negam eles Deus?

Em Dantzig, todo *schabat,* o Rabi Bunam sentava-se à mesa com os "alemães" — assim eram chamados os judeus que haviam abandonado a Torá e os velhos costumes judaicos — e falava sobre a Torá. Os "alemães", porém, caçoavam das suas prédicas estranhas. Indignado, o Rabi Abraão Mosché, seu filho, pediu-lhe que não mais transmitisse a Torá aos incréus que somente mofavam dela. — O que posso fazer? — perguntou o Rabi Bunam. — Quando chega a hora e a palavra desperta dentro de mim, como posso me conter? Mesmo assim, se, no próximo sábado, eu quiser falar de novo, pisa-me furtivamente o pé, para que não o faça. — Assim fez o filho, quando voltaram a sentar-se à mesa sabática. Mas o Rabi Bunam repreendeu-o: — Não, estes aí não são incréus! Agora mesmo ouvi um deles, que estava com uma terrível dor de cabeça, bradar: "Ouve, ó Israel!" Ora, incréu foi o Faraó, que sob os golpes de Deus ainda declarava não conhecê-lo.

A Peça e o Programa

Naquele tempo em que o Rabi Bunam ainda era mercador de madeiras, alguns comerciantes de Dantzig lhe perguntaram por que ele, tão versado nas Escrituras, ia visitar os *tzadikim* e o que poderiam estes lhe ensinar que ele próprio não pudesse, da mesma maneira, encontrar nos livros? O rabi lhes respondeu, mas não o compreenderam. À noite convidaram-no, debalde, para que os acompanhasse a uma peça. Quando retornaram, contaram-lhe que viram muita coisa maravilhosa. — Também eu conheço essas coisas maravilhosas — disse ele; — acabo de ler o programa. — Responderam-lhe: — Mas aí não podeis saber realmente aquilo que vimos com os nossos olhos. — É a mesma coisa com os livros e os *tzadikim* — disse ele.

No Bordel

Um mercador de madeira pediu ao Rabi Bunam que levasse a Dantzig o seu filho, o qual deveria tratar lá de alguns negócios para ele, e rogou-lhe que tomasse conta do rapaz. Uma noite, o Rabi não o encontrou na hospedaria. Imediatamente saiu à sua procura e andou pela rua até chegar a uma casa onde se fazia ouvir um piano e uma voz. Entrou. Justamente naquele instante a canção terminava e ele viu o filho do mercador deixar a sala. — Canta o teu mais belo número — disse o Rabi à cantora, dando-lhe um florim. Ela cantou, a porta se reabriu e o rapaz voltou. O Rabi Bunam dirigiu-se a ele. — Ah! então estás aqui — disse-lhe com voz natural; — perguntaram por ti, vem logo. — Chegando à hospedaria, jogaram cartas por algum tempo e depois se recolheram. Na noite seguinte, foram ao teatro. Ao voltarem, todavia, Rabi Bunam pôs-se a recitar os salmos, cantando com grande vigor, até libertar o moço de toda materialidade, conduzindo-o ao completo retorno. Muito tempo depois, o *tzadik* contou a seus amigos: — Naquele tempo, no bordel, aprendi que a *Schehiná* desce em qualquer lugar e se, num certo lugar, houver quem a receba, esse alguém recolhe toda a sua bênção.

No Jardim Público

Quando se encontrava em Dantzig, o Rabi Bunam foi uma noite ao jardim público. Lá havia muitas luzes acesas e grupos de rapazes e moças passeavam em roupas de cores claras. — Estas são as velas de Iom Kipur — disse ele para si mesmo — e estas as vestes mortuárias dos que rezam.

A Boa Ação

Quando o Rabi Bunam ainda negociava com madeiras e ia todos os anos a Dantzig, ao mercado, deteve-se numa pequena cidade onde pretendia passar o *schabat* e lá ouviu falar de um homem pio e culto que vivia em grande miséria. Rabi Bunam convidou-se à casa deste homem como hóspede para o *schabat*, mandou levar-lhe à casa vazia utensílios e alimentos e conseguiu até persuadi-lo a aceitar vestimentas dignas do dia. Depois do sábado, Rabi Bunam entregou a seu anfitrião uma considerável soma de dinheiro, como presente de despedidas. Aquele negou-se a aceitar a dádiva, alegando que já recebera o suficiente. Disse o *tzadik*: — O resto eu não te dei e sim, a mim mesmo, a fim de pensar a ferida de compaixão que a tua deplorável situação infligiu-me. Só agora poderei cumprir o mandamento de caridade. Por isso está escrito [1]: "Livremente lhe darás e que não seja maligno o teu coração quando lhe deres". Quem não suporta a visão da miséria, deve aliviá-la, até que o despeito do seu coração se desvaneça. Só depois pode ele, na verdade, dar a seu semelhante.

O Farmacêutico

Mais tarde, o Rabi Bunam tornou-se farmacêutico em Pjischa. À noite, porém, continuava estudando com o Rabi Iaakov Itzhak, o Iehudi. Quando este, no curso do seu trabalho com os *hassidim*, tinha dificuldade em curar uma alma, costumava dizer: — Chamai o farmacêutico para me ajudar.

A Guitarra

O Rabi Iehezkiel de Kosnitz contou a um discípulo do Rabi Bunam: "Quando o teu mestre era farmacêutico em Pjischa,

---

[1] *Deuteronômio*, 15:10.

éramos amigos. Uma vez eu ia ter com ele, outra ele vinha a mim. Uma noite, quando adentrei a farmácia, vi num banco um instrumento, um desses cujas cordas puxamos com os dedos. Ao mesmo tempo chegou uma camponesa com uma receita. Com uma das mãos Rabi Bunam preparava o medicamento e com a outra dedilhava as cordas. Quando a camponesa saiu, eu lhe disse: — Rabi Bunam, vossa conduta é sacrílega! — Tornou ele: — Rabi Iehezkiel, não sois um verdadeiro *hassid*! — Voltei para casa com rancor no coração. Mas naquela noite meu avô apareceu, deu-me um tapa no rosto e gritou: — Não te zangues com aquele homem, ele resplandece em todos os aposentos celestiais!

A Decisão

Após a morte de seu mestre, o santo Iehudi, o Rabi Bunam permaneceu na cidade de Pjischa. Uma vez em que sua mulher estava sentada à janela, viu um carro cheio de gente parar em frente a sua casa. Correu para o seu marido e disse: — Bunam, um grupo de *hassidim* veio te procurar! — Mas que idéia a tua, mulher! — disse ele. — Bem sabes que não é este o meu negócio. — Todavia, uma hora mais tarde, quando o grupo se foi, o rabi lhe disse: — É inútil, não posso mais opor-me. No instante em que entraram, vislumbrei as necessidades e os desejos de cada um deles.

O Pastor

Após a morte do Iehudi, seus discípulos ficaram algum tempo sem saber a quem apontar como mestre. Foram aconselhar-se com o Rabi Bunam, que lhes falou: — Um pastor estava apascentando seus carneiros à orla do campo. Sonolento, caiu sobre a terra e adormeceu. Tal coisa jamais lhe sucedera antes. À meia-noite, acordou. A lua cheia estava alta, a noite clara e fresca. O pastor tomou um gole de água no ribeiro e se sentiu bem. Ao mesmo tempo, lembrou-se de seus carneiros e o seu coração por um momento deixou de bater. Olhou em volta, os animais estavam deitados a poucos passos, juntinhos como no redil; ele os contou, não faltava nenhum. Então gritou: "Querido Deus, como posso pagar-te? Confia-me Teus carneiros e eu zelarei por eles como as meninas de meus olhos". Escolham um pastor assim para vosso rabi. — O Rabi Abele Neustädter, que anteriormente instruíra o Iehudi na Cabalá e a quem muitos dos presentes consideravam já o sucessor de seu antigo discípulo, levantou-se de sua cadeira e nela colocou o Rabi Bunam.

O Médico Caro

Quando o Rabi Bunam sucedeu a seu mestre, o Iehudi, muitos jovens vieram procurá-lo, abandonando suas casas e afazeres. Isto muito aborreceu os pais e Rabi Bunam foi mais perseguido do que qualquer outro *tzadik*. Certo dia, um jovem foi seguido por seu sogro. Este fez a carruagem esperar à porta da casa do Rabi, entrou e gritou: — Estais estragando os nossos melhores filhos: eles largam tudo e vêm desperdiçar seus anos aqui convosco. E ainda afirmais que pretendeis ensinar-lhes o temor divino. Ensinar o temor divino! Para isso não precisamos de vós, temos livros suficientes onde podem encontrar mais sabedoria do que aqui convosco! — O Rabi Bunam esperou que o homem terminasse de falar e disse: — Certamente sabeis que já fui farmacêutico. Constatei então que o médico que visitava os doentes sem ser chamado e sem cobrar lograva menos confiança e menos obediência a suas ordens do que outro que cobrava elevados honorários. Atormentados e torturados pelos pais e sogros, os rapazes que têm as almas doentes vêm procurar-me e acreditam no médico que lhes chega a custar tão caro.

O Casaco

Perguntaram a um discípulo do Rabi Bunam: — O que tem vosso mestre de tão grandioso que vós vos vangloriais tanto dele? — O discípulo retrucou: — Elias encontrou Eliseu [2] quando arava o campo com seus bois. Não deveis imaginar Eliseu como profeta, mas como um camponês que grita aos bois: "Eh, toquem!" Aí veio o mestre, jogou seu casaco sobre ele e imediatamente Eliseu ardeu em chamas. Abateu os bois, quebrou o arado. "O que é que te fiz?", perguntou Elias. "Oh!", gritou o outro, "o que me fizeste!" Abandonou pai e mãe e passou a seguir seu mestre de tal maneira que não era mais possível desprendê-lo de Elias. O mesmo acontece quando o Rabi Bunam estende a mão a um discípulo. Pode tratar-se da criatura mais simples, em seu íntimo tudo começa a viver com tal intensidade que até gostaria de ser sacrificado a Deus no altar.

(2) *I Reis*, 19:19-20. Eliseu foi o discípulo de Elias.

O Tesouro

Aos jovens que o visitavam pela primeira vez, o Rabi Bunam costumava contar a história do Rabi Aisik, filho do Rabi Iekel de Cracóvia. Após longos anos de miséria, que no entanto não abalaram sua confiança em Deus, o Rabi Aisik sonhou que alguém lhe ordenava procurar um tesouro perto da ponte que leva ao palácio real em Praga. Quando o sonho se repetiu pela terceira vez, o Rabi Aisik preparou-se e viajou a Praga. Na ponte, entretanto, haviam sentinelas que a vigiavam dia e noite e ele não se atreveu a cavar. Ia todas as manhãs à ponte, rondando-a até a noite. Finalmente o capitão da guarda, que se havia apercebido de seus movimentos, perguntou-lhe gentilmente se procurava algo ou se esperava alguém. O Rabi Aisik contou-lhe o sonho que o trouxera da pátria distante. O capitão riu-se: — E tu, pobre coitado, peregrinaste até aqui com os sapatos rasgados, por causa de um sonho? Ora, quem crê em sonhos! Se eu acreditasse em sonhos, também teria de sair andando e ir a Cracóvia procurar um tesouro embaixo do fogão da casa de um judeu chamado Aisik, filho de Iekel! Posso imaginar-me lá, demolindo todas as casas, onde a metade dos judeus chama-se Aisik e a outra, Iekel. — E continuou rindo. O Rabi Aisik cumprimentou-o, voltou para casa, escavou o tesouro e construiu a casa de orações que se chama sinagoga de Reb Aisik e Reb Iekel.

— Lembra-te desta história — acrescentava o Rabi Bunam — e registra o que ela te diz: Há algo que não poderás encontrar em parte alguma do mundo, nem mesmo com o *tzadik*, e no entanto há um lugar onde o poderás encontrar.

O Vigia Meditativo

Certa vez o Rabi Bunam disse: — Por vezes um homem peca e não sabe como aconteceu; pois não houve instante em que não controlasse seus pensamentos. — E contou a seguinte parábola: — Uma vez um homem rico tinha na cocheira um cavalo de raça a quem dava muito valor e que mantinha bem vigiado. A porta do estábulo era fechada com uma tranca e um guarda a vigiava continuamente. Uma noite, o dono se sentiu inquieto. Foi à cocheira e encontrou o vigia meditando.
— Em que estás pensando? — perguntou-lhe. Respondeu o homem: — Estou pensando: se um prego é pregado na parede, para onde vai o reboque? — Tens bons pensamentos — disse o dono. Voltou novamente a casa, mas de novo não conseguiu

dormir. Pouco depois não mais agüentou e foi à cocheira. O vigia continuava no seu lugar e meditava. — Em que estás pensando? — perguntou o dono. Retorquiu ele: — Estou pensando: quando se assa uma rosquinha para onde vai a massa do meio? — Tens bons pensamentos — confirmou-lhe o dono. Voltou novamente à casa, mas de novo não conseguia conciliar o sono e foi pela terceira vez à cocheira. O vigia continuava no seu lugar e meditava. — Em que estás pensando agora? — perguntou o dono. — Estou pensando — respondeu ele: — Aqui está a porta bem fechada com tranca, estou aqui vigiando-a e o cavalo não está dentro, como é possível?

Os Três Prisioneiros

Após a morte do Rabi Uri de Strelisk, que era chamado de *Seraf*, um de seus *hassidim* veio ligar-se ao Rabi Bunam. Este perguntou-lhe: — Que método usava vosso mestre para vos ensinar o serviço? — O *hassid* retrucou: — Seu método era implantar a humildade em nossos corações. Desta maneira, cada pessoa que o procurava, fosse nobre ou estudiosa, precisava, em primeiro lugar, encher dois baldes grandes no poço do mercado ou fazer na rua qualquer outro serviço depreciativo. — Então o Rabi Bunam falou: — Quero contar-vos uma história: Certa vez três homens, dois espertos e um tolo, estavam num cárcere escuro como a noite. Diariamente recebiam comida e talheres. A miséria e a escuridão haviam perturbado completamente o tolo, de tal maneira que não sabia como servir-se dos talheres, pois nada enxergava. Um de seus companheiros ensinou-lhe, mas, no outro dia, já não conseguia de novo manejá-los e assim o esperto era obrigado a ocupar-se dele continuamente. O terceiro prisioneiro mantinha-se calado e não se preocupava com o tolo. Um dia, o segundo perguntou-lhe por que não o ajudava. — Vê — respondeu — tu te esforças e não chegas a nenhum resultado, pois a cada dia teu serviço é destruído. Eu, porém, fico sentado e medito o que devo fazer para abrir um buraco na parede, de modo que a luz do sol penetre aqui, possibilitando-nos enxergar tudo.

O Salvamento

O Rabi Bunam relatava: — O Rabi Eleazar de Amsterdã encontrava-se em viagem para a Terra Santa quando uma tormenta quase afundou o navio. Antes da aurora, o Rabi Eleazar ordenou a todos os seus homens que se reunissem no convés e mandou tocar o *schofar* ao primeiro clarão. Ao fazerem-no, a tormenta diminuiu.

— Mas não penseis que o Rabi Eleazar pretendia salvar o navio — acrescentou o Rabi Bunam. — Ao contrário, estava certo de que ia afundar e ainda queria cumprir, junto com os seus, o mandamento divino, o toque do *schofar*. Se estivesse pretendendo um salvamento milagroso, não o conseguiria.

A Narrativa que ele Contou

Contou o Rabi Bunam: "Certa vez, na estrada, perto de Varsóvia, senti que precisava contar uma história. Entretanto, a história era de um gênero mundano e eu sabia que provocaria apenas risadas das muitas pessoas reunidas ao meu redor. O Impulso do Mal tentava dissuadir-me a todo custo: eu perderia toda aquela gente, pois se contasse aquela história ninguém mais me consideraria um rabi. No entanto, meu coração dizia: — Por que te preocupas com as veredas secretas de Deus? — E pensei nas palavras do Rabi Pinkhas de Koretz: "As alegrias e os gracejos provêm do Paraíso". Assim, desisti no mais profundo do coração de ser Rabi e narrei a história. Os presentes irromperam numa grande gargalhada e todos os que até então ainda continuavam longe, reuniram-se a mim".

Todos e Cada um

Certa vez o Rabi Bunam disse: — Quando minha casa está cheia no *schabat*, sinto dificuldades em proferir as palavras da Torá. Pois, cada um necessita de sua própria Torá, cada um deve encontrar a sua perfeição na sua Torá. Assim o que distribuo a todos, retiro de cada um.

Ouvidos e Boca

Certa vez, na sua preleção à mesa, o Rabi Bunam citava palavras da Torá. Os presentes aglomeravam-se tanto que o criado os censurou em alta voz. — Deixa-os — disse o *tzadik*. — Creia-me: da mesma maneira que eles aguçam os ouvidos para escutar-me, eu também aguço os meus para escutar o que diz minha boca.

O Grãozinho de Areia

Certa vez, o Rabi Bunam passeava com alguns discípulos perto da cidade. Abaixou-se e apanhou um grãozinho de areia, contemplou-o e o colocou novamente no lugar. Depois, disse: — Quem não acreditar que Deus quer que este grãozinho permaneça justamente aqui, não crê em nada.

Início do Ensinamento

O Rabi Bunam iniciava o ensinamento com as palavras: "Agradecemos a Ti que és fonte da bênção e dos abençoados, a Ti que estás evidente e oculto". Depois dizia: — O homem de coração deve sentir Deus da mesma forma que sente o lugar onde está. E como não consegue pensar a si mesmo sem tal lugar, do mesmo modo deve aperceber, na sua simplicidade, o lugar do mundo, as coisas evidentes que ele contém; ao mesmo tempo, porém, cumpre-lhe saber que precisamente Ele é a vida oculta que preenche este lugar.

O Sabor do Pão

Um dia, à terceira ceia do *schabat*, o Rabi Bunam disse: — Está escrito [3]: "Provai e vede que o Senhor é bom". O sabor que sentis no pão não é verdadeiro. Somente os *tzadikim* que tem o corpo inteiramente puro sentem o verdadeiro sabor do pão, como Deus o criou. Eles provam e vêem que o Senhor é bom.

Todos os Ossos

Os adversários do Rabi Bunam perguntaram por que atrasava a prece todas as manhãs. Respondeu-lhes: — Depois que o homem desperta, ainda há ossos que dormem. Mas está escrito [4]: "Todos os meus ossos dirão: Senhor, quem é como Tu?" Daí por que o homem tem de aguardar até que todos os seus ossos estejam despertos.

(3) *Salmos*, 34:8.
(4) *Salmos*, 35:10.

Dois Bolsos

O Rabi Bunam dizia a seus discípulos: — Cada um de nós deve ter dois bolsos, de tal modo que possamos apanhar em um ou no outro, conforme as necessidades. No direito, está o verbo divino: "E por mim foi criado o mundo", e no esquerdo [5]: "Sou pó e cinza".

Duas Portas

O Rabi Bunam dizia: — O homem passa continuamente por duas portas: deste mundo para fora, para dentro do mundo vindouro e novamente para fora e para dentro.

A Aliança de Casamento

O Rabi Bunam ensinava: — Como alguém que preparou tudo para um casamento e se esqueceu de comprar a aliança, é uma pessoa que se esforçou a vida inteira e esqueceu de santificar-se: no fim, torce as mãos e se consome.

O Cachecol

O discípulo predileto do Rabi Bunam perdera seu cachecol e procurava-o com muito afinco. Os companheiros riram-se dele. Disse então o *tzadik*: — Ele tem razão em dar valor a uma coisa que usou. A alma também visita o corpo após a morte e se inclina sobre ele.

Os Dons

O Rabi Bunam dizia a seus *hassidim*: — Aquele de vós que não se prende a nada senão ao amor é namorador; quem for apenas devoto e nada mais, é ladrão e quem não for nada mais que inteligente é descrente. Só quem reúne em si esses três dons pode servir a Deus como deve.

(5) *Gênese*, 18:27.

O Hidromel

Relataram ao Rabi Bunam que seus discípulos se reuniam em festas de confraternização. Contou-lhe então o Rabi: — Um homem queria obter um ganha-pão e passou a informar-se sobre um que lhe conviesse. Aconselharam-no a fabricar hidromel, pois as pessoas gostavam de bebê-lo. Seguiu para outra cidade e com um fabricante de hidromel aprendeu os fundamentos do ofício. Logo depois voltou para casa. E antes de tudo, como é costume, organizou uma festa e convidou muita gente, certo de que a fama de sua bebida iria propagar-se. Entretanto, quando foi servido o hidromel e os convidados o provaram, começaram a fazer caretas, pois era amargo e intragável. O homem voltou ao seu mestre e, furioso, exigiu o reembolso do dinheiro que pagara pela aprendizagem. O fabricante indagou se havia misturado todos os ingredientes nas devidas proporções e a cada pergunta recebia como resposta um "sim" furioso. Finalmente, perguntou: — Certamente puseste a quantidade exata de mel, não? — Mel? — gritou o homem. — Não havia pensado nisto. — Tolo — retrucou o mestre — também isso é preciso dizer-te?

— O mesmo acontece convosco — finalizou Rabi Bunam; — uma festa pode ser muito boa, mas deve conter uma dose completa de mel hassídico.

Mestre e Discípulo

O Rabi Hanoch contava: "Durante um ano inteiro senti vontade de procurar meu mestre Rabi Bunam e falar-lhe. No entanto, cada vez que entrava em sua casa, perdia a coragem. Um dia, finalmente, quando andava pelo campo chorando, decidi ver imediatamente o Rabi. Perguntou-me ele: — Por que estás chorando? — Respondi: — Sou um ser humano e fui criado com todos os sentidos e membros, mas não sei para que fui criado e para que sirvo. — Tolinho — disse-me o Rabi — este é também o meu problema. Hoje à noite virás comer comigo".

O Orgulho

Conta o Rabi Hanoch: "Na casa de meu mestre, o Rabi Bunam, era costume, na véspera do Dia da Expiação, todos os *hassidim* virem vê-lo e fazerem-se lembrar. Certa vez, depois de haver acertado as contas com minha alma, tive vergonha de ser visto por ele. Resolvi então misturar-me aos demais, lembrá-lo e sair depressa. Foi o que fiz. Mas o Rabi percebeu que eu me ia retirando e chamou-me. Logo me senti lisonjeado porque o Rabi queria ver-me. Mas, no mesmo momento em que meu coração se animava, ele me disse: — Não é mais necessário".

A Ética dos Pais

Um discípulo contava: "Certa vez, meu mestre, o Rabi Simha Bunam, puxou minha cabeça para perto de si, com sua santa mão, até que seus lábios tocaram meu ouvido e por três vezes sussurrou-me as palavras do *Pirkei Avot* [6]: — Não sejas como os criados que servem aos amos para receber remuneração. — Quase fendeu meu cérebro com o santo e tremendo hálito de sua boca".

Sopra!

O Rabi Bunam concedeu, certa vez, a um homem na sinagoga a honra de tocar o *schofar*. Este começou a realizar longos preparativos a fim de concentrar-se na intenção dos sons. — Tolo — gritou o *tzadik* — sopra!

Agarrar-se à Vida

O Rabi Bunam falava: — No dia do Ano Novo o mundo começa novamente e, antes de começar, termina. Assim como, antes da morte, todas as forças agarram-se à vida, o homem, no ano novo, deve agarrar-se à vida do mundo com todas as forças.

No Exílio

Em Rosch ha-Schaná, depois do serviço divino, o Rabi Bunam contou aos *hassidim* congregados em sua casa: — Um príncipe revoltou-se contra seu pai e foi banido de sua presença. Algum tempo depois, o rei compadeceu-se e mandou procurar o filho. Passou-se muito tempo até que um emissário o encontrou numa taverna, no estrangeiro. Dançava descalço, com a camisa ras-

(6) *Pirkei Avot*, I, 3.

gada, entre camponeses bêbados. O cortesão curvou-se e disse: "Vosso pai me enviou para perguntar-vos o que desejais. Ele está disposto a cumprir seja lá o que for". O príncipe se pôs a chorar. "Tivesse eu uma roupa quente e um par de sapatos fortes", disse. Vede, é assim que nós nos queixamos das pequenas necessidades do momento e esquecemos que a *Schehiná* de Deus está no exílio.

Eu Sou a Oração

Com respeito ao versículo do salmo [7]: "E eu sou a oração", o Rabi Bunam dizia: — Isso é como se um pobre, que há três dias não comesse e tivesse as vestes esfarrapadas, aparecesse perante o rei. Será necessário ainda que ele diga o que deseja? Era assim que Davi se encontrava diante de Deus, ele mesmo era a oração.

O Açougueiro no Schabat

Certa vez disse o Rabi Bunam: — Invejo muito o açougueiro que durante toda a sexta-feira distribui carne para o sábado, e antes do anoitecer percorre casa por casa cobrando as encomendas. E então ouve anunciar na sinagoga que já é hora de acolher o sabá e ele corre para casa a fim de proferir a bênção; enquanto isso, suspira e diz: "Bendito sejas Tu, Senhor, que nos concedeste o *schabat* como um dia de descanso!" Como eu gostaria de saborear o *schabat* como ele o faz!

O Indício do Perdão

Perguntou o Rabi Bunam a seus discípulos: — Como podemos reconhecer, nesta era sem profetas, quando um pecado nos é perdoado? — Os discípulos deram as mais diversas respostas, mas o Rabi não gostou de nenhuma. — Nós o reconhecemos — disse ele — pelo fato de não mais cometermos o pecado.

A Exceção

Certa vez falou o Rabi Bunam: — Sim, posso trazer ao arrependimento todos os pecadores, menos os mentirosos.

(7) *Salmos*, 109:4.

O Fruto da Mortificação

Um homem disse ao Rabi Bunam: — Mortifiquei minha carne repetidas vezes e cumpri todas as regras, ainda assim Elias não me apareceu.

Em resposta, o *tzadik* contou-lhe: — Certa vez o santo Baal Schem empreendeu uma longa viagem. Alugou uma parelha, sentou-se no carro e proferiu um dos Santos Nomes. Imediatamente a estrada foi de encontro aos cavalos e, mal começaram a trotar, já se achavam na primeira hospedaria; os animais não sabiam o que estava acontecendo. Nesta parada costumavam receber ração; contudo, mal deram em si, a segunda já passava por eles. Por fim, ocorreu-lhes que haviam sido convertidos em seres humanos e que por isso receberiam alimento apenas à noite na cidade. No entanto, quando chegou a noite e o carro também não parou, mas voava de cidade em cidade, os cavalos decidiram então que a única explicação possível era que estavam transformados em anjos e não precisariam mais de comida e bebida. A essa altura, o carro parou no destino e eles foram levados à cocheira, receberam uma ração de aveia e comeram como cavalos esfomeados.

— Enquanto ocorrer o mesmo contigo — disse o Rabi Bunam — farás bem em conformar-te.

O Sonho Agradável

Um homem ambicioso contou ao Rabi Bunam que seu pai lhe aparecia em sonhos e lhe dizia: — Quero anunciar-te que estás destinado a chefiar. — O *tzadik* escutou em silêncio. Algum tempo depois, o homem retornou à sua presença e informou-lhe que o sonho se repetira. Disse-lhe o Rabi Bunam: — Vejo que estás preparado para a chefia. Se teu pai aparecer de novo, responde-lhe que estás disposto a comandar, mas que agora ele deveria também aparecer em sonho às pessoas que deverás comandar.

A Honra Rebelde

Um homem disse ao Rabi Bunam: — Meu caso prova com certeza que não é verdade o que se diz [8]: Quem fugir da honra será perseguido por ela e quem a perseguir não a alcançará. Eu fugi dela com bastante empenho, mas a honra não deu um

(8) *Pirkei Avot*.

passo para alcançar-me. — Retrucou o Rabi: — Evidentemente ela percebeu que tu olhavas para trás e ela não mais achou graça na brincadeira.

A Solidão Vaidosa

Contaram ao Rabi Bunam acerca de um homem que vivia apartado do mundo. O Rabi retorquiu: — Algumas pessoas se retiram para as selvas e ficam piscando através dos arbustos para o caso de alguém as admirar de longe.

Sacrifício a Ídolos

Perguntaram ao Rabi Bunam: — O que quer dizer "sacrificar a ídolos". É inconcebível que um homem ofereça um sacrifício a um ídolo! — Respondeu ele: — Vou dar-vos um exemplo. Quando um homem justo e religioso senta-se à mesa com outro e sente vontade de comer mais um pouco e se contém por medo de sua reputação, isto é sacrificar a ídolos.

O Labirinto

Contaram ao Rabi Bunam a respeito de *tzadikim* que imergiram no êxtase do serviço solitário. Replicou o Rabi: — Um rei mandou construir junto a seu castelo um imenso e emaranhadíssimo labirinto. Quem quisesse avistá-lo era obrigado a cruzar o labirinto onde cada passo podia levar ao caos infinito. Duas espécies de homem, em seu grande amor ao rei, atreviam-se a entrar: uns pensavam apenas em vencer o percurso passo a passo, outros deixavam sinais nas curvas mais críticas, os quais encorajavam a continuar pelo caminho sem facilitá-lo. Os primeiros submetiam-se à intenção contida nas ordens do rei; os segundos confiavam no propósito da sua clemência.

A Luz

Um dia, depois de ter-se tornado cego, o Rabi Bunam foi hóspede do Rabi Fischel, conhecido em todo o país pelas suas curas milagrosas. — Confiai em mim — disse o dono da casa — e eu vos restituirei a luz. — Não necessito dela — respondeu Bunam: — eu vejo aquilo que preciso ver.

Não Trocar

Certa vez o Rabi Bunam falou: — Não gostaria de trocar de lugar com Abraão. O que de bom resultaria para Deus se o patriarca Abraão fosse como o cego Bunam e o cego Bunam como Abraão? Já seria bem melhor se eu me empenhasse em crescer um pouquinho acima de mim mesmo.

O Tolo e o Sabido

Certa ocasião o Rabi Bunam disse: — Se eu pudesse ministrar interpretações engenhosas do ensinamento divino, eu poderia dar um bocado de coisas excelentes. Mas o tolo diz o que sabe e o sabido sabe o que diz.

A Árvore Solitária

Certa vez o Rabi Bunam falou: — Quando observo o mundo, parece-me às vezes que cada homem é uma árvore no deserto, e Deus não tem mais ninguém no seu mundo exceto ele e ele não tem ninguém exceto Deus.

O Lugar Irredimido

Certo dia, o Rabi Bunam estava rezando numa hospedaria. O povo atropelava-o e empurrava-o, mas ele não se recolheu a seu quarto. Mais tarde disse a seus discípulos: — Algumas vezes parece impossível rezar em determinado local e a gente procura outro. Porém, não é este o caminho certo. Pois o lugar abandonado se lamenta: "Por que não quiseste efetuar a tua devoção lá onde estou? Se um obstáculo te atrapalhava, era este precisamente um sinal de que te incumbia redimir-me".

O Caminho Proibido

Contam: "Certa ocasião, o Rabi Bunam fez uma viagem pelo país com seus discípulos. Durante o trajeto, todos adormeceram. De súbito os discípulos acordaram, o carro chegara à floresta cerrada, não havia nenhum atalho por perto e ninguém conseguia entender como haviam chegado ali. Acordaram o Rabi. Este ergueu os olhos e bradou: — Guarda! — Soou então uma voz no meio da floresta: — Quem vem lá? —

O farmacêutico de Pjischa. — A voz ressoou de maneira ameaçadora: — Pela última vez. — Abriu-se um caminho, o carro seguiu à frente e os discípulos reconheceram a região, onde nunca haviam visto antes uma floresta. Não se atreveram a olhar para trás.

A Grande Culpa

O Rabi Bunam observou a seus *hassidim*: — A grande culpa do homem não são os pecados que pratica: a tentação é enorme e sua força, pequena! A grande culpa do homem é que lhe é dado a cada instante arrepender-se e ele não o faz.

Davi e Nós

Perguntaram ao Rabi Bunam: — No Dia da Expiação confessamos nossos pecados tantas vezes. Por que não recebemos uma mensagem de perdão? Davi, porém, mal pronunciou "eu pequei" e já recebeu a notícia [9]: "Também o Senhor te perdoou o teu pecado!"
O Rabi Bunam respondeu: — Davi disse: "Pequei contra o Senhor", e pensava: "Faz comigo conforme tua vontade, e eu o aceitarei, com amor, pois Tu és justo, Senhor!" Nós, porém, quando dizemos: "Pecamos", pensamos que convém a Deus nos perdoar e, se imediatamente depois dizemos: "Nós te traímos", pensamos que convém a Deus, depois de nos ter perdoado, favorecer-nos com o bom e o melhor.

Árvores Novas

O Rabi Meir de Stabnitz atacava constantemente o Rabi Bunam e suas idéias. Certa vez obrigou dois de seus *hassidim* a jurar que cumpririam sua vontade. Feito o juramento, ordenou-lhes que fossem a Pjischa levar a seguinte mensagem ao Rabi Bunam: — Como é possível serdes Rabi? Pode-se conseguir o que é necessário para tanto no comércio madeireiro em Dantzig? — Os homens chegaram a Pjischa com o coração pesado. Pediram ao Rabi Bunam que, de antemão, lhes perdoasse a ofensa involuntária e repetiram as palavras ordenadas.
— Dizei a vosso mestre — respondeu o *tzadik* — que se, na minha juventude, eu adivinhasse o que me aguardava, talvez

eu me comportasse como ele. Mas foi melhor que não o adivinhasse.

Mais tarde comentou com seus discípulos: — Meir é um homem de Deus desde a sua juventude e não sabe como pecar. Como pode então saber o que falta às pessoas que o procuram? Estive em Dantzig e nos teatros e sei o que acontece aos pecadores; desde então sei também como se endireita uma árvore nova que cresce torta.

Na Grande Festa de Casamento

No casamento do neto do grande Rabi de Apt, em Ostila, onde estavam reunidos cerca de duzentos *tzadikim* em vestes brancas, os adversários do Rabi Bunam levantaram diversas acusações falsas contra ele e seus *hassidim* e tentavam obter que fossem excomungados. Alguns discípulos do Rabi Bunam defendiam sua causa com muito ardor e paixão e um deles subiu mesmo à mesa, rasgou a camisa à altura do peito e gritou ao Rabi de Apt: — Olhai o meu coração e vereis então o que é meu mestre. — Finalmente, o Rabi de Apt, que presidia a discussão, disse: — Está entre nós o filho do meu amigo Iehudi, bendita seja sua memória; perguntemos a ele a verdade. — O Rabi Ierachmiel, o filho do "santo Judeu", ergueu-se. Todos esperavam que também ele iria opor-se às novas idéias, pois após a morte do pai haviam surgido alguns desentendimentos entre seus adeptos e os do Rabi Bunam. Todavia, declarou: — Meu pai costumava dizer: "Bunam é a ponta do meu coração". E certa vez, quando admoestei o Rabi Bunam por prender meu pai com conversas mundanas, este observou-me depois: 'Sabes o que ele me relatou? Chega do grande abismo até o trono da Majestade". — Todos se calaram; apenas o Rabi Schimeon Deutsch, que já havia difamado o Iehudi junto a seu mestre, o Vidente de Lublin, encetou novas acusações e comparou o Rabi Bunam com o falso Messias, Sabatai Tzvi. Então o velho Rabi de Apt levantou-se e falou com sua voz possante: — Rabi Schimeon, sois um intrigante! Se estivésseis numa floresta deserta, ainda seríeis capaz de altercar com as folhas das árvores. Não esquecemos o que fizestes em Lublin. Não vos daremos ouvidos. — Depois destas palavras não se falou mais no assunto, durante o casamento.

A Criação Eterna

O Rabi Bunam ensinava: — As primeiras palavras da Torá devem ser assim entendidas: "Quando Deus começou a criar os céus e a terra". Pois até agora o mundo está em fase de criação. Um objeto, depois de terminado, não precisa mais de seu artesão. O mundo é diferente: dia após dia, momento após momento, necessita da renovação das forças originais com que foi criado e, se o poder dessas forças o abandonasse por um instante, voltaria a cair na confusão e no caos.

Praga e Bênção

Um homem perguntou ao Rabi Bunam: — Que estranha praga é esta com que Deus amaldiçoou a serpente [10]? Por que ela há de comer do pó? Deus deu-lhe a natureza para alimentar-se do pó, isto mais parece uma bênção e em toda parte ela poderá encontrar o necessário para viver.
O Rabi Bunam respondeu: — Ao homem falou que deverá comer o pão no suor do seu rosto até tornar a Ele; à mulher falou que deverá parir filhos na dor e se o sofrimento for demasiado deverá tornar a Deus para pedir alívio; assim ambos, homem e mulher, estão unidos a Deus. Mas à serpente, origem da maldade, Deus concedeu tudo o que ela precisava para que nunca mais lhe endereçasse qualquer pedido. Assim, Deus às vezes concede à maldade a abundância da riqueza.

Por Causa da Salvação

O Rabi Bunam expunha: — Está escrito [11]: "Assim, para que não estenda a sua mão e tome também da árvore da vida, e coma, e viva eternamente". Após o pecado dos primeiros homens, Deus, na plenitude da sua clemência, concedeu-lhes o direito de viver no mundo da morte para alcançarem a redenção completa. Por isso, decidiu evitar também que comessem da árvore da vida e que a alma se desprendesse da matéria e preparasse a salvação. Expulsou-os do Paraíso.

O Sacrifício de Isaac

Perguntaram ao Rabi Bunam: — Por que, na história do sacrifício de Isaac, se fala e repete que caminhavam "ambos juntos" [12]? Isto é evidente por si. — Respondeu o Rabi: — Isaac resistiu a uma tentação maior do que a de Abraão. Abraão recebera sua ordem diretamente da boca do Senhor.

(10) Gênese, 3:14, 16, 17.
(11) Gênese, 3:22.
(12) Gênese, 22:6.

Isaac, por sua vez, quando seu pai lhe contou que Deus queria o sacrifício do cordeiro, recebeu-a da boca de um ser humano. Mas Abraão refletiu: "De onde provém a força de meu filho? Provàvelmente é a força de sua juventude!" Aí Abraão também tirou forças de sua própria juventude. E só então ambos passaram a caminhar realmente juntos.

Servidão e Servidão

Durante o repasto sabático, o Rabi Bunam interpretava a Torá: — Está escrito [13]: "Os filhos de Israel suspiraram por causa da servidão, e clamaram; e o seu clamor subiu a Deus por causa de sua servidão". A primeira servidão significa a escravidão do Egito, a segunda significa o serviço a Deus. "Deixemos a servidão de carne e de sangue", tal era o clamor do povo, "e avante na servidão a Deus".

Suportar

O Rabi Bunam interpretava: — Está escrito [14]: "Eu vos tirarei de debaixo das cargas do egípcio". Por que se fala em cargas e não em escravidão? Acontece que o povo de Israel acostumara-se à escravidão. E quando Deus viu que o povo não sentia mais o que lhes acontecia, disse: "Eu vos tirarei de debaixo das cargas do Egito", as cargas não servem, tenho que redimir-vos.

Não Mais do que Isso

Perguntaram ao Rabi Bunam: — Está escrito [15]: "E vós me sereis reino de sacerdotes e nação santa. São estas as palavras que falarás aos filhos de Israel". A este respeito nosso mestre Raschi comenta: "São estas as palavras, nem mais nem menos". O que pretendia dizer com isso?

O Rabi Bunam explicou: — Moisés era bom. Queria revelar mais ao povo, porém não podia, porque Deus desejava que o próprio povo se esforçasse. Moisés deveria falar aquelas palavras, nem mais nem menos, para que percebessem: Existe algo, devemos esforçar-nos para ficar sabendo. E é por isso que a frase continua: "E ele relatou-lhes as palavras". Nem mais nem menos.

(13) Êxodo, 2:23.
(14) Êxodo, 6:6.
(15) Êxodo, 19:6.

Eu Sou

Perguntaram ao Rabi Bunam: — Está escrito [16]: "Eu sou o Senhor teu Deus, que te tirou da terra do Egito". Por que não: "Eu sou o Senhor, teu Deus, que criou os céus e a terra"? O Rabi Bunam explicou: — "O céu e a terra". Então o homem teria dito: "Isto é grande demais para mim, aí eu não me arrisco". Mas Deus falou-lhe: "Eu sou aquele que te tirou da imundície, agora vem e escuta!"

Para Fora

O Rabi Bunam interpretava: — Está escrito [17]: "Dos céus eu vos falei". Deus sai dos céus quando quer nos falar. E nós? Está escrito: "Invoquei o Senhor na angústia". Saímos de todas as nossas preocupações e clamamos: "Que o nome de Deus seja completo!"

Queremos Beber

O Rabi Bunam exclamava: — Está escrito [18]: "O povo de Israel falou no Monte Sinai: faremos e ouviremos". Não deveria o versículo rezar: "Farei e ouvirei", uma vez que cada qual fala por si mesmo? Mas era como se um bando de homens sedentos estivesse numa prisão, em dia extremamente quente, e alguém viesse perguntar-lhes se desejavam beber. Então todos respondem: "Sim, queremos beber", pois cada um conhece a sede dos demais. Assim sequiosos estavam todos, no Sinai, pelo gole de ensinamento e cada qual sentia a sede dos demais, e quando a palavra divina chegou a cada um, cada um clamou: "nós".

Moisés e Coré

O Rabi Bunam ensinava: — A cada geração, voltam as almas de Moisés e de Coré. E se acontecer algum dia que a alma de Coré se submeta à vontade da alma de Moisés, Coré será salvo. — Uma outra vez disse: — Está escrito [19]: "E Coré tomou". Tomou o que? Queria tomar-se a si mesmo; portanto, nada mais do que fazia podia prestar.

(16) Êxodo, 20:2.
(17) Êxodo, 20:22.
(18) Êxodo, 24:7.
(19) Números. 16:1

Verdadeiro e Falso Arrependimento

Certa vez, perguntaram ao Rabi Bunam: — Por que foi perdoado o pecado do bezerro de ouro, embora não conste na Bíblia que o povo se arrependeu e fez penitência? No entanto, o pecado dos espiões não foi perdoado, embora o povo, conforme lemos, o lamentasse muito. Sabemos que não há nada que resista ao arrependimento.

O Rabi Bunam respondeu: — O sentido do arrependimento é o seguinte: quando o homem sabe que não tem esperança e se sente como um caco de louça, pois danificou a ordem da vida, como poderá ser reparado o dano? E no entanto, mesmo sem esperança, quer servir a Deus e o faz. A mesma coisa aconteceu com o pecado do bezerro de ouro: foi o primeiro pecado e os homens ainda não sabiam da eficácia do arrependimento e portanto arrependeram-se com todo o coração. Diferente foi o caso do pecado dos espiões: então os homens já conheciam os efeitos do arrependimento e achavam que, arrependendo-se, logo voltariam ao estado inicial, assim o arrependimento não se processou com todo o coração e ficou sem efeito.

O Pastor Chegou

Certa vez observou o Rabi Bunam acerca da frase bíblica [20]: "Vi todo o povo de Israel disperso pelos montes, como ovelhas que não têm pastor". Disse ele: — Isso não significa que o pastor esteja ausente. O pastor sempre está presente. Só que às vezes ele se esconde e as ovelhas julgam que ele não está, porque não o vêem.

Contra a Melancolia

O Rabi Bunam explanava: — Diz o salmo [21]: "Sara os quebrantados de coração". Por que nos é dito isso? Possuir um coração quebrantado e ser obsequioso a Deus é uma virtude, como está escrito [22]: "Os sacrifícios para Deus são o espírito quebrantado". Mas o salmo continua: "e liga suas feridas". O Senhor não cura totalmente os quebrantados de coração, mas apenas de modo que seus sofrimentos se convertam numa melancolia ulcerante. A melancolia é uma má qualidade e de-

---

(20) *I Reis*, 22:17.
(21) *Salmos*, 147:3.
(22) *Salmos*, 51:17.

sagrada a Deus. O coração quebrantado prepara o homem para servir a Deus, a melancolia corrói o serviço. Cumpre distinguir bem entre os dois, como entre alegria e animação; é tão fácil enganar-se, mas elas se acham tão distantes uma da outra como as duas extremidades do mundo.

Na Água

O Rabi Bunam dizia: — Nos Provérbios de Salomão, está escrito [23]: "Como na água o rosto corresponde ao rosto, assim o coração do homem ao homem". Por que "na água" e não "no espelho"? O homem vê o seu semblante refletido na água apenas quando chega muito perto. Assim o coração deve curvar-se para bem perto do coração, para que possa avistar-se.

O Portal

Com referência às palavras do salmo [24]: "Abri-me as portas da justiça", o Rabi Bunam observava: — O caminho para o serviço é tal que o homem deve sentir-se o tempo todo do lado de fora e pedir a Deus que lhe abra a entrada do verdadeiro serviço. É também o que Davi pretende significar, quando diz: "Este é o portal do Senhor, por ele entrarão os justos". Não há portal que leve a Deus salvo uma prece como essa.

O Pacto com os Filisteus

Certa vez, o Rabi Bunam mandou atrelar o seu carro e foi a Varsóvia com alguns *hassidim*. Aí ordenou ao cocheiro que parasse numa taverna; entraram e sentaram-se. Numa das mesas vizinhas, dois carregadores bebiam aguardente e conversavam sobre os mais diversos assuntos. Um deles perguntou: — Já estudaste a secção semanal da Torá? — Sim — afirmou o outro. — Eu também já estudei — disse o primeiro — mas uma coisa eu não entendi bem. Conta-se que nosso patriarca Abraão e o rei dos filisteus Abimelec "firmaram ambos uma aliança" [25]. Perguntei-me então por que está escrito: "ambos". Isto parece supérfluo. — Bem perguntado — exclamou o outro. — Mas como irias tu responder? — Penso — replicou ele — que firmaram uma aliança porém não se tornaram um, per-

(23) *Provérbios*, 27:19.
(24) *Salmos*, 118:19.
(25) *Gênese*, 21:27.

maneceram dois. — O Rabi Bunam levantou-se, saiu com seus companheiros e entrou novamente no carro. Declarou então:
— Depois de ouvirmos o que estes *tzadikim* ocultos nos tinham a dizer, podemos voltar para casa.

Paz Universal e Paz da Alma

O Rabi Bunam ensinava: — Os nossos sábios dizem [26]: "Procura a paz em teu lugar". Não se pode encontrar a paz em outra parte exceto em si mesmo. Diz o salmo [27]: "Não há paz em meus ossos por causa do meu pecado". Depois de estabelecer a paz no seu próprio íntimo, o homem é capaz de instituí-la no Universo.

A Clandestinidade

O Rabi Bunam dizia: — Antes da vinda do Messias, tudo se tornará tão oculto que até os *tzadikim* que trajam hábitos brancos não saberão quando e como, e também eles hão de ficar confusos e hesitar na sua fé no Messias.

Em outra ocasião disse: — Antes do advento do Messias, ocorrerão verões sem calor, invernos sem frio, sábios sem Torá, *hassidim* afastados do caminho hassídico.

A Prova

O Rabi Bunam dizia: — O santo Baal Schem Tov era mais sábio que o grande herege Aher. Este, ao ouvir uma voz celestial chamar: "Convertei-vos, filhos renegados [28], à exceção de Aher", abandonou tudo e deixou a comunidade. O Baal Schem, por seu turno, quando descobriu que todos os seus dotes espirituais lhe haviam sido arrebatados, de uma só vez, declarou: "Então servirei a Deus como um homem simples; sou um tolo, mas tenho fé", e começou a rezar como uma criança pequena. E imediatamente foi alçado a uma altura que nunca alcançara antes. Pois fora submetido a uma prova.

---

(26) Máxima talmúdica (Talmud de Jerusalém, Peá, 15d).
(27) *Salmos*, 38:3.
(28) *Jeremias*, 3:14. A esta citação a "Voz Celestial" acrescentou: com exceção de Aher. Estória do Talmud (Haguigá, 15a). Elischa ben Abuia, sábio talmúdico, mestre do Rabi Meir, sob a influência de ensinamentos estranhos, provavelmente místicos, desertou o judaísmo farisaico; desde então foi chamado Aher ("o outro").

O Livro de Adão

Certa vez disse o Rabi Bunam: — Pretendia escrever um livro in-quarto intitulado *Adão* e nele deveria constar o homem inteiro. Mas depois mudei de idéia e achei melhor não escrevê-lo.

O "Bom Judeu"

Certo dia o Rabi Bunam perguntou: — Por que chamam o *tzadik* de "bom judeu"? — E rindo ele mesmo respondeu à pergunta: — Se quiséssemos dizer que ele reza bem, deveríamos chamá-lo "o bom rezador"; se quiséssemos dizer que ele estuda, deveríamos chamá-lo "o bom aluno". Um "bom judeu" pensa bem, bebe bem, come bem, trabalha bem, interpreta bem, tem boas intenções e tudo nele é bom.
No entanto, a um discípulo que estava em Pjischa há pouco tempo, disse: — Deves saber por que vieste a mim. Se pretendes tornar-te um bom judeu procedeste bem. Porém se tencionas tornar-te um "bom judeu", perdeste teu tempo.

Abraão e Isaac

O Rabi Bunam explicava a tradição segundo a qual Abraão representa a virtude da clemência e Isaac a da justiça: — A casa de Abraão mantinha-se escancarada pelos quatro lados e acolhida a todos hospitaleiramente, oferecendo tudo de bom. Com isso Abraão anunciava ao mundo o grande nome de Deus. Mas, quando Isaac se tornou Rabi em seu lugar, entrou a uma loja, comprou trancas e fechou todas as portas. Ele próprio permanecia no quarto mais isolado, afastava-se de seus semelhantes e dedicava-se dia e noite à Torá. Medo e tremor apoderava-se de todos os seus *hassidim* e de todos os que vinham consultá-lo. Era assim que revelava ao mundo a existência de um Juízo. Quando, de tempos em tempos, uma porta era aberta e as pessoas eram admitidas à sua presença, cada um que contemplava o semblante de Isaac realizava no mesmo instante o completo retorno a Deus.

Os Hassidim de Satã

O Rabi Bunam contava: — Quando o santo Baal Schem Tov fez os primeiros *hassidim*, o Impulso do Mal sentiu-se em grandes dificuldades, pois, como ele mesmo disse às suas hostes: "Agora os *hassidim* do Baal Schem abrasarão o mundo com sua santidade". A seguir, porém, achou uma solução. Disfarçado e dissimulado, procurou dois *hassidim* que moravam na mesma cidade e lhes disse: "Vossas obras são louváveis, mas deveis ser pelo menos dez para que possais rezar juntos". Procurou oito de seus homens e juntou-os aos dois *hassidim*. Como lhes faltasse dinheiro para adquirir um rolo da Torá e outras coisas, procurou um homem rico de seu bando para que fornecesse ao grupo o necessário. Procedeu desta maneira em todos os lugares. E quando estava pronto, disse a suas hostes: "Agora nada mais temos a temer, pois dispomos da maioria e ela é que decide".

Repetição

Certa vez disse o Rabi Bunam a seu discípulo Rabi Mendel: — Para que preciso de tantos *hassidim* como esses aí? Bastariam alguns poucos que fossem realmente *hassidim*. — Por que os *tzadikim* anteriores não agiram assim? — retrucou o Rabi Mendel. Muito mais tarde, quando seu mestre já estava morto havia muito tempo e ele mesmo já era o Rabi de Kotzk, disse uma vez a seu discípulo, o Rabi Hirsch de Tomaschov: — Para que preciso de tantos *hassidim* como esses aí? Bastariam alguns poucos que fossem realmente *hassidim!* — Por que os *tzadikim* anteriores não agiram assim? — retrucou o Rabi Hirsch.

À Noite

O Rabi Bunam costumava, todas as noites, por duas horas, escutar seu discípulo Mendel, mais tarde Rabi de Kotzk, que lhe fazia a leitura do Zohar. Às vezes o Rabi adormecia por algum tempo e a leitura era interrompida; quando acordava, ele mesmo continuava. Certo dia, ao despertar, disse a seu discípulo: — Mendel, refleti, para que vou continuar a viver como vivo? As pessoas me procuram e interrompem meu serviço; vou abandonar o rabinato e devotar-me ao serviço de Deus. — Repetiu isso diversas vezes. O discípulo escutava e se mantinha calado. Finalmente o Rabi cochilou de novo. Após alguns suspiros sentou-se e disse: — Mendel, a nenhum Rabi foi permitido fazê-lo, a mim tampouco.

A Proibição e sua Revogação

O governo russo proibira que os *hassidim* procurassem os *tzadikim*. A nobre senhora Temeril, sob cuja proteção estivera o Rabi Bunam em sua juventude e a cujo serviço transportara madeira pelo Rio Vístula para Dantzig, empenhou-se em Varsóvia junto ao governador e conseguiu a anulação da ordem. Quando contaram o ocorrido ao Rabi Bunam, ele disse: — A intenção foi boa. Entretanto, seria melhor que ela tivesse obtido do governo a construção de um muro em volta da casa de cada *tzadik,* com cossacos de sentinela, para impedir a entrada de qualquer pessoa. E depois deviam nos deixar viver de pão e água e cumprir a nossa tarefa.

O Bom Inimigo

A disputa surgida entre o Rabi Bunam e o Rabi Meir de Stabnitz estendeu-se por longos anos. Quando o Rabi Meir faleceu, um *hassid* do Rabi Bunam veio trazer-lhe a boa notícia. O *tzadik* deu um salto e juntou as mãos. — É a mim que pretendem — disse — pois ele era o meu apoio. — O Rabi Bunam morreu naquele mesmo verão.

As Chaves

Contava o Rabi de Guer: — O Rabi Bunam tinha as chaves de todos os firmamentos. E por que não? O homem que não pensa em si recebe todas as chaves. Ele poderia ressuscitar os mortos, mas era um homem honesto e não se aproveitava do que não lhe competia.

O Significado

O Rabi Bunam estava à morte e sua mulher se desfazia em pranto. Disse-lhe então: — Por que choras? A minha vida inteira foi apenas para que eu aprendesse a morrer.

Os Segredos da Morte

O Rabi Iudel, que servira fielmente ao filho do Rabi Bunam, Rabi Abraão Moschê, contava: "Na véspera do último *schabat* que antecedeu a morte do Rabi Bunam, o Rabi Abraão Moschê disse-me que desejava ver o pai. Fomos lá juntos e o

Rabi Abraão Moschê sentou-se à cabeceira da cama. Então ouvi seu pai recitar a prece noturna e logo depois a prece matutina. Falou então: — Pai, está na hora da prece noturna. — Naquele momento escutou seu pai iniciar a prece vespertina. Ao ouvir isso, desmaiou e sua cabeça bateu no chão. Acudi do canto oposto em que me encontrava e consegui reanimá-lo. A seguir ele me disse: — Vamos voltar para casa — e regressamos. Em casa fez com que eu rezasse o *kidusch* em seu lugar, pois precisava ir dormir imediatamente. Ordenou-me também que não deixasse ninguém entrar, acontecesse o que acontecesse. Permaneceu na cama até terça-feira. De tempos em tempos, eu lhe levava um cálice de vinho; fora disso, não tomava nada. Na terça-feira, pessoas vieram correndo e informaram que o passamento do Rabi se aproximava rapidamente; mas eu as repeli. Veio então sua mãe, a esposa do Rabi, que a paz esteja com ela, e falou-lhe: — Peço-te, meu filho, vai à casa do teu pai enfermo. Queres que mais tarde se diga que na hora de sua morte não querias estar presente? — Mãe — respondeu — creia em mim: se pudesse ir, eu iria, mas não posso. — Mais tarde, eu soube que a *rebetzin* foi ao Rabi Itzhak de Vorki, discípulo do Rabi Bunam, e pediu-lhe que persuadisse seu amigo Rabi Abraão Moschê a ir ao leito de morte do pai. O Rabi Itzhak respondeu-lhe: — Se a venerável senhora ordenar-me que suba ao telhado e pule, eu o farei. Mas, neste caso, não posso obedecer. Pois o Rabi Abraão e seu santo pai estão agora ocupados com algo em que nem os anjos e serafins podem mexer e eu não posso interferir. — Quando, logo a seguir, o Rabi Bunam, que seus méritos nos protejam, expirou, o Rabi Abraão Moschê abriu os olhos e disse: — Iudel, a escuridão abateu-se sobre o mundo. — Quando carregavam o ataúde para a Morada da Vida [29], passaram pela porta da casa do Rabi Abraão Moschê. Ele saiu e ficou parado até que passaram e depois entrou.

"Muitos anos mais tarde, num dos últimos dias do Pessach, no último dos quais faleceu o Rabi Itzhak de Vorki, estive em casa de seu filho, o Rabi Mendel. Ordenou-me então que não deixasse ninguém entrar, houvesse o que houvesse".

Doravante

Após a morte do Rabi Bunam, seu discípulo Itzhak de Vorki foi a Abraão Moschê, filho do extinto, a fim de reconfortá-lo. Abraão Moschê lamentou-se: — E quem continuará a me ensi-

---

(29) O cemitério.

nar? — Coragem — falou-lhe o discípulo; — até agora e!e vos ensinava em seu cafetã; doravante vos ensinará sem o seu cafetã.

O Desejo

Quando o Rabi Abraão Mosché se encontrava em Biala com sua mãe durante a festa de Hanucá, disse-lhe: — Mãe, desejo morrer. — Ela respondeu: — Ouvi teu pai dizer que a gente precisa aprender a morrer. — O filho retrucou: — Eu já aprendi. — De novo ela disse: — Ouvi teu pai dizer que a morte a gente precisa aprender longamente. — Ele respondeu: — Já aprendi o bastante — e deitou-se. Morreu no sétimo dia da festa. Mais tarde, sua mãe soube que antes do passamento ele visitara seus discípulos prediletos e despedira-se de todos.

MENAHEM MENDEL DE KOTZK

Duas Espécies de Ensino

Quando já era o mui célebre e mui odiado Rabi de Kotzk, Menahem Mendel voltou, certo dia, à sua cidade natal. Visitou o professor que lhe ensinara as primeiras letras e lera com ele os Cinco Livros de Moisés; entretanto, não visitou o professor que lhe ministrara instrução a seguir. Num encontro casual, este lhe perguntou se havia motivo para envergonhar-se dele. Respondeu então Menahem Mendel: — Vós me ensinastes coisas contestáveis, pois uma interpretação diz assim e outra, de maneira diversa. Com ele, porém, aprendi ensinamentos verdadeiros, incontestáveis e que, assim, ficaram comigo. Por isso, cumpre-me honrá-lo de maneira especial.

Como se Tornou Hassid

O Rabi Mendel contava: — Tornei-me *hassid* porque na minha terra natal havia um velho que contava histórias dos *tzadikim*. Ele contava o que sabia e eu ouvia apenas o que precisava.

Este é o meu Deus

Aos quinze anos, Mendel viajou a Lublin para visitar o Vidente, sem permissão paterna. O pai logo apareceu lá a fim de trazê-lo de volta: — Por que abandonas os costumes de teus pais — perguntou ele — para seguir os *hassidim*? — Mendel respondeu: — Porque no hino do Mar Vermelho [1] as primeiras palavras são: "Este é o meu Deus e eu O exalto", e só depois: "Deus de meu pai, eu Te enalteço".

De Lublin a Pjischa

Quando Mendel, desapontado, juntamente com um companheiro, abandonou o Vidente e foi a Pjischa, a fim de ligar-se ao Iehudi, um dos discípulos do Vidente, adoeceu no caminho. Seu companheiro procurou o Iehudi e pediu-lhe que se lembrasse de Mendel, em sua oração. — Partistes de Lublin sem pedir licença ao Rabi? — perguntou o Iehudi. À resposta afirmativa, o Iehudi foi com ele à hospedaria. — Assume o compromisso de voltar a Lublin assim que sarares e pedir licença — disse a Mendel. Este meneou a cabeça. — Nunca me arrependi da verdade — replicou. O Iehudi observou-o demoradamente. — Se insistes tanto no teu juízo, então hás de ficar bom mesmo sem isso. — E assim aconteceu.
Quando Mendel, porém, se restabeleceu e procurou o Iehudi, este lhe declarou: — Está escrito [2]: "Bom é para o homem suportar o jugo na sua mocidade". — Só então a verdadeira disposição para o serviço penetrou em cada membro do rapaz.
Mais tarde, o Vidente perguntou ao Iehudi se contava com bons moços à sua volta. O Iehudi respondeu: — Mendel quer ser bom. — Muitos anos depois, na velhice, o Rabi Mendel de Kotzk mencionou esta pergunta e esta resposta. — Naquela época — acrescentou — eu ainda não queria ser bom. Mas a partir do instante em que o santo Judeu o disse, passei a querê-lo e ainda o quero.

Após a Morte do Iehudi

O Rabi Mendel contou a seu discípulo, o Rabi Hanoch: — Quando o santo Iehudi caiu doente, todos rezaram os salmos. Eu, porém, permaneci junto ao fogão e não quis recitá-los. Então veio a mim o Rabi Bunam e perguntou: "Por que pres-

---

(1) *Êxodo*, 15:2.
(2) *Lamentações*, 3:27.

sionas tanto o céu?" Mas eu não entendi o que ele pretendia de mim. Depois da morte do Iehudi, ele me disse: "Acabou--se, o Rabi Iehudi não vive mais. Ele nos deixou, porém, o temor a Deus e onde estiver a palavra do Rabi lá está Ele". Nada respondi. A seguir procurei alhures a palavra do Rabi, mas não a encontrei. Assim foi que cheguei ao Rabi Bunam.

A Oferta

Conta-se também que, após a morte do Iehudi, o Rabi Mendel estava muito preocupado em saber quem seria o seu mestre. O Iehudi lhe apareceu então em sonho e quis consolá-lo: estava disposto a continuar sendo seu mestre. — Não quero um mestre do outro mundo — respondeu Mendel.

O Nojo

Durante uma visita a Pjischa, a Senhora Temeril, conhecida filantropa de Varsóvia, entregou ao Rabi Bunam uma soma de dinheiro para que ele a distribuísse entre jovens dignos e necessitados de sua casa de estudos. O *tzadik* confiou a tarefa a um de seus discípulos. Terminada a distribuição, apareceu o Rabi Mendel com sua jaqueta rasgada cujo forro estava à mostra. — Que pena! — disse o discípulo encarregado da distribuição. — Esqueci-me de ti e agora não resta mais dinheiro. — Dinheiro! — disse o Rabi Mendel e cuspiu. Durante semanas o discípulo não pôde ver uma moeda sem que um nojo crescente o dominasse.

Fiel

O Rabi Bunam perguntou a seu discípulo Mendel: — Qual é o significado da palavra *emuná* que se costuma traduzir como *fé*?
Respondeu o Rabi Mendel: — *Emuná* quer dizer: fiel. Fiel, fiel permaneço. Pois assim está escrito [3]: "Porque a palavra do Eterno é reta e todo proceder é fiel", e também está escrito [4]: "E a sua fidelidade permanece de geração a geração". Fiéis, fiéis, devemos ser.
O Rabi Bunam ordenou, então, que se entoasse um hino de graças.

(3) *Salmos*, 33:4.
(4) *Salmos*, 100:5.

Uma Conversa

Uma vez o Rabi Bunam disse a seu discípulo Rabi Mendel:
— O que farei se for condenado ao inferno?
Mendel calou.
Após um momento, o Rabi Bunam falou: — Já sei o que farei. Os nossos sábios dizem [5]: "Se um discípulo for exilado, seu mestre o acompanhará". Então direi: "Trazei meus mestres, o Vidente de Lublin e o santo Iehudi".
Então Mendel retrucou: — No vosso caso, isso não entra em consideração, mas no meu é bom saber.

O Sepultamento Secreto

O Rabi Mendel não estava presente quando morreu seu mestre, o Rabi Bunam, pois justamente então era celebrado o casamento de seu filho. O Rabi Bunam, no seu leito de morte, exigira-lhe que não ficasse e fosse ao casamento e não quis dar ouvidos aos protestos do Rabi Mendel.
Após as bodas, o Rabi Mendel veio a saber que seu mestre falecera e já fora sepultado. Foi a Pjischa e trancou-se a chave no quarto do extinto. Quando saiu, disse aos companheiros que o cercavam: — Somente eu compareci ao enterro do Rabi.

Por que foi Construído o Castelo

Certa vez, o Rabi Mendel visitou o castelo do Conde de Czartoriski, na aldeia de Pilev. Percorreu sala por sala e finalmente o jardim, onde se demorou bastante tempo. Aconteceu que, na mesma época, o Rabi Israel, filho do Vidente de Lublin, deteve-se em Pilev no transcurso de uma viagem. Quando soube que o Rabi Mendel de Kotzk se encontrava no castelo do conde, disse: — Passei por aqui certa vez com meu pai, abençoada seja a sua memória, quando o castelo ainda estava em construção. Meu pai perguntou: "Para quem estão construindo esse castelo? Para um *tzadik* que um dia há de ficar nele". Uma vez que o *tzadik* está no castelo, é meu dever ir lá e avistá-lo.

O Schabat

O Rabi Mendel de Kotzk falou um dia a seus *hassidim*: — Sabeis quem sou? Existiu o Rabi Ber, existiu o Rabi Schmelke,

---

(5) Decisão talmúdica (Makot 10a).

existiu o Rabi de Lublin, existiu o "santo Judeu", existiu o Rabi Bunam, e eu sou o sétimo. Sou o resumo de todos, sou o *schabat*.

De sua Alma

O Rabi Mendel de Kotzk falou certa vez a seu genro: — Minha alma ainda é das que vêm de antes da destruição do grande templo. Não sou das de hoje. Vim a este mundo para esclarecer o que é santidade e o que não é.

Os Céus

Um *tzadik* que se opunha ao Rabi de Kotzk mandou, certa ocasião, que lhe dissessem: — Sou tão grande que alcanço o sétimo céu. — O Rabi Mendel enviou a resposta: — Sou tão pequeno que todos os sete firmamentos repousam sobre mim.

O Homem de Confiança

Um discípulo contava: "Certa vez em que me achava no quarto do meu amo e mestre, o Rabi de Kotzk, entendi o que reza o provérbio de Salomão [6]: "O homem fidedigno, quem é que o achará?" Com isso não se quer significar que só é possível encontrar um entre mil, mas antes: o homem de confiança, o verdadeiro fidedigno, não é encontrável na realidade, pois está bem escondido — podes estar diante dele e, no entanto, não o encontrarás".

Numa Peliça

O Rabi de Kotzk comentou certa vez acerca de um famoso Rabi: — Isto é um *tzadik* numa peliça. — Os discípulos perguntaram como deviam entender o fato. — Bem — explicou ele — um compra no inverno uma peliça, outro compra lenha. Qual a diferença entre os dois? O primeiro só quer aquecer a si mesmo, o outro também aos demais.

(6) *Provérbios*, 20:6.

O Engano de Coré

Um discípulo perguntou ao Rabi Mendel o que de fato ocorrera para que Coré se rebelasse contra Moisés e Aarão.
Disse o Rabi: — Ele se apercebeu de que, toda vez que se achava entre os levitas que cantavam nos montes, grandes dons de espírito baixavam sobre ele. Assim, achou que, se permanecesse dentro do tabernáculo como sumo sacerdote incensador, receberia dons ainda maiores. Coré não sabia que o poder por ele sentido vinha-lhe porque Aarão se encontrava lá e ele aqui.

Ao Dar a Volta

Um *hassid* contou a seu filho: — Certa vez, no dia de Simhat Torá, quando estava no aprendizado em Kotzk, o Rabi, com o rolo nos braços, deu a volta no púlpito, chegou ao lugar onde eu me achava e proferiu o versículo [7]: "No seu Templo cada um diz: Glória". Senti-me como se estivesse no templo celeste e ouvisse todos os anjos falarem: "Glória", e, numa espécie de desfalecimento, transformei-me em outro homem.

De Fora

Perguntaram ao Rabi de Kotzk como podia aconselhar os *hassidim* que o procuravam, se nada entendia de negócios. Ele replicou: — De que ponto se pode descortinar melhor uma coisa em sua totalidade?

Está Escrito

Quando o Rabi Itzhak Meir, mais tarde Rabi de Guer, foi pela primeira vez a Kotzk, observou logo que não havia muita ordem e controle na casa do *tzadik;* sempre uma ou outra coisa era roubada. Uma ocasião, o criado Feivel censurou a esposa do Rabi: — Como se pode evitar os furtos se tudo permanece aberto e abandonado e ninguém toma conta? — Ouviu-se então do quarto a voz do *tzadik*: — Feivel, está escrito [8]: "Não roubarás!" — Ao ouvi-lo, o Rabi Itzhak Meir foi domi-

(7) *Salmos*, 29:9.
(8) *Êxodo*, 20:15.

nado pelo sentimento de que era completamente impossível alguém roubar algo.

Após o Despertar

Certa manhã, o Rabi de Kotzk falou depois da oração: — Quando acordei hoje, pareceu-me que eu não era um ser vivo. Abri os olhos e contemplei minhas mãos, vi que podia servir-me delas e as lavei, contemplei meus pés e vi que podia andar e dei alguns passos. Então proferi a bênção: "Bendito seja aquele que restitui a vida aos mortos", e entendi que sou um ser vivo.

O Dono do Castelo

O Rabi Mendel falava certa vez a seus *hassidim* sobre a parábola do Midrasch [9], em que um homem passou por um castelo e, vendo que estava em chamas sem que houvesse alguém apagando o fogo, pensou tratar-se de um castelo sem dono, até que o dono apareceu e disse: — Eu sou o senhor do castelo. — Quando o Rabi Mendel pronunciou estas palavras: — Eu sou o senhor do castelo — todos os presentes foram acometidos de grande temor, pois todos sentiram: o castelo está em chamas, mas tem um dono.

O Eterno Milagre

As palavras que se proferem em comemoração e festejo de Hanucá, "E ficou estabelecido agradecer e exaltar o Teu grande nome", Rabi Mendel assim as interpretava: — A força do milagre penetrou tanto em todos a fim de que todos observem o milagre que acontece sempre.

As Costas de Deus

A respeito do versículo das Escrituras [10]: "E tu verás minhas costas; mas a minha face não se verá", o Rabi de Kotzk dizia: — São chamadas as costas de Deus todas as contradições

(9) Midrasch Rabá, XXXIX, 1.
(10) Êxodo, 33:23.

e absurdos de que os homens se apercebem. Entretanto, nenhum homem pode ver a sua face, onde tudo se harmoniza com tudo".

Juntamente

O Rabi de Kotzk dizia: — Reza o salmo [11]: "Os juízos do Senhor são verdadeiros e justos juntamente". Neste mundo observas um veredito acerca de um homem, um veredito aparentemente contraditório acerca de outro e ficas atônito e não consegues entender como ambos podem ser justos. Porém, no mundo vindouro, tu os verás juntos e que juntos são justos.

Para que Foi Criado o Homem?

O Rabi Mendel de Kotzk perguntou, uma vez, a seu discípulo, o Rabi Iaakov de Radzimin: — Iaakov, para que foi criado o homem? — Respondeu-lhe o *hassid*: — Para que leve sua alma à perfeição. — Iaakov — redargüiu o *tzadik* — foi isso que aprendemos com nosso mestre Rabi Bunam?! Na verdade, o homem foi criado para enaltecer os céus.

A Escada

O Rabi Mendel de Kotzk dizia a seus discípulos: — As almas desceram dos reinos do Céu para a Terra por uma escada e depois ela foi retirada. E agora, lá em cima, estão chamando as almas de volta para casa. Algumas não se mexem do lugar, pois como chegar ao Céu sem escada? Outras dão um salto e caem, dão outro e caem novamente, depois desistem. Algumas, porém, sabem muito bem que não podem obter êxito, mas assim mesmo tentam mais uma e mais outra vez até que Deus as apanhe e as puxe para cima.

A Primazia do Homem

A respeito das palavras da Bíblia [12]: "Este é o ensinamento do holocausto", o Rabi de Kotzk expunha: — Por que reclama o

---

(11) *Salmos*, 19:9.
(12) *Levítico*, 6:2.

Senhor o sacrifício dos homens e não dos anjos? O dos anjos seria mais puro do que o do homem. No entanto, o que o Eterno deseja não é a ação e sim a preparação. O sagrado anjo apenas pode agir mas não pode preparar-se. A preparação é coisa do homem, que está enredado no matagal de imensos obstáculos e tem de desvencilhar-se deles. Esta é a primazia da obra do homem.

Mergulhar

A respeito das palavras do Rabi Akiva [13], segundo o qual "Deus é o banho ritual de Israel", o Rabi de Kotzk dizia: — A ablução só exerce sua força magnânima quando se imerge totalmente nas águas sem deixar aparecer um cabelo. É desta maneira que se deve imergir em Deus.

A Morada de Deus

— Onde mora Deus?
Com esta pergunta o Rabi de Kotzk surpreendeu alguns eruditos que o visitavam. Riram dele: — Que estais dizendo! Pois todo o Universo está cheio da Sua glória!
Então o Rabi respondeu à própria pergunta:
— Deus mora onde O deixam entrar.

Pais e Filhos

O Rabi de Kotzk foi procurado por um homem que se queixava de seus filhos, os quais, alegava ele, não o sustentavam na velhice quando não podia mais ganhar nem defender o seu pão. — Nunca lhes faltei com nada e agora não querem saber de mim. — O Rabi voltou seus olhos ao céu e calou-se. Depois falou baixinho: — É assim mesmo. O pai participa do sofrimento dos filhos, mas os filhos não participam do sofrimento do pai.

O Vaso

Um discípulo do Rabi de Kotzk contava na velhice, pouco antes de sua própria morte: — Quero transmitir-lhes o primeiro

---

(13) Mischná Iomá VIII, 9, interpretando *Jeremias*, 17:13.

provérbio que ouvi do Rabi. Depois disso, ouvi muitos outros, mas com este ele inflamou meu coração para sempre. Era uma noite de *schabat,* após a Bênção da Santificação. O Rabi estava sentado em sua alta cadeira e tinha o rosto tão transfigurado, como se a sua alma se houvesse desprendido do corpo e apenas pairasse em sua volta. Decididamente ele estendeu as mãos, verteu água sobre nós para a bênção, abençoou o pão e o partiu. Depois falou: "Há sábios, cientistas e pensadores no mundo. Todos estudam e meditam o segredo de Deus. Mas o que podem desvendar? Tão-somente o que podem aprender do degrau da razão. No entanto, os filhos de Israel, santificados sejam, possuem um vaso, que é o fazer o que manda Deus, com o qual podem abranger mais do que é próprio a seu grau, chegando até ao nível de compreensão dos anjos de serviço. É o que significam as palavras no monte Sinai [14]: "Faremos e ouviremos". Ouvimos com as nossas ações".

Dar e Receber

Perguntaram ao Rabi de Kotzk: — Por que a Festa da Revelação dos Mandamentos é chamada época da dádiva da Torá e não época do recebimento da Torá? — Respondeu o Rabi: — No dia que a festa celebra ocorreu a dádiva mas o recebimento é de sempre. Ela foi dada a todos da mesma forma, mas nem todos a aceitaram por igual.

Sobre o teu Coração

O Rabi Mendel de Kotzk falava: — Está escrito [15]: "E estas palavras que hoje te ordeno estarão sobre o teu coração". O versículo não diz "no teu coração", pois há tempos em que o coração se fecha. Mas as palavras se encontram "sobre o coração". E quando, nas horas sagradas, o coração se abre, elas imergem na sua profundeza.

Nenhum Deus Alheio

Perguntaram ao Rabi de Kotzk: — O que diz o Rei Davi de novo quando fala [16]: "Não haja no meio de ti Deus alheio"? Já não está explícito no Decálogo: "Não terás outros deuses dian-

(14) *Êxodo,* 24:7.
(15) *Deuteronômio,* 6:6.
(16) *Salmos,* 81:9.

te de mim"? Respondeu o Rabi: — O sentido é que Deus não deve ser estranho.

Deuses Fundidos

O Rabi de Kotzk falava: — Está escrito [17]: "Não farás para ti deuses fundidos". Quando tiveres Deus na tua mente, apenas deverás pensar nele mesmo e não num deus fundido que moldaste à tua imagem.

Nenhuma Imagem Esculpida

Os discípulos do Rabi de Kotzk, certa vez, discutiam por que estava escrito [18]: "Guardai-vos de que vos esqueçais da aliança que o Senhor fez convosco e vos façais alguma imagem esculpida, semelhança de alguma coisa que o Senhor vosso Deus vos concedeu", e não como pede o sentido: "que o Senhor vosso Deus vos proibiu". O *tzadik* que ouvia entrou no debate e observou: — A Torá nos adverte a não fazer ídolos esculpidos de qualquer coisa que o Senhor nosso Deus nos concedeu.

O Caçador

O Rabi Mendel de Kotzk contava a história do caçador que o Profeta Elias deparou na floresta e lhe perguntou por que vivia sem a Torá e sem os mandamentos. O caçador justificou-se: — Não encontrei o portão que leva à presença do Senhor. — Por certo, não nasceste caçador — retrucou Elias. — Como chegaste a aprender esse ofício? — A necessidade me ensinou — respondeu o homem. O Profeta disse então: — E se tivesses sentido uma necessidade tão grande, quando erravas distante do Senhor, achas que ela não te conduziria à senda de Deus?

O Medo

O Rabi de Kotzk perguntou a um *hassid*: — Já viste alguma vez um lobo?
— Sim — respondeu ele.
— E não sentiste medo?
— Sim.

(17) *Êxodo*, 34:17.
(18) *Deuteronômio*, 4:23.

— Mas estavas pensando no medo?
— Não — respondeu o *hassid*. — Apenas sentia medo.
— É desta maneira que se deve temer a Deus — concluiu o Rabi.

Duas Espécies de Medo

Perguntaram ao Rabi de Kotzk: — No Monte Sinai o povo fala a Moisés [19]: "Fala-nos tu, e te ouviremos; porém, não fale Deus conosco, para que não morramos". E Moisés respondeu: "Não temais". A seguir, diz que Deus veio "para que o temor esteja diante de vós a fim de que não pequeis". Não existe aí uma contradição?
O Rabi Mendel explicou: — "Não temais" quer dizer: O vosso medo, o medo da morte não é o temor que Deus deseja de vós. Ele quer ser temido por vós, isto é, que temais a Sua distância e que não tombeis no pecado que vos distancia dele.

E o que te Importa?

Um *hassid* procurou o Rabi de Kotzk.
— Rabi — queixou-se ele — fico cismando e cismando e a coisa não me larga.
O Rabi perguntou: — E sobre o que ficas cismando?
— Se há realmente um juízo e um juiz.
— E o que te importa?
— Rabi! Se não existir um juízo e um juiz, então o que é a criação do mundo?
— E o que te importa?
— Rabi! Rabi! O que me importa? Como dizeis algo assim! Com o que mais hei de me importar?
— Se o fato te importa realmente tanto assim — disse o Rabi — então és um verdadeiro judeu; um verdadeiro judeu deve cismar: nada lhe poderá acontecer.

A Preocupação

Um *hassid* lastimava-se ao Rabi da sua pobreza e miséria.
— Não te preocupes — aconselhou o Rabi. — Reza a Deus com todo o teu coração e o Senhor Misericordioso se apiedará de ti.
— Mas não sei como devo rezar — respondeu o outro.

(19) *Êxodo*, 20:19.

O Rabi olhou para ele com grande compaixão e falou: — Então realmente tens uma grande preocupação.

A Santidade

Está escrito [20]: "E ser-me-eis homens santos".
O Rabi de Kotzk interpretava: — Ser-me-eis humanamente santos.

O Defeito

Um homem procurou o Rabi de Kotzk e queixou-se: — As pessoas me chamam de beato. Que defeito é este que me atribuem? Por que beato e não devoto?
— O beato — explicou a Rabi — converte o essencial da devoção numa coisa secundária e o secundário em essencial.

De Longe

Explicava o Rabi Mendel: — Na citação bíblica [21]: "Acaso sou Deus apenas de perto, e não também Deus de longe?", a expressão "de longe" se refere ao mau, e "de perto", ao justo. O Senhor fala: "Quero Eu apenas o justo para perto de mim? Não, quero também quem está longe, o mau".

O Caminho do Ímpio

O Rabi de Kotzk falava, com referência à frase bíblica [22]: "Deixe o ímpio o seu caminho": — Será que o ímpio tem um caminho? Ele tem um lodaçal e não um caminho. Mas deve-se entender a passagem da seguinte maneira: Deixe o ímpio o seu caminho, isto é, sua presunção de que tem um caminho.

O Engaste

O Rabi Mendel dizia: — Quanto maior e mais brilhante for a pedra preciosa, maior é o seu engaste. Quanto maior e mais brilhante for a alma, maior é a "concha" que a envolve.

---

(20) Êxodo, 22:31.
(21) Jeremias, 23:23.
(22) Isaías, 55:7.

A Grande Culpa

O Rabi Mendel dizia: — Quem aprende os ensinamentos da Torá e não os cumpre, quem peca e se perdoa a si mesmo, quem reza porque rezou ontem é pior do que qualquer malfeitor.

A Semana e o Sábado

Certa vez, o Rabi Mendel de Kotzk disse ao Rabi Itzhak Meir de Guer: — Não sei o que querem de mim! Cada qual faz o que quer durante a semana, mas quando vem o sábado todo mundo veste hábito preto, cinge-se da correia negra, põe o chapéu preto de borda de peles e já lá vai ao encontro da noiva *Schabat!* Eu digo: Tal como age durante a semana, aja também no *schabat*.

Seriamente

O Rabi de Kotzk chamou alguns de seus *hassidim*: — Que conversa é essa de "rezar seriamente"? O que significa rezar seriamente?
Eles não o entenderam.
Disse ele: — Existe por acaso algo que não se deva levar a sério?

Nenhuma Interrupção

O Rabi Mendel cuidava de que seus *hassidim* não usassem nada no pescoço durante a oração. Pois, segundo dizia, não deve haver interrupção entre o cérebro e o coração.

O Cinto

O Rabi Mendel perguntou uma vez a seus *hassidim*: — Sabeis o que se exige de nós? — E ele mesmo respondeu: — Está escrito [23]: "Porque, como o cinto se apega aos lombos do homem, assim eu fiz apegar-se a mim toda a casa de Israel". De nós se exige que nos apeguemos ao cinto.

(23) *Jeremias*, 13:11.

Rezar e Comer

Perguntaram ao Rabi Mendel: — Está escrito [24]: "E servireis ao Senhor vosso Deus, e ele abençoará o teu pão". Por que primeiro "vós" e depois "tu"?
Rabi Mendel explicou: — Servir significa orar. Quando um homem reza, mesmo que esteja sozinho em seu quarto, ele deve ligar-se completamente a Israel e é assim em qualquer verdadeira prece proferida pela comunidade. No entanto, quando um homem come, ainda que num banquete, cada um apenas come por si.

Os Princípios

O Rabi Mendel de Kotzk falou certa vez à congregação: — O que exijo de vós? Apenas três coisas: Não olhar furtivamente para fora de vós, não olhar furtivamente para dentro do próximo e não pensar somente em vós.

Não Comparar um com Outro

Disseram certa vez ao Rabi Mendel que determinado homem era maior do que outro cujo nome também citaram. O Rabi Mendel retrucou: — Se eu sou eu porque sou eu, e tu és tu porque és tu, então eu sou eu e tu és tu. Entretanto, se eu sou eu porque tu és tu e tu és tu porque eu sou eu, então eu não sou eu e tu não és tu.

Idolatria

O Rabi Mendel costumava dizer: — Se um homem faz uma cara de reverência ante uma cara que não é cara, isto é idolatria.

A Falsa Paz

Amizade fraternal ligava o Rabi Mendel de Kotzk e o Rabi Itzhak de Vorki. Ambos foram discípulos do sábio Rabi Bunam. Entretanto, seus *hassidim* mantinham muitas disputas entre si quanto a coisas dos ensinamentos, não conseguindo con-

---

(24) *Êxodo*, 23:25.

ciliar suas opiniões. Certa vez, os dois *tzadikim* se achavam na mesma cidade. Depois de se terem cumprimentado, o Rabi Itzhak disse: — Tenho novidades para vos transmitir. Nossos homens se reconciliaram. — O Rabi de Kotzk levantou-se então e falou com os olhos resplandecentes: — Então a força do engano fortaleceu-se e Satanás está em vias de extinguir a verdade do mundo. — O que estais dizendo! — balbuciou o Rabi Itzhak. Continuou o Rabi Mendel: — Lembrai-vos do que o Midrasch [25] conta acerca da hora em que Deus quis criar o homem e os anjos se dividiram em duas facções. O amor disse: "Criai-o pois fará obras de amor". A verdade disse: "Não o criai porque praticará enganos". A justiça disse: "Criai-o porque fará justiça". A paz disse: "Não o criai porque irá guerrear". E o que fez Deus? Tomou a verdade e a atirou à Terra. Meditaste bem na história? Não é estranha? A verdade foi jogada à Terra e não mais estorvou a criação do homem, mas o que fez o Senhor com a paz e o que lhe respondeu? — O Rabi de Vorki manteve-se calado. — Vede — prosseguiu o Rabi Mendel — nossos sábios nos ensinaram [26] que toda controvérsia feita por amor ao Céu brota da raiz da verdade. Quando a verdade caiu na terra, a paz compreendeu que uma paz sem verdade é uma falsa paz.

O que é Inimitável

Dizia o Rabi Mendel: — Tudo no mundo é inimitável, menos a verdade. Pois a verdade imitada não é mais verdade.

Aumentando a Sabedoria

O Rabi Mendel costumava interpretar o provérbio de Salomão [27]: "Aumentando a sabedoria se aumenta a dor", da seguinte maneira: — O homem deve aumentar a sabedoria mesmo que assim aumente a sua dor.

Torá

O Rabi Mendel perguntou certa vez a um jovem convencido: — Sabes aprender?
— Sim — respondeu.

---

(25) Gênese Rabá, VIII, 5.
(26) *Pirkei Avot*, V, 20.
(27) *Eclesiastes*, 1:18.

— Sabes qual é o significado da palavra Torá? — perguntou o Rabi.
O jovem ficou calado.
— O sentido da palavra Torá é: *ela ensina* — explicou o Rabi Mendel. — Mas, se achas que podes aprender tudo sozinho, então ainda não aprendeste nada.

Os Filhos

Certa vez, um homem procurou o Rabi Mendel e perguntou-lhe como poderia convencer os filhos a se ocuparem do ensinamento divino. O Rabi replicou: — Se queres isto na verdade, então ocupa-te com o ensinamento e eles te imitarão. Caso contrário, eles também não se ocuparão do estudo, mas apenas ordenarão a seus filhos e assim por diante. Está escrito [28]: "Guarda-te...! Que te não esqueças daquelas coisas que os teus olhos têm visto...! E as farás saber a teus filhos e aos filhos de teus filhos". Se tu próprio esqueces o ensinamento, teus filhos hão de esquecê-lo e só saberão, por seu turno, ordená-lo a seus filhos, e os filhos de teus filhos também o esquecerão e só saberão ordená-lo. Ao fim, todos apenas saberão ordenar e ninguém saberá.

A Carestia

Certa vez, quando na região de Kotzk sobreveio uma grande carestia, os *hassidim* que vieram passar ali um sábado, queriam voltar para casa no dia seguinte, mas o Rabi retardava a despedida. Sua mulher encontrava-se ao fogão quando ele entrou com o cachimbo aceso. — Mendel — perguntou ela — por que deténs os *hassidim*? Eles precisam pagar muito dinheiro pela comida na estalagem. — Por que a comida é cara? — retrucou Mendel. — Porque todos sempre querem comer. Se todos quisessem sempre aprender, o ensino seria caro e a comida, barata.

O Milagre

Contaram ao Rabi Mendel sobre um milagreiro que entendia da secreta arte de fabricar um *golem*. — Isso não é importante — disse o Rabi. — Mas ele entende da secreta arte de fazer um *hassid*?

---

[28] *Deuteronômio*, 4:9.

Como o Tanoeiro

Certo dia, o Rabi Mendel de Vorki, filho do Rabi Itzhak de Vorki, saiu do quarto do Rabi Kotzk, coberto de suor e extremamente abatido. Sentou-se numa viga na ante-sala para descansar. Contou aos *hassidim* que o rodearam: — Sabeis, este santo ancião examinou-me da cabeça aos pés, da mesma maneira que o tanoeiro examina seu barril.

A Sorte Grande

O Rabi Iehiel Meir, mais tarde Rabi de Gostinin, procurou seu mestre, o Rabi de Kotzk, e relatou-lhe, contente, que tirara a sorte grande (pois até então fora um homem pobre).
— Não é minha culpa — disse o *tzadik*.
O Rabi Iehiel voltou para casa e distribuiu o dinheiro entre os amigos necessitados.

Não Roubarás

Certa vez, na festa da Revelação dos Mandamentos, o Rabi Iehiel Meir de Gostinin encontrava-se com seu mestre em Kotzk. Ao voltar para casa, seu sogro lhe perguntou: — Então, entre vós a revelação foi recebida diferentemente de outro lugar? — Por certo! — replicou. — O que queres dizer? — indagou o sogro. — Como entendes, por exemplo: "Não roubarás"? — retrucou o Rabi Iehiel. — Bem — disse o sogro — a gente não deve roubar o próximo. — Não é preciso mais que tal coisa nos seja ordenada — disse o Rabi Iehiel. — Em Kotzk o mandamento é interpretado do seguinte modo: "a gente não deve roubar a si próprio".

Costumes Diversos

Um *hassid* de Kotzk conversava com um *hassid* de Tschernobil sobre os diversos costumes de ambos.
O de Tschernobil disse: — Passamos em claro todas as noites de quinta para sexta-feira, na sexta-feira damos esmolas aos pobres, segundo as nossas posses, e no *schabat* recitamos o livro inteiro dos salmos.
— Quanto a nós — retrucou o *hassid* de Kotzk — passamos em claro todas as noites, enquanto nos é possível, damos esmolas

quando encontramos um pobre e temos dinheiro, e os salmos, que Davi penou setenta anos para fazer, não os dizemos de uma vez, mas só quando surge a hora propícia.

A Diferença

Enquanto lavrava a rixa entre os *hassidim* de Kotzk e os de Radoschitz, o Rabi Izahar Ber de Radoschitz disse uma vez a um *hassid* de Kotzk: — O método do teu mestre é este: "Quando não se pode passar por cima, passa-se por baixo", o meu porém é: "Quando não se pode passar por cima, é preciso passar por cima, de todo jeito".
O Rabi Itzhak Meir de Guer, discípulo e amigo do Rabi de Kotzk, entendeu a questão de outra maneira, quando, ao receber a visita de um *hassid* do Rabi de Radoschitz, após a morte deste, disse: — O mundo acha que entre Kotzk e Radoschitz houve ódio e contenda. É um grande engano. Existia apenas uma diferença de opiniões: em Kotzk queriam aproximar o coração dos judeus do Senhor do Céu e em Radoschitz aproximar o Senhor do Céu do coração dos judeus.

Entre Kotzk e Izbica

O Rabi Mordehai Iossef de Izbica deixou Kotzk e fundou sua própria congregação. Algum tempo depois, um *hassid* que o seguira a Izbica voltou a Kotzk e procurou o Rabi. O Rabi Mendel levantou os olhos, fitou-o e perguntou: — Quem és? — como se não o conhecesse. E quando o *hassid*, atônito, indagou: — Rabi, não me conheceis? — este retrucou: — Não pode ser tu. Está escrito na *Ética dos Pais* [29]: "E o temor a teu mestre será como o temor ao céu". Por acaso existem dois céus?

Dize aos Filhos de Israel

Quando, certa vez, um discípulo do Rabi de Lentschno visitou o Rabi de Kotzk, este lhe disse: — Leva meus cumprimentos a teu mestre. Tenho muita estima por ele. Mas por que clama ele a Deus que envie o Messias? Por que não clama ao povo de Israel que se volte a Deus? Está escrito [30]: "Por que clama a mim? Dize aos filhos de Israel!"

(29) *Pirkei Avot*, IV, 15.
(30) *Êxodo*, 14:15.

Os Três Pilares

O Rabi Mendel falou: — Está escrito [31]: "O mundo se ergue sobre três pilares: Torá, serviço e boas práticas". Ao fim, os dois primeiros encolherão e só as boas práticas hão de se multiplicar, e depois acontecerá o que está escrito [32]: "E Sião será redimida com justiça".

A Hora

O Rabi de Kotzk dizia: — Geração após geração se esforçou, a seu modo, para trazer o Messias, e nenhuma o logrou. Não é possível trazer o Messias. Algum dia, quando os judeus estiverem inteiramente entretidos em suas preocupações com o pão de cada dia e com os ânimos confusos, ele virá.

Os que não Podem Rezar

Na véspera de Iom Kipur, o Rabi Mendel disse a um de seus *hassidim*: — Hersch, tu rezarás pelos judeus que não podem rezar, pelos judeus nos campos e nas florestas, pelos que estão presentes e pelos ausentes, não só pelos vivos como também pelos mortos; deves saber: as paredes regurgitam de almas!

O Santuário do Amor

Perguntaram ao Rabi de Kotzk: — Por que antigamente reinava tão grande amor entre os *hassidim* e agora este amor não existe mais?
Ele respondeu: — No céu há um santuário do amor, que o Rabi de Berditschev abriu para os homens, e assim formou-se o grande amor entre os *hassidim*. Mas depois os ímpios também entraram e foram buscar amor para seus amorzinhos. Então os *tzadikim* tornaram a fechar o santuário.

O Canto

Está escrito [3]: "Ele pôs termo às trevas".
Ao ler estas palavras, o Rabi de Kotzk costumava exclamar: — Deus deixou um canto livre nas trevas para que o homem possa abrigar-se.

(31) *Ética dos Pais*, I, 2.
(32) *Isaías*, 1:27.
(33) *Jó*, 23:3.

Para que Escrever um Livro?

Um *hassid* perguntou ao Rabi de Kotzk por que não escrevia um livro. O Rabi calou-se por alguns minutos e depois respondeu: — Suponhamos que eu tenha escrito um livro: quem o compraria? A nossa própria gente. E quando é que eles têm tempo para ler, se a semana inteira estão absortos em ganhar o seu pão? Poderiam lê-lo no *schabat*. E quando é que têm tempo no *schabat*? Primeiro, precisam tomar o banho ritual, depois estudar e rezar e depois vem a ceia sabática. Depois da ceia, porém, há tempo para ler. A pessoa deita-se no sofá, toma o livro nas mãos e o abre. E, por estar satisfeito e cansado, adormece e o livro cai no chão. Agora diz, para que deveria eu escrever um livro?

O Bode Sagrado

O Rabi Itzhak de Vorki era um dos poucos admitidos à presença do Rabi Mendel, durante os anos de sua clausura.

Após longa ausência, retornou uma vez a Kotzk. Bateu à porta do quarto do Rabi Mendel, entrou e o cumprimentou: — A paz seja convosco, Rabi.

— Por que me chamas de Rabi? — resmungou o Rabi Mendel.
— Não sou Rabi. Não me conheces mais? Sou o bode. O bode sagrado. Não te lembras mais da história? Numa noite, a caminho da casa de estudos, um velho judeu perdeu sua tabaqueira de chifre. Lamentou-se: "Como se não bastasse a escuridão do *galut*, ainda isso vem acontecer! Que pena! Minha tabaqueira de chifre". Encontrou então o bode sagrado. O bode sagrado errava pela terra e as pontas de seus chifres pretos alcançavam as estrelas. Quando ouviu o lamento do velho judeu, abaixou-se e lhe disse: "Corta dos meus chifres a porção que necessitas para uma nova tabaqueira". O velho assim fez. Fabricou uma tabaqueira e encheu-a de tabaco. Dirigiu-se depois à casa de estudos e ofereceu pitadas de rapé a todos os presentes. Estes o tomaram e cada um comentava: "Oh! que ótimo tabaco. Ele tem uma tabaqueira! Oh! é maravilhosa! De onde vem?" Então o velho contou-lhes a história do bode sagrado. Os homens foram à rua procurá-lo. O bode errava pela terra e as pontas de seus chifres pretos alcançavam as estrelas. Os homens, um após outro, pediam ao bode um pedaço dos seus chifres. Vez por vez o bode se abaixava para atender os suplicantes. Foram feitas tabaqueiras e mais tabaqueiras, todas cheias de tabaco. A fama das tabaqueiras se es-

palhou. A cada passao o bode sagrado encontrava um suplicante.
O bode sagrado vagueia sem chifres pela Terra".

Sem Óculos

O Rabi de Kotzk, na sua velhice, sofria de dores na vista. Aconselharam-no a usar óculos para ler. Disse ele: — Não quero que haja uma parede divisória entre os meus olhos e a santa Torá.

Na Floresta

Perto do fim de sua vida, o Rabi de Kotzk falou: — Sempre pensei que teria apenas quatrocentos *hassidim* com os quais iria para a floresta e lhes daria maná e eles iriam reconhecer o poder soberano de Deus.

ITZHAK DE VORKI

O Criado Negligente

Certa vez o Rabi Itzhak de Vorki censurou um de seus filhos por descuidar do estudo. Quando o filho, que já era pai de família, se desculpou, alegando muitas preocupações domésticas, o Rabi Itzhak contou-lhe: — Na época em que eu trabalhava como escrivão da Sra. Temeril, vi uma vez seu capataz surrar um criado porque desleixara o trabalho. O estranho é que, enquanto estava sendo surrado, o criado cortava o trigo com bastante entusiasmo. Mais tarde, perguntei-lhe por que procedera assim. "És um judeu tolo", respondeu ele. "Apanhei porque negligenciara o trabalho. Como então não iria me dedicar ao serviço com todo o fervor?" O mesmo acontece contigo, meu filho. Tuas preocupações provêm de tua negligência do estudo.

Ele Mesmo

Certa ocasião, o Rabi Itzhak de Vorki recebeu alguns hóspedes importantes. Conversou-se a respeito do valor de um criado honesto para a direção de uma casa; se ele fosse bom, tudo iria muito bem, a exemplo de José, em cujas mãos tudo prosperou. O Rabi Itzhak objetou: — Antigamente eu também pensava assim, até que meu mestre me ensinou que tudo depende do dono da casa. Na minha juventude, tive muitas preocupações com minha mulher e, embora pudesse arcar com elas sozinho, a criadagem me lastimava. Por essa razão procurei meu mestre, o Rabi Davi de Lelov, e perguntei-lhe se deveria enfrentar minha mulher. Respondeu-me: "Por que falas a mim? Fala a ti mesmo". Precisei refletir algum tempo até entender o que me dissera; entendi quando me recordei das palavras do santo Baal Schem Tov: "Existe a idéia, a fala e a ação. A idéia corresponde à esposa, a fala às crianças, a ação à criadagem. Aquele que conseguir conciliar as três, tudo lhe correrá bem". Entendi então o que o meu mestre queria dizer: que tudo dependia de mim.

Morrer e Viver

Com respeito ao trecho do salmo [1]: "Não morrerei, mas viverei", o Rabi Itzhak, interpretava: — Para que possa viver realmente, o homem deve primeiro conhecer a morte. Porém, quando o faz, descobre que deve viver e não morrer.

O Pecado de Adão

Perguntaram ao Rabi Itzhak: — Qual foi o verdadeiro pecado de Adão? — O Rabi respondeu: — O verdadeiro pecado de Adão era que ele se preocupava com o dia de amanhã. A serpente lhe disse: "Não existe serviço que possais perfazer, posto que não sabeis distinguir entre o bem e o mal. Comei do fruto e distinguireis, e escolhereis o bem e tereis a recompensa". A falta de Adão consistiu em ter dado ouvido à serpente. Ele se preocupava por não ter um serviço; na realidade, porém, ele tinha um serviço naquela hora: obedecer ao Senhor e resistir à serpente.

Com um Caluniador

Um homem intentou com toda a sorte de calúnias amotinar os *hassidim* do Rabi Itzhak contra este mestre. Houve um tumulto e a questão foi levada ao *tzadik*. Este mandou chamar o homem e o recebeu sem testemunha. — Tolo — disse-lhe o Rabi: — por que vens com falsidades, queres ser chamado de mentiroso? Deixa-me relatar-te tudo o que há de mau a meu respeito. Então, quando saíres daqui e o proclamares ao mundo, nenhum argumento contrário poderá resistir a ti.

(1) *Salmos*, 118:17.

A Oferta Alçada

Certa vez, no sábado em que se lê na Torá o capítulo da oferta alçada, o Rabi Itzhak de Vorki visitou o Rabi de Kotzk, que começava naquela época a viver completamente recluso, recebendo apenas os amigos mais chegados.

— Por que vós vos isolais de tal maneira das pessoas? — perguntou-lhe o Rabi Itzhak.

O Rabi Mendel declarou: — A resposta está no trecho na Torá que é lido hoje[2]: "E que me tragam uma oferta alçada", e isto quer dizer: "me", "em meu nome". Quando um judeu quer seguir o caminho reto, o caminho de Deus, só existe uma única coisa: "oferta alçada". Ele deve distinguir-se e sobressair-se de todos os homens, não apenas dos maus como também dos bons, pois a frase bíblica ainda continua: "De todo homem cujo coração se mover voluntariamente".

— A resposta ao que dizeis também consta do mesmo trecho que é lido hoje — disse o Rabi de Vorki: — "E que me tragam uma oferta alçada". Quando um judeu quiser seguir o caminho reto, o caminho de Deus, então deve aproveitar algo de todos os seus semelhantes, manter relações com cada um e acolher destas amizades o que for possível para o caminho divino. Existe porém uma restrição. Nada aproveitará dos homens que têm um coração fechado, somente daquele "cujo coração se mover voluntariamente".

O Mérito

Alguém disse ao Rabi Itzhak: — Não consigo entender o que a Guemará conta do Rabi Zera[3]: que, ao ser inquirido pelos discípulos sobre a razão de sua longevidade, respondeu que nunca se alegrara com a desgraça alheia. Por acaso isso é mérito?

O Rabi declarou: — Isso quer dizer: Não pude regozijar-me nas oportunidades felizes que a vida me proporcionou se ao mesmo tempo outra pessoa era acometida de uma desgraça.

O Alfabeto

Perguntaram ao Rabi Itzhak: — Por que no Iom Kipur a confissão dos pecados é disposta em ordem alfabética? — Não fosse assim e não se saberia quando se deve parar de bater no

---

(2) Êxodo, 25:2.
(3) Talmud, Meguilá 28a.

peito — retrucou o Rabi. — Pois o pecado não tem fim, a consciência de culpa não tem fim, mas o alfabeto, sim.

A Voz Celeste

Perguntaram ao Rabi Itzhak como se poderia entender o dito dos nossos sábios [4]: "Faça tudo o que o dono da casa pedir-lhe, exceto retirar-se". Aí é que se deveria anuir à vontade do dono, quando ele nos manda embora.
O Rabi respondeu: — Aqueles que relacionam a palavra "dono da casa" com Deus, nosso Dono, têm razão. Devemos servi-Lo em tudo, mas resistir-Lhe quando nos ordena que nos afastemos d'Ele. Pois sabemos [5]: "Para que não se desterre d'Ele o desterrado". Entretanto, ao homem que pratica muitos malfeitos é destinado um árduo caminho de regresso: os Céus lhe revelam que o seu arrependimento não é mais desejado e que não será aceito. Caso, porém, ele não se deixe desencorajar, se justamente então sua vontade forçar a passagem, se ele disser "não obstante" e voltar para Deus, será curado. Contam aqui que o arqui-herege Elischa ben Abuia, ao qual se referiam como "Aher", ou seja, "o outro", ouviu certa vez uma voz celestial dizer: "Voltai-vos, filhos renegados, com exceção de Aher" [6]. Rompeu então os últimos laços que o prendiam à Lei e à comunidade e declinou a verdade. Deveria porventura recusar-se a crer na voz que lhe falava e que desejava algo dele? Isto de nada adiantaria, pois a graça pende de um fio de cabelo. Mas o seu "não obstante", o seu arrependido retorno, seria aceito, pois a graça quer que lhe seja dado produzir-se.

A Perdida

Uma viúva queixou-se ao Rabi Itzhak de que alguns negociantes, a quem seu marido servira de copista, recusavam-se a pagar-lhe uma quantia do salário que ainda lhe deviam e condenavam-na desumanamente à miséria. O *tzadik* mandou chamar os negociantes. Quando viram a mulher, gritaram a uma só voz: — Dais atenção a esta perdida? Seu marido está morto há três anos, e há meio ano ela teve um filho bastardo. — Falou o Rabi Itzhak: — Então era tão pobre que teve que se perder.

(4) Talmud, Pessahim 86b.
(5) *II Samuel*, 14:14.
(6) *Jeremias*, 3:14. V. a história "A Prova" no capítulo dedicado a Simha Bunam de Pjischa.

Depois de Trinta Anos

Um homem permaneceu trinta anos em reclusão, estudando. Quando voltou ao convívio das pessoas, ouviu falar do Rabi Itzhak de Vorki e resolveu visitá-lo. No caminho, imaginou que o *tzadik* viria recebê-lo com todas as honrarias, já que consagrara tantos anos ao estudo da Torá. Porém, ao se defrontar com o Rabi Itzhak, este perguntou-lhe: — Sois um homem de erudição e vos afadigastes tanto com a Torá, por certo sabeis o que o Senhor diz? — Embaraçado e indeciso, o erudito respondeu: — Deus diz que devemos estudar e orar. — O *tzadik* riu: — Não sabeis o que se vos pergunta. — O homem foi embora, contristado. Cada vez que repetia a visita, o Rabi Itzhak o recebia com as mesmas palavras. Finalmente veio despedir-se. — Com o que voltais para casa — indagou o *tzadik* — quando nem sabeis o que Deus diz? — O homem, chorando, retrucou: — Rabi, este é o motivo pelo qual vos procurei. Para aprender de vós. — O *tzadik* respondeu: — Está escrito [7]: "Ocultar-se-ia alguém em esconderijos?", isto é, alguém permanece trancado durante trinta anos no seu quarto e estuda o ensinamento divino, "de modo que eu não o veja" — isto quer dizer: então pode ser que eu não o queira ver, "diz o Senhor". É isto que Deus diz. — Atingido no coração, quedou-se o homem no seu lugar como que privado da fala e do pensamento. Depois seu espírito moveu-se. — Rabi — suspirou. — Tenho uma pergunta a fazer-vos. — Falai — disse o *tzadik*. O homem então indagou: — Qual a maneira prescrita de proceder quando pedaços rasgados de um livro sagrado tombam no chão? — A gente deve levantá-los para que não sejam destruídos. — O erudito atirou-se ao chão. — Rabi, Rabi — gritou — tendes diante de vós um recipiente cheio de fragmentos de livros sagrados, não deixeis que sejam destruídos. — Com ambas as mãos o *tzadik* o levantou, sentando-o a seu lado. Depois começou a falar-lhe palavras de auxílio.

A Hospitalidade

Quando o Rabi Itzhak se encontrava em Kintzk, um homem rico ofereceu-lhe um banquete. O *tzadik* entrou na casa: a ante-sala estava iluminada com grandes lanternas e os degraus, cobertos de tapetes. O *tzadik* recusou-se a continuar, a menos que o anfitrião apagasse as lanternas e removesse os tapetes, ou então lhe prometesse receber também o mais modesto dos hóspedes com o mesmo aparato. — É-nos ordenado ser hos-

[7] Jeremias, 23:24.

pitaleiros — disse o *tzadik*. — E assim como o nosso dever é tocar o *schofar,* sem estabelecer distinção entre o chifre de um carneiro e de outro, do mesmo modo todos os hóspedes se equivalem. — O dono da casa suplicou ao Rabi Itzhak que desistisse da demanda; ao fim, como de seu lado tampouco pudesse fazer a promessa exigida, viu-se obrigado a restaurar a arrumação da casa no seu aspecto cotidiano.

Mandamento e Dinheiro

Certa vez, o Rabi Itzhak elogiou um estalajadeiro que procurava atender a contento todos os seus hóspedes. — Este homem esforça-se por cumprir o mandamento da hospitalidade — disse o Rabi Itzhak. — Mas ele cobra! — objetaram. O *tzadik* respondeu: — Ele recebe dinheiro para que lhe seja possível cumprir o mandamento.

O Fiel

Há um *midrasch* que conta: Certa vez os anjos falaram a Deus: — Permitiste a Moisés escrever o que quisesse; e ele poderia então ter dito ao povo de Israel: "Dei-vos o ensinamento". — De forma alguma! — respondeu o Eterno. — Mas se o fizesse, ainda assim me seria fiel.
Os discípulos do Rabi Itzhak de Vorki perguntaram-lhe como se deveria interpretar o caso. Respondeu-lhes contando a seguinte parábola:
Um comerciante desejava viajar. Empregou então um ajudante para tomar conta da loja; o comerciante passava a maior parte do tempo, no aposento contíguo. Daí, durante o primeiro ano, ouvia de vez em quando como o ajudante falava a um comprador: — Tão barato o dono não pode vender. — O comerciante não viajou. Durante o segundo ano, escutava às vezes: — Tão barato não podemos vender. — Adiou a viagem mais um pouco. Porém, no terceiro ano, o ajudante já dizia: — Tão barato não posso vender. — Aí começou a viagem.

A Morada

Os discípulos disseram ao Rabi Itzhak: — Com referência ao relato nas Escrituras [8] de que as dádivas concedidas pelo povo, para a construção do Tabernáculo do Senhor, foram tão abun-

(8) *Êxodo.* 36:7.

dantes que, após o término da obra, sobrou um resto, conta o Midrasch que Moisés perguntou a Deus o que fazer com tal resto e o Senhor respondeu-lhe: "Faze uma morada para o testemunho", e Moisés assim fêz. Como entender isso? Morada do testemunho quer dizer a Arca na qualidade de receptáculo das Tábuas da Lei e ela já estava acabada.

Respondeu o Rabi: — Sabeis que a santidade do santuário consistia na entrada da *Schehiná* no interior dele. Porém, como é possível, e assim sempre se perguntou, que a magnificência daquilo de que está escrito [9]: "Os céus, e até os céus dos céus, não te podem conter", se confinasse ao espaço entre as colunas da Arca? Ouvi então o Cântico dos Cânticos [10]: "O Rei Salomão fez para si um palanquim de madeira do Líbano. Fez-lhe as colunas de prata, a espalda de ouro, o assento de púrpura". E, se quereis saber como se pode repousar em tal leito, a resposta já se segue: "O interior ornado com o amor". O amor do povo, que prodigalizou os donativos para a construção do santuário, atraiu a *Schehiná* para dentro da Arca. No entanto, uma vez que a vontade de amor era demasiada, mais do que o necessário para toda obra, Moisés perguntou: "O que devemos fazer com esta vontade?" e Deus respondeu-lhe: "Faze", isto é, do excesso do amor do povo de Israel, "uma morada para o testemunho" — lá deverá residir o testemunho de que vosso amor por mim me atraiu ao mundo.

No Degrau mais Elevado

Perguntaram ao Rabi Itzhak: — Está escrito [11]: "Esta é a bênção que Moisés, o homem de Deus, deu aos filhos de Israel, antes da sua morte". Em lugar das palavras "antes da sua morte", Raschi esclarece "perto do seu falecimento" e, em apoio à sua interpretação, acrescenta o provérbio [12]: "Se não agora, quando então?" O que pretende ele dizer a mais do que já consta do ensinamento divino?

Respondeu o Rabi: — Observai que é o único ponto em que Moisés é chamado o homem de Deus. Acontece todavia que, em seu amor, já havia muito tempo e repetidamente desejava abençoar Israel, mas sentia constantemente que ascenderia a um degrau ainda mais elevado e sua bênção, então, ganharia maior força e por isso adiava o momento de concedê-la. No entanto, quando alcançou o grau de homem de Deus, isto é, o dos anjos que não mudam de grau em grau como os homens,

---

(9) *I Reis*, 8:27.
(10) *Cânticos*, 3:9.
(11) *Deuteronômio*, 33:1.
(12) *Pirkei Avot*, I, 14, atribuído ao grande mestre rabínico Hilel.

mas perduram imutáveis, soube que estava perto da morte e abençoou Israel, pois "se não agora, quando então?"

A Fé

Um *hassid* do Rabi Itzhak não tinha filhos. Vez por outra pedia a seu mestre que rezasse por ele e seguidamente o Rabi recomendava-lhe o famoso milagreiro, Rabi Ber de Radoschitz; o *hassid,* porém, não seguia o conselho. Os *hassidim* perguntaram-lhe por que não ia a Radoschitz. — Se eu for e for sem fé, não serei ajudado — respondeu. — Porém se eu conseguir ter alguma fé no Rabi de Radoschitz, perderei esta porção de fé no meu Rabi. E se, não queira Deus, minha fé no meu Rabi tornar-se incompleta, para que necessito eu de filhos?

MENDEL DE VORKI

A Prova

Certa vez, o Rabi Itzhak de Vorki levou os filhos para visitar seu mestre, o Rabi Bunam. Este ofereceu um copo de cerveja preta a cada um e perguntou-lhes o que era. O mais velho falou: — Não sei. — O mais jovem Mendel, que na época contava três anos, respondeu: — Boa e amarga. — Este menino irá algum dia dirigir uma grande comunidade — disse o Rabi Bunam.

O Condutor

Quando o Rabi Itzhak de Vorki e seu filho Mendel eram hóspedes do Rabi Israel de Rijin, este convidou o amigo a um passeio. Mendel pediu para acompanhá-los. O Rabi Israel respondeu-lhe: — Quem não conhece o segredo da carruagem divina não poderá ir. — Mas eu sei conduzi-la — replicou Mendel. O Rabi de Rijin o fitou, admirado. — Então, faze-o — disse. Mendel subiu à boléia e tomou as rédeas nas mãos.
No trajeto o Rabi de Rijin perguntou: — Rabi de Vorki, onde foi que arrumastes um filho assim? — É realmente uma dádiva imerecida — replicou o Rabi Itzhak.

Uma Coisa é Necessária

No casamento do Rabi Mendel, o *badhan,* entre as arengas semicômicas e semitrágicas, recitou também esta cantilena: — Rezar, estudar e servir a Deus! — Imediatamente o Rabi Mendel o arremedou na mesma toada: — Não rezar, não estudar e não encolerizar Deus.

A Rápida Obediência

O Rabi Itzhak de Vorki adoeceu, quando se encontrava em Varsóvia, cuidando de um assunto da comunidade. Seu filho mais velho, o Rabi Davi de Omschinov, pediu-lhe insistentemente que voltasse para casa. Depois de muito relutar, afinal concordou. O Rabi Davi mandou vir um cocheiro e ordenou-lhe que atrelasse o carro. Neste ínterim, apareceu o Rabi Mendel, o filho mais novo, que não presenciara a conversa e ficara sabendo, pelo cocheiro, que seu pai pretendia voltar a Vorki.
— Podes ir tranquilo para casa — disse Mendel — o Rabi não irá. — Quando o Rabi Davi soube do incidente, queixou-se ao pai.
— O que queres dele? — replicou esse. — Êle me obedece ainda antes que eu ordene.

A Ação

Quando o Rabi Itzhak de Vorki ficou gravemente enfermo, seu filho mais velho jejuava e dizia os salmos. O mais novo, porém, Rabi Mendel, passeava com um grupo de *hassidim* de sua idade que se lhe devotaram desde menino e se intitulavam seus guarda-costas; bebiam aguardente e brindavam-se: — À saúde! — Às vezes, Rabi Mendel também ia sozinho à floresta. Após o restabelecimento do pai, houve um banquete comemorativo. Mendel disse ao irmão: — Fizeste muito pouco para te rejubilares com justiça. Apenas jejuaste e rezaste.

O Grupo da Adega

O grupo de rapazes da mesma idade, com que Mendel costumava andar, compunha-se exclusivamente de gente de alta posição; todos, porém, tal como ele, sabiam esconder o fato.
O Rabi Berisch, mais tarde Rav de Biala, conhecido na época como um dos discípulos mais promissores de Vorki, sempre

se admirava de que não os via estudar. Uma vez, na primeira noite de Schavuot, quando se levantaram da mesa e já clareava, percebeu que o grupo, com Mendel à frente, se dirigia à adega. Seguiu-os, escondeu-se e viu-os envergar os *talitim* e rezar rapidamente a prece matutina, depois sentaram-se e bebêram. Isto desgostou imensamente o Rabi Berisch. Mas em seguida notou que, tão logo esgotaram o segundo cálice, o Rabi Mendel falou-lhes baixinho algumas palavras que o Rabi Berisch não pôde ouvir de seu esconderijo. Imediatamente todos colocaram a cabeça sobre a mesa e começaram a chorar. Ao Rabi Berisch parecia que todos os cálices se enchiam de lágrimas. Depois disto, pediu admissão no grupo, mas teve de submeter-se a longo tempo de espera.

As Vozes

Muitos *hassidim* vieram passar o Schavuot em Vorki, após a morte do Rabi Itzhak. Entre eles estava o Rabi Benjamin de Lublin, que fora discípulo do Vidente e que, ainda em vida deste, se ligara a seu discípulo, o mui hostilizado Iehudi. Como o Rabi Benjamin era muito velho e doentio, precisou deitar-se logo após sua chegada. Os dois filhos do Rabi Itzhak vieram visitá-lo depois da prece. — Filhos — ele lhes falou — explicai-me como entender o que está escrito [1]: "E todo o povo viu as vozes". — O filho mais velho deu uma interpretação perspicaz da frase, ao passo que o mais novo, o Rabi Menahem Mendel, calou-se como de costume. — E vós o que dizeis? — interrogou o Rabi Benjamin. — Digo que o sentido é o seguinte: "eles viram e reconheceram que é mister acolher a voz em seu próprio íntimo e torná-la a própria voz".

Sem Linguagem e sem Fala

Algum tempo após a morte do Rabi Itzhak, quando cada um de seus filhos já contava uma congregação própria, encontraram-se os dois certa vez numa terceira cidade e lá lhes foi oferecido um banquete em homenagem. Durante a ágape, o Rabi Davi proferiu um longo discurso acerca do ensinamento divino. O Rabi Mendel, por sua vez, ficou quieto. — Por que também não falas sobre a Torá? — quis saber o irmão. Ele retrucou: — Nos salmos [2] lemos acerca do céu: "Sem

---
(1) *Êxodo*, 20:18.
(2) *Salmos*, 19:4.

linguagem e sem fala, ouvem-se as suas vozes em toda a extensão da terra".

Algum tempo depois, quando um grande *tzadik* perguntou a Mendel por que não expunha a Torá, respondeu: — A Guemará [3] conta que Simão de Emaus assinalava todos os lugares em que aparece o têrmo *et* [4]. Ao chegar, entretanto, à frase em que esta palavra inicia a sentença [5]: "O Senhor teu Deus temerás", ele retrocedeu. Quem chega sozinho ao temor não interpreta mais.

A Noite Silenciosa

O Rabi Mendel passou certa vez a noite inteira com seus *hassidim*. Ninguém falava mas todos sentiam grande veneração e êxtase. Finalmente o Rabi disse: — Feliz o judeu que sabe que o sentido de "Um" é um!

A Conversa em Silêncio

Certa vez os *hassidim* estavam sentados e calados em volta da mesa do Rabi Mendel. O silêncio era tão grande que se podia ouvir as moscas na parede. Concluída a bênção sobre a refeição, o Rabi de Biala disse a seu vizinho: — Mas que reunião a de hoje! Ele me submeteu a tal exame que minhas veias ameaçavam estourar, mas fiquei firme e respondi a todas as perguntas.

O Caminho do Silêncio

Certo dia, o Rabi Mendel, filho do *tzadik* de Vorki, e o Rabi Eleazar, neto do Maguid de Kosnitz, encontraram-se pela primeira vez. Sozinhos entraram num quarto, sentaram-se frente a frente e mantiveram-se calados por uma hora. Depois deixaram entrar os outros companheiros. — Agora estamos prontos — disse o Rabi Mendel.

Quando estava em Kotzk, o Rabi dessa cidade perguntou-lhe: — Onde aprendeste a arte do silêncio? — Estava quase respondendo; mas depois mudou de idéia e exercitou-se na sua arte.

---

(3) Pessahim 22b.
(4) Palavra que denota o acusativo.
(5) Deuteronômio 6:13

Do Clamor e do Pranto Silenciosos

O Rabi Mendel comentou, certa ocasião, a frase bíblica [6]: "E Deus escutou a voz do menino": — Nos versos precedentes não consta que o rapaz gritasse. — disse. — Não, Deus apenas escutou um clamor silencioso.

De outra feita comentou a frase bíblica que trata da filha do Faraó, e que diz [7]: "E abrindo-o, viu o menino, e eis que o menino chorava": — Deveriam as Escrituras narrar que ela ouvira o choro do menino. Mas não, pois o menino chorava no seu íntimo. E por esta razão é que a frase continua: "Este é menino dos hebreus". Era um pranto judeu.

As Atitudes Básicas

Perguntaram ao Rabi Mendel o que tornava um homem em verdadeiro judeu. Ele retorquiu: — A nós convém três coisas: um ajoelhamento ereto, um choro silencioso e uma dança imóvel.

O Sono Honesto

Uma grande multidão reuniu-se, certa vez, na casa de estudos de Vorki, à véspera do Ano Novo. Uns, sentados em volta da mesa, estavam estudando. Outros, que não tinham achado acomodações, estavam descansando no chão sobre suas mochilas, pois muitos haviam chegado a pé. Rabi Mendel entrou sem ser percebido, devido ao barulho que faziam os que estudavam. Primeiro olhou para estes e depois para os homens deitados no chão. — O seu sono me agrada mais do que o estudo deles — disse.

A Bela Morte

Logo após a morte de um *tzadik,* que fora amigo do Rabi Mendel de Vorki, um *hassid* veio procurar o Rabi e contou-lhe que presenciara o falecimento. — E como foi? — quis saber Rabi Mendel. — Muito belo — disse o *hassid* — assim como alguém que passa de um quarto ao outro. — De um quarto ao outro? — replicou Rabi Mendel. — Não, de um canto do quarto ao outro.

(6) *Gênese,* 21:17.
(7) *Êxodo,* 2:6.

ITZHAK MEIR DE GUER

Onde Mora Deus?

Quando o Rabi Itzhak era menino ainda, sua mãe levou-o ao Maguid de Kosnitz. Aí alguém falou: — Itzhak Meir, te darei um florim se me disseres onde mora Deus. — Em resposta, o menino declarou: — E eu te darei dois se puderes me dizer onde ele não mora.

Elogio à Gramática

O Rabi de Guer contava: — Em minha infância, eu não queria aprofundar-me no estudo da gramática, pois achava que era uma ciência como qualquer outra. Mais tarde, porém, devotei-me a ela, pois descobri que é a chave dos segredos do ensinamento divino.

O Insatisfeito

Durante sua juventude, o Rabi Itzhak Meir era discípulo do Rabi Mosché de Kosnitz, filho do Maguid daquela cidade. Acontece que, tendo o Rabi Itzhak ajudado seu mestre a solucionar uma questão difícil, este o beijou na testa. Disse o Rabi Itzhak Meir a si mesmo: — Preciso de um Rabi que me arranque a carne dos ossos e não de um que me beije. — Deixou Kosnitz logo depois.

O Sono Rápido

A mulher do Rabi Itzhak perguntou-lhe certa vez por que dormia tão pouco. Assim iria prejudicar sua saúde. Respondeu ele rindo: — Por que teu pai me escolheu para teu marido? Porque eu era estudioso. E o que quer dizer estudioso? Significa que em duas horas a gente estuda aquilo que um outro leva um dia inteiro. Desta maneira, em duas horas durmo aquilo para que um outro precisa da noite inteira.

Tal Como o Boi

Um *hassid* queixou-se ao Rabi de Guer: — Esforcei-me e lutei e mesmo assim não se dá comigo o que se dá com um mestre de ofício; a este, depois de vinte anos de labor, algum sinal se manifesta em sua obra: ou ela se torna mais bela ou ele a realiza com maior rapidez. Eu, porém, nada vejo. Rezo hoje da mesma maneira que há vinte anos.
O *tzadik* retrucou: — Ensinam-nos em nome do **Profeta Elias** [1]: "Aceite o homem a Torá tal como o boi aceita o seu jugo, sua carga". Observa que o boi sai de manhã do estábulo para o campo, ara e é trazido de volta e assim dia a dia, nada muda, mas o campo arado frutifica.

As Provas Vindouras

O Rabi de Guer dizia: — Aparecerão inúmeras e pesadas tentações e quem não se preparou estará perdido. Pois, na hora da tentação, será tarde demais para se preparar. No entanto, a tentação é apenas uma prova: nela se demonstrará o que há em ti de minério verdadeiro e o que há de escória.

O Perigo

O Rabi de Guer e um companheiro, durante uma viagem, desceram por uma montanha íngreme. Os cavalos, assustados,

---

(1) Talmud, Avodá Zará 5b.

começaram a correr e não puderam ser refreados. O *hassid* olhou para fora do carro e arrepiou-se; mas, ao olhar para o *tzadik*, viu-o tão calmo como habitualmente. — Como é que não tendes medo do perigo? — perguntou. O *tzadik* retorquiu: — Quem sente o verdadeiro perigo a cada instante não teme um instante de perigo.

A Fortaleza

Quando o Rabi de Guer concluiu a construção de sua grande casa de estudos, o Rav de Varsóvia veio examiná-la e lhe disse: — Certamente tendes um bom motivo para afastar-vos de nós e construir vossa casa fora da cidade. — O Rabi de Guer manteve-se calado e o Rav continuou: — Já sei o motivo. Planejastes a construção de uma fortaleza para proteger Varsóvia, e uma fortaleza assim logicamente deve erigir-se fora da cidade. E, às vezes, é necessário até utilizá-la a fim de atirar para dentro da cidade. — O Rabi de Guer continuava a não proferir palavra, mas ria como alguém que concorda com seu interlocutor.

Da Comida

Certa vez, o Rabi de Guer perguntou a um *hassid* o que aprendera dos lábios do Rabi de Kotzk. Redargüiu o *hassid*: — Ouvi de sua boca que estava espantado com o fato de que o homem, pela simples pronúncia da bênção sobre a comida, não se torne honrado e temente a Deus. — Para mim é diferente — disse o Rabi de Guer; — eu me espanto que o homem, com o mero comer, não se torne honrado e temente. Pois está escrito [2]: "O boi conhece o seu possuidor e o jumento, a manjedoura do seu dono".

Certa vez perguntaram ao Rabi de Guer qual a diferença entre os simples pais de família e os *hassidim*. Rindo, respondeu: — Os simples pais de família vão estudar após as orações, mas os *hassidim* vão comer. Pois, quando um *hassid* percebe que, seja na reflexão solitária antes da prece, seja no curso da própria prece, ainda não reconheceu a grandeza de Deus, ele vai comer e pensa: "Ainda que eu não seja como o boi, que conhece o seu possuidor, posso pelo menos permanecer como o jumento na manjedoura do meu dono".

(2) *Isaías*, 1:3.

"Mandar o Mundo às Favas"

Contava o Rabi de Guer: — Ouvi muitos dizerem: "Quisera eu mandar o mundo às favas". Por acaso, é teu o mundo, para que possas mandá-lo às favas?

Os Pecados do Povo

Algum tempo depois de Schavuot, o Rabi de Radzimin veio visitar o Rabi de Guer. Ao ver seu amigo, o Rabi de Guer achou que ele estava muito magro e abatido. — O que tens? — inquiriu. — Será apenas efeito do calor ou alguma preocupação te atormenta? — Sinto-me assim todos os anos durante os meses do verão — respondeu — quando se lêem na Torá os capítulos que contam as peregrinações de Israel no deserto. Um pecado se segue a outro, pecados horríveis como os dos espiões e aquele em que se juntou Israel a Baal-Peor [3]. Que de uma geração do discernimento como essa nos sejam relatados tais pecados é algo que nos aflige sobremaneira. — Retrucou o Rabi de Guer: — Eles devem ter pretendido coisas grandiosas com o que se chama os seus pecados, pois destes pecados foi feita a Torá. Achas que das nossas boas ações se poderia fazer uma Torá?

A Prédica

Antes do Dia da Expiação, o Rabi de Guer explicava aos *hassidim* reunidos à volta de sua mesa: — Nosso mestre Hilel diz [4]: "Se eu não for por mim, quem será por mim?" Se eu não fizer o meu serviço, quem o fará por mim? Cada um tem de cumprir o seu próprio dever. E Hilel continua: "E se não for agora, quando então?" Quando será o momento? O momento atual, o instante em que estamos conversando, não existia em outro tempo, desde a criação do mundo, e nunca mais se repetirá. Antes havia um outro Agora e mais tarde haverá um diferente e cada Agora tem o seu próprio serviço; tal como reza o sagrado Zohar: "As vestes da manhã não são as vestes da noite".

"Quem se dedica com todas as forças à Torá, sentir-se-á vinculado a ela — mas as sessenta miríades de letras da Torá correspondem às sessenta miríades de almas de Israel, das quais

(3) *Números*, 25:3.
(4) *Pirkei Avot*, I, 14.

a Torá diz: "E assim se contrairá parentesco com o todo". E quem se mete no todo receberá do todo; receberá muito mais do que pôs. Assim, para o seu próprio Agora, ainda pode receber algo do Agora de outrem. E nosso mestre Hilel acrescenta: "E se eu for só por mim, quem sou eu?" No caso de eu me separar do todo, Deus me livre, quando poderei alcançar o meu Agora? Nenhum outro Agora pode alcançar este Agora, pois cada instante está concentrado numa luz especial. Quem cometeu um mal e não pára de falar e pensar nele, não cessa de pensar na baixeza que perpetrou e, o que quer que se pense, a gente se encontra aí dentro, a alma da gente está inteira e especìficamente no que se pensa, de modo que tal homem se encontra na baixeza: não poderá regressar, pois seu espírito há de ficar embrutecido e seu coração, carcomido e a melancolia poderá, além disso, abater-se sobre ele. O que queres? Mexe e remexe o lodo, o lodo continuará sempre lodo. Pecou, não pecou, que proveito terá disto o céu? O tempo que passo a remoer o caso, eu poderia fazer uma fiada de pérolas, para a alegria do céu. Por isso está escrito [5]: "Aparta-te do mal e faze o bem" — aparta-te completamente do mal, não medita nele e pratica o bem. Cometeste injustiça? Faze a justiça em troca.

"Assim, hoje, véspera do Dia da Expiação, sintamos um retrocesso diante do pecado e um fortalecimento de nosso ânimo, e isso do fundo do coração e não por êxtase forçado, e recebamo-lo com o coração para todo o futuro e regozijemo-nos e profiramos a confissão dos pecados, tão depressa quanto possível, sem nos demorarmos aí, mas sim na palavra da prece: "E Tu reinarás, Senhor, sozinho".

A Vergonha

No meio de uma preleção, o Rabi de Guer suspirou profundamente e disse: — Uma frase dos nossos sábios tortura-me até a medula e me corrói a vida. Eles disseram [6]: "Quem não tem vergonha, não teve seus antepassados ao pé do Monte Sinai". Pois bem, onde está a vergonha?

A Ênfase

O Rabi de Guer ensinava a seus discípulos: — Acentuando um pouco certas palavras, o homem pode arrefecer o seu com-

(5) *Salmos*, 34:15.
(6) Talmud, Nedarim 20a.

panheiro no serviço a Deus. Assim a serpente falou a Eva [7]: "Embora Deus tenha falado" — como se alguém vos afirmasse: "E o que há demais em que Deus falou?"; uma pequena ênfase e Eva arrefeceu em sua crença e comeu do fruto proibido.

O Motivo

Perguntaram ao Rabi de Guer: — O que se deve entender quando Deus perguntou a Caim por que seu semblante descaíra [8]? Por que não descairia, uma vez que Deus não aceitou sua oferta?
Respondeu: — Deus perguntou a Caim: "Por que descaiu o teu semblante?" Será por acaso porque não aceitei tua oferta ou porque aceitei a do teu irmão?

As Três Perguntas

Quando o Rabi de Guer interpretava as palavras da Torá em que Jacó se dirige a seu servo [9]: "Quando Esaú, meu irmão, te encontrar e te perguntar: De quem és, para onde vais e de quem são estes diante de ti?", dizia a seus discípulos: — Observai como as perguntas de Esaú são parecidas ao provérbio de nossos sábios [10]: "Considera três coisas: sabe de onde vieste, para onde vais e diante de quem terás de responder". Observai muito bem, pois grande é o auto-exame que se faz necessário a quem pondera essas três questões, a fim de que Esaú não o interrogue em seu íntimo. Pois também Esaú pode querer inquirir sobre essas três coisas e trazer melancolia ao coração do homem.

A Escuridão da Alma

No tocante à passagem da Escritura que trata dos egípcios assolados pelas trevas [11]: "Não viram uns aos outros e ninguém se levantou do seu lugar", o Rabi de Guer expunha o seguinte: — Quem não pode encarar seu irmão, chega logo ao ponto de ficar pregado ao seu lugar e não consegue mais se mexer dele.

(7) *Gênese*, 3:1.
(8) *Gênese*, 4:6.
(9) *Gênese*, 32:17.
(10) *Pirkei Avot*, III, 1.
(11) *Êxodo*, 10:23.

Ver e Crer

Perguntaram ao Rabi de Guer: — Está escrito [12]: "E o povo de Israel viu a grande mão", e depois está escrito: "e acreditaram no Senhor e em Moisés, seu servo". Para que se diz isso? A pergunta só é feita enquanto não se "vê", para que se creia.
O Rabi retorquiu: — Estais enganados. A pergunta é feita justamente depois. Ver a grande mão não torna a fé indispensável. Só agora é que a gente sente o quanto ela é necessária. Ver a grande mão apenas dá início à fé naquilo que não se pode ver.

O Verdadeiro Êxodo

Perguntaram ao Rabi de Guer: — Por que em Schavuot, festa instituída para rememorar a revelação dos mandamentos, dizem-se as palavras: "Lembrança do êxodo do Egito"?
Ele explicou: — Deus fala a Moisés do meio da sarça ardente [13]: "E este será o sinal de que eu te enviei; depois de haveres tirado o povo do Egito, servireis a Deus neste monte". Receber a Torá no Monte Sinai era o sinal de que agora estavam fora do Egito. Até então continuavam presos dentro dele.

A Eterna Voz

Contava o Rabi de Guer: — Acerca da voz no Monte Sinai [14], a Bíblia diz que ela "não continuou" e os *Targumim* interpretam que "ela não se interrompeu". E, realmente, a voz fala hoje como desde sempre. Só que, para ouvi-la, faz-se necessária a mesma disposição de antes. Como está escrito [15]: "E agora, se ouvirdes, ouvireis a minha voz". Isto é o agora: se a ouvirmos.

A Roda e o Pontinho

Numa noite de verão, o Rabi Itzhak passeava, com seu neto, no pátio da casa de estudos. Era uma noite de lua nova, o primeiro dia do mês de Elul. O *tzadik* perguntou se haviam

---

(12) *Êxodo*, 14:31.
(13) *Êxodo*, 3:12.
(14) *Deuteronômio*, 5:12.
(15) *Êxodo*, 19:5.

tocado o *schofar*, como é prescrito fazer um mês antes do fim do ano. A seguir começou a falar: — Quando alguém se torna chefe, todas as coisas necessárias devem estar prontas: uma casa de estudos, quartos, mesas e cadeiras, e um homem é feito para administrador, outro para servidor e assim por diante. E depois aparece o iníquo adversário e arranca o pontinho lá do fundo, mas tudo continua como dantes e a roda prossegue girando, só faltando aquele pontinho mais íntimo. — O Rabi elevou a voz: — Mas que Deus nos ajude, não podemos permitir que tal aconteça.

O Perdão

Quando a mãe do Rabi Itzhak Meir faleceu, ele seguiu o caixão chorando e pedindo-lhe perdão. Antes que fechassem a cova, gritou: — Neste mundo sou um homem honrado e muitos me chamam de Rabi, mas agora tu chegarás ao mundo da verdade e verás que não sou assim como eles pensam; perdoa-me, pois, e não me guardes rancor. O que posso fazer, se as pessoas se enganam comigo?

Quem Virá?

Para o Pessach, estava, certa vez, numerosa multidão reunida na casa do Rabi de Guer. De repente, ele levantou a voz: — Sabei que não sou um Rabi como outro qualquer. Não ambiciono dinheiro, não aspiro às honras, apenas almejo, nos anos que ainda me restam, volver o coração dos judeus ao céu. E peço a quem não alimentar tal vontade, que não me procure mais. Aqueles que vêm a mim a fim de obter sustento, filho ou cura, fariam melhor em procurar outra pessoa. Entretanto, aquele que sentir que algo lhe está faltando no serviço a Deus e estiver preocupado porque a doença, o sustento ou o desejo de ter filhos o impedem, este receberá de mim ajuda nestas e naquelas coisas.

Dois Aspectos

Certo dia, o Rabi de Guer perguntou a um de seus discípulos que o visitava, quais os pensamentos que lhe acudiram durante o percurso. O homem respondeu: — *Hassidim* vêm ao Rabi com petições de toda sorte, por causa do ganha-pão, de mo-

léstia ou algo semelhante. Que conexão tem tudo isso com o Rabi? perguntei-me então. — E o que respondeste a ti mesmo? — quis saber o *tzadik*. — Achei que o Rabi leva a pessoa que vem procurá-lo ao arrependimento e, destarte, eleva-a a um degrau mais alto onde encontra atendimento superior — replicou. Tornou o *tzadik*: — Vejo o caso de outra forma. O Rabi pondera: "Quem sou eu e o que é minha vida para que venham a mim e me peçam que eu interceda por eles? Sou uma gota d'água num balde!" E, assim, ele completa o arrependimento e se eleva, e uma vez que uniu o seu ser ao ser de quem veio procurá-lo, a cura jorra dele sobre esse outro.
Esta foi a última viagem do discípulo ao seu mestre, pois o Rabi morreu logo depois.

O Pó

Perguntaram ao Rabi de Guer: — Por que as pessoas sempre choram quando rezam: "Homem, tua origem é o pó e o teu fim é no pó"? Se a sua origem fosse outra e o fim no pó, então haveria motivo para lamentações, mas não quando ele regressa ao lugar de onde veio.

O *tzadik* retorquiu: — O mundo originou-se do pó e o homem foi posto no mundo para que eleve o pó ao espírito. Mas o homem sempre falha no fim e tudo retorna ao pó.

O Coração Permanece

Em sua velhice, o Rabi de Guer contava: "Quando eu ainda era discípulo na casa de estudos, fui certa vez interpelado pelo Rabi Schlomo Leib que me falou: — Rapaz, tens fama de ser o judeu mais bem dotado da Polônia. Explica-me então por que nossos sábios, no atinente à frase bíblica [16]: "Amarás o Senhor teu Deus de toda a tua alma", fizeram a seguinte observação [17]: "Mesmo que Ele tome tua alma". Entretanto, a propósito do trecho seguinte, de que devemos amá-lo com todo o nosso coração, não repetiram o comentário: "Mesmo que Ele tome o teu coração". — Eu não soube o que responder, pois a pergunta realmente não me parecia em geral uma pergunta, pois "tomar a alma" significa tomar a vida. Mas o que acontecera comigo, que nem sequer desejei averiguar o que ele pretendia dizer? Quanto mais envelheço, mais a pergunta

(16) *Deuteronômio*, 6:5.
(17) Ensinamento talmúdico, Berahot, 61b.

avulta em mim. Deus pode, se Lhe aprouver, tomar-nos a vida; mas tem de nos deixar aquilo com que O amamos, o coração".

O Medo da Morte

Certa vez, o Rabi de Guer falou: — Por que o homem teme a morte? Afinal vai encontrar-se com seu Pai! O que o homem teme é o instante em que há de descortinar, lá de cima, tudo o que lhe aconteceu neste mundo.

HANOCH DE ALEXANDER

Ante Deus

Na sua juventude, o Rabi Hanoch de Alexander morava em Pjischa e era discípulo do Rabi Bunam. Pediram-lhe uma vez que proferisse a oração matutina na casa vizinha à de seu mestre. Ora, era costume seu rezar em altos brados e com gestos veementes, ao contrário do Rabi Bunam que, mesmo durante o serviço religioso na congregação, apreciava a palavra comedida. Certo dia, o jovem Hanoch se encontrava em plena reza quando o Rabi Bunam entrou. Imediatamente cessou os gritos e gestos. Porém, mal o fez, refletiu: — Não estou tratando com o Rabi, estou diante de Deus — disse ele a si mesmo. E reiniciou a sua movimentada oração.

Após o serviço divino, o Rabi Bunam mandou chamá-lo. — Hanoch — disse-lhe — hoje senti verdadeira alegria com tua prece.

O Ocultamento

Certa vez, quando jovem, o Rabi Iehiel Meir de Gostinin foi convidado a um casamento em Pjischa. Alojou-se na hospedaria, no mesmo quarto que o jovem Rabi Hanoch de Alexander, a quem ainda não conhecia. Os dois tiveram de dormir na mesma cama. Na noite do enlace, o Rabi Hanoch mostrou-se trocista, o que não o elevou no conceito de seu companheiro. No meio da noite o Rabi Iehiel percebeu que Hanoch se levantou sem barulho e se dirigiu à ante-sala. Iehiel Meir aguçou os ouvidos. Escutou um murmúrio que atingiu seu coração. Ouviu os salmos como nunca os ouvira antes. Quando Hanoch voltou, fingiu que dormia. Na noite das Sete Bênçãos [1], o Rabi Hanoch demonstrou novamente sua arte. Contou a história jocosa de uma mulher chamada Hánele, a Ladra, com tanta vivacidade e tanta graça que todos os convidados da festa rolaram no chão de rir. O Rabi Iehiel Meir fitou-o, perplexo: seria este o homem que escutara à noite rezando com tanto fervor? Neste instante, no meio da mais desbragada coçoada, o Rabi Hanoch virou-se e o encarou. Aquilo que Iehiel Meir ouvira à noite via agora diante de si e lhe era dirigido. Estremeceu.

Os Segredos

O Rabi Bunam costumava dizer: — Um segredo é aquilo que se diz de modo que todos ouçam e ninguém saiba o que não deve saber.

Seu discípulo, o Rabi Hanoch, acrescentava: — Os segredos da Torá encontram-se tão bem ocultos que é impossível, em geral, comunicá-los. É como está escrito [2]: "O segredo do Senhor é para os que O temem". Só no temor a Deus é possível apreender os segredos, fora do temor a Deus é impossível apreendê-los.

A Ameaça

Um homem importante ameaçou o Rabi Hanoch, dizendo que iria derrubá-lo de uma só vez de todos os degraus espirituais que já alcançara. Respondeu o Rabi Hanoch: — Não podeis jogar-me a um lugar, por mais baixo que seja, em que eu já não tenha estado.

O Suspiro do Açougueiro

Pouco depois de tornar-se *tzadik,* o Rabi Hanoch contava: — Um açougueiro postejava carne com muito ardor e já estava a postejar pelo sábado adentro. De repente, lembrou-se que era

---

(1) Oração recitada nos casamentos, e depois da Ação de Graças nos sete dias seguintes, se aparecem novos convidados.
(2) *Salmos,* 25:14.

schabat. Correu e na hora em que se precipitou para dentro da sinagoga ouviu os presentes cantarem: "Vem, meu amado, ao encontro do *schabat*". Suspirou e já não era mais o açougueiro que nele suspirava, era o judeu. Pois está escrito: "Os filhos de Israel suspiraram em sua servidão". Foi Israel, foi o judeu que suspirou neles.

A Casa de Casamentos

O Rabi Hanoch relatava esta parábola: "Um homem viajou de uma cidadezinha a Varsóvia. Verificou que, perto de sua casa, se tocava música e se dançava. "Estão celebrando um casamento", pensou. Mas ouviu novamente a música festiva no dia seguinte e também no próximo. — Quem será o dono dessa casa — perguntou a seus amigos da cidade — que está casando tantos filhos? — Riram-se dele. — A casa — informaram-lhe — é alugada cada dia a outro para celebrar casamentos. Então, os músicos tocam e os convidados dançam. Por isso denominamo-la Casa de Casamentos.

O Rabi Hanoch acrescentou: — Por isso, os nossos sábios [3] comparam este mundo a uma casa de casamentos.

A Inútil Procura

O Rabi Hanoch contava: "Era uma vez um tolo apelidado de *golem*, devido às asneiras que praticava. Ao acordar de manhã, sentia falta dificuldade em achar suas roupas que, à noite, ao se lembrar do fato, temia adormecer. Certa noite, tomou-se de coragem e, munido de lápis e papel, anotou os lugares onde deixava as vestes, à medida que as despia. Na manhã seguinte, bem disposto, buscou o bilhete e leu: "O barrete" — ei-lo aqui e o pôs na cabeça. "As calças" — lá estavam e as vestiu, e assim continuou até estar completamente trajado. "Mas onde estou?", perguntou-se sobressaltado. "Onde fiquei? Procurou e procurou inutilmente e não conseguiu encontrar-se".

— O mesmo acontece conosco — concluiu o Rabi.

"Arrepiar"

O Rabi Hanoch contava: "Uma criada da Polônia foi trabalhar na Alemanha. Ora, na Alemanha, quando cozinham carne na panela e derramam um pouco de água fria sobre o cozido, para facilitar-lhe a sua escumagem, usam o termo "arrepiar".

(3) Talmud, Erubim 54a.

Certa vez, a dona da casa em que a mocinha trabalhava saiu para fazer compras no mercado e recomendou-lhe: — Cuidado com a sopa e não te esqueças de "arrepiá-la"*. — A moça não entendeu o que lhe diziam e envergonhou-se de confessá-lo. Quando viu a espuma borbulhar bem alto, tomou de uma vassoura e ameaçou a panela por todos os lados, até que esta caiu e a sopa entornou pelo chão." O Rabi acrescentou: — Se quiserdes "arrepiar" o Impulso do Mal quando ele germina em vós, entornareis tudo. Deveis aprender a debelar o escumar.

O Verdadeiro Exílio

O Rabi Hanoch declarava: — O verdadeiro Exílio do povo de Israel no Egito foi que aprenderam a suportá-lo.

Baixeza

Perguntaram ao Rabi Hanoch: — Está escrito [4]: "Os filhos de Israel levantaram seus olhos e eis que os egípcios vinham atrás deles, e temeram muito; então os filhos de Israel clamaram ao Senhor". Por que temeram tanto se sabiam que o Senhor mesmo os apoiava?
O Rabi Hanoch explicou: — Quando os filhos de Israel estavam no Egito se achavam metidos até as orelhas na baixeza, a tal ponto que não a percebiam. Mas agora levantam os olhos e vêem que a baixeza os persegue. Haviam julgado que, se Deus os guiava para fora, tudo estava acabado. Verificaram, contudo, que a baixeza persiste junto deles e clamam a Deus. "E Moisés disse ao povo: Não temais; aquietai-vos e vêde o livramento do Senhor, que hoje vos fará; porque aos egípcios, que hoje vêdes, nunca mais os tornareis a ver" [5]. O fato de hoje verdes a baixeza que está convosco, isto mesmo constitui a ajuda. "O Senhor pelejará por vós." Agora que vós próprios vos vêdes como seres baixos, Deus vos há de libertar da baixeza. "E vós vos calareis." Vós, porém, calai-vos. Calai-vos porque já fostes ajudado.

Contrariar o Caminho da Natureza

Perguntaram ao Rabi Hanoch: — Por que se diz: "As águas foram rompidas" e não "as águas foram separadas"? Está es-

---

(*) *Abschrecken* que, no alemão, tem o sentido de "intimidar" e "arrepiar (um caldo)".
(4) *Êxodo*, 14:10.
(5) *Êxodo*, 44:13.

crito [6]: "Ele separou o mar e nos conduziu para o outro lado".
O Rabi Hanoch explicou: — "Separação" lembra uma pequena fenda. "Rompimento" indica um rasgo enorme. Conta o Midrasch [7] que, quando Moisés ordenou ao mar que se separasse, este respondeu que não queria obedecer à carne e ao sangue e contrariar o caminho da natureza; somente quando avistou o ataúde de José fez como lhe fôra ordenado; por esta razão canta-se no salmo [8]: "O mar viu e fugiu". Viu e reconheceu que José, cujos restos mortais estavam sendo transportados pelo povo à Terra Santa, havia resistido à tentação e contrariado o caminho da natureza. Assim, também o mar contrariou a natureza e rompeu-se. Por isso é que se diz: "o rompimento do Mar Vermelho".

Amalec

O Rabi Hanoch falou: — Enquanto durar a tirania de Amalec, a gente não sabe que nada é. Se a tirania de Amalec for derrubada, a gente nota que não é nada.

Ver e Ouvir

Perguntaram ao Rabi Hanoch: — Está escrito [9]: "Eis que virei a ti numa nuvem espessa, para que o povo ouça, falando eu contigo". Como pode a audição ser favorecida se Ele vem em meio da espêssa nuvem?

O Rabi Hanoch explicou: — O sentido da vista precede o sentido da audição. Mas a nuvem espêssa obscurece a vista e tudo é audição.

Até o Coração dos Céus

O Rabi Hanoch explicava a frase bíblica [10]: "O monte ardia em fogo até ao coração dos céus", da seguinte maneira: — O fogo do Monte Sinai ardia dentro dos homens até criar-lhes um coração celeste.

(6) *Salmos*, 78:13.
(7) *Gênese Rabá*, XXI.
(8) *Salmos*, 114:3.
(9) *Êxodo*, 19:9.
(10) *Deuteronômio*, 4:11.

O Desejo

Perguntaram ao Rabi Hanoch: — Consta nos Salmos [11]: "E Ele cumprirá o desejo dos que O temem". Como se pode dizer que Deus cumpre o desejo de todos os que O temem? Justamente esses têm de suportar tanta coisa que não queriam e sentem a falta de tanta coisa que desejavam!
Disse o Rabi: — Deveis entender que é Deus quem faz o desejo dos que O temem. O próprio temor foi criado por Ele. Apenas é necessário que o homem queira o desejo.

Aos Filhos dos Homens

O Rabi Hanoch, ao proferir o versículo dos salmos [12]: "Os céus são os céus do Senhor, mas a terra, deu-a Ele aos filhos dos homens", detinha-se e dizia: — Os céus são os céus do Senhor, pois já são celestiais, e a terra, Ele a deu aos filhos dos homens para que a convertam num lugar celestial.

Os Dois Mundos

O Rabi Hanoch dizia: — Também os outros povos acreditam em dois mundos. Dizem "no outro mundo". A diferença é que consideram os dois mundos completamente isolados e separados um do outro, ao passo que o povo de Israel reconhece que ambos os mundos são, no fundo, um único e devem unir-se.

As Lutas

Perguntaram ao Rabi Hanoch por que os *hassidim* demoram a iniciar as orações. Respondeu: — Enquanto os soldados estão em treino existe um horário estabelecido para cada atividade e têm de ater-se a ele. Porém, na hora da batalha, esquecem o que lhes foi prescrito e lutam na hora em que for necessário. — Acrescentou: — Os *hassidim* são lutadores.

À Refeição

Certa vez, à refeição, num dos nove dias que precedem Tischá B'Av, o dia de luto pela destruição do Templo, o Rabi Hanoch

(11) *Salmos*, 145:19.
(12) *Salmos*, 115:16.

disse a seus *hassidim*: — Antigamente, nestes dias, todos se mortificavam porque o Santuário foi queimado e nós não temos mais onde oferecer sacrifícios. Agora, no entanto, os *hassidim* comem sua refeição como se estivessem fazendo uma oferenda e dizem: "O eterno era, é e será e o Santuário era, é e será".
Certa vez disse: — Quando o Messias vier, verificaremos o que as mesas às quais comemos efetuaram.

Quando se Olha Dentro

Certa vez, um *hassid* procurou o Rabi Hanoch e, derramando muitas lágrimas, lastimou-se de que fora acometido de uma desgraça.
— Quando eu estava na escola das primeiras letras — retrucou o Rabi — um menino se pôs a chorar durante a aula e o professor lhe falou: "Olha dentro do livro! Quando se olha lá dentro, não se chora".

Envelhecendo

Um músico estava tocando para o Rabi Hanoch. Este disse: — Também as melodias que envelhecem perdem o gosto. Esta, quando a ouvimos nos velhos tempos na casa do Rabi Bunam, elevava-nos o coração. Agora ela perdeu o gosto. Na verdade, é o que acontece. Devemos estar prontos e preparados para a velhice. Oramos: "Não nos despreze na velhice". Pois é então que perdemos o gosto. Mas isso às vezes é bom. Pois, se depois de tudo o que fiz, vejo que não sou nada, tenho então de começar a trabalhar de novo. E a respeito do Eterno, diz a prece: "Aquele que renova diariamente a obra da criação".

SÚMULA HISTÓRICA

1

Conforme nos informa o autor em sua Introdução aos contos hassídicos, sua intenção é a de introduzir o leitor a uma realidade lendária. Paradoxalmente, tal realidade lendária ocorreu dentro de limitadíssimas condições concretas, adversas ao seu surgimento, avessas ao seu desenvolvimento e dotadas de poderes quase absolutos que quase a sufocam a partir do seu nascimento. Pois o hassidismo gozou, a princípio, de algumas décadas de relativa paz no reino da Polônia — antes e depois do seu aparecimento, as condições objetivas das comunidades judias da Europa Oriental, em especial das judiarias sujeitas ao império russo, em seguida à terceira partilha da Polônia, eram tenebrosas. Havia não só a desintegração do mundo em que tais comunidades viviam; ocorria simultaneamente, também, o esfacelamento que corroía e desfazia todas as instituições e empreendimentos comunitários judaicos no reino da Polônia.

Antes de 1648, país algum do mundo, com exceção do Império Otomano, oferecia refúgio tão seguro para os judeus quanto a Polônia: reis esclarecidos, progressistas e ambiciosos, haviam aberto as portas do reino aos judeus e estes afluíram para dentro de suas fronteiras. Em apenas poucas décadas conseguiram tornar-se a classe média inexistente no país, negociando e comerciando à vontade, dedicando-se a compra e venda de bebidas alcoólicas, dominando as grandes feiras de Lvov e Lublin. E, fato histórico de excepcional importância, geriam suas questões internas, mediante governo próprio. Não constituía novidade, então, que a maioria das comunidades judaicas em quase todos os países da Dispersão fosse dotada de cortes internas que resolviam suas querelas, disputas e problemas: divórcios, demandas judiciais e comerciais, arrecadação de tributos, educação, um sem-número de atividades eram exercidas e comandadas por tribunais rabínicos e seculares. Na Polônia, contudo, a instituição do autogoverno judeu partiu da casa real, não por magnanimidade realesca, mas em virtude do costume medieval de considerar os judeus "propriedade" dos reis em cujas terras habitavam. Vez por outra, senhores feudais assumiam o papel de "proprietários" dos judeus, muito a contragosto de seus reais amos. Uma série de soberanos poloneses, a partir do século XV, com Estanislau I, impedira que tal sucedesse na Polônia, eximindo os judeus de obediência aos lordes e criando instituições centralizadas que respondiam diretamente ao soberano. Em meados do século XVI, todas as instituições judaicas foram concentradas na *Vaadá Arbat Artzot*, o Conselho dos Quatro Países, que representava todas as comunidades existentes no reino, democraticamente eleito e sumamente representativo: nele se reuniam rabinos, comerciantes, eruditos e importantes líderes comunais. Os documentos, especialmente missivas, que nos foram legados da época, demonstram nos judeus de então um sentimento de elação e regozijo não encontrado em nenhuma outra comunidade existente em qualquer outro país: os judeus possuíam seu próprio governo, recorriam a ele em todas as questões e pendências que por acaso surgissem nos seus interesses comunitários ou exteriores; junto ao rei sentava-se um representante permanente, a quem cabia desviar a espada da ira feudal, amainar as tempestades levantadas pelos recém-chegados jesuítas e responder às queixas e acusações formuladas contra os judeus. Finalmente o povo de Israel, após peregrinar em sofrimento e dor por todas as terras, encontrara seu refúgio terrestre sob as mãos beneplácitas de outra majestade católica — certos prelados, agastados pela resistência real às suas exigências, consideravam-no bem menos católico do que desejariam que fosse.

Pois não era a Polônia de então o verdadeiro bastião da fé? Foram poloneses os defensores de Viena quando as forças otomanas varreram de roldão os aliados cristãos que a salvaguardavam; coube aos poloneses o trunfo de impedir a marcha ortodoxo-bizantina pela Europa Central e Ocidental; a correspondência entre papas e soberanos poloneses revela claramente a dependência daqueles para com estes últimos. Como se explicava, então, a deferência especial outorgada aos judeus?

Jamais fora a Polônia país fácil de ser governado: suas fronteiras encontravam-se constantemente em alteração, ora alargadas, ora humilhantemente contraídas; seus senhores feudais oprimiam enorme massa sobretudo de camponeses, raramente possuíam visão global dos acontecimentos contemporâneos por que a Europa atravessava; o surto do comercialismo das cidades italianas mal a atingira; as descobertas efetuadas pelos espanhóis e portugueses deixara-a indiferente; mesmo as lutas pelo Império, que movimentavam Papado, França, Espanha e Alemanha, não a moviam; a Reforma e o Renascimento mal roçaram pela quietude daquelas paragens. Essa nobreza particularista, ciente de seus privilégios e zelosa de sua posição, impediu contínuas reformulações sociais provenientes da casa real. É fato sabido que, mesmo legalmente, o feudalismo polonês terminou somente em 1919. 'Assim, quando reis poloneses passaram a chamar os judeus, faziam-no impelidos por seus interesses particulares, como que a formar uma classe-tampão que mediasse a nobreza recalcitrante e a realeza sedenta de domínio completo e absoluto semelhante aos países ocidentais, cujo exemplo, desejado e não obtido, a humilhava e prejudicava. Os judeus, desprovidos de proteção eficiente e apátridas, constituíam fácil argamassa informe nas mãos poderosas dos soberanos: estes reconheciam nos judeus e em suas relações comerciais no exterior um fator de avanço e desenvolvimento da indústria incipiente e do comércio, empreendimentos que deixavam indiferentes os nobres e que dependiam dos reis que não possuíam os meios para levar a cabo tais tarefas. E realmente assim foi: em breve os judeus se tornaram a única classe comercial e intermediária no reino, retendo em suas mãos o grosso do comércio e finanças, dominando as importações e exportações — e pagando aos cofres reais vultosas somas e tributos.

Poucos e raros incidentes perturbaram a placidez da vida judaica na Polônia durante os séculos XV e XVI: acusações esparsas de assassínio ritual, queixas de exploração econômica, vituperações e infâmias ocasionais. A superfície era límpida e, se algumas pedrinhas eram arremessadas às águas quietas do lago, dificilmente levantariam vagalhões.

2

E, com efeito, os vagalhões foram erguidos, mas não pelos poloneses. Na expansão de seus domínios, os reis poloneses haviam conquistado, no decorrer de séculos, grande parte da Ucraína, parte dos países bálticos, toda a Silésia, além de bastiões de proteção ao longo de suas fronteiras. Vez por outra, uma das nacionalidades subjugadas se erguia, mas tais rebeliões eram logo dominadas, até que outra se apresentasse.

Em meados do século XVII, porém, em 1648 mais precisamente, o hétmã Khmelnitski, à testa de hordas cossacas ucraínas, aproveitou-se do enfraquecimento polaco devido à Guerra dos Trinta Anos e das condições internas reinantes — extremamente confusas — e, vitoriosamente, arrasou tudo quanto se encontrava no seu caminho. Em especial, porém, suas vítimas principais eram os judeus, considerados, com ou sem justiça, os emissários da opressão polonesa contra a Ucraína [1]. As comunidades judias dificilmente poderiam opor-se ao avanço de Khmelnitski quando as próprias tropas polonesas recuavam perante o rebelde. A *Vaadá Arbat Artzot* rapidamente derruiu, por não conseguir fazer frente aos novos problemas que a pressionavam: centenas de milhares de deslocados, centenas de milhares de assassinados, instituições comunais e de ensino destruídas, comunidades inteiras caindo vítimas dos conquistadores sanguinários. Onde quer que entrassem, as tropas do Hétmã dirigiam-se primeiramente ao bairro judeu, onde massacravam os que tinham ficado para trás, pilhavam os bens úteis abandonados, ateavam fogo aos edifícios comunais, derrubavam as sinagogas, como se fosse sua intenção extirpar todo e qualquer traço de vida judaica naquelas paragens.

Calculou-se que o número de mortos judeus, na década 1648--1658, tenha sido da ordem de 250.000 a 400.000. O número exato, provavelmente, não saberemos jamais. As conseqüências da conflagração, todavia, fizeram-se sentir de imediato: voltou-se a criar um simulacro de Conselho, mas suas atribuições foram enormemente restringidas em virtude da ascendência jesuítica junto ao trono; milhares de fugitivos preferiram buscar abrigo junto à Sublime Porta e estabeleceram-se em vários países vizinhos; em especial, os homens que poderiam retomar a reconstrução das comunidades — rabinos, mestres, eruditos, talmudistas — encontravam fácil refúgio, mercê de suas qualidades e conhecimentos, em congregações estrangeiras.

As massas privadas de seus líderes, e sem voz efetiva na reorganização das comunidades, passou a levar e sofrer um modo de vida sem dignidade, miseráveis e empobrecidas, destituídas de tudo, menos de seu grande desejo de sobrevivência e de redenção.

3

E logo pareceu que a Redenção, senão já aos seus pés, achava-se, quando menos, ao alcance.

---

(1) Esse ponto de vista, evidentemente absurdo, encontrou uma voz poética em R. M. Rilke. V. seu *Geschichten vom lieben Gott*.

O acontecimento histórico mundial de maior vulto para o povo judeu, nos fins da Idade Média, foi a expulsão da Espanha. Milhares de expatriados vagavam à deriva pelos países do Ocidente e do Oriente, indagando-se: Por que? Muitas foram as respostas, mas as de maior conteúdo emocional — já que a catástrofe, para os que a sofreram, fugia ao reino dos fatos naturais — prontamente se ressaltaram. Em breve, a partir da Cabalá tradicional e dos elementos novos místicos e teológicos formulados pelo Rabi Itzhak Luria (fal. em 1572), constituiu-se um novo corpo de idéias, que combinavam uma interpretação mística do Exílio e uma teoria igualmente mística do caminho da Redenção. Afirmava-se que o Exílio, período de sofrimento e degradação, se desfaria mediante a restituição da harmonia cósmica por meio de um judaísmo terrestre misticamente elevado. Como que a pressentir o desenvolvimento dos acontecimentos vindouros, Luria e sua escola de cabalistas deixou em claro a figura do Messias, pois o próprio Messias, para eles, constituiria o meio, o fim ou o princípio de um processo de redenção a partir da própria atuação mística do povo. Especulações e fervor messiânicos passaram, pois, a atrair e a inflamar os tratadistas da época. Dizia-se que o Exílio — privação da Presença Divina tanto quanto privação da Terra Prometida — em breve daria lugar à Redenção quando a ação mística se desenvolvesse a tal ponto que os céus condoídos se rompessem e, afinal, revelassem o Messias entre os homens.

Essas especulações, radiando de Safed para a Diáspora, encontraram eco nos cabalistas poloneses, conquistando mesmo cidadelas tradicionais do racionalismo do *pilpul* e academias rabínicas como a Lituânia. Não se acreditava que os sofrimentos dos anos recentes fossem vãos ou destituídos de valor: antes interpretavam os acontecimentos como prenúncios e sinais do advento próximo do Messias.

Em 1655, começaram a surgir rumores de que o Messias se revelara em Gaza, nas terras distantes do Sultão. Dizia-se que o Rei Messias, filho de Davi, tomara para si como esposa uma filha da judiaria polonesa, como que a efetuar a junção dos dois grandes grupos judaicos, e que palmilhava as cidades do Oriente, atendido por grande comitiva de crentes e seguidores. Logo mais soube-se seu nome: Sabatai Tzvi, de Esmirna, jovem ainda, e cuja aura em breve resplendeu por todo o mundo judeu, alcançando mesmo o já maduro Spinoza [2], apressando a Redenção Final, conclamando os judeus de todas as terras a abandonarem seus bens e afazeres para reunir-se a

---

(2) Que, na ocasião, como que a antecipar o sionismo, defendeu o restabelecimento dos judeus em Israel, sob o governo do Messias, suserano do Sultão benevolente.

ele, o Salvador, na Terra de Israel e, de lá, proclamar o advento do Reino do Senhor sobre a terra.

A infortunada comunidade polonesa caiu facilmente vítima do delírio messiânico que a rondava: congregações inteiras, mal refeitas dos desgastes das perseguições dos anos anteriores, desfaziam-se como bolhas de sabão. Jovens e anciãos afluíam ao encontro do Messias, em meio de cânticos e regozijos, louvando ao Senhor por viverem nos dias do Messias. Pouco importavam os acontecimentos recentes: interpretando as matanças de Khmelnitski segundo os ensinamentos da Cabalá, consideravam-nas o prenúncio das dores do Messias, quando os sofrimentos dos judeus se farão mais insuportáveis e quando os judeus clamarão aos céus que abrevie a sua existência.

O judaísmo polonês viu-se, assim, arrebatado por paixões violentas, aceitou os acenos de uma breve libertação, a tudo abandonou para seguir no encalço daquele que se arvorara o papel de Redentor de Israel.

O desapontamento ulterior ultrapassou a capacidade para resistir à dor: o novo desenvolvimento do judaísmo polonês foi muito além de todas as misérias e crueldades por que passara e, nos anos seguintes, parecia que jamais se reergueria, que, ao contrário, uma nova era se anunciava, a da baixeza total. A defecção de Sabatai Tzvi para o islamismo, conquanto exprimisse certas expectativas cabalísticas, novamente privou os judeus de esperanças de rápida libertação e os entregou a mestres que, se bem que mais rigorosos, em nada comandavam a obediência mágica inspirada pela figura sofredora do "Messias".

4

É muito comum, após uma catástrofe, ainda que inesperada, aparecerem os que afirmam: Eu não disse? Também os judeus poloneses sofreram o mesmo fado. Neste caso, foram os rabinos contrários aos estudos secretos e cabalísticos, sinceramente considerando-os perigosos, que disseram essas palavras.

Nova normas e novos regulamentos passaram a reger a vida judaica polonesa: aos poucos voltava-se à normalidade que se segue à calamidade: no alto se reerguiam os poderosos, embaixo as camadas populacionais mais inferiores olhavam pasmadas o seu "Messias" desaparecido, prosseguiam atarantadas e confusas em seus afazeres, voltavam a dedicar-se à agricultura, ao comércio — mas a partir de então imersas em terríveis trevas de crenças supersticiosas, práticas mágicas e ignorância. O acesso a escolas, até então facultado e obrigatório a toda criança judia, passou a ser privilégio dos ricos e dos letrados; a Cabalá, fonte de devaneios e especulações dos espíritos mais alentados, teve sua leitura proibida — só podiam ler o Zohar e outros escritos místicos homens versados no Talmud e na literatura legalística. E, como somente os ricos obtinham educação talmúdica, os pobres ficaram sem qualquer fonte a que recorrer. Nas academias rabínicas, outrora ricas de conteúdo e emanando conforto e espiritualidade ao povo inteiro, as sutilezas legalísticas do *pilpul* passaram a merecer a atenção exclusiva dos letrados. Problemas vitais e importantes para a comunidade judaica, tais como sua reorganização e autogoverno, educação e assistência social, foram aos poucos sendo abandonados. Tal como o medievo se ocupara em calcular quantos anjos se equilibrariam na ponta de uma agulha, assim também os mestres talmúdicos passaram a calcular quantos fios de cabelos era preciso cortar dos lados das faces antes que tal constituísse pecado contra a Lei.

O divórcio entre dirigidos e dirigentes não foi jamais, antes ou depois, tão pronunciado em toda a história do povo de Israel. Um viajor alemão, rememorando sua visita feita às comunidades judias polonesas em princípios do século XVIII, relata que em quase nada os judeus diferiam dos campônios poloneses a quem vendiam aguardente: a mesma ignorância, idêntica miséria, dificuldade em se sustentarem, a mesma incultura, os mesmos ritos de bruxarias e o uso desmedido de amuletos e "sortes" — em suma, massas de homens condenados à extinção pelas trevas, vítimas de inépcia e desinteresse dos seus dirigentes. O vácuo formado artificialmente dividiu de maneira radical os elementos que constituíam a comunidade. Sem direção, sem guias, as massas prosseguiam em sua existência abúlica e amorfa. A lacuna de liderança fazia-se sentir em todos os campos, sem qualquer vislumbre de vir a ser preenchida. O terreno se achava exposto, propiciando um renascimento que proviesse de forças vivas que tomassem para si as massas, remodelando-as.

5

Foi nesse clima de desesperança, lembranças de fracassos e morticínios, recordações tenebrosas de opressão e infortúnio, que surgiu o Baal Schem Tov. O livro mesmo fala por ele: indicaremos somente as alterações que sua vida e doutrina introduziu na existência do judaísmo oriental — desviando radicalmente o fulcro de toda vida judaica sua contemporânea, assim como a posterior.

Poderíamos dizer que, considerado genericamente, o hassidismo constitui a descida dos reinos dos céus à terra, a aplicação prática da ética mística unida a profundas camadas dos usos e costumes populares da época. O Baal Schem Tov — o *Bescht,* como o chamavam — tomou para o movimento todos os elementos populares ao seu redor; a canção, a dança, a alegria, o fervor, passaram a colorir a desbotada existência judaica. Místicos e estudiosos da literatura secreta cabalística aprenderam com ele que os ensinamentos contidos nos livros sagrados eram passíveis de execução real, nessa mesma terra sobre a qual viviam, que a realidade real não pairava nas visões milagrosas da *Schehiná* ou na beatificação resultante dos cilícios. O Bescht pessoalmente era contrário a práticas ascéticas e a mortificações: conquanto anuísse às crendices das massas no tocante a mágica e amuletos, revestiu tais práticas de novo significado e intenção. O estudo, para ele, continuava sendo importante — ele mesmo era versado na literatura clássica religiosa e mística, embora fosse inocente de legalismos — mas, acatando a exortação do *Pirkei Avot,* reclamava a supremacia do fato sobre o pensamento e da ação sobre os estudos.

Mais que isso, porém, revestiu o rabi de roupagens novas, tornando-o verdadeiro guia de homens: seguindo seu exemplo e tomando-o por paradigma, em breve centenas de pequenas comunidades viam em seus rabinos algo mais que mestres educados e eruditos aos quais se recorria somente em questões concretas de legalismos e pilpulismos. O Bescht forçou a saída dos rabinos das casas de estudos onde se trancavam, trazendo-os para fora, para junto do povo cuja existência real, até então, quase ignoravam. Exemplo disso é o Grande Maguid, a quem o Baal Schem "libertou" das práticas ascéticas e exortações furibundas contra o pecador, tornando-o o pregador por excelência das qualidades do ardor e da alegria.

Nada era estranho ao Bescht. Em tudo ele vislumbrava uma "centelha" de redenção a ser libertada. O povo dançava? Pois que passasse a dançar com maior arrebatamento para a glória da *Schehiná* exilada. O povo bebia? Pois que a bebida se transformasse no combustível da inflamação extática e do fervor. Eram ignorantes? Mas em que a ignorância os impedia de louvar o Senhor? Acatando literalmente o mandamento: "Amarás o Senhor teu Deus de todo o teu coração", o Baal Schem sacudiu a tirania dos letrados, mostrando ao povo que o Senhor "habita em meio à sua imundície". Nenhum ato era despido de santidade: tudo se dirigia a Deus, do qual tudo emanara. O mal era só aparente, sob as aparências residia o bem que permeava todos os atos e ações. O mínimo gesto poderia criar ou destruir o mundo. Levando a extremos a teoria cabalista de que o homem é o verdadeiro coadjutor de Deus na obra de redenção, o Bescht impregnou seus seguidores da seriedade de sua missão — dependia do homem transformar a terra no verdadeiro reino de Deus, o Senhor precisava tanto do homem quanto este O necessitava. Onde antes houvera a separação rígida, ora se criava a união do ser humano à Pessoa Divina mediante a ação cotidiana.

Essa valorização do cotidiano deu às camadas populares consciência de suas possibilidades espirituais: buscar água num poço, cozinhar uma refeição, falar a um homem, construir uma cabana, montar a cavalo, sentar-se à mesa, rir e chorar — nada era destituído de santidade. Tudo servia à elevação das almas e, quanto mais se elevavam as almas, maior se tornava a junção dos dois mundos.

Na pessoa do *tzadik* o povo encontrava uma confirmação dos seus costumes e maneirismos, um homem humilde e santificado, mas dotado de profunda santidade adquirida, não mais por seus méritos e estudos, mas sim pelo seu contato com as flamas que subiam do próprio povo. Nem um só dos elementos tradicionais do judaísmo cresceu, no hassidismo, em detrimento de qualquer outro: divagações sobre a era messiânica, sonhos de redenção e restabelecimento em Eretz Israel continuavam vívidos e prenhes de significação, mas ao próprio fato de Exílio e das trevas se dava nova configuração, a tentativa coletiva de redenção cedeu o passo à salvação das "centelhas" individuais.

6

Contra essas práticas e novos ensinamentos, insurgiram-se os talmudistas, os letrados e muitos rabinos — os "adversários" *mitnagdim*. Tal reação era cabível e se justificava plenamente, se considerarmos os fatos históricos posteriores à conversão de Sabatai Tzvi.

Se a histeria provocada pelo movimento de Sabatai Tzvi constituíra tanto um movimento de rebeldia quanto de tentativa de renovação interna do judaísmo, outro movimento, o movimento frankista, ameaçou, ainda em vida do Baal Schem, disromper o judaísmo por dentro, mas negando o seu caráter de continuidade. Muitos discípulos de Sabatai Tzvi, mesmo após sua defecção para o islamismo, procuraram justificar a teologia de antinomismo contida na conversão, fazendo uso do niilismo implicado mas jamais antes explicitado em muitas tendências cabalísticas: pois não dizia a Mischná (Berahot, IX, 5) que é possível amar a Deus mesmo com o *mau impulso?* E não rezava a Guemará (Sanhedrin, 98a) que "o filho de Davi (o Messias) virá somente numa era que seja completamente culpada ou completamente inocente"? Os seguidores de Sabatai

Tzvi deduziram: já que não podemos todos ser santos, sejamos pecadores. Assim, as tendências niilistas passaram ao primeiro plano: a reviravolta pregava o abandono de toda forma rabínica de religião, alguns mais radicais seguiram os passos do mestre e se converteram ao islamismo ou ao cristianismo, outros mais temerosos ou piedosos cumpriam formalmente a Torá e em conventículos discutiam e debatiam a teologia nova. Forças violentas irrompiam inopinadamente e culminaram na pessoa de Iaakov Frank, da Galícia Oriental, quando, em 1759, ele e seus aderentes se converteram em massa para o catolicismo. Tais atos não pareciam, a quem os fazia, contraditórios: enxergavam nisso um ato de libertação e de apressamento da vinda do Messias. Essas idéias degeneradoras e destrutivas ameaçavam o cerne mesmo da vida judaica e justificavam as pesadas perseguições movimentadas pelas autoridades rabínicas. O rabinismo oriental, contudo, viu no hassidismo a mesma força desagregadora do frankismo.

Os novos ensinamentos do Bescht, sua valorização dos usos populares, porém, pareciam tender à heresia, à apostasia: tal valorização acarretaria a diminuição no cumprimento da Lei, o estudo passaria a ser ridicularizado, pois não mais necessitavam dele para a verdadeira vida religiosa [3]. Mas, no início, as disputas e acusações mútuas se multiplicavam desastrosamente: os *mitnagdim* acusavam os *hassidim* de não cumprirem as leis e mandamentos, de afrouxarem o "jugo da Torá", de suscitarem em seu meio práticas heréticas e pecaminosas. Os *hassidim*, por sua vez, desdenhavam a letra morta dos estudos petrificados e impermeáveis dos *mitnagdim*, zombavam de suas mortificações e estudos seculares, rebatiam seus argumentos contrários, demonstrando que, ao invés de afrouxarem o "jugo da Torá", o duplicavam, pois o aceitavam com alegria e regozijo.

As autoridades rabínicas, contudo, não podiam ver no hassidismo uma força de revigoração do judaísmo e o perseguiram com as mesmas armas utilizadas no combate ao movimento messiânico de Tzvi e aos frankistas: excomunhão, denúncia junto às autoridades quando a excomunhão não surtia o efeito desejado, perseguição pelos meios à disposição, detração pública dos *hassidim,* penalidades e multas subitamente impostas, fechamento das academias e *ieschivot* aos aderentes do movimento.

Contra as admoestações e ensinamentos do Bescht, seus sucessores responderam às perseguições com a mesma violência, somente ensarilhando as armas quando, em meados do século XIX, o movimento perdera já seu impulso vital revolucionário e já compreendia a maioria do povo judeu na Europa Oriental,

---

(3) Paradoxalmente, nos anos seguintes à morte do Baal Schem (1760), o movimento hassídico enveredou pelos caminhos tortuosos do talmudismo, a ponto de mal distinguir-se dele.

passando a ser dócil instrumento nas mãos ambiciosas de chefes retrógrados e reacionários.

Embora os princípios fundamentais do Bescht não tenham desaparecido jamais, seus seguidores e sucessores se encarregavam de eliminar as diferenças. No declínio do movimento ainda se faziam ouvir vozes de protesto contra o abandono dos caminhos primevos, mas tais vozes de pranto se calavam, até que, ao final, só a "história" podia ser contada — a prece, e a prática cediam seu lugar.

GLOSSÁRIO

ADAR: sexto mês do calendário judaico. Corresponde a fevereiro-março em nosso calendário.

AMORAIM (pl. de *amorá*): lit. intérprete. Mestre da segunda época talmúdica (cerca de 200 a 500 d.C.), quando se originou a Guemará.

BADHAN: termo ídiche para designar o mestre de cerimônias em casamentos.

BAR-MITZVÁ: lit. filho do mandamento. Denominação dada ao rapaz judeu ao completar treze anos, quando ingressa na maioridade religiosa, tornando-se responsável perante Deus e podendo participar do *minian*; por extensão, a solenidade que marca esse evento.

BET HA-MIDRASCH: casa de estudos. Sinagoga com dependência para o estudo das Sagradas Escrituras; academia ou seminário religiosos.

CABALÁ: tradição. Denominação dada ao conjunto das doutrinas místicas judaicas. Na sua forma restrita, designa o sistema místico-filosófico que teve origem na Espanha, no século XIII, e cuja influência na vida judaica foi das mais acentuadas. A Cabalá divide-se em teórica (*iunit*) e prática (*maassit*); a primeira, calcada em bases neoplatônicas, destina-se ao estudo de Deus, suas emanações e da criação; a segunda procura aplicar as forças ocultas na vida terrena.

CADISCH: oração pelos mortos, que o parente mais próximo recita junto à sepultura do falecido, bem como todos os dias durante onze meses após o falecimento e em todos os aniversários da morte; por extensão, designa o parente que reza essa oração.

CASA DE ESTUDOS: v. *Bet ha-Midrasch*.

CASA DE ORAÇÕES: sinagoga. V. *schul*.

DEZOITO BÊNÇÃOS: v. *Schmone Esré*.

DIBUK (pl. *dibukim*): alma errante de um pecador que, segundo crença supersticiosa, procura entrar no corpo de um ser vivo para fugir aos ataques dos demônios.

ELUL: nome do duodécimo mês do calendário judaico, entre os meses de agosto e setembro em nosso calendário. É o mês que precede os Dias Terríveis, dedicado à preparação íntima e ao exame da consciência.

ETROG: limão. Usado como símbolo, juntamente com as palmas, nos serviços da Festa dos Tabernáculos.

GALUT: Exílio, Diáspora. Empregado genericamente para designar a dispersão do povo judeu após a destruição do Segundo Templo.

GAON: eminência, sábio, doutor da lei. Título dos Patriarcas das Academias de Sura e Pumbedita, na Babilônia, até o século X.

GOLEM: lit. embrião. Na Idade Média a palavra designava um autômato ao qual, por meios cabalísticos, a vida era dada artificialmente.

GUEMARÁ: comentário, exegese. Nome da segunda parte do Talmud, destinada à interpretação da Mischná. V. esta palavra.

GUILDEN: moeda equivalente ao florim.

HAVDALÁ: separação, divisão. Prece que se recita sobre uma vela de *havdalá*, uma taça de vinho ou especiarias, encerrando a solenidade sabática ou festiva e separando-a dos dias comuns.

HAGADÁ: narrativa. Nome dado à coletânea de máximas, interpretações das Escrituras e hinos pertinentes ao êxodo do Egito, recitado no rito doméstico das duas primeiras noites da Páscoa. V. *seder*.

HAD GADIÁ: termo aramaico que designa um hino alegórico que encerra o serviço do *seder* em Pessach.

HANUCÁ: lit. dedicação, renovação. Solenidade que comemora a reconsagração do Templo pelos Macabeus e a sua vitória sobre os greco-sírios que o profanaram. Festa das Luminárias, celebrada durante oito dias, sendo o primeiro a 25 de Kislev (dezembro).

Glossário

HASSIDUT: lit. santidade, piedade. O conjunto de princípios e observações que determina a vida do *hassid*.

HAZAN: chantre da sinagoga, precentor.

HOSCHANOT: orações que rogam por auxílio ou salvação, recitadas na Festa dos Tabernáculos.

IAMIM NORAIM: Dias Terríveis. Os dez dias intermediários entre as maiores festividades judaicas, Rosch ha-Schaná e Iom Kipur. V. estas palavras.

IOM KIPUR: dia da expiação. O último dos dez "dias terríveis" que começam com o Ano Novo. É uma das principais celebrações da religião judaica, quando o crente, observando jejum absoluto, se entrega à oração, ao exame de consciência e à penitência.

ISCHUV: distrito, comunidade.

KAVANÁ (pl. *kavanot*): significado místico das frases da Bíblia, das orações e atos religiosos; por extensão, concentração em tais significados. Direção para Deus que toma o coração enquanto cumpre um ato religioso.

KIBUTZ: comuna. Colônia coletiva israelense baseada na posse comum da terra e dos meios de produção.

KIDUSCH: santificação. Designa a bênção que se recita sobre o pão e o vinho antes das ceias sabáticas e festivas.

KLAUS: a sala de orações de uma congregação particular (usualmente hassídica) de devotos.

KOL NIDRE: lit. "Todos os votos". Palavras iniciais da fórmula solene de absolvição, pronunciada na véspera de Iom Kipur.

LAG BA-OMER: trigésimo terceiro dia da contagem de cinqüenta dias que começa no segundo dia da Páscoa e termina com Schavuot. É celebrada a 18 de Iar (maio) e comemora a revolta de Bar Kochba contra os romanos.

MAGUID: pregador itinerante.

MATZÁ (pl. *matzot*): pão ázimo, comido exclusivamente durante as festividades da Páscoa, para recordar ao judeu o Êxodo da Terra da Servidão.

MELAMED: professor. Em geral, de primeiras letras; usado também de forma depreciativa, no sentido de mestre-escola algo ridículo, pouco instruído.

MENORÁ: candelabro de sete braços, usado na sinagoga e no lar.

MIDRASCH: glosa, interpretação. Livros das épocas talmúdica e pós-talmúdica, dedicados à exegese homilética das Escrituras. São ricos em lendas, súmulas e máximas.

MIN-HÁ: oferenda. Prece vespertina, antes do pôr do sol.

MINIAN: quórum. . Conjunto de dez pessoas indispensáveis para realizar qualquer rito judaico.

MISCHNÁ: lit. lição, repetição. Nome dado à coletânea de leis e preceitos orais que, a partir da destruição de Jerusalém por Tito, foram objeto de trabalhos de hermenêutica bíblica. Divide-se em 6 ordens e 63 tratados, formando o núcleo e a primeira parte do Talmud. Seu ordenador e codificador foi o Rabi Iehudá ha-Nasi, o Patriarca.

MITNAGD (pl. *mitgnadim*): oponente, adversário. Opositor confesso do hassidismo.

MUSAF: originàriamente, um sacrifício adicional nos sábados e dias de festa; mais tarde, foi substituído o sacrifício por orações adicionais recitadas depois da oração matutina comum.

NEILÁ: encerramento, conclusão. Designa a prece final da solenidade do Iom Kipur.

PEREK SCHIRÁ: compilação de versículos bíblicos que, dizem, são recitados por tódas as espécies de pessoas vivas em louvor a Deus, cada um pronunciando um versículo particular.

PESSACH: Páscoa. Nome da festividade judaica que se celebra durante oito dias (sete em Israel) a começar a 15 de Nisan (março ou abril) e comemora o êxodo do Egito.

PILPUL: método dialético para o estudo do Talmud; indica também excesso de sutileza ou raciocínio sofismático.

PIRKEI AVOT: tratado da Mischná que relata os ensinamentos éticos e máximas em louvor do estudo da Lei. Começa com uma genealogia de tradição. Denomina-se igualmente *Ética dos Pais, Capítulos dos Avós*.

PRETZEL: rosquinha crocante.

PURIM: festa celebrada a 13 e 14 de Adar (fevereiro-março). Comemora o feito de Ester que salvou os judeus no reinado de Assuero.

RAV: mestre. O líder da comunidade religiosa. Ensina a lei e supervisiona seu cumprimento.

REB: senhor. Modo de tratamento ídiche.

REBE: forma ídiche de rabi.

REBETZIN: esposa de rabi. Idichismo.

ROSCH HA-SCHANÁ: começo do ano, Ano Novo, primeiro dos Dias Terríveis.

SCHABAT SCHIRÁ: o sábado em que se canta o hino dos israelitas às margens do Mar Vermelho.

Glossário

SCHABAT SCHUVÁ: o sábado dentro dos Dias Terríveis.

SCHAMASCH: bedel da congregação.

SCHAVUOT: Pentecostes. Celebração de dois dias, comemorada sete semanas depois da Páscoa. Festa das primícias e dedicada à memória da revelação no Monte Sinai.

SCHEHINÁ: Presença da Divindade entre os homens. Uma das muitas designações de Deus, muito apreciada pelos místicos judeus de todas as épocas.

SCHNAPS: aguardente.

SCHMONE ESRÉ: lit. dezoito. Designa uma prece composta de dezoito bênçãos, que se pronuncia três vezes ao dia, com a face voltada para o oriente.

SCHOFAR: côrno, chifre. Denominação da trombeta de chifre de carneiro que se toca na sinagoga, durante a solenidade do Ano Novo e no encerramento do Iom Kipur.

SCHOHET: lit. magarefe. Nome dado a quem abate os animais consumidos pela comunidade, seguindo as prescrições do *cascher,* pureza ritual.

SCHUL: escola, sinagoga, em ídiche.

SEDER: ordem. Celebração familiar das duas primeiras noites da Páscoa judaica.

SEFIROT (pl. de *sefirá,* esfera, emanação): uma das dez emanações ou manifestações de atributos latentes no En-sof, no Sem-Fim cabalístico.

SIMHAT TORÁ: alegria, regozijo com a Torá. Festa jubilosa, no nono dia de Sucot, em que se comemora a dádiva da Torá aos israelitas. É celebrada a 23 de Tischri (outubro).

SUCOT (pl. de *sucá,* cabana): Festa das Cabanas ou dos Tabernáculos. Celebração que dura oito dias, começando no quinto dia depois do Dia do Perdão. Comemora a viagem pelo deserto. Durante estes dias, as pessoas deixam suas casas e vivem em cabanas cobertas de folhas.

TALIT: xale retangular, com franjas nas extremidades, que os judeus usam nas cerimônias religiosas.

TALMUD: o mais famoso livro dos judeus, depois da Bíblia. É uma compilação dos escritos de diferentes épocas, sobre inúmeros temas, por numerosos intérpretes da Bíblia e da Lei Oral. A coletânea talmúdica constitui uma verdadeira enciclopédia da legislação, do folclore, das lendas, das disputas teológicas, das crenças, das doutrinas morais, das tradições históricas da vida judaica, durante sete séculos, entre o término do Velho Testamento e o fim do século V da era cristã.

Divide-se em Talmud de Jerusalém e Talmud da Babilônia, conforme o lugar em que foi redigido. Subdivide-se em Mischná e Guemará, com diversos tratados.

TANAIM (pl. de *taná*): os mestres da Mischná.

TARGUM (pl. *targumim*): tradução ou interpretação em língua aramaica do texto hebraico do Velho Testamento.

TASCHLICH: cerimônia do "lançamento" dos pecados no Ano Novo. Migalhas de pão simbolizando os pecados são lançados dentro de um rio.

TEFILIN: cubos com inscrições de textos das Escrituras, presos por tiras estreitas de pele ou pergaminho e que os judeus devotos costumam enrolar no braço esquerdo e na fronte. Filactérios.

TISCHÁ B'AV: nono dia do mês de Av. Dia em que os judeus relembram, com luto e jejum, a destruição do Primeiro e do Segundo Templos.

TORÁ: lit. Lei. Designa ora a Bíblia, ora todo o código cívico-religioso dos judeus, formados pela Bíblia e pelo Talmud.

TOSEFTA: adição. Uma coletânea de leis relatadas junto à Mischná e que a suplementam.

TSCHALENT: prato de *schabat*, cozinhado em fogo lento desde a entrada do *schabat* e servido como almoço na segunda refeição sabática.

ZOHAR: lit. esplendor. Nome dado à mais importante compilação da Cabalá, também denominada Sefer ha-Zohar, o Livro do Esplendor. A obra é escrita em aramaico, sendo atribuída ao Rabi Moisés de Leon, místico judeu-espanhol do século XIII.

GENEALOGIA DOS MESTRES HASSÍDICOS

O Fundador:

1. Israel ben Eliezer, o Baal Schem Tov (abrev.: o Baal Schem), 1700-1760 (pp. 83-127).

Netos do Baal Schem

2. Mosché Haim Efraim de Sadilkov (pp. 99, 110, 211).
3. Baruch de Mesbitsch, fal. 1811 (pp. 129-139, 211).

Bisneto do Baal Schem

4. Nachman de Bratzlav, fal. 1810 (pp. 117-119).

Discípulos do Baal Schem

5. Dov Ber de Mesritsch, o Grande Maguid, fal. 1772 (pp. 141-154).
6. Iaakov Iossef de Polnóie, fal. 1782 (pp. 96-97, 102-104, 211-212).

   Seu discípulo:

   7. Árie Leib de Spola, o "Avô de Spola", fal. 1811 (pp. 214-216).
8. Pinkhas de Koretz, fal. 1791 (pp. 161-179).

Seu discípulo:

9. Rafael de Berschad, fal. 1816 (pp. 165-179).
10. Iehiel Mihal de Zlotschov, o Maguid de Zlotschov, fal. ap. 1786 (pp. 181-199).

Seus filhos:

11. Mordehai de Kremnitz
12. Zeev Volf de Zbaraj, fal. 1860 (pp. 201-204).

Seus discípulos:

13. Mordehai de Neskij, fal. 1800 (pp. 205-209).
14. Aarão Leib de Primijlan
15. Nahum de Tschernobil, fal. 1798 (pp. 105, 127, 216--217).

Seu filho:

16. Mordehai (Motel) de Tschernobil, fal. 1837 (p. 101).
17. Davi Leikes (pp. 101, 217-218).
18. Volf Kitzes (pp. 107-109, 115-116, 120).
19. Meir Margaliot (pp. 89-90).
20. Tzvi, o Copista (p. 121).
21. Leib, filho de Sara (pp. 104, 127, 150, 213).

Descendentes de Dov Ber de Mesritsch, o Grande Maguid:

22. Abraão, o Anjo, fal. 1776 (pp. 155-159).

Seu filho:

23. Schalom Schachna de Probischtsch, fal. 1803 (pp. 363-366).

Filho de Schalom:

24. Israel de Rijin, fal. 1850 (pp. 367-382).

Filhos de Israel:

25. Abraão Iaakov de Sadagora, fal. 1883 (pp. 383-386).
26. Nahum de Stepinescht (pp. 387-388).
27. Davi Mosché de Tschortkov, fal. 1903 (pp. 389-392).

Genealogia dos Mestres Hassídicos

Discípulos de Dov Ber de Mesritsch:

28. Menahem Mendel de Vitebsk, fal. 1788 (pp. 219-225).
29. Aarão de Karlin, fal. 1772 (pp. 241-247).
30. Schmelke de Nikolsburg, fal. 1778 (pp. 227-239).

Seus discípulos:

31. Abraão Haim de Zlotschov
32. Mosché Leib de Sassov, fal. 1807 (pp. 395-409).

Filho de Mosché Leib:

33. Schmelke de Sassov

Discípulo de Mosché Leib:

34. Menahem Mendel de Kossov, fal. 1825 (pp. 411-413).

Filho de Menahem Mendel:

35. Haim de Kossov (p. 414).
36. Itzhak Aisik de Kalev, fal. 1821 (pp. 415-419).
37. Levi Itzhak de Berditschev, fal. 1809 (pp. 249-277).
38. Meschulam Zússia de Hanipol, fal. 1800 (pp. 279-295).
39. Elimelech de Lijensk, irmão de Zússia, fal. 1786 (pp. 297-307).

Discípulos de Elimelech:

40. Menahem Mendel de Rimanov, fal. 1815 (pp. 439--453).

Discípulo de Menahem Mendel:

41. Zeev Hirsch de Rimanov, fal. 1846 (pp. 455--458).
42. Abraão Iehoschua Heschel de Apt, fal. 1822 (pp. 423-437).
43. Schnoier Zalman de Ladi, o Rav, fal. 1813 (pp. 309-316).
44. Schlomo de Karlin, fal. 1792 (pp. 317-328).

Discípulos de Schlomo de Karlin:

45. Uri de Strelisk, fal. 1826 (pp. 461-465).

Discípulo de Uri:

46. Iehudá Tzvi de Stretin, fal. 1844 (pp. 467-469).

Filho de Iehudá:

47. Abraão de Stretin, fal. 1865 (p. 469).
48. Mordehai de Lekovitz, fal. 1811 (pp. 471-475).

Filho de Mordehai:

49. Noach de Lekovitz, fal. 1834 (pp. 476-477).

Neto de Mordehai:

50. Schlomo Haim de Kaidanov, fal. 1862 (p. 477).

Discípulo de Mordehai:

51. Mosché de Kobrin, fal. 1858 (pp. 479-493).
52. Israel de Kosnitz, o Maguid de Kosnitz, fal. 1814 (pp. 329--341).

Filho de Israel:

53. Mosché de Kosnitz (p. 497).

Netos de Israel:

54. Eleazar de Kosnitz (p. 497).
55. Haim Meir Iehiel de Moguiélnica, fal. 1849 (pp. 499--502).

Seu discípulo:

56. Izahar de Volborz, fal. 1877 (p. 503).
57. Iaakov Itzhak de Lublin, o "Vidente", fal. 1815 (pp. 343-360).

Seus discípulos:

58. Davi de Lelov, fal. 1813 (pp. 507-510).
59. Naftali de Ropschitz, fal. 1827 (pp. 515-520).

Discípulo de Naftali:

60. Haim de Zans, fal. 1876 (pp. 535-541).

Filho de Haim:

61. Iehezkel de Scheniava, fal. 1899 (pp. 541--542).
62. Tzvi Hirsch de Jidatschov, fal. 1831 (pp. 543-545).

Sobrinhos de Tzvi Hirsch:

63. Iehudá Tzvi de Rozdol, fal. 1847 (pp. 545-546).
64. Itzhak Aisik de Jidatschov, fal. 1873 (pp. 546--550).
65. Mosché Teitèlbaum, fal. 1839 (pp. 511-514).

66. Schlomo Leib de Lentschno, fal. 1843 (pp. 521-523).
67. Izahar Ber de Radoschitz, fal. 1843 (pp. 525-530).
68. Schalom de Beltz, fal. 1855 (pp. 531-533).
69. Iaakov Itzhak de Pjischa, o Iehudi, fal. 1814 (pp. 551-560).

Filhos do Iehudi:

70. Ierachmiel de Pjischa (pp. 560-561).

Neto de Ierachmiel:

71. Pinkhas de Kinsk
72. Iehoschua Ascher (p. 561).

Filhos de Ascher:

73. Iaakov Tzvi de Parizov (p. 562).
74. Meir Schalom (p. 562).
75. Nehemia de Bikova (p. 562).

Discípulos do Iehudi:

76. Simha Bunam de Pjischa, fal. 1827 (pp. 565--594).

Filho de Bunam:

77. Abraão Mosché (pp. 592-594).

Discípulos de Bunam:

78. Itzhak de Vorki, fal. 1858 (pp. 617-624).

Filho de Itzhak:

79. Menahem Mendel de Vorki, fal. 1868 (pp. 625-629).
80. Itzhak Meir de Guer, fal. 1866 (pp. 631-640).
81. Hanoch de Alexander, fal. 1870 (pp. 641-647).
82. Peretz
83. Menahem Mendel de Kotzk, fal. 1859 (pp. 595-616).

Este livro foi impresso na cidade de Cotia,
nas oficinas da Meta Brasil,
para a Editora Perspectiva